民事訴訟法・倒産法の研究

山本 弘

有斐閣

目　次

権利保護の利益概念の研究 ……………………………………………… 1
  序——問題の提起及び関心の所在　1

  第1章　権利保護請求権論の法技術的，法思想的前提　14
    はじめに　14
    第1節　私法的訴権論批判　17
    第2節　抽象的公法的訴権論批判　23
    第3節　R・シュミットの権利保護請求権論　28
    まとめ　38

  第2章　給付訴訟の権利保護の要件論　39
    はじめに　39
    第1節　給付請求権の訴求可能性論　40
    第2節　「権利侵害（Rechtsverletzung）」要件論　48
    第3節　請求権の権利保護の資格　51
    第4節　給付の訴えの権利保護の必要　54
    まとめ　57

  第3章　確認訴訟の権利保護の要件論　59
    はじめに　59
    第1節　訴訟追行権と確認の利益——ヘルヴィッヒ　61
      はじめに　61
      第1款　形式的当事者概念　63
      第2款　ヘルヴィッヒの管理権論　66
      第3款　確認の利益と訴訟対象　71
      まとめ　76
    第2節　確認の訴えの権利保護の利益　77
      第1款　確認の訴えの特殊性と確認の利益　77
      第2款　確認の訴えの原因と給付の訴えの原因　84
      第3款　Bewegungsfreiheit　88
      第4款　消極的確認の訴えと Bewegungsfreiheit　92

目　次

　　　　まとめ　96
　　結——権利保護請求権論における確認の利益概念の意義　97

権利能力なき社団の当事者能力と当事者適格 …………………103
　Ⅰ　はじめに　103
　Ⅱ　他人の権利についての訴訟追行権のあり方　112
　Ⅲ　共同所有の形態論・共同所有者団体の組織法的規律と訴訟追行権・代表者の権限　118
　Ⅳ　平成6年最判の検討　130

遺言執行者の当事者適格に関する一考察 ………………………139
　Ⅰ　はじめに　139
　Ⅱ　受遺者および受益相続人との関係における遺言執行者の当事者適格の性質　139
　Ⅲ　最近の判例の検討　162
　Ⅳ　おわりに　170

遺産分割の前提問題の確認の訴えに関する一考察
　　——遺産確認の訴えの当事者適格を中心として ……………175
　Ⅰ　はじめに　175
　Ⅱ　最大決昭和41年3月2日民集20巻3号360頁　175
　Ⅲ　確認対象としての遺産帰属性の適格性　177
　Ⅳ　遺産分割の前提問題と固有必要的共同訴訟　182
　Ⅴ　相続分の全部を他の共同相続人に譲渡した者の遺産確認の訴えの当事者適格　184
　Ⅵ　おわりに　190

遺産分割の前提問題と訴訟手続の保障
　　——具体的相続分確認の適法性について ……………………191

目 次

  I はじめに——問題の所在　191
  II 最判平成12年2月24日の事案および判旨　193
  III いわゆる相続分説（訴訟事項説）と遺産分割分説（審判事項説）の対立　194
  IV 特別受益またはみなし相続財産の性質　195
  V 「ある贈与・遺贈が特別受益に当たること」の確認の適否　197
  VI 検討——具体的相続分の権利性　199
  VII むすびに　202

将来の損害の拡大・縮小または損害額の算定基準の変動と損害賠償請求訴訟 …………………………………………………………205

  I はじめに　205
  II 将来給付としての損害賠償請求と損害額算定基準の変動　206
  III 現在給付としての賠償請求における将来の損害発生の予測の齟齬　215
  IV 発生が予測される後続損害についての賠償請求の懈怠と遮断効　223
  V おわりに——ZPO323条の「変更の訴え」との関係　232

判決理由中の判断の拘束力 …………………………………………239

  I はじめに　239
  II 争点効の根拠——敗訴結果に対する自己責任　241
  III 矛盾挙動禁止および権利失効の原則　242
  IV 新堂説による「権利失効の原則」批判　246
  V 新堂・竹下論争の争点　247
  VI おわりに　256

明示一部請求に対する相殺の抗弁と民訴法114条2項の既判力 ……257

  I はじめに　257
  II 相殺の抗弁と外側説　260

目　次

　　III　外側部分の請求債権消滅に充てられた自働債権の額と既判力　266
　　IV　おわりに　269

弁論終結後の承継人に対する既判力の拡張に関する覚書　273

　　I　はじめに　273
　　II　形式説とそれに対する伊藤眞教授の批判　274
　　III　分析　276
　　IV　従来の学説に対する疑問　280
　　V　原点としての兼子説　283
　　VI　現在の有力学説の分析　285
　　VII　おわりに　288

多数当事者訴訟　293

　　I　はじめに　293
　　II　片面的独立当事者参加　294
　　III　参加承継・引受承継の規定の整備　303
　　IV　同時審判の申出がある共同訴訟　306

権利主張参加の要件について
——不動産の二重譲渡事例を中心として　315

　　I　はじめに　315
　　II　参加制度を通じた紛争の一回的・統一的解決の実現　317
　　III　参加制度機能拡大論の到達点　318
　　IV　判例・実務の「冷ややかな」対応　319
　　V　学説の「反転」　325
　　VI　民訴法47条4項による40条準用の意義　326
　　VII　不動産の二重譲渡事例の権利主張参加該当性　329
　　VIII　おわりに　335

目 次

送達の瑕疵と民訴法 338 条 1 項 3 号に関する最近の最高裁判例の
　検討··339
　　I　事実上利害が対立する者への補充送達と再審　339
　　II　不実の公示送達・付郵便送達と再審　347

平成 23 年改正民事訴訟法における管轄権
　——併合請求および反訴を中心として ·······································359
　　I　はじめに　359
　　II　法改正前の判例の状況　359
　　III　旧法下の判例法理を併合請求に適用した場合の問題点
　　　　——その 1　客観的併合　361
　　IV　旧法下の判例法理を併合請求に適用した場合の問題点
　　　　——その 2　主観的併合　363
　　V　現行民訴法 3 条の 6 の立案過程　365
　　VI　改正法の下での解釈上の問題点　366
　　VII　反訴の管轄権　369
　　VIII　おわりに　370

法人格なき社団の財産に対する強制執行の方法
　——最判平成 22 年 6 月 29 日が残した問題点 ·····························373
　　I　はじめに　373
　　II　最判平成 22・6・29 の事案及び判旨並びに田原補足意見の概要　374
　　III　法廷意見と有力説の理論的及び実践的優劣　379
　　IV　法廷意見への疑問
　　　　——社団を総有権確認の訴えの被告とする必要性　383
　　V　債務者を被告とすべき実質的根拠及びそれに対する批判　386
　　VI　おわりに　390

目　次

ドイツ連邦共和国における倒産法改正の試み
　　──Übertragende Sanierung の位置付けを中心として……………395
　Ⅰ　問題の所在　395
　Ⅱ　倒産法委員会第一報告書の提案　397
　Ⅲ　譲渡による企業更生劣後化の根拠　400
　Ⅳ　譲渡による企業更生劣後化に対する批判　402
　Ⅴ　市場適合性原則からの批判　406
　Ⅵ　連邦司法省試案及び同参事官草案　409
　Ⅶ　むすび──試案及び草案における企業所有者の再建と譲渡による
　　　企業更生　413

破産法 61 条考 …………………………………………………………419
　Ⅰ　はじめに　419
　Ⅱ　破産法 61 条［現 58 条］の存在意義　420
　Ⅲ　再建型倒産処理手続における確定期売買の取扱い　431
　Ⅳ　会社更生法の下での確定期売買の取扱い　434
　Ⅴ　若干の解釈論　435
　Ⅵ　むすび　441

現行倒産法制における営業譲渡の規律 ………………………………447
　Ⅰ　はじめに　447
　Ⅱ　破産における営業譲渡　448
　Ⅲ　会社更生における営業譲渡　449
　Ⅳ　民事再生における営業譲渡　459

あとがき　　　高橋宏志　467

　事項索引　471
　判例索引　477

初 出 一 覧

「権利保護の利益概念の研究」　　法学協会雑誌 106 巻 2 号，3 号，9 号（1989 年）

「権利能力なき社団の当事者能力と当事者適格」　　新堂幸司先生古稀祝賀『民事訴訟法理論の新たな構築（上）』（有斐閣，2001 年）

「遺言執行者の当事者適格に関する一考察」　　谷口安平先生古稀祝賀『現代民事司法の諸相』（成文堂，2005 年）

「遺産分割の前提問題の確認の訴えに関する一考察——遺産確認の訴えの当事者適格を中心として」　　松本博之先生古稀祝賀『民事手続法制の展開と手続原則』（弘文堂，2016 年）

「遺産分割の前提問題と訴訟手続の保障——具体的相続分確認の適法性について」　　徳田和幸先生古稀祝賀『民事手続法の現代的課題と理論的解明』（弘文堂，2017 年）

「将来の損害の拡大・縮小または損害額の算定基準の変動と損害賠償請求訴訟」　　民訴雑誌 42 号（1996 年）

「判決理由中の判断の拘束力」　　鈴木正裕先生古稀祝賀『民事訴訟法の史的展開』（有斐閣，2002 年）

「明示一部請求に対する相殺の抗弁と民訴法 114 条 2 項の既判力」　　井上治典先生追悼『民事紛争と手続理論の現在』（法律文化社，2008 年）

「弁論終結後の承継人に対する既判力の拡張に関する覚書」　　伊藤眞先生古稀祝賀『民事手続の現代的使命』（有斐閣，2015 年）

「多数当事者訴訟」　　竹下守夫編集代表『講座新民事訴訟法 I』（弘文堂，1998 年）

「権利主張参加の要件について——不動産の二重譲渡事例を中心として」　　高橋宏志先生古稀祝賀『民事訴訟法の理論』（有斐閣，2018 年）

初 出 一 覧

「送達の瑕疵と民訴法338条1項3号に関する最近の最高裁判例の検討」　青山善充先生古稀祝賀『民事手続法学の新たな地平』（有斐閣，2009年）

「平成23年改正民事訴訟法における管轄権――併合請求および反訴を中心として」　石川正先生古稀記念『経済社会と法の役割』（商事法務，2013年）

「法人格なき社団の財産に対する強制執行の方法――最判平成22年6月29日が残した問題点」　田原睦夫先生古稀・最高裁判事退官記念『現代民事法の実務と理論（下）』（金融財政事情研究会，2013年）

「ドイツ連邦共和国における倒産法改正の試み――Übertragende Sanierungの位置付けを中心として」　三ケ月章先生古稀祝賀『民事手続法学の革新（下）』（有斐閣，1991年）

「破産法61条考」　竹下守夫先生古稀祝賀『権利実現過程の基本構造』（有斐閣，2002年）

「現行倒産法制における営業譲渡の規律」　福永有利先生古稀記念『企業紛争と民事手続法理論』（商事法務，2005年）

＊本書刊行にあたって，補訂を行った箇所には，［　］を付した。また，脚注あるいは論文末尾に［補注］を加えた。

権利保護の利益概念の研究

    序——問題の提起及び関心の所在
    第1章　権利保護請求権論の法技術的，法思想的前提
    第2章　給付訴訟の権利保護の要件論
    第3章　確認訴訟の権利保護の要件論
    結——権利保護請求権論における確認の利益概念の意義

序——問題の提起及び関心の所在

  1　大正時代における学説継受を出発点とする我が国民事訴訟法学が，圧倒的にドイツ民事訴訟法学の影響，とりわけ，学説継受期の先学が専らそれに依拠したところの，権利保護請求権論に立脚する学者によって樹立されたSystematikの影響を受け続けたまま，第二次世界大戦の終焉を迎えた事実は，今更改めていうまでもないことであろう。そして現在の我が国民事訴訟法学が，全体としても，また個々の問題の解決に際しても，ドイツ法学の拘束ないし呪縛から脱却せんとする顕著な傾向を呈していることもまた，紛れもない事実である。

  右の如き，ドイツ法学からの離脱ないし自立の傾向は，兼子一博士の学説を以てその嚆矢とする。博士は既に戦前において，訴訟状態論に裏打ちされた訴訟承継論，訴権論としての本案判決請求権，既判力論としての具体的法規説等によって，当時の通説に対する挑戦を行っておられた[1]。これらの議論は，当時のドイツにおいて権利保護請求権論に立脚するSystematikに対抗する新理論を展開していた諸々の論者，特にJ・ゴルトシュミット，ザウエル，ビン

---

  1)　兼子一「訴訟承継論」(1931)『民事法研究1巻』1頁以下，同『民事訴訟法概論』(1938) 1頁，37頁。

ダー，ブライ，フッサール等の見解に強く示唆を受けたものとはいえ，かかる諸見解を取捨選択するにあたっての兼子博士の自立的姿勢は，三ケ月章博士が指摘される如く，高く評価すべきものであった[2]。そして戦後，兼子博士の独創性は，「民事訴訟の出発点に立返って」という論考において更に展開された[3]。博士はそこで，民事訴訟の目的は，権利の保護でも私法秩序の維持でもなく，私人間の紛争解決である，というテーゼを打ち出された。その際，私人間の紛争の存在，従って民事訴訟制度の必要性は，実体私法の存在に対して，歴史的にのみならず，論理的にも先行するという視点を，自覚的に提示された。私法に優先，先行し，私法から独立したものとしての訴訟，訴訟制度そして訴訟法のかかる地位を，紛争解決の必要性なる視点を民事訴訟の目的として措定することにより正当化しようとする発想は，その徹底さにおいてドイツの学説にも類例を見ない独特のものといえよう。博士は，「実体法と訴訟法[4]」において，右の発想をローマ法から近代法に至る歴史的分析を通じて，更に緻密に論証された。

ところで，紛争の解決という，規範的色彩を払拭した，一種の即物的視点は，民事訴訟の社会的機能，社会に実在する紛争に対する民事訴訟法及び民事訴訟法の解釈論の実効性に，論者の関心を向けさせる契機を内包するものであった。尤も，兼子博士の理論においては，右の点が明らかであるとは必ずしもいえない。このことは，兼子博士の既判力論のしからしむるところである。博士は，ビンダー及びフッサールの影響の下に，かつて採用された具体的法規説を発展的に解消し，権利を実在化させることが既判力の本質であるとされた。この場合博士は，既判力による権利の実在化即紛争の解決という把握に立たれる[5]。故に博士においては，既判力の本質は民事訴訟の目的と一致することとなり，訴権としての，既判力を伴う本案判決請求権説も，民事訴訟の目的たる紛争解決を求める請求権として位置付けられることになる[6]。要するに兼子博士の提唱に係る訴訟目的論としての紛争解決説は，博士自身の理論においては，既判

---

[2] 三ケ月章「民事訴訟法の機能的考察と現象的考察――兼子一著『実体法と訴訟法』の立場をめぐって」(1958)『民事訴訟法研究1巻』249頁。
[3] 兼子一「民事訴訟の出発点に立返って」(1947)『民事法研究1巻』475頁以下。
[4] 兼子一『実体法と訴訟法』(1957) 12頁以下。
[5] 兼子・前掲注4) 157頁以下。
[6] 兼子・前掲注3) 482頁。

力の本質及び訴権概念に対して，紛争の解決という社会的意味を賦与する機能を有するに留まる。換言すれば，それを個々の民事訴訟法の解釈問題の解決のための指導原理として利用せんとする姿勢は，博士においては顕著ではない。三ケ月博士が，民事訴訟の目的に関する兼子博士の機能的考察方法が，既判力本質論に関する現象的考察によって相殺されていると指摘される点[7]は，兼子理論の右のような側面を指摘するものとして理解することができよう。

　2　民事訴訟の目的を紛争の解決に求める見解は，その首唱者である兼子博士自身が峻拒された[8]新訴訟物理論において，具体的解釈論と結合した態様において応用されるという，やや皮肉な帰結を見た。それによれば，既判力は紛争を解決するものであり，且つ，そこにいう紛争とは，個々の請求権の要件及び効果を規律する私法によって潤色される以前の，社会に実在する紛争を意味する。従って，如何に複数の私法上の請求権規範が同一の紛争に観念的に適用さるべきものであるとしても，そのことによって訴訟物が分断されることはない。訴訟物の数は，私人にとって一個と実感される実在的紛争の数によって規定されるべきものである。さもなくば，訴訟物の広狭に規定される既判力は紛争を終局的に解決しえなくなってしまうからである。この新訴訟物論においては，民事訴訟の私法規範に対する先行性ないし独立性を強調する紛争解決説の面目躍如たるところがある。とりわけ，小山昇教授の新訴訟物論においてこの傾向は顕著である。教授によれば，民事訴訟の目的は紛争の解決であり，紛争の存在は私法ないし私権の存在に論理的に先行する。そして，紛争とは当事者相互間の利益の対立であり，従って，紛争解決の要求である訴訟上の請求とは，権利主張ではなく利益主張である，とされるのである[9]。尤もこれに対して，三ケ月博士においては，訴訟物は「実体法が一回の給付を受領することを是認する法的地位[10]」と定義され，また，新堂幸司教授によれば，それは「受給権[11]」と定義されるから，訴訟物概念はなお実体法上の権利としての色彩を失っているとはいえないようにもみえる。むしろ三ケ月博士によれば，新訴訟物

---

7)　三ケ月・前掲注2）266頁以下。
8)　兼子一『民事訴訟法体系』(1954) 167頁以下。
9)　小山昇「訴訟物論」(1961)『訴訟物論集』25頁以下。
10)　三ケ月章「請求権の競合」(1958) 及び「法条競合論の訴訟法的評価」(1958)『民事訴訟法研究1巻』77頁，129頁。
11)　新堂幸司「訴訟物の再構成(1)」(1958)『訴訟物と争点効(上)』62頁。

理論は，請求権の本質と機能に遡った取扱を可能にするという意味において，実体法との新たな結び付きを企図するものであるとされる[12]。

確かに，新訴訟物理論は，同理論によれば解決されるべき社会的紛争が一個であるという事態において，それに対し観念的に競合し，時には相互に矛盾する要件効果を定める私法規範につき，それらを調整し，適用されるべき規範を絞り込もうとする実体法上の解釈的営為，即ち請求権非競合論の発展に大きなインパクトを与えた[13]。しかし，それにも拘わらず，三ケ月博士の請求権の競合非競合を巡る実体法上の解釈論に対する評価は，極めて消極的である。博士によれば，法条競合論は，「適用すべき法的観点が，必ずしも裁判規範としての明文のないのに，特別法的なものであるか一般法的なものであるかを常に認識判定すべく，特別法的観点を適用しなければ法の適用を誤ったものとなすことは，裁判官に必要以上の，極めて学者的なる，否学者としてさえ判定に惑わざるをえない課題を要求するものであ」り，この判断の誤りは上告理由となるから，「当事者間にかかる権利の性質決定について別段の争いがない場合であっても，擬律の錯誤に当たるものである以上，当然に職権調査を理念的に要請せざるをえ」ず，「こうした取扱いは，実体法のドグマティクとして如何に整然と位置づけられようとも，制度の要請に反するものとして，訴訟法の立場からはきびしく反撃されることを免れぬであろう[14]」〔傍点筆者〕とされるのである。しかし，如何に制度の要請を強調しようとも，また，如何に新訴訟物理論を採用しようとも，請求権非競合論のいうような判断作業は，凡そ複数の相互に矛盾し合う規範が観念的に競合する場合には，不可欠のものである筈である[15]。にも拘わらず，新訴訟物理論が右のような実体法的解釈作業を経ずして，

---

12) 三ケ月・前掲注10)「請求権の競合」98頁。
13) 例えば，奥田昌道「請求権と訴訟物——実体法学からの新訴訟物理論へのアプローチ」(1968)『請求権概念の生成と展開』313頁，四宮和夫『請求権競合論』(1978)，加藤雅信「類型化による一般不当利得法の再構成(13)(14)」(1981) 法協98巻1号79頁，3号359頁（後に，『財産法の体系と不当利得法の構造』〔1986〕に所収。特にその第3部521頁以下）。
14) 三ケ月・前掲注10)「法条競合論の訴訟法的評価」158頁以下。
15) 例えば，事故から4年後に損害賠償請求訴訟が提起され，被告は不法行為であるとの前提の下に消滅時効を援用し，債務不履行であるならば予備的に相殺する旨の抗弁を提出した。原告は債務不履行であるとの前提の下に被告の責めに帰すべき事由の主張立証を一切しなかったとする。この場合，不法行為の法的観点が採用され，原告の請求を主張責任不尽又は時効の完成を理由に棄却することになるか，それとも，債務不履行の法的観点が採用され，被告の主張責任不尽として処理されることになるのか，後者の場合予備的抗弁に基づき相殺の抗弁をいれて原告の請求を

ともかく原告に有利な給付判決がいずれかの法的観点から正当化されれば足りるとするものであるならば[16]，紛争の解決こそが第一義であり，実体法のドグマティクは，訴訟との関係においてさしあたっては二次的なものと把握されていることとなる[17]。その意味で，三ケ月博士の新訴訟物理論も，やはり実体法に対する訴訟の先行ないし独立を思想的背景に置く訴訟目的論としての紛争解決説の申し子ということが許されよう[18]。

3 元来，ドイツの所謂訴訟法的訴訟物論は，権利保護請求権論に立脚しつつ，実体法が権利を個別化する限度において訴訟物も個別化される，としたヘルヴィッヒの見解への批判であるという点においては，日本の新訴訟物理論に比肩しうる地位にある。しかし，ドイツのそれは，訴訟物概念を実体法上の請求権概念から解放し，それを，「訴状は提起された請求の対象と原因の特定的な表示と申立を含むことを要する」とする ZPO 253 条のいう Antrag とか Grund といった用語の概念規定のみから決定せんとするものであるという意味において「訴訟法的」であろうとしたに留まる[19]のであって，紛争解決の一

棄却することが許されるのかというような問題は，関連する私法上の諸規定の競合排斥関係についての実体法的解釈を経由しなければ解決されえないのではあるまいか（同様の問題を，加藤・前掲注13）法協98巻1号96頁〔前注13〕書547頁，554頁〕も指摘する）。

16) 三ケ月博士は，先ず最初の訴訟において債務不履行の観点から請求が認容され，後に相殺の主張がなされたときには，法的評価の再施により不法行為の観点からも評価しうる限り相殺を拒むこともできる，とされる（前掲注10）「法条競合論の訴訟法的評価」145頁）。しかし，何故その場合相殺禁止の規定が適用可能なのかを，明らかにしておられない。また，不法行為と債務不履行の競合の場合，契約責任の法が一般に原告に有利であろうから，多くの場合契約責任の観点が入り易いのであって，実際的には法条競合論をとったと同じ結果（契約責任の規定を適用して給付を命じる）になることが事実上多いであろうといいうるにとどまる，とされ（同152頁），この問題は，請求権の競合か法条の競合かという大上段の議論をしなくとも，給付訴訟を基礎付ける法的観点の問題として訴訟的，技術的に解決されうるものである（同142頁以下，152頁）〔以上傍点筆者〕とされる。

17) 三ケ月博士によれば，原告の側からみてどの請求権でなければならぬという関心よりは結果として相手方から満足を求めうるかに主たる関心があるという実践的認識に応じて，相手方から一定の給付を求めうる地位の存否を裁定するという給付訴訟の紛争解決機能を直視する立場に立つ限り，そこでの請求権の法的性質決定には，それに相応しい地位を賦与すれば足りるというのが，訴訟制度の要請であるとされる（前掲注10）「法条競合論の訴訟法的評価」158頁）〔傍点筆者〕。

18) 新訴訟物理論の持つ「方法よりも目的」を重視する傾向と近代法治国思想との関係を指摘するものとして，藤田宙靖「現代裁判本質考——いわゆる"紛争の公権的解決"なる視点を中心として」(1972)『行政法学の思考形式』275頁，285頁。

19) 三ケ月章「最近のドイツにおける訴訟物理論の一断面——W. J. Habscheid, Der Streitgegenstand im Zivilprozess und im Streitverfahren der freiwilligen Gerichtsbarkeit (1956) の紹介と

回性という要請は実体法に先行するというようなイデーを正面に打ち出していたものではない。ところが，日本の新訴訟物理論は，右のようなイデーを持ち出すことによって，訴訟物概念を実体法から解放した。従って，その射程は，単に訴訟物論の枠組みに留まることなく，あらゆる訴訟法上の重要な問題につきその再検討を促しうる広がりを有していた。

例えば，争点効理論である。既判力は申し立られた事項についてのみ生じるという原則は，処分権主義の要請であり，その背景には，既判力の遮断的効果は訴訟物である実体権の処分に匹敵するものがあるから，その範囲は権利の処分権者の明示された意思に従って限定されるべきであるとする思考がある。ところが，争点効理論においては，例えば物権的請求権の先決問題として母権たる物権が争点とされる場合，この紛争は争っている当事者の実感としては一つの紛争であり，それを請求権と物権とに分断することは当事者の常識と紛争の実態にそぐわないとして，実体権の処分権者の明示の意思を越えて遮断的効果を及ぼそうとする[20]。この発想の背景には，実体権の範囲及び性格といった技術的議論に囚われることなく，紛争解決の実効性という見地から，紛争の実態（何が争われたか）に着目して，遮断的効果の範囲を考えていこうとする姿勢がある。少なくともこの姿勢は，紛争解決の実効性に立脚する新訴訟物理論の洗礼を経なければ産まれえなかったものといえよう[21]。

また，同様のことは，既判力の主観的範囲を巡る議論についても指摘することができよう。伝統的な発想からすれば，他人の訴訟追行に係る判決の既判力を蒙る者は，実体的依存関係にある者に限定されていた。これとて既判力の実体権処分的効果からすれば当然の事柄であろう。これに対して，最近では，実体的依存関係の存否ではなく，何人が紛争に現実に関与したか，また関与すべきであったか，不利な判決の効力を他人に及ぼそうとする者は，紛争の過程において何をなすべきであったか，という視点から，既判力の主観的範囲を決め

批評を中心として」(1958)『民事訴訟法研究1巻』101頁，107頁以下，K. H. Schwab, Der Streitgegenstand im Zivilprozess (1954) S. 28ff.

20) 新堂幸司『民事訴訟法〔第2版〕』(1981) 425頁以下，特に429頁以下。

21) 新堂教授は，その体系書（前掲注20））の栞の中で，次のように述べておられる。「新訴訟物理論で打ち出した紛争解決の一回性という考え方をつきつめていくと，紛争解決の実効性ということにつながるし，当事者とか利用者が解決しようとする『紛争』と，訴訟理論が解決しようとする『紛争』とのくいちがいという点を訴訟物理論から教えられた。そのあたりから……争点効という発想も芽生えたといえるかもしれません。」

ていこうとする傾向が生じつつある[22]。必要的共同訴訟を巡る議論においてもこうした傾向は看取されうる。固有必要的共同訴訟か否かは，訴訟物である法律関係がその実体法的性質上複数の権利者又は義務者の全員による管理処分を必要とするか否かによって決定されるとするのが伝統的な見解であった。そして，共有関係においては，固有必要的共同訴訟とすることが個々の権利者の権利保護に欠けるところがあることを理由として，実体法上は完全な所有権とその効力において大差ない共有持分権を根拠とする個別訴訟を可能とすることにより，所有権保護という近代法の大原則の要請に応えようとする傾向が顕著であり，その反映として，固有必要的共同訴訟の範囲を縮小しようとする傾向が濃厚であった。これに対してこの分野においても，紛争解決の一回性又は統一性を強調する見地から，その要件を裁判所の裁量に委ねつつ，固有必要的共同訴訟の範囲を再び拡大しようとする傾向が看取される[23]。そして特に，共同提訴を肯んじない他の共有者を被告にせよという見解を見るに至っている[24]。この見解によれば，例えば共有地の移転登記請求訴訟において，そのような他の共有者に対する登記請求権は観念しえないから，この考え方は結局，請求なき当事者の観念を産むに至り，当事者適格の観念と訴訟上の請求の観念の双方において実体法との結び付きを否定することに繋がるのである。

4 これら我が国の戦後の民事訴訟法学の動向が，総て民事訴訟の目的論としての紛争解決説の直接の産物であるとすることは，牽強付会に過ぎようし，また，短絡的でもある。しかしながら，訴訟の現実的機能を重視し，訴訟制度の実体法に対する先行という主張を標榜しつつ，訴訟法学の実体法からの解放に道を拓く余地を内包していた，この目的論という共通の遺産の介在なくして，百花繚乱と評しうべき今日の状況が生じえたかは，仮定の問題ではあるが，一考に値しよう。

　ここで，近時の我が国民事訴訟法学の持つ，筆者にとって感ぜられる共通的な特徴を二つ指摘しておきたい。第一に，現在の民事訴訟法学においては，動

[22) 例えば伊藤眞教授は，「紛争過程上の依存関係」という概念を用いて，制定法上の限界を越えて既判力の主観的範囲の拡張を考えていこうとされる（『民事訴訟の当事者』〔1978〕217頁）。

23) 五十部豊久「必要的共同訴訟と二つの紛争類型」(1966) 民訴雑誌12号165頁，小島武司「共同所有をめぐる紛争とその集団的処理」(1972) ジュリ500号328頁がこうした傾向の端緒であろう。

24) 小島・前掲注23) 331頁。

態的性格が著しく濃厚である。元々，紛争解決説の前提には，訴訟の法創造機能に対する肯定的評価があり，かつこの作用は所謂法の動態的考察によって認識されるものである。かかる発想に触発されたときの法学が動態的であることは当然かもしれない。まして，訴訟の現実的機能に着目し，具体の紛争のあり様とそれに対する訴訟の実効性，具体の紛争との関係人の関わり合いを直視して，解釈論を行おうとする場合においては一層そうだということになろう。第二に，第一と裏腹の関係にあることであるが，現在の民事訴訟法学は，一義的に明確な規範を予め定立することにより要件判断を拘束しようとする思考に対して批判的ないし懐疑的であるということである。既判力の客観的範囲や必要的共同訴訟の要件論等において，一義的に明確な要件規範を賦与するものとしての実体法のみに依存することに対して消極的であることは，先に述べたとおりである。そして，そもそも現実の紛争の持つ多様性に鑑みれば，事前の要件規範の一義的な確定性自体が，訴訟の紛争に対する適応力を欠く「モデル志向[25]」として批判される。従ってその反面，定立される要件には拭い難い曖昧さがつきまとう。むしろ事前の要件の曖昧さないしは幅の広さは，個別の紛争の多様さと特殊性に対して，裁判所の裁量的判断による柔軟な解決に資するものとして積極的に評価されているようにも見える。近時の学説において盛んに用いられる「手続保障」なる概念を例に取れば，この語に込められる含意自体，それを使用する論者により極めて多義的である[26]うえ，この概念を関係人の手続の関与の質量により判決効の（主観的，客観的）範囲の画定に利用しようとするとき，果たして明確な境界線を引くことが可能であるか否かが，そもそも疑問とされてよいものともいえよう。

5 ところで，本稿がその対象とする訴えの利益，権利保護の利益ないし必要の問題は，活況を呈している民事訴訟法学の現状においても，比較的沈滞していた問題といえよう。実際，権利保護の利益，より広く権利保護の要件の概念ほど，学説継受期に移入された定式が変更を蒙らないまま今日に至っている

---

[25] 新堂幸司「民事訴訟法をめぐる学説と判例の交錯」（1981）『新実務民事訴訟法講座1巻』25頁。

[26] 例えば，伊藤眞「学説史からみた手続保障(1)(2)」（1982）法教21号27頁，22号23頁と，井上治典「手続保障の第三の波(1)(2)」（1978）法教28号41頁，29号16頁（いずれも新堂幸司編著『特別講義民事訴訟法』〔1988〕51頁，76頁に再録）とにおける，「手続保障」なる語の意義の相違を参照。

例も珍しい。試みに，当時のドイツの権利保護請求権論に立脚した精緻な民事訴訟法学を綿密に摂取されつつ，我が国民事訴訟法学の黎明期を画された雉本朗造博士と兼子博士の確認の利益に関する叙述を比較してみよう。前者によれば確認の利益とは，「法律関係ノ存在又ハ不存在カ不明確ナルコト」によって「原告ノ権利又ハ一般私法上ノ地位カ侵害セラルヘキ危険ヲ感ジタルコト[27]」であるとされ，後者によれば，それは「原告の権利又は法律的地位に現存する不安危険を除去するために，一定の法律関係の存否を，反対の利害関係人である被告との間で判決によって確認することが必要且適切である場合に認められる[28]」とされる。

両者の類似は，一見奇妙な現象である。権利保護の利益とは，一般には，特定の紛争に対して諸々の関係人がどのような主観的欲求をもって関わり合っているか，民事訴訟制度を運営する裁判所の側からみれば，制度に向けられる様々の欲求のうち何を正当な利益としてすくいあげるか，という問題であるというようにイメージされ，従って，実体法と訴訟法とが交錯する領域であると考えられている。そうだとすれば，紛争と訴訟との動態的関係に密着した理論の確立に腐心している昨今の我が国民事訴訟法学が，この問題に対して沈黙していたことは，不思議とするに足る。尤も，権利保護の利益について我が国で説かれている定式自体が，およそ一義性，確定性を具有するとはいいがたい面がある。従って，上述の如き近時の我が民事訴訟法学の性向からして，この概念の柔軟な利用可能性を将来に留保するという意味において，むしろ曖昧なものは曖昧なまま残して置いた方が得策であると感じられているのかもしれない。

6 今日に至るまで，権利保護の利益の概念についての，ドイツの学説の変遷を踏まえ試みられた最も精緻な理論的，概念的分析として，三ケ月博士によるそれ[29]の右に出るものはなかった。

---

27) 雉本朗造述『民事訴訟法(上)』(1920) 261頁。
28) 兼子・前掲注8) 156頁。
29) 三ケ月章「権利保護の資格と利益」(1954)『民事訴訟法研究1巻』1頁。他に，上北武男「訴えの利益にかんする一考察――勝訴要件としての訴えの利益試論」(1975) 民訴雑誌21号113頁，山木戸克己「訴えの利益の法的構造――訴えの利益覚え書」(1981) 吉川大二郎博士追悼論文集『手続法の理論と実践(下)』51頁，野村秀敏「訴えの利益の概念と機能」(1984)『講座民事訴訟2巻(訴えの提起)』127頁がある。第一のものは，この概念の内容を解明するというよりも，訴えの利益が原告勝訴の要件であることを主張するものである。第二のものは，極めて鋭い指摘を含むものであるが，この概念の沿革に遡って分析を行うものではない。第三のもの

博士は，権利保護請求権論に立脚する論者（具体的にはヘルヴィッヒ及びシュタイン）における権利保護の利益の概念の中には，訴訟法的（国家的）性格と私法的・実体法的性格とが混在していると指摘され，これを，権利保護請求権説が依然として私法的要素を訴権概念の中に残存せしめているという意味における中途半端な性格，既存の私権と垂直に交叉する権利保護の体系を構想する同説の発想に由来するものと評価される。そして博士は，権利保護請求権説のかかる側面を批判されつつ，権利保護の資格と利益はいずれも訴訟制度の運営に関して発現する国家的利益であるとしてその実体関係的性格を否定し去ったブライの所説を高く評価されながらも，博士自身としては，権利保護の利益は実体法と訴訟法の移行領域に属するとしたロベルト・ノイナーの見解に賛意を表明されるのである[30]。

　尤も博士は，権利保護請求権論に立脚する論者の権利保護の利益概念に私法的・実体法的契機が存在する根拠を，論者が，権利保護の利益欠缺の場合に下されるべき判決が訴訟却下判決でも本案判決でもないものである（ヘルヴィッヒ），その欠缺の取扱は訴訟要件のそれとは異なる（シュタイン），としていたことに求めておられる[31]。なるほど，刑事訴訟において免訴判決が公訴棄却判決と異なり実体関係的性格を有するとされることが示すように，権利保護の利益欠缺の場合には単なる訴訟却下判決が下されるべきではないという主張の背後には，権利保護の利益の「実体関係的性格」についての彼らの認識が示されていたとみることは可能であろう。しかし，権利保護の利益の本質の認識とその欠缺の場合に下される判決の種類とが，論理的に関連性を有するとは必ずしもいえない。仮に権利保護の利益の欠缺の場合にも訴訟判決が下されるよう統一されたとしても，そのことにより権利保護の利益の本質が変わるわけではないのである。また博士は，権利保護請求権に残存する私法的要素が彼らの権利保護の利益概念に私法的痕跡を留めた原因であるとされる。確かに，権利保護請求権論は，訴権の要件として訴訟法上のそれと並んで，私権をもその要件であるとするものであり，それは実体法と訴訟法とが概念的に分化する以前のactioに類似する，と批判したブライは，私権の要素を捨象した，権利保護の

　　　は，日独の学説の紹介である。
　30)　三ケ月・前掲注29) 11頁以下。
　31)　三ケ月・前掲注29) 11頁以下。

要件を含む訴訟要件の束としての本案判決請求権の概念を提唱した[32]。しかし訴権の概念から私権を捨象したとしても，権利保護の利益という概念の内容が直ちに，私法的契機を払拭した「国家的利益の発現」と化するとはいいきれない。実際，権利保護の資格と利益に対応する，ブライの所謂「実体関係における法的利益 (das rechtliche Interesse in sachlicher Beziehung)」及び「形式的・態様的関係における法的利益 (das rechtliche Interesse in formaler und modaler Beziehung[33])」というものが，権利保護請求権論者のいう権利保護の要件の内容とどれほど異なるか，ということは一つの問題たりうる。仮に両者の内容が大きくいって類似しているならば，訴権の要件として私権を要求することと，権利保護の利益に私法的契機が内在することとは，無関係であるということになろう。また博士は，権利保護の利益が実体法と訴訟法の移行領域に属するとする見解として，ノイナーを挙げておられる。「移行領域」という表現は，あたかも，権利保護の利益という枠組みの中で，「私法的利益」と「訴訟法的（国家的）利益」とが対立・拮抗の関係に立ち，両者の比較衡量と調整の過程から何れを優先すべきかが決定されるものの如く感じられる。しかし，確認の利益を例にとっていえば，ノイナーは，確認の利益といわれる問題の中には，特定の国家がそもそも確認の訴えという制度を一般的に承認しているか，そうだとして如何なる要件の下でそれが許容されているか，そして，具体の場合にその要件が充足されているか，という三つの側面を異にする問題が含まれており，この三つは判然区別されるべきものであって，前二者は手続法上の問題であるから国際私法上法廷地法 (lex fori) により判断され，後一者はそれが被告による原告に対する Rechtsverletzung の存否の問題であるから国際私法上実体準拠法 (lex rei) による，といっているに過ぎない。換言すれば，彼は確認の利益を上述のような鵺的な判断枠組みとして捉えていたのではないのである[34]。

また，三ケ月博士の見解においては，訴訟法的（国家的）利益又は性格及び私法的利益又は性格という概念が，如何なる意味内容を持つものとして語られているのかが必ずしも明らかではない。一口に国家的利益という場合，訴訟制度の運営者として私人に対し超越的地位にある国家がそれ自体として有する固

---

[32] E. Bley, Klagerecht und rechtliches Interesse (1923) S. 58ff.
[33] Ebenda, S. 92, 102f.
[34] R. Neuner, Privatrecht und Prozessrecht (1925) S. 67, 76ff.

有の利益を意味するように受け取ることができると思われるが，普通「利益なくして訴権なし」という法格言の反映として理解される権利保護を求める私人の利益とは，国家が一定の目的のために運営する制度の利用のために私人が具備すべき実質的利益をいうものであると思われる。後者の場合に私人が具有すべき利益が「国家的」利益でなければならないとされるとすれば，それは如何なる意味なのであろうか[35]。結局，訴えの利益，権利保護の利益という概念は，三ケ月博士によっても，「実体法と訴訟法の移行領域」という表現が端的に示すように，そこにおける実体法と訴訟法の関わり合いが今一つ解明されることはなかったと評価することも許されるのではなかろうか。

ところが，近時，谷口安平教授により，訴えの利益の概念について極めて意欲的且つ野心的な見解が提唱されるに至った。教授によれば，訴えの利益という概念は，実体法と訴訟法の移行領域にある「救済法」なる法体系の中に置かれ，既存の実体法に囚われない柔軟にして裁量的な判断による法創造作用をそこに期待することにより，新たな社会現象から生じる利益に対し審理の機会を与え，それが新しい権利として創造されていくための触媒として位置付けられるのである[36]。ここでは，訴訟の権利創造機能の認識を前提として，訴訟において新たな実体権が動態的に生成していくための媒介項としての役割が，訴えの利益の概念に賦与されている。と同時に，訴えの利益が実体的権利に先行するものとして位置付けられることによって，実体法は，訴えの利益を規制し嚮

---

35) この点につき，谷口安平『口述民事訴訟法』(1988) 103頁。
36) 谷口安平「権利概念の生成と訴えの利益」(1984)『講座民事訴訟2巻（訴えの提起）』163頁，同・前掲注35) 107頁。なお，同「集団訴訟における諸問題」(1982)『新実務民事訴訟法講座3巻』157頁をも参照。尤も，谷口教授のいわれる「救済法」なる法領域が我が国において独自の地位をしめうるかについての懐疑もありえよう。竹下守夫「救済の方法」(1983)『基本法学8巻（紛争）』83頁は，英米法にいう救済法とは，我が国においては実体法の問題に解消されるとされる。Neuner, a.a.O. S. 29ff. は既に，実体法とは別に救済法という法的範疇が存在する，権利とその実現手段であるremedyとは別である，というイギリス的法観念につき，そこでは，令状の数だけしか権利は存在せず，従って権利よりも先ず令状の要件こそが問題であるという，ローマ法におけるactio的法観念と同様の観念が妥当しており，また，エクイティ裁判所とコモン・ロー裁判所の管轄の区別が存在し，特に，後者では凡そ誰も権利を持ちえないような場合においても，前者において衡平的考慮から権利保護が賦与されうる，という事態の下で，ヴィントシャイト的な，実体法と訴訟法の分化，権利がそれ自体として独立してremedy以前に存在しているという観念が介在する余地がなかったと指摘している。このことは，逆に，ヴィントシャイト以来，実体法と訴訟法の二元性を法観念における最初の約束事としている我々の法的思考における，救済法なる観念の存在の余地への疑問を示唆しているといえよう。

導する規範としての機能を喪失し，訴えの利益という概念に右のような機能を果たせしめるか否かは，個別訴訟における裁判官の裁量的判断に委ねられることとなる。こうした見解は，先に触れた近時の我が国民事訴訟法学に顕著な傾向が，訴えの利益，権利保護の利益の概念にも波及したものとして捉えることができると思われる。

7　本稿は，訴えの利益ないし権利保護の利益の概念が，訴訟制度の目的，実体法と訴訟法との関連といった基本的な問題意識の下で，歴史的にどのような内容を持つものとして観念され，歴史的にどのような機能を与えられてきたか，権利保護請求権論に由来する権利保護の利益という概念が，権利保護請求権論者においてどのような内容を持つものとして把握されていたか，彼らが，権利保護の要件の訴訟法的国家的性格又は私法的性格を語る場合，そこに如何なる内容が込められ，それが如何なる実践的意義を充填されていたかを，彼らの訴訟観，訴訟法観，実体法観等の法思想的前提との関連を念頭に置きつつ，明らかにすることを目的とする。そして，果たして権利保護の利益の概念には，その中で（かく把握された意義における）訴訟法的（国家的）利益と私法的利益との調整が試みられる，鵺的な機能が賦与されていたのか，それとも，この概念は一義的，画一的，確定的内容をもつものとして把握されていたのかを，各種の訴えの類型における論者の法技術的な議論を素材としながら，探究しようとする。そして，権利保護請求権論以後権利保護の利益概念の解明に貢献したブライ等の論者についても同様の作業を行い，更に，法と訴訟の動態的把握を強調した論者が，そうした法観を権利保護の利益の概念にどのように投影し，この概念をいかように変容させ，それにどのような意義を賦与していたか，をも考察したい。このような作業は，紛争解決という独特の訴訟目的観に影響されている現在の我が国の民事訴訟法学にとって，権利保護の利益という概念にそうした訴訟目的観との関係でいかなる意味を持ち込みうるかを検証するものとして，不可欠の前提をなすと思われる。とりわけ，谷口教授の提唱されるような機能を，訴えの利益，権利保護の利益という概念に賦与する場合，訴訟制度を囲繞する諸々の欲求と不満に対して，訴訟制度は，自らの本来的使命を果たすべくそれらを選別する有効な武器を装備することのないまま，直接身を晒すことになる。右のような事態がもたらされることの当否を検討するためには，この概念が歴史的に担ってきた又は担わされてきた意義と機能を正しく認識す

ることが不可欠であると筆者は考えるものである。もしこのような作業を欠いたまま，権利保護の利益，訴えの利益という概念に，民事訴訟制度に対する論者の諸々の主観的な欲求ないし期待を不用意に注入することは，議論を混乱させるだけでなく，民事訴訟制度に対して，またそれに関与し又は関与させられる私人に対しても，かえって論者の意図に反する結果をもたらす恐れなしとしないからである。従って本稿は，直ちに権利保護の利益についての具体的解釈論を提唱することは目的としてはいないことを予めお断りしておく。

第1章　権利保護請求権論の法技術的，法思想的前提

はじめに

　訴訟法上の権利，従って，公権としての権利保護請求権の概念の存在を主張した権利保護請求権論者にとって，かかる公権としての権利保護請求権の要件としての権利保護の利益が，訴訟法上，公法上の概念であるということは，疑うべからざる前提であった。パウル・ラーバントにその起源を有する公法的・具体的訴権の概念[37]を，彼から刺激を受けつつ[38]も，訴訟法学において詳細に

---

37) Laband, Das Staatsrecht des Deutschen Reiches 1. Aufl. Bd. 3. Abtl. 2. (1882) S. 22f. なお，詳細については次注参照。

38) 権利保護請求権の概念が，公法学者ラーバントにその端を発し，ヴァッハを通じて，ヘルヴィッヒ等に受け継がれていったことは，夙に知られていることがらである（斎藤秀夫「公法学理論の訴権概念への影響」〔1940〕『民事訴訟法理論の生成と展開』24頁，特に29頁）。ところで，富樫貞夫教授によれば，権利保護請求権概念の成立史におけるラーバント＝ヴァッハの系譜につき，ヴァッハがラーバントに追随したというためには，ラーバントの所説そのものについての立ち入った分析が必要であり，両説の発表年度の前後のみをこの系譜の論拠とするのは不十分であるとされ，ヴァッハやヘルヴィッヒが「訴権は公権である」とするとき，訴訟制度を巡る国家と人民との関係が権利義務関係であると主張するところにその主眼があり，その限りにおいて公法理論の影響の下にあるとしても，訴権が公権であるという点においては抽象的訴権論も同様なのであるから，訴権＝公権という図引によっては，抽象的訴権と区別される権利保護請求権概念の成立を説明することはできず，そのためには，ラーバント＝ヴァッハの系譜に替えて，ヴィントシャイト＝ヴァッハの系譜を取り上げるべきである，とされる（「権利保護請求権概念の成立」〔1965〕熊本法学4号1頁，特に11頁以下）。ヴィントシャイトとヴァッハとの関係については富樫教授の分析に委ねるとしても，教授においては，ラーバントの所説自体の分析は行われていないため，ラーバントとヴァッハの所説がいかなる関連にあるかが明らかにされてはいない。
　ラーバントの所説は次のようなものであった。

第1章　権利保護請求権論の法技術的，法思想的前提

根拠付け，その後の多様な権利保護請求権論の展開を可能ならしめた最大の貢献者であるアドルフ・ヴァッハについて，近時，ハンス・シュトルは次のように述べている。

「ヴァッハの確認請求権に関する根本的な研究以来，ドイツの法律学においては，確認の訴えは純粋に訴訟法上の制度であるということが，貫徹されてきた。それに応じて，一般的にいえば，民法学においては，いかなる程度において，私法＝私権が確認の訴えによる特殊な保護を享受しているか，いかなる程度において，私法がこの制度に痕跡を留めているか，について考察することは放棄されてきた。訴訟法学においても，確認の訴え——とりわけ，それを特徴付ける確認の利益という概念——は，専ら訴訟上の観点のもとに評価されているのである[39]。」

「むしろ国家の使命は，国家に服属する者に権利保護を賦与すること，即ち，国家の平穏を維持し，自力救済を排除し，その代償として，私人をしてその権利を実現せしめるよう国家の権力を以て助力すること，にある。国家は，かかる使命の遂行を自らの義務として認識し，そのことから，私人が国家による権利保護を要求する権利を有することが明らかとなり，しばしば私人はこうした権利を必要とするのである。従って，訴えとは，このような国家による助力の賦与を要求する請願，主観的権利を国家による保護に服せしめ，それにより私権の承認ないし実現を確保し，ときにはそれを強制することを求める要求である。判決とは，この要求を承認し又は拒否することについての裁判である。この判決は，返答を与えることにより，二つの先決問題を決定する。第一に，具体の場合において，国家がその権力を行使すべき義務を承認するための総ての要件が存在するか否か，原告が国家に対する裁判による助力を求める請求権を有するか否か，という問題であり，第二に，原告が被告に対して主張するところの法的請求権を有するか否かである。第一の問題は，国法上の（訴訟）関係であり，公法に属する。第二の問題は，訴訟に先行する，訴訟に対し契機を与えるに過ぎない法律関係に関わるものであって，通常は私法上の問題である。」（Laband, a.a.O. S. 22f. 傍点は原文イタリック）

右の，訴訟に先行する私権の存在と訴訟法の規律する要件の存在とを内容とする権利は，後に考察するところから明らかなように，ヴァッハと彼以後の権利保護請求権論の中核を成すものであって，少なくとも，ラーバントの所説は，適式な訴えの提起により被告の応訴を強制する権利が訴権である，とする抽象的訴権論とは明らかに異なる。そして何よりも，ヴァッハ自身が，ラーバントのこの叙述を引用しつつ，私人の国家に対する主観的権利は存在する余地がないとしたかつての自説を撤回しているのである（Wach., Handbuch des deutschen Civilprozessrechts, Bd. 1. (1886) S. 19, FN 16.）。従って，ラーバントの所説のヴァッハに対する影響は，疑いの余地なき事実であると思われる。もっとも，ヴァッハは，権利保護請求権には相手方に対し権利保護の受忍を要求するという側面も存在すると主張してラーバントを批判するのであるが，ヴァッハ以降の権利保護請求権論からは，この側面が次第に払拭されていった点については，斎藤・前掲論文参照。

また，富樫教授が指摘される，同じく公権ではありながら何故に権利保護請求権論が抽象的訴権論から一線を画する必要があったのか，という問題は，本章第2節，第3節において解明されるであろう。

39) Stoll, Typen der Feststellungsklage aus der Sicht des bürgerlichen Rechts, Festschrift für E. Bötticher (1969) S. 341（この論文の紹介として，佐上善和・法学論叢93巻2号〔1973〕87頁がある）。

シュトルの指摘する通り，民事訴訟法の文献においては，ヴァッハが，確認の訴えは訴訟法上の制度である，と提唱したことの内在的意味が十分に理解されないまま，確認の利益は訴訟法上の概念であり，訴訟法的に判断されるべきである，といった主張が，今日に至るまで漫然と繰り返されてきている[40]。そして，ヴァッハをはじめとする権利保護請求権論者において，権利保護の利益，なかんずく確認の利益の概念が，実際にどのような内容を持つものとして把握されていたか——シュトルは，それが私法＝私権に傾斜していた，と指摘する[41]——という問題についての考察は，我が国においてはもとより，実は，ドイツにおいても，十分になされてきたとはいえないのである。

本稿は，検討の対象を他ならぬヴァッハその人と，コンラート・ヘルヴィッヒ，フリードリッヒ・シュタイン，そして，訴訟法学者にして公法学者でもあったリヒァルト・シュミット[42]に絞りつつ，権利保護請求権論における権利保護の利益の観念を，とりわけ，そこにおいて私法＝私権と訴訟法とがどのような交錯関係にあったか（又はなかったのか），という視点から，再評価することを目的とするものである。そして，その分析に入るに先立ち，訴権，なかんずく確認訴権が，訴訟法上の制度であり，私法上のそれではない，と彼らが主張

----

40) 例えば，A. Blomeyer, Zivilprozessrecht, Erkenntnisverfahren, 2. Aufl. (1985) S. 181.

41) Stoll, a.a.O. S. 342.

42) 検討の対象とされる文献は，Wach, Handbuch, a.a.O.; ders., Feststellungsanspruch, Ein Beitrag zur Lehre vom Rechtsschutzanspruch, Festgabe der Leipziger Juristenfakultät für B. Windscheid zum 22. Dezember 1888 (1889)（なお，筆者が参照しえたのは右祝賀論文集の抜き刷りであるので，以下においては，抜き刷りの頁数を先に示し，カッコ内に本来の頁数を示すことにする）; Hellwig, Anspruch und Klagrecht : Beiträge zum Bürgerlichenrecht und Prozessrecht (1900); ders., Wesen und subjektive Begrenzung der Rechtskraft (1901); ders., Lehrbuch des deutschen Civilprozeßrecht, Bd. 1. (1903); ders., Klagrecht und Klagmöglichkeit : Eine Auseindersezung über die Grundlagen des heutigen Civilprozeßrecht (1905); ders., System des Deutschen Zivilprozeßrecht, Bd. 1. (1912); Stein, Über die Voraussetzungen des Rechtsschutzes, insbesondere bei der Verurteilungsklage, Sonderabzug aus Festgabe der Juristischen Fakultät des vereinigten Friedrichs Universität Halle Wittenberg für Hermann Fitting (1903); ders., Die Zivilprozeßordnung für das Deutsche Reich. Bd. I 11. Aufl. (1913)（この著名な注釈書の11版は，シュタイン自身の手になる最後の改訂版である）; ders., Grundriß des Zivilprozessrechts (1921)（本稿ではヨーゼフ・ユンカーによる改訂前の第1版を参照した）; R. Schmidt, Lehrbuch des Zivilprozessrecht, 2. Aufl. (1906) である。なお，権利保護請求権論の立場から著されたモノグラフィーとして，他に Langheinecken, Der Urteilsanspruch : Ein Beitrag zur Lehre vom Klagerecht (1899) がある。しかし，この著作は学説の整理という色彩が濃厚で，余り独創性の見出せないものであるため，本稿における叙述の参考となる限りにおいて，適宜引用するに留め，ランクハイネケンの見解を独立の考察の対象にはしない。

した際の，実践的な動機と，訴権を公法的・抽象的に把握する立場に対して，彼らが訴権の公法的・具体的把握を以て対抗した際の，思想的背景を明らかにすることが，本章の課題である。

第1節　私法的訴権論批判

1　私法的訴権論とは，訴権は私権に内在する，訴権は私権の構成要素，潜在力，機能，派生物，活動態である，訴権は私権の行使である，といったように，訴権を主観的私権と無媒介の関係に位置付ける見解である[43]が，それは，特に確認の訴えとの関係においては，確認の訴えは，私権ないし（その集合体としての）法律関係から，給付を求める請求権――私法的訴権論においては，その行使が給付訴権である――と並んで派生する，私権ないし法律関係存否の承認を求める私法上の請求権，法律関係の存否について保証を立てることを求める請求権（Kautionsanspruch, Sicherstellungsanspruch）を行使するものである，と捉える[44]。実は，CPO の起草者もまた，あらゆる訴えは私法上の請求権の行使でなければならない，とする観点から，法律関係の承認請求権が侵害された場合に，それを訴えにより追求するものが，CPO 231 条の定める確認の訴えであると考えていた[45]。ヴァッハはこの事実を承認しつつも，CPO の理由書はドクマティクを拘束するものではないとし[46]，理由書とそれが前提とする確認訴訟観を次のように批判する。

　　私法的確認請求権とは，法律関係の存在を保証するものとしての「認諾」を請求する権利であるとされる。だが論者が，どのような形で「保証」が提供されるべきものであるのか（公正証書の作成か，担保の提供かそれとも被告の陳述で足りるのか）を明らかにしていないのは，恣意的であるし，保証請求権は民法上極めて稀にしか成立

---

43)　Langheinecken, a.a.O. S. 2.
44)　Wach, Festetellungsanspruch, S. 7 (S. 79). 確認の訴えを，法律関係の存否についての保証を立てることを求める請求権と捉える立場は，確認を求める権利を手形の支払い保証を求める権利とか損害を発生させないことを約する担保を立てることを求める権利（actio damni infectia）とパラレルなものと考えるのである（Feststellungsanspruch, S. 8 (S. 90) FN 6.）。なお普通法時代の確認訴訟類似の制度については，H. Kadel, Zur Geschichte und Dogmengeschichte der Feststellungsklage nach § 256 der Zivilprozeßordnung (1967) S. 35ff. に簡単な叙述がある。
45)　Hahn, Materialien zum Reichsjustizgesetzen (1880) Bd. 2, S. 254.
46)　Wach, Festetellungsanspruch, S. 4f. (76f.).

しないことは明らかであって，かかる一般的な立保証請求権の存在は未だ論証されてはいない。また，多くの論者によれば，「保証」は訴訟における被告の陳述により与えられるのではなく，ただ判決によってのみ与えられるものであることは承認されている。即ち，「保証」を求める権利は被告によって履行されるものではなく，ただ裁判所によってのみ履行されるものであり，従って，その権利は既に公法上のものなのである[47]。

右の叙述において明らかであるように，確認を求める権利が公法上のものであるということの根拠は，給付の名宛人，給付義務者が国家，裁判所であることに求められている[48]。しかし，ヴァッハは，右のようないわば瑣末な論拠によってではなく，総ての訴えが私権ないし私法上の法律関係から派生するものであるという観念それ自体に対して，次の論拠を以て刃を向けるのである。

「訴権が主観的私権（subjektives Privatrecht）に内在するものであるとする議論は，訴権により保護されるべき主観的私権に依存することなくして訴権が存在するならば，全く不可解かつ不可能なものとなるであろう。そうした訴権が存在することは，消極的確認の訴えに鑑みれば，もはや争いの余地がないのである[49]。」

消極的確認の訴えにおいては，私権と訴権は無媒介には結合されえない。従って，この訴えの導入がヴァッハをして公法的訴権論を提唱せしめる根拠となっていたことは，夙に富樫貞夫教授の指摘されているところである[50]。しかし，この点をあまり強調すると，ヴァッハの訴権論，とりわけ消極的確認訴権における私法と訴訟法との関連・交錯状況を見失うおそれがある。消極的確認訴権もまた権利保護請求権であって，それは何かを保護する目的を持って存在することにおいては，積極的確認訴権と相違がないからである。更に，権利保護請求権の概念から無媒介の私権依存性を払拭したとしても，なお，権利保護の要件，なかんずく，権利保護の利益の要件と私法＝私権との関係は未だ解明されたことにはならないからである。以上の問題は，むしろ第3章において深く検討する課題であり，ここではとりあえず，シュタインの次のような言明を引用するに留める。

「訴訟法は，自ら概念を発展させる替わりに，実体法に委任することがしばしばあ

47) Wach, ebenda, S. 7-10 (S. 79-82); ders., Handbuch, S. 21 (FN 22).
48) Vgl. auch, Stein, Voraussetzungen, S. 3ff.; ders., Komm. Vorbemerk. z. § 253, S. 578f.
49) Wach, Feststellungsanspruch, S. 22 (S. 94); ders., Handbuch, S. 19.
50) 富樫・前掲注38) 14頁。

第1章　権利保護請求権論の法技術的，法思想的前提

る。しかし，たとえそのような場合であっても，訴訟という制度は，その〔概念の・筆者注〕性質と内容を，それら〔概念〕の訴訟に対する目的的関連性から獲得するのである。当事者能力，訴訟能力，証明責任及び既判力は，それらが訴訟においてのみ，且つ，訴訟にとってのみ意義を有するものであるがゆえに，個々の場合における判断が実体法に回帰するものであっても差し支えがないのである。〔そのことは〕窃盗という概念が，所有権法秩序に委ねられているとしてもなお，刑法上の概念であるのと同様である51)52)。」

即ち，訴訟法が特定の概念の内容決定を実体法に委任している場合であっても，それが訴訟法上の効果を生じるものである限り，訴訟法上の概念でありうる。従ってまた，権利保護請求権が，原告に有利な判決を求める権利という訴

---

51)　この言明はシュタインの以下のような叙述に先立つものである。シュタインは，公法上の権利としての権利保護請求権と私法＝私権，とりわけ私法上の請求権との関係につき，権利保護請求権の一形態である，仮差押え質権の設定の方法による保全請求権を例として次のようにいう。

「彼〔債権者〕は，そのこと〔国家に対する保全・満足請求権を有すること〕によって，債務者に対する権利を有することになるのではない。しかし彼は，債務者の財産に向けられた，国家に対する権利として，保全・満足請求権を有するのである。だが，彼の請求権が満足にまで及びうる限りにおいて，それに，そのために不可欠な，803条，804条による差押え質権に基づく保全処分を包含するのである。その反対のことを想定することは，シャイロック事件におけるポーシャの論法である。」(Voraussetzungen, S. 6f.)

権利保護請求権としての保全・満足請求権を有することにより，債権者は債務者に対して権利を取得するのではなく，また，保全請求権があるから満足請求権が存在すると考えることは，ポーシャ的詭弁であるとされる。即ちシュタインは，権利保護の可能性の存在から実体権の存在を推認するという意味におけるactio的思考（このactio的思考という表現は，場合によっては正反対の意味において用いられる。筆者がここで採用しているものは，「出訴の権限，従って訴権の賦与から，実体権，とりわけ請求権へと逆に推論すること」〔K. A. Bettermann, Der Schutz der Grundrechte in der ordentlichen Gerichtsbarkeit: in Die Grundrechte, hg. v. Bettermann usw., Bd. III/2 (1959)〕という意味であるが，ベッティヘルはこの意味付けを批判して，反対に「実体的請求権の存在から出訴権能を導き出すこと」をactio的思考とよんでいる〔E. Bötticher, Buchbesprechungen, ZZP 74 (1961) 314, 316.〕。筆者が前者の意味付けを採用する理由は，それが，ヴィントシャイトがローマ人の法的思考の特徴としたところの〔Windscheid, Die Actio des römischen Zivilrecht vom Standpunkt des heutigen Rechts (1856), S. 4; Windscheid-Kipp, Pandekten, 9. Aufl. (1906), Bd. 1. § 44, FN 5.〕，法務官はiusに拘束されることなくして，裁判による追求（gerichtliche Verfolgung）を賦与し又は拒絶することができるという考え方，私人にとって決定的なことは，法が権利を賦与しているか否かではなく，裁判所が裁判による追求を許すか否かであるという考え方に忠実だからである。以下において，特に断りのない限り，この意味においてこの言葉を用いることとする）を峻拒するのである。というのは，シュタインにおいては，後に考察するように，満足を求める権利保護請求権の存在範囲は，実体法上の請求権の範囲と一致するから，右の叙述は結果的に，保全・満足を求める権利保護請求権の要件は，実体法により（正確には，実体法上の請求権の主張により〔Langheinecken, a.a.O. S. 3〕）規定されていることを主張するものとなる。

52)　Stein, Voraussetzungen, S. 4f.; siehe auch ders., Komm. Vorbemerk. z. § 253, S. 579.

訟法上の効果を生ぜしめる要件の総和であり、そのようなものとして、訴訟法上の概念であるということと、その要件が実体法に委任されうるものであるということは、矛盾しない[53]。ただ、そうした委任が、訴訟の目的との関係において、論理的な必然であるのか、単に合目的の所産に過ぎないのか、という問題が残るのみである[54]。

　2　さて、単に消極的確認の訴えの導入のみに、私法＝私権と訴権、ひいては訴訟法との無媒介な結合を否定する公法的訴権論提唱の動機が尽きるわけではないことは、次のようなヴァッハの叙述からも、垣間見ることができる。

　　給付の訴え、履行を必要とする請求権（befriedigungsbedürftiger Anspruch）のみを考察の対象とすることが許されるならば、そうした請求権は通常保護を必要とするものであるから、訴権が国家を名宛人とするものであるという側面を捨象して、それが私権に内在するものと考えることができた。しかし、その場合においても既に請求権は、保全、判決、執行という異なる方式により保護されうるものであったし、判決による保護も、略式手続によるそれがありうる。これらは、権利保護方式の相違であって、保護されるべき私権の属性の差ではない[55]。

　　給付判決請求権においては、実体的請求権と訴権との混同が見られる。ここで我々が出発点とすべき原則は、『私法＝私権、即ち、個人相互の生活関係を定める法的秩序の欲するところの総てが、法律の欲するがゆえに、かつ、法律の欲するように、実現されなければならない』というものである。主観的権利は、その内容とそれに賦与された効力に従い実現されうるものでなければならない。我々が強制可能性（Erzwingsbarkeit）と呼ぶところのものは、義務者による特定の給付（行為）を求める実現可能な権利が肯定されているということの表現に過ぎないのであって、それ〔強制可能性〕は、実現・強制の方法、程度に関わるものではない。ヴィントシャイトの業績以降、我々は、権利の体系と保護法（Schutzrecht）の体系とを有しているのである。保護法は私法＝私権に奉仕し、それがために利用される付随法（Nebenrecht）であるが、それは、私法＝私権の内容ではない。強制可能性が私権の属性であるとすれば、訴求可能性と強制可能性とは同じでない。仲裁契約が締結された場合、義務者

---

53) この問題は、第2章で再論する。
54) Vgl. Wach, Feststellungsanspruch. S. 16ff. (S. 88ff.); Hellwig, Klagrecht u. Klagmöglichkeit, S. 1; ders., Lehrbuch, S. 145ff.; ders., System, S. 249; Schmidt, Lehrbuch, S. 15ff.
55) Wach, Feststellungsanspruch, S. 19ff. (S. 91ff.). なお、私権の強制可能性（Erzwingbarkeit）と訴求可能性（Klagbarkeit）を区別し、前者を実体法上の問題として捉えるヴァッハのこの議論に対しては、シュタインは批判的である（Stein, Voraussetzungen, S. 29ff.）。この点は第2章において検討する。Siehe auch, Langheinecken, Urteilsanspruch, S. 48, FN 18.

が破産した場合，給付の訴えの訴求可能性のない権利が存在するのである。また，債権僭称者間の確認の訴えの場合，その債権は，債権の内容・効力に基づいてではなく，債権の僭称によって根拠付けられる確認の利益によって，権利保護を享受するのである[56]。

実現可能な権利が既に存在するだけでは直ちに権利保護を享受しうるわけではなく，いかなる方式により権利保護が賦与されるかを定める規範が私法とは別に存在すること，或いは，権利の効力の名宛人以外の者に対する関係においても，権利の存在とは別個の事実を要件とする権利保護がありうること，これらの事態こそが，「具体的私法秩序に奉仕するものであるがゆえに二次的権利であるが，要件において相対的に独立した権利[57]」としての権利保護請求権の概念を成立せしめた原因であった[58]。しかし，そうした規範の存在の認識は，単に私法学から「相対的に」独立した訴訟法学の独自性の主張，生成途上の学問に特徴的な自己の存在理由の主張のためにのみ，行われていたのであろうか。実は，権利保護請求権の自律性の認識は，確認の訴えに関するある実践的課題の解決に直面した論者が，確認訴権をも包摂する権利保護請求権全体の要件規範の私法からの体系的独自性を認識することによって，その課題を解決せんとの意図のもとにこれを行っていたことに，留意する必要がある。

3　それは，ヴァッハの次のような言明に表れている。

「もし，確認訴訟において実現されるべき民法上の債務（obligatio ad agnscendum 承認さるべきものに関する債務）の観念がCPO 231条に不当に付加されるならば，同条は変造されかつ矮小化されることとなる。CPOは，同時に承認それ自体をその本質，方式，効力に関して規律することなくして，同条を制定しえなかったはずであ

---

56) Wach, Feststellungsanspruch, S. 22 (S. 94).
57) Ebenda, S. 22 (S. 94).
58) シュタインもまた，給付判決以外にも国家の手による多様な権利保護制度が存在することを認識せしめることが，権利保護請求権概念の効用であるとする。
　　このような公法上の権利を観念することにより，公権力の行使としての訴訟と，訴訟の対象である法律関係とが異なることが明らかとなり，特に，訴えが侵害された権利の発現形態であるとする，訴訟の私法的把握が克服されることになる。今日の訴訟が，被告に対して有責判決〔給付判決〕(condemnatio) をもたらす権利としてのアクチオの体系であるとすれば，そのアクチオからヴィントシャイトが抽出した請求権の行使が訴えであり，従って，ZPO 253条にいうAnspruchを実体法上の請求権と同視することも可能であっただろう。しかし，確認を求める訴えが私法上の請求権の行使であると観念したり，国家が権利変動を行う義務者であることが明らかである離婚を求める訴えを，被告に対する私法上の請求権であると解することはできない。そうした考え方は制定法に対する暴力による殺傷である（Stein, Voraussetzungen, S. 3ff.）。

る。承認の本質に関する現行の民法の多様性と対決することなくして，ただ一般的に法律上の利益という漠然とした要件に係らしめられているに過ぎない承認義務を，どのようにしてCPOは制定しえたであろうか。本来執行されるべきものとして妥当していたもの（承認義務）を知りかつ語ることなくして，どうして承認義務は，裁判官による確認判決という方式による自らの実現を求めうるのであろうか。〔さもなくば〕それ〔承認義務〕は単なる空中楼閣となってしまうであろう59)。」

「確認の利益の要件はライヒ法上のものであって，満足を必要とする権利〔給付請求権のこと〕ではない権利を既判力による肯定又は被告の僭称する権利の既判力による否認が訴えによって求められるとき，この要件がラント法によって発布されることがありえないことは，上述の通りである60)。」

即ち，1877年のCPO制定当時のドイツにおいては，各ラントに統一的な私法は未だ存在していなかった。ドイツ普通法やプロイセン普通法が通用している地域もあれば，ザクセンの如く固有の民法典を有するラントもあり，果ては，ナポレオン法典が行われている地域もあった。そして，私法上の承認請求権とか立保証請求権もこれらの法域ごとにその要件は極めて多様に定められていた。もし，立法者がCPO 231条のなかに私法上の承認義務又は担保提供義務を見ていたとするならば，各ラントごとに多様な右義務の要件効果との調整につき，CPOは多少なりとも言及すべきであった。にもかかわらず，立法過程の示すところによれば，そうした問題意識は全く存在していない。従って，CPOは，各ラント私法上の承認義務とは無関係に，ライヒ訴訟法独自の観点から，一般的に法律上の利益を要件とする確認の訴えを定めているのである。にもかかわらずなおCPO 231条に私法的義務を読み込むとすると，各ラント法が当該の権利ないし法律関係につき承認請求権ないし立保証請求権を賦与している場合——前述のようにヴァッハによればそれは稀な現象であった——でなければ，確認の訴えは提起されえず，従って，そうして考えはライヒ訴訟法が各ラント法により規律される権利ないし法律関係につき一般的に確認請求権を賦与していることを「変造」し「矮小化」することになるのである61)。

4 かくて，私権の存在と私権の保護方式とを峻別しつつ，確認訴権，広く訴権一般を私法＝私権との無媒介な結合関係から解き放つことによって，存在

---

59) Wach, Feststellungsanspruch, S. 7 (S. 79).
60) Ebenda, S. 51 (S. 123).
61) Vgl. Hellwig, Klagrecht u. Klagmöglichkeit, S. 1.; siehe auch, Schmidt, Lehrbuch, S. 1f, 5.

する権利を確認，給付，執行，保全，破産等いかような形式を以て保護するかという問題を，専ら訴訟法の留保事項とした公法的訴権論は，訴権を私法＝私権の属性と捉えることに由来する権利保護のラント法的偏差を超克し，1877年帝国司法法によりもたらされた手続的法統一を確保する，という極めて切実な実践的使命を担ったものであった。そしてそれは同時に，統一的実体法の不存在の時点における手続的法統一の先行という，当時の特殊ドイツ的，特殊歴史被拘束的状況の存在を抜きにして一般化することに注意を要する命題であったことを，認識する必要がある。それは，権利保護形式のラント法からの独自性の確保であって，権利保護の要件それ自体の内容をライヒ訴訟法がいかように規定しているかという問題とは関わりがなかった。このことは，先に引用したシュタインの言明からも明らかなことがらである。

第2節　抽象的公法的訴権論批判

1　公権としての訴権が権利として国家により私人に賦与される契機は，いうまでもなく，国家が私人の自力による権利の追求を禁止しているということに求められる。例えば，ヴァッハは次のようにいう。

「侵害され又は危殆に瀕している私人で，自力を以て自助することを禁止され，又は，自助することの出来ない者は，法律上事実上の理由から，彼の法的な利益を充足する手立てを持たないがゆえに，国家により設営される司法機関の助力を請願しなければならないのである。……国家は，自力救済を排除し，裁判所がいずれかの方式（判決・執行・保全）による権利保護を賦与しなければならない要件を規範化することにより，権利保護を自らの義務として認識し，具体の場合において法律の定めた権利保護の必要の存する私人に対して，国家の引き受ける権利保護義務の履行を国家に要求する権利を賦与するのである[62]。」

しかし，自力救済の禁止が近代国家の文化的使命であり，従って，権利保護制度としての訴訟制度の設営もまた国家の文化的使命であるとしても，それは，私人一般に対して起訴の自由が保証されていることを意味するにすぎず，具体・特定の私人に関して，訴訟前に既に自己に有利な権利保護を求める国家に対する請求権の存在を観念することの正当性が確保されたとはいえない。私人

---

62)　Wach, Feststellungsanspruch, S. 14f., 27 (S. 86f., 99).

は，訴えの提起により適法適式な手続を経ることによる判決一般を請求する権利しか有していない，とする抽象的・公法的訴権論に対して，具体的・公法的訴権論はいかようにして自己の存在意義を主張しうるのか。

2　ヴァッハによると，抽象的・公法的訴権論のような考え方は，原告の勝訴のための要件は訴訟における主張・立証により形成されるという考え方，原告の勝訴する権利は訴訟における証明によって形成されるものであるという考え方に至る。しかし，こうした考え方は，法律上の事象を表面的に理解するものでしかない。原告が勝訴する理由は，証明にあるのではなく，訴訟前に存在する私法上の構成要件事実と確認の利益を生ぜしめる構成要件事実とから生じる権利にあるのである。こうした権利を観念して初めて，私法＝私権と訴訟法ないし権利保護の体系とを架橋することができる，とされる[63]。そして，規範が，国家に対して，権利保護を必要とする者の利益において，一定の要件のもとにそれを賦与すべきことを命じているときには，国家の保護義務を，従って，私人の国家に対する権利保護請求権を観念することができる，というのである[64]。

ヴァッハのいう権利保護請求権とは，訴訟前に具体的要件事実から生じる法律効果を規定する規範が存在するという法観念を，勝訴する者の側からみて主観化した一つのイデーである。しかし，現実にはそうした規範に包摂せられる事実を具体的に訴訟において主張・立証して初めて勝訴する者が定まるのであるから，勝訴する権利は訴訟において初めて形成されるという経験論的主張，訴訟前に既に特定の者の勝訴する権利を措定することは，受験生が受験の前から合格する権利を有するというのと同じである，というヨーゼフ・コーラーのかの有名な皮肉に満ちた指摘[65]に対して，なにゆえにかかるイデーを抱くことが，法現象の本質的把握につながり，私権＝私法と訴訟法を架橋することを可能にするのかについての論証は十分でない。

3　また，ヘルヴィッヒは，抽象的・公法的訴権は単なる起訴の自由に過ぎないとしつつ[66][67]，具体的訴権論を敷衍して次のようにいう。

---

63) Ebenda, S. 27ff. (S. 99ff.).
64) Kohler, Der sogenannte Rechtsschutzanspruch, ZZP 33 (1904), 213ff.
65) Hellwig, Klagrecht u. Klagmöglichkeit, S. 26f.; vgl. ders., Lehrbuch, S. 147.
66) Hellwig, Lehrbuch, S. 145ff.; vgl. ders., System, S. 249.
67) ヘルヴィッヒは，訴えの要件（法律関係の存在と内容，存在するものとして意識される権利

訴権は，特定の判決を要求する権利である。それは，特定の要件に係るものであって，訴訟の開始前に既に存在するものである。それは，訴え提起により行使されるものであり，訴えの提起によって成立せられるものではない。この点に，あらゆる原告が裁判所と関わりを持つことにより取得する権利との相違がある。あらゆる訴えの提起によって，たとえそれが理由のないものであっても，訴訟法律関係は成立し，当事者の視点からみれば，法律に従った裁判所による権利保護行為の遂行を求める権利が成立する。しかし，このことから，権利保護請求権の概念には訴訟法律関係と並ぶ独自の意義はない，という帰結を導き出すことはできない。訴権は訴訟法律関係の成立以前に既に存在していることは，前述の通りだからである。この概念を用いることによって，我々は，:判決が正しいものであるべきであるとすれば，それはいかにして下:されなければならないか，を語ることができるのであり，また，この概念は，一連の訴訟上の理論を学問的な方法で把握するために，不可欠である[68]。〔傍点筆者〕

ヘルヴィッヒにおいても，勝訴判決が下されるための要件は，訴訟の具体的な帰趨に拘わらず，訴訟前に既に特定的に規律されている，という客観的な状況を，勝訴当事者の側に主観的に投影したものが，訴権であると観念されている。しかし，何のためにかかる概念を措定する必要があるについては，訴えを提起する者に対して予測可能性を確保するということ以外には，特に説明されていない。従って，権利保護請求権が訴訟法律関係とは別個の独立した存在根拠を有しているとするヘルヴィッヒの主張は，前者が訴訟前に存在しているという主張のトートロジーであるといううらみがある。

4 当事者及び裁判官に対する予測可能性という面に関する権利保護請求権の観念の持つ利点については，シュタインも次のように述べる。

　　いかなる訴訟においても，原告が〔要求を〕貫徹するためには，いかなる事実が存

が，そもそも，いつ，いかにして，保護されうるか，又は，理由のなきものとして意識される相手方の権利の僭称からいかにして保護されうるか）の存否，即ち，具体的権利の存否は，係争中の又は予想される訴訟に関連して，鑑定を依頼された法律家が直面し且つ解答を迫られる問題であるとしつつ，ビューローの見解を次のように批判する。

　「ビューローの見解によれば，有能な法律家ですら，こうした鑑定を行うことはおよそ不可能となるであろう。なぜなら，彼は我々の見解に対して，『訴訟における判決が法に照らしていかなる結末に至るか，を知るためには，過去の事実についてのみならず，将来の事柄について万能の知識，預言者の才能が必要となろう』というからである。彼によれば，『訴訟前に実体法上の構成要件を知ることは不可能』であり，加えて，『目前に迫った訴訟の特殊訴訟法上の構成要件〔即ち権利保護の条件〕を予め知ることも不可能』であるとされる。」（Hellwig, Klagrecht u. Klagmöglichkeit, S. 59ff.）

68) Stein, Voraussetzungen. S. 3ff.; ders., Komm. Vorbemerk. z. § 253, S. 578f.

在していなければならないか、という問題が、無意識的にせよ、一貫した訴えを提起しなければならない弁護士にとって、また、判決を下さなければならない裁判官にとって、生じるのである。この問題は、別段権利保護請求権の概念を借りなくとも解答しうるものであるが、その場合にはただ経験的にのみ、場当たり的に（Fall vom Fall）答えられるに過ぎない。この概念を借りて初めて、権利保護の要件というカテゴリーが生まれるのである。それは、一般的・典型的メルクマールを設定するものであるがゆえに、権利保護の要件は、学問的にも実務的にも実り多き作業を可能にするのである69)。

69) 総じて、ヘルヴィッヒ及びシュタインにおいては、具体的・公法的訴権の概念の学問上の効能から、この概念の存在を正当化しようとする姿勢が濃厚である（この点につき、三ケ月・前掲注29) 11頁以下）。ヘルヴィッヒにおいては、この概念の適用により、彼のいわゆる訴訟上の訴えの要件（prozessuale Klagvoraussetzung）と訴訟要件（Prozeßvoraussetzung）との区別が可能となるとされる。前者（内国裁判権、通常裁判所の裁判権、当事者能力、訴訟追行権、及び権利保護の原因〔Rechtsschutzgrund〕）の欠缺は、本案判決ではないものの、暫定的（zur Zeit）な既判力を有し、原告の訴権を否認するという意味において原告に不利な実体（Sach）に関わる「訴えの不適法却下」判決を招来するが、後者は、原告に有利でも不利でもなく、再訴の可能な「訴訟却下」判決をもたらす、と主張される（Hellwig, Klagrecht u. Klagmöglichkeit, S. 55ff.; ders., Lehrbuch, S. 145ff.; ders., System, S. 253ff.）。また、シュタインにおいては、この概念の導入により彼のいわゆる権利保護の要件と訴訟要件との区別が可能となるとされる。前者を欠く場合には本案判決としての請求棄却判決が下されるが、後者が欠けるときには、訴訟判決が下され、また、後者はおよそ本案判決を下す場合には常にその存在が確認されていなければならない要件であるのに対して、前者は原告に有利な本案の要件の一つであるから、それが欠ける場合においても、被告の権利保護請求権が存在する場合、即ち、原告の主張する権利が存在しない場合には、被告に有利な本案判決を下すことを妨げない、換言すれば、原告主張の権利が存在しないことが判明すれば、権利保護の要件の存否が不明であっても被告勝訴の判決を下しうる、と主張される（Stein, Voraussetzungen, S. 18ff.; ders., Komm. Vorbemerk. z. § 253, S. 585f.）。

しかし、ヘルヴィッヒの見解にせよシュタインの見解にせよ、そのような区別が権利保護請求権の概念から必然的に導き出されるものではなく、またそうした区別も実は相対的なものに過ぎない。例えば、シュタインのいう、権利保護の要件と実体権の存否の審理順序の問題（上北・前掲注29) 123頁、鈴木正裕「訴訟要件と本案要件との審理順序」〔1968〕民商57巻4号3頁）についていえば、ほかならぬヴァッハは、シュタインの帰結に反対していた（Wach, Feststellungsanspruch, S. 25ff.）。また、最近のドイツにおいてシュタインの帰結と同一の立場に立つ学説についていえば、ヤウエルニッヒは、権利保護請求権の概念は要らないという（Jauernig, Zivilprozessrecht, 22. Aufl. (1988) S. 126.）。また、A・ブロマイヤーは、権利保護請求権論者が権利保護の要件と訴訟要件を区別するのは誤りであるとしつつ、実体法と訴訟法とが、下されるべき判決の内容を一義的に定めていることの反映としての権利保護請求権の概念を肯定し、且つ、権利保護の利益は被告の保護のための要件であるから、それが存否不明であっても被告勝訴の判決を下してもよい、とする、倒錯した論法を展開する（Blomeyer, Zivilprozessrecht, 2. Aufl. S. 6, 18ff., 220.）。ただポーレのみが、伝統的権利保護請求権論からこの帰結を導き出している（Stein-Jonas (Pohle), Komm. 19. Aufl. Bd. 1. Vorbemerk. S. 18.）。

要するに、ヘルヴィッヒ及びシュタインの見解は、原告に有利か不利か、本案（Hauptsache）、実体等の概念の論者による主観的な定義付けに由来するものとして、いわば、そうした区別が必

第1章　権利保護請求権論の法技術的, 法思想的前提

　　ただ, シュタインは当事者勝訴の要件が, 経験的に, アド・ホックなものとしてでなく訴訟の開始前に既に確定的, 一義的なものとして存在すると観念すべき根拠を, 簡略ながら以下のように述べている。
　　「原告の要求する, 国家を代表する裁判所の行為（権利保護）は, 原告の要求（Begehren）のために法律により確定された要件が存在するときに, なお原告に対しこれを賦与することの拒絶されうるもの, 裁判所の裁量に係らしめられる恩恵として請願されるものではなく, 近代法治国においては, 原告の権利（gutes Recht）として請求されうるものである[70]。」
　　即ち, ここにおいて初めて権利保護請求権概念について法治国概念という国法上の正統化根拠が明示的[71]に援用され, 原告に有利な権利保護の要件が具備されている場合に権利保護の賦与が裁判所の裁量にかからしめられないということ, その場合の裁量の否定という意味において, 原告の地位に権利としての性格が承認される。しかし, 抽象的・公法的訴権論者といえども, 具体の訴訟状態が成熟した結果法規がいずれかの当事者の勝訴を示唆している場合になおその者に対する権利保護を法規に違背して拒絶することをも許容するものではあるまい。そうして, 究極的に権利として妥当するものが判決により確認されたそれであり, しかも, 判決に凝縮したものが必ずしも訴訟前に存在した法＝権利状態と合致する保証はない以上, 訴訟前において具体の構成要件事実に基礎付けられた特定の当事者, とりわけ原告の権利保護請求権が既に存在すると観念するのは無意味である, とする抽象的・公法的訴権論の批判に対して, シュタインですらなお十分な反証を与えていないことになる。実は, この問題について包括的な議論を行っている者が, シュミットである。以下では, 節を改めて分析することとする。

要であるから権利保護請求権の概念が必要であるという, 一種のトートロジーである。従って, 彼らの主張するような区別的取扱をする必要がないと考える論者に対しては, 権利保護請求権概念の正統性それ自体を疑わしめることにもなる（三ケ月章『民事訴訟法（法律学全集）』〔1959〕59頁）。
70)　Stein, Komm. Vorbemerk. z. §253, S. 585ff.
71)　ここで「明示的」と言う表現を用いた所以は, ヴァッハの注62）で見たような叙述から, 既に法治国思想の影響を読み取る論者（山木戸克己「訴訟法学における権利既存の観念」〔1953〕『民事訴訟理論の基礎的研究』1頁, 5頁）もあるからである。そして, 明示こそないものの, 権利保護請求権論にかような思想の影響があったことは, 想像に難くない。Siehe auch Mes, Der Rechtsschutzanspruch (1970) S. 30.

第3節　R・シュミットの権利保護請求権論

1　シュミットもまた，民事訴訟制度が自力救済禁止の代償として私権保護を目的とすることを立論の出発点としつつ[72]，かかる訴訟制度の使命と——シュミットによれば権利保護を賦与する機関としての裁判所の組織，当事者及び裁判所の訴訟行為及び権利保護の要件（シュミットは権利保護の条件〔Rechtsschutzbedingungen〕と呼ぶ）を規律する規範群と定義される[73]——民事訴訟法との関係について，次のように述べる。

　「市民は，民事裁判所による保護を享受するために，裁判所の権力に服従することになるが，本来私人間の紛争の解決と私権の実現に奉仕すべき行為が，客観的正義の実現のためにではなく，当事者の一方の利己的利益の充足のためであれ，政治権力や国家財政或いは特定の階級的利益等訴訟の目的にとってフレムデな公益の充足のためであれ，他者を抑圧するために濫用される危険がある。それゆえに，異なる意思の主体が侵害される恐れがある場合は常に，当事者と裁判所の行為を誘導・規制し，それによって民事司法の望ましき理想を可及的に促進するための，合目的的にして良き法秩序が必要とされる[74]。」

即ち，民事訴訟法の目的は，民事訴訟——裁判所の権力——が私人の権利保護以外の，民事訴訟にとってフレムデな目的のために利用されること，及び，権利保護を求める私人の要求が民事訴訟にとってフレムデな目的のために恣意的に排斥されることを阻止することであり，このための規範群が，民事訴訟法である。このことのゆえに，民事訴訟の対象は私人間の利益対立につき私法規範を適用することであるから，民事訴訟に規範を与える民事訴訟法もその妥当領域からすれば民事法に包括されるにもかかわらず[75]，その思想内容上民事訴訟法は公法とされる。

　「なぜなら，民事訴訟法に課せられた使命は，原則的に公法，なかんずく国家法のそれと一致するからである。国家法の全体的及び部分的規律は，一方において，特定の人間を国家の機関の高みに上げ，効力ある行為，とりわけ市民に対して効力を有する行為を行うための優越的権力を賦与するとともに，他方において，関係人を国家権力から保護し，越権的，恣意的，侵害的な国家権力の行使から彼らの安全を保障する

---

72)　Schmidt, Lehrbuch, S. 1f.
73)　Ebenda, S. 5.
74)　Schmidt, a.a.O. S. 2.
75)　Schmidt, a.a.O. S. 4.

という使命を巡って展開されるものだからである[76]。」

2 右の叙述から，とりあえず二つの点を指摘することができよう。

第一に，シュミットにあっては，民事訴訟法の公法的性格の強調は，市民としての当事者の国家＝裁判所に対する関係における法的安全を保障するという意味において，（いささか通俗的な表現を用いるならば）市民たる当事者の利益のために行われているのであって，国家の利益のために行われているのではない，ということである。近時我が国では，訴訟法の公法的性格の強調は，一般市民ないし訴訟に登場する当事者の裁判所に対する地位を劣化又は弱体化させる印象を与えるものであるとして，警戒ないし批判される傾向にある[77]。かかる印象の生じる理由は，訴訟法の公法的性格の強調が，具体の問題の解決に際し公益概念の導入による当事者の地位の操作を可能にするもののように思われがちであるということに求められる。しかし，シュミットにおけるそれは，「民事訴訟の目的にとってフレムデな公益」の介入を排斥し，市民の国家権力との関係における自由と平等を保障するために，行われているのである。

第二に，第一点と関連するところであるが，シュミットにおいては，民事訴訟法の公法的性格の強調は，裁判権の有しうべき市民に対する侵害的作用に着目して語られているのであって，個々の民事訴訟法規，とりわけ，権利保護の条件規範の内容に関わるものではないということがある。換言すれば，シュミットは，民事訴訟法は公法であるから権利保護の条件はアド・ホックな公益に

---

76) Schmidt, a.a.O. S. 3.
77) 「判決手続ではとくに，両当事者を公平に扱い，その便宜を保障するための規定がすくなくない。これらの規定は，その規定違反の結果不利益を受ける側がこれを甘受するかぎり，国家としてはその遵守にこだわる必要がないというものであり……，そこでは，むしろ対等の私人間の利害を公平に調節するという，いわば私法的利益考量が無視できない役割を占めるのである。したがって，判決手続における個々の立法論，解釈論においては，具体的にだれとだれとの，どのような利害の調節が求められている問題かを吟味することなく，やみくもに公法的性格を強調してある結論に達しようとするのは，正しい態度ではない」（新堂・前掲注20) 26頁) というような指摘がそれである。確かに，我が国の学説が公法的性格ということを，教授のいわれるような態度で濫用する傾きがあったことは，教授の指摘されるとおりであろう（ドイツの学説におけるこうした傾向につき，Henckel, Peozessrecht und materielles Recht（1970）S. 60.）。しかし，元々公法理論とりわけ公権論というものは，公権力の行使の過程における市民の平等取扱，恣意的な権力行使からの市民の権利と法的安全の保障を確保することを目的とするものであって，民事訴訟法の公法的性格という議論を，教授が主張されるように，「利用者としての市民」の利益を無視するような態様において利用することは，その本来のあり方ではない。むしろ，教授の指摘は，我が国の民事訴訟法学の公法理論に対する無理解を諌めるものとして受け取るべきものであろう。

よる操作に服する，といった類の帰結を直ちに導き出してはいない。かえって，民事訴訟法の公法的性格には，そうした帰結とは両立しがたい訴訟法規の覊束性の契機が内包されている[78]ことは，後に見る通りである。

3 具体的・公法的訴権論に対する抽象的・公法的訴権論の批判は，訴訟前に既に国家に対する権利保護請求権の存在を措定することは誤りである，ということにあるが，それは，私権が訴訟前に既に存在するとする権利既存の観念に対する批判でもある。抽象的訴権論者の一人であるビューローとヴァッハとの間で繰り広げられたこの観念を巡る論争は，山木戸克己博士により詳細な分析がなされている[79]が，ここでは，シュミットの手による簡略にして要領をえた権利既存の観念批判の要約を引用する。

「彼らは，一定の条件の下で市民が国家に対して勝訴判決を求める権利を有することは承認する。しかし，彼らはこの条件を，専ら訴訟の経過自体の中に，即ち，判断の下されるべき出来事の実態が明らかにされていく主張・抗弁及び証拠調べと，裁判所が係争事件について形成する法解釈の中に，見出すのである。特に彼らは，私法を歴史的事象に適用することにより，争われている私法上の請求権の存否を裁判所が帰結する作業は，工業機械の如く非独立的な，客観的に存在する法の裁判所による宣言ではなく，自由創造的な（freischöpfend）法の発展であって，裁判所の意のままになる意思の展開である，と観念するのである。従って，裁判所は，訴訟前に存在する義務に従ってではなく，訴訟において，訴訟によって初めて形成される義務の履行として，原告に有利な判決を下すのである[80][81]」。

---

78) 例えばシュタインも，具体的訴権ないし権利保護請求権としての給付訴権の保護対象である請求権及び確認訴権の対象である法律関係は，訴訟外に存在するものであり，裁判所はそれを「確認・発見する」ものであるという。他方，形成訴権においては，法律関係は裁判官により創造される。しかし，シュタインはこの点を誤解してはならないという。即ち，そこでの裁判官は，立法者のような又は契約自由の原則の下で自由で創造的な当事者のような地位にはない。法形成の要件は法律によって定められ，裁判官は法に覊束されているのであるから，裁判官はいかなる意味においても恣意を許された存在ではない（Stein, Grundriß, S. 8f.; ders., Komm. Vorbemerk. z. § 253, S. 579f.）。

79) 山木戸・前掲注71)。

80) Schmidt, Lehrbuch, S. 17.

81) こうした考え方は，系譜的には，私法＝私権が訴訟によって初めて実在化されるとするザウエル及びビンダーの発想に（そして，彼らの影響を受けている兼子一博士の発想に）つながるものである。また，戦後のドイツにおけるパウロウスキーの発想もその衣鉢を継ぐものである。彼によれば，実体法は，それが連続的に変化するものであるがゆえに，本質的に不確定なものである。それを一定の時点において固定するために，関係人のイニシアティブに基づいて，裁判官が法を実在化させるのであるとされる（Pawlowsky, Die Aufgabe des Zivilprozesses, ZZP 80 (1967) 345.）。

4 こうした批判に対し，シュミットは，原告の権利保護の要求はその理由を訴訟手続において証明しえなければ貫徹されえないものであること，客観的に存在する規範によれば権利者である者が具体の訴訟において勝訴するとは限らないことを，率直に承認する[82]（従って，判決が訴訟前，訴訟外の法律状態と一致するとは限らないから，権利保護請求権の概念は実益がないという批判は，妥当性を喪失する）。しかし，だからといってビューロー等のように訴訟前の法状態が訴訟の経過にとって無意味であると帰結することはできないという。

「即ち，裁判所のみならず，市民，なかんずく当事者もまた，事件について法律上も事実上も関心を有し，いずれが法的に正しいかということにつき判断を形成せんと試み，事実そうするのである。それは，主観的かつ感情的な観念と曖昧な法的見解に依拠するものではあるが，それにもかかわらず，なお訴訟の結果の価値を計るための基準を賦与するものである。権利保護の必要に関する関係人の見解に基づいてなされる批判に対して，自らを恒常的に曝すことのない司法（Justiz）は，最早司法（Rechtspflege）ではなく，裁判権の濫用にほかならない。」

国家法（staatliches Gesetz）の中に，単なる国家権力の命令ではなく，民族の法的確信により形成され，国家により裁可・認証された規範が見出されなければならないのと同様に，「裁判所の判決の中にも，単なる国家権力の Machtspruch ではなく，個々の場合において市民の賛意を得られるような，権利保護の必要についての法律に従った承認が見出されなければならない。個々人の法的確信がその不可分の構成要素を成す世論が市民に有利な判決を下すことを承認する法状態を，我々は国家に対する権利保護請求権と呼びうるのであって，国家は，それを妥当せしめるべく助力することによって，その公法的義務を果たすことになる。なぜなら，国家法秩序は，裁判所の判決と世論の意識との予定調和的一致を保障するものだからである[83]。」

シュミットは先ず，国民の法的確信と実定法との予定調和的一致という歴史法学的法律観を出発点に置く。そして，裁判所の裁判は，個々の事実状態において裁判所を拘束する実定法規範により一義的に規律されている法律状態，即ち既存とされる権利を，裁判所が「発見」するものとであると観念しなければ，同じく既存のものとして観念される法状態についての当事者を含む市民の法的

なお，パウロウスキーがこの論考においてその重要性を主張する，訴訟当事者の法的討論（Rechtsgespräch）の問題については，山本克己「民事訴訟におけるいわゆる "Rechtsgespräch" について(1)」(1986) 法学論叢 119 巻 1 号 17 頁以下に詳しい分析がある。

[82] Schmidt, Lehrbuch, S. 18.
[83] Ebenda, S. 12f.

見解との間の相互批判が不可能となるがゆえに，カーディー司法（Kadijustiz）としてその正統性を取得しえず，更に，既存のものとして観念される法状態に拘束されたものとして観念されない裁判は，国民の法的確信としての実定法と制度的に媒介されないことになり，従って，当事者を含む市民に対する国家権力の行使として，その正統性を主張しえない。換言すれば，原告勝訴の裁判は，訴訟前に存在する原告の権利に由来するものとして，また，原告に対し権利保護を拒否する裁判は，原告の訴訟前における無権利によるものとして，それぞれ観念されて初めて，それらは，被告と原告を含む市民にとって，彼らの市民的地位に対する国家権力の「侵害的」作用として正統化される。

「こうした発想は，権利を希求し，権利保護を要求する市民が，司法機関の担い手である国家に対して働きかける関係の全体像を実践的に構成するにあたって，その真価を発揮する。組織化された国家においては，その機能が市民の利益領域と接触し，それと抵触する場合はいつでも，『法治国家』でなければならない。即ち，法的な，しかも総ての市民にとって平等に且つ実体に即して作用する規律の範囲内において，国家はその文化的使命を果たすのである[84]。」

権利既存の観念を前提とする権利保護請求権の概念は，単に民事訴訟法学の体系形成のための説明概念であるに留まるものではなく，かかる自由主義的法治国家観の反映なのである[85]。

---

84) 権利既存の観念と自由主義的法治国の理念との関連については，藤田・前掲注18) 275頁以下。

85) 兼子一博士は，シュミットを引用して，権利保護請求権の概念の背景にある理念が「法治国家における法による裁判の保障を強調し，国民の信頼を深める実践的な意義に外ならない」ことを正当にも承認されつつ（兼子・前掲注4) 109頁），権利既存の概念を，市民社会における権利観念の発達とその保障の確実という法治国家的要求に由来する，実体法規が訴訟を待たずに自動的に機能し，訴訟及び裁判は事後的に権利を認識し保護するものであるとする形而上的思考の産物であるとし（同書35頁），かかる思考を，実体法よりも訴訟法の存在が先行したという歴史的事実を無視した特殊19世紀的現象であり発想であると位置付けられる（同書12頁以下）。そして，訴訟において権利は初めて実在化されるとの観念からは，公法的訴権の平面から未実在の実体権の要素を捨象した本案判決請求権説が，実体法の存否にかかわらず発生する紛争を本案判決により解決するという訴訟制度に内在的な使命に適合的な論であるとされる（同書112頁以下）。博士によれば，「裁判官が法規を忠実に適用すべきことは，その一般的職責であって，個々の訴訟事件の当事者に対して義務付けられ，したがって当事者がこれを請求しうる権利があることに基づくものでないことは，個々の受験生が試験官に対して自分の答案を公正に間違いなく採点しろという請求権があるわけではないのと同様である。受験者に合格権があるというのは，良く勉強して実力をつけておけば，試験は公正なものだから必ず合格できるという信念をもたせるための激励の言葉に過ぎないのである」といわれる（同書109頁以下）。しかし，この議論には，幾つかの問題のすり替えがある。先ず，ここでの問題は，訴訟というものをどう把握することがそ

第 1 章　権利保護請求権論の法技術的, 法思想的前提

の結果の市民に対する正統性をより調達しやすいかという問題である。博士が挙げられる入学試験の例を引けば, 客観的に一義的な解答 (これが法＝権利に該当する) と合格基準 (これは権利保護の要件に相当する) とが試験の前から存在すると考えられる試験と, 複数の多義的な解答がありえ, その評価で試験官の主観的な評価が可能と考えられる試験 (訴訟の動態性と判決の事前の不可知性を前提とする権利実在説に相応する) とで, どちらが受験生を含む国民に対する試験結果の正統性が確保されやすいか, という問題なのである。また, 兼子博士とて, 個々の訴訟事件の解決に際しても裁判官が法規に拘束されることは承認されるのであるから, その事態を当事者の側に投影した義務を観念することが不当であるということの論証はない。この概念はもとから法技術的概念ではない (その点では博士の採用される本案判決請求権も同様) のであるから, 誤った裁判を正す方策がないから無用であるということは, 反論にならない。第二に, 権利既存の観念とそれに由来する権利保護請求権の概念は, 個々の裁判における公権力の行使としての裁判の正統化根拠として必要な理念である。にもかかわらず博士は, 訴訟において初めて権利が実在化されると考える方が何故に現在の国家法体系の中において裁判の正統化根拠として適切であるかということを論証していない。かつてオットー・マイヤーは, ビューローの法創造説の示唆の下に, 行政庁の処分は, 裁判所の判決と同様に, 具体の法を創造するものである, 「官憲は自己の一般的権限内で決定する限り, 自己の行為が条件を充たしていること (Gültigkeit) の特別の前提が与えられていることを同時に確認する (bezeugen) のである。この自己確認, それとともにその行為の有効性はより強い権限によってのみ克服されうる」と説いたことがある (塩野宏『オットー・マイヤー行政法学の構造』〔1962〕126 頁)。彼が, 行政の行為が具体法を創造すると説かざるをえなかった動機の一つは, 当時の行政裁判所が列挙主義を取っていたこととの関係で, 法律に違反する行政行為が列挙主義の枠から漏れることにより通用することは, 法治主義の原則と調和しないと考えられたことにあった。換言すれば, マイヤーは, ビューローの理論を借用することにより法治主義を貫徹した (塩野・同書 128 頁)。これに対して, 我が兼子博士における判決による権利の実在化の主張と国家法上の法治主義との関係は判然としない。ここでの問題は, 今日の国家法体制における裁判の本質の把握とその正統化根拠であるから, 権利実在説の方が法＝権利と訴訟の関係についての正しい歴史理解を反映しているということは, 右の問題の解答にならない。それどころか, 博士においては, 判決こそが法の実在根拠となるから, 裁判はそれ自体として当然に正しいものとなり, 訴訟による権利の実在化によって法治主義が根拠付けられるという論理構造が認められる, 従って, いかなる時代, いかなる社会においても裁判に関しては法治主義が当然のこととして妥当していたことになる。ゆえに, 法治国家の観念を以て公権力の行使を規制するという特殊近代的発想は, 裁判に関する限り, 初めから不可能なものとなる。この論理こそが, 藤田宙靖教授が正当にも指摘されるように (前掲注 18) 275 頁), 近代裁判制度に特有の「いかにして解決するか」という視点を, 「裁判機能の奇妙な汎歴史的一般化・普遍化によって, 論理的に捨象してしまう結果をもたら」し, 歴史上の普遍的裁判像を以て現代裁判本質論の基礎に据えることにより, 法による裁判が特殊近代的な理念であるということを, 意識的に欠落させてしまうものなのである (藤田・同論文 283 頁)。勿論, 博士といえども, 判決が法に従ったものでなければならないことを否定されるものではない。しかし, 第三の問題点として, 博士の場合, そこにいう法＝権利は, 訴訟過程における当事者の「見込みと負担」に基礎を置く訴訟状態の凝結点としての裁判官の心証への法の適用であるという点にある。ここに, 実は訴訟を入学試験になぞらえることの危険がある。試験の場合, 優秀な者を合格させる制度である。この目的を実現するために受験者の優秀さと受験技術が物をいいそれに秀でた者が合格することは正統である。これに対して, 訴訟は客観的正義の実現を目的とする。権利既存の観念においては, 正義とは訴訟前にあると考えられる権利であった。にもかかわらず, 判決の正統性を訴訟前の客観的法＝権利状態から捨象すると, 結局は勝訴当事者が訴訟技術に長けていることが

5　もっとも，以上の叙述はさしあたっては，権利，即ち，訴訟の対象である実体権の訴訟前における既存の観念に関わるものであった。しかし，それのみならず，自由主義的法治国家観の要請は，今一つの権利保護請求権の要件である権利保護の条件にも及ぶ。

「〔訴訟法により規律される権利保護の条件についてもまた〕法律は可能な限りそれらを特定的に確定しなければならない。そうすることによってのみ，市民の地位は，現実の法律的優位，国家権力に対する法律上の権力的関係へと飛翔する契機を与えられるのである[86]。」

即ち，訴訟法により規律される権利保護の条件もまた，訴訟前において既に覊束的な規範により確定され，当事者を含む市民にとって計算可能な状態にあることが要請される。そのことによって司法は，権利保護の賦与が国家の善意に委ねられている状態，換言すれば，そもそもまたいつ市民を補助するかが裁判所の裁量に任せられている状態，専制君主のカーディー司法の状態を離脱しうる[87]。権利保護の条件についても，裁判所の裁量の余地が否定されることに

判決を正統化すると考えざるをえなくなってしまうのである。更に第四の問題点としては，博士は，本案判決請求権の既存性は承認される。従って，その要件，特に権利保護の利益の要件は予め存在することを前提としている。しかし，その要件がそのようなものとして意識されることはなぜか。歴史的に見て実体法に対して訴訟法の存在が先行したことはここでも根拠とはならない。だからといって，歴史上常に公法的訴権というものが観念されてきた事実はないからである。裁判権という公権力の行使を一義的な規範により規制することにより国家権力の恣意から市民を保護するという特殊19世紀的法治国家観が，本案判決請求権の概念を要求しているからであろう。そうだとすれば，博士における，実体法と訴訟法における法治主義の理念に対するアンビヴァレントな態度は，いかにして正当化されるのか。また，本案判決請求権の要件自体が権利既存の観念なくしては存在しえないものであるとしたら，博士の訴権概念は矛盾を含むものとなろう。ところで，博士によれば，給付訴訟の訴えの利益は，原告が給付請求権を訴えの提起時点において有するという主張によって基礎付けられる。少なくとも博士においては，原告にとって既存と観念される権利主張が訴権を基礎付けるのであり，その限りにおいて権利既存の観念が援用されているのである。ただ，博士においては，それと判決により実在化される権利とが切断されているのである。

なお誤解を招かないよう予め断っておくが，以上の叙述は，筆者が今日において訴権論として権利保護請求権説を採用すべしと主張するものではない。筆者はただ，権利既存の概念と権利保護請求権論が依拠する自由主義的法治国家観は，今日なお裁判機能の汎歴史的一般化・普遍化によって安直に克服することのできない意義を持つことを指摘したいだけである。また，少なくとも次章の目的との関係においては，権利保護の要件概念を確立したといわれる権利保護請求権論者においては，そうした観念が権利保護の要件の内容にも規定的影響を有していたという事実を確認するのみで充分である。

86)　Schmidt, Lehrbuch, S. 18f.
87)　Ebenda, S. 15f.

第1章　権利保護請求権論の法技術的，法思想的前提

よって，当事者，なかんずく原告の地位は，国家に対する「権利」性を取得しうる[88]のである。当事者の権利保護の要求を，私法上の権利義務関係の存否以外の，権利保護の条件の欠缺を理由として拒絶する裁判もまた，法に一義的確定的に覊束されており，かつ，そのような状態にあると観念されるときにおいてのみ，当事者を含む市民に対する国家権力の行使として，正統性を取得する。権利保護の要件の不存在は「存在する」権利に対し権利保護を否定するという原告に対する侵害的効果において，また，その存在は被告に対する敗訴判決という侵害的効果において，その一義性，確定性，覊束性を担保すべき要請に関して，実体権の存否に関するそれと差異を来さないということは，自由主義的法治国家観に由来する具体的・公法的訴権論のもとより当然の帰結ともいえよう[89]。権利保護請求権論は，かような国家観の支配の下で，国家（裁判所）を拘束する私法規範と権利保護要件規範が存在するという法的確信を，当事者の側に主観的に投影したイデーである。こうしたイデーに対して，別個のイデーを提示することなくして[90]，権利保護請求権論は受験生の合格請求権を承認するのと同じである，などと批判したところで，それは，ことの本質を捉えたものとは到底いい難いのである[91]。

---

[88]　かの有名なオトマール・ビューラーの定義によれば，公法法規の私益保護性，援用可能性とならんで，その覊束性（裁量性の否認）が，公権の第一の存在根拠であるとされる（Bühler, Das Subjektive öffentliche Recht (1914) S. 28ff.)。

[89]　その他に，狭義の権利保護の利益以外の確認の訴えの権利保護の条件である，確認対象の適法性について，抽象的法律問題や事実問題の確認が許されない理由を，シュミットは次のようにいう（Schmidt, Lehrbuch, S. 306.)。

　　そのような訴えがもし可能とされるならば，それは民事司法の際限なき膨張を意味しよう。そして，司法は市民の全く不特定な欲求の掃き溜めと化すであろう。法治国思想は，この分野においても，公権力行使の適用領域に関する厳格な境界線を必要とする。それゆえに，訴訟を起動せしめる欲求には，客観的に画定しうる基準が必要である。

　　公権力行使に対して一義的な基準を画する必要があるがゆえに，訴訟の対象は，実体法が一義的に承認する具体的請求権，それを派生させる支配権，形成権，現在又は将来の請求権に還元される法律関係，に限定されざるをえない。法定相続人が，被相続人の生存中にその遺言無効の確認を求める訴えが許されない根拠は，そこから何らの請求権をも帰結されないから（Schmidt, Lehrbuch, S. 306.)，要するにその時点においては原告に何らの権利もないから，である。

[90]　Mes, a.a.O. S. 30ff. は，権利保護請求権とその後の批判は，かような国家観に対する批判と反批判の歴史でもあったことを指摘する。但し，彼の所説は，このような精神史的，法哲学的，政治的根本観念の対立は，権利保護請求権概念の法教義学的な根拠付けを排斥するものでもないとして，専ら，権利保護請求権概念の（ボン基本法を頂点とする）現行法制度の下における存在要件とその法技術的効果を論じる。

[91]　近時我が国において提唱されている，所謂「手続保障の第三の波」理論（とりわけ井上治典

権利保護の利益概念の研究

教授の見解。井上・前掲注26）新堂編著『特別講義民事訴訟法』76頁以下，井上治典「民事訴訟」〔1983〕『現代法哲学3巻』227頁，同「民事訴訟の役割」〔1983〕『基本法学8巻（紛争）』153頁，「紛争過程における裁判の役割」〔1984〕『講座民事訴訟⑥（裁判）』1頁。なお水谷暢「訴の利益論に対する一視角——民事訴訟法における訴の利益総論(1)」〔1979〕法政理論11巻3号30頁は，この理論と訴えの利益論との接点を示す萌芽的論文である）は，兼子博士流の判決による権利の実在化の観念に，手続への当事者の関与とそこにおける当事者の自己責任の充足という参加民主主義的理念を導入することにより，判決の当事者に対する拘束力の正統化を試みるものと理解することが許されよう。もとより，手続による，特に既判力の正統化という試みは，新堂・前掲注20）406頁にその萌芽があったが，新堂教授の場合，既判力というものの存在を所与の前提とし，国家権力の行使に伴うこの効力をそれに先行する手続への当事者の関与の機会の保障ということにより，いわば外在的に正統化せんとするものであったことに比べ，「第三の波」論においては，既判力と手続関与との関係を逆転させ，既判力は，手続において当事者が個々の争点について相手方との間で攻防を尽くしたこと，或いは，当然攻防を尽くすべき争点を自己の責任において看過したこと，という自己責任の充足の集合体として理解される。手続における自己責任の履行が遮断効としての既判力発生の根拠とされるのである。そして，手続における訴訟追行過程又は実体形成過程（弁論）のみならず手続形成（どのような手続により弁論を進めていくか）過程（メタ弁論。この語については，「研究会 弁論の活性化」〔1982〕ジュリ780号30頁以下）についても，そのルールは，裁判官により形成された心証に対する判断によるのではなく，対論を通じて当事者が自己責任によって作り上げていかれるものと（裁判官の判断は当事者間において形成されたルールを受動的に確認するものでしかないと）把握される。かかる見解においては，裁判は当事者の自治的，自律的交渉の成果であるから，それが訴訟前の権利状態を確認するものでありうる訳はなく，当然のこととして，権利既存の観念は否定される。この議論には，当事者が理性的にどれほど対論を尽くしても解決がつかない場合が事実として存在することは避けられないにもかかわらず，なおそこに当事者の自己責任による規範の形成を擬制して，そこに紛れもなく存在する裁判官の判断の要因を意識的に捨象し，裁判官の権力行使を制御する努力を放棄する点で，論者の意図に反しかえって，当事者の主体性を損なう契機がある。敷衍すると，「第三の波」論は，当事者の自治と自律による紛争解決の理想型として和解を措定し，訴訟をも和解を範型として把握しようとするものと解される。この点，和解と裁判とを等質のものとして理解するパウロウスキーの見解と軌を一にする点がある（両者の立論の共通性については，吉野正三郎「民事訴訟における新当事者主義の台頭——『手続保障の第三の波』理論の批判的検討」〔1984〕判タ522号20頁）。パウロウスキーもまた，当事者を，それ自体として無秩序な，それ故により高次の権威により善導されることを必要とする存在ではなく，その本性からして法的に行動しようと試み，主張と抗弁とを通じて合意を志向する理性人として規定し，その主張と抗弁の弁証法的手続において止揚された理性として具体の訴訟において産み出されたものを法と捉え，かくして浮上した理性を裁判官はただ確認するだけであると観念することが，何が法であるかの確認が裁判官により権威的に行われえなくなるから，今日の民主的国家形態に適合する，という（Pawlowsky, a.a.O. S. 365ff., 371ff., 383ff., 388ff.）。そのパウロウスキーに対して，ヘンケルは次の如き批判を行っている。パウロウスキーの抱く当事者像の理解に立脚するとしても，訴訟との関係においては，当事者のいずれが法的に行動したかを誰が決定するのかという問題が生じるのであり，訴訟法によれば，それは裁判官である。もし人が，裁判官に対して，当事者は本性上理性的であり法的に行動せんとする者であると観念せよと要求するならば，裁判官は，当事者がその理性的な法的意思に従って行動したとすればどう行動しなければならなかったか，を当事者に対して語らなければならず，裁判官は，己が理性を当事者に強制することとなる。裁判官が彼の意見を「それが当事者の真の理性と合致するから」という理由を以て強制するならば，それは押し

第1章 権利保護請求権論の法技術的, 法思想的前提

つけられた理性である。裁判官が被強制者を理性的な者として把握し,「汝は, 汝の前提理解に従えば判決にそれが現れているように行動しなければならなかったのだ」といったところで, 押しつけの理性が強制の要素を喪失する訳ではない。パウロウスキーが, 裁判官は彼自身の意思を持つ必要はなく, 訴訟において主張と抗弁の弁証法的止揚による当事者の理性として確認された法を当事者に強制するに過ぎない, というとき, それは訴訟に過剰な期待をかけそれを幻想化するものにほかならない。そもそも, 訴訟においては, かかる型にはまった人間像を指定することは避けられるべきである。人間は様々であり, 訴訟は総ての様々な人間に自己のサイズを適合させる必要があるからである。パウロウスキーが, 彼の訴訟観こそが, 何が法であるかの確認を裁判官が権威的に行いえなくなり, 民主主義国家体制に適合するというとき, 訴訟当事者は, 民主的判断がその意思を指向することを要する国民代表と同視される。もし裁判官が当事者間に何が法として妥当しているかを権威的に判断しうるとすれば, それは民主的憲法体制への侵害であろう。しかしこうした侵害は, 民主主義原則が当事者の手続関与の中に示唆されていると考えたところで, 緩和されるものではない。法の形成と発展に寄与するとされる当事者は, その正統性を何処から調達するのか。民主主義とは, オポルテュニティシュに対立的当事者関係に立つ利害関係人を秩序立った手続の中に置き, この手続自身が法を形成せしめ係争人に協調をもたらすことを期待する, ということではなく, 国家の機関とその代表者が, その正統性を国民から取得し, 自己に正統性を賦与した者に対し責任を負うということである。従って, 定立された法は常に昨日の法に過ぎず, 訴訟前, 訴訟外において法は存在しないというパウロウスキーのテーゼが仮に正しいとしても, 訴訟における法の形成は民主主義的には正統化しえない。彼のテーゼは, 裁判所構成法が裁判所に与える法発見の使命の過大評価に依拠する。しかし, 裁判官の使命は, 司法の形式により確定された事実関係に現行法を適用することによって紛争を裁断することである。その場合裁判官は法に拘束されている。それなくして裁判官に対する拘束は考えられないからこそ, 訴訟外に実体法が存在しているという, 我々の憲法がその基礎に置く法観念が前提とされているのである (Henckel, Prozessrecht und materielles Recht (1970), S. 54ff. ヤウエルニヒが, 当事者の了解可能性の存在するところにおいては, 自らの将来を和解により合目的的に形成することが可能であるがゆえに, 裁判官が不要とされるのであって, 裁判官が必要とされるとき, 即ち, 判決が必要とされるときには, 彼は法に拘束される必要がある, という〔Jauernig, Materielles Recht und Prozessrecht, JS 1971, S. 331.〕のも同旨であろう)。こうした批判は, それ自体としては月並みなものではあるが, 我が国の「第三の波」理論にも相当程度妥当すると思われる (但し, ヘンケルが, パウロウスキーが訴訟当事者を国民代表と同視しているのは今日の憲法体制と調和しない, と批判する点について, もしその趣旨が, パウロウスキーが, 個々の訴訟当事者が国民を代表して国民一般を拘束する規範を形成する過程に関与するという意味において自己の見解を今日の憲法体制に適合的であると主張している, ということであるとすれば, それは誤解であろう。というのは, パウロウスキーにおいては——そして「第三の波」説においても——, 個々の当事者による個別具体の裁判とて昨日の法であり, 個々の当事者に対する拘束を越えてそれが将来の〔当事者を異にする〕訴訟に対して拘束的規範として作用するとは考えられていない筈だからである。彼が民主主義として理解するものは, 個別具体の裁判が個々の当事者に対して持つ公権的拘束力の正統性が, 当事者に対して超越的な裁判官による権力宣言に由来するのではなく, 裁判というミクロの立法過程への当事者の参加と主張と抗弁による法の自主的形成の側面に由来することに過ぎない。尤も, 裁判の正統性の国法上・憲法上の側面〔法による裁判ということ〕と, 裁判の持つ当事者に対する訴訟法上の拘束力の正統性とが, 次元を異にする問題であるとは, 筆者は考えていない〔この点, 山本克己・前掲注81) 24頁は, 両者を区別されるようである〕。なお, 既判力=提出責任効論が裁判官の判断の要素を捨象することの問題点につき, 新堂幸司「提出責任効論の評価——既判力の時的限界に関連して」〔1983〕『法学協会百周年記念

ま と め

　本章において我々は，権利保護請求権が公法的・具体的訴権である，とされることの意味が，第一に，この理論が提唱された当時における各ラントにおける私法の不統一的状況を前提として，権利保護の方式に関わる問題をラント私法への依存性から解き放ち，ライヒ法上の問題であると性質決定することによって，法的統一状態を確保せんとする実践的動機に支えられていたことを確認した。そして，第二に，訴訟前に覊束的，確定的な要件により規律される国家に対する権利保護請求権を観念することにより，市民の国家に対する関係を権利の域に高めつつ，かつ，そうした要件に拘束されつつ下される裁判に対して市民に対する公権力の行使としての正統性を充填するという，思想的背景に支えられていたことを確認した。そしてその際，権利保護の要件が訴訟法により規律されるという命題は，第一の課題を遂行する限りにおいてのみ意義を有していたこと，従って，この命題は，権利保護の要件の内容の判断基準の存在形態の如何とは必ずしも関わりのないこと，まして，権利保護の要件の判断について，裁判所の裁量ないし恣意を許容するものではなく，市民の予測可能性を確保するため，究極的には，市民に対する公権力の行使としての裁判の正統性を担保するために，それは，一義的，覊束的，確定的なものであることが第二の思想により要請されていたこと，それは，シュタインの表現を借りれば，事案ごとの裁判官の場当たり的判断によるのではなく，「一般的，典型的メルクマール」を具備するものであったことをも，あわせて確認した。それでは，権利保護の要件が，論者において，具体的にはどのような内容を有するものとして把握され，その存否の判断はどのような規範により嚮導されていたか。それを分析するのが，次章以降の課題である。

論文集 3 巻』249 頁，277 頁，283 頁）。付言するに，民事訴訟には，当事者による任意処分の許されない手続問題が存在するうえ，人事訴訟及び行政訴訟をも民事訴訟の範囲に入れるとすれば，争訟の対象の性質上当事者のその任意処分が制約されるものもある。かように当事者自治の制約される領域を念頭に置くとき，この「第三の波」理論が果たして民事訴訟一般のモデルとして普遍性を有するものか否かが，そもそも問題たりえよう。

第2章　給付訴訟の権利保護の要件論

はじめに

　シュタインによれば，権利保護の要件は，第一に，訴訟前に既に発生している，構成要件事実を法規に包摂した結果としての，法律効果（但し，形成訴訟の場合は裁判官に法形成を授権する構成要件事実）であり[92]，第二に，法律効果が申立に係る権利保護に適するものであるか否かという問題，即ち権利保護の資格（Rechtsschutzfähigkeit）が問題となる[93]。第三に，権利保護が申立人の欲求（Bedürfnis）を充足しうるものであること，即ち権利保護の必要ないし利益（Rechtsschutzbedürfnis od. —interesse）が要求される[94]。給付の訴えに関する限り，第一の要件にいう法的効果は，実体法上の請求権である。BGB 198条の意味における，履行期の到来した実体法上の請求権は，通常その存在の主張のみによって権利保護請求権を根拠付けるものと理解される。なぜなら，「それが民事訴訟が元来そうあるべきものとして定められているところのあり方だからである[95]」。そして，訴訟法上の権利として，訴訟法により規律される権利保護請求権のこの側面は，専ら実体法が特定の請求権を承認しているか否かに係ることになる。シュタインによれば，「訴訟法の二次的性格」（die sekudäre Natur des Prozessrechts）からして，権利保護に適する請求権の規範化について訴訟法が実体法に白紙委任することは当然である[96]と説明される。にもかかわらずシュタインは，給付訴訟においてもなお，加重的要件として，権利保護の資格と利益を要求する。そして，これらの要件は訴訟法から抽出されるべきである，と主張する[97]。本章は，この言明の内容を批判的に分析することを通じ

---

92) Stein, Voraussetzungen, S. 13ff. 尤も，シュタインは，法律効果とは構成要件を法規に包摂した結果としての観念的なものであり，知覚可能な現実に属するものではないから，iura novit curia（裁判官は法を知る）という現代法上自明の原則に照らせば，包摂は裁判官の役割であり，形成の訴えの場合のみならず，総ての訴えにおいて構成要件事実こそが権利保護要件であると見るのが正確であるという（S. 14）。

93) Stein, Voraussetzungen, S. 15.

94) Ebenda, S. 15.

95) Schmidt, Lehrbuch, S. 667.

96) Stein, Voraussetzungen, S. 27.

て，その今日における法技術意義を解明することを目的とする。

第1節　給付請求権の訴求可能性論

1　伝統的に，給付請求権の訴求可能性（Klagbarkeit）は請求権の実体法上の属性であると把握されてきた[98]。しかし，シュタインはこの考え方は誤りであるとする。19世紀中葉までの法律学は，普通法において行われていたactio，給付の訴えしか知らなかったこと，ヴィントシャイトがこのactioから私法上の請求権を抽出し，かつ，彼が請求権の訴求可能性をその私法上の属性として理解していたこと，CPOの立法者もまたこうした観念を根底に置いていたが故に訴求可能性についての規定をCPO中に置かなかったこと，は歴史的事実である[99]。シュタインは，こうした思考を「非訴訟法的思考（unprozessuale Denkweise）」と呼ぶ[100]。

「しかし，訴求可能性が請求権の私法上の属性であるとの観念は受け容れ難い。何故なら，訴求可能性という概念は，ローマ人が方式書訴訟という基盤の上に立って操作したものであって，現代法の与り知らぬものだからである。我々は最早，訴えが理論上法的に理由付けられた請求権を提起するものであるか否かを，本案審理に立ち入る前に，審理することはない。この問題は，弁論における事実に基づき，しかもそれが請求権が既判力ある本案判決により棄却されるという効果を伴う形において，判決に際して初めて発生するのである。これに対して，ローマ法における訴求可能性の欠缺は，actioの否認（denegatio actionis），即ち，法務官による本案審理の拒否という結果をもたらし，しかもそれは，既判力を伴わなかったのである[101]。」（傍点原文）

この説明と訴求可能性が請求権の私法上の属性ではないという主張とは，しかし，嚙み合わない。例えば，訴求可能性の性質についてはシュタインと同様訴訟法上の問題であるとの立場に立つエーリッヒ・ブライは，その欠缺は本案判決の拒否を伴うという，ローマの方式書訴訟と同様の帰結を採用してい

---

97)　Ebenda, S. 27; siehe auch ders., Komm. Vorbemerk. z. § 253, S. 586.
98)　権利保護請求権論の首唱者であるヴァッハにおいてすらそうであったことにつき，第1章注55) 参照。
99)　Stein, Voraussetzungen, S. 28f.
100)　Ebenda, S. 28f. シュタインによれば，この用語は，二つの意味において用いられる。一つは，確認の訴えを私法上の請求権の行使と把握する立場であり，今一つは，訴求可能性を請求権の私法上の属性と把握する立場である。
101)　Stein, a.a.O. S. 29.

る[102]）。従って，ローマの方式書訴訟と現代の（ZPO の下における）訴訟との訴訟構造の相違と訴求可能性の性質とは，その限りで無関係である。また，訴求可能性の欠缺は訴訟判決という効果をもたらすのならばともかく，シュタインにおいては権利保護の要件（としての訴求可能性）の欠缺は，本案判決をもたらすのであるから[103]，下されるべき判決の種類・効果と訴求可能性の属性論とは関係がない。そもそも，ローマの方式書訴訟とは異なり，現代の（ZPO の下での）訴訟においては，「訴えが理論上法的に理由付けられた請求権を提起するものであるか否かを，本案審理に立ち入る前に，審理することはない」というシュタインの認識自体が，実は ZPO の解釈として必然ではない。右の問題は，「原告の事実上の主張それ自体から，彼の申立が法的に理由付けられるか否か[104]」，原告の事実上の主張を真実と仮定するとそれが原告の主張する法律効果を発生せしめるか否か，という問題であり，或る論者により一貫性審査（Schlüßigkeitsprüfung[105]）と呼ばれるものである。訴求可能性の審査の問題がそこに含まれるとする場合，それが否定されるときに下される判決は本案判決であり[106]，その限りにおいてそれが「本案審理の前に」審査されることはないとすることは正しい。しかし，一貫性が肯定されない限り，証拠調手続に入ることはない。そして，この証拠調手続こそが，シュタインが現代の訴訟と対置するところの方式書訴訟において，法廷手続で法務官により actio が肯定された後に行われる審判人手続に相当するものなのである[107]。現代の訴訟は，従って，組織的に区別された手続の段階付けを知らないという点において，ローマ法上の方式書訴訟とは異なるとしても，法適用の論理的な段階付けは知っ

---

102) Elich Bley, Klagerecht und rechtliches Interesse（1923）S. 85ff.
103) 第 1 章注 69)。
104) この表現は，A. Blomeyer, Zivilprozessrecht, 2. Aufl. S. 198f. による。なお，ブロマイヤーによれば，訴えが unschlüssig であるとされる場合には，主張された法律効果がそもそも我々の法秩序によれば存在しえないものであるときと，法律効果が主張された事実からは発生しないものであるときの，二つの場合がある。前者の，実定法の知らない法律効果を主張する訴えの取扱を学説史的に概観するものとして，W. Simmhäuser, Die Entwicklung des Verhältnisses vom materielles Recht und Prozessrecht seit Savigny（1965）がある。
105) Blomeyer, ebenda. 一貫性審査一般については，木川統一郎「西ドイツにおける集中証拠調べとその準備」(1983) 判タ 483 号 21 頁以下（『訴訟促進政策の新展開』〔1987〕53 頁以下）に詳しい。
106) Blomeyer, a.a.O. S. 199.
107) 方式書訴訟の手続構造については碧海純一ほか編『法学史』(1976) 56 頁以下〔柴田光蔵〕参照。

ているという点においては，ローマ法上の訴訟と径庭がないのである。故に，ローマ法との訴訟構造上の相違に依拠して訴求可能性の私法的把握を否定せんとするシュタインの試みは成功していないといわざるをえない。

2 とすれば，訴求可能性の非私法的把握とは，それが請求権の給付の訴えと強制執行とによる権利保護の資格の問題として，公法（訴訟法）上の権利保護請求権の要件であると定義されることの，タウトロギッシュな帰結としてしか主張されえなくなってしまう。

> 「個々の方法による権利保護の資格が，私法上の属性ではないことは明らかである。それは，義務者に対する関係ではなく，国家に対する関係であり，訴訟において裁判官にとって意義を有するに過ぎないものであって，その効果は，権利保護請求権の肯定であるからである。訴求可能性を肯定する立法者は，それによって裁判所に一定の行為を命令する。私法上の請求権が関係人の間で規定通りに履行によって処理されたとしても，それは何の役割も果たさない。それ故に，たとい権利保護請求権の否定論者といえども，給付命令の要件の訴訟法的性格を無視しえないのである[108]。」

確かに，訴訟外における任意の履行が直ちに判決の内容に影響を与えることはない。しかし，それは弁論主義が採用されていることの反映に過ぎず，権利保護の要件規範の性質論とは無関係である。そして，任意履行が訴訟上主張立証された場合に裁判官に対して給付命令の拒否を命じる規範が私法であることは当然であり，しかもこのことと権利保護という訴訟法上の効果に鑑み権利保護請求権が訴訟法上の権利であることとは，シュタインにとって矛盾しないものであった[109]。そうだとすれば同じ次元において，訴求可能性を規律する規範が私法であっても一向差し支えないはずである。にもかかわらず，シュタインは自己の主張の論理的な正しさを示すことなく，BGBの起草者が，従ってBGB自身が，訴求可能性の私法的把握を根底に置いていることの頑迷さを慨嘆するのである。

> 起草者が，BGB第1草案に存在した，履行期未到来の金銭債権及び明渡・引渡債権並びに回帰的給付債権についての一般規定を，ZPO 257条以下に移置したことは，それらの訴訟法的性格を把握した上での措置の如くに見える。しかし，起草者達は，最終草案を評決するに当たって，代表的な実体的訴権論者であるFörster-Ecciusを引用して，実体的訴権を国家の助力により実現される私人の意思力と定義し，その要

---

108) Stein, Voraussetzungen, S. 29f.
109) 第1章第1節 **1**。

件として，現在被告から何かを要求しうること（彼に対してactioがその本来あるべき姿である〔nata〕こと）を要求していたのである。かような見解に立脚する起草者にとって，訴求可能性の訴訟法的把握が凡そ念頭に浮かぶものではなかったことは明白である。このことは，実際に条文化された幾つかの規定の証明するところである。例えば，婚約の法的効果に関する条文の変遷がそうである。第1草案1227条が「婚約からは何ら婚姻を締結する義務は生じない」としていたのが，その内容を否定するためでなく，それは単なる自然債務を生ぜしめるに過ぎないものであるとの趣旨で，現在のBGB 1297条の「婚姻の締結を求めて訴えることはできない」という，完全にRomanistischな表現に改められたのである。同様の表現は，相続人又は夫に対する請求権の訴求可能性の時的制約に関するBGB 1958，〔当時の〕1394条にも見られる。不作為請求につき一定の要件の下に「不作為を求めて訴えることができる」と定めるBGB 1004条その他の無数の規定においても行われている。後者においては，不作為請求権の訴求可能性の限界付けがBGBの中で行われているのである。以上のことから，ZPO 257条以下の導入にもかかわらず，BGBが，訴求可能性が請求権の私法上の属性であるという観念を放棄していないことは明らかである[110)][111)][112)]。

---

110) Stein, Voraussetzungen, S. 30-34. シュタインがここでRomanistischと表現する所以は，普通法学者がローマ法上のactioをKlagerecht，即ち，訴える権利として理解していたこと，ヴィントシャイトがactioから相手方に対する純実体法上の請求権を分離したこと，を念頭に置きつつ，なお実体法中に普通法的訴権の色彩を残す表現が用いられていることへの批判的スタンスを示すものであろう。

111) あくまで，現行BGBが実体法と訴訟法の区別を貫徹しているかを認識することから出発するシュタインに比べて，ヘルヴィッヒは，彼のいうところの実体法上の問題と訴訟法上の問題との完全な分離を前提として，それをBGBに投影する（奥田昌道『請求権概念の生成と展開』〔1980〕102頁。このヘルヴィッヒの見解に対する実体法学からの批判につき，同書104頁以下）。従って，請求権の訴求可能性に関するBGB第1草案190条の削除とその実体法への委任という事実は，実体法と訴訟法の理論的分離の当然の反映と評価され，「訴えることができない」という表面上の文言にもかかわらず，例えばBGB 1297条は，婚約からは何らの法的な婚姻締結義務は生じないことを定める純粋私法上の規定，相続承認前には相続債権を相続人に対して訴えることができないとするBGB 1958条は，相続人の義務主体適格（Passivlegitimation）を否定する純粋実体法規定であると把握される（Hellwig, Anspruch, S. 123f.）。

112) このように，BGBは請求権の訴求可能性が請求権の私法上の属性であると把握しているという認識に立つシュタインにおいては，絶対権における不作為請求権が，万人に対する請求権の束であるのか，それとも，不作為請求権は絶対権の侵害行為（違反行為）によって初めて成立するのか，という有名な論争は，彼の課題にとって重要性をもたない。なぜなら，「この論争は，不作為請求権が違反行為によって初めて訴求可能なものとして成立するのか，それとも，既に存在する不作為請求権が給付の訴えによる権利保護に適するものとなるのか，を巡って鋭く対立するものに過ぎないからである」（Stein, Voraussetzungen, S. 117.）。不作為請求権が特定の内容を有するためには，特定の人間による絶対権の侵害，権利侵害（Rechtsverletzung. この用語については第2節において再論する）が必要であり，しかも，それは請求権の要件としてではなく権利保護の資格の要件として要求されるのであり（Stein, Voraussetzungen, S. 117f.），そして，違

反行為が将来繰り返される恐れという、丁度 ZPO 257 条乃至 259 条において将来給付の訴えの権利保護の必要として要件とされているような将来の事情が、権利保護の必要の要件として、本来ならば必要とされるべきものなのである (Stein, Voraussetzungen, S. 119ff.)。しかし、BGB においては、こうした本来は権利保護の要件の問題は、請求権の訴求可能性という私法上の要件の問題として、1004 条等において可及的に規定されているのである (Stein, Voraussetzungen, S. 117, 120f.)。従って、私法規範と ZPO 257 条乃至 259 条の権利保護の要件規範の何れが適用規範となるかという問題に帰着する物権的請求権の性質論は、実定法としての BGB においては解決済であることになる。他方、前注で見たように、自己の学問体系的認識を実定法に投影させるヘルヴィッヒは、不作為請求の訴えにつき次のように考える。物権とは、万人に対する不作為請求権の束であり、この不作為請求権は瞬間毎に発生し物権侵害がない限り即時に履行され消滅し、侵害が行われた場合には除去請求権に転化する。従って、不作為を求める訴えは常に将来における被告の不作為を要求する行為となり、概念必然的に将来給付の訴えとなる。故に、BGB 1004 条等は将来給付の訴えの要件を規定する訴訟法上の規定ということになる (Hellwig, Anspruch, S. 6, 26; ders., Lehrbuch, S. 220ff.; ders., System, S. 271ff. 彼のこの物権的不作為請求権の理解は、請求権概念の発見者であるヴィントシャイトのそれ〔Windscheid-Kipp, a.a.O. (注 51)〕S. 156.〕を、最も忠実に承継するものである。奥田・前掲注 111) 176 頁)。ところで、初期のヘルヴィッヒは、将来給付の訴えについての一般条項である ZPO 259 条は、将来給付が適時に履行されない恐れがあることという権利保護の利益を要件として、将来給付の訴えを適法としているから、物権侵害による除去請求権を規定する BGB 1004 条 1 項 1 文を受けて、「一層の侵害の恐れがあるときには不作為の訴えを提起することができる」と規定する同 2 文等の、BGB に散在する不作為の訴えに関する規定は、ZPO 259 条の制定により当然排除されるという、いささか勇ましい解釈論を提示していた (Hellwig, Anspruch, S. 393ff.; ders., Lehbuch, S. 374. これに対してシュタインは、BGB の起草者達が、同時に改正される ZPO の施行と共に無効とされるような規定を BGB に導入したというのはありえないことであるという。Stein, Voraussetzungen, S. 120f.) が、後年この見解を改め、BGB の諸規定は ZPO 259 条の特則であり、不作為請求の訴えについては原則として、過去の権利侵害の事実と将来の侵害の反復の恐れを要件とするが、急迫の侵害の危険が存在し且つ相手方が不作為義務違反につき悪意であるときには、侵害の事実がなくとも ZPO 259 条により不作為の訴えが許される、とした (Hellwig, System, S. 271ff. これに対して、シュタインは、相手方の外見的行為から義務違反についての悪意を認定することは実際上不可能であると批判する。Stein, Voraussetzungen, S. 73.)。ところが、その後の実体法学の理論では、万人に対する不作為請求論の概念は、請求権が特定の人間を名宛人としその者の具体的給付を要求する権利であることと矛盾する (Heinlich Lehmann, Die Unterlassungspflicht im Bürgerlichen Rectht (1906) S. 109ff.) として、否定されることとなった (奥田・前掲注 111) 67 頁、80 頁、92 頁) が、BGB 1004 条等の理解については、それが将来給付の訴えの権利保護要件を定める規定 (ヘルヴィッヒ) でも、不作為請求権の訴求可能性を定める規定 (シュタイン) でもなく、侵害の事実とその反復の恐れを請求権の成立要件とする規定であると把握する考え方が通説化し (Enneccerus-Lehmann, Schuldrecht, 15. Aufl. (1958) § 252, I, 1 (S. 1009); Enneccerus-Nipperdey, Allgemeiner Teil, 15. Aufl. (1958) Bd. I, § 72, 3a (S. 432); Staudinger-Gursky, Kommemtar z. BGB, 12. Aufl., 3. Buch (1984) Bemerkungen z. § 1004, Rz. 152; Münchener Kommentar (Medicus), 4. Buch, Bemerkungen z. § 1004, Rz. 82; Baur, Sachenrecht, 13. Aufl. (1985) § 12, IV 2b; ders., Zu der Terminologie und einigen Sachproblemen der "vorbeugenden Unterlassungsklage", JZ 1966, 381 (382); Münzberg, Bemerkungen zum Haftungsgrund der Unterlassungsklage, JZ 1967, 689 (691ff.)。なお、前述の BGB 1004 条 1 項の文言を卒然として読めば、権利侵害の事実が生じるまでは、換言すれば、単に侵害の恐れがあるというだけでは、不作為の訴えは

提起できないかの如くであり，先に見たヘルヴィッヒの初期の見解は，それでは権利保護の時期が遅すぎるという実践的関心からのものであったと解される。今日の民法学においては，侵害の恐れがあるだけで不作為請求権は十分に成立するという解釈の確立に向かっているようである。Staudinger-Gursky, Bemekungen z. §1004, Rz. 154; Münchener（Medicus), 4. Buch, Bemerkungen z. §1004, Rz. 80.)，この民法学の通説をうけてか，その後の民事訴訟法の教科書，体系書の類においては，不作為の訴えは実体法所定の不作為請求権を訴訟物とする通常の現在給付の訴えの形態であるとする見解が通説化し，それが将来給付の訴えであるとしたり，その権利保護の要件を通常の給付の訴えのそれとは異なるとする見解は少数となった（Rosenberg-Schwab, Zivilprozeßrecht, 14. Aufl.（1986）§93, I, 2; Stein-Jonas-Schumann, Kommentar z. ZPO, 20. Aufl.（1986), Vorbemerkungen z. §253, Rz. 14; vgl. aber, Bemerkungen z. §259. Rz. 8ff.; Schönke-Kuchinke, Zivilprozeßrecht, §40, I, 3; Blomeyer, Zivilprozeßrecht-Erkenntnisverfahren, 2. Aufl.（1985）§35, IV. 但し，Jauernig, Zivilprozeßrecht, 21. Aufl.（1985）§35, II は，将来の違反の恐れを，不作為の訴えのみに特殊の権利保護の利益要件であるとする。Henckel, Parteilehre und Streitgegenstand（1961) S. 85. も同旨。また，Baumbach-Lauterbach-Albert-Hartmann, Kommentar z. ZPO, 42. Aufl.（1984）Bemerkungen z. §259, 1. は，なお不作為を命じる判決は被告の将来の行為〔不作為〕に関わるものであることに着目して，不作為の訴えを将来給付の訴えであるとする。しかし，通常の将来給付の訴えは将来の事情の変動に依存するという意味における将来の法状態を判決の基準として，判決の時点では未だなされる必要のない給付を命じるものであるのに対して，不作為の訴えにおいては，あくまで現在の違法状態〔絶対権の存在とその現在における侵害の恐れ〕を基準として判決が下され，将来の法状態は判決の基礎とはされていないから，不作為の訴えを将来給付の訴えに組み入れることは誤りである。Zeuner, Gedanken zur Unterlassungsklage und negativer Feststellungsklage, in Von Deutschen zum europäischen Recht（Festschrift für Hans Dölle）(1963) Bd. I, S. 310ff.)。しかし，実体法の問題としても，万人に対する不作為請求権は論外としても，特定人に対する特定的不作為を要求する権利としてすら，物権的不作為請求権というものを請求権として認めることはできない（請求権というものは，それが存在することにより権利者に何らかのプラスをもたらすべきものであるのに，物権的不作為請求権というものは物権者が権利者であるということ，それがなければ違反行為が適法行為となるというだけのものに過ぎず，それがあるからといって，物権者には何らのプラスが加わるものではない）という見解は，少数ながら有力に主張されうるものであって（Zeuner, a.a.O. S. 302ff., 307f.; Henckel, Vorbeugender Rechtsschutz im Zivilrecht, AcP 174（1974）122ff. こうした見解の淵源は，Siber, Der Rechtzwang im Schludverhältniss nach Deutschem Reichsrecht（1907）S. 100f., 110f. に求められる），この関連において，訴訟法学上特異な見解を提唱する者がニキッシュである。彼は，万人に対する請求権というものが，特定の義務者を指向するものである請求権概念にとって相容れないということを承認する点では，むしろ民法学の通説に従うのであるが，そこから直ちに，物権的不作為の訴えは，確認の訴えと同様，実体法上の請求権を基盤に置かない，権利侵害を権利保護の利益として侵害の反復の差止を求める純粋訴訟法上の制度であるという帰結を導く（Nikisch, Ziviprozeßrecht（1950）§38, III 3. 三ケ月・前掲注 69）62 頁は，ニキッシュのこの見解に依拠される）。不作為の訴えに限って，実体法上の請求権への依存関係を否定するこの見解の含意は，はっきりしない。ジーバーが，不作為の訴えと，裁判所の裁量により適切な権利の保全措置を決定しうる仮処分との共通性を指摘していた（Siber, a.a.O. S. 111ff.）ことに鑑みると，この見解は不作為判決の中で，実体的法状態とは無関係に，裁判所が自由な裁量により差止のために必要な措置を形成しうるという実践的主張を包含するものとも解される（Zeuner, a.a.O. S. 303f. ツォイナーは，しかし，不作為の訴えは，仮処分とは異なり，現存する違法状態を確認し，既に存在する禁止命令を被告に対して貫徹するという意味において，

要するに，シュタインはBGBがその条文の各所に「訴えを提起することができる（できない）」という表現を用いていることが，訴求可能性の私法的把握がそこで採用されていることの証明であり，かつ，そのことは誤りである，換言すれば，実体法は専ら請求権の存否を定めるに留まるべきであって，請求権の訴求可能性は給付訴訟の権利保護の資格の問題であるから，訴えることができるか否かを定める規定を実体法中に置くことは誤りである，という。つまりは，BGBの第1草案がその190条1項に置いていた，「給付を命じる判決は履行期が既に到来しているときにのみ適法である」という，あまりにも自明なことがらを定める規定をZPO 256条の前あたりに挿入し，また，不作為請求については，「不作為請求権については，侵害行為が反復される恐れがあるときに限り，給付の訴えを提起することができる」というような規定をZPO 259条の後ろにでも設け，また，BGB 1297条を「婚約からは婚姻成立を求める請求権は生じない」と書き直せば，気がすむというのである。しかし，それは単なる学問的潔癖さという以外に何か意味のあることなのであろうか。この疑問を抱くとき，我々は，第1章第1節において我々が確認したあの主題，即ち，「権利保護請求権の要件はラント法ではなくライヒ法（訴訟法は常にそれである）により規律されるべきである」という主題の執拗な変奏に遭遇するのである。

　3 「この考え方〔訴求可能性の私法的把握〕がBGB施行法の解釈に当たっての出発点に置かれる必要がある。同法がラント法の規定を手付かずのままとするとき，それは，私法上の規定のみを意味する。なぜなら，訴訟法上の規定は，CPO施行法によってとうの昔に排除されてしまっているからである。しかし，そこにいう私法上の規定には，請求権がいつ成立するかを定める規定のみならず，それが訴求可能であるか否かを定める規定も含まれる。……BGB施行法67条により，ラント法は鉱業権及びそれに類似した権利の侵害に対して，如何なる要件の下に不作為の訴えを提起しうるかを，自由に定めうる。従って，プロイセン鉱業法が現行の50条においてそれをBGB 1004条に委ねていることは，賢明な立法であるものの，同法の自由意思によるのである。プロイセン法は，それと異なる定めを置くことも可能だったのである[113]。」

　　　通常の給付の訴えと同じであるという〔A.a.O. S. 304f., 307f., siehe auch, Münzberg, a.a.O. S. 693 (FN 45).〕。不作為の訴えが実体法上の請求権を基盤としないという主張の含意は，ひとり不作為の訴えに限らず，一般的に請求権と給付訴訟との関係を徹底的に究明しなければ，恐らく解明されえないものと思われる（Zeuner, a.a.O. S. 307; Münzberg, a.a.O. S. 693.）。
　113）Stein, Voraussetzungen, S. 32f.

第 2 章 給付訴訟の権利保護の要件論

実体法の立法管轄をライヒとラントに分配する特殊ドイツ的な連邦制の下では，訴求可能性を請求権の属性と観念する立場においては，ラント法は自己の立法管轄内にある実体法の制定に際して，請求権の訴求可能性をも任意に定めうることになる。しかし，請求権の訴求可能性が権利保護の資格という訴訟法上の問題であるとすれば，それはライヒの専属的立法管轄である訴訟法により統一的に規律されることになる。しかし，この議論は，確認の訴えの私法的把握批判の場合とは相当次元を異にする。確認の訴えは，権利ないし法律関係を保護の対象とする一般的な権利保護制度として新たに導入されたものである。これを，ラント私法が特定の権利ないし法律関係につき保証又は承認請求権を認めているか否かに依存せしめることは，制度の一般的性格にとって致命的であった。しかし，特定の人間から一定の給付を要求する権利（請求権）に対して，一般的権利保護制度として給付の訴えが開かれているということ自体は，CPO 又は ZPO の制定以前の遥か昔から当然のことであった。ただシュタインの当時においては，給付の訴えが，そこで主張される請求権の変形ではなく，権利保護の方法として独立した訴訟法上の存在であると観念されるに至ったに過ぎない。従って，訴求可能性が請求権の私法上の属性であると観念し，個別具体の請求権につき例外的事象としてその訴求可能性を否定ないし制限する規範がたまたまラント法にあったとしても，直ちに一般的制度としての給付の訴えの基盤が揺らぐというものではない。また，ラント法がその立法管轄の範囲内にある個別具体の請求権につき，それに訴求可能性を賦与するか否かをラント法が独自の立場から決定することがなぜ適当でないのかは必ずしも明らかではない。特定の給付につき義務者の意思を支配する権能が請求権であるとするならば，意思支配の究極形態としての（国家による）強制までもその権利に賦与するか否かは，むしろ請求権の賦与権限を有する者が決定しうるとする方が適当ともいえるからである。

4 ともあれ，訴求可能性は訴訟法上の問題であるという命題は，それはライヒ法としての訴訟法が決定すべきであるという，特殊ドイツ的国家体制を反映した命題であって，今日の日本の訴訟法学にとって何らかの意味において意義を有するものではないということは，最低限確実である[114]。そして，この

---

114) 尤も，国際私法・国際民事訴訟法上の準拠法選択の問題として，請求権の訴求可能性が実体法上の問題であるならば，それは法廷地法（lex fori）であるドイツ法ではなく，請求権の実体

命題は，ライヒ法としての ZPO が，前述のような自明の規定を置くべきであったということを意味するに過ぎず，実体法が請求権として認めない権利に訴求可能性を賦与し又は実体法が承認している請求権の訴求可能性を否認することが訴訟法の任意的意思に委ねられると主張するための命題ではないことを確認するだけで，本節の検討としては十分であると思われる。

第 2 節　「権利侵害（Rechtsverletzung）」要件論

1　履行期の到来した請求権についても，それが「一定の性質を備えた場合に[115)]」のみ，給付の訴えによる権利保護の必要を承認しようとする見解がある。シュタインによれば，例えば次のような見解がそれである。

　立法者は，履行期の到来した給付については権利保護の資格ある請求権によりその保護を求める必要もまた与えられる，ということを前提として，権利保護の必要を履行期未到来の請求権に拡大している。従って，給付の訴えは，極めて安易に提起されることとなり，そのことは，しばしば義務者にとって苛酷な結果をもたらす。そこで昔から，請求権と並ぶ権利保護の必要の要件として，客観的権利侵害（objektive Rechtsverletzung）を要求する試みが行われてきたことは，頷けるところである[116)]。
〔傍点筆者〕

しかし，シュタインによれば，このような試みは現行法の知らぬところである。

　そのことは，ZPO 93 条が証明する。同条は，被告が訴えの誘因を与えていない場合であっても，給付判決が下されうることを前提として，訴訟費用の負担者を定めている。従って，現行法上給付の訴えの要件としては実体法上の請求権しか存在せず，当事者のいずれが訴えの誘因を与えたかは，独自の要件たりえない[117)]。

　　準拠法（lex causae）に従うとされることになる（Stein, Voraussetzungen, S. 33)。この点，今日の日本法にとっても，訴求可能性論は実践的意義を持ちうることになる。シュタインによれば，この点も法廷地法に依るのでなければ望ましくないのであろう。しかし，実体準拠法が，一定の政策的理由に基づき，特定の請求権から訴求可能性を奪っているときに，或いはドイツ法によれば訴求可能性が認められない権利に訴求可能性を与えているときに，公序則により調整する余地があるにもかかわらず，当然に法廷地法を選択してドイツの裁判所がなぜわざわざ権利保護の資格を認め又は否認しなければならないのか，ドイツで訴えを提起すれば外国法の趣旨が潜脱されることがなぜ望ましいのか，は明らかでない。

115)　Schmidt, Lehrbuch, S. 308.
116)　Stein, Voraussetzungen, S. 68.
117)　Ebenda, S. 69.

第 2 章　給付訴訟の権利保護の要件論

　ここで「客観的権利侵害」とは，訴えの誘因（Klageveranlassungen[118]）を与える被告の主観的態度，例えば，原告の履行の要求に対して被告が拒絶したり応答をしなかったりする行為等の，原告をして訴え提起を止むなしと決断せしめる被告の訴訟外における交渉態度を指している。こうした事態を訴えの要件として要求する発想は，権利の侵害から請求権が発生し，請求権の履行の拒絶から訴権が発生する，としたヴィントシャイトの訴権観に由来するものかとも思われる[119]。このような要件を現行法上要求しえない根拠は，「被告がその行為により原告による訴え提起に誘因を与えていない場合において，被告が請求を即時に認諾したときには，訴訟費用は原告の負担とする」と規定するZPO 93条にあるのみならず，それが恣意を招くからである。シュミットは次のようにいう。

　　「民事訴訟の領域が私権の審理を越えることは許されないが，他方，民事訴訟は何らの限定なく私権の審理に及びうる。それ故に，あたかも請求権に或る種の性格が存在するときにのみ，民事訴訟による保護の対象となるかの如き見解を承認することは，恣意的である[120]。」

従って，履行期の到来した請求権の主張以外の権利保護の条件を裁判所が設定することは許されない。とりわけ，被告が原告に権利保護の誘因を与えたことを権利保護の条件とすることはできない[121]。

　　「法は，客観的に存在する法律状態を基準として権利保護を賦与するのであって，被告の主体的行為を基準として権利保護を賦与するのではない，という思想がここにおいて表明されている。原告がその主観的見地に基づく訴え提起のイニシアティヴを有していることからして，ZPOが，〔彼の訴え提起の意図が〕弁済を求める必要にあ

---

118)　雉本朗造博士は「起訴の挑発」という訳語を充てておられる（雉本述・前掲注27) 238頁）。
119)　Windscheid-Kipp, Pandekten. Bd. I. S. 615. この点につき，奥田・前掲注111) 45頁以下。但し，ヴィントシャイト自身が被告によるKlageveranlassungを「権利侵害」と把握していた訳ではない。ヴィントシャイトによれば，権利侵害とは規範と事実状態との不一致であり，請求権が作為を目的とするものであれば，権利侵害は不作為の形において，それが不作為を目的とするものであれば，権利侵害は作為の形において，それぞれ存在する（Windscheid-Kipp, a.a.O. S. 613.）。従って，権利侵害とは，訴えの誘因としての被告の行為，換言すれば，事実状態に対する規範的評価（義務が存在しないという法的評価）に由来する被告の行為とは，何ら関わりのないものである。履行期の到来した請求権が履行されていない事態が権利侵害であり，被告の履行拒絶の意思により権利侵害が初めて生じるものではない。その意味で，Klageveranlassungを「権利侵害」と呼ぶシュタインの用語法は誤解を招く。
120)　Schmidt, Lehrbuch, S. 308.
121)　Ebenda, S. 698.

るのか，それとも，不当ではあるが法的にはイレレヴァントな動機（シカーネ，復讐，独善）にあるのかについて，無関心であるということは，右の思想の裏面に過ぎない。かかる法思想の中に，民事司法は，単に主観的権利保護のための制度であるのみならず，客観的私法秩序の実現のための制度，その意味において公法上の制度である，という考え方の実践的側面が現れて[122]いるのである。」

第1章第3節で見た，民事訴訟法の公法的性格の強調が，ここで再び行われている。尤も，ここでのそれは，原告の主観的意図にもかかわらず訴訟の対象たる法律関係につき裁判することが，客観法秩序の確証という私的利益を超越した公益の実現をもたらす，という意味において行われているようにも読める。しかし，第1章第3節で考察したように，シュミットにおける民事訴訟の公法性とは，当事者を含む市民を国家権力の恣意的行使から保護するための一義的かつ羈束的な法的規範の存在の必要性を強調する，という文脈において語られるものであり，そして，彼によれば，私法秩序は常に（請求権又はその他の権利者に対する行為の許容という意味における権利という）権利関係の形[123]を取るとされるのであるから，客観的私法秩序の実現とは，訴訟前に既存のものとして観念される権利が主張される以上，裁判所は，恣意的な理由により権利保護を拒絶する権限を有しないということを意味するに過ぎない。この点において，私的利益の保護と並列的又は対立的な内容を持つものとして「客観的私法秩序の実現」という要請を把握しつつ，私権の主張の他に，国家が法秩序を確証するに足りる十分な契機，例えば，訴え提起についての原告の主観的な動機の如きものを，権利保護に制約的な要件として要求する見解[124]と，シュミットのそれとは，顕著な対照を示している。かくして，権利保護請求権論においては，訴訟外の当事者の主体的行動ないし主観的意図（という意味における「権利侵害」）とは切り離されて成立する訴訟空間の中において，訴訟前に既存のものとして観念されかつ主張される権利が判断されることとなる。

2　なおシュタインによれば，「客観的権利侵害」とは，請求権の「不履行」

---

122)　Schmidt, a.a.O. S. 699（FN 1）.
123)　Schmidt, a.a.O. S. 297ff.
124)　ここでは特に，Adolf Schönke, Das Rechtsschutzbedürfnis: Studien zu einem zivilprozessuale Grundbegriff（1950）S. 33ff. が念頭に置かれている。不確定法概念としての権利保護の利益概念の濫用を戒める立場から，シェンケの見解を批判するものとして，Rudolf Pohle, Zur Lehre vom Rechtsschutzbedürfnis, in Festschrift für F. Lent（1957）S. 195, 204ff.

という意味においても用いられる。

　「一方，それ〔権利保護請求権〕が，実体法上の請求権が未だ履行されていない限りにおいて，存在するに過ぎない，ということは，違法な状態としての不履行（des Unerfülltsein als rechtswidriger Zustand）が，請求権の存在と並んで，独自の要件となるということを，意味しない。なぜなら，履行された請求権は，存在することを止めるからである[125]。」

当然のことである。請求権が履行を求める権利である以上，履行の存否はその存否の問題に過ぎないからであり，仮に，履行の不存在を独自の原告の権利保護請求権の要件とするならば，不履行の証明責任を原告に転嫁することになるからである[126]。

第3節　請求権の権利保護の資格

1　シュタインによれば，BGB は請求権の訴求可能性をその私法上の属性と把握しており，かつ，請求権の訴求可能性は履行期の到来によって取得されるものとされるから，給付の訴えの権利保護の資格は，「即時の履行を受ける資格がありかつ履行を必要とする請求権（ein sofort befriedigungsfähige und—bedürftige Anspruch）のみで十分とされる[127]。」

---

125) Stein, Voraussetzungen, S. 70.
126) シュタインの立論の特異性は，実体法においても，請求権にとって「権利侵害」は，本質的でない，とする点にある。彼によれば，物権的不作為請求権を除いて（この点については注112）参照），請求権は「権利侵害」なくして成立する，従って，積極的給付請求権においてはたとえ判決が下される前に被告が合法的に行動した（rechtsmäßig verhaltet）としても，給付の訴えの権利保護の必要は請求権の存在を以て生じるのが通常であるという（Stein, Voraussetzungen, S. 71.）。しかし，ここで被告が「合法的に行動する」ということの意味が，被告によるKlageveranlassung のことであるとすれば，そのようなものと「権利侵害」とが無関係であることは，注119）で見た通りであり，また，被告による不履行をいうものとすれば，それは請求権の存否そのものであることは，本文で述べた通りである。元来請求概念は，権利侵害と論理的に無関係の存在であったローマ法上の actio が，権利とその侵害の観念を第一次なものと観念することが現代法の立場であるとするヴィントシャイトによって，再構成されたものである（奥田・前掲注111) 17頁以下）から，請求権概念は権利侵害の要素を初めから内包させているものである。物権から生じる積極的請求権はまさしく権利侵害，即ち，あるべき物権秩序と事実状態の不一致により発生するものであるし（Windscheid-Kipp, a.a.O. S. 613.），しばしば請求権そのものと同視される債権についても，満期（Fälligkeit）の到来にもかかわらず，規範に従った履行が行われない事実状態を権利侵害と呼びうるものであれば（Windscheid-Kipp, a.a.O. S. 613, FN 3.），請求権の存在は権利侵害を表章するものとなる。従って，言葉本来の意味における「客観的権利侵害」を，請求権の存在と並ぶ権利保護の要件として挙げることは，元々不可能なのである。

それでは，権利保護の資格が例外的に否認される場合とは，いかなる事態を意味するか。シュタインによれば，請求権それ自体に認められる権利保護の資格が，請求権自体は存続するものの，換言すれば，例えば確認の訴え又は仮差押えによる権利保護が奪われることはないものの，給付の訴えによる保護を不適格とする事情が存在することによって，一時的に制限され又は完全に廃棄されるとき，がそれである[128]。

　2　そのような事情としては，先ず，延期的抗弁権が行使される場合，及び，それが行使されても請求権が消滅しないと解釈する場合における滅却的抗弁権が行使された場合が，挙げられる。この場合，訴訟外における抗弁権の行使により請求権の効力が失われることの間接的効果として，権利保護の資格が問われるのであり，シュタインはこれを民法上の理由に基づく請求権の反応力（Reaktionsfähigkeit）の欠缺と呼ぶ[129]。滅却的抗弁権が行使された場合に請求棄却判決が下されることは当然として，延期的抗弁権が行使されたときには，シュタインによれば，請求棄却判決ではなく，引換給付判決が下される[130]。その理由は，無条件の給付を要求しえなくなるという限りにおいて，請求権の効力（反応力）が抗弁権の行使により失われると解されるからであろうと思われる。

　民法上の理由により請求権から反応力が失われる第二の例として，請求権につき質入れ又は差押えにより処分禁止効が発生している場合が挙げられる。この場合も，執行法上の意味における債務者は，依然として請求権の所持者であり続けるから，仮差押え又は確認の訴えを求めることはできるものの，自己への給付を求める訴えは許されなくなる[131]。

　要するに，これら「民法上の理由から請求権の反応力が失われる場合」とは，権利保護の対象である権利（請求権）の内容の問題に帰着し，シュタイン自らが認めるように，「何ら特殊訴訟法的実質を有するものではない[132]」のであ

---

127)　Stein, Voraussetzungen, S. 48.
128)　Ebenda, S. 57.
129)　Stein, a.a.O. S. 57ff.
130)　Stein, a.a.O. S. 57.
131)　Stein, Voraussetzungen, S. 58f. この場合，シュタインは「差押え又は質権者の権利が消滅することを条件とする」給付判決を下すことに懐疑的である。シュタインによれば，差押え又は質入れによって，債権者の権利が供託請求権に転換するとされるから，債務者への無条件の給付判決も右のような条件付判決も実体法の請求権の内容から許されないとされるのであろう。

り)[133]，シュタイン自身の体系においても本来は権利保護の要件の第一の範疇，即ち，請求権の構成要件事実の存否に解消されてしかるべき問題であったのである。

  3　以上とは異なり，「訴訟法上の理由」により請求権の権利保護の資格が失われる場合があるとされる。その第一の例が，債務者が破産した場合における，破産債権者による破産債権の給付の訴えである。シュタインによれば，破産手続続行中は自由財産からの弁済を求めることも許されないから，破産者を被告とする給付判決は無条件では下されえず，破産手続の取消又は解止を条件とする給付判決が下されるべきであり，この場合，条件成就が近い招来確実に期待されうるから，権利保護の利益を欠かぬことに疑問はない，とされる[134]。他方，債務者破産の場合，破産債権者は破産管財人との関係においても，破産財団から満足を求めるためには，破産手続への届出と破産配当という唯一の方法によってのみ弁済を求めうるのであって，破産財団に対する給付の訴えと強制執行による権利保護を求めることはできない。

  　「民法によれば完全な効力がある請求権が，その『訴求可能性』即ち権利保護の資格を，訴訟法上の理由に基づき，訴訟法により，奪われているのである[135]。」

  破産法という「訴訟法」により，かつ，個々の請求権の特殊な属性に着目するのではなく，多数の債務を債権者平等原則に依拠しつつ集団的に弁済するという「訴訟法上の理由」から，請求権の給付の訴えによる権利保護の資格が奪われているのであるとされる。要するに，ここでは，給付の訴えと強制執行に対応しかつ代替する，破産債権の届出とそれに対する配当という別個の権利保

---

132) Stein, a.a.O. S.57. この限りにおいて，確かに三ケ月博士のいわれるように，シュタインにおいては，権利保護の資格の概念の中に，私法的性格が存在しているといえる（前掲注29）13頁）。
133) また，請求権が完全な状態において存在するにもかかわらず，ただ訴訟との関係においてのみ民法上の理由から権利保護の資格（正確には訴求可能性）が奪われている場合として，相続承認前の遺産に対する請求権（BGB 1958条），夫婦財産の用益管理に関する妻の夫に対する請求権（旧BGB 1394条）が挙げられている（注111）参照）。
134) Stein, Voraussetzungen, S.62ff. この点，請求権の差押え又は質入れの場合の条件付き給付判決における彼の謙抑的姿勢と対照的である。また，ここでは，判決に付せられた条件の成就の事実上の可能性が将来給付の権利保護の利益として捉えられている。しかし，この点が，履行期に適時の履行を行わない恐れを，条件付請求権の将来給付の訴えの権利保護の利益として要求し，条件成就の可能性につき何ら言及していないシュタインの将来給付の訴えの要件論（Stein, Voraussetzungen, S. 73ff.; ders., Komm. Vorbemerk. z. §259, S. 623.）と調和しないと思われる。
135) Stein, Voraussetzungen, S. 64.

護の手段が排他的なものとして定められているからこそ，給付訴訟による権利保護の利益が否定されうる。しかも，ここでは，債権確定手続において債務名義を取得しうるのであるから，給付の訴えよりも簡易な手段により，給付の訴えと同等の権利保護が賦与される。「訴訟法上の理由により」給付の訴えの権利保護の資格が否定される場合とは，このように，他の（より簡易便宜な）権利保護の方法が排他的である場合であることは，シュタインがそうした例として今一つ挙げる事情からも明らかとなる。

　強制執行において，債務者の生存に不可欠なものとして差押えの禁止される動産が差し押さえられたとき，差押債権者に対する占有侵害の訴えを提起しうるか。この場合，BGB 858条の禁止する自力による占有侵害が，違法な差押えによっても発生しうることは，その場合不法行為による損害賠償の問題が生じることから明らかである，とシュタインはいう。つまり，占有保護請求権が発生していること自体は否定されない。しかし，それによって原告の得るものは，占有侵害の除去以上でも以下でもなく，その目的のためには，遥かに広範な執行停止・取消の権限を伴う，執行裁判所の面前における異議申立の制度が規定されている。従って，それ自体としては存在する占有保護請求権は，この方法によってのみ追求されるべきである，とされるのである[136]。

　4　給付の訴えの権利保護の資格という問題は，それが「民法上の理由」に基づく場合は，請求権の効力の問題に解消され，「訴訟法上の理由」に基づく場合とは，他の，より簡易な権利保護方法の排他性の問題に他ならない。とすれば，給付の訴えにおける権利保護の必要ないし利益の問題とは，如何なるものであったであろうか。

第4節　給付の訴えの権利保護の必要

1　「事態を客観的に評価したところによれば，要求に係る裁判官の行為が，現存する，或いは，懸念される，原告の権利状態の毀損を除去するについて，原告の役に立つものであるときに（wenn die verlangte richterliche Handlung bei objektiver Würdigung der Sachlage geeignet ist, den Kläger über eine bestehende od. besorgende Beeinträchtigung seiner Rechtslage hinwegzuhelfen），あらゆる権利保護行為にとっ

136）　Ebenda, S. 64ff.

第 2 章　給付訴訟の権利保護の要件論

ての第二の一般的要件であるところの，権利保護の必要が存在する[137]。」

　これが，給付の訴えに限らず，広く権利保護の必要についての，シュタインの一般的定義である。この定義によると，権利保護の必要とは，申立に係る特定の権利保護の方法が，原告の欲求を良く充足しうるか否か，又は，原告の欲求の充足に当該の権利保護の方法が必要であるか否か，という権利保護方法の選択の適正の問題であって，保護の対象としての原告の特定の欲求が，権利保護一般，或いは特定の権利保護の方法の利用に値する資質を備えているか否か，という問題に関わる概念ではないように思われる。果たして，権利保護の必要は如何なる場合に欠缺するのであろうか。

　2　シュタインが権利保護の必要が欠ける場合として最初に挙げる例は，指定売買における売主の指定義務（HGB 375 条 1 項），選択債務における債務者の選択義務（BGB 264 条），商業登記又は土地登記における義務者の登記協力義務（HGB 15 条，GBO 14 条）である。第一のものにつき，シュタインは次のようにいう。

　　　指定売買の場合，売主は指定をなす義務を負う。売主がそれを怠るとき，買主が，指定の実施を求めて訴えを提起し，代替的義務の授権決定という執行方法によりそれを執行する，という帰結は，HGB 375 条が義務履行の効果として認めるところと矛盾する。同条によれば，買主は売主に替わって自ら指定をなすことができるのであるから，彼は，強制執行によって得られる権限を，判決前に既に有している。従って，前述の如き判決を得る必要はない[138]。

　目的物の指定を求めるという原告の要求の正当性は，商法によって既に認められている。問題は，その要求を貫徹するために，給付判決と強制執行という権利保護を求める必要はない，という点にある。ここでは，自力救済禁止の代償としての権利保護の必要は，法律自身が，訴訟外における一種の自力救済としての買主の指定権限を承認していることによって，排除されるのである。

　3　給付の訴えの権利保護の必要が排斥される第二の例は，原告が既に債務名義を有している場合である。このような給付の訴えの不適法性の根拠付けとして，既判力が援用されることがあるが，シュタインによれば，既判力の機能は，後訴の裁判所に対して前訴の裁判と異なる裁判を行うことを禁止するのみ

---

137)　Stein, a.a.O. S. 67.
138)　Stein, a.a.O. S. 79ff.

55

ならず，前訴と同一内容の裁判を下すべく命令をすることにあるのであって，既判力には同一の裁判を下すことを禁止する効力はないから，既判力を援用することは誤りであるとされる[139]。

　従って，既判力によりこの問題を解決するのではなく，執行名義が既に存在することにより給付判決を求める必要がないという点に，問題の解決を求めるべきなのである。国家は，その至高の司法任務を当事者の恣意的な権利保護の要求から守ることにつき利益を有する，という純訴訟法的見地から，この帰結が導き出される。また，権利保護の必要の排除が執行力の存在にその根拠を持つ以上，既存の債務名義が既判力を有するか否かにかかわらず，給付の訴えの権利保護の必要は否定される。執行名義につき請求異議事由が主張される場合であっても，それにより執行力が縮減する訳ではないから，確認の訴えはともかく，給付の訴えは許されない[140]。

ここでは，請求権を給付判決に基づく強制執行により実現することが，給付の訴えの権利保護の必要と捉えられる。それがそのようなものである限り，債務名義の存在に基づく即時の執行という途を国家が既に保障している以上，国家は当事者の恣意的な欲求に答えるべきでないという「純訴訟法的」考慮から，権利保護の必要を否定しても，それは「恣意的」ではないことになる。ところで，給付の訴えの権利保護の必要が「訴訟法上の理由」により否定される根拠が，このように，給付の訴え以外に，原告の要求を充足しうるより簡易な権利保護方法が存在することに求められるならば，それは，畢竟他の権利保護方法の排他性に収斂する権利保護の資格の問題と連続するものとして位置付けることができよう。換言すれば，訴訟法上の要件である権利保護の必要の問題とは，給付の訴えにおいては，同一の請求権に対して（自力執行をも含め）一見複数存在すると見られる権利保護方法のうちの一つが排他的である，という事態を表現することに他ならない。そして，それは個々の事案の特殊性により左右される類の問題ではなく，実体法規と訴訟法規のたて方により一義的に決まっている性質の問題であるということになる。いずれにせよ，実体法上有効に存在しうる請求権は何らかの方法により保護されることに変わりはない。

4　最後に，請求権の執行が不可能又は法的に許されない場合が検討される。

　第一に，給付が主観的ないし客観的原因により後発的に不能となった場合が問題となる。BGB 257条によれば，債務者に帰責される事由により給付が不能となった場

---

139)　Stein, a.a.O. S. 82ff.
140)　Stein, a.a.O. S. 86ff.

第 2 章　給付訴訟の権利保護の要件論

合には，債務者は義務を免れない，とされるが，これは，代替物を給付し又は損害を賠償する義務を負うということであって，不能となった給付を求める請求権は消滅するという趣旨である。従って，給付判決が下されないことは，請求権の消滅という実体法上の理由に由来し，権利保護の必要性の問題とは無関係である[141]。

他方，法律上執行の許されない給付，例えば，夫婦の同居や労務の提供について，ZPO 888条2項は給付判決が下されうるものとする。このことは，給付の訴えの必要は強制執行の見込み以外のモメントによっても根拠付けられることを示唆している。同居を命じる判決は，BGB 1567条1号により，悪意の遺棄による離婚判決の条件とされているし，就労を命じる判決は，BGB 283条と相俟って，損害賠償請求を簡略に行うための途を拓くものである[142]。

これに対して，執行が事実上困難であるとか殆ど見込みがないというような理由により，権利保護の必要が否定されることはない。例えば，弁済資力がないとか，有限責任に服する請求権につきそのための責任財産が現存しない，という理由により権利保護の必要を否定することは誤っている。現時点において資産がなくとも，将来増加する余地があるからである。尤も，遺産についてはこの余地はないが，そこで財産が尽きたときは，消耗の抗弁（Erschöpfungseinrede）の行使により責任が実体的に終了したという，実体法上の理由により，給付の訴えが棄却されるのである[143]。

ここで挙げられる場合も，一見権利保護の必要の問題と見られるものは，請求権の消滅という実体法上の理由に還元される点は，請求権の反応力の喪失の場合と同様である。他方，実体法上執行可能な請求権が認識されかつそのための責任財産が法的に観念される限り，現時点において財産が存在しないから判決を下すことは無駄であるというような議論は，権利保護の利益を否定すべき「訴訟法上の理由」とはなりえないのである。なお，給付の訴えの権利保護の必要として，その請求権自体の執行の必要ではなく，その請求権の不履行から生じうべき他の請求権の先決問題としての判決取得の必要が観念されている点も注目に値する。

ま　と　め

給付の訴えにおける権利保護要件論のうち，所謂請求権の訴求可能性の私法

---

141) Stein, a.a.O. S. 108ff.
142) Stein, a.a.O. S. 111f.
143) Stein, a.a.O. S. 112ff.

的把握批判は，第1章で見た確認の訴えの私法的把握批判の焼き直しに過ぎないこと，請求権は給付の訴えにより保護されるという当たり前の事態を訴訟法に規定すべきである，という主張に過ぎないこと，そして，それは私法に関してライヒとラントの二元的立法管轄を認めるドイツ特有の議論に他ならないことが，先ず確認された。また，実体法上有効な請求権が主張される限り，訴訟前の当事者の主観的態度が権利保護の要件を左右するとは考えられていなかったことも，併せて確認された。また，権利保護の資格ないし必要が否定される場合，その多くは実体法のあり方によって規定されている問題に過ぎなかった。給付の訴えにおいては，訴えに基づき国家により保護される原告の欲求は，請求権という形において，実体法により予め一義的に規範化されている。従って，権利保護の必要ないし利益という場合の「利益」とは，保護されるべき原告の利益の質量に関わるものではありえない。権利保護の資格ないし利益が「訴訟法上の理由」により問題とされる場合とは，或る請求権に関して，どのような権利保護方法が許容されるか，給付の訴え以外の権利保護方法が排他的とされているか否かという問題に他ならない[144]。そこでの「利益」とは，シュタイン自身が認めるように[145]，無用な手続に患わされないことにつき有する国家の利益であるといえるものの，それは単に法律が或る権利保護方法の排他性を認めていることの反射に過ぎず，権利保護請求論のいう給付の訴えの利益が，個別事案における裁判所による裁量的操作可能な概念ではなかったことが銘記されるべきである[146]。

---

144) ペータ・アーレンスの明快な整理によれば，「それ（権利保護の利益）は，申立人に同一の目的を達成するためにより迅速且つ簡易な方法が開かれている」かどうかの問題である（Arens, Zivilprozeßrecht, 4. Aufl. (1984) S. 101.）。
145) Stein, a.a.O. S. 86f.
146) 従って，権利保護の対象としての請求権の既存を前提としつつ，他の権利保護方法の排他性以上に，給付の訴えにおける権利保護の利益という概念に意味を持たせようとすれば，実体法上の請求権につき，他に権利保護方法が存在しないにもかかわらず，権利保護を否定する，換言すれば，権利保護の範囲を狭めるという機能をこの概念に持たせる，という方向に赴かざるをえない。それを実践した者が，法の確証と法的平和の維持を私人の利益追求の上位に置き，原告がその保護を要求する利益の保護価値（Schutzwürdigkeit）を，権利保護の利益の要件として要求するシェンケである。彼は，シカーネ的訴え，1ペニヒ毎の訴えはもとより，国家による権利保護制度の利用を正当化しえない少額の訴えもまた，この保護価値を欠くというのである（Schönke, a.a.O. S. 33f.）。

第3章　確認訴訟の権利保護の要件論

はじめに[147]

　ヴァッハによれば，訴訟の目的は権利の保護であり[148]，従って訴権もまた権利保護請求権と名付けられる。給付の訴え又は原告の権利の積極的な確認の訴えの場合には，権利保護請求権はまさしくその名に相応しい実質を有する。しかし，被告の権利又は第三者の権利の消極的確認をも権利保護請求権の概念の範疇に包摂する場合においては，「権利保護」請求権としてそれら総てに共通するモメントを一体何処に見出しうるか，という問題が生じる。この点について，富樫貞夫教授は，以下のような興味ある視点を提示される。

---

147)　本章は，章題が示しかつ本文で述べたように，権利保護請求権論における確認訴訟論を分析するものであり，それ以前の問題，特に，確認の訴えがローマ法，普通法，そして各ラントの個別立法から1877年CPO 231条の定める一般的制度として確立されるまでに至る確認訴訟成立史，及び公法的確認訴訟観の確立に至る学説史を検討することは，目的としていない。その理由は，次の通りである。本稿全体を貫く関心は，権利保護請求権論により確立された近代訴訟法学の中で，実体法と訴訟法の体系的分離を前提として，権利保護の要件論における実体法と訴訟法との交錯関係を探るということにあり，こうした課題との関連において，確認の訴えと実体法・訴訟法との法構造的関係の分析がいうまでもなく核心的なテーマを成す。そしてこうした作業は，ドイツの学説に直接規定されそれらをほぼそのまま継受してきた我が国訴訟法学において，権利保護の要件の観念にどのような意味を持ち込みうるかを考える前提として必要であると考えられることは，序章で指摘した通りである。こうした本稿全体の問題意識のあり方からして，本稿にとって，近代訴訟法学成立以前に，確認の訴えが，ローマ法，普通法，各ラント訴訟法においてどのような要件の下で認められていたかという歴史的事実の探究は，それが近代訴訟法学における確認訴訟観念に影響している場合でない限りは，さしあたっては二次的な問題である。尤も，実体法と訴訟法の分離という法観念自体がどのような経緯を辿って確立されたかということは，民事訴訟法と民事訴訟法学のあり方に関わる問題として，本稿の問題意識にとって極めて重大であり，この点に関する普通法時代を中心とする歴史的研究の意義は否定しうべくもない。しかし，この歴史的経緯と上述の確認訴訟の成立の沿革史とは，後者に関する研究（第1章注44）で引用したKadelの業績があり，また，各ラント立法からCPO成立までの歴史に限ってではあるが，邦語による研究として，水谷・前掲注91) 71頁以下）の示すところによれば，関連性を有するものとも思われず，前者が後者の歴史的研究によって解明されうる類のものではないと解される。かといって，実体法と訴訟法の分離に関する歴史的研究は，現在の筆者の能力からしてよくなしうるところではない。従って，当面の課題としては，実体法と訴訟法との分離を前提として確立された近代的・公法的訴訟法学における確認の訴えの把握を，論者の叙述に即して，分析することから始めるだけで，必要かつ十分であると解される。

148)　Wach, Handbuch, S. 11f.

教授によれば，消極的確認の訴えにおいては，「私権の存在→権利保護」という権利保護請求権説の図式は壁につき当たる。この訴えをも権利保護請求権説の論理の中に組み入れるためには，給付の訴えとの間の最大公約数的な共通因子である，「原告に有利な判決」という概念を抽出し，そのような判決を要求する請求権を観念することにより，給付の訴えと確認の訴えとを権利保護請求権の立場において統一的に構成することが可能となったのである，とされるのである[149]。

教授のこのシェーマに従うとすれば，「権利保護」という場合の「権利」，なかんずく消極的確認の訴えにおけるそれは，原告に有利な判決を求める権利としての，権利保護請求権という公権である，ということにならざるをえない。しかし，ヴァッハが，訴訟の目的は権利の保護にあるというとき，そこにいわゆる「権利」とは，あくまで私法上のそれを指している[150]のであって，独り消極的確認の訴えの場合においてのみ，それが公法上の権利であるというような意味の転換が行われているという証拠はない。確かにヴァッハは，「いわゆる消極的確認の訴えは主観的権利の実現・維持を目的とするものではない」と述べている[151]。その意味は，この訴えが権利の僭称の差止を求める私法上の請求権を行使するものではない——そのような実体私法上の権利が普遍的に存在するものではないというのがヴァッハの立場であることは，第1章第1節で見た通りである[152]——ということにあるか，あるいは，同訴えにおける原告勝訴判決の要件は訴訟の対象である私権の「存在」に依存しない，という当然の事柄をいうものである。換言すれば，それは，同訴えにあっては訴訟の対象が原告の権利として追求されるのではない，ということに他ならず，消極的確認の訴えにおいては公権が保護される，というが如き意味において語られている訳ではない。

仮に富樫教授のいわれるように，消極的確認の訴えにおいては，原告に有利な判決が下されることが「権利保護」であるとするならば，同訴えは自己目的的な存在と化してしまうであろう。しかし，ヴァッハによれば，同訴えは「一

---

149) 富樫・前掲注38) 17頁以下。
150) Wach, Handbuch, S. 4ff.
151) Wach, Handbuch, S. 19.
152) 第1章第1節4参照。

点の非も打ち所のない原告の法的地位の確証・維持（die Bewährung, Erhaltung der integern Rechtsposition des Klägers）を目的とする[153]」ものである。そして，仮に権利保護の内容が原告に有利な判決ということに尽きるのであるならば，権利保護請求権が「私法秩序に奉仕する二次的権利である[154]」，権利保護請求権が「私法私権と訴訟ないし権利保護の体系との間の境界を開く鍵である[155]」というような，ヴァッハの見解の趣旨を理解することは不可能となってしまうであろう。

　本章は，消極的確認の訴えに関する上述の如き問題を意識しつつ，権利保護請求権論者の理解する確認の訴えの権利保護の要件，とりわけ，確認の利益の概念を分析し，そこにおける実体法と訴訟法の交錯関係を解明することによって，第1章の冒頭に引用したハンス・シュトルのいうような，確認の利益概念の実体法的傾斜の存否[156]を明らかにし，広く，権利保護の利益概念の訴訟法における解釈論的活用の限界を探るための前提を確認することを目的とする。叙述の順序としては，先ず，特にヘルヴィッヒの所説を検討し，彼における確認の利益論，なかんずく，確認の対象たる法律関係との関係における彼の訴訟追行権概念と確認の利益論の特徴を解明し，次に，権利保護請求権論者における確認の利益一般，及び，消極的確認の利益概念の分析を行うこととする。

第1節　訴訟追行権と確認の利益——ヘルヴィッヒ

　はじめに

　確認の訴えにおいては，確認の対象となる法律関係は，さしあたっては無限定的であり，従って，訴訟当事者，なかんずく原告がその能動的又は受動的な主体ではない法律関係であっても，確認の対象となしうる余地が，論理的には存在する。ところで，CPOによる確認の訴えの導入の前後において支配的であった，訴訟対象である法律関係の主体性が当事者性を決定するとの観念に替

---

153) Wach, Handbuch, S. 19.
154) Wach, Feststellungsanspruch, S. 22 (S. 94).
155) Wach, Feststellungsanspruch, S. 15, 27 (S. 87, 99).
156) Stoll, a.a.O.（第1章注39））S. 342.

わって，後に，当事者の概念を訴訟対象たる法律関係から切断する，所謂「形式的当事者概念」が通説化した[157]。この契機が，上述の如き傾向を有する確認の訴えの導入であったとの見解も存在する[158]。このことの真否はとりあえず措くとしても，この形式的当事者概念の通説化とともに，正当な当事者を限定する使命は当事者概念以外のものがそれを担うこととなり，そして，それを担うものとして登場したのが，「訴訟追行権限」の概念であった[159]。そして，この概念の確立に最も貢献した者がヘルヴィッヒであったことは，ここで今更指摘するまでもない事柄であろう。ところで，ヘルヴィッヒは，確認の訴えにおける訴訟追行権をどのように考えていたのであろうか。

一般に，確認の訴えにおける訴訟追行権は，確認の利益によって決定される関係にあると理解されており，従って，訴訟追行権の概念は同訴えにおいては，独自の存在意義を有していない，と考えられている[160]。また，別のいい方をすれば，従来の我が国の学説における訴訟追行権を決定する概念として管理処分権を引照する場合，給付の訴えを主として念頭においていたともいえる。従って，従来，ヘルヴィッヒが確立した，訴訟追行権限を決定する所謂「管理権」概念と，確認の訴えを規定する確認の利益概念とが，当のヘルヴィッヒにおいて，どのような論理的・概念的関連を持っていたかについての分析は，福永有利教授の研究[161]を唯一の貴重な例外として，必ずしも十分になされてこなかったように思われる。

そこで，本節においては，ヘルヴィッヒの管理権概念と確認の利益概念の交錯関係，確認の訴えにおける確認の利益と訴訟追行権との関係，そこにおける訴訟対象たる法律関係の主体性の意義について，分析検討を加えることによって，彼における確認の利益概念と実体法との交錯のあり方を検証することを，

---

157) 「当事者」の概念，即ち，実質的当事者概念から形式的当事者概念の展開，そして形式的当事者概念の批判としてのハンス・オットー・ドゥ・ボアの紛争財産主体性説並びにヘンケルの機能的当事者概念に至る極めて緻密な歴史研究として，松原弘信「民事訴訟法における当事者概念の成立とその展開(1)～(4・完)」(1987-88) 熊本法学51号，52号，54号，55号がある。

158) 例えば，『法律学辞典』(1936) の「当事者適格」の項〔兼子一〕参照。

159) 訴訟追行権概念に関する歴史的な研究として福永有利「民事訴訟における『正当な当事者』に関する研究——ドイツにおける学説の変遷(2)(3)」(1967-68) 関西大学法学論集17巻3号89頁，5号26頁がある。

160) 三ケ月・前掲注69) 65頁，185頁。

161) 福永有利「確認訴訟における正当な当事者——学説の検討」(1962) 関西大学法学論集12巻4＝5号371頁，特に381頁以下。

試みることとする。叙述の順序として，先ず，右問題関心に必要な限りにおいて，実体的当事者概念の崩壊と形式的当事者概念の形成についての沿革を概観し，続いて，形式的当事者概念をうけて確立された訴訟追行権限についてのヘルヴィッヒの一般的な見解を紹介分析した後に，彼における確認の訴えの利益と訴訟追行権限との理論的関連性を探究することとする。

第1款　形式的当事者概念

1　形式的当事者概念が，オェトカー[162]及びシュテーゲマン[163]の創見に係るものであることは，改めていうまでもない事柄である。ここでは，本稿の関心に関連する限りにおいて，彼らの見解がどのようなものであったか[164]を，シュテーゲマンの叙述に即して，概観することとする。

「通説によれば，訴訟の対象である法律関係の能動的・受動的主体が当事者であるとされる。しかしそうだとすると，債権を差し押さえた債権者の取立訴訟における地位，成年に達した家子・妻の財産に関して訴訟を追行する家父・夫の地位，破産管財人の地位をどのように把握するかが，問題となる。これらの者を，訴訟の対象たる法律関係の主体の代理人と構成することはできない。代理とは，行為無能力者の利益の保護のための制度であり，代理人自身の利益を保護するための制度ではないのに対して，差押債権者，家父，夫は，自分自身の利益のために，他者の利益に拘わらず，その者の権利領域に介入する意思力を，法律により賦与されているからである。また，破産者を相対的部分的行為無能力者として把握し，破産管財人をその代理人と構成することも，誤りである。このような見解は，行為能力・処分能力と処分権限を混同している。行為能力とは，行為者の財産に義務付ける法律効果を生ぜしめる能力であり，処分能力とは，行為能力の発見形態の一つであるのに対して，処分権限とは，特定の財産権の処分をなしうるかどうかの問題である。そして，破産者が喪失するのは処分権限であって，行為能力・処分能力ではない。右に掲げた総ての場合において，訴えの対象である法律関係はあくまで他人のものであるにも拘わらず，訴訟を行う者がその者の代理人ではないとされるならば，訴訟を行う者を当事者と捉える他ない。かくて当事者の概念は，『事件を法廷に持ち込んでいる者及びその者に対して事件が法廷に持ち込まれている者である（Parteien sind rem in judicium deducens und is contra

---

162) Ötker, Juristisches Literaturblatt, 2. (1890) S. 188.
163) Stegemann, Die Parteien im Prozeß, ZZP 17 (1893) 326.
164) 福永・前掲注159)(2)関西大学法学論集17巻3号96頁，松原・前掲注157)(2)熊本法学52号36頁以下，64頁以下にも，詳しい分析がある。

quem res in judicium deducitur)』と定義されなければならない165)。」

　即ち，右に掲げられているような，訴訟の対象たる法律関係の主体が当事者であるとする実体的当事者概念及び代理という既存の制度によっては把握しきれない諸々の制度が制定法上存在していることが，形式的当事者概念の生成の契機であった。ただ，ここで注意すべきことは，右の諸制度の中に，訴訟の対象である法律関係の主体性と当事者たる地位が一致する必要はないと往々にして説かれている166)ところの，確認の訴えが挙げられていないという点であり，少なくとも形式的当事者概念の提唱者であるオェトカー及びシュテーゲマンにとっては，確認の訴えの導入が形式的当事者概念の契機ではなかったということができる。もっとも，確認の訴えへの言及が見られないことの根拠は，或いは当時なお有力であった確認の訴えの私法的把握167)に由来するものであったかもしれないが，この点は定かではない。

　2　それはともかく，当事者概念が右のように規定されるからといって，シュテーゲマンによれば，万人があらゆる法律関係を訴訟に上程しかつ勝訴しうるわけでないことは，当然であり，他人の権利について訴訟を行うためには，法律上の権限が必要である168)。シュテーゲマンは，そうした権限を三つの範疇に分類する。第一に，債権を差し押さえた債権者，債権質権者，用益権者 (Niessbraucher)，家父，夫の権限であり，それらは他人の権利についての物権的権利に由来する。第二に，破産管財人，強制管理における管理人，係争物管理人 (Sequester)，遺言執行者のそれである。これらは，法律に基づき公的機関により与えられるものであって，職務としての公的な性格を持つ。第三に，係争物譲渡人のそれがあり，これは訴訟法上の合目的性に由来するとされる169)。こうしたシュテーゲマンによる分類は，他人の権利について訴訟を行う権限が認められる実質的な根拠に着目してなされたものであり，それはそれとして優れた分類であるといえよう170)。

---

165)　Stegemann, a.a.O. S. 328-343, 357.
166)　Schmidt, Lehrbuch, S. 313; Nikisch, Zivilprozeßrecht, 2. Aufl. (1952) S. 108.
167)　第1章第1節参照。
168)　Stegemann, a.a.O. S. 358.
169)　Stegemann, a.a.O. S. 343ff., 359.
170)　福永教授が，我が国の通説によれば，シュテーゲマンのいう第一の類型と第二の類型（いうまでもないことであるが，第三の類型は我が国には存在しない）は，法律上財産の帰属主体以外の者に管理処分権が与えられる場合として一括されているが，両者は管理処分権が第三者に与え

3　しかし，法律関係にとって第三者である者による訴訟の追行という雑多な現象から，それに共通する因子を抽出し，更に，そうした個別例外的事例のみならず，訴訟追行一般に妥当する抽象的概念を法的に構成することにより，当事者たる地位に基づく訴訟追行とそれに伴う法的効果を体系化する試みは，ここでは十分になされていない。特に，第三者の訴訟追行の法的根拠と，当事者たる地位に伴う諸効果，なかんずく既判力の主観的範囲との論理的な結び付きが明らかでない。シュテーゲマンは，彼のいう第一の範疇における第三者の訴訟追行の権限を他人の権利についての物権的権利によって説明しつつも[171]，同範疇における第三者による訴訟追行の結果である判決の既判力は，彼によれば，訴訟の対象である法律関係の主体について生じるものであるとされるが，その根拠は，既判力は判決の持つ実体法上の効果であるからそれは実体法上の権利主体について発生する，という説明を加えている[172]のである。この点，シュテーゲマンのいう第一の範疇における第三者の権限を，他人の権利について彼の有する処分用益権（Dispositionsniessbrauch）に求め，既判力は権利の処分と類似する効果であるから，かかる権限を持つ第三者による訴訟追行の結果たる判決の既判力は，権利主体本人に及ぶとして，第三者の権限の法的構造と判決効の権利主体への拡張とを論理的に明快に結合させていた，ヨーゼフ・コーラーの訴訟担当論[173]との相違がある。そして，コーラーの訴訟担当論をうけて，第三者による訴訟追行の法的構造を明らかにしつつ，それをも下位概念として包摂する訴訟追行権一般を規定する因子を抽出し，かつ，形式的当事者概念を承継しつつ，それにより当事者概念が喪失した正当な当事者の選別機能を訴訟追行権限に担わせるとともに，第三者による訴訟追行から生じる法的効果を訴訟追行権限の概念に内在するものとして根拠付けようとしたのが，他な

　　られる根拠が著しく異なり，賦与される管理処分権の内容・範囲も異なるのであるから，両類型を区別したうえで，両者を同様に取り扱うべきであると主張される（中野貞一郎ほか編『民事訴訟法講義〔補正版〕』〔1979〕176頁）のは，シュテーゲマンの分類に倣ったものであろう。なお，この第一と第二の類型は，三ケ月博士のいわれる「拮抗型訴訟担当」と「吸収型訴訟担当」の対比（三ケ月章「わが国の代位訴訟・取立訴訟の特異性とその判決の効力の主観的範囲」〔1969〕『民事訴訟法研究6巻』1頁，同『民事訴訟法（法律学講座双書）』〔1979〕238頁）にも対応する。
171)　Stegemann, a.a.O. S. 358. なお松原・前掲注157)(2)熊本法学52号65頁。
172)　Stegemann, a.a.O. S. 371.
173)　Kohler, Über die Succession in das Prozessrechtverhaltnis, ZZP 12 (1888) 97, 99ff. コーラーの訴訟担当論については，福永・前掲注159)(2)関西大学法学論集17巻3号97頁以下に詳しい。

らぬヘルヴィッヒの管理権論であったということができる。

　　第2款　ヘルヴィッヒの管理権論

　1　ヘルヴィッヒにとって，形式的当事者概念はもはや不動の前提である。曰く「原告とは，自ら又は代理人を通じて自らを名宛人として下される判決による権利保護を求める者であり，被告とは，彼に対して判決が下されるべき者である[174]」。この当事者は，一般的な訴訟法上の訴えの要件である当事者能力の他に，勝訴のための要件として[175]，具体的な法状態（個々の訴えの種類及び内容，なかんずく訴訟の対象）に応じて決定される，請求権を訴訟により主張する権限，即ち訴訟追行権（Prozeßführungsrecht）を要求される。そして，訴訟追行権は，財産管理権の所在によって定まり，かつ，財産管理権は財産の主体に帰属することが通常であるから，訴訟追行権は財産の主体がこれを有するのが通常である，とされる[176]。このように構成されることによって，先ず，第三者による訴訟追行の場合に限定されることのない，訴訟追行権限一般を統一的に構成する原理が抽出される。

　それでは，何故管理権が訴訟追行権の決め手とされるのか。
　　「訴訟追行は，現存する権利の追求と防御に役立つ。それは，処分でもなければ，また義務を生ぜしめたり消滅させるために利用されるものでもない。しかし，存在する権利を否定し，又は存在しない義務を肯定する不当な判決がもたらされることによって，経済的には，結果的に民事法律行為によると同様の効果が生じる。それ故に，訴訟追行権の源泉としての管理権は，そのような民法上の権限の存否に係ることになる[177]。」

　同一の権利について複数の訴訟が提起されることによる相手方の応訴の負担を除去するためには，ある権利については一回の訴訟のみを許容するとせねばならず，このことは，当該訴訟の判決に権利について権利処分的効果を認める

---

174)　Hellwig, System, S. 145. 但し，松原・前掲注157)(3)熊本法学54号61頁以下は，シュテーゲマンについて本文でみたところとは異なり，ヘルヴィッヒにおいては，形式的当事者概念が採用される必然性は，訴訟担当の事例の存在が直接の誘因ではなく，形成訴訟や確認訴訟の存在にあったと指摘される。
175)　この用語法については，第1章注69)　参照。
176)　Hellwig, Lehrbuch, S. 316f.; ders., System, S. 160f.
177)　Hellwig, System, S. 162; auch siehe, ders., Lehrbuch, S. 317. ヘルヴィッヒの「管理権」論については，福永・前掲注159)(3)関西大学法学論集17巻5号35頁以下にも詳しい紹介がある。

ことになる。そうだとすれば，訴訟追行権は当該権利を処分しうる者にのみ認められるべきであり，通常当該権利の帰属する財産の主体がそれを有する。ここに，訴訟追行権の所在を管理権に求める根拠がある。管理権の所在に訴訟追行権を求めることの実質的意義は，管理権が処分権を包含するところにある。

そうだとすれば，第三者に他人の権利についての訴訟追行権を認める場合にも，全く同じでなければならない筈である。しかもその場合には，訴訟追行権は，管理権ではなく，管理処分権の所在に求められなければならない筈である。にも拘わらず，何故ヘルヴィッヒは管理権という概念を構成したのであろうか。この点を，彼の訴訟担当論に即して検討する。

2　ヘルヴィッヒの見解においては，シュテーゲマンのいう第二の範疇に属する破産管財人と遺言執行者は，財団又は遺産の名において行為し直接それを義務付けるものであるから，訴訟担当であるとは観念されず[178]，また，シュテーゲマンのいう第三の範疇に属する係争物譲渡人の地位は管理権に基づくものとは観念されない[179]。そして，ヘルヴィッヒによれば，第三者の持つ管理権とは，「民法に従い第三者に帰属する他人の財産についての管理権の訴訟上の効果である。この管理権は，他人の財産についての支配権（Recht der Herrschaft über fremdes Vermögen）である[180]」と定義される。彼によると，この管理権に由来する訴訟担当の例としては，夫婦財産制における夫の妻の財産についての管理権，詐害行為取消権，取立委任裏書の被裏書人，組合財産の持分差押えの場合に債務者の告知・清算請求権を行使する執行債権者，保全抵当権設定に際して任命される債権者の代理人，著作者の権利を行使する出版権者，船舶債権者に対する船長，直接占有者である被告によって指名された間接占有者，その他ラント法の認める幾つかの例が挙げられる[181]。

この訴訟担当の事例のカタログの中には，シュテーゲマンのいう第二の範疇に属するものも含められているが，注意を要する点として，シュテーゲマンのいう第一の範疇に属するもののうち，夫婦財産制における妻の財産についての夫の訴訟追行権を除いて，その他の事例がそこから脱落していることがある。

---

178) Hellwig, System, S. 152ff., 167.
179) Hellwig, System, S. 169f.
180) Hellwig, System, S. 166f.
181) Hellwig, System, S. 169f.

この点につきヘルヴィッヒは次のようにいう。

　BGB 1065 条からも明らかなように，用益権者は，用益権が侵害されたときに発生する請求権を行使するものである。この請求権に関して判決が下されるのであって，用益権設定者の権利について裁判がなされるのではない。設定者の権利と用益権は相互独立的に併存するのであって，彼らの訴訟追行権も相互に独立して存在するものである。債権質及び債権差押質権の場合も同様である。質権者は，質権を設定した債務者の権利ではなく，そこから派生するものであるものの，それと併存する彼固有の権利を行使するのである[182]。

　ヘルヴィッヒによれば，債権質権者，債権の差押債権者，用益権者の地位は，制限物権の本来的な効力としての彼固有の請求権として実体法的に構成されることによって，他人の権利を訴訟の対象として自己の名において訴訟を追行する訴訟担当としての性格を喪失する。そして，これらの者の権利と制限物権の設定者の権利とがそもそも別個のものとして観念され，かつ，判決の既判力が訴訟の対象であるこれらの者の権利についてのみ発生するものである以上，質権者及び用益権者の追行した訴訟の判決の既判力が，それとは別個の設定者の権利に及ぶ筈もなく，従って，質権者及び用益権者が設定者の権利を追行することを前提として，その判決の設定者への拡張を議論する余地は，ヘルヴィッヒの議論においては，凡そ存在しえないのである[183]。

　3　かくして，ヘルヴィッヒにおいては，シュテーゲマンのいう第一の範疇の中の上述の権利者は，右のような法律構成を与えられることによって，訴訟担当の舞台から退場する。そして，第一の範疇に残された遺産である妻の持参財産についての夫の訴訟追行権[184]が，ヘルヴィッヒの管理権論の主役を演じることとなる。

　ヘルヴィッヒによれば，他人の財産についての支配権としての管理権は，質権や用益権の如く，母権から派生ししかも母権と並んで存在するそれと同種の

---

182) Hellwig, Rechtskraft, S. 43.; ders., Anspruch, S. 88; Lehrbuch, S. 319, 323; System, S. 167.
183) Hellwig, Rechtskraft, S. 44f. なお，上原敏夫「取立訴訟の判決の債務者に対する効力——ドイツ及び我国の学説史を中心として」(1982) 民訴雑誌 28 号 110 頁は，ヘルヴィッヒが取立訴訟における取立債権者敗訴の判決の効力は債務者には及ばないと唱えた根拠は差押質権の存在にあり，この制度を持たない我が国にこの学説をそのまま持ち込むことは誤りであるとされる。この指摘は正しいのであるが，ヘルヴィッヒの見解をより端的にいえば，差押質権から発生する差押債権者の固有の請求権が取立訴訟の訴訟物であるから，これについて下された判決の効力が，別個の訴訟物である債務者の債権に及ぶ余地は，そもそも存在しないということなのである。
184) 子の権利を行使する家父の権利は，BGB には最早存在しない。

権利ではなく，それ自体として創造された，特殊の包括的な絶対権である[185]。従って，妻の持参財産に属する権利について夫が訴訟を追行する場合には，

「夫は，用益権者と異なり，妻の権利を，しかもそれのみを，主張する権限を有する。夫は，親権者とは異なり，妻の名においてではなく，自己の名においてそれを主張する。夫の管理権は，妻に属する所有権，債権等を行使する権限である。訴訟の対象は，ただ妻の所有権等それ自体でしかない[186]」

とされるのである。

(旧) BGB 1380 条[187]が右のような意味における管理権を夫に与えている理由は，夫が妻の持参財産に関して用益を主体とすると包括的な支配権を有していることにあり，そして，この支配権が絶対権としての性格を持つものであることは，ヘルヴィッヒ自身の認めるところである。用益権者の地位について，用益権者固有の請求権を構成しえたヘルヴィッヒが，この場合における夫の地位につきそうした構成を取りえなかった理由は，個々の物ないし権利についてではなく，妻の財産全体についての包括的支配権という概念が，BGB の下における物権の概念と調和し難く，従って，この場合の夫の用益的地位を彼固有の物権的請求権の行使であると観念することが不可能であったからであると推察される。かくして，ヘルヴィッヒは，ここで管理権という概念に依拠せざるをえなかった。

4 しかし，ここでの管理権は，ヘルヴィッヒの管理権論の一般的構造に重大な変更を促さざるをえない契機を内包していた。

「妻の権利を裁判上行使する権利は，BGB 1380 条により夫に一般的に帰属するにも拘わらず，夫の管理権は実体法的には極端に制限されている（BGB 1375 条[188]）。ここに特異性，即ち，立法者をして，夫に対してされた判決の既判力について特殊かつ非合理な規律をなさしめた，特異性がある。正しい帰結は，第三者による権限ある訴訟追行の結果は，判決の下された権利の主体に対して基準とならなければならない，ということを要求する。しかし，ここではそうなっていない。それどころか，妻への

---

185) Hellwig, Rechtskraft, S. 57; ders., Anspruch, S. 302f.; Lehrbuch, S. 323; System, S. 167f.
186) Hellwig, Anspruch, S. 303.
187) 「夫ハ持参財産ニ属スル権利ヲ裁判上自己ノ名ニ於テ行使スルコトヲ得。夫ガ妻ノ同意ナクシテ其ノ権利ヲ処分スル権限ヲ有スルトキハ，判決ハ妻ノ為及ビ妻ニ対シテモ其ノ効力ヲ生ズ。」現代外国法典叢書『独逸民法Ⅳ』(1955) の訳による。
188) 「夫ノ管理権ハ，法律行為ニ因リ妻ニ義務ヲ負ワシメ又ハ妻ノ同意ナクシテ持参財産ヲ処分スル権限ヲ包含セズ。」翻訳は前注に同じ。

既判力の拡張は、夫が訴求に係る権利について自由な処分権を有するか、それとも、妻が夫の訴訟追行に同意していることを条件とするのである[189]。」

BGB は、妻の持参財産につき夫に処分権を与えていない。従って、夫の追行した訴訟の判決の既判力は、右の要件がない限り、妻には及びえない。にも拘わらず同法は、持参財産に属する権利について、夫に無条件の訴訟追行権を与えている。この場合をも訴訟追行権概念に包摂するために、ヘルヴィッヒは、管理処分権ではなく、（処分権を伴わない）管理権が訴訟追行権を規定する、と定義することを強いられた。しかし、本来彼が訴訟追行権の源泉として管理権を要求した所以は、先に見たように、敗訴判決の拘束力にあった。第三者の追行した不当な敗訴判決といえども、被告保護のために権利者を拘束するものでなければならないが故に、処分権が要求された筈である。そして、持参財産についての夫による訴訟追行においても本来そうあるべきものであるとヘルヴィッヒが考えていたことは、右に引用した叙述からも明らかである。そうだとすれば、妻の持参財産についての処分権を伴わない用益的地位に基づく夫の訴訟追行権という、封建の遺制を包摂するために持ち出されたこの管理権概念は、それが本来有していた、敗訴判決の拘束力を正当化する機能を喪失し、その限りにおいて破綻してしまうのである。この管理権の背後にある夫の用益的地位に着目して、訴訟追行に関する法的利益のみがこの場合の訴訟追行権を基礎付ける、とした後年のヘンケルの分析は[190]、ヘルヴィッヒの管理権概念のこうした破綻をつくものと評価することができる。

5　以上に概観してきたようなヘルヴィッヒの管理権に基づく訴訟追行権概念と確認の訴えの利益とは、一体どのような関係に立つものとして理解すべきであろうか。彼は、Anspruch und Klagrecht の中で、妻の持参財産に属する権利の夫による確認の訴えは、彼がそれを訴訟上行使する権限を有するが故に

---

189) Hellwig, Lehrbuch, S. 344f.
190) Henckel, a.a.O.（注112）) S. 43ff. 但し、ヘルヴィッヒの（処分権なき）管理権概念は勿論のこと、訴訟追行に関する法的利益のみによって訴訟追行権が生じる場合があるとする、ヘンケルの議論も同様に、こうした概念により、他人の権利ないし法律関係について、処分権なくして訴訟追行権が生じる場合とは、あくまで実定法に散見する例外を根拠付けるものなのであって、それは、それこそが訴訟追行権の原則的な存在根拠であると主張するものではないと解される。刑法の共犯概念における用語法を借用して表現すれば、訴訟追行権は本来管理処分権に限縮されており、管理権または訴訟追行に関する法的利益は、法律の定める例外的場合に、かく限定された訴訟追行権概念を拡張するものに過ぎない、といえよう。

例外として認められるものである[191]，と述べている。他方彼は，Systemの中で，この場合の夫の管理権の存在と確認の利益とは別個の問題である，とも述べている[192]。何故に，この確認の訴えが例外として位置付けられ，また，それが確認の訴えとは別個の問題として捉えられるかを，ヘルヴィッヒの確認の利益論に即して分析することが，本節の究極の課題となる。

第3款　確認の利益と訴訟対象

1　ヘルヴィッヒによれば，法律が訴権の要件として要求する即時確定を求める原告の法的利益（ein rechtliche Interesse des Klägers an der alsbaldige Feststellung）が何時存在するかは，原告が確認判決により獲得するもの，即ち既判力から解明される[193]。しかし，既判力は自己目的ではなく，既判力が原告にとってのetwasに役立つものでなければならない[194]。そのetwasが何かを判断する枠組みが，確認の利益論である。

　「それ故に，被告に対して既判力を獲得することが，原告にとって，自らの法律関係に鑑みて役に立つときにのみ，訴権は存在する[195]。」

　「従って，主体についての関連においては（in subjektiver Beziehung），原告の法律関係が確認の対象とされるべきであるということが，要件とされなければならない。なるほど，第三者が共に関与し又は関与しない法律関係が，原告の法律関係にとって有意義であるということはありうるが，原告は前者を確認の対象とすることを得ない。原告の法律関係が，第三者間に存在する法律関係に依存するときには，原告は後者の確認を求めて訴えなければならないのであって，彼にとって他人のものである法律関係の確認を求めて訴えることはできない[196][197]。」（傍点原文）

191）　Hellwig, Anspruch, S. 429.
192）　Hellwig, System, S. 162.
193）　Hellwig, Anspruch, S. 427f.
194）　この作用を，近時E・ヴィーザーは既判力の間接的作用（mittelbare Rechtkraftswirkung）と呼ぶ（Eberhard Wieser, Das Rechtsschutzinteresse des Klägers im Zivilprozeß（1971）S. 56f.）。
195）　Hellwig, Anspruch, S. 427f.
196）　Hellwig, Anspruch, S. 428f; vgl. ders., Lehrbuch, S. 382.
197）　確認判決の既判力が当事者間にのみ発生するということから，確認の対象は原告の法律関係に限定されるとする，このヘルヴィッヒの論理に対して，R・ノイナーは，既判力が当事者間においてのみ発生するということと，第三者の法律関係を不可争力を以て確認することが適法でありうることとは，論理的に何ら関係がない，批判する（Neuner, a.a.O.（注34）S. 72.）。確かにその通りなのではあるが，この批判は，以下に指摘するようなヘルヴィッヒの真意にそぐわない

2 ヘルヴィッヒの見解においては，常に原告の法律関係が確認の対象とされるべきであって，原告の関与しない，他人の法律関係については，その存否を条件とする法律関係が原告自身に帰属する限りにおいて，しかし，後者の原告の法律関係の確認のみが許容されるのであって，前者は後者の確認の訴えの先決問題として問題とされうるに留まり，それ自体が確認の対象となることはありえない[198]。逆にいえば，原告の法律関係の存否に還元されないまま，他人の法律関係の存否の確認が求められることは，ありえない。従って，他人間の法律関係について確認を求める利益が認められるのはどのような場合か，という問題は，確認の利益に右のような定義が与えられることにより，仮象問題と化す。

「AがXに信用を与えている場合に，Bが同じくXに対して債権を有していないことが確認されることは，Aにとって，（信用供与を継続するかどうか等について）重要な利益があるけれども，AではなくXのみが，Bに対して訴えることができるのである。また，自己の債務者がYに対して有している債権を差し押さえようとしているCは，差し押さえようとしている債務者のYに対する債権が実在することについて念を押すために，Yに対して訴えることはできない[199]。」

ヘルヴィッヒの挙げるこうした事例については，原告は単なる経済的利益しか有していない[200]とか，法律関係の存否の確認と原告の法的地位の安定との間の法律的関連が欠ける[201]というような評言が妥当するのであろうが，こうした場合，原告自身の法律関係であるところの債権は，仮にここでの第三者（第一例のB，第二例のY）がそれを否認するときであっても，彼らとの関係でその存否を確認することは全く無意味である。原告の債権は，他人がそれが自己のものであると主張する場合を除いては，第三者によっては侵害されな

ものである。

198) これに対して，被告が確認対象である原告の法律関係の主体であることは，ヘルヴィッヒも要求していない。但し，そう考えざるを得ない根拠は，物権自体という，義務者の特定されない権利も確認の対象となるからである（Hellwig, Anspruch, S. 408.）。第三者が，原告の債権を自己のものとして僭称することにより侵害する場合に，原告と債務者との間の法律関係の存在がこの第三者との間で確認の対象となる場合もこれとパラレルに考えられる（Ebenda, S. 408f.）。確かにヘルヴィッヒは，特に積極的確認の対象たる法律関係の主体性と被告適格とを切断しているが，それは，この二つの場合を包摂するという限定的な目的のための議論であることに，留意すべきである。

199) Hellwig, Anspruch, S. 428（FN 4）.
200) 例えば，Wolfgang Grunsky, Grundlagen des Verfahrensrechts, 2. Aufl.（1974）S. 401f.
201) 例えば，兼子・前掲注8) 157頁。

い202)。他方，これらの場合において，第三者の法律関係の存否を条件とする原告自身の法律関係は存在しない。原告の債権は，これらの第三者の法律関係（債権）の存在とは無関係である。原告の債権は，同一の債務者に対して第三者が同種の債権を有していたり，同一の債務者に対して債務を負担するものがその債務を否認したりすることによって，その存在が法的に左右されることはないからである203)。かくて，ヘルヴィッヒによれば，こうした場合には，第三者の法律関係をその存否の条件とする原告の法律関係は観念しえない204)。

3 ところで，第三者の法律関係をその存否の条件とする原告の法律関係が観念される場合にのみ，しかも，原告の法律関係を確認の対象とすべしとするヘルヴィッヒの要求は，その訴訟追行権論の当然の帰結とされる。

> 「しかし，〔確認の訴えの利益の〕主体に関する関連においては，我々の訴訟追行権に関する叙述からは，次のような限定が生じる。即ち，確認されるべき法律関係は，原告に帰属するものでなければならない205)。」〔傍点筆者〕

原告が，第三者間の法律関係をその存否の条件とする自分自身の法律関係を持つ場合には，それについて原告自身が通常管理処分権を有するから，直截に後者を確認の対象とする確認の訴えを提起すればよい。これに対して，そのような法律関係が存在しない場合にも拘わらず原告の関与しない第三者の法律関係の確認を認める場合には，相手方の二重の応訴の危険を防止するためには，

---

202) Hellwig, Anspruch, S. 433.
203) 債権的請求権においては，第三者がその債権を自らのものとして僭称する場合においてのみ，第三者による侵害の対象となりえ，その限りにおいてのみ，この者を被告として，確認の訴えを提起することができる (Hellwig, Anspruch, S. 393, 417ff.)。しかし，本文で掲げられているような状況の場合には，グルンスキーの表現を借りて表現すれば，債権的請求権にあっては，原告は，債務者が既に負担する債権の実現可能性を危うくする他の義務を負担しないよう求める権利を持たないのである (Grunsky, Grundlagen, a.a.O. S. 402.)。
204) 注 197) で見たようにヘルヴィッヒを批判するノイナーは，第三者に属する権利の積極的確認を求める原告は，被告によって侵害される特別の権利を証明しなければならないと述べている (Neuner, a.a.O. S. 75.)。ヘルヴィッヒをして言わしむれば，ノイナーのいう後者の権利こそが確認の対象とされるべきであり，かつ，その権利を当該の被告に対する関係で確認することの法的な意義が問題とされるべきであるということになろう。なお，第三者の法律関係の確認の問題を扱った最近の論考である，Manfred Bauer, Feststellungsklage über Drittrechtsverhältnisse (Diss. Regensburg, 1971) は，第三者間の法律関係の確認の利益は，その存否が原告の権利又は法益 (Rechtsgüter) に影響する場合に，適法とされるという。ヘルヴィッヒの所説は，バウアーのいうような事態から発生する原告自身の権利又は法律関係が発生するかどうかを，問うものであることになる。
205) Hellwig, Lehrbuch, S. 382.

それについて原告が処分権を有していることが必要であるが、通常他人の法律関係についてそうしたことはない。その例外が、まさに処分権なき管理権による他人の権利についての訴訟追行を法律が認めている、妻の持参財産に属する権利についての夫の訴訟追行の場合である。

> 「夫が妻に属する権利の確認を求めて訴えることができることは、例外である。何故なら、彼はそれを裁判により追求する権限を有するからである[206]。」

4　ヘルヴィッヒの見解によれば、ここで、妻の持参財産に属する権利の確認の訴えが認められることが例外であるとされる[207]趣旨には、二つの意味がある。

先ず第一に、そもそも原告のものでない法律関係について確認を求めることは原則としてできないが故に、妻の財産に属する権利についての夫の確認の訴えは例外として位置付けられるということである。前述のように、ヘルヴィッヒの見解によれば、確認の利益は、主体に関する関係においては、原告の常に自らの権利の確認を求めるべきであって、第三者間の法律関係については、それを条件とする原告の法律関係が観念される場合に、その単なる先決問題としてのみ問題となりうるに過ぎないことを、要求する。しかし、夫の妻の持参財産に属する権利の確認の訴えの場合、妻の持参財産に属する権利の有無によって条件付けられる法律関係とは観念することができない。否、強いて言えば、(旧) BGB 1380 条が夫に与えている管理権そのものがそれであるということはできる。

しかし第二に、通常の場合には他人の法律関係について訴訟を追行する場合には、それについての管理処分権が必要である。これに対して、単なる管理権のみによって訴訟追行権が認められるという意味においても、この場合の確認の訴えは例外なのである。そして、こうした管理権は、実体法により特殊例外的に与えられているのであって、そのことと、確認の利益の概念が、確認の訴えの目的とこの概念との関連において、原告の法律関係の確認を要求しているということとは、「別個の問題[208]」であることになる。

5　もっとも、消極的確認の訴えにおいては、訴訟物たる法律関係について

---

206)　Hellwig, Anspruch, S. 428f.; vgl. ders., Lehrbuch, S. 382.
207)　Hellwig, Anspruch, S. 429.
208)　Hellwig, System, S. 162.

の管理処分権が要求されることの帰結として，原告の法律関係の確認が要求される，という関係は切断される。

被告が原告の所有権の存在を否定はせず，それを制約する制限物権の存在を主張しているときには，原告の所有権の確認ではなく，被告の制限物権の不存在の確認のみが求められるべきであるとされ[209]，原告の法律関係が確認の対象とされるべきであるとするヘルヴィッヒの見解においては，この場合もまた，訴訟追行権論の確認の利益への帰結の例外として位置付けられる関係にあるが，被告の制限物権の存在により原告の所有権が直接義務付けられる関係にあるが故に，その不存在は自己の法律関係の確認の実質を持つとされる[210]。また，債務不存在確認の訴えを例に挙げると，この場合には訴訟物たる法律関係は確かに原告の法律関係は原告のそれである，と説明される[211]。しかし，管理処分権と確認の利益が原告の法律関係の確認を要求することとが関連する理由は，誤った敗訴判決の持つ法律関係の処分的効果の故に，訴訟物たる法律関係は原告が管理処分権を持つ原告の法律関係でなければならない，ということであった。しかし，これらの場合において，訴訟物である相手方の権利について，原告が管理処分権を持つ訳ではない。ここでは訴訟物の管理処分権と確認の利益論は切断されている。ヘルヴィッヒによれば，このことは，給付の訴えにおける被告の訴訟追行権が被告の訴訟物についての管理処分権により導き出される訳ではないこと，そして，消極的確認の訴えがこうした給付の訴えの反対形相であることの当然の帰結であると説明されている[212]。

6 また，原告の法律関係が確認の対象とされるべきであるという原則について，ヘルヴィッヒの挙げる今一つの例外が，KO 146条の認める，破産債権者の他の破産債権者の破産財団に対する破産債権の存否確定を求める訴えである。彼によれば，この訴えが目的とするところは，破産財団に関する競合相手からの防衛であることに，この例外の根拠が求められる[213]。いわんとする趣

---

209) Hellwig, Anspruch, S. 414.
210) Hellwig, Anspruch, S. 428 (FN 5).
211) Hellwig, Anspruch, S. 382.
212) Hellwig, Lehrbuch, S. 328ff. 給付の訴えの反対形相である消極的訴えの原告の立場と共通する，積極的確認の訴えの場合の被告の訴訟追行権につき既に，ヘルヴィッヒは，訴訟追行権と管理権とを切断し，これは専ら確認の利益によって定まるとしている（Hellwig, System, S. 285. この点につき，福永・前掲注161) 381頁）が，このことの意義につき，本章注198) 参照。
213) Hellwig, Anspruch, S. 428 (FN 5).

旨は必ずしも明確ではない。あるいは，破産手続において総破産債権者あたりの配当額は他の僭称破産債権者の僭称債権によって制約される関係にあり，その限りにおいては，原告の所有権が被告の僭称する制限物権により制約される関係と似ているということかもしれない。しかし，前述のように，後者の場合には，被告の権利によって原告の権利が法的に義務付けられる関係にあるといえたが，破産債権確定の訴えにおいては，先の例でいう，債権者が自己の債務者に対して債権を有すると主張する第三者に対して，その不存在の確認を求める場合と同様，他の破産債権者が債権を有することと，自己が破産債権を有することとは，法的に無関係なのであって，前者は，後者の法律関係の存否の条件ではなく，また後者を法的に制約するものでもない。また，債務不存在確認の訴えの場合と比較すれば，訴訟物たる法律関係は原告のそれであるが，破産債権存否確定の訴えにおいては，訴訟物は破産財団の法律関係なのである。それゆえに，確認の対象は，原告の法律関係であることを要するというヘルヴィッヒの定式にとって，この訴えは，妻の持参財産に属する権利についての夫による確認の訴えと並んで，法律により認められる特例であるということになるのである。

　まとめ

　最後に触れた，妻の持参財産に属する権利についての夫による確認の訴え及び破産債権確定訴訟という法律上の例外，及び，消極的確認の訴えの場合を除けば（この問題については，第2節第3款，4款で詳細に扱う），ヘルヴィッヒによれば，彼の訴訟追行権についての見解の帰結として，原告の法律関係についてのみ確認の利益が認められる。具体の事案において，原告の法律関係に還元されるなにものかが法的に構成されうるかどうかが，確認の利益という法的枠組みの中で判断されるべき事柄であるという限りにおいて，確認の利益の問題は，純然たる実体法の解釈問題に外ならないものとして観念されていたということができるのである。

第2節　確認の訴えの権利保護の利益

第1款　確認の訴えの特殊性と確認の利益

1　給付の訴えと確認の訴えの相違につき，それを訴訟対象である法律関係の種類の差に求める考え方について，請求権不存在が確認の対象たりうることは勿論，将来の請求権のみならず現在のそれもまた，確認の訴えの対象となりうることを指摘して批判した後[214]，ヴァッハは次のように述べる。

　「給付の訴えと確認の訴えとの相違は，その権利保護の原因（Rechtsschutzgrund）の相違にある。しばしば，給付の訴えは権利侵害（Rechtsverletzung）を要件とし，確認の訴えはそうでない，といわれることがある。この定式化は成功しているとはいいがたいが，しかし，事柄の本質をつくものではある[215]。」

ヴァッハによれば，ここでいわゆる「侵害された権利」ないし「権利侵害」というものは，満足を必要とする（履行されていない）請求権の存在を意味し[216]，そして，給付の訴えにおいてはそのような請求権の存在——これは権利保護請求権論的特徴の表れであり，正確には請求権の主張——によって権利保護の原因は当然に充たされる[217]。これに対して，確認の訴えにおいては，法律関係の存在それ自体は直ちに権利保護の原因を根拠付けない。

　確認の訴えは，法律関係の存在のみによっては未だ理由がなく，特別の権利保護の利益を必要とする。CPO 231条〔現行ZPO 256条〕が特別の権利保護の利益を権利保護の原因とすることによって，それは，有意義な方法により「訴えの体系」を拡大しているのである。それは，新しい種類の権利保護請求権を形成するものではないが，既判力ある判決による保護を求める請求権を，これまでそれが許容されていた限界を越えて拡大するものであり，これまで訴えによって確証されることのなかった法律関係ないし法状態に，権利保護を賦与するものである[218]。

どのような法律関係又は法状態が，確認の訴えによって，給付の訴えによっては受けられなかった保護を受けることになるか。第一に，それ自体としては

---

214)　Wach, Feststellungsanspruch, S. 37 (S. 109).
215)　Wach, Feststellungsanspruch, S. 36f. (S. 108f.).
216)　Wach, Feststellungsanspruch, S. 37 (S. 109). それだけが要件とされるべきことにつき，第2章第2節参照。
217)　Wach, Feststellungsanspruch, S. 23 (S. 95); ders., Handbuch, S. 20 (FN 18).
218)　Wach, Feststellungsanspruch, S. 37ff. (S. 110ff.).

要満足性を具備しない，条件に係る請求権，期限付きの請求権は，確認の訴えのみによって保護されうる[219]。いうまでもないことであるが，ヴァッハが『確認請求権論』を執筆した当時，即ち，CPO 施行時においては，将来給付の訴えという制度は導入されておらず，従って，条件付・期限付の請求権が争われる場合には，専ら確認の訴えによる保護が問題となるのであり，実は，CPO の起草者も，確認の訴えが機能する主要な領域として，かかる法律関係を念頭においていた[220]。

2 これに続けて，ヴァッハは次のように論じる。

　注意を要するのが，債務法上の不作為又は受忍請求権である。これらの場合，違反の事実（factum turbatum）がなければ，請求権は常に満足されており，従って要満足性を持たないから，給付の訴えは権利保護の原因を欠くが，相手方が義務の存在を争うとき（turbatio verbis）には，請求権は満足されているにも拘わらず，請求権確認の権利保護の原因は存在する。この二つは，論理的には正確に区別されうるものであるが，人々はそれを同じものと考える。その理由は，両者共に，単に請求権が存在するだけでは，権利保護の原因としては不十分であり，違反行為ないし争いの存在が，権利保護の原因として必要とされていること，及び，両者共に，現在の給付を強制するものではなく，既に生じている侵害（Eingriff）を原因として将来に作用すること，にある[221]。

　同様のことは，絶対権の争いの場合についても妥当する。争いによって初めて，通常 Passivlegitimation と呼ばれるような，絶対権が特定の人との関係において保護を必要とする主観的関係が発生するのであるが，違反行為の形態が事実状態の変動を求める請求権を生ぜしめるものではないときには，被告の不作為義務の確認のみが許される。また，被告が，一定の行為をなす権限を，それを実行するのではなく，僭称する場合にも，権限不存在確認の訴えが許容される。物権的不作為の訴えと消極的確認の訴えとの，かかる密接な同質性は注目に値する[222]。

以上の叙述からは，一応以下の点を指摘することができよう。

第一に，確認の訴えが，それまで給付の訴えしか認められていなかった権利保護請求権の体系を「拡大する」ものであったといわれる場合に，その含意の一つは，権利保護を時間的に早めるという点に存することである。将来の給付

---

219) Wach, Feststellungsanspruch, S. 38 (S. 110).
220) Hahn, a.a.O.（注 45)) S. 255.
221) Wach, Feststellungsanspruch, S. 40 (S. 111).
222) Wach, Feststellungsanspruch, S. 40f. (S. 112f.).

請求権について，現在その履行期における不履行の危険が存在すれば，その確認が許される，とされる点に端的に現れている[223]。この意味において，確認の訴えは将来の「危険」に対処することを目的とするものであるとされる。

第二に，不作為義務について，予防的不作為請求という現時点において将来を予防する給付の訴えと，不作為義務の確認の訴えとの類似性が語られている点，不作為義務の確認の訴えの権利保護の原因，即ち確認の利益が，物権的・債権的不作為請求の訴えの権利保護の原因と類似性を有するとされる点，及び，相手方の物権の消極的確認の訴えと物権的不作為請求の訴えが共通性を有しているとされる点が注目される。これらの諸点は，物権的不作為義務ないし物権の存否の確認の訴えと物権的不作為の訴えという特殊類型を越えて，広く確認の訴えと予防的不作為の訴えとの権利保護対象に或る種の共通性が存在することを示唆するものである[224]。

第三に，にも拘わらず，この二つの訴えの類型が全く同じものではないこともまた，既に指摘されている。この点について，R・シュミットも次のようにいう。

　ZPO 256条は，被告が請求権を争うことによる危険（Gefährdung）を要求している。しかし，権利を争うことが，権利の侵害ないし不履行の意味の形で発現する場合

[223) 確認の訴えと将来給付の訴えとの間の等質性ないし連続性を，ZPOによる将来給付の訴えの導入に拘わらず維持する見解がある。R・シュミットは，積極的確認の訴えと給付の訴えの相違は，訴えに基づく判決が直ちに強制執行を許容するものであるか，それとも，執行のために今一度裁判を必要とするか，にあるとする。従って，条件付判決は条件成就執行文の付与命令がなければ執行しえないから，この条件付給付を求める訴えは確認の訴えということになる。彼は，将来の執行準備をするものというメルクマールにおいて，条件付給付判決も，不法行為による損害が拡大中の場合にとりあえず被告加害者が不法行為による損害賠償義務を負うことの確認を求める訴えも，損害額が確定した暁に賠償を命じる給付の訴えがなければ執行できないものである点において共通するものであると位置付ける (Schmidt, Lehrbuch, S. 707f.)。こうした確認の訴えは，給付の訴えによる執行に先行するものとして，ハンス・シュトルが先取的確認の訴え（antizipierte Feststellungsklage）と名付けたものであるが (Stoll, a.a.O. (注39)) S. 342, 345f.)，シュミットによれば，凡そ積極的確認の訴えとは執行に付随するものなのである。彼は，この考え方を，物権の積極的確認の訴えにも押し及ぼしている。彼によれば，所有権は，物の返還請求権，侵害の差止請求権，侵害による損害の賠償請求権等将来発生する不特定の請求権を包摂する束であり，その確認の訴えは，将来におけるある種の条件と内容の特定を留保して，執行の準備としてその存在を予め裁判所の審判に服させるものに過ぎない，所有権が単なる請求権の束ではなく物に対する固有の支配権として観念されるべきであるというような主張は訴訟との関係においては意味がない，何故なら，将来のありうべき侵害を指向して，特定人に対する関係においてその存否の審理が可能となるに過ぎないからである，とされる (Schmidt, Lehrbuch, S. 705f.)。

224) 近時両者の類似性を改めて指摘する論考が，Zeuner, a.a.O. (注112)) S. 295, 298ff. である。

においては，確認判決のみでは不十分なのであり，執行が必要である。従って，ここでいわゆる「危険」とは，請求権が争われること自体から生じる危険でなければならないのである[225]。

ヴァッハ及びシュミットのこの指摘は，予防的不作為の訴えが事実としての侵害行為の予防を狙うものであることに対して，確認の訴えが義務が争われることを要件として，将来それが再び争われることを予防するものである，ということを指摘するものであり，等しく「危険」といっても，確認の訴えと（将来的な）給付の訴えとにおけるそれでは，保護を求める者に対する作用の仕方が異なる，従って，それぞれの訴えにおいて，判決の持つ原告に対する保護の態様が異なることを，示唆している。

要するに，確認の訴えは総て原告に生じている「危険」に関連付けられたものであり，従って，確認の訴えの権利保護の原因である「確認の利益」もまた，この「危険」の概念を巡って展開されるものとなるが，この問題については，次款以下で詳細に扱うこととして，ここでは，確認の利益についてヴァッハが一般的に述べているところを，若干検討しておく。

3 「確認の利益」とは何か。第1章第1節で触れたように，ヴァッハは，この要件はライヒ訴訟法上の概念であるから，原告の権利の既判力による肯定又は被告の権利の既判力による否認が求められるとき，この要件がラント法によって発せられることはありえない[226]とし，続けて，確認の訴えの目的である「既判力」の取得との関連において，次のように述べている。

「確認を求めることについての利益としての確認の利益は，確認によって満足されるに適したものでなければならない。その〔確認による満足されるものの〕原告にとっての価値は，判決の効力にあり，しかも，〔判決の〕副次的な，偶然の，事後的且つ間接的に生じる効力にではなく，被告に対する関係において，申立にかかる内容を持つ判決，即ち確認判決に当然帰属する原告に有利な効力，従って既判力にある。〔確認を求める〕『法的利益』は，既判力に照らして測定されることを要する。〔既判力による〕法的安定性以外の，訴訟が時により創造しうる便益，例えば，有利な条件による和解成立の可能性とか，民事訴訟による権利保護ないし既判力の領域外にある判決の法的又は倫理的作用に照らして測定されてはならない[227]。」

---

225) Schmidt, Lehrbuch, S. 710.
226) Wach, Feststellungsanspruch, S. 51 (S. 123).
227) Wach, Feststellungsanspruch, S. 54 (S. 126).

ヴァッハによれば，専ら確認判決の既判力の持つ原告の権利状態にとっての保護価値の有無に関して，確認の利益の根拠が求められるべきであるとされる。尤も，確認を求める原告の欲求が判決の既判力の保護に値する限りにおいて，同時に原告がその判決の持つ既判力の領域外にある「法的又は倫理的作用」をむしろその主眼として訴えを提起していたとしても，そのことの故に訴えが不適法となるというものではなかろう。要は，既判力の持つ保護価値という客観的基準の範囲外にある欲求によっては，原告に対する権利保護は正当化されてはならず，他方，原告の権利保護の欲求が既判力の保護価値の射程内にある限り，その余の恣意的な基準によって原告に対する権利保護が拒絶されることは許されない，ということにあるものと解される[228]。権利保護請求権の観念の背景にある，裁判による権利保護を求める市民に対する恣意を防止するという自由主義的法治国概念を強調するR・シュミットは，確認を求める「法律上の利益」の概念についてもまた，次のように述べている。

　　「法律は，『法律上の』利益を，即ち，法により承認された利益を，従って，客観的な規範によって測定可能な，争われている請求権に対する当事者の関係の存在を，要求している。原告の主観的な欲求，換言すれば，請求権が明らかにされることについての彼の単なる欲求では不十分である[229]。」〔傍点筆者〕

4　それでは，原告の欲求はどのようなものであるときに，判決の持つ保護価値の埒外にあると評価されるのか，そしてその評価の基準となる規範はどのような形式において存在するのであるか。例えば，刑事訴訟の先決問題の確認を求める訴えは，民事訴訟の判決が後訴である刑事訴訟に対して拘束力を持たないが故に，確認の利益を適法に根拠付けえないとされる[230][231]。

---

228)　Schmidt, Lehrbuch, S. 18.
229)　Schmidt, Lehrbuch, S. 710.
230)　Wach, Feststellungsanspruch, S. 55f.（S. 127f.）.
231)　既判力の持つ保護価値が確認の利益を決定するというテーゼは，その外にも様々な方向にその姿を現す。例えばヴァッハは，既判力の主観的効力を念頭に置きつつ，次のような例を挙げる。
　　「法律上の確認の利益が判決の既判力が原告にとって有する価値の中に求められるということは，既判力が原告の法律関係に限定されること，既判力が原告にとって民事法的に有利な判決を目指すという不可避な傾向を持つこと，即ち訴訟目的それ自体によって，正当化されるものと思われる。債権の譲渡人は，債務者に対して又はその債権を自分のものと僭称する者（Forderungsprätendent）に対して，譲渡に係る債権が実在することの確認を求めて訴えることはできない。追奪担保責任からの保護を求める彼の利益では不十分である。というのは，この判決は追奪担保責任に対して譲渡人を保護することができないからである。売主の追奪権を主張する第三者に対する確認の訴えも同様に許されない。人はよくこの状況においてAk-

tivlegitimation〔原告が訴訟の対象である法律関係の能動的主体であること。能動的法律関係主体性〕が欠けると表現する。しかし, より正確にいえば, ここでは権利保護の利益が欠けているのである。〔そして〕法律はそのような者の防御のために, 従参加 (Nebenintervention) の機会を与えているのである。」(Feststellungsanspruch, S. 56 (S. 128).).

　ここで, 「既判力が原告の法律関係に限定されること」といわれる場合, その趣旨が, 既判力の生じる法律関係, 即ち確認の対象が, 本章第1節で見たヘルヴィッヒの見解のように, 原告のそれであることが必要であるという意味においていわれているのではないことは, 右に引用した叙述の中で, ヴァッハ自身が能動的法律関係主体性の欠缺それ自体は確認の利益を左右しないと述べていることから明らかである。むしろ, こうした場合に「既判力が原告の法律関係に限定されること」の故に確認の利益が欠缺するといわれる趣旨は, 判決の既判力によってその存否が左右されるべき法律関係〔追奪担保責任による損害賠償義務〕が原告〔譲渡人, 売主〕と被告〔僭称者〕との間には存在しないこと, 申立に係る確認判決によっては, 被告に対する原告の法律関係が原告に有利に規律されるには至らないことに, 求められているのである。事を裏返していえば即ち, 権利主体性を欠く法律関係の確認といえども, 原告と被告との間に, 確認対象たる法律関係の有無により法的に左右される法律関係が現存する限りにおいては, 確認の利益が否定されないということを意味していることになるのであり, こうした見解を徹底していけば, 第1節でみたヘルヴィッヒの見解に行き着く。

　また, ヘルヴィッヒによれば, 確認の利益とは既判力を取得する利益である (Hellwig, Anspruch, S. 427; ders., Lehrbuch, S. 384.) が故に, 確認の対象は過去の法律関係であってはならない (Anspruch, S. 401.), 過去の法律関係は確認の利益を欠く (Anspruch, S. 402.) という帰結が導き出される。彼によれば, 確認の目的が既判力の取得であることと, 過去の法律関係の確認が不可であることとの関係は, 既判力は現在即ち判決の基準時に関わるものであり, 過去の時点に関わるものではないからである, と説明される (Anspruch, S. 401.)。しかし, 既判力の基準時が口頭弁論終結時であるということと, この基準時以前の法律関係の存否確認の適法性とは, 論理的には無関係である。既判力は確かに口頭弁論終結時において提出可能であった訴訟資料に基づく判断について生じるものであるが, この時点までに提出可能であった資料を基にして, 口頭弁論終結時において過去の法律関係の存否が不可争のものとして判断することは可能であるからである (Stephan Delikostpulos, Die Feststellung vorgängiger und zukunftiger Rechsverhaltnisse (Diss. München, 1959) S. 13ff.)。尤も, こうした批判は必ずしもヘルヴィッヒの真意を理解したものとはいえないであろう。彼によれば, 確認の利益は過去ではなく現在及び将来を指向するものであり, 既判力は現在の原告の法律関係にとって意味を有するものである必要があるのであるから, 第三者の法律関係の存否確認に関する彼の論理をここでも応用することが許されるならば, 過去の法律関係をその存否の条件となる原告の現在の法律関係が観念される限りにおいてそれを確認の対象とすべきであって (契約の締結ではなく契約関係を, 遺言の効力ではなく遺言の内容を, 債務の弁済・相殺の有効性ではなく債務の不存在を。Anspruch, S. 399f.), それが観念されない限り確認はあり得ないのである (Delikostpulos, oben も結局同旨。但し, 現在の法律効果が複数あれば, 過去の法律関係の確認も可能であるとする)。

　なお付言するに, 過去の法律関係の確認の許容性を強く否定するのは, ドイツではヘルヴィッヒであり, また, 我が国では兼子一博士 (前掲注8) 156頁。博士のこの見解は, 行政処分若しくは裁決の無効等確認の訴えは, その確認につき法律上の利益をする者で, 「当該処分若しくは裁決の存否又はその効力の有無を前提とする現在の法律関係に関する訴えによってその目的を達することができないものに限り, 提起することができる」として, その適法性を極めて限定している行政事件訴訟法36条に, 立法的に発現している) である。この兼子博士の見解とヘルヴィッヒのそれとの間の内的な関連性の有無は必ずしも明らかではない。思うに, 博士の見解は, 私

第 3 章　確認訴訟の権利保護の要件論

「従ってこの概念は，我々のライヒ民事訴訟法の本質と調和することを要求される。同法の目的が〔原告の側に〕主観化された場合の目的が，確認の訴えの目的であることを要し，それ故に，確認の訴えを生ぜしめる利益は，かかる目的が履行されることによって満足されるものでなければならない。しかして，訴訟の目的は権利保護である。よって，第一次的な事柄であるが，確認の利益とは法律行為的な（rechtsgeschäftlich）利益ではありえない。〔即ち〕権利又は法的な優位性を獲得することについての利益ではなくて，現存する権利状態を確証することについての利益が，訴えを産み出す。確認の訴えは，非訟事件の一方法ではないのである。

　一面的な，原告側の経済的状況によってより強く嚮導された，裁判官の手により不可争的に自己の権利を方式化すること（richterliche unanfechtbare Formalisierung）を求める原告の欲求は，明確な判決が，債務原因として，又は，ありうべき執行名義として，高い価値を持つにも拘わらず，原告に確認請求権を与えるに足りない。〔即ち〕より大きな法的安定性・法的確実性を求める必要性のみを以てしては，確認の利益を根拠付けることはできない，という重要な原則が，ここに存在する。それを必要と信ずる者は適宜対処することができるのである —— 慎重な者達のために法は書かれているのである（Vigilantibus iura sunt scripta.）——。〔つまり〕この者は，便宜な法律行為の方式を利用しうるのであり，訴訟は，法生活における怠慢さの埋め合わせをするための場所ではないのである232)。」〔傍点筆者〕

　ここでいわんとされているところは，いささか難解であるが，権利保護請求権概念の基盤にある権利既存の観念を強調する R・シュミットが，確認の訴えにおける「法律上の利益」は，客観的な規範によって測定可能な，原告の争われている請求権ないし法律関係に対する関係の存在を要求しているのであり，単に権利関係を明確にすることについての原告の単なる主観的な欲求は，非訟裁判の方法により公正証書を作成することによって充足されるのであって，確認判決もまた争訟裁判権の行使である以上，そこでは，被告による，既存の権利領域の侵害が必要である，と述べていること233)と同趣旨に理解することが，恐らく正鵠を射ているものと思われる。即ち，第 1 章において我々が確認した

法上の法律関係は常に生成変動するものであり，民事判決の既判力には一事不再理の観念を容れる余地はなく，既判力とはそうした法律関係をその基準時において実在化させるものであるという，博士独特の既判力概念の帰結として，生成変動する法律関係である以上は常に現在それがどうあるかを確認しなければ無意味である，という考えに強く影響されたものであり，両者の間に論理的な関係はないといってよいのであるまいか。

232)　Wach, Feststellungsanspruch, S. 51f.（S. 123f.）．
233)　Schmidt, Lehrbuch, S. 710.

通り，権利保護請求権論が権利既存の観念をその理論的基盤とする以上，確認の訴えの権利保護の原因も，法（又はそれに適合する法律行為）によって既に原告が獲得した何ものかの保護以外のことを目的とするものではありえない。既に獲得されているものという意味において既存と観念される原告の権利の保護のためにのみ，確認の訴えは利用されることを得るのであって，これからなされる法律行為が適法有効であること〔そこから原告が権利を獲得しうること〕の確証を求めるということ，或いは，法律行為がなされたことを裁判官による判決の確定力によって公証してもらうことの中に，確認の訴えの権利保護の利益を求めることはできない，というのである[234]。

第2款　確認の訴えの原因と給付の訴えの原因

1　さて，既判力の持つ保護価値という概念の分析に入るに先立ち，給付の訴えの権利保護の原因と確認の訴えの権利保護の原因との相違について，検討しておきたい。

先に，予防的不作為の訴えと確認の訴えの類似と相違とについて言及した。その際，両者共に将来の「危険」を防止することに資するものでありながらも，

---

[234]　このことは，確認の対象が現在において既に原告にとり既得の権利又は拘束的義務であること（又は少なくとも確認の対象がそうしたものに関わりがあること）が要求されるということにつながる。ヘルヴィッヒは，次のような事例を挙げてこのことを説明する。相続契約（Erbvertrag, BGB §2274ff.）が締結された場合においては，被相続人は錯誤・強迫等法律に定めのある事由（BGB §§2281, 2078, 2079）の存在するときにのみこれを取り消しうるのであり，その限りにおいて被相続人にとって拘束的な関係が生じているのであるから，これを確認の対象とすることができる（これとは異なり，遺言の取消には何らの理由も必要ではないから，その有効無効は凡そ確認の対象とはならない）。これに対して，被相続人生存中における相続人たる地位は，相続人の死亡という，法律上条件とされうるあらゆるもののうちでも最もその成就が確実視される事実に係るものであるが，そこでは，被相続人にとって拘束的な関係は存在しないから，それは相続人にとり，「現存するものとして観念される権利」ではなく，単なる期待に過ぎず，条件付の権利として確認の対象とすることはできない（Hellwig, Anspruch, S. 403（FN 10).)。確認判決という公権力による被告に対する不当な介入を排除するためには，被相続人生存中の相続人たる地位は，それから何らの請求権をも導き出すことのできないものであるから，という客観的・一義的な基準により，このようなものの（又はこのようなものを根拠とする）確認は許されないのである（Schmidt, Lehrbuch, S. 306. 第1章注89）参照）。このような問題は「解決すべき紛争の成熟性」，「紛争の現実性」の問題であるといわれることがある（新堂・前掲注20）181頁，186頁）。そうした「成熟性」の有無は，以上のように，実定相続実体法規のたて方によって客観的・一義的に定まるのであって，新堂教授が訴えの利益の判断のあり方として一般的に述べておられるような，原告と被告と裁判所との間の利害の調整からアド・ホックに裁判所により判断される事柄（同書173頁以下）ではない。

「危険」の態様及び原告の権利状態に対する作用の仕方に相違があることが示唆された。しばし、この点について、特にヴァッハの見解を詳細に見ていくこととしよう。

2　ヴァッハの見解によれば、「危険」——被告の行為により作出された客観的に違法な状態としての危険が原告に対して権利毀損的威迫力を有すること——が、確認の利益を根拠付ける。

　　権利保護は、保護の利益を必要とする。それは、権利毀損（Rechtsverletzung）、客観的に違法な状態から生じるものでない場合であっても、なお、権利の危険（Rechtsbedrohung）、法的不安定を惹起させる事実からも生じる。毀損（Verletzung）も危険（Gefährdung）も共に、法益を侵害し（angreifen）、それ故に、その内容の如何はともかくとして、権利保護を根拠付けうる、ただ二つだけの態様である。ただ、権利保護手段は被告に対して利用されるべきものであることが重要な問題であるからして、保護を求める権利を与える事実とは、被告の行為の中に求められなければならない。被告の行為が、原告の法的地位を（客観的に）侵害し又は危うくするものでなければならない。このような法的に重大な行為によって、所謂被告の被告適格（Passivlegitimation）が発生する。それは、法律関係の受動的主体性と同義ではない。何故なら、消極的確認の訴えにおいては、事態はまさに逆だからである。ここでは、危うくする者＝被告は、判決を下されるべき法律関係の能動的主体である。受動適格は凡そ判決の下されるべき法律関係の主体性とは同義ではない。〔その法律関係にとっての〕第三者もまた、法律関係を法的意味において危うくすることはできるからである。第三者が債権を自己のものであると僭称することを根拠として、債権の債務者を被告とする確認の訴えを提起することが如何に無意味であるかを考えてみれば、このことは、自明であろう[235]。

　　被告の行為は、権利保護を動機付けるような、権利毀損的侵害（rechtsbenachteiliger Angriff）であることを要する。それは、確認判決が正にそれに対する適切な反作用となるような類のものでなければならない。このことと関連して、刑法学上の表現を借用していえば、不能な（untauglich）手段を用いた、不能な客体に対する、更には、不能な主体による企てである場合には、確認判決を求めることはできない。誤解を避けるために指摘しておくことであるが、ここでいっているのは、侵害が悪意によるものでなければならないということではない。ここでは専ら、客観的側面だけが重要なのである。法状態が明々白々である場合、〔権利の〕否認や僭称によって法状態を不確かなものにすることが不可能である場合には、侵害は生じない。〔例えば〕

---

235) Wach, Feststellungsanspruch, S. 52f.（S. 123f.）.

任意の第三者が債務を否認したところで，それは全く無意味である。債務を負担する者が義務を否認し，又は，自分が権利者であるとして債権を僭称するとこによってのみ，債権は侵害されうる。また，他人の絶対権を否認することそれ自体は，侵害として十分ではない。絶対権の侵害は，権利の安全を揺るがすことのできる者によって，かつ，そうした態様においてのみ生じる。明らかな法律の錯誤に依拠する侵害もまた，法状態を危険にさらすものではない。〔被告の〕行為はそれ自体現実の損害をもたらすものであることを要する。我々は，その〔被告の行為の〕本質を，それがもたらす反作用に照らして，認識するのである236)。

　ここでは，債務者が自己の債務を否認すること，第三者が原告の債権を自己のものであると僭称すること，被告が原告の絶対権を自らが絶対権者であるとして否認すること，等による客観的に違法な「権利侵害の危険」が語られている。そこで「危険」にさらされている「権利」はいうまでもなく，原告の債権であり，絶対権である。しかし，こうした状況が生じていることが，給付の訴えとは異なる，独自の権利保護方法である確認の訴えの必要を特に発生させるということが，果たしてできるであろうか。

　3　例えば，第三者が債権を僭称して債務者に対して自己への弁済を請求し，債務者がこれに応じることによって，債権の存在が侵害されることがありうる。このような場合には，ヘルヴィッヒによれば，債権もまた，近代法によればその自由譲渡性が承認され，転々流転する権利として，その帰属の側面では物権と同様の法的地位が認められるのであるから，僭称者に対して，債権の侵害行為の差止を求める給付の訴えによって適切な権利保護が与えられるとされる237)。同様のことは，物権等の絶対権の侵害行為に対しても当然に妥当する。被告が原告の所有権を制約する権利を僭称する場合，ヘルヴィッヒによれば，相手方の制限物権の不存在確認の訴えと物権的不作為の訴えとが成り立つ。しかし，彼によれば，この両者は，權利保護の要件を異にする，相互に独立した訴えであるとされる238)。

　ここで，権利保護の要件を異にする，といわれる意味は何か。ヘルヴィッヒによれば，物権的不作為の訴えの権利保護の利益は，初期の見解においては，不作為義務が否認されることにより，将来の物権の侵害の危険が発生すること

---

236)　Wach, Feststellungsanspruch, S. 53ff. (S. 124f.).
237)　Hellwig, Anrpruch, S. 417ff.
238)　Hellwig, Anspruch, S. 411ff.

によって，また，後期の見解においては，物権侵害の事実とその継続の危険あるとき又は被告が不作為義務の存在を認識しつつそれを否認することによって物権の侵害の危険が発生することによって，根拠付けられていた[239]。他方，原告の物権の存在又はそれを制約する被告の権利の不存在確認の利益は，「物権が否認されることにより，真の権利者の地位が客観的に揺るがされること，或いは，権利を僭称する者が，自らに権利が存在するという確信に基づき，〔判決によって〕法律関係が明らかとされれば，それが自らに対する〔不作為等の〕請求権を発生させる基盤となることに争いの余地がなくなるが故に，為すことを思い止まるであろうような，法律上・事実上の処分を行うであろうことが危惧されること[240]」によって，根拠付けられている。即ち，両者は等しく，法状態が確定されれば，そこから原告の被告に対する差止請求権が発生することが明らかになるが故に被告が実行しない筈の，法律的，事実的行為を行う恐れがあること[241]，等しく被告の行為は原告の物権を侵害する危険を惹起させるものであるということ[242]，に権利保護の原因が求められている。換言すれば，給付の訴えに対する確認の訴えの独自性，確認の訴え独自の権利保護の原因である「権利の危険」の給付の訴えの権利保護の要件との相違は，訴えの誘因となる被告の行為の相違に，これを求めることはできないことになる。

4 尤も，この場合の給付の訴えにおける既判力の対象は差止請求権の有無であり，相手方の制限物権の不存在に既判力は生じないから，両者の訴えはそれぞれ独自のものであるという説明はある[243]。しかし，それは，物権的請求権は母権である物権と別個の法律関係であり，従って別個の訴訟物を構成する[244]，ということの同義反復に過ぎない。ZPO 280条の中間確認の訴えは，まさにそのような母権に既判力を発生させるために導入されたものである[245]としても，このことは，差止の給付の訴えとは無関係に，相手方の権限不存在確認の訴えが認められることの根拠を，未だ明らかにすることにならない。

---

239) この点については第2章注112) 参照。
240) Hellwig, Anspruch, S. 433ff.
241) Hellwig, Anspruch, S. 434.
242) Hellwig, Anspruch, S. 389.
243) Hellwig, Anspruch, S. 408ff.
244) Hellwig, Anspruch, S. 413f.
245) Hahn, a.a.O.（注45)）S. 256, 290ff.

とすれば，確認の訴えによる保護を必要とする「危険」の原告に対する侵害の作用，それにより原告につき生じる「損害」，確認判決の持つそれらの除去効果の，給付の訴えにおけるそれとの異質性は，既判力そのものが持つ保護価値という概念に立ち返ることによってのみ明らかとなるのである。

第3款　Bewegungsfreiheit

1　ヴァッハは次のようにいう。

「反駁の余地のない法的確実性〔既判力〕が確認請求権の目的であるから，法的不安定，法状態をこの意味において不確実とする，被告による原告を侵害する行為に確認請求権の原因がある[246]。」

ヴァッハによれば，現存する法状態についての——法状態は客観的には一義的に確定されているということとの対比において，関係人の法状態の認識が個別的であるという意味における——主観的な不明確さが，本来の確認の原因となる[247]。

「事態の推移が予測不可能であること，後の訴訟においてどのように裁判されるかが不明確であること，そして現在このような事態の不確実性が存在することが，確認原告に対して，彼の法的生活における行為に，彼の経済的な処分に，また，ことが人格法的・家族法的問題に関わる場合においては，彼の家族生活における行為に，抑制的阻止的作用を持つこと，の中に，法律が要求する『利益』が存在するのである。利益とは価値概念である。しかも，広い意味における法的価値が問題となる。ここには，カズイスティークの広い土俵が拡がっているのである[248]。」〔傍点筆者〕

また，ヘルヴィッヒも次のようにいう。

法的不安定とは，原告の民事法的地位を危うくするものでなければならない。そこでいう危険（Gefährdung）とは，必ずしも急迫の権利侵害（drohende Rechtsverletzung）を意味するものではなく，むしろ，原告の法的生活における行動の自由（Bewegungsfreiheit im Rechtsleben）との関係における，又は，法律行為的取引又は経済的措置の作為若しくは不作為の安定性との関係における，原告に対するあらゆる毀損で足りる[249]。

ここで初めて，確認の訴えがそれを防止するところの「危険」の態様と給付

---

246)　Wach, Feststellungsanspruch, S. 57 (S. 129).
247)　Wach, Feststellungsanspruch, S. 57f. (S. 129f.).
248)　Wach, Feststellungsanspruch, S. 58f. (S. 130f.).
249)　Hellwig, Anspruch, S. 429f.

第 3 章　確認訴訟の権利保護の要件論

の訴え，特に差止の訴えのそれとの相違は，後者においては原告に対する被告の事実的侵害行為それ自体のもたらす危険であり，前者においては，被告の行為そのものではなく，原告の側に生じる自己の権利についての原告の法的自由に対する危険であること，確認の訴えの原告に対する権利保護機能と給付の訴え，特に差止の訴えのそれとの相違は，給付の訴えが被告の行為自体の除去を目的とするのに対して，確認の訴えは，原告の側にこうした自由を回復するところにあることが，語られている。

　2　もっとも，R・シュミットは，ヴァッハやヘルヴィッヒの定式の如く，「被告による権利の否認によって，原告が自己の経済的処分において，自己の法律関係の明確さにおいて，害を被ると主張するだけの場合においては，即時確定を求める『法律上の利益』の存在を要求する ZPO 256 条の要件に適合しない」という。彼によれば，判例が，被後見人のために抵当権の設定された土地の前の所有者は，彼が土地を譲渡した後においても，なお人的に債務を負うことについての確認を求める後見人の訴えについて，「それが明らかにされることが，後見人にとって，この種の財産管理にとって重要な意味を有しうる」ことを理由に適法であるとすることは，誤りである，そのような事態は請求権が争われる場合には常に発生するものであり，そうだとすれば，請求権が争われれば常に確認の利益は認められることとなってしまうからである[250]，とされる。

　しかし，シュミットも，こうした場合に確認の利益が認められないというのではない。この場合には，人的な債務の存否が争われているが故に，後見人が被後見人のために抵当権をより有利な条件で他に譲渡しえなくなることが，確認の利益を根拠付けるのであるとされているのである[251]。また，ヘルヴィッヒによれば，所有権が争われることによって，原告が自己の所有物について買主を得られなくなったり，自己の所有物を担保に入れて信用の供与を得る機会を失うことによって損失を被ることが，確認の訴えにおける原告の危険の内容であり[252]，確認判決はこうした状況から所有権の自由（Eigentumsfreiheit）を回復することである，とされる[253]。シュミットの主張はただ，「被告による権

---

250)　Schmidt, Lehrbuch, S. 713.
251)　Schmidt, Lehrbuch, S. 713.
252)　Hellwig, Anspruch, S. 433（FN 23）.

89

利の否認の結果として，完全に特定された原告の権利の喪失又は権利取得の逸失が予見される場合にのみ，利益が承認される[254]」ものであることを，主張しているに過ぎない。

3　以上を要するに，確認の利益を根拠付ける権利の危険とは，原告の法的地位に対する事実的な影響ではなく，原告の自己の権利を巡る法生活上の行為に，法律関係の不明確が抑止的・阻止的に作用することによって，損失が生じうべきことであり，確認の利益とは，確認判決の既判力によって原告の自己の権利の処分用益等の確保性が担保されることに求められる。

例えば，原告の土地の所有権が争われる場合に，後に追奪担保責任を追及される恐れがあるが故に，原告は自己の所有権を他に譲渡することを差し控え，また，後に収去するはめになることを恐れて自己の所有する土地上に建築物を建てることを差し控えることによって，所有者として実体法上承認されている権能を侵害され，かつそのことによって損害を被る。シュミットの表現によれば，被告により権利が否認されることと予見される原告の特定的な権利の喪失又は特定的な権利取得の逸失によるこのような法的，とりわけ財産法的損失との間の因果関係の有無を判断することが，確認の利益という法的枠組みの機能なのである[255]。確認の訴えがそれに対する反作用であるところの，原告にとっての「侵害」的作用は，被告にとって拘束的な規範に違反する被告の作為不作為それ自体にあるのではなく，被告が原告にとって拘束的な法律関係を僭称することにより生じる法的不確実の持つ，自己の権利について原告がなしうべき権限を有する法的行為に対する，心理的な抑止作用にある。

4　こうした特徴を捉えて，ヘルヴィッヒは不作為判決が，被告に対する命令の要素を包含するものであり，従って被告の事実的行為を指向するものであるのに対して，純然たる既判力のみを内容とする確認判決の原告に与える便益はより観念的なものである[256]としている。また，近時アルブレヒト・ツォイナーが，消極的確認の訴えと予防的不作為の訴えとの相違について，前者は禁止（Nichtdürfen）の要素を含むものではなく，他人による拘束から解放される

---

253) Hellwig, Anspruch, S. 414.
254) Schmidt, Lehrbuch, S. 711.
255) Schmidt, Lehrbuch, S. 711f.
256) Hellwig, Anspruch, S. 118ff.

ことの反射, という意味における自由をもたらすに過ぎないという点において, 後者よりも脆弱な手段であると述べているのも, 確認の訴えのこうした特徴を指摘する趣旨として, 理解しうるものである[257]。そして, こうしたBewegungsfreiheit, 又は, 最近ヴォルフラム・ヘンケルがDispositionsfreiheit[258]と, エベルハルト・ヴィーザーがEntscheidungsfreiheit[259]と, それぞれ名付けたような, 原告の権利についての処分の自由の侵害に, 確認の利益の存在が求められているのである。所有権にせよ債権にせよ, それが特定の第三者の行為を求める拘束的関係——請求権——へと昇華される以前においては, それらはこうした抽象的な機能（自由）を意味する。実体法がこのようなものをも「権利」として承認していることは今更いうまでもないことである。尤も, こうした抽象的な自由それ自体は主観的権利の名に値しない, 特定の義務者に対する具体的請求権が観念される以前のこうした地位は, 単なる法的な状態に過ぎない, という考え方もありうる[260]。とりわけ, 訴訟との関係においては, こうした抽象的な権能に過ぎないものが, 直ちに訴訟による保護の対象となることはないのではないか, という考えは当然ありうる。しかし, 不作為請求権をも同時に根拠付けるような態様において特定の者により侵害される危険があり, 彼のPassivlegitimationが根拠付けられる限りにおいて[261], こうした法的状態は訴訟による保護の対象となりうるのであり, 確認の訴えはまさしくこうした実体権の保護を目的としているのである[262]。

---

257) Zeuner, a.a.O.（注112）S. 321ff.
258) Henckel, a.a.O.（注112）S. 88f.
259) Wieser, a.a.O.（注194）S. 57ff. ヴィーザーによれば, 確認の訴えにおける権利保護の原因として, このEntscheidungsfreiheitの他, 既判力による財産の保護, 既判力による給付を求める優位な地位の獲得, 既判力による権利の毀損からの保護を挙げている（S. 56-93. 彼の議論の詳細は, 野村・前掲注29）127頁に詳しい）。これらは, 既判力による原告の権利についての法的意思決定の自由へと, 抽象的に昇華されうる概念の様々な現象形態を即物的に列挙したものに過ぎない。
260) Hans Heinlich Rupp, Grundfragen der heutigen Verwaltungsrechtslehre——Verwaltungsnorm und Verwaltungsrechtsverhäitnis（1965）S. 166. こうした状態を権利として観念することは, 請求権を含む絶対権を万人に対する不作為請求権の束であると観念すること（この観念については, 第2章注112））とも一脈通じるものである（Vgl. Rupp, ebenda, FN 180.）。
261) Schmidt, Lehrbuch, S. 706. 前注223）参照。
262) 従って, ここでの確認の訴えが, 処分の自由という意味における請求権それ自体の保護にその利益の根拠を有していると構成することと, 絶対権を万人に対する不作為請求権と定義すること（前注260）参照）とは無関係である。

第4款　消極的確認の訴えと Bewegungsfreiheit

1　さて，以上においては，確認の対象である法律関係の不確実によって脅かされる原告の自由な処分の対象は，彼の特定的な権利であった。しかし，確認の訴えの場合には，それが原告の財産一般に拡大されうる。原告が婚約の暁には被告は一定額の贈与をなす義務があることの確認の利益について，「一定の法律関係との関係において自己の行為を規律することについて原告が有する経済的利益」が確認の利益を基礎付けるとする判例の見解を，先にみたように批判するシュミットは，将来のそうした収入を当てにして現在原告が財産を儲かる投資に出資することにより得られる収益を失うことが，確認を求める法律上の利益を発生させる，と説明する[263]。この場合においては，原告の処分行為の対象は原告の財産一般であり，ここでの原告の利益喪失からの保護は，確認の対象である権利それ自体の保護として観念することはできない性質のものである。しかし，シュミットは，次のようにいう。

　「法律は，請求権が争われることから生じる損失が確認の求められている請求権の処分又は行使の制約の形において存在していなければならないことは，要求していない。特定の請求権について現在不明確の状態が存在することによって，原告のそれ以外の権利領域に損失，とりわけ財産損害（Vermögensschaden）が生じること（上述の事例参照）が予見されれば足りるのである[264]。」

2　そして，確認の対象たる権利それ自体を判決が保護するものとしては凡そ観念できないものとして，かつ，その故に一般的には訴権の実体権に対する無媒介な依存関係を切断する契機として理解されている，消極的確認の訴え[265]，とりわけ，債務不存在確認の訴えについても，そこにおける確認の利益の根拠は，こうしたBewegungsfreiheitに求められる。ヴァッハは次のよう

---

263)　Schmidt, Lehrbuch, S. 713.
264)　Schmidt, Lehrbuch, S. 713.
265)　例えば最近でも，Johannes Batzler, Die negative Feststellungsklage aus § 256 ZPO (1980) S. 76-85 は，消極的確認の訴えの原因を実体法との関係において解明することを放棄し，この訴えは，それがなければ専ら消極的な立場におかれることを余儀なくされる者に，訴訟物についての論争（Auseindersetzung）を提起するInitiativを賦与し，以て当事者間の公平を回復するためのものであるという，専ら，同訴えの果たす純粋訴訟法的機能から，消極的確認の訴えの性質を説明している（坂田宏「金銭債務不存在確認訴訟に関する一考察（2・完）」〔1987〕民商96巻1号66頁，77頁以下は，これを提訴強制的機能と名付けている）。

に述べている。

「不確実によって，法生活にとって損害の生じることが示されなければならない。ここでは，信用が損なわれたり，経済的な萎縮効果が生じる，といったような，漠然とした主張では十分ではないのであり，被害（Benachteiligung）は実質のあるものでなければならない。しかし，消極的確認の訴えを否定するためにライヒスゲリヒトが打ち立てた，以下のような定式もまた，適当ではないと解される。『相手方が〔金銭債権〕を僭称することにより信用〔支払能力〕が損なわれるといったような経済的な損害は，確認の利益を根拠付けない。何故なら，それは，問題の請求権があるかないかによって外見上左右されるような原告の財産状態についての不明確と同様に，確認の利益とは関わりがないからである』。このような理由付けによれば，確認の訴えはその最も重要な適用領域において，幻となってしまうであろう。問題となっている判決が，『当事者にとって，且つ，特定された法律関係に関して，意義を持つもののみが，法律上の利益でありうる』ということは正しい。しかし同判決が，『従って，法律上の利益とは，具体の法律関係からそれ自体のために，又は，当該の法律関係により条件付けられ若しくは影響される別の法律関係からのみ，生じうるものであって，そうした法律関係にとって外在的な，それと直接にも間接にも法的に関わりのない偶然的諸事情，諸関係から借用され又は演繹されるものではありえない』と続けるとき，それは妥当でないと解される。一体全体，『法律関係自体のために』，何かがそれ自身よりもより大きな意義をどのようにして持つことがありうるのか。利益概念は，それがこうした色彩をまとうことによって，形式法学の領域へと雲散霧消してしまわないのであろうか。まさしく，民法上の法益の核心をなす権力的・価値的諸関係への判決の持つ影響力にこそ，総ての事柄の本質がある。そして，消極的確認の訴えを誘発する真摯な権利の僭称，即ち，原告に対する権利，請求権の主張は，利益を承認することに不利な蓋然的証拠ではなく，むしろ常に有利なそれなのである。そして，ライヒスゲリヒトの事案における僭称などは，それが差押・取立命令により実行に移されているのだから，極めて重大なものである。」

「〔原告に対して〕債権を僭称することは，僭称に係る債権を訴求することと同様，固有の意味における権利侵害（Rechtsverletzung）ではない。しかし，それは，現存する絶対権と矛盾する権限の真摯な僭称と完全に比肩しうるものである。後者の場合において，〔原告が自分の〕権利を文句のつけられようなく行使しうることについての利益が確認の利益を認めるに足りるものであるとすれば，前者においても，負債の範囲と財産に関する経済的処分の自由（die wirtschaftliche Verfügungsfreiheit）について〔原告が〕安心しうることで足りるのである[266]）。」〔傍点筆者〕

また，シュタインが，彼の有名な注釈書において，金銭債務の消極的確認の

訴え及び競業避止義務の不存在確認の訴えに関して[267]次のように述べていることも，その確認の利益の根拠としての経済的処分の自由を念頭に置いてみれば，容易に理解可能となるであろう。

「〔法状態が〕不明確であることは，それが原告の権利状態に影響を与える場合においてのみ，法律上の利益を生ぜしめる。物権に関する消極的確認の訴えにあっては，従って，原告が〔被告が権利を僭称するのと〕同一の物に権利を有し，且つ，それが被告の〔僭称する〕権利により毀損されることが，〔確認の利益の〕要件とされる。自己の財産の増殖・増価についての，或いは，債務者の弁済能力についての，単なる経済的利益では十分でない。尤も，しばしば『経済的な（ökonomisch）』利益として誤って表現される事例，例えば，原告が僭称される請求権の弁済のための資金を留保しておくことを強いられるが故に，或いは，それが法律上無効となることの危険を覚悟したうえで判断を下すか，それとも，経済的な損失を覚悟したうえでそれをしないでおくか，を強いられる状態に置かれるが故に，原告の財産法上の処分の自由に関して障害を被るときには（wenn der Kläger eine Hemmung in der Freiheit seiner vermögensrechtlichen Verfügungen erleidet），たとえそれ以前に個々の具体的な処分をなす機会を得ていなくとも，法律上の利益がある。また，財産以外の法益，例えば信用や名誉といったものの侵害によっても，法律上の利益は根拠付けられる[268]」。

また，R・シュミットも，消極的確認の訴えについて，給付の訴えや積極的確認の訴えは訴訟の対象である請求権（積極的確認の訴えにおいては，将来の請求権[269]）を保護するものであり，民事司法にとっては，請求権の存在それ自体の確認によって私法上の財の集合体を保護することは，その一つの発現形態ではあるが，決してその必然的な発現形態ではない，としつつ[270]，消極的確認の訴えの特殊性を次のようにのべている。

「消極的確認判決においては，積極的確認判決において通常そうであるように，侵害から保全されるべきものは，個々の具体的法律関係ではなく，私法上の法律関係の僭称によって害されている全私法上の権利領域，即ち，全私法によって配分されている財と意思支配を自由に享受することの完全無欠性（die Integrität der ganzen Privatrechtssphäre, d. h. der freie Genuß der ganzen privatrechtlich zugeteilten

---

266)　Wach, Feststellungsanspruch, S. 58ff.（S. 130ff.）.
267)　直接シュタインがこうした事実を明示している訳ではないが，彼が引用する判例の事案は，このような消極的確認の訴えである。
268)　Stein, Komm. Vorbemerk. z. § 256, S. 611f.
269)　シュミットの積極的確認の訴えに関する考え方については，注223）参照。
270)　Schmidt, Lehrbuch, S. 719（FN 1）.

Güter und Willensherrschaften）である[271]。」

「後者〔損失と確認の対象である請求権との間の因果関係〕については，ここ〔消極的確認の訴え〕においては，しばしば，詳細な理由付けは必要とされない。というのは，通常の事態では，財産上の請求権が自己のものであると僭称されること自体によって既に，原告にとって，自己の経済的価値に関する処分が不可能となる限りにおいて，原告の損失が暗示されるものであるからである[272]。」

3 金銭債務の不存在確認の訴えにおいては，まさしく「原告が，僭称された請求権の弁済のための資力を留保しておくことを強いられるが故に」，原告は，自己の財産の自由な管理処分を妨げられ，また，商人が一定の手形債務や保証債務を負担していないことの確認を求める訴え，原告が破産した信用会社の無限責任社員ではなく従って会社債務に対して人的責任を負担しないことの確認を求める訴えにおいては，そうした債務が主張されることにより商人としての財産的信用を毀損される[273]。また，競業避止義務の不存在確認の訴においては，そうした義務が僭称されることにより，原告が競業をなすか，競争会社の従業員として有利な条件で雇用されうるかどうか[274]を判断するにあたり，「それが法的に無効となるという危険を負担したうえで」競業をするか，それとも，「経済的な損害を覚悟したうえで」それを行わないかの決断を強いられることによって，自己の財産・技能を自由に処分することを妨げられる。

このような債務不存在確認の訴えの場合に，法状態の不明確によって阻害される法的意思決定としての処分の対象は，訴訟の対象としての被告の権利と相いれない，原告の特定的権利ではなく，原告の財産であり，またシュタインやシュミットのいうように，原告の信用又は技能といった，無形の法益である。これらに対する侵害は，狭義の権利侵害とは言いがたいことは，ヴァッハ自身の認めるところであり[275]，従って，ツォイナーのいうように，「人々が法律上の利益の下に理解するところのものは，主観的権利という，より狭い領域よりも，相当に広い[276]」ということはできる。即ち，こうした法益を基盤とする

---

271) Schmidt, Lehrbuch, S. 719.
272) Schmidt, Lehrbuch, S. 719.
273) Schmidt, Lehrbuch, S. 720.
274) Stein, Komm. Vorbemerk. z. § 256, S. 612; Schmidt, Lehrbuch, S. 713.
275) Vgl. Neuner, a.a.O.（注34））S. 74f. ノイナーもまた，確認の利益を限定する概念である彼の所謂 Rechtsverletzung が，実体法上の権利侵害と同じものではないことを指摘している。
276) 筆者がここで用いている，権利と法益との概念的区別は，BGB 823条1項と2項との区別

確認の訴えは，原告の個別的権利に収斂されるような権利の危険に基づく確認の訴えとは異なり，不作為請求による保護は当然には成立しないし，不作為請求の訴えを当然にはその背景に有しない[277]。

しかし，ヴァッハ等の認めるように，ここでその保護が問題となっているものは，財産，即ち，私法上の法益の本質をなす価値的・権力的諸関係，私法が権利能力を認める主体に帰属する，私法により認められる権利の総体に対する，主体の管理処分権限であり，それに対する侵害は，私法秩序が権利主体に認めた権能の最も根源的な要素に対する侵害である。そして，消極的確認の訴えは，そうした私法上の本質的な法益を保護するものとして位置付けられている。このことを理解して初めて，本章の冒頭で引用した，消極的確認の訴えと実体私法との関係に関する権利保護請求権論者のテーゼ，消極的確認の訴えが，「一点の非も打ち所のない原告の法的地位の確証・維持（die Bewährung, Erhaltung der integern Rechtsposition des Klägers）を目的とする[278]」ものであるということ，及び，権利保護請求権が「私法秩序に奉仕する二次的権利であ」り[279]，「私法＝私権と訴訟ないし権利保護の体系との間の境界を開く鍵である[280]」というヴァッハの叙述の真の意味が明らかになるであろう。

　まとめ

権利保護請求権が原告の既存の実体的権利の保護を目的とするものであると

　　に対応するものである。法益の侵害によっても不作為請求権が発生しうると解される限り，この両者の区別は徐々に相対化されていく（Enneccerus-Lehmann, a.a.O.（注112）S. 919.）。とはいえ，請求権の僭称により本文で見たような原告の財産処分の自由等の法益が侵害される場合に当然に不作為請求権が生じると考えることは不可能である。なお，坂田・前掲注265）88頁注20参照。

277)　Zeuner, a.a.O.（注112））S. 319.
278)　Wach, Handbuch, S. 19.
279)　Wach, Feststellungsanspruch, S. 22 (S. 94).
280)　最近においても，Grunsky, a.a.O.（注200））S. 402 は，「ZPO 256条にいう『法的な利益』とは，純粋経済的に又は観念的に把握された利益の対極物として観念されるものではなく，むしろ，とりわけ主観的権利が認められる場合がまさにそうなのだか，法秩序が当該利益を保護すべき価値あるものとして承認しているかどうかということを，その狙いとしていると考えることがより適当に思われる」と総括している。また，Donald Gramer, Plobleme des Feststellungs interesses im Zivilprozess (Diss. Freiburg, 1972) S. 96f. も，権利の僭称又は否認により原告の法的地位に危険が生じること，という確認の利益の要件と，実体法上の不法行為の要件との類似性を指摘している。

いうことは，確認の訴えにおいても，そこでいう「権利」が原告の自己の財産・信用・技能といった，いわば私法によって保護されているものの総体，という域にまで拡散しているとはいえ，一貫して妥当しているものだったのであり，何よりも重要なことは，権利保護請求権論者においては，こうした原告の地位の保護は，個別的具体的な原告の権利保護と何ら径庭のないものであると観念されていたということ，権利保護請求権論者は，それらの保護が原告の特定的な権利の保護と完全に比肩しうる相似性を持つ権利保護であると考えていたということである[281]。

ハンス・シュトルが，ヴァッハの議論の中に，実体的権利の保全的確認の訴えという，実体法に著しく傾斜した性格を見出し[282]，「消極的確認の訴えにおいてすら，ヴァッハは実体私法的思考方式を完全に放棄していた訳ではない[283]」と指摘していることは，まことに正鵠を射た理解であったということができるのである。今日まで多くの体系書，教科書等に掲げられる確認の訴えの利益に関する多くの定式に多大の影響を与えてきた，ヘルヴィッヒによる「確認されるべき法律関係に関して法的不安定が存在し，かつ，このことが，合理的な考慮によれば確認判決を必要とするような正当な理由を原告が有するような形において，原告の法的地位を危険にすること[284]」，シュタインによる「原告の権利ないし権利状態が不安定という現在の危険によって脅かされ，この危険を除去するために確認判決が適したものであること[285]」というような定義は，以上のような文脈においてその内容が理解されるべきものである。

結——権利保護請求権論における確認の利益概念の意義

かくて，権利保護の利益の概念を精緻化せしめた権利保護請求権論において，確認の利益とは，私法秩序により保護された原告の権利ないし法益の侵害の危険の有無に帰着し，それは畢竟私法秩序全体によって，訴訟前において予め決

---

281) Wach, Feststellungsanspruch, S. 15, 27 (S. 87, 99).
282) Stoll, a.a.O.（注39)) S. 350f.
283) Stoll, a.a.O. S. 342.
284) Hellwig, System, S. 283.
285) Stein, Komm. Vorbemerk, z. § 256, S. 611.

定されている事柄であったということ，確認の利益の有無は専ら実体私法によって決定される問題であると観念されていたこと，を確認しえたと思われる。従ってそれは，権利保護請求権論者においては，三ケ月博士のいわれるような，「訴訟法的（国家的）利益と私法的・実体法的利益の移行領域[286]」に属する問題ではなかった。もっとも，シュミットがいみじくも指摘しているように[287]，訴訟制度を私人の諸々の欲求の掃き溜めと化すことから擁護し，訴訟制度をしてその本来の使命に専念せしめるべく，一定の権利保護の利益を原告に要求することによって，訴訟制度の設営者である国家が利益を得ることは明らかであり，この概念の持つそうした機能に着目して，権利保護の利益を確認の訴えの要件として要求することは国家的利益の発現である，ということは可能である。しかし，そのことと，権利保護の利益の存否がどのような規範によって決定されているか，ということとは，全く別の問題である。ここにこそ，三ケ月博士が引用されるノイナーが，確認の利益を巡る抵触法上の問題について，そもそもある国家の訴訟法が確認の訴えという類型を認めているか，仮にそうだとして，どのような要件の下でそれを許容しているか，という問題は，訴訟制度を運営する国家の基本的な利益に関わる問題であるから，lex fori に依って判断されるが，ドイツ民事訴訟法にいう確認の利益，ノイナーのいう Rechtsverletzung の存否は，lex causae に依って判断されるべき問題であると論じている[288]ことの真の意味がある。権利保護の利益は，給付の訴えの場合においては，専ら給付の訴え以外に簡易・迅速・確実な権利保護の方法が存在しているか否か，という形で発現し，従ってここでの利益とは国家がより簡易・迅速・適切でない権利保護方法に関わることを免れる国家の利益である，と観念することは可能であることは前述した[289][290]。しかし，確認の訴えにおいては，訴

---

[286] 三ケ月・前掲注29) 11頁。
[287] Schmidt, Lehrbuch, S. 306.
[288] Neuner, a.a.O.（注34）) S. 80f. ノイナーによれば，従って，債権僭称者間の債権の帰属の確認を求める訴えの確認の利益は，当該債権の準拠法によることとなり，当該準拠法がドイツ法と異なり，債権譲渡の可能性を極めて限定しているとすれば，ドイツ法が準拠法となる債権の場合のそうした訴訟よりも確認の利益は認め難くなるとされる（S. 81）。
[289] 第2章第4節。
[290] 従来確認の利益という枠組みの中で論じられてきた問題の中には，給付の訴えの利益論と同様の使命を担った論点も存在している。確認の訴えの所謂補充性（Subsidiärität）の問題がそれである。シュタインは，確認の訴えの補充性を否定するヘルヴィッヒの見解を批判して，次のようにいう（Stein, Voraussetzungen, S. 126ff.）。

結──権利保護請求権論における確認の利益概念の意義

訟物それ自体によっては当然には権利保護の利益は与えられない。確認の訴えにおいては，権利保護の利益概念は，確認の訴えによる保護の対象となりうべき原告の正当な欲求は何であり，それをどのような規範によって決定するか，という使命を担う。そして，実体法と訴訟法の分離，訴訟前における実体法の既存性を前提とし，訴訟によるその保護を考える権利保護請求権論においては，保護される利益の総量は，訴訟前に既存と観念される実体法によって予め一義的に確定されていると考えられざるを得ないのである。

本稿は，当初の構想においては，第1章において確認されたような法技術的・法思想的背景に立脚する権利保護請求権論が確立した，このような権利保護の利益概念が，その後の学説の展開，とりわけ，法の動態的考察という独自の思考を背景とする新たな体系によって，どのような変容を加えられていったか，を考察する予定であった。しかし，諸般の事情により，その後の展開については将来の研究に委ねることとし，最後に，権利保護請求権論における，以上のような実体私法に誘導された確認の利益の把握と，所謂私法的訴権論における実体的承認請求権の要件論との間の関係について，簡単に考察することを以て，本稿をおえることとする。

後者の代表例としてここで引用する議論は，デーゲンコルプの見解である。デーゲンコルプは，消極的確認の訴えにおける法的利益の中に，被告の僣称する権利により攻撃される原告の積極的権利の防御機能が置き換えられたものを見出す。そして，このような置き換えは，物権の消極的確認の訴えにおいては，容易であるという。この訴えは，原告の積極的な物権を脅かす危険に対する，原告の積極的物権それ自体の権能に由来する権利行使であるとする[291]。

　確認の訴えは，原告が，同時により広範な目的を追求する別の手続によって確認を取得しうる場合には，なかんずく，給付の訴えの可能性が存在することによって，その利益の欠缺の故に排除される。特に，給付の訴えは請求権を要件とするから，所謂確認の訴えの補充性は，原告が現在又は将来の給付を命じることによる権利保護の資格を持つ請求権の確認を求めんとする場合に限定されることになる。何故なら，確認の訴えを根拠付ける，法的安定を求める必要は，給付の訴えにより完全に充足されるからである。従って，先に提起された給付の訴えは，後の確認の訴えに対して，訴訟係属を構成する。深刻に争われている請求権にあっては，確認の訴えに給付の訴えが後続する蓋然性が大きいから，国家は，訴訟の重複と訴訟のコストを認識せざるをえない。訴訟上の経済の原則がここでも介在することになる。国家と被告は等しく第二の訴訟を省くことについて利益を有し，それと対立する原告の利益は，コストが両者の訴えにおいて同じであるときには，重視する必要がない。〔傍点筆者〕

291) Heinlich Degenkolb, Einlassungszwang und Urteilsnorm: Beiträge zur Materiellen Theorie

これに対して，債権に関する消極的確認の訴えにおいては，こうした原告の権利へ積極的に置き換えることは，より困難であるが，しかし，不可能ではない。それは，主張される，その不存在を確認されるべき債権の，債務者と主張される者の財産状態との関連から導き出される。僭称に係る債権が，物の給付を求めるもので，所与の法秩序によれば所謂総体的物権の源であるときには，その種の権利を理由なく僭称することの中には，債務者として主張される者の物に関する物権的関係に対する侵害が存在するのであって，債務不存在確認の中には，こうした侵害に対する防御が存する。しかし，総ての場合を通じて，債権とは，債務者その人の弁済資力（Befriedigungskraft）に向けられたものである。債権を法的に権利たらしめるものは，債務者が拘束されていることに由来する。債権を主張することは，債権者を満足させるための債務者の財産についての責任を，換言すれば，弁済資力の確保を求める請求権を，そして，究極の結論をいうならば，この責任が質権に類似した被拘束状態へと転化しうるものであるということを，主張することなのである。根拠なき請求権の僭称は，従って，財産主体の財産利用に関する法的な自由に対する侵害を包含することになる。そして，それはその他に，財産が文句を付けられない態様において存在することから，財産主体について生じる，その他の便益（Genuß）に対する侵害をも構成する。このような便益に，それと結び付けられるべき財産としての性格が存在することは，それが多様なものであること，換言すれば，それが信用，経済的名声等様々な財に分解されうるものであるという性格によって，否定されるものではない。このような利益（Vorteil）を，法的に保護された利益，即ち法益の領域へと組み入れることには，それが具体的な形を持たず，手に取れば崩れてしまう類のものであるために，困難を伴う。そうした性格は，こうした便益を法体系上個別化することの妨げとなりうるし，それらを法的に保護する程度，即ち，それらが法益として承認される程度に対し抑制的な要因とはなりうるものの，しかし，それらの法益としての性質自体を失わしめるものではない292)。〔傍点筆者〕

この，私法的確認請求権論者であるデーゲンコルプの消極的確認の訴えにおける法的な確認の利益の基礎に関する叙述と，先に考察した，権利保護請求権論者の消極的確認の利益と関する叙述との，紛うかたなき共通性について，もはや多言を要しないであろう。具体的公権的権利保護請求権論は，本稿第1章第1節において考察した理由から，確認の訴えそれ自体を私法上の請求権の行

---

der Klagen, insbesondere, der Anerkennungsklage（1877）S. 177f. なお，この書の該当部分については，小野木常『訴権論序説』（1959）192頁以下に訳がある。
292) Degenkolb, a.a.O. S. 177f.

使であると把握することを止めた。にも拘わらず，確認の訴えの権利保護の原因，確認の利益の中に，彼らが，実体的権利の保護を見出していたという点において，私法的訴権論との間に断絶はなかったのである。

権利能力なき社団の当事者能力と当事者適格

　　Ⅰ　はじめに
　　Ⅱ　他人の権利についての訴訟追行権のあり方
　　Ⅲ　共同所有の形態論・共同所有者団体の組織法的規律と
　　　　訴訟追行権・代表者の権限
　　Ⅳ　平成6年最判の検討

Ⅰ　はじめに

　1　民法249条以下に定められた典型的な共有のほか，組合共有（民668条），相続財産共有（民898条），入会共有（民263条）など，共同所有関係の態様は様々であるが，共同所有者が原告となり，外部の者を被告として，目的物が原告らの共同所有に属することの確認を求める訴えは，共同所有者全員が当事者となることが必要な固有必要的共同訴訟であるという命題は，確立された判例[1]であり，学説においても，この命題そのものは一般に承認を得ている[2]。原告側に固有必要的共同訴訟の関係が成立するということは，技術的には，この訴えの提起について共同所有者の全員一致（全員が原告として提訴するのが常

---

1)　最判昭和41・11・25民集20巻9号1921頁（入会の事案），最判昭和46・10・7民集25巻7号885頁（通常の共有の事案），最判昭和57・7・1民集36巻6号891頁（入会の事案）。共有権の対外的確認と実質を同じくするものとして，共有に係る実用新案権を受ける権利を目的とする実用新案登録申請の拒絶査定に対する審判請求の棄却審決の取消しの訴えにつき，最判平成7・3・7民集49巻3号944頁。

2)　三ケ月章『民事訴訟法（法律学全集）』（有斐閣，1959）218頁，小山昇「必要的共同訴訟」民事訴訟法学会編『民事訴訟法講座(1)』（有斐閣，1954）257頁，新堂幸司『新民事訴訟法〔第2版〕』（弘文堂，1998）668頁，上田徹一郎『民事訴訟法〔第2版〕』（法学書院，1997）507頁，伊藤眞『民事訴訟法〔補訂版〕』（有斐閣，2000）566頁以下等。もっとも，兼子一博士は，民法249条以下の通常の民法上の共有についてはすべて共有者各自の持分権の競合関係に過ぎず，各自が第三者に主張するのもこの持分権にほかならないから，固有必要的共同訴訟にならず，各共有者には対外的に共有関係の確認を求める利益もないとされていた（兼子一「共有関係の訴訟──加藤先生の判例批評集から」『民事法研究第2巻』〔酒井書店，1952〕151頁〔初出・1952〕）。

態であろうが，全員が共同所有者のうち1名または数名を原告に選定する〔民訴30条〕ことによってもこの要請は充たされる）が必要であることを含意する。別の言い方をすれば，固有必要的共同訴訟においては，共同所有者各自が提訴につき拒否権を持つ。ゆえに，この訴えが固有必要的共同訴訟であるという命題は，共同所有者の数いかんによっては，新堂幸司教授が論文「民事訴訟法理論はだれのためにあるか」[3]において指摘されたように，提訴賛成派から裁判を受ける権利を事実上奪う結果をもたらす。この困難を打破するため，原告となることを拒んだ者を被告とすることができるといった解釈論[4][5]が提唱されてきたこと，

---

3) 新堂幸司「民事訴訟法理論はだれのためにあるか」『民事訴訟制度の役割』（有斐閣，1993）38頁以下（初出・1968）。

4) 谷口安平「判決効の拡張と当事者適格」中田淳一先生還暦記念『民事訴訟の理論（下）』（有斐閣，1970）61頁注9，小島武司「共同所有をめぐる紛争とその集団的処理」ジュリ500号（1972）331頁，同「共同所有と訴訟共同の要否」小山昇ほか編『演習民事訴訟法〔新版〕』（青林書院，1987）686頁，新堂・前掲注2）666頁，兼子一＝松浦馨ほか『条解民事訴訟法』（弘文堂，1986）168頁〔新堂幸司〕など。

ただ，谷口安平教授（「多数当事者訴訟について考える」法教86号〔1986〕6頁以下）のように，請求概念にとらわれた矢印思考ではなく，メリーゴーランド思考で多数当事者訴訟を規律するなら別であるが，そうでない限り，提訴を拒否する共同所有者を被告とする際，彼に対していかなる請求を立てるべきかを，考えなければならない。この被告に対しても共同所有関係の確認請求を立てることは，訴訟物たる権利ないし法律関係が不明確であることにより，原告の法的な地位に不安・危険が生じ，被告との間で当該訴訟物につき既判力ある確認判決を取得することが，原告のその不安・危険を除去するのに有効かつ適切な方法であることという古典的な確認の利益の定式によれば，確認の利益を欠くであろう。提訴拒否者は目的物が原告らとみずからとの共同所有関係にあることを争っているわけでもなければ，この者との関係で訴訟物たる権利（共同所有関係）が不明確になっているわけでもない。ここで提訴拒否者の挙動により原告の法的地位に生じている不安・危険とは，この者の提訴拒否によって外部者に対し共同所有関係の確認を求めることができないこと，進んで，それにより原告らの共同所有関係を既判力をもって外部者との間で確定できないことであるが，提訴拒否者を被告として目的物が原告と被告の共同所有であることの確認判決を得たところで，その不安・危険の除去には本来何ら無益な筈である。それが有益であると考えるのは，この確認判決によって原告側の当事者適格の欠缺が補正されるという，確認の利益の判断においてその当否が検証されるべき結論が，先取りされているからにほかならない。入会総有権に基づく登記抹消請求（最判昭和41・11・25民集20巻9号1921頁，最判昭和57・7・1民集36巻6号891頁）や，共有関係に基づく移転登記請求（最判昭和46・10・7民集25巻7号885頁）も，共有者全員が原告となることを要する固有必要的共同訴訟であるが，一方で，提訴を拒否する一部共有者と原告共有者との間の登記手続請求権を観念することは不可能であり，他方で，この状況において提訴拒否者に対しては共同所有関係の確認請求を立てるとの不自然さに鑑みて，請求なき当事者の存在が許されない以上，この場合には提訴拒否者を被告にするという便法を諦めるというのが，給付の訴えでは不可能なことが，確認の訴えでなら，確認の利益概念を恣意的に操作することにより可能となるというのは，筋の通らない議論であろう。給付の訴えでは，訴訟上の請求が，給付請求権，すなわち被告による原告の権利ないし法益に対する侵害からの救済要求を実体法的に表現したものを主張する形をとるから，それ自体で当

Ⅰ　はじめに

学説のこうした指摘を背景に，先般の民事訴訟法改正作業[補注1]の過程において，提訴反対派に対し裁判所が参加命令を発することにより提訴を可能とすることの是非が問われ[6]，実体法との整合性についての検討が不十分であること等が理由となり[7]，立法が見送られたことは，改めて指摘するまでもあるまい。ここでは，これらの解釈論および立法論の理論上の問題についての詳細な検討は措く。

然に訴え提起の必要性が充足され，後には本案の審理しか残らないのに対し，確認の訴えでは，訴訟物自体には保護に値する権利ないし法益への侵害の有無を選別する機能がないために，確認の利益の判断においてその選別が行われる点に，両類型の差があるに過ぎない。もし，共同所有者の一部による提訴拒否が，共同所有物の管理処分に関する彼の決定権限の正当な行使であるならば，それを行使したがゆえに確認の訴えの被告とされるというのは，背理なのである。彼が被告とされることを正当化するためには，提訴賛成派の共同所有者との関係において，提訴の拒否が提訴賛成派の権利ないし法益の侵害，すなわち違法であり，反対派は提訴に応諾すべき義務を負うとの評価が，先行していなければならない。それは畢竟，共有物の管理処分のあり方をめぐる実体法上の問題にほかならない。そしてその評価は，請求の趣旨が，外部者に対する共同所有関係の確認であろうと，共同所有関係に基づく外部者に対する登記請求であろうと，共通する筈である。

5)　なお，最判平成11・11・9民集53巻8号1421頁は，境界確定の訴えにおいて，隣接する土地の一方または双方が共有に属するときには，その全員が原告または被告となるべき固有必要的共同訴訟であるが，原告側共有者のうち訴えの提起に同調しない者があるときは，その余の共有者は，隣接する土地の所有者と共に非同調者を被告として訴えを提起することができる，との立場を明らかにした。ただ，このような取扱いが許容される根拠として判旨が述べるところによれば，境界確定の訴えにおいては，民訴法246条の適用はなく，裁判所は，当事者の主張に拘束されないで，みずから正当と認めるところにより境界を確定することができるのであるから，この特質に照らし，共有者全員が必ず共同歩調をとることは必要でなく，共有者全員が原告または被告となっていれば足りる，というにある（本件の解説として，八田卓也・平成11年度重判解126頁，畑瑞穂・法教240号〔2000〕114頁参照）。判例の確立した公法的境界確定訴訟観に対しては，学説による批判は厳しいものがある（学説の整理として，高橋宏志『重点講義民事訴訟法〔新版〕』〔有斐閣，2000〕75頁以下）が，それに従う限り，実務上は請求の趣旨欄において原告が確定を求める境界線を記載するとしても，民訴法246条の拘束力が否定される以上，これはあっても無くてもよい代物であって，境界確定の訴えにおいては本来の意味での「訴訟上の請求」が厳密には存在しないことに，かかる便宜的取扱い（千種達夫裁判官補足意見）の根拠が求められているのであり，固有必要的共同訴訟一般に射程が及ぶものではあるまい。

[補注1]　現行民事訴訟法（平成8年法律109号）の制定過程で行われた法改正作業を指す。

6)　法務省民事局参事官室「民事訴訟手続に関する検討事項」（第二　当事者　二　共同訴訟及び訴訟参加　2(四)(2)），同「民事訴訟手続に関する改正要綱試案」（第二　当事者　当事者関係後注3)）。

7)　柳田幸三ほか「『民事訴訟手続に関する検討事項』に対する各界意見の概要(2)」NBL 513号（1993）36頁，柳田幸三ほか「『民事訴訟手続に関する改正要綱試案』に対する各界意見の概要(1)」NBL 561号（1995）21頁。なお，前掲注4)で指摘したように，事柄が実体法に関わる問題である以上，この選択は妥当であったと思われる。

権利能力なき社団の当事者能力と当事者適格

2 ところで，共同所有関係にある人の集まりのうち，組合や入会団体は，代表者または管理人の定めがある限り，民訴法 29 条により，権利能力なき社団として，当事者能力が認められる余地がある。少なくとも民法上の組合については，社団と組合の峻別論に依拠し，社団にあらざる組合の当事者能力を否定したかつての通説[8]は，判例（大判昭和 10・5・28 民集 14 巻 1191 頁，最判昭和 37・12・18 民集 16 巻 12 号 2422 頁）および最近の多数説[9]により克服されつつある。しかし，組合なり入会団体なりが原告として，構成員の共同所有にかかる特定の財産の共同所有関係の対外的確認を求める訴えを提起することは，前述の固有必要的共同訴訟原則との関係で微妙な問題を生む。

なぜなら，ある団体が権利能力なき社団として認められるためには，判例（最判昭和 39・10・15 民集 18 巻 8 号 1671 頁）によると，団体としての組織を備え，多数決の原則が行われ，構成員の変更にもかかわらず団体そのものが存続し，代表の方法，総会の運営，財産の管理その他団体としての主要な点が確定していることが要件となる。仮にここで判例がいう多数決原理が，社員総会の多数決で選出される理事は，その業務執行の一環として，共同所有関係の対外的確認の訴えを，その専決によりまたは理事会の多数決に基づき，提起できるということを含意するとすれば，共同所有関係の対外的確認についての全員一致原則との相剋は隠しおおせない。共同所有関係にある人の集まりに権利能力なき社団としての当事者能力を安易に認めてよいのか，検討が必要となる[10]。

---

8) 兼子一『民事訴訟法体系』（酒井書店，1954）111 頁，三ケ月・前掲注 2) 182 頁，同『民事訴訟法（法律学講座双書）』（弘文堂，1979）233 頁，斎藤秀夫『民事訴訟法概論〔新版〕』（有斐閣，1982）90 頁，斎藤秀夫編『注解民事訴訟法(1)』（第一法規，1971）267 頁〔斎藤〕等。

9) 新堂・前掲注 2) 122 頁，新堂幸司＝小島武司編『注釈民事訴訟法(1)』（有斐閣，1991）433 頁〔高見進〕，伊藤・前掲注 2) 89 頁，高橋・前掲注 5) 153 頁等。

10) 入会団体に権利能力なき社団としての当事者能力を認めることに，入会権の対外的確認が固有必要的共同訴訟であるとの命題に由来する，原告側の提訴の困難を解消するための方向性を探るという発想は，我妻栄博士『民法講義Ⅱ〔補訂版〕』〔岩波書店，1983〕329 頁〔以下，有泉亨博士による補訂版の叙述を我妻説として引用するが，特に断り書きを付さない限り，それは改版（1952）において述べられた我妻博士自身の見解である〕），兼子一博士（前掲注 2) 152 頁）によって暗示されていた。社団性の中に全員一致原則を弛緩させる契機を見いだしておられたものと思われる。これに対し，舟橋諄一『物権法』（有斐閣，1960）453 頁は，仮に（旧）民訴法 46 条の準用が可能であるとしても，社団が敗訴した結果の重要性に照らし，入会地処分の全員一致原則との調和の必要性を指摘していたことに注意すべきである（最近の学説として，高見・前掲注 9) 437 頁は，訴え提起を不可能にさせないようにという観点から舟橋説を批判し，訴え提起につき総会に諮るなどして構成員に訴訟の存在を知らせればよいとする）。

I はじめに

3 他方で，学説上の通説[11]とは異なり，判例は，民訴法29条は権利能力なき社団に当該訴訟の訴訟物たる法律関係についての権利享有主体性を認めるものではなく，したがって，特定の財産の所有権が当該社団に属することの対外的な確認を求めることは許されないとする立場を，一貫して採用している[12]。また，登記実務上の通達により権利能力なき社団名義の所有権の登記は認められておらず，社員全員の共有登記かまたは代表者個人の所有名義で登記するほかない[13]。

そうだとすると，民訴法29条により権利能力なき社団に当事者能力が認められるとしても，共同所有関係の対外的確認の訴えにおける請求の趣旨は，特定の財産が「社団構成員全員の共同所有に属することの確認を求める」ものとならざるをえない。訴訟物たる権利，すなわち共同所有関係の主体である構成員は，当事者能力を認められる権利能力なき社団とは法的に別の人格であるから，ここでは，訴訟当事者と訴訟物たる権利の帰属主体との間に乖離が生じている。仮に，ここで原告である権利能力なき社団が他人である構成員全員の共同所有関係の確認を求めているのだとすれば，なぜ権利能力なき社団は他人の権利の確認を求める当事者適格を有するのかが，検討されなければならない。

4 最高裁判所平成6年5月31日判決民集48巻4号1065頁は，この二つの問題を考えさせてくれる。

事実関係は次のようなものであった。

大畑部落は，江戸時代には三河国加茂郡大畑村と称していたが，明治以後町村合併を繰り返し，現在は豊田市大畑町となっているものの，同一地域において旧来の慣習を維持しつつ，生活共同体としての部落を形成してきた。大正4年に，公簿上「大字

---

11) 兼子・前掲注8) 111頁，三ケ月・前掲注2) 182頁，新堂・前掲注2) 123頁，伊藤・前掲注2) 88頁，高橋・前掲注5) 159頁等。
12) 最判昭和47・6・2民集26巻5号957頁，最判昭和55・2・8判時961号69頁。
13) 幾代通=徳本伸一『不動産登記法〔第4版〕』（有斐閣，1994) 67頁以下によれば，権利能力なき社団名義での登記を認めない取扱いの根拠として，不動産登記法に自然人と法人以外の者が権利名義人となりうることを示す規定がないという形式的根拠のほか，形式的審査権しか持たない登記官が，申請者が架空の団体ではないことを判断することは制度的にも実際的にも不可能であること，社団を権利名義人とする登記をした後，当該社団を登記義務者とする登記申請の真正を担保する手段（印鑑証明など）がないことが挙げられ，不動産登記法の外において，権利能力なき社団の実体や組織が的確に公示・公証される制度的措置が講じられない限りにおいては，これらの難点に照らし，権利能力なき社団名義の登記を認めることは当をえないが，代表者の肩書を付した自然人名義の登記（通達はこれも認めない）ならば弊害はなく，認めるべきであるとされる。

大畑持」などと記載された本件土地を含む共同財産につき，権利能力のない部落名義での登記を認めないとする国の方針に従い，当時の部落の戸主全員の名義で登記がなされ，その後新たに取得した土地については，取得当時の役員の共有名義で登記された。

　部落民は，古くから自給自足の生活をし，共同財産である山林の下草刈り，植樹，山崩れや道路の補修，山回りによる境界の確定などの役務を提供する一方で，上記下草などの木材を薪として分配を受け，共同財産の賃貸，収穫した松茸等の売却などによる収益を，部落の公民館，消防施設等の建設費用，これらの施設および道路等の管理費用，冠婚葬祭費用，共同財産の固定資産税の支払いなどに充ててきた。

　しかし，昭和に入ると，部落内の鉱山で働く者も現れ，昭和40年代以後は，部落への転入者も増加しはじめた。昭和48年12月16日，大畑部落は，転入者の増加に伴う共同財産の管理関係の混乱を防止するため，共同財産の共同所有者たる資格を有する部落民全員の合意により，旧来の慣習をもとに（元）規約を制定し，原告X_1（大畑部落有財産管理組合）を設立した。同規約には，本件土地を含む部落の共同財産等をX_1の財産とすること，大畑部落に居住し生活を共にしてきた部落民を中心に，分家した者は25年以上，転入者は50年以上同部落に居住したことを，組合員の資格要件とし，転入者の組合員資格は昭和48年12月15日までに転入したことを要すること，組合員全員により組織される総会が共同財産の管理処分を決定し，役員を選任すること，X_1を代表し通常事務を処理する役員の種類，権限などの定めがある。X_1は，昭和52年12月24日に組合員全員の合意により（元）規約を改正し，転入者の組合員資格に関する時期の制限を撤廃するとともに，部落からの転出により組合員資格は当然に喪失する旨，および共同財産からの収益をX_1の収入とし，支出は財産管理，部落民の福祉および大畑部落の共益のために限られる旨が定められた。なお，組合員はこの時点で転入者である準組合員を含め52名であった。

　訴外亡Aは，大正4年の本件土地の登記の際，共同所有者の一人として登記された者であるが，大正末頃に大畑部落から転出し，その後帰村することなく死亡した。本件土地の登記簿には，Aの共有持分につき，昭和49年11月12日付けで相続を原因として訴外亡Bおよび訴外亡Cへの移転登記が，次いで同日付けで同共有持分につき相続を原因として訴外Dへの移転登記がなされ，昭和52年3月10日付けで，被告Y_3のために同共有持分についての抵当権設定登記および所有権移転登記請求権保全の仮登記がなされている。Dは昭和57年3月5日死亡し，被告Y_1・Y_2が相続した。

　X_1は，次のように主張して本件訴えを提起した。すなわち，本件土地についての大畑部落民の共同所有権は，慣習およびそれに基づくX_1の規約上，部落民の共同に

I　はじめに

よる管理収益に服し，個々の部落民によるその権利の自由な処分は禁止されており，大畑部落民たる資格と本件土地の共同所有権者たる地位の得喪とが結びついているから，本件土地に対する大畑部落民の共同所有の形態は，共有の性質を有する入会権，すなわち総有であるところ，Aは部落からの転出に伴い共同所有権者の地位を当然に喪失したから，Y_1・Y_2は本件土地につき何らの権利も承継せず，前記各登記は実体を欠き無効である。にもかかわらずY_1・Y_2は，本件土地がX_1の組合員全員の総有に属することを争い，みずからの共有持分権を主張するため，総会における組合員全員一致の合意で，X_1に対しては，本件土地がX_1の組合員全員の総有に属することの確認を求める訴えの提訴権限が，X_1の組合員X_2に対しては，真正な登記名義の回復等を目的とする登記手続を求める訴えの提訴権限が，それぞれ付与され，これに基づき，X_1はY_1・Y_2に対し本件土地についての組合員全員の総有権確認を，またX_2は，Y_1・Y_2に対し，その名義に係る本件土地の共有持分権につき真正な登記名義の回復を原因とするX_2への移転登記手続を，Y_3に対し，抵当権設定登記ならびに所有権移転登記請求権保全の仮登記の抹消登記手続を求める。

以下では，本稿の主題との関係上，X_1の総有権確認請求についてのY_1等の主張および判示を掲げるにとどめる。

Y_1等は，先ず本案前の抗弁として，本件土地の総有権確認請求は，X_1の構成員全員が原告となって提起すべき固有必要的共同訴訟であり，X_1には本件確認請求につき当事者適格がない。本案として，大正4年における共有名義の登記が示す通り，本件土地はもともと共有地であり，入会地として大畑部落民の総有に属するものではない，仮にそうでないとしても，Aが転出した大正末頃には，大畑部落にも貨幣経済が浸透し，入会山から自然産出物を採取する必要もなくなり，その管理もされなくなっていたから，入会権は解体していた，仮にそうでないとしても，本件土地を含む共同財産の大部分が珪砂等の採掘のため鉱業会社に賃貸された昭和40年代以降は，入会権は完全に解体した，などと主張した。

第一審は，X_1が（旧）民訴法46条の法人にあらざる社団として，その名においてその構成員全員の総有権確認を求める訴えを提起できると解するのが相当であり，構成員全員が入会団体の名で訴えを提起することに同意している場合にまで，構成員全員が原告となることが必要であるとは解しえないとしたうえ，本案について，本件土地は江戸時代以来一貫して大畑部落民の入会地であり，その共同所有の形態は総有である，鉱業会社への賃貸以後も，賃貸収益が

X_1 の収入として，その構成員全員の共同所有にかかる施設の建設，管理，補修の費用のために支出されており，かつ，現行規約においても，X_1 構成員による共同財産の利用，管理は X_1 により制約され，持分の譲渡が否定され，X_1 構成員たる資格の得喪が共同財産の使用収益権の得喪と結びついていることに照らし，本件土地を含む共同財産に対する共同所有関係はなお総有の性質を保持しているとして，X_1 の請求を認容した。

これに対し，控訴審は次のように判示して，第一審判決を取り消し，訴えを却下した。

一部の入会権者のみが提起した外部者に対する総有権の確認請求訴訟において，原告が敗訴した場合の確定判決の効力は，団体的権利である入会権の性質上，当事者とならなかった入会権者にも及ぶという，甘受しがたい不利益が生ずることに照らし，入会権の対外的確認請求は，入会権者全員が原告となることを要する固有必要的共同訴訟であり，X_1 に組合規約があり，意思決定機関である総会，代表者たる組合長が置かれ，総会において本件訴えの提起につき組合員全員一致による議決があった場合であっても，X_1 には当事者適格がないと解するのが相当である。X_1 は，その規約によれば，大畑部落有財産の管理体制を整え，それを部落住民の福祉に供することを目的として設置された管理機構に過ぎず，入会権を有する構成員ではないから，当事者とならなかった組合員である権利者との関係では，既判力の及ぶ者の範囲が依然として不明確とならざるをえず，X_1 が敗訴した場合でも，団体的権利である入会権の確認を組合員の名で再訴できる結果となってしまうからであり，X_1 は（旧）民訴法201条2項の「他人ノ為原告……ト為リタル者」に当たらないからである。

最高裁は次のように判示して，原判決を破棄し本件を控訴審に差し戻した。

1　入会権は権利者たる一定の村落住民の総有に属するが，村落住民が入会団体を形成し，それが権利能力なき社団に当たるときは，当該入会団体は，構成員全員に総有的に帰属する不動産につき，これを争う者を被告とする総有権確認請求訴訟を追行する原告適格を有すると解するのが相当である。けだし，当事者適格は特定の訴訟物につき誰が当事者として訴訟を追行し，誰に対して本案判決を下すことが紛争解決のため必要かつ有意義であるかという観点から決せられるべきであるところ，入会権は，村落住民各自が共有におけるような持分権を有するものではなく，村落において形成されてきた慣習等の規律に従う団体的色彩の濃い共同所有の権利形態であることに鑑

I　はじめに

み，その帰属主体である村落住民が権利能力なき社団である入会団体を形成している場合には，当該入会団体が当事者として入会権の帰属に関する訴訟を追行し本案判決を受けることを認めるのが，この種の紛争解決の複雑化，長期化を避けるために適切であるからである。

　2　そして，権利能力なき社団である入会団体の代表者が，構成員全員の総有に属する不動産につき，総有権確認訴訟を原告を代表して提起するにあたっては，当該入会団体の規約等において当該不動産の処分につき必要とされている総会の議決等の手続による授権を要すると解するのが相当である。けだし，右総有権確認訴訟について下された確定判決の効果は構成員全員に及び，入会団体が敗訴した場合には構成員全員の総有権を失わせる処分をしたのと事実上同じ結果をもたらすことになるうえ，入会団体の代表者の有する代表権の範囲は団体ごとに異なり，当然に一切の裁判上または裁判外の行為に及ぶものとは解されないからである。

　3　記録によれば，X_1 は，大畑町の地域に居住する一定の資格を有する者によって構成される入会団体であって，規約により代表の方法，総会の運営，財産の管理等団体としての主要な点が確定しており，組織を備え，多数決の原則が行われ，構成員の変更にかかわらず存続することが認められ，権利能力なき社団に該当するから，X_1 は本件土地がその構成員全員の総有に属することの確認請求につき当事者適格を有し，かつ，X_1 の代表者である組合長 E は本件訴え提起に先立ち，本件訴訟の提起につき規約上必要な総会における議決による承認を得たことが明らかである。

5　さて，以下の分析に入る前に，議論の前提として次の3点を確認しておきたい。

　第一に，検討の対象とする訴訟は共同所有関係の対外的確認を請求の趣旨とするものに限定する。もっとも，権利能力なき社団名義の登記が許されないこととの関係で，「社団財産」の登記請求権は，特に代表者個人名義で登記することが特定の社団の定款等において許容されていない限り，実体法上は社団構成員全員に「共有的に」帰属すると構成せざるをえない。そして，権利能力なき社団からみればそれは他人の権利である。そうだとすると，社団構成員の共同所有関係という他人の権利の対外的確認の訴えにつき，権利能力なき社団に原告適格が認められるならば，同社団には，社団構成員全員に帰属する共有名義による登記請求権を対象とする訴えの原告適格もまた，認められてよい[14]。

---

[14]　堀野出「多数当事者紛争の処理」法教221号（1999）46頁も，権利能力なき社団には実体法上権利が帰属しないとの形式論を貫徹すれば，権利能力なき社団は，構成員の総有権確認に限らず，いかなる権利であれ社団構成員の全員に帰属するものである限り，それを訴訟物とする訴訟

構成員がみずから原告として登記請求訴訟を提起する場合には，固有必要的共同訴訟となる[15]が，全員が原告となることによる訴訟関係の複雑化を避けるために，権利能力なき社団が原告として登記手続を求める訴えを提起することを認めるべき必要性がある点でも，共同所有関係の対外的確認の場合と共通する。したがって，以下の分析はそのまま，権利能力なき社団による登記請求訴訟にも妥当すると考えられる。

第二に，権利能力なき社団が原告となる場合に限定する。共同所有関係にある者各自が提訴拒否権を有する原則と，社団の意思決定システム，とりわけ多数決原理との関連性を追求するという本稿の問題関心との関連では，共同所有者側が被告となる場合には，仮にその全員が被告となる必要がある固有必要的共同訴訟である[16]としても，共同所有者各自は被告として訴えられることにつき拒否権を持たないからである[17]。

第三に，他人，すなわち構成員全員の共同所有に属する権利について，権利能力なき社団が原告適格を持つことの根拠として，「法形式的にはともかく実質的には社団がその所有者だから」という説明は，問いをもって問いに答えるものであるから，度外視する。

II 他人の権利についての訴訟追行権のあり方

1 権利能力なき社団による構成員全員の共同所有関係の対外的確認を求め

に訴訟担当者として現れうることを指摘する。
15) 判例（最判昭和 57・7・1 民集 36 巻 6 号 891 頁）である。
16) 判例（最判昭和 38・3・12 民集 17 巻 2 号 391 頁）である。
17) したがって，等しく提訴困難の解消といっても，被告側に権利能力なき社団として当事者能力を認める場合の利点は，構成員の共同所有に属する権利を訴訟物とする訴訟についての権利能力なき社団の原告適格が，仮に第三者の訴訟担当であるとしても，判決効を拡張される構成員の氏名を訴状等において特定する必要はないとの見解（福永有利「権利能力なき社団と当事者能力」木川統一郎先生古稀記念『民事裁判の充実と促進（上）』〔判例タイムズ社，1994〕313 頁，堀野出「団体の任意的訴訟担当について」同志社法学 47 巻 2 号〔1995〕538 頁。なお，山本克己「総有権確認訴訟における入会団体の原告適格等」平成 6 年度重判解 119 頁は，権利能力なき社団が原告側となり，かつ，構成員が誰であるかを確定することが提訴の目的である事例〔前記の平成 6 年最判の事件〕についての叙述であるが，判決効拡張を受ける者を明確化する必要上，構成員全員を判決主文および請求の趣旨で特定すべきであるとする）の趣旨が被告側の場合にも当てはまるとすれば，固有必要的共同訴訟関係にある被告を逐一特定する事実上の負担から，原告側が解放されることを意味しよう。

る訴えが，原告自らはその主体でない権利を訴訟物とする訴えであると捉えるならば，そのような形態の訴訟の構造を分析するための道具として，既存の民訴法理論の中に用意されている概念といえば，先ずは第三者の訴訟担当ということになる。ここでは，第三者の訴訟担当の構造理解としては，訴訟物たる権利の管理処分権が，本来の権利主体から，法規または本来の権利主体の意思により第三者に移転することに基づき，第三者に当該権利についての訴訟追行権限が発生するという，古典的なそれ[18]を前提とする。

2 さて，仮に権利能力なき社団の原告適格を，法定訴訟担当と捉える場合には，管理処分権の移転をもたらす法規は何か，仮に法律の明文の規定がないとしても，少なくとも任意的訴訟担当のように，本来の権利主体の意思に依存するものでない管理処分権の移転の契機が，どこに見いだされるかが問われる。これに対し，それを任意的訴訟担当と捉えるならば，いつどこで，構成員全員によるその共同所有財産についての管理処分権の授権があったとみるべきかが問われる。

他方で，法定，任意のいずれかを問わず，権利能力なき社団がその構成員全員の共同所有に属する権利の対外的確認を求める訴訟の構造を第三者の訴訟担当と捉える限り，民訴法115条1項2号により，上記訴訟で社団敗訴の判決が確定したときにその既判力が構成員全員に拡張されることは，矛盾なく説明できる。もっとも，法定訴訟担当においては，同条を無条件で適用することに批判があることは周知の通りであるが，その批判は担当者と被担当者との間に利害対立関係が見いだされる債権者代位訴訟および取立訴訟の類型についてされているものである[19]。本稿の主題との関係では，民訴法上の当事者能力が認められてもその実体法上の権利享有主体性までが肯定されるわけではないという確立した判例法理の下では，社団債権者のための排他的責任財産という意味における「社団財産」もまた，社員の「共同所有」に属するため，権利能力なき社団が追行する訴訟が「他人」(すなわち社員) の権利を訴訟物とする形をとるに過ぎないのであるから，権利能力なき社団と社員との間には，代位および取立てにおける債権者と債務者のような利害対立が存するわけではない。もちろ

---

[18] 兼子・前掲注8) 160頁以下。
[19] 学説の分布は，高橋・前掲注5) 216頁以下，鈴木正裕＝青山善充編『注釈民事訴訟法(4)』(有斐閣，1997) 429頁以下〔伊藤眞〕に詳しい。

ん，本稿の問題関心が共同所有関係の対外的確認における全員一致原則と共同所有者の集まりを権利能力なき社団と捉えることとの間の整合性を検討することにある以上，権利能力なき社団による共同所有関係の確認の訴えの提起につき，社員相互間には利害ないしは意見の対立があることは議論の前提である[20]。

3 これに対して，他人の権利についての第三者の訴訟追行権を，訴訟担当のように権利の帰属主体の管理処分権に依存しない，固有の適格として捉えることも可能である。

ここでいう固有適格構成とは，他人の権利につき原告が有する実体的な利益に着目し，かかる利益は第三者固有の原告適格を基礎付けるに足りる程度にまで，訴訟による保護に値する法的利益であるとする立場であり，この態様の原告適格が従来の学説において一致して承認されてきたのは，確認の利益があれ

---

[20] 念のため付言するが，権利能力なき社団の権利享有主体性が肯定されない限り，仮に民訴法上の当事者能力を肯定したとしても，当該社団が追行した社員の共同所有関係の対外的確認の訴えの判決の効力が，権利の帰属主体である構成員各自に及ばないとすれば，社団が敗訴したときも，構成員各自は依然当該財産が社員の共同所有に属することを前提として，持分権や入会地の使用収益権を被告との関係で主張しえ，社団が勝訴したときも，被告は依然構成員各自の持分権や入会地の使用収益権を争いうるわけであるから，効率的な紛争解決に資するどころか，かえって問題を錯綜させるだけの結果となる。当該団体が法人格ある社団であれば，そこには社団の権利関係のみが存在し，社員たる地位に基づいて第三者に対抗しうる物権的な用益権限を社員が社団財産上に有するわけではないから，こうした問題は生ずる余地がない（高見進「法人格なき社団の訴訟および判決の効力」瀬川信久編『私法学の再構築』〔有斐閣，1999〕418頁）。すなわち，民訴法115条1項2号による既判力拡張を，権利能力なき社団とその構成員との間で認めるとしても，それは，被告と構成員との間での共同所有関係をめぐる，法人では生じえない紛議の再燃を避けるために必要な限りにおいてであって，それを超えるものではない。要するに，権利能力なき社団が原告となった場合の判決効の規律を，本来の姿ともいうべき，構成員全員が原告となった場合のそれと揃えるに過ぎない。他方で，権利能力なき社団の構成員を，判決効の面で法人とその社員との関係におけるよりも不利に扱う趣旨でもない。民法上の組合における組合員の無限責任との関係で，組合員個人の財産に対する強制執行に際して，当事者能力が認められる組合を名宛人として発せられた組合債務の履行を命ずる判決につき，その執行力拡張を認めるか否かは，法人格ある合名会社の場合でも同様の問題が生ずるのであり，そこで反射効概念を介した社員に不利な執行力拡張が肯定され（たとえば，新堂・前掲注2）124頁注1，629頁），または否定される（たとえば，竹下守夫「判決の反射的効果についての覚え書」一橋論叢95巻1号〔1985〕44頁）ならば，当事者能力が認められる民法上の組合とその組合員との間でも，同様に肯定または否定されるべきである。ただ，権利能力なき社団の社員が，特定の「社団財産」につき，社員としての資格とは別に，賃貸借契約に基づく使用権限を有する場合において，権利能力なき社団が追行した訴訟の判決により，当該財産が社員の共同所有でないことが既判力をもって確定されているとき，前訴被告との間で当該社員が賃借権を主張する場合にこれに拘束されない（高見・前掲論文417頁）かについては，前訴で社員全員が当事者となっていた場合にもそういえるかという視点からの検討が必要である。

ば他人の権利の存否確認の訴えも適法であるという文脈においてである。

　たとえば，入会住民により結成された入会地の管理を目的とする組合は，当事者能力を認められる限りは，同地の所有権を主張する者を被告として，入会山林にその管理者として立ち入り，管理に必要な工作物を設置することが，被告との関係で，被告の「所有権」侵害とならないことを既判力をもって確定するため，同土地が入会住民の総有に属することの確認を求めるにつき，固有の法的利益を持つといえるかもしれない。ある土地につき地上権を有する者が建てた建物の賃借人は，当該地上権の存在を否定する土地の所有者から建物退去を求められたときに，建物所有者が当該土地につき地上権を有することの確認を所有者に対して求めるにつき，正当な利益を有することと比肩しうるからである。この場合において，上記固有の利益が仮に入会住民の共同所有に属する権利の処分権（すなわち，管理組合の訴訟担当者としての当事者適格を基礎付けるもの）と無関係に観念しうるものであるとすれば，入会地が入会住民の総有に属する旨の対外的確認の訴えを提起する管理組合の原告適格は，訴訟担当ではない固有適格であることとなろう[21]。

　ただ，他人の権利関係でも権利保護の利益さえあれば原告適格が認められるというのは，さしあたっては，確認の訴えにおいてのみ確立された原則に過ぎない。したがって，入会団体が原告となり構成員の（準）総有に属する登記請求権を訴訟物とする訴えを提起する場合の当事者適格の根拠付けに窮する。訴訟物たる請求権の実体法上の主体以外の者が原告となって給付の訴えを提起するときの原告適格のあり方として，今のところわれわれは訴訟担当以外の構成を知らないからである。言い方を換えれば，確認の利益ある限り他人の権利の確認を求めることができるという確認の利益論に依拠した固有適格構成は，訴訟類型を超える汎用性という点で，訴訟担当構成に劣る。

　第二に，他人の権利の確認という観点から権利能力なき社団固有の原告適格

---

21) ただ，こうした管理組合固有の利益なるものは，被告が所有権を主張する土地に管理者として立ち入ったとしても，損害賠償や差止めの義務が被告との関係で生じないことを，予め明らかにすることにほかならないとすれば，損害賠償の支払義務，あるいは差止めの強制執行における間接強制金の支払義務は，構成員全員の共同所有財産を責任財産とするものであるから，管理組合による入会権の対外的確認は，その実質を突き詰めていくと，共同所有権者全員に共有的に帰属するこれら債務の不存在確認にほかならない。そのような確認請求について，組合財産の管理処分権者としての立場を離れて，入会地管理組合固有の利益を考えることは困難である。

を根拠付けた場合，社団が受けた敗訴判決の効力の，少なくとも構成員各自に不利な拡張を，この構成から導き出すことは困難である。すなわち，入会団体の構成員は，被告に対して，たとえば構成員固有の権利である入会地の使用収益権の確認請求の先決問題としても，入会地の総有権を主張できなくなるのかといえば，それは否定されるべきこととなろう。先に掲げた地上権確認請求訴訟の例で，建物賃借人の敗訴が確定した場合であっても，地上権者が別途自らの地上権確認の訴えを提起することは，その敗訴判決の既判力と全く無関係に許容されるのと同じだからである。

4　もちろん，他人の権利についての第三者固有の実体的利益に着目してその原告適格を構成する見解であって，確認の訴えに限定されないものとして，「訴訟の結果に係る重要な利益」を有する者であれば他人の権利を訴訟物とする訴えについての当事者適格を認める福永有利教授の見解[22]があることは，周知の通りである。この見解に対しては，専ら債権者の代位訴訟および差押債権者の取立訴訟を，第三者の訴訟担当ではなく，債権者固有の適格に基づくものとみる帰結を導き出すことを目的とした理論構成である感が否めないとの指摘[23]があるが，その点は措くとして，この見解にも判決効の拡張との関係で問題がある。福永教授は，代位債権者の提訴によっても債務者の自前の提訴権限は存続すること，債権者代位訴訟の判決効が債務者に不利には及ばないことが，固有適格構成の理論的帰結であることを前提としたうえで，二重起訴禁止の法理や，被告第三債務者による訴訟引込みなどの技法により，固有適格説と紛争の矛盾なき解決の要請とを整合させることを意図される[24]が，少なくとも権利能力なき社団による構成員全員の共同所有関係の対外的確認の場合に，構成員による再訴可能性を遮断するため，被告に構成員全員の引込みを要求するのは，訴訟関係の複雑化，訴訟の長期化を避けるために権利能力なき社団の当事者能力と原告適格を認めた趣旨が損なわれる[25]。

---

22)　福永有利「当事者適格理論の再構成」山木戸克己教授還暦記念『実体法と手続法の交錯（上）』（有斐閣，1974）34頁以下。
23)　高橋・前掲注5）214頁以下注5。
24)　福永・前掲注22）67頁。
25)　ちなみに，訴訟法上の当事者能力は認められるが，実体法上の権利享有主体性が認められないため，構成員の権利関係しか存在しないとした場合に，権利能力なき社団が構成員の権利を訴訟物として追行する訴えの当事者適格の理解についての福永教授の見解は，次の通りである。す

Ⅱ　他人の権利についての訴訟追行権のあり方

5　これに対し，第三者自身の実体的利益ではなく，他人またはその権利利益の代表者または擁護者として第三者が適切であることから，その原告適格を導くという発想もありうる[26]。代表としての適切性が無媒介に第三者の原告適格を帰結するか，それを第三者への管理処分権移転の要件とする規範の存在を措定するかはともかく，この場合には，権利の帰属主体への判決効拡張は，第三者である原告の代表者としての適切性から導かれる。そしてそれはある意味では，構成員の共同所有関係の確認を求める権利能力なき社団の原告適格の根拠付けとして，相応しいともいえる。多数決原理に支配される社団が構成員の

なわち，この実体関係をそのまま訴訟関係に持ち込み，社団が当事者として追行する訴訟はすべて，社員の社団への加入による包括的な授権または特定の権利関係についての個別的な授権を根拠とする，第三者の訴訟担当（筆者注：任意的訴訟担当であろう）と捉える「形式説」と，形式的には社団の権利関係は存在しないが，実質的には社団の財産というものがあり，この実質社団の財産については社団が，第三者の訴訟担当としてではなく，固有の当事者適格を当然に有すると捉える「実質説」とがありえ，構成員の権利につき専ら第三者の訴訟担当として訴訟追行をさせるために，民訴法29条がわざわざ権利能力なき社団に当事者能力を与えたとみるよりも，社団固有の事件があり，それにつきみずから訴訟追行をさせることを主な目的として，同条が設けられたとみるのが自然であること，訴訟担当とみるとすると，構成員全員を訴状において特定表示する必要があること，訴訟担当の許容要件が具備されているか検討が必要であることを理由として，実質説を採るべきであるが，一方で，団体の種類に応じた類型的考察の必要性が強調され，入会団体や門中では，社団の土地所有権や入会権については構成員がなお権利を有しており，社団はその処分権までは有していないから，社団が所有権や入会権に関する訴訟を提起するには，訴訟ごとに構成員全員による個別の授権が必要であり，また，組合規約において業務執行者を定めた民法上の組合では，そのような内容の組合契約に合意して組合を結成した組合員は，組合財産につき予め包括的な授権を組合に与えたとみることができるから，業務執行者を代表者とする権利能力なき社団たる組合が組合財産につき当然に当事者適格を有するとしても，組合員の利益を不当に侵害するとはいえない（福永・前掲注17）317頁以下。民法上の組合の当事者適格については，福永有利「共同所有関係と固有必要的共同訴訟──原告側の場合」民訴雑誌21号〔1975〕48頁も参照）。

　福永教授自身はその言葉を用いておられないが，形式説に立った場合の社団の当事者適格，類型的考察の中で挙げられる門中，入会団体および民法上の組合の当事者適格は，古典的な分類学のいう管理処分権の授権による任意的訴訟担当であろう。これに対し，実質説と，福永教授の当事者適格に関する一般論である「訴訟の結果に係る重要な利益」説との関係が問題である。形式上他人の財産であるが実質は社団の財産であるから，訴訟の結果につき社団は当然に重要な利益を有するという含意であれば，一般論の適用であるが，そうだとすると，判決効の社員への拡張との関係で疑問が生ずる。

[26]　共同所有関係訴訟においてこうした発想をいち早く提唱されたのは小島武司教授である（小島・前掲注4）ジュリ500号331頁以下，同・前掲注4）『演習民事訴訟法〔新版〕』686頁以下）。ちなみに，小島教授自身は自説を選定当事者（任意的訴訟担当）の緩和形態と位置付けられる。また，伊藤眞教授のかつての紛争管理権論（『民事訴訟の当事者』〔弘文堂，1978〕138頁）も方向性を同じくするといってよかろう。なお，谷口安平「共有関係と共同訴訟」三ケ月章ほか編『新版民事訴訟法演習2』〔有斐閣，1983〕31頁以下をも参照。

利益を適切に代表しうることは，一般的には肯定できるからである。訴訟物たる権利の構成員全員にとっての重要性に鑑み，多数決で選ばれた代表者がいるだけで適切といえるか，提訴にあたって個別の多数決が必要か，加重多数決が必要か等は，代表としての適切性の要件論に解消されよう。

しかし他方で，この方向からする原告適格の構成は，ある団体に権利能力なき社団としての当事者能力を先ず肯定し，そのうえで当該団体に原告適格をも付与するという，中間的な媒介項の必要性自体を懐疑させる。共同所有者の多数の利益を適切に代表している構成員であれば，端的にその構成員自身に共同所有関係の対外的確認の原告適格を認めればよいからである。しかし，それは必ずや固有必要的共同訴訟という枠組み自体を破壊する契機となろう[27]。

III 共同所有の形態論・共同所有者団体の組織法的規律と訴訟追行権・代表者の権限

1　今度は視角を変えて，民法学における共同所有の形態論を通じて共同所有者団体の訴訟追行権の性質を，また共同所有者団体に関する民法の組織法的規律を通じて当該団体の代表者の権限[28]を，それぞれ分析することとしよう。

2　権利能力なき社団　　権利能力なき社団に関する制定法の規律があるわけではないが，民法学において通常説かれているところを敷衍すれば，次のようなことになる。

社団財産の社員による共同所有の形態は，判例[29]によれば，社団構成員全員の「総有」である。その含意は，事案に照らせば，社員が社団財産につき持分権も分割請求権も持たないとの帰結を導き出すことにあったが[30]，入会におけ

---

27)　このことは，小島武司教授が，本稿の主題である平成6年最判に対する解説（リマークス1995（下）133頁）において指摘しておられる。

28)　谷口知平「総有権確認の請求と代表者一人の権限の有無」民商83巻5号（1982）827頁（後述する「蔡氏門中第二事件」の解説である）は，権利能力なき社団の代表者が社員の総有権の対外的確認を求める訴えを提起するにあたっての代表権の範囲について，「公益性ないし非営利性の社団については民法の公益法人の規定を，営利性のものについては組合の業務執行，会社の業務執行や取締役の権限規定などを類推して判断することも考えられる」とする。本節は，この卓見をもう少し詳細に分析しようとするものである。

29)　最判昭和32・11・14民集11巻12号1943頁，最判昭和49・9・30民集28巻6号1382頁。

30)　林良平＝前田達明編『新版注釈民法(2)』（有斐閣，1991）88頁〔森泉章〕。

Ⅲ 共同所有の形態論・共同所有者団体の組織法的規律と訴訟追行権・代表者の権限

る総有では，総有とは，財産の管理処分権は入会団体に，使用収益権は構成員にそれぞれ分属し，入会財産の管理処分については，構成員各自は入会団体の一員として関与しうるに過ぎないことをも含意する[31]。権利能力なき社団の共同所有にも同様のことが妥当するとすれば[32]，当事者能力が認められる社団は社団財産の管理処分権を持つことになり，この管理処分権が，社員全員の総有権確認請求を含む社団財産に関する社団の訴訟追行権限を根拠付ける。すなわち，社員の共同所有に属する財産に関する社団の訴訟追行権の根拠は，総有という共同所有関係の性質に求められる。これを社員の社団設立行為に由来する任意的訴訟担当とみることも可能ではあるが，後述する本来の総有である入会団体の場合と揃えて理解するならば，共同所有関係の属性に基づく一種の法定訴訟担当と捉えるべきであろう[33]。

もっとも，民法学説においては，社員の持分権と分割請求権を共に否定するためとはいえ，総有という前近代的共同所有関係を近代的な社団の財産関係に応用することには，批判が強い[34]。とりわけ，入会財産の処分には入会部落民全員の同意が必要であるという入会総有の属性は，本稿の冒頭で問題関心とし

---

31) 我妻・前掲注10) 317頁, 429頁, 438頁, 舟橋・前掲注10) 451頁など。もっとも，総入会権者以外に入会団体が存在し，使用収益権と管理処分権がそれぞれに分属するとの考えは入会の総手的性格に反するとする見解もある（川島武宜編『注釈民法(7)』〔有斐閣，1968〕513頁〔川島武宜〕，550頁〔渡辺洋三〕）が，ここでは通説に従う。

32) 星野英一『民法概論Ⅱ』(良書普及会，1976) 144頁は，目的物の管理処分権を団体が有し，構成員は会議に出席して管理処分の意思決定に参画するとともに，使用収益権（もっとも，営利を目的としない社団では構成員の使用収益権を観念できない）を構成員が個々に持つという形態は，構成員の利益のための権利能力なき社団においてよくあることであって，これは「総有」的であるといってよいとする。

33) 髙橋・前掲注5) 161頁注12は，入会団体の場合はともかくとして，学校の同窓会のような通常の権利能力なき社団においては，総有構成は権利能力がないというドグマへの配慮に過ぎないと指摘する。ドグマであることは確かであるが，登記との関係では，代表者個人名義による登記という便法を別とすれば，登記実務上はかような社団であっても構成員の共有登記とならざるをえないのであり，ごく最近実施された「中間法人」に関する立法措置[補注2]により権利能力なき社団の存在が一掃されない限り，社団が当事者となってそうした登記請求をする，また，その前提問題として社員の共同所有関係の確認を請求する必要性は，現実問題として否定しえない。この場合の社団の当事者適格の理論的な根拠付けとして，総有なるドグマに有用性が認められる限り，それは単なるドグマのためのドグマではない。

[補注2] 平成13（2001）年6月15日に公布された中間法人法（平成13年法律49号。一般社団法人及び一般財団法人に関する法律及び公益社団法人及び公益財団法人の認定等に関する法律の施行に伴う関係法律の整備等に関する法律〔平成18年法律50号〕により廃止）により，営利を目的としない権利能力なき社団の法人格取得がそれまでよりも容易になったことを指す。

34) 森泉・前掲注30) 88頁。

て触れたように，多数決原理の支配という社団の属性と相剋する契機を含む。

ところで，社団財産の処分とは，社団の内部的な業務執行であると同時に，処分が外部者との間の法律行為を伴う限り，社団代表の問題でもある。そして，内部関係に関する限り，権利能力なき社団についても社団法人に関する民法の規定を類推適用して差し支えない[35]。社団財産の処分を含む社団のすべての業務は，理事の職務権限の範囲内にある。理事が単数の場合にはその専決により，理事が複数ある場合には，定款に別段の定めがない限り，多数決で決める（民52条2項）[補注3]。

しかし，通説[36]・判例[37]によれば，民法52条2項は社団の内部的な業務執行に限って適用され，社団代表との関係では，理事が数人あるときも，各自が単独で社団を代表する。もっとも，定款の規定および社団法人においては総会の決議に従うことを要する（民53条）[補注4]。したがって，定款に「重要な社団財産の処分には理事の多数決を要する」との定めがあれば，理事の代表権もその限りで制約を受ける[38]。ただし，こうした定款の規定等による理事の代表権の制約は，善意の第三者には対抗できない（民54条）[補注5]。法人および権利能力なき社団とその代表者との関係については，民訴法の法定代理および法定代

---

35) 我妻栄『民法講義I』（岩波書店，1972）133頁，幾代通『民法総則〔第2版〕』（青林書院，1981）146頁，星野英一『民法概論I』（良書普及会，1976）152頁，森泉・前掲注30）83頁等。

[補注3] 平成18年法律50号による改正前の民法52条2項。
「理事が数人ある場合において，定款又は寄附行為に別段の定めがないときは，法人の事務は，理事の過半数で決する。」

36) 我妻・前掲注35）170頁，幾代・前掲注35）109頁，星野・前掲注35）143頁等。

37) 大判大正7・3・8民録24輯247頁。

[補注4] 平成18年法律50号による改正前の民法53条。
「理事は，法人のすべての事務について，法人を代表する。ただし，定款の規定又は寄附行為の趣旨に反することはできず，また，社団法人にあっては総会の決議に従わなければならない。」

38) もっとも，定款等におけるこうした定めが，理事の代表権の制限なのか，それとも単に内部的意思決定についての定めに過ぎないのかという問題は残る。これは当該定款等の趣旨の解釈問題である。山田誠一「法人の理事と代表権の制限——定められた手続の履践をしないでした理事の行為の効果の法人への帰属」星野英一先生古稀祝賀論文集『日本民法学の形成と課題（上）』（有斐閣，1996）123頁，特に147頁によれば，理事の行為が法人にとって重要な事項であれば代表権の制限を意味する方向に傾き，また，履践を義務付けられた当該手続が理事の判断より法人の関係者全体の利害を反映させる手続であれば，代表権の制限を意味する方向に傾くというのが，この種の定款等の定めを上記のいずれと解するかの基準についての，判決例の大まかな方向性であるという。

[補注5] 平成18年法律50号による改正前の民法54条。
「理事の代理権に加えた制限は，善意の第三者に対抗することができない。」

理人に関する規定が準用される（民訴37条）。したがって，民訴法に別段の定めがない限り，民法その他の法令の規定に従う（民訴28条）。権利能力なき社団に訴訟上の当事者能力が肯定される限り，同社団と代表者または管理人との間の代表関係について，社団法人における上記の規律を類推することが許されよう[39]。

ただ，民法53条・54条については次のような問題がある。

先ず，民法53条の但書についてであるが，後見人の訴訟法上の権限を画一的に定める民訴法32条，訴訟代理人の権限を画一的に定め，かつ本人の意思をもって制限できないものとする同55条3項の法意に照らし，登記事項でもない定款による代表権の制約は，訴えまたは訴訟追行全体との関係では，法人内部における制限として有効であるにとどまり，外部的には無効であるとする有力説[40]があることに留意すべきである。この見解によれば，定款所定の手続の欠缺は，被告が悪意であっても，訴訟上の代理権には影響しないこととなる。しかし，次に民法54条について触れるところと関係するが，民法110条，商法14条等の表見法理は訴訟上の代理関係には適用されないとする，確立された判例の見解の背景には，訴訟行為の有効性を善意悪意に係らせることに伴う法的不安定を避けるという要請のほかに，訴訟関係では法的安定についての相手方の利益より真正な代理人による訴訟追行を保障さるべき本人（法人）の利益の方が保護に値する，とする発想がある[41]。取引行為以上に法人の相手方の法的安定を保護する先の有力説には，少なくとも判例の傾向とはなじまないものが含まれる[42]。

他方，民法54条の善意者保護規定が，訴訟上の法人代表についても適用されるかという問題がある。学説に有力な批判があることは言及するまでもな

---

[39] 我妻・前掲注35) 133頁，森泉・前掲注30) 85頁。

[40] 竹下守夫「訴訟行為と表見法理」鈴木忠一＝三ケ月章編『実務民事訴訟法講座(1)』（日本評論社，1969) 185頁。菊井維大＝村松俊夫『民事訴訟法Ⅰ〔補訂版〕』（日本評論社，1993) 303頁も同旨。

[41] 豊水道祐「商事会社の訴訟代表と商法12条との関係」松田二郎判事在職40年記念『会社と訴訟(下)』（有斐閣，1968) 1103頁以下，菊井＝村松・前掲注40) 301頁，納谷廣美・続民事訴訟法判例百選 (1972) 28頁など，表見代理規定不適用説を採る判例を支持する見解は一致してこの点を挙げる。

[42] 高見・前掲注9) 504頁，斎藤秀夫ほか編『注解民事訴訟法(1)〔第2版〕』（第一法規，1991) 110頁〔小室直人＝大谷種臣〕は，民法53条・54条の民訴法上の法人代表についての適用を肯定する。

い[43]が，判例[44]は，取引安全のための善意者保護を目的とする表見法理に関する諸規定（民109条，110条，商12条，14条，262条〔現会社354条〕等）は，それ自体取引行為ではない訴訟行為には適用がないとの立場を，一貫して採用している。表見法理そのものではないが，理事の権限は通常法人の業務全般に及ぶものであるという第三者の信頼を保護するという意味において，取引安全のための規定であることに疑いはない民法54条[45]についても，この判例法理の射程が及ぶとすれば，原告たる権利能力なき社団の定款等に，たとえば「重要な社団財産の処分には社員総会の過半数の決議を要する」旨の定めがあれば，訴訟関係においては，被告の善意悪意にかかわらず代表権の制限として対抗できるから，当該社団にとって重要な不動産が社員全員の「総有」に属することの対外的確認を求める訴訟において，受訴裁判所は代表権の制約につき職権で調査すべく，定款所定の決議が欠けるときは，代表権の欠缺（民訴37条）として補正命令の対象となり（民訴34条1項），補正なきときは，代理権欠缺として訴えが却下されることとなる。

　3　民法上の組合　　共同所有関係の対外的確認は共同所有者全員が原告となることが必要であるとの法理は，この種の訴訟が，各自単独ですることのできる保存行為ではなく，また，その過半数で決することのできる管理行為でもなく（民252条），処分行為であると評価されることに由来する[46]。そして，処分行為は全員が一致しなければこれを行うことができないという原則自体の根拠は，「各共有者ハ他ノ共有者ノ同意アルニ非サレハ共有物ニ変更ヲ加ヘルコトヲ得ス」と定める〔平成16年法律147号による改正前の〕民法251条に求められる。処分行為は共有物の変更の一種であるとの理解による[47]。判例[48]には，

---

43)　竹下・前掲注40）169頁以下，高見・前掲注9）511頁以下，高橋・前掲注5）201頁以下，伊藤・前掲注2）109頁等。
44)　最判昭和41・9・30民集20巻7号1523頁，最判昭和45・12・15民集24巻13号2072頁，最判昭和43・11・1民集22巻12号2402頁。
45)　林＝前田編・前掲注30）376頁以下〔藤原弘道〕。
46)　この法理の先駆けとなった大審院時代の判例は，これを明言していた。すなわち，大判大正5・6・13民録22輯1200頁によれば「〔各共有者〕単独ニテ其訴ヲ提起シタル結果時トシテハ其所有権ヲ否定シタル敗訴ノ判決ヲ受ケ事実上他ノ共有者ニ不利益ヲ及ス場合アリ得ヘキヲ以テ右ノ訴ノ提起ヲ以テ保存行為ト云フヲ得サルモノ」であり，さらに大判大正6・12・28民録23輯2273頁によれば「訴ヲ提起スル目的カ那辺ニアルニモセヨ一旦判決カ確定スル以上既判力ヲ生シ為メニ客観的ニハ存在セサル権利関係モ存在シ客観的ニハ存在スル権利関係モ存在サセルニ至ルト同一結果ヲ呈スルカ故ニ訴ノ提起ハ之ヲ処分行為ト云ハサルヘカラス」と。

Ⅲ 共同所有の形態論・共同所有者団体の組織法的規律と訴訟追行権・代表者の権限

通常は「合有」と定義される組合共有においてもこの図式に則り，組合共有関係の対外的主張について，民法に別段の定めがない限り物権編の共有の規定によるとし，保存行為の性質を有するものは各組合員単独でなしうるとしたものがある。

これに対し，学説[49]においては，民法上の組合における組合財産の処分は，対内的には組合の業務執行であるとともに，処分が外部者との間の法律行為による限りは，組合代理ないし組合代表（対外的業務執行）の問題でもあり，組合共有関係の対外的主張もまた業務執行の問題として捉えるべきであるとされている。ここではこの民法学上の通説に従い，組合の対内的業務執行（組合財産の処分についての意思決定を誰が行うか）と組合代表（外部者との間の法律行為を誰がどう行うか）に関する民法の規律を概観する。

本稿の問題関心は，民法上の組合が権利能力なき社団に該当すると認められる場合であることを前提としているから，組合契約に業務執行者の定めがある場合だけを検討すれば足りる[50]。業務執行者が複数いるときには，その過半数

---

47) 我妻栄『民法講義Ⅱ〔改訂版〕』（岩波書店，1952）255頁，舟橋・前掲注10）378頁，384頁，星野・前掲注32）136頁。ただし，川島武宜編『注釈民法(7)』（有斐閣，1968）322頁〔川井健〕参照。
48) 大判大正12・4・16民集2巻243頁，最判昭和33・7・22民集12巻12号1805頁。
49) 我妻栄『民法講義Ⅴ3』（岩波書店，1962）806頁，星野英一『民法概論Ⅳ』（良書普及会，1975）307頁，鈴木禄弥編『新版注釈民法(17)』（有斐閣，1993）77頁〔品川孝次〕。後二者は進んで，一般にはこれは「常務」に属するから，複数の業務執行者があるときでも，各自単独の意思決定に基づきかかる訴えを提起しうるというが，日本の企業社会において一般に，民事訴訟の提起が法人の「常務」と意識されているかは，大いに疑問である（福永・前掲注25）12頁）。
50) 業務執行者の定めのない組合であっても，組合財産の管理処分が組合の業務執行および組合代表の問題である点に変わりはない。そして，学説上は，この場合にも，業務執行は組合員の過半数により決する旨を定めた民法670条1項は内部的業務執行に関するものであって，組合代表との関係では，組合契約に特に過半数による代表を定めた条項がない限り，各組合員が組合の業務全般にわたって単独代表権を有するとの解釈が有力である（我妻・前掲注49）788頁以下，星野・前掲注49）316頁，森泉・前掲注30）93頁）が，判例は組合代表をこの条項によって規律し，組合員の過半数以上の者が締結した法律行為の効力は，常務に属さないものでも組合員全員を拘束する（最判昭和35・12・9民集14巻13号2994頁）が，常務以外の事項については，過半数の決議に基づかない以上，一組合員の代表行為は他の組合員を拘束しない（大判明治40・6・13民録13輯648頁，大判大正7・7・10民録24輯1480頁，大判大正7・10・2民録24輯1848頁）との立場を採る。これが訴訟上の代表にも妥当するとすれば，前説によれば，各組合員が全員を代表して訴えを提起できるが，後説では，組合員の過半数以上が原告となっているか，そうでなくとも組合員の過半数が訴え提起に同意しているときでなければ，訴訟上の代表権限が欠缺する。これに対し，福永教授は，訴訟上の代表については，民法学説が説く単独代表も判例が採る多数決主義も適切でなく，組合員全員による提訴が必要であるとする。業務執行者を定め

により組合財産の処分について決定する（[平成29年法律44号による改正前の]民670条2項）。ただし，組合財産の処分が組合の常務に属すると評価される限りでは，各業務執行者が単独でこれをなしうる（同3項）。以上の反対解釈として，業務執行者が単独であるときは，当該業務執行者が処分についての意思決定を行う。

他方で，処分が外部者との間の法律行為の介在を必要とする限りは，組合代表の問題である。組合契約で業務執行者を代表者と定めた場合にはもちろん，代表に関する定めがない場合でも，組合契約に業務執行者の定めがあれば，その者が代表権を有すると解するのが通説[51]・判例[52]であり，また，複数の代表者または業務執行者が置かれている場合，過半数に関する民法670条2項の規定は，組合の対内的業務執行に関わるに過ぎず，組合代表との関係では各自に単独代表権があると解するのが通説[53]である。

さて，以上が民法の規律であるが，組合契約において業務執行者の定めがあれば，代表に関する定めがなくとも，業務執行者の定め自体を対外的代表権の付与と読むことが可能である以上は，これを組合契約による業務執行者に対する任意的訴訟担当の授権に読み替えることも許されよう。既に判例[54]が認めるところであるし，業務執行者の定めがある組合において，組合財産の管理処分権はなお組合員に合有的に帰属しており，業務執行者は単にその「行使権」を

　　ない組合は緊密な結合体であることが通常であり，全員一致を要求しても実際上の不都合はなく，仮に過半数の者が訴え提起に同意しているにもかかわらず，一部の組合員が反対するときは，損害賠償の請求，反対派組合員の除名（民680条），組合の解散請求（民683条）で処理すれば足りるという（福永・前掲注25）49頁以下）。
　　業務執行者の定めのない組合の訴訟上の代表について，特に民法と異なる規律をする必要性を説くことへの賛否は別として，業務執行者の定めなき組合といえども，組合財産の処分は業務執行の問題であることを前提とし，かつ，業務執行を内部的には（判例では外部との関係でも）多数決原理に服せしめる民法の規律を踏まえたうえで，訴訟との関係ではなお固有必要的共同訴訟であるとする福永説が提唱されて，既に20年余を経ているにもかかわらず，「合有の場合には個々の物についての持分の観念はないので，その管理処分権が数人について一体として与えられるのであるから，合有物の権利の主張は必ず合有者全員によってされなければならないのである。この意味で，組合財産についての訴訟においては，組合員全員が，……当事者とならなければ，適格を欠くこととなる」との兼子博士の見解（前掲注2）152頁）が，ごく最近公刊された体系書，注釈書において繰り返されている状況は，不思議とするに足りる。

51）　我妻・前掲注49）791頁，星野・前掲注49）314頁。
52）　大判明治44・3・8民録17輯104頁，大判大正8・9・27民録25輯1669頁。
53）　我妻・前掲注49）791頁，星野・前掲注49）314頁，森泉・前掲注30）105頁。
54）　最大判昭和45・11・11民集24巻12号1854頁。

有するに過ぎないとの説明は，屋上に屋を架するものであり，業務執行者がいるときには管理処分権も業務執行者に属するとみるべきであることは，福永有利教授により指摘されているところでもある[55]。

そして，業務執行者のある民法上の組合であればこれを権利能力なき社団と認めて差し支えないとするならば，組合財産の管理処分権は，組合契約によって，業務執行者にではなく，またはこれと並んで，業務執行者を代表者とする組合自体に授与されたとみることができる。したがって，民法上の組合が権利能力なき社団として当事者能力を有する場合，ある財産が組合員全員の共同所有関係にあることの確認を対外的に請求する民法上の組合の原告適格は，任意的訴訟担当である。上記訴訟における判決の効力が組合員全員に拡張されることは，民訴法115条1項2号により矛盾なく説明できる。

ただし，業務執行者が複数ある場合に，組合契約において民法670条2項と同様の過半数要件を定めることも，業務執行者が単独である場合に「重要な組合財産の処分には組合員の過半数の同意を要する」と定めることも，契約自由の範囲内である。しかし，組合事業の範囲を超えない限り，組合契約による業務執行者の代表者の権限の制約は，善意かつ無過失の第三者には対抗できないというのが，判例[56]の立場である。

民法上の組合を権利能力なき社団とみる限りにおいて，その代表者である業務執行者と組合との間の訴訟上の代表関係については，民訴法37条・28条を介して，以上の民法の規律が適用される。ただし，善意かつ無過失の取引相手方の保護に関する上記の判例法理の射程が，表見法理の訴訟関係への適用に関する判例法理との関係で，訴訟上の組合代表に及ぶか疑問があり，他方で，社団の定款による代表権の制限は訴訟関係においては無効であるとする見解によるならば，組合契約における業務執行者の代表権の制限も訴訟関係では無効とされる。以上，権利能力なき社団についてみたところと全く同様である。

4 入会団体 一口に入会団体といっても，2種類のものがあると思われる。その一つは，長い歴史の過程で自然に成立した，一定の地域に居住する住民の生活共同体，広中俊雄教授[57]の表現を借りれば「仲間協同体」としてのそ

---

[55] 福永・前掲注25）8頁。
[56] 最判昭和38・5・31民集17巻4号600頁。
[57] 広中俊雄『物権法〔第2版〕』（青林書院，1982）493頁。我妻・前掲注10）430頁，はこれ

れであり,いま一つは,入会権の解体過程でよく行われたことといわれるが[58],こうした入会団体の構成員の全員が,組合契約を締結しまたは定款を作成し署名するなどの行為を通じて,その総有に係る入会地を組合財産として出資して設立した,入会地の管理組合である。

村,字など地縁による生活共同体としての入会団体について,これを権利能力なき社団と捉え,民事訴訟における当事者能力を認めることを否定すべき,積極的理由があるだろうか。下級審裁判例には当事者能力を肯定したものがある[59]。ちなみに,沖縄の「門中」は,歴史的に形成された血縁による共同体であるが,構成員の確定可能性,代表機関・業務執行機関の選任に関する不文の規約の存在,独立の財産の所有といった要件を備える限り,権利能力なき社団に該当するとした最高裁判例(最判昭和55・2・8民集34巻2号138頁〔以下「蔡氏門中第一事件」として引用する〕)がある。そうだとすれば,地縁による生活共同体たる入会団体についても,同様のことがいえてよかろう[60]。

この型の入会団体の構成員による入会地の所有形態は,いうまでもなく古典的な総有であり,入会総有の特徴として民法学説で通常説かれていること[61]が,そのまま妥当する。すなわち,入会地の管理処分権と使用収益権は,入会団体と構成員とに分属する。そして,当事者能力を認められる入会団体は,この管理処分権に基づいて,入会総有権の確認訴訟を提起する原告適格を有する。入会団体に帰属するこの入会地の管理処分権は,ある特定の時期の特定の構成員の意思(授権)に還元できない,長い歴史の過程において自然に成立した総有という特殊な所有形態に由来するものであり,したがって一種の法定訴訟担当とみるべきである。この確認訴訟の確定判決の効力は民訴法115条1項2号により,構成員全員に拡張される。

ところで,入会団体の構成員は入会団体の一員として入会地の管理処分に関与するが,入会地の処分は構成員の総意によるというのが,古来よりのわが国

を「実在的総合人」と呼ぶ。いずれも Gennossenschaft の訳語である。
58) 舟橋・前掲注10) 449頁。
59) 大阪高判昭和52・12・16判タ362号227頁,鹿児島地判昭和60・10・31判タ578号71頁。
60) 広中・前掲注57) 509頁以下によれば,仲間協同体の一種である門中に(旧)民訴法46条の類推適用を肯定するこの判例の射程は,そのまま,代表者のある仲間協同体たる入会団体に及ぶ。
61) 我妻・前掲注10) 315頁以下,438頁,舟橋・前掲注10) 448頁,鈴木禄弥『物権法講義〔第4版〕』(創文社,1994) 35頁。

Ⅲ 共同所有の形態論・共同所有者団体の組織法的規律と訴訟追行権・代表者の権限

の農村の慣習である[62]。したがって，地縁による生活共同体たる入会団体に民事訴訟における当事者能力を肯定できるとしても，その業務執行者が入会団体を代表して構成員全員の総有権確認の訴えを提起するには，構成員の総意が必要となる。すなわち，入会財産の処分に関する全員一致原則という歴史的に形成された慣行によって，権利能力なき社団である入会団体の業務執行者の代表権は制約されている。この理は，血縁による共同体たる沖縄の門中に関する事例においてであるが，門中の業務執行者が原告となり，門中構成員全員の総有権確認の訴えを提起するには，全員の同意を得ることが必要であると最高裁が判示したこと（最判昭和55・2・8判時961号69頁〔以下「蔡氏門中第二事件」という〕）に照らして，明らかである。この門中は先の「蔡氏門中第一事件」判決において民訴法29条による当事者能力を認められた門中であるから，仮に「蔡氏門中第二事件」における訴訟の形態が，門中の業務執行者が，任意的訴訟担当の原告としてではなく，当事者能力を認められる門中の名においてその代表者として，構成員全員の総有権確認の訴えを提起するものであったとしても，同様に解された筈である。「入会地の処分には構成員の総意を要する」という入会団体の不文の規約は，業務執行者が，総有権の確認の訴えを，構成員のために原告として提起するときには拘束力を有し，全員から授権を得ないと原告適格の欠缺を来すにもかかわらず，当事者能力者である原告社団の代表者として提起すれば，途端に業務執行者の代表権の制約としての意義を失うという帰結を正当化することは，極めて困難だからである[63]。

---

62) 我妻・前掲注10) 449頁以下，舟橋・前掲注10) 456頁，広中・前掲注57) 502頁，鈴木・前掲注61) 37頁，星野・前掲注32) 184頁。

63) これに対し，広島高松江支判昭和52・1・26判時841号3頁は，地縁による生活共同体である島根県隠岐郡西郷町の「東部部落」を権利能力なき社団としつつ，総会の多数決の議決があれば入会権確認の訴え提起を肯定する。すなわち，入会権者個人は入会権の目的物について個別的支配権能を有するが，他面入会団体自体もまたそれについて一般的支配権能を有し，その権能は入会団体が統一的意思の下で行動しなければならないときに機能すべきものであるが，構成員が総会等を通して団体意思の形成に参与すべきものとされているときは，まさにその反面において，適法に形成され，代表された団体意思に構成員が拘束されることを予定しているからであるという。団体意思の形成は多数決原理によることが自明の前提とされていることを，読み取ることができる。広中・前掲注57) 508頁以下注2は，総有に属する入会地の売却や放棄のような事項につき多数決で行われるようなときは，もはや仲間協同体としての入会団体は存在せず，言葉本来の意味での社団が存在するといわざるをえないが，入会権確認の訴えという，入会権防衛のために例外的にとられる措置においては，判旨の立場も了解しうるとされる。しかし，入会権の対外的確認が「防衛的」なものなのかが，ここでの問題である。

127

以上から，次のようなことが浮かび上がる。すなわち，ある社団に当事者能力を認めるにあたり，当該社団に多数決原理が妥当しているか否かは，必ずしも決め手ではない。現に，蔡氏門中第一事件において，最高裁は，権利能力なき社団の要件として多数決原則を重視しておらず，かえって，業務執行者の選任を構成員の「総意」とする不文の規約がある門中につき，その当事者能力を肯定している[64]。社団法人ですら，たとえば総会による解散決議という，社団共有の解消に匹敵すべき行為の要件を，民法69条但書[補注6]に基づき，定款で4分の3の加重多数決を全員一致に格上げできると解釈されているのである[65]。

これに対し，地縁による生活共同体の段階を脱却し，構成員の契約ないし合同行為により設立された入会地管理組合の場合はどうであろうか。さしあたり，民訴法29条の適用を受ける，代表者の定めがある管理組合に限っていえば，その管理組合を社団と捉えようと，民法上の組合と捉えようと，その根拠が社団共有（判例のいう「総有」）の法的性質に基づくか，業務執行者に業務執行を委任する組合契約の条項に基づくかという差，すなわち，法定か任意かの差はあれ，管理組合は，構成員全員の「総有」に属する入会地の管理処分権に基づき，構成員全員の「総有」権の対外的確認を求める訴えにつき，訴訟担当者として原告適格を有する。そして，単独の代表者である場合はもちろん，複数代表であっても，各代表者は単独で社団財産に関する対外的処分行為の代表権限を有するのが本来であるが，入会地の処分につき，理事会の多数決を要する旨，または，構成員総会の過半数の決議を要する旨等の定めが，定款または組合規約に存するときは，上記定めは代表者の代表権の範囲の制限としての意義を有する。取引安全のため善意者保護を定める，社団についての民法54条，組合についての判例法理は，それ自体取引行為ではない訴えの提起には適用されず，代表者が定款または組合規約所定の手続を履践していないときは，訴訟上の代

---

[64] 「蔡氏門中第一事件」について，山田誠一「判批」法協99巻3号（1981）516頁も，最判昭和39・10・15民集18巻8号1671頁がいう多数決の要件が，その事案との関係上，代表者等の選任における総会の多数決を意味するものとすれば，蔡氏門中はこの要件を充たしていないと指摘し，進んで，社団法人においても全会一致を決議要件とすることは可能であり，権利能力なき社団としての認定において，多数決要件をあまり重視すべきではないとする。

[補注6] 平成18年法律50号による改正前の民法69条。
「社団法人は，総社員の4分の3以上の賛成がなければ，解散の決議をすることができない。ただし，定款に別段の定めがあるときは，この限りでない。」

[65] 藤原・前掲注45) 435頁。

III 共同所有の形態論・共同所有者団体の組織法的規律と訴訟追行権・代表者の権限

表権の欠缺を招来する。もっとも，こうした定款または組合契約による業務執行者の代表権の範囲の制限は，訴訟法との関係では対外的に無効であるとする見解がある。以上，社団および民法上の組合について検討したところの反復である。

ところで，地縁による生活共同体としての入会団体であれば，入会地の管理処分は本来構成員の総意を必要とした筈である。しかし，民法学説によれば，入会地の古典的な総有関係を廃止し，構成員各自の単独所有権に分割することも，構成員全員の総意があれば許される[66]。こうした入会地に関する共同所有関係の性質変更もまた処分行為にほかならないが，構成員全員の同意があればそうした処分も当然に可能なのである。上記のような定款の定めを有する社団の構成員全員による設立，上記のような規約を含む組合契約の構成員全員による締結は，入会地についての共同所有の性質を，処分行為につき構成員全員の総意を要するものから多数決原理が支配するものへと，古典的な入会総有関係から「近代的な」社団ないし組合における共同所有関係へと，変容させるのである[67]。

もっとも，古典的な全員一致制への一部構成員の執着等が原因となり，入会地の処分は構成員の総意を要する旨の定款ないし組合規約を有する団体が設立されたとしても，それは定款自治または契約自由の発現として，代表者の代表権の範囲の制約として有効であり，そして判例法理によればおそらく，訴訟行為に関してはこの定めはその善意悪意を問わず第三者に対抗できることとなる。

注意すべきは，こうした入会地管理組合に権利能力なき社団として当事者能力が認められ，その代表者が定款ないし組合規約所定の手続を経て，構成員全員の「総有」関係の対外的確認を求める場合であっても，そこでいう「総有」とは，判例が権利能力なき社団における財産の社員による共同所有の形態を伝統的に「総有」と呼んできたことに引きずられた惰性的な表現に過ぎず，古典

---

[66] 我妻・前掲注10) 451頁，舟橋・前掲注10) 457頁，鈴木・前掲注61) 37頁，星野・前掲注32) 182頁。

[67] 我妻・前掲注10) 447頁以下が，特定の地域住民が新たに団体を組織して，土地の所有権を取得する場合，組合合有として処理できる限り，これを総有の性質を有する入会権とすることは疑問であるとすることに照らせば，特定の地域住民が，その総有に係る従前の入会地盤を組合財産とする新たな入会地管理組合を組織する場合も，共有の性質が総有から組合合有に変質したとしてよかろう。

的な入会「総有」とは異質なものであること，仮に上記対外的確認訴訟の提起にあたり構成員全員の同意が必要であるとしても，それは古典的な入会「総有」の性質に由来するのではなく，当該管理組合に全員一致原則を定めた定款ないし組合規約が存在する限りにおいて，その拘束力[68]に由来するものであるということである[69]。

　単独の代表者を持つ入会地管理組合であって，定款または組合規約にその代表権に関する別段の定めがないものにおいては，民法の原則によれば，入会地の管理処分は代表者の専決によることになる。構成員の総意から代表者の専決への大胆な変更を，構成員全員が十分に了解して社団を設立しまたは組合を結成したのであれば，定款または組合契約の効果として当然のことであるが，入会地の処分の要件をめぐり対決が生じ，管理組合の結成に支障が生ずることを避けるため，玉虫色にする意味で，それについては定款または規約上白紙にしておいたという場合もあるかもしれない。事実認定の問題であるが，管理組合成立後の入会地の処分がどのような経緯で行われたかを斟酌したうえ，そのいずれであるかを慎重に見極める必要があろう。

IV　平成6年最判の検討

1　以上を前提として，平成6年最判の検討に移る。

　第一に，要旨第一の前段で展開される一般論の特徴として，X_1 の総会決議という要素は，業務執行者の代表権の範囲に関する要旨第二においては言及されているが，X_1 の原告適格の根拠としては重視されていないことを指摘することができる。この点は，事実の紹介では省略したが，X_2 による抹消登記手

---

[68]　この関係では，舟橋・前掲注10) 449頁の叙述が示唆的である。すなわち，「入会権解体の過程で見られるように，入会部落民全員一致の決議などによって，新しい利用関係を定めたり，利用に関する規則を定めたりするような場合に，これによって新たに成立する関係は，もはや慣習によったものとはいえないのであって，それは，その入会団体の定める一定の手続……によって制定された制定法的な関係だということができる。……入会権解体……後の新しい利用関係における運営・統制などについて，かようような制定的法社会規範が，慣習に代り，ますます重要性を帯びてきている」。

[69]　山本(克)・前掲注17) 120頁によれば，目的物の処分の手続に関する規約を整えた，権利能力なき社団の性質を有する入会団体が結成された場合には，入会の目的物は実質的には入会団体の所有に属し，その管理処分に関してはもはや入会法理ではなく，一般的には（傍点筆者）多数決を許す社団法理が妥当するとされる。

続請求に関しては，X_2 の原告適格の根拠を X_1 の総会における組合員全員による授権に求め，かつ民訴法の弁護士代理原則および信託法 11 条 [現 10 条] の訴訟信託の禁止の趣旨の潜脱に該らないと判示されていることと極めて対照的である。すなわち，判旨が X_1 の原告適格を任意的訴訟担当と捉えていないことは，確かである[70]。

そもそも，判旨は訴訟物たる権利の管理処分権という訴訟担当を想起させる言葉を用いていない。かえって，誰を当事者として本案判決を下すことが紛争解決に必要かつ有意義であるかという訴訟法上の合目的的性を，当事者適格の決定基準として強調しているのが特徴的である。

しかし，判旨はその直後において，訴訟物が村落において形成されてきた慣習等に従う団体的な色彩の濃い共同所有形態の権利であることを，入会権者たる村落住民が結成した管理組合の原告適格を承認すべき根拠として挙げている。ここで「団体的色彩の濃い共同所有の形態」ということの含意が，古典的な入会総有においては入会財産の使用収益権と管理処分権とが分離し，前者は構成員各自に，後者は入会団体にそれぞれ帰属し，構成員は総会等を通じて入会財産の管理処分に関与するに過ぎず，入会団体はこの管理処分権に基づいて，構成員の総有権確認につき原告適格を有するということにあるとすれば，それは共同所有形態の特性に由来する法定訴訟担当構成にほかならない[71]。

---

70) 本件の調査官解説（田中豊「時の判例」ジュリ 1052 号〔1994〕110 頁，同・最判解民事篇平成 6 年度 406 頁）によると，判旨は，入会団体を入会権が総有的に帰属するとされる構成員と切り離された別個の存在とみて，入会団体による訴訟の追行が許されない訴訟信託であるとする見解を正当としていないことを，窺うことができるとされる。ここで「許されない訴訟信託」が原則としてその適法性が否定される任意的訴訟担当を指すとすれば，同旨を説くものであろう。

71) 上原敏夫「本件判批」NBL 575 号（1995）61 頁は，訴訟政策的な合目的的性に応じた当事者適格の判断の必要性を説く要旨第一の意義を高く評価する一方で，入会団体が権利能力なき社団に該当するとされること自体，入会権が解体過程にあると評価されることを理由に，判旨のこの部分は，その射程を考えるうえでさほど重視すべきでないとする。後述するように，本件の入会団体 X_1 に関しては，総有関係は既に解体しているとみうる限りでは同感であるが，入会団体一般についてそのようにいえるかについては，疑問なしとしない。調査官解説（田中・前掲注 70）ジュリ 1052 号 110 頁，同・前掲注 70）最判解民事篇 405 頁）によれば，入会権は，一定の村落住民の総有に属するものであり，村落住民が権利能力なき社団に当たる入会団体を形成している場合であっても，実体法上入会団体自体に帰属するということはできないが，団体的色彩の極めて濃い共同所有の権利形態であることに鑑みれば，その管理処分権は実質的には入会団体に帰属するという，実体法的な理論が X_1 の原告適格を肯定するにあたり重視されたという。もっとも，同解説は（法定）訴訟担当という言葉を用いていない。かえって，判旨は X_1 による訴訟追行を「許されない訴訟信託」とする見解を排斥しているという。

2　ところで，事実認定に関わる問題だが，最高裁が，本件入会権の「実質的」な帰属主体を，先に筆者が分類した2種類の入会団体（本件では大畑部落とX₁）のいずれと把握しているのかが窺いにくい[72]。第一審の認定事実によれば，X₁は本件入会地を含む入会財産を組合財産とする団体である。その趣旨が，X₁は，大畑部落民全員がその総有に属する本件入会地等を組合財産として出資して設立した団体であるということだとすれば，前述したところの反復となるが，社団法理に従えば，社団共有の特殊性に由来する法定訴訟担当となるし，組合法理に従えば，組合規約による任意的訴訟担当となるが，そのいずれにせよ，X₁の当事者適格は，構成員の共同所有に属する組合ないし社団の財産についての管理処分権に基づく。これに対し，控訴審は「X₁は入会地の管理機構に過ぎず，入会権が帰属する構成員とは異なる」と判示している。その趣旨は必ずしも明瞭でないが，従前の入会団体の構成員総員がその総有に属していた本件入会地を組合財産としてX₁に出資したわけではなく，その所有権は依然として，X₁とは人格を異にする，広中教授のいわゆる「仲間協同体」（大畑部落）に総有的に帰属しているということであろうか。

　仮にこれが上告審を拘束する事実認定であり[73]，最高裁もこれを踏襲しているとすれば，共同体的制約の強い総有の性質を根拠に入会団体の当事者適格を肯定する要旨第一と整合的ではある。しかし，そうだとすると，古典的な総有において分離するとされる入会地の使用収益権と管理処分権のうち，後者が帰属すべきは，本件においてX₁ではなく，江戸時代以来のムラである大畑部落である筈である。本件で大畑部落が原告となっていたならば，要旨第二に説かれている判決効の構成員全員への拡張は，大畑部落の有する本件入会地の管理処分権により根拠付けられるが，本件の原告はX₁である。本件入会地の処分権を持たないX₁が，何らかの根拠により本件入会地の総有権の対外的確認につき固有の原告適格を有しうるとしても，判決効の拡張の根拠付けには困難を

---

72)　高橋宏志「本件判批」法教174号（1995）75頁。
73)　藤本利一「本件判批」阪大法学45巻2号（1995）391頁。ただし，これがそもそも事実認定なのか，また仮にそうだとしても，当事者適格の基礎となる事実認定が上告審を拘束するとしてよいのか，疑問がある（福永有利「本件判批」民商113巻6号〔1996〕908頁）。ちなみに，X₁の規約には本件入会地を含む入会財産をX₁の組合財産とする旨の定めがあるとする第一審の認定事実は，控訴審判決でもそのまま引用されている。したがって，その規約にいう「組合財産」の趣旨を，控訴審は，組合員個人の財産とは区別された，組合の債権者に対する排他的責任財産を意味するものではなく，単にX₁の管理業務の対象と「解釈」したということであろう。

IV 平成6年最判の検討

伴う74)。また，要旨第二の論点に関わるが，代表者の代表権の範囲を画する規範もまた，X_1 の組合規約ではなく，「仲間協同体」としての大畑部落の慣行でなければならない筈であるが，これは要旨第二の前提と整合しない75)。

とすれば，やはり最高裁も第一審の事実認定と同様に，X_1 は入会部落の構成員全員がその総有に属していた入会財産を出資して設立したものと捉えているのであろう。しかしそうなると，X_1 の当事者適格の根拠が，組合契約により組合に授権されたものであれ，社団共有の性質により社団に帰属するものであれ，本件入会地についての管理処分権に求められることに変わりはないが，入会総有の共同体的性質に当事者適格の根拠を求めるかのように読める要旨第一は，X_1 のように「近代的」な入会地管理組合には整合的ではない。入会権者総員の意思表示により管理組合が形成されている場合の共同所有関係は，既に古典的な入会総有ではなくなっているからである。もっとも，判例が伝統的に権利能力なき社団における社員による財産の共同所有の形態を「総有」としてきたことの含意が，入会総有における使用収益権と管理処分権の構成員各自と入会団体への分属という法的構成を借用するところにあったとすれば，X_1

---

74) X_1 が本件入会地の管理機構に過ぎないがゆえに，X_1 敗訴判決の既判力が当事者とならなかった入会権者たる組合に及ばず，同人による入会権確認の再訴の余地があると指摘する控訴審判決は，その限りでは一貫している。なお，高橋・前掲注5) 160頁（注12にある図が参考となる）は，本件 X_1 と入会権の主体である大畑部落民（本稿の用語でいえば「仲間協同体」としての大畑部落）とを別の人格と捉えたうえで，X_1 に大畑部落民の入会権について解釈による法定訴訟担当を認めたものと法律構成する。そうだとすると，法定訴訟担当の効果として，X_1 の追行した訴訟の確定判決の効力が，民訴法115条1項2号により，権利主体たる大畑部落民に及び，かつその大畑部落民と X_1 の構成員とは一致しているがゆえに，X_1 の構成員が X_1 の追行した訴訟の確定判決に拘束されることになるとする（高橋教授〔同書154頁以下（特に注8)〕は，社団の構成員は社団が当事者として追行した訴訟の確定判決の効力を拡張されるという命題につき，一般論としては否定的である）。したがって，高橋教授がいわれる「解釈による法定訴訟担当」構成は，入会総有および権利能力なき社団における社団共有においては，管理処分権と使用収益権とが分属し，入会団体（「仲間協同体」）または権利能力なき社団は，みずからに前者が帰属することに基づき，入会総有または社団共有という他人（構成員）の権利について，法定訴訟担当としての当事者適格を有するという，本稿が理解する「法定訴訟担当」構成とは異なるものである。ただし，X_1 と大畑部落民（仲間協同体）とが別の人格であるとすれば，構成員が共通するからといって，前者と後者との間に法定訴訟担当の関係が成立するといってよいのか，疑問は残る。

75) 高橋・前掲注72) 75頁は，実質論としては，X_1 と大畑部落民とは構成員を共通にしているから，X_1 の規約による総会をもって大畑部落の住民総会と読み替えることも不当ではないとする（小島・前掲注27) 132頁も同旨）。ただし，X_1 の規約と大畑部落の慣行とでは，入会地の処分に関する手続が異なる可能性があるとも指摘する。後述するが，事実違っていたのである。

133

が既に近代的な社団と化しているとしても、なお要旨第一が X_1 の当事者適格の根拠として説くところについて、判例により「総有」と定義されている「社団共有」の性質上、当事者適格の基礎となる本件入会地の管理処分権は X_1 に帰属していることを説くものとしてこれを理解することも、あながち牽強付会とはいえまい。

それでは、要旨第一のいう「入会権の帰属する村落住民が権利能力なき社団である入会団体を形成している場合」とは、本件のように人為的に設立された管理組合の場合のみを指し、そのような管理組合が形成されていない事例において、地縁による生活共同体としての入会村落に、蔡氏門中第一事件の先例に従い、権利能力なき社団として訴訟法上の当事者能力が承認されるとしても、入会権確認訴訟の原告適格については別に考えるという趣旨であろうか。慣習等に規律される共同所有の共同体的性格は、むしろ「仲間協同体」としての入会村落の方が濃厚なのであり、そう読むことはかえって要旨第一の文脈とは整合的でなかろう。

3　さて、要旨第二の理解として、総有権確認の訴え提起にあたっての代表者の代表権の要件として、管理組合の規約等において当該不動産の処分に必要とされる総会の決議等による授権が必要であるとされる理由は、管理組合が敗訴した判決の既判力が構成員総員に及ぶ結果、入会権が処分されたと同様の経済的効果が生ずるところ、本来入会権の処分には構成員総員の合意が必要である筈であるが、管理組合が原告として総有権確認を求めるときにまで代表者への授権に全員一致を要求することは、訴訟関係の複雑化を回避するため、管理組合に当事者能力および原告適格を認めたことと齟齬を来すが、かといって、構成員にかかる重大な効果を招来しうべき同訴えの提起を、代表者のみの判断で認めるのも行き過ぎであるから、中間をとって総会の決議等を要求した、というような捉え方がある[76]。

---

76) 本件の調査官解説がそういう理解による（田中・前掲注70）最判解民事篇414頁以下、同・前掲注70）ジュリ1052号110頁以下）。他に、高崎英雄「本件判批」法学研究68巻8号（1995）187頁、小島・前掲注27）132頁、林屋礼二「本件判批」判評433号（1995）208頁、鈴木経夫・判タ882号（1995）245頁、高見進「当事者能力・適格」法教208号（1997）11頁、同・前掲注20）415頁。高橋・前掲注5）160頁注12も、この判決を、入会権確認を厳格に固有必要的共同訴訟としてきた従来の判例からの脱却を目指す実践的意図において評価に値するし、入会権が解体しつつある社会的実態に適合する面があるとする。

Ⅳ 平成6年最判の検討

しかし，既に縷説したように，構成員全員が管理組合を結成し，この管理組合の定款ないし組合規約に，たとえば「組合財産の処分には組合員総会の4分の3以上の多数決が必要である」といった定めがあるときは，それが業務執行者の代表権の範囲の制限としての意義を有すると認められるものであって，当該制限が訴訟手続との関係では対外的に無効であるとの見解によらず，かつ，善意者保護を目的とする民法54条等は訴訟関係には適用されないとの立場に立てば，当該定款または組合規約の拘束力により，要旨第二は当然に帰結されるものである。より一般化すれば，要旨第二が説く法理は，その射程が入会団体に限定されるものではなく，「社団財産」の管理処分につき同旨の定款または組合規約を有する，すべての権利能力なき社団について妥当するものである[77]。と同時に，入会地管理組合の定款ないし組合規約に「組合財産の処分には組合員全員の同意を要する旨」の定めがあれば，定款自治ないし契約自由の当然の効果として，拘束力を有する。団体財産の処分について構成員の全員一致原則があることは，決して当該団体を権利能力なき社団として認定すること

---

[77] この点，山田誠一「本件判批」平井宜雄編『民法の基本判例〔第2版〕』（有斐閣，1999）79頁は，本判決は，ある訴えの当事者適格を有する当事者の代表者の代表権につき，入会団体が，株式会社の代表取締役が会社の営業に関する一切の行為をなす権限を有する（商261条3項，78条），民法上の社団法人の理事の代表権が社団法人の一切の事務に及ぶ（民53条）という規律とは，異なる規律に服することを明らかにしたものと位置づける。本判決そのものの位置付けとしてはその通りであるが，民法上の社団法人につき理事の権限を制約する趣旨の定款の定めが，単なる内部的意思決定の問題ではなく，代表権の制限としての意義を持ちうることを認めるのが判決例の立場であること自体を，山田教授が否定されるものではないと思われる（山田・前掲注38）146頁以下参照）。

なお，本判決の射程について，高見・前掲注76）11頁は，代表権の範囲の制限は入会権の特殊性に由来するものであり，権利能力なき社団一般に拡張さるべきではないとして，これを限定的に理解しようとし，高橋・前掲注5）161頁注12は反対に，社団の内部組織性が千差万別であることを理由に判旨に賛成し，学校の同窓会でも同窓会館の土地建物等基本財産について提訴するには構成員による授権が必要だが，日常業務の範囲内ではその必要がなく，今後に残された作業はその境界の確定にあるとする。前者については，たとえば「重要な財産の処分には社員総会における出席者の3分の2以上の決議を要する」という旨の定款の定めは，入会団体に限って代表権の制約としての意義が認められ，それ以外の権利能力なき社団では，少なくとも訴訟法関係にとっては内部的意思決定を定めたものに過ぎないということを，論理的には意味するものであるが，入会権の特殊性をもってこの差異を正当化することができるか（本件のX_1においては，入会地の共同所有の性質が古典的な入会総有から近代的な社団における社団共有へと変質している）という点を，後者については，そのような定款の定めの有無にかかわらず，受訴裁判所が，当該訴訟の対象が社団にとって「重要な財産」であると判断する限り，訴訟上の代理権の補正として総会決議の履践を求めるといった，いわば後見的な取扱いをすることを含意するとすれば疑問があることを，指摘することができる。

の妨げとなるものではない[78]。また，古典的な「仲間協同体」たる入会村落を権利能力なき社団と捉える場合にも，入会総有における伝統的な全員一致の慣行が存在する限り，これによりその代表者の代表権は制約される[79]。他方，入会団体の定款ないし組合規約に，入会財産の処分につき代表者の権限を制約する趣旨の規定が存在しない場合には，それでもなお全員一致の慣行が妥当しているとみるべき特段の事情があれば格別，そうでない限り，いみじくも要旨第二が述べるように，「入会団体の代表者が有する代表権の範囲は団体ごとに異な」り，この種の団体ではそれが「一切の裁判上または裁判外の行為に及ぶ」ことが裏面から定款ないし組合規約に定められているのであり，それがそのまま訴訟上尊重されるだけのことである。

　要するに，本判決は，入会権の対外的確認の訴え提起に際しての入会団体の代表者の権限は，専ら当該団体の財産の管理処分についての定款，組合規約，慣行によって規律されることを説いただけであり，上記規約または慣行の中には全員一致原則も包含される以上，本来固有必要的共同訴訟の関係にある入会権の対外的確認の提訴の困難さを解消する方法いかんという主題に対し，本判決は論理的には何ら積極的な寄与をするものではない[80]。

　4　ところで，本件を担当した最高裁調査官の解説には，X_1には，組合財産の処分に関し「構成員の3分の2以上が出席した総会における3分の2以上の多数決を要する」旨の規約がある[81]との記述があるが，この点は，なぜか判旨

---

[78]　上原・前掲注71) 62頁は，こうした規約の拘束力を肯定するが，かかる団体の権利能力なき社団性は否定される可能性があるとする。

[79]　小島・前掲注27) 132頁も，単なる入会関係が存在するに過ぎない場合には，特別多数決による提訴可能性が本判決により拡大されたとはいえないとする。

[80]　藤本・前掲注73) 394頁は，入会権の対外的確認が固有必要的共同訴訟であるという命題（最判昭和41・11・25民集20巻9号1921頁）と，入会団体に当事者能力を付与しその提訴を許容することとの間の関連性が，本判旨において明らかでないことを指摘している。

[81]　田中・前掲注70) ジュリ1052号110頁以下，同・前掲注70) 最判解民事篇411頁。福永有利教授は，この規約を持つX_1が設立された時点で，構成員全員の一致によりX_1に本件入会地を含む組合財産についての包括的な管理処分権の授権があったとみるべきであり，本件判旨のように，X_1の当事者適格を入会団体の構成員の全員一致の授権によるものとせず，X_1は当然に当事者適格を有するものとしつつ，同規約にその代表者の代表権の制限としての意義を認めることについて，次の理由から適切でないと評価される（福永・前掲注73) 914頁以下。なお，高見・前掲注20) 415頁以下もほぼ同旨)。第一に，入会団体が被告となる場合，全員による授権がなければ当事者適格がないと考えれば，全員による授権がないときには訴え却下となる筈なのに，判旨の構成では，X_1は授権がなくとも当然に被告適格を持ち，しかも原告保護のため，民訴法

IV 平成6年最判の検討

には言及がなく，第一審，控訴審の認定事実にも出てこない。本件判旨ではただ単に財産の管理処分に関するX_1の規約に所定の総会の議決があったとされている。

このあたりに，本判決の二股掛けとでもいうべき性格をみることもできる。本当に3分の2以上の組合員が出席した総会で3分の2の同意が得られたに過ぎない事案であったならば，この多数決だけで代表者の代表権が充足されたとすることが，入会財産の処分に関する構成員の全員一致原則となぜ矛盾しないかについて，正面から判示する必要があった筈である。もちろん，そうした規約があれば既にそれによって処分に全員一致が必要な共同所有関係，すなわち

32条1項の趣旨に照らし特別の授権を要せずに代表者による訴訟追行が許されるということになると，授権をしない構成員の手続保障に欠ける。第二に，団体の代表者は特に制限がない限り社団の対外的代表権があるのが原則であり，「入会団体の代表者の代表権の範囲は団体ごとに異なり，当然に一切の裁判上または裁判外の行為に及ぶものとは考えられない」との判示は，本来社団の内部的意思決定に過ぎない問題を代表権の問題と混同するものである。第三に，団体に何らかの権限がある場合にはその行使権限者が存在しなければおかしく，本件規約を代表権の制限とみる限り，3分の2の同意が得られないときに，一方で特別代理人の選任を認めるとすれば，反対派の入会権者の保護に欠け，他方でこれを認めないと，当事者適格がある入会団体につき代表権者がいないことになるが，入会団体がその設立にあたり当事者適格を取得する段階で全員の同意を得ている以上，特別代理人の選任を認めてよい。

入会団体が被告となる場合はそもそも本稿の問題関心の外にあるが，何に比べて，授権をしていない構成員の手続保障が欠けることになるのかが，問題であろう。共同所有者が被告側となる場合に，固有必要的共同訴訟の関係が成立するとしても，被告側は提訴されることを拒否はできない。したがって，社団への構成員全員の授権が欠けることを理由に社団の被告適格を認めないとすれば，構成員全員が被告とされる必要があるだけであるが，この場合には構成員全員がみずから当事者として訴訟を追行する機会を保障されるところ，判旨のように，構成員の授権とは無関係に，社団に当然に被告適格が認められるならば，構成員各自は社団の代表者による訴訟追行を当然に受忍しなければならない。それは手続保障の点で前者に比べ構成員に不利かもしれない。しかし，権利能力なき社団に当事者能力が認められるためには代表者の定めが必要であり，代表者の地位は，業務執行者の定めを持つ民法上の組合であれば組合員全員が締結した組合契約に基礎を置くし，また，蔡氏門中第二事件にみられたように，構成員全員一致の選任によるという慣行に基礎を置くこともある。少なくとも代表者の選任につき多数決原理が行われる限り，構成員の手続保障の侵害と非難するまでもないと思われる。

権利能力なき社団が原告となる場合に話を戻すが，そもそも，権利能力ある社団法人の場合であっても，定款等の「重要な財産の処分には社員総会の特別決議を要する」旨の定めが，代表権の制限なのか単なる内部的意思決定にとどまるかは，当該定款の解釈に係るものの，代表権の制限と解釈される場合がありうることは，少なくとも民法理論では認められるのであって，それが訴訟上の代表について代表権の制限としての意義を有することをおよそ否定するならともかく，そうでない限り，社団が原告となる場合に，所定の決議が得られないために社団が提訴できないことがあるとしても，そうした定款を持つ社団を設立またはそれに加入した社員の自己責任に帰されるべきものではなかろうか。

古典的な入会総有は解体しているのであり，矛盾がないことは本文で縷説した通りだが，本件はたまたま，X_1 の総会において構成員全員による訴え提起への同意があった事案であり，全員一致原則によったとしても業務執行者の代表権を認めうる事案であった。だから多数決を定めた規約に敢えて言及することを避けたのかもしれない。また，X_1 が大畑部落の入会権者総員が本件入会地等を出資して設立した団体であるのか，それとも，本件入会地は依然として「仲間協同体」たる大畑部落民の総有に属し，X_1 はその単なる管理機構に過ぎないのかの認定が曖昧なままである理由も，そこに求めることができるかもしれない[82]。二股掛けと評する所以である。

[82) 本来，X_1 ではなく大畑部落が原告となるべきであったとしても，大畑部落と構成員を共通にする X_1 の総会において，大畑部落の慣行上必要とされる全員一致の決議があった以上，正当な当事者の選択の誤り，すなわち当事者変更の必要を来さない程度の，換言すれば訴状の表示の訂正で済ましうる程度の瑕疵があるに過ぎないといえるからである。

遺言執行者の当事者適格に関する一考察

- I はじめに
- II 受遺者および受益相続人との関係における
  遺言執行者の当事者適格の性質
- III 最近の判例の検討
- IV おわりに

I はじめに

　本稿は，わが国の最上級審判例を素材として，遺言執行者の当事者適格の性質を，特定遺贈における受遺者（なお，「全財産を一人の相続人に遺贈する」旨の遺言は実質特定遺贈であるとの理解から，本稿における特定遺贈にはこうした遺贈を含むものとする）およびいわゆる「相続させる遺言」における「受益相続人」との関係において検討するとともに，遺言執行者の当事者適格の対象ないしは範囲に関する幾つかの判例の相互の整合性を分析した上で，遺言執行者の当事者適格のあり方およびその範囲についての具体的な提言を行なうことを目的とする。形式的には判例評釈の域を出るものではなく，内容的にも既に多くの先行業績により論じられてきたことの蒸し返しに止まる。尊敬する谷口安平先生の古稀をお祝いする企画への献呈論文としては，極めて貧しいものであり，予め先生にお詫び申し上げる次第である。

II 受遺者および受益相続人との関係における遺言執行者の当事者適格の性質

　1　遺言執行者の当事者適格については，まず，特定遺贈をめぐり，二つの最高裁判例が存在する。何れも著名な事案ではあるが，中にはあまり論じられ

ていない問題も含まれているので，事実関係を含め若干詳細に紹介しておくこととする。

【判例1】 最判昭和43年5月31日民集22巻5号1137頁

〈事実〉 本件建物は訴外Aの所有であったが，Aは，昭和37年11月27日，公正証書により，その妹であるXほか1名に，本件建物およびその敷地の賃借権各2分の1を遺贈する旨の遺言（以下本件遺言および本件遺贈という）をした。Aは昭和38年8月16日に死亡し，その養子であるYが，本件建物につき同年9月2日相続を原因とする所有権移転登記を経由した。そこで，Xらは，Yを被告として，本件遺贈を原因とする本件建物の各2分の1の共有持分権の移転登記手続を求め，本訴を提起した。なお，本件遺言にはBを遺言執行者とする指定があったが，Bはその地位を解任され，後に家庭裁判所により別の遺言執行者が選任されたことを窺わせる証拠がある。

第一審は，Aの意思能力の欠如により本件遺言は無効であるとするYの抗弁を排斥し，Xらの請求を認容した。原審は，Yによる遺留分減殺の主張を認め，Xらに移転登記されるべき共有持分を各16,060,000分の5,028,135に変更した。第一審，原審を通じ，Yは自らの被告適格を争っていない。Yの上告に対し，上告審は，職権をもってYの当事者適格について次のように判示し，原判決を破棄し，本件を名古屋高等裁判所に差し戻した。

〈判旨〉「ところで，遺言の執行について遺言執行者が指定されまたは選任された場合においては，遺言執行者が相続財産の，または遺言が特定財産に関するときはその特定財産の管理その他遺言の執行に必要な一切の行為をする権利義務を有し，相続人は相続財産ないしは右特定財産の処分その他遺言の執行を妨げるべき行為をすることはできないこととなるのであるから（民法1012条ないし1014条），本訴のように，特定不動産の遺贈を受けた者がその遺言の執行として目的不動産の所有権移転登記を求める訴において，被告としての適格を有する者は遺言執行者にかぎられるのであって，相続人はその適格を有しないものと解するのが相当である（大審院昭和14年（オ）第1093号，同15年2月13日判決，大審院判決全集7輯16号4頁参照）。

してみると，本件の遺言について，遺言執行者が存在するものであるならば，原審としては，本訴は被告の適格を欠く者に対する訴えとしてこれを却下すべきものであったものといわなければならず，前記のように，遺言執行者の存在することを窺うに足りる証拠が存在するのに拘らず，これを顧慮しないで本案の判断をした原判決には，職権によって調査すべき当事者適格に関する事項に関し審理を尽くさなかった違法があるから，論旨について判断を加えるまでもなく，原判決は破棄を免れない。そして，

Ⅱ 受遺者および受益相続人との関係における遺言執行者の当事者適格の性質

本件については，右遺言執行者の存否について更に審理を尽し，これを確定させるのを相当とするから，原審に差し戻すべきものとする……。」

【判例2】 最判昭和51年7月19日民集30巻7号706頁

〈事実〉 本件土地の所有者であった訴外Aは，昭和34年5月26日に本件土地を訴外Bに遺贈し，訴外CおよびYを遺言執行者とする旨の公正証書遺言（以下本件遺贈および本件遺言という）を作成した。Aは昭和36年12月10日死亡し，その養子であるXおよび訴外D（Aの妻でXの母）がその相続人となった。本件土地については，C，Yを義務者およびBを権利者として，昭和37年5月11日付けで，本件遺贈を原因とする所有権移転仮登記が経由されたが，他方で，Xを権利者として昭和42年9月5日付けで相続を原因とする所有権移転登記が経由されている。Xは，本件遺言は訴外Dが偽造したもので無効であると主張して，遺言執行者Yを被告として，本件遺言の無効確認および遺言の無効を理由とするBへの所有権移転仮登記の抹消登記手続を求め，仮に本件遺言が有効であるとしても，Xは本件土地の所有権を時効取得したとして，右仮登記の抹消登記手続を予備的に請求した。

第一審はXの確認請求および主位的抹消登記手続請求を認容したため，Yが控訴。原審は，本件遺言は真正なものであるとして，遺言無効確認請求を棄却した上，抹消登記手続請求については，Bの仮登記の抹消登記手続義務者はBであり，遺言執行者であるYは右仮登記とは無関係であるから，Yに対し抹消登記手続を求めることはできないとして，原判決を取り消し請求を棄却したため，Xが上告した。

上告審は，次のように判示して本件上告を棄却するとともに，原判決中Xの請求を棄却する旨の主文を，Xの遺言無効確認請求を棄却する，Xの所有権移転仮登記抹消登記手続請求については訴えを却下する，と更正した。

〈判旨〉「遺言執行者は，遺言の執行に必要な一切の行為をする権利義務を有し（民法1012条），遺贈の目的不動産につき相続人により相続登記が経由されている場合には，右相続人に対し右登記の抹消登記手続を求める訴を提起することができるのであり，また遺言執行者がある場合に，相続人は相続財産についての処分権を失い，右処分権は遺言執行者に帰属するので（民法1013条，1012条），受遺者が遺贈義務の履行を求めて訴を提起するときは遺言執行者を相続人の訴訟担当者として被告とすべきである（最高裁昭和42年(オ)第1023号，同43年5月31日第2小法廷判決・民集22巻5号1137頁）。更に，相続人は遺言執行者を被告として，遺言の無効を主張し，相続財産について自己が持分権を有することの確認を求める訴を提起することができるのである（最高裁昭和29年(オ)第875号，同31年9月18日第3小法廷判決・民集10巻9号1160頁）。右のように，遺言執行者は，遺言に関し，受遺者および相続人のため，自己の名において，原告または被告となるのであるが，以上の各場

合と異なり，遺贈の目的不動産につき遺言の執行としてすでに受遺者宛に遺贈による所有権移転登記あるいは所有権移転仮登記がされているときに相続人が右登記の抹消登記手続を求める場合においては，相続人は，遺言執行者ではなく，受遺者を被告として訴を提起すべきであると解するのが相当である。けだし，かかる場合，遺言執行者において，受遺者のため相続人の抹消登記手続請求を争い，その登記の保持につとめることは，遺言の執行に関係ないことではないが，それ自体遺言の執行ではないし，一旦遺言の執行として受遺者宛に登記が経由された後は，右登記についての権利義務はひとり受遺者に帰属し，遺言執行者が右登記について権利義務を有すると解することはできないからである。……そして，右のように受遺者を被告とすべきときに遺言執行者を被告として提起された訴は不適法としてこれを却下すべきであるところ，原判示によれば原判決も右と同旨であることが明らかである。そうすると，原判決主文中Xの本訴請求はこれを棄却するとした部分は，明白な誤謬であるから，本訴請求中，遺言無効確認請求はこれを棄却し，所有権移転仮登記抹消登記手続請求については訴を却下することとし，主文2項の通り，更正する。」

時系列とは逆になるが，まず【判例2】の検討から始める。

【判例2】の判旨の前段では，遺言執行者の当事者適格の性質に関する一般理論が展開されている。すなわち，特定遺贈も意思表示による物権変動であり，遺贈を原因とする移転登記については，遺贈する側である遺言者（被相続人）に代わって，本来は相続人が登記義務者となるところ，遺言執行者が存在するときは，相続人は相続財産についての管理処分権を喪失し，遺言執行者が当該管理処分権を取得するので，受遺者が遺贈義務の履行を求めて訴えを提起するときには，遺言執行者を被告とすべきであり（大判明治36年2月25日民録9輯190頁），この場合の遺言執行者の地位は，相続人のための訴訟担当者である。他方，遺贈に係る不動産につき相続人が相続を原因とする移転登記を経由した場合には，遺言執行者はその職務として相続人に対し当該登記の抹消登記手続を請求する権利を有する（大判昭和15年2月13日判決全集7輯16号4頁）が，【判例2】によると，この場合も「遺言執行者は，遺言に関し，受遺者……のため，自己の名において，原告……とな」るとされる。この言辞に照らせば，【判例2】は，現在登記名義を有する相続人に対し遺言執行者が移転登記の抹消登記手続を請求する訴訟の構造は，受遺者を被担当者とする訴訟担当と把握していると解される。

ただ，【判例2】は，遺言執行者の当事者適格の性質に関するこのような一

II 受遺者および受益相続人との関係における遺言執行者の当事者適格の性質

般理論を前提としつつも，同時に，遺言執行者の当事者適格の範囲を，係争権利関係が遺言の執行であること，それにつき遺言執行者が権利義務を有していること，という二つの要件により限定し[1]，遺言執行者が，特定遺贈の目的物につき遺言の内容通りに受遺者宛に所有権移転登記または同仮登記を経由した後は，受遺者宛の登記（仮登記）を維持することは，それ自体は遺言の執行ではないこと，受遺者宛に登記（仮登記）が経由された後は遺贈目的物をめぐる権利義務を専ら受遺者に帰属することを根拠として，遺言の無効を主張する相続人がその抹消登記手続を求める訴えの被告適格者は受遺者であるとした。

【判例2】の事案では本登記が未了であるから遺言執行者の任務は終了しておらず，したがって遺贈目的物に関する権利義務が専ら受遺者にのみ帰属するとはいえないとする批判[2]があるが，それは暫く措く。少なくとも，受遺者宛に本登記が経由された場合を想定すれば，判旨の結論の説得力を否定することは困難であろう。

なぜなら，遺言執行者の立場にたつと，遺言内容通りに受遺者宛に遺贈を原因とする移転登記を経由した後も，遺言の効力を争う相続人が現れれば訴訟当事者とならねばならないことになると，受遺者の許で遺贈目的物につき所有権の取得時効が完成するまでは，遺言執行者の任務は終了しないことになり，遺言執行者を不当に長くその任務に束縛する結果となる。この点，遺産から受遺者に生活保護のため終身毎月金5円を給与すべしとの遺言を根拠として，受遺者が，遺言執行者の指定があるにも拘わらず，相続人に対しその定期金の支払いを求めた訴えにつき，大判昭和11年6月9日民集15巻1029頁（【判例3】）は，金銭債権は遺言の効力発生と同時に受遺者に帰属し，それにより遺言者の

---

[1] 平井宜雄〔判例2〕判批〕法協95巻4号（1978）785頁は，【判例2】の事案において受遺者が被告適格者とされることの理由として述べる点は，そのまま遺言執行者の被告適格に関する一般理論であると指摘する。

[2] 伊藤昌司〔判例2〕判批〕判評223号（1977）139頁。確かに，この事案で受遺者が本登記請求訴訟を提起するとすれば，その被告は遺言執行者であるから，遺贈目的物に関する遺言執行者の任務は，受遺者との関係では終了していない。もっとも，丹野達「遺言執行者についてのある考察」曹時55巻10号（2003）2561頁以下は，遺言執行者は相続人の受遺者に対する訴訟の係属に拘わらず受遺者宛に本登記をすることは可能であり，本登記経由後は，相続人は受遺者に対する仮登記抹消登記手続請求を本登記抹消登記手続請求に変更すれば足りるから，仮登記であることを理由に遺言の執行は未了と考える必要はないとする。問題は，受遺者に対する関係で遺言の執行が未了であることが，相続人の遺言無効を前提とする請求に関する遺言執行者の被告適格を左右するかである。

意思は完全に実現され，以後その執行の余地はなく，弁済期におけるその金員の支払いは，遺言により発生した相続人自身の債務の履行に他ならないとして，この支払請求を認めている。しかし，受遺者が遺言により直ちに自己に帰属した金銭債権につき給付の訴えを提起する場合，相続人は実体法上は給付義務者であるが，当該債権の引当てとなる相続財産について管理処分権を有するのは遺言執行者である以上，相続人を被告とする給付判決を以てしては，相続人の固有財産はともかく，相続財産の差押えはできないのではないかと解され，【判例3】には理論上の問題点がないとはいえない。にも拘わらず，【判例3】が相続人を被告とすることを認めたのは，いみじくも判旨がその末尾で述べるように「若シ之ヲ然ラストシ毎回ノ給付ヲ為スコト自体モ亦遺言ノ執行ナリトセムカ受遺者ノ死亡ニ因リ相続人ノ前記義務カ消滅セサル限リ遺言執行ノ事務ハ長ヘニ存続シ相続人ニ於テ相続財産ノ処分ヲ為シ得ル時期ハ荏苒トシテ到来セサルニ至ラムナリ（民法第1115条〔現1013条〕）豈斯ル理アラムヤ」というところにある[3]。同様の考慮は，遺贈を原因とする登記の経由後に遺言の無効を前提とする抹消登記手続が請求される場合の被告適格の判定にも妥当しよう。

2　ところが，【判例2】の評釈等においては余り論じられていない論点であるが，この事案では，相続人による遺言執行者に対する遺言無効確認の訴えについては，請求棄却の原判決が維持されている。これは，【判例2】が，特定遺贈の目的物につき移転（仮）登記が受遺者宛に経由され，その限りで遺言の執行が完了した後においてもなお，相続人による遺言無効確認請求の被告適格は遺言執行者にあると認めていることを意味する。そうだとすると，およそ遺言の無効が主張される可能性があるかぎり，遺言執行者の遺言執行の任務は永続することとなり，受遺者宛の（仮）登記の抹消登記手続請求につき遺言執行者の被告適格を否定したことの意義，すなわち，遺言内容通りの対抗要件の具備を以て遺言執行者の任務の完了と捉え，遺言執行者をその任務から解放したこととの整合性が，直ちに問題となる。もっとも，遺言において本件の遺贈目的物以外にも同一受遺者に遺贈がなされているときは，遺言無効確認によってそれらに関する紛争を一挙に解決する必要があるから，本件の遺贈目的物につ

---

[3] 高橋宏志『重点講義民事訴訟法（上）〔第2版補訂版〕』（有斐閣，2013）287頁（注38）。このことは，遺言執行者と相続人との関係においても，相続財産の管理処分権の所在だけを基準として遺言執行者の当事者適格を決定することに，ある種の限界があることを示すものといえる。

いての対抗要件の具備を以て，本件の遺言執行者・受遺者間において本件遺言の執行がすべて完了していたとは断言できない。しかし，【判例2】は，遺言執行者に対し遺言無効確認を求める必要性をそうした場合に限定しているわけでもない。

さて，この相続人による遺言執行者に対する遺言無効確認請求における遺言執行者の被告適格の性質は何であろうか。この点の検討に参考となるのが，【判例2】も引用する，最判昭和31年9月18日民集10巻9号1160頁（【判例4】）である。

【判例4】 最判昭和31年9月18日民集10巻9号1160頁

〈事実〉 訴外Aは，公正証書により，その妻訴外BをAの家督相続人として指定する旨およびその他の相続人に対しその一部所有不動産につき共有持分を遺贈する旨の遺言をしたが，その後，公正証書により，その他の相続人ほかに対する遺贈の部分を取り消した。新民法［昭和22年法律222号により第4編・第5編が全部改正されたもの］施行後にAが死亡し，家庭裁判所によりYが遺言執行者に選任された。家督相続人を指定する遺言は家督相続制度を廃止する新民法の施行により無効となったが，Bは，前記遺言はBにAの全財産を包括遺贈する遺言としてなお効力を有するとして，本件不動産について単独所有権を主張している。これに対し，Aの遺言を無効と主張するXら他のAの相続人は，遺言執行者Yを被告として，本件不動産につき法定相続分に応じた共有持分権を有することの確認を求めた。Yは，Xらによる法定相続分に応じた共有持分権の確認は遺言の執行とは関わりがないとして，自らの被告適格を争った。

〈判旨〉 「遺言につき遺言執行者がある場合には，遺言に関係ある財産については相続人は処分の権限を失い（民法1013条），独り遺言執行者のみが遺言に必要な一切の行為をする権利義務を有するのであって（同1012条），遺言執行者はその資格において自己の名を以て他人のため訴訟の当事者となりうるものと云わなければならない。本件において，X等は本件不動産は亡Aの所有であったが，その死亡により共有持分権を有するに至ったと主張し，遺言執行者たるYにその確認を求めるものであるところ，Yは右不動産は遺言によりすべて訴外Bの所有に帰したと主張してXの権利を争うものである。従って本件がXの勝訴に確定すれば，所論の如く，遺言は執行すべき内容を有せず，遺言執行者はその要なきに帰するけれども，若し敗訴すれば，本件不動産はすべて遺言によりBに帰属したものとして執行せられることとなるのである。かかる場合においては，Xらは遺言執行者たるYに対し本件不動産について共有持分権の確認を求める利益があり，その効果はAに及ぶものといわなければ

ならない。」

　【判例4】は，その結論部分において，相続人が，特定遺贈を内容とする遺言が無効であることを前提として，遺贈目的物につき法定相続分に応じた共有持分権の確認を求める場合，その被告適格（確認の利益という表現が用いられているが，確認訴訟においては当事者適格は確認の利益の判断に吸収されるというのが古典的な通説であるから，異とするに足りない）は遺言執行者にあり，かつ，遺言執行者を被告とする共有持分権確認判決の効力は受遺者に及ぶ旨を明言する。遺言執行者を被告とする訴訟の判決の効力が当該訴訟の当事者ではない受遺者に拡張されるという帰結[4]は，遺言執行者が受遺者を被担当者とする訴訟担当者であるとする法律構成以外に，これを導き出しえない。【判例4】がその冒頭部分において，「遺言執行者はその資格において自己の名を以て他人のため訴訟の当事者となりうる」とするのも，同人が訴訟担当者である旨を説くものであろう。そして，「遺言執行者は……受遺者……のために自己の名において……被告となる」旨を明言する【判例2】がこの【判例4】を先例として引用する以上，【判例2】は既判力拡張に関する【判例4】の帰結をも継承すると理解して差し支えあるまい。【判例4】の請求の趣旨は共有持分権確認であり，【判例2】とこの点で異なるが，遺言無効確認に関するリーディングケースである最判昭和47年2月15日民集26巻1号30頁（【判例5】）が，控訴審判決が遺言の無効を現在の法律関係（すなわち，原告が各相続財産につき法定相続分に応じた共有持分権を有することの確認）に引き直して請求の趣旨を構成すべきであるとしたのに対し，現在の法律関係に引き直すまでもなく確認対象は明確であり，かえって基本的法律関係である遺言の無効を直截に確認対象とすることが，確認訴訟の紛争解決機能を果たすに資するとしている通りであり，既判力拡張の点において，両者に差異が生ずるとは解し難い。

　3　そうだとすると，もし相続人が，【判例2】の理論に従い，遺贈を原因とする所有権移転（仮）登記の抹消登記手続請求については受遺者を被告として，遺言無効確認請求については遺言執行者をその相被告として，訴えを併合提起

---

[4] 山木戸克己〔【判例2】判批〕民商77巻6号（1978）892頁は，遺言執行者を被告とする判決の効力の受遺者への拡張を認めたこの帰結を「大いに問題である」とする。どのような意味で問題であるかは述べられていないが，後述する通り，まさに大問題である。菱田雄郷〔【判例2】判批〕民事訴訟法判例百選〔第3版〕（2003）37頁も，この既判力拡張に否定的である。

II 受遺者および受益相続人との関係における遺言執行者の当事者適格の性質

した場合，この二つの訴えの関係はどうなるのであろう。抹消登記手続請求の先決問題である遺言の無効は，併合提起に係る遺言無効確認請求の訴訟物であるが，後者についての判決の効力が前者の被告である受遺者に拡張される以上，受遺者が遺言を有効と主張しているにも拘わらず，相被告たる遺言執行者の自白または期日の欠席を理由として，弁論を分離し，遺言無効確認請求を認容することは，受遺者の裁判を受ける権利を害するであろう。したがって，この二つの訴えは合一確定の必要があり，民訴法40条が適用される類似必要的共同訴訟として取り扱うべきこととなろう。類似必要的共同訴訟は，わが国の制定法上は，原告側についてのみ生ずる上，訴訟上の請求が同一の場合に限られているが，被告側であって，かつ，訴訟物を異にするが，一方の請求の訴訟物が他方の請求の先決関係を構成するときに，類似必要的共同訴訟の関係を認め得ることは，主債務者に対する債務履行請求と保証人に対する保証債務の履行請求とが併合提起された場合に，反射効を否定し，主債務者に対する判決の既判力拡張を肯定する見解[5]が，既に提唱するところである。

また，既に遺言執行者が受遺者宛に移転登記を経由したにも拘わらず，相続人が，遺言執行者のみを被告として遺言無効確認の訴えを提起する場合，当該訴訟の確定判決の効力の拡張が認められる限り，相続人がその後に受遺者を被告として抹消登記手続を請求したとしても合一確定の要請は実現されるが，遺言執行者敗訴の場合を想定すると，受遺者の裁判を受ける権利を実質的に保障する必要がある[6]。他方，相続人が受遺者のみを被告として抹消登記手続請求訴訟を提起し，そこで相続人が勝訴した後，相続人が改めて遺言執行者を相手に遺言無効確認の訴えを提起し，そこでは相続人が敗訴した場合を想定すると，解決困難な問題が生じ得る。こう考えてくると，遺言執行者または受遺者に対する各別の提訴を許さず，両者につき被告としての訴訟共同の必要を認める規律[7]が適切であり，受遺者宛の移転登記が未経由で，したがって受遺者に対し

---

[5] 鈴木正裕「判決の反射的効果」判タ261号（1971）2頁。

[6] 【判例2】の事案では，遺言執行者を被告とする遺言無効確認の訴えにおいて原告の敗訴が確定しているから，この原告が受遺者を被告として改めて所有権移転（仮）登記抹消登記手続請求訴訟を提起しても，【判例4】のいう前訴判決の受遺者への既判力拡張が認められる限り，請求棄却となる。したがって，結局この第二の訴訟は提起されずに終わる可能性が，事実上は高い。

[7] 合一確定の必要と訴訟共同の必要という用語法は，高橋宏志「必要的共同訴訟論の試み（3・完）」法協92巻10号（1975）1322頁以下による。

訴訟上の請求を定立できない段階では，遺言執行者に対する遺言無効確認の訴えに共同訴訟的補助参加する機会を保障すべく，受遺者に対する訴訟告知を必要的とする規律が適切である。

要するに，【判例4】を前提とする【判例2】の立場によれば，遺言無効をめぐる紛争につき訴訟関係が複雑化するだけでなく，相続人に対し余計な負担を課すことになることは避けられない[8]。

4　他方，【判例1】に対しては，既に相続人が相続を原因とする登記名義を有するこの事案の状況の下では，判旨のいうように，遺贈に基づく移転登記手続を請求する訴えを遺言執行者を被告として提起しその認容判決をえただけでは，自己宛の登記を実現することはできない。遺贈を原因とする被相続人から受遺者への移転登記をするには，相続人の所有名義を抹消する必要があり，そのためには当該相続人の同意を要するが，登記名義を有する相続人が遺言の無効を主張する状況の下で，この同意を得ることは期待できないからである[9]。

【判例1】に対し，学説には，遺言執行者がその任務である相続人に対する抹消登記手続請求権の行使を怠るがゆえに，受遺者による自己宛の移転登記の取得が妨げられているとすれば，転用型債権者代位の一態様として，受遺者は，遺言執行者に対する遺贈を原因とする所有権移転登記手続請求権を保全するため，遺言執行者の相続人に対する抹消登記手続請求権を代位行使することができ，かつ，不動産の引渡・明渡請求権の保全を目的とする転用型債権者代位において代位債権者への直接の引渡し・明渡しを許容する判例（最判昭和29年9月24日民集8巻9号1658頁，最大判平成11年11月24日民集53巻8号1899頁）の趣旨に照らせば，登記請求権の保全を目的とする債権者代位においても登記名

---

[8] 松下淳一〔【判例2】判批〕民事訴訟法判例百選Ⅰ〔新法対応補正版〕（1998）93頁は，受遺者に対する移転登記の経由後も遺言の無効を主張する相続人は受遺者と遺言執行者の両方を訴える必要があるとすると，相続人に酷であると指摘する。

[9] ただし，平井・前掲注1）786頁は，【判例1】は，遺言執行者を被告として遺贈を原因とする移転登記手続を命ずる確定判決をえた受遺者は，その判決に基づき登記を申請する際，相続人が現在有する相続を原因とする移転登記の抹消登記をえることができることを前提とする趣旨であると理解する。この理解が成立するためには，遺言執行者を被告とする訴訟において，相続人に対する抹消登記手続請求権が同時に訴訟物となっていることが必要であるが，遺言執行者がこの抹消登記手続請求権を訴求する場合，【判例2】の理解によれば，それは受遺者を被担当者とする訴訟担当であるから，遺言執行者は，受遺者（原告）のために訴訟担当者として訴求すべき請求権を訴訟物とする訴訟について被告とされるという，いかにも無理な法律構成をせざるをえない（青山善充「演習」法教109号〔1989〕116頁）。

義を直接受遺者に移転するよう請求できると法律構成できるから,【判例1】の事案における原告の訴えは,原告適格および被告適格の双方において,適法だったこととなるとする批判がある[10]。

また,特定遺贈の目的物たる不動産につき相続人が相続を原因とする所有権移転登記を経由した上で根抵当権を設定し,根抵当権者がこの根抵当権に基づき競売申立てをしたため,遺言執行者の指定があるにも拘わらず,受遺者が競売に対し第三者異議の訴えを提起したという事案において,遺贈目的物の引渡しおよび登記の移転は遺言の執行であり,現在の登記名義人に対する所有権移転登記の抹消登記手続請求について現在の登記名義人ではなく遺言執行者が被告適格を有するとした【判例1】の趣旨に照らし,本件第三者異議の訴えにつき受遺者は原告適格を有しないとする被告の抗弁について,次のように判示した判例がある。

　【判例5】最判昭和62年4月23日民集41巻3号474頁
　　〈判旨〉「遺言者の所有に属する特定の不動産が遺贈された場合には,目的不動産の所有権は遺言者の死亡により遺言がその効力を生ずるのと同時に受遺者に移転するのであるから,受遺者は,遺言執行者がある場合でも,所有権に基づく妨害排除として,右不動産について相続人又は第三者のためにされた無効な登記の抹消登記手続を求めることができるものと解するのが相当である(最高裁昭和28年(オ)第943号同30年5月10日第3小法廷判決・民集9巻6号657頁参照)。これと同旨の見解に立って,X₁が本件訴えにつき原告適格を有するとした原審の判断は正当であ〔る〕。」

【判例5】が引用する,最判昭和30年5月10日民集9巻6号657頁(【判例6】)は,特定遺贈の対象不動産につき相続を原因とする所有権移転登記が経由されたため,受遺者が当該不動産につき処分禁止の仮処分を申し立てた事案において,遺言執行者の指定があるため受遺者には申立適格がないとする債務者の主張を排斥したものであり,【判例5】および【判例6】の趣旨に照らせば,受遺者は,特定遺贈の物権的効果として遺贈目的物の所有権を取得するから,この所有権に基づく物権的妨害排除請求の一態様として,現在の登記名義人である相続人に対し,相続を原因とする移転登記の抹消登記手続請求権を有するところ,この移転登記の抹消に代わるものとして,受遺者に真正の登記名義の

---

[10] 納谷廣美「遺言執行者の訴訟上の地位」法律論叢(明大)53巻3＝4号(1981)79頁,梅本吉彦「代理と訴訟担当の交錯」上田徹一郎＝福永有利編『講座民事訴訟③』(弘文堂,1984)155頁。

回復を原因とする移転登記手続請求権を認めることができる。そうだとすると，【判例1】の事案における原告の訴えはやはり，原告適格および被告適格の双方において適法であったであり，そうした角度から【判例1】を批判する見解[11]もある。ただ，この見解に対しては，これでは遺言執行者を置いた遺言者の意思が無意味になってしまう[12]，遺言執行者を除外した訴訟追行を認めることは，遺言執行者がたとえば当該特定遺贈を無効視している場合を想定すると，その立場を無視することにつながる[13]といった批判がなされている。もっとも，同様の問題は債権者代位構成を採用した場合にも生ずることを忘れてはならない。債権者代位訴訟につき民訴法115条1項2号の適用を肯定する場合，受遺者が原告として訴訟を追行しその敗訴が確定した場合の既判力は遺言執行者に及ぶことになるが，この帰結と遺言の執行に関する一切の行為をなす権限を遺言執行者に専属させる民法1012条1項とが，果たして整合的か疑問があるからである[14]。

とはいえ，少なくとも，所有権に基づく妨害排除請求の一態様として，現在の登記名義人に対する登記抹消手続請求権を受遺者に認める【判例5】を前提とすれば，受遺者は，遺言執行者に対する遺贈義務の履行としての移転登記手続請求と併合して，現在の登記名義人に対し抹消登記手続を請求し，共に勝訴すれば自己宛の登記を実現できる。そして，この方式による場合には，遺言執行者の指定が無意味になる，遺言執行者の立場を無視するものであるとの批判は妥当しない[15]。

5　これで一件落着となりそうであるが，ここから先に，本稿において検討したい理論上の問題がある。すなわち，遺言執行者がその任務としてする，現在の登記名義人たる相続人に対する相続を原因とする移転登記の抹消登記手続

---

11)　新堂幸司『新民事訴訟法〔第5版〕』（弘文堂，2011）296頁，五十部豊久〔【判例1】判批〕法協86巻7号（1969）830頁。
12)　中川善之助＝加藤永一編『新版注釈民法(28)』（有斐閣，1988）314頁〔泉久雄〕。
13)　福永有利「遺言執行者の訴訟追行権――その根拠と範囲」『民事訴訟当事者論』（有斐閣，2004）357頁，379頁。
14)　受遺者に転用型債権者代位という法律構成による直接の自己宛移転登記手続請求を認める青山・前掲注9) 116頁が，債権者代位訴訟の一般的な理解に反して（高橋・前掲注3) 278頁（注36)），遺言執行者も被告とすることを要すると説くのは，おそらく，遺言執行者を除いた訴訟の判決の既判力が遺言執行者に拡張されることを認めるのは遺言執行者の処分権限尊重の趣旨と調和しないことへの配慮と解される。
15)　福永・前掲注13) 377頁以下，高橋・前掲注3) 278頁（注36)。

Ⅱ 受遺者および受益相続人との関係における遺言執行者の当事者適格の性質

請求と,【判例5】が認める,受遺者の同人に対する同登記の抹消登記手続請求との関係である。

最近,いわゆる「相続させる遺言」の事例においてこの問題に触れる判例が現れた。

【判例7】 最判平成11年12月16日民集53巻9号1989頁

〈事実〉 本件各土地はもと訴外Aの所有であり,Aは昭和57年10月15日付け公正証書により,その所有する財産全部をY_1に相続させる旨遺言したが,昭和58年2月15日付け公正証書により,先の遺言を取り消し,改めて,本件一土地をB,C,D,E,Fに各5分の1宛相続させる,本件二ないし五土地をY_1およびY_1の子でAの養子であるY_2に各2分の1宛相続させる,Aのその余の財産は相続人全員で平等に相続させる,遺言執行者としてXを指定する旨遺言した(以下本件遺言という)。Aは平成5年1月22日死亡した。

Y_1は,平成5年2月5日,本件各土地につき旧遺言を用いて相続を原因とする所有権移転登記を経由したが,平成7年4月6日,本件三ないし五土地につき,真正な登記名義の回復を原因として,Y_2に対し持分2分の1につき所有権一部移転登記をした。他方,Aの長男亡G(平成3年10月9日死亡)の子である代襲相続人Zらは,Aの各相続人およびXに対し,平成5年9月30日から10月8日までの間に到達した各書面により遺留分減殺請求権を行使する旨意思表示した。

Xは,本件遺言により,本件一土地についてBないしFが本件遺言により各5分の1分ずつを,本件二土地についてはY_2が2分の1を相続したとして,Y_1に対し,本件一土地につきBないしF宛ての持分移転登記手続を,本件二土地につきY_2宛の持分移転登記手続を求め,本件訴えを提起した。これに対しZらが,遺留分減殺請求権の行使に基づき,Xに対し本件各土地の共有持分権確認,Y_1に対し本件各土地の共有持分権確認および持分移転登記手続,本件三ないし五土地につきY_2に対し共有持分権確認および持分移転登記手続を求め,独立当事者参加した。

Y_1らは,本案前の抗弁として,相続させる旨の遺言における遺言執行者Xの当事者適格を争うとともに,亡Aの葬儀の際,Y_1が金員を支払うことと引き換えにBないしFがその相続分を譲渡する旨協議が成立し,Y_1は約定の金員を支払ったと主張し,Zらの主張に対しては,亡Aは亡Gに対し遺留分減殺請求権を行使しないとの約束の下で建物を生前贈与しているなどと主張した。

第一審は,遺言の実現に必要な一切の行為は遺言執行者の職責であり,その中には登記など対抗要件を具備させる行為が含まれるから,本件遺言にはその執行の余地があるとして,Y_1らの本案前の抗弁を排斥し,Y_1ら主張の相続分譲渡の事実は認めら

れないとした上, Ζらの遺留分減殺の主張を認めて, ΧのΥ₁に対する請求と, Ζらの Χ および Υ₁, Υ₂ に対する各請求を認容した。

Υ₁ および Υ₂ より控訴。控訴審は, 相続させる遺言にあっては, 相続開始により当該相続人が当該不動産の所有権を取得したときは, 当該相続人自らその旨の移転登記を申請することができるので, 遺言執行者には遺言の執行として当該相続人への所有権移転登記手続を申請する権利も義務もなく（最高裁平成7年1月24日第3小法廷判決・裁判集民事174号67頁, 同平成10年2月27日第2小法廷判決・裁判所時報1214号4頁参照）, 仮に当該不動産につき遺言内容に反する登記が経由された場合でも, 当該相続人自ら所有権に基づきその抹消登記手続を請求できるので, 当該不動産については遺言執行の余地はなく, 本件遺言に「その余の財産」に関する包括的な条項が含まれていることは右の解釈を妨げないから, 本件遺言中に相続による不動産の承継を各相続人の受諾の意思表示に係らせるなど特段の事情がない以上, Χは, 遺言執行者として指定されていても, Υ₁ に対する抹消登記手続に係る訴えについて当事者適格を有しない, 本件遺言について遺言執行の余地がない以上, ΖらのΧに対する確認の訴えについてもΧは当事者適格を有しないとして, ΧのΥ₁に対する訴えおよびΖらのΧに対する訴えを却下した。Ζらのその余の請求に関する判示と以後の帰趨は省略する。

ΧおよびΖらから上告。上告審は次のように判示して, 本件三ないし五土地についてのΖらのΧに対する共有持分権確認の訴えを却下した部分を除き, 原判決を破棄し, 破棄部分を原審に差し戻した。判旨は, ΧのΥ₁に対する訴えの適法性についての判示と, ΖらのΧに対する訴えの適法性についての判示とに分かれるが, 後者は後に引用するとして, ここでは先ず前者を掲げることとする。

〈判旨〉「1 特定の不動産を特定の相続人甲に相続させる趣旨の遺言（相続させる遺言）は, 特段の事情がない限り, 当該不動産を甲をして単独で相続させる遺産分割方法の指定の性質を有するものであり, これにより何らの行為を要することなく被相続人の死亡の時に直ちに当該不動産が甲に相続により承継されるものと解される（最高裁平成元年(オ)第174号同3年4月19日第2小法廷判決・民集45巻4号477頁参照）。しかしながら, 相続させる遺言が右のような即時の権利移転の効力を有するからといって, 当該遺言の内容を具体的に実現するための執行行為が当然に不要になるというものではない。

2 そして, 不動産取引における登記の重要性にかんがみると, 相続させる遺言による権利移転について対抗要件を必要とすると解すると否とを問わず, 甲に当該不動産の所有権移転登記を取得させることは, 民法1012条1項にいう「遺言の執行に必要な行為」に当たり, 遺言執行者の職務権限に属するものと解するのが相当である。

II 受遺者および受益相続人との関係における遺言執行者の当事者適格の性質

もっとも、登記実務上、相続させる遺言については〔平成16年法律123号による改正前の〕不動産登記法27条により甲が単独で登記申請をすることができるとされているから、当該不動産が被相続人名義である限りは、遺言執行者の職務は顕在化せず、遺言執行者は登記手続をすべき権利も義務も有しない（最高裁平成3年(オ)第1057号同7年1月24日第3小法廷判決・裁判集民事174号67頁参照）。しかし、本件のように、甲への所有権移転登記がされる前に、他の相続人が当該不動産につき自己名義の所有権移転登記を経由したため、遺言の実現が妨害される状態が出現したような場合には、遺言執行者は、遺言執行の一環として、右の妨害を排除するため、右所有権移転登記の抹消登記手続を求めることができ、さらには、甲への真正な登記名義の回復を原因とする所有権移転登記手続を求めることもできると解するのが相当である。この場合には、甲において自ら当該不動産の所有権に基づき同様の登記手続請求をすることができるが、このことは遺言執行者の右職務権限に影響を及ぼすものではない。

3 したがって、Xは、新遺言に基づく遺言執行者として、Y_1に対する本件訴えの原告適格を有するというべきである。

そうすると、これと異なる原審の右判断には、法令の解釈適用を誤った違法があり、この違法は原判決の結論に影響を及ぼすことが明らかである。この点に関する論旨は、理由がある。」

「相続させる遺言」は、【判例7】も引用する最判平成3年4月19日民集45巻4号477頁を嚆矢として、判例による法創造の典型ともいうべき態様で理論が形成されてきた。上記平成3年最判によれば、特定の財産を受益相続人に相続させる遺言においては、遺言の効力の発生と同時に当該財産の所有権が当然に受益相続人に帰属する（いわゆる「物権的効果」）。相続させる遺言では、特定遺贈と異なり、相続を原因とするため、移転登記につき登記義務者がおらず、受益相続人は単独で登記申請ができるので、遺言中に遺言執行者の指定があっても、遺言執行者には受益相続人に代わって移転登記を申請する権利も義務もない（最判平成7年1月24日集民174号67頁）。

そして、不動産につき遺言内容に反する登記がなされている場合、相続させる遺言と特定遺贈とで、いわゆる物権的効果については共通するものの、特定遺贈では、受遺者が第三者に所有権を主張するには対抗要件の具備が必要であり、相続人が遺言に反して相続を原因とする登記を経由しかつ第三者に移転登記をすると、受遺者はこの第三者に対しては所有権を主張できないが、遺言執行者の指定があると、相続財産については遺言執行者がその管理処分権を有し、

遺言の執行と抵触する相続人の処分行為は無効である（民法1012条，1013条。いわゆる「絶対的無効」〔大判昭和5年6月16日民集9巻550頁〕）ため，受遺者は，遺贈による所有権取得を登記なくして第三者に対して対抗できる（最判昭和62年4月23日〔【判例5】〕）。これがいわゆる「特定遺贈における遺言執行者の指定の防衛的機能」である。しかし，相続させる遺言では，他の相続人が遺言に反して相続を原因とする登記をしかつ第三者に移転登記をしても，受益相続人は登記なくしてその権利を第三者に対抗できる（最判平成14年6月10日家月55巻1号77頁）。すなわち，相続させる遺言中の遺言執行者の指定には，特定遺贈におけるような防衛的効果がない。その意味で，相続させる遺言の方が財産を譲られる者にとって効果が強い。その他，農地の移転では，遺贈なら知事の許可が必要だが，相続させる遺言では不要である等の事情も重なり，最近では相続させる遺言が多用されている[16]。

　さて，このような相続させる遺言と特定遺贈の差異に照らして，相続させる遺言においては，およそその執行の余地はなく，遺言内容に反して他の相続人が相続を原因とする移転登記を経由したとしても，遺言執行者はその抹消登記または受益相続人への移転登記の手続を求める訴えを提起する適格はないという見解が生じえた[17]。【判例7】の原審はこの見解に依拠している。これに対しては，相続させる遺言では遺言執行者の有無に拘わらず受益相続人は対抗要件なくして第三者に所有権を対抗できることと，遺言に反する登記名義を有する相続人に対する遺言執行者の抹消登記手続請求の原告適格とは，分けて考えるべきであるとする批判があった[18]。【判例7】もまたこれと同旨の見解に立脚し[19]，「不動産取引における登記の重要性に鑑み[20]」遺言内容に反する登記がなされている場合に，指定に係る遺言執行者がその抹消登記手続等を求める

---

[16] 西口元「『相続させる遺言』の効力をめぐる諸問題」判タ822号（1993）48頁。
[17] 森野俊彦「遺言――『相続させる』旨の遺言について」判タ996号（1999）143頁以下。
[18] 房村精一「公正証書遺言と登記をめぐる若干の問題について」民事法情報107号（1995）53頁，小林久起「遺言の執行と不動産登記をめぐる諸問題」民事法情報133号（1997）56頁，福永有利〔【判例8】判批〕リマークス1999(下)79頁。
[19] 河邉義典〔【判例7】判解〕最判解民事篇平成11年度(下)1010頁。
[20] これに対し，丹野・前掲注2) 2572頁は，遺言執行者が遺贈を原因とする登記義務を負う特定遺贈と異なり，相続される遺言では受益相続人自らが単独で相続を原因とする移転登記を申請でき，遺言執行にはこの登記を申請する権利も義務もないのなら，「不動産取引における登記の重要性」を掲げるだけでは，現在の登記名義人に対する抹消登記手続請求を遺言執行者の任務であると解するに十分でないとする。

ことは「遺言の執行」に属すると判示したのである。なお,【判例7】が「相続させる遺言による権利移転について対抗要件を必要とすると解すると否とを問わず」と述べているのは,相続させる遺言の受益相続人による第三者に対する所有権の主張には対抗要件の具備は不要であるとする見解を最高裁が明らかにしたのは,【判例7】の後であったという経緯があるからである[21]。

そして,【判例7】は,現在の登記名義人に対する抹消登記手続請求のみならず,遺言執行者が直接受益相続人への移転登記手続を請求することまで認めた。相続させる遺言の場合には,遺言執行者には受益相続人に代わって相続を原因とする移転登記手続を申請する権利も義務もない。したがって,仮に遺言執行者が現在の登記名義人である相続人に対して抹消登記手続を求めた訴訟で勝訴し,登記名義を被相続人の許に戻しても,その後自ら受益相続人への移転登記手続を申請することはできず,受益相続人がその申請をする必要がある。それでは迂遠であるし,別の相続人がまた相続を原因とする登記を経由する恐れもあるので,直接受益相続人宛の移転登記手続を請求する権限を遺言執行者に認めたものとされる[22]。

また,【判例7】は,傍論ながらも,相続させる遺言の受益相続人が,遺言の内容に反する登記名義人に対し,真正な登記名義の回復を原因とする自己宛の移転登記手続を請求する余地を認めている。ここから先ず問題とされるべきは【判例1】との整合性である。【判例1】は,遺言の執行として受遺者が所有権移転登記手続を求める場合の被告適格者は登記名義を有する相続人ではないとしたが,特定遺贈においても,遺言の効力発生と同時にいわゆる物権的効果に基づき受遺者は目的物の所有権を取得する以上,移転登記の原因がこの所有権に基づく真正の登記名義の回復にある限り,登記名義を有する相続人がその登記の手続請求の被告適格者となるのではないかという点である。

これについては,特定遺贈と相続させる遺言とでは違っていてよいという議論はなり立ちうる。相続させる遺言の場合には,遺言執行者には受益相続人宛の移転登記を申請する権利も義務もなく,相続人への相続を原因とする移転登記を抹消して被相続人宛に登記名義を戻したところで,受益相続人は単独で相続を原因とする移転登記を申請をするだけであるから,そのくらいなら,受益

---

21) 河邉・前掲注19) 1010頁。
22) 河邉・前掲注19) 1011頁。

相続人に抹消に代わる移転登記手続請求権を認める方が簡便であるが，特定遺贈の場合には，受遺者への遺贈を原因とする移転登記は遺言執行者の権限であり義務でもあるから，遺言執行者を外して登記名義を有する相続人から受遺者への直接の移転登記を認めることは，遺言執行者の立場を無視することにつながるため，ここでの受遺者には相続人に対する抹消登記手続請求権しか認められないという区別である。後述するように，私見はこの説明には賛成しないが，さしあたってそれは措く。

次に検討されるべきは，【判例 7】が，受益相続人が登記名義を有する相続人に対し真正な登記名義の回復を原因とする移転登記手続請求権を有することと，遺言執行者が遺言の執行として同人に対し受益相続人宛の移転登記手続請求権を有することとは，矛盾しないとした点である[23]。この点は，仮に特定遺贈では受遺者は自己宛の直接の移転登記手続を請求することはできず，相続を原因とする移転登記の抹消登記手続請求権しか認められないとしても，この請求と遺言執行者が遺言の執行として行なう同登記の抹消登記手続請求との関係についても，同様に妥当しよう。

学説においては，抹消登記手続請求は遺贈または相続させる遺言により取得した権利の行使としての妨害排除であり，遺言の執行そのものではないこと[24]から，受遺者または受益相続人に抹消登記手続請求権を認めることと遺言執行者の職務権限とは矛盾しない[25]と説かれている。おそらく，抹消に代わる移転登記手続請求権についても同様とされるのであろう。しかし，遺言執行者による相続を原因とする移転登記の抹消登記手続請求について，判例は，先に検討したように，遺言執行者を，受遺者を被担当者とする法定訴訟担当者と捉えている。この点では相続させる遺言においても同じと捉えると解される。そうだとすれば，本来受遺者や受益相続人に帰属する抹消登記手続請求権またはそれに代わる移転登記手続請求権の管理処分権は，法律上当然に遺言執行者に移転

---

23) この権限の「両立」を認めた【判例 7】の意義を強調するものとして，竹下史郎〔【判例 7】判批〕判タ 1065 号（2001）185 頁，同〔【判例 7】判批〕家族法判例百選〔第 6 版〕（2002）179 頁，小林久起〔【判例 7】判批〕民事法情報 165 号（2000）69 頁があり，「両立」することの根拠を実体法的に説明するものとして，上野雅和〔【判例 7】判批〕民商 123 巻 2 号（2000）230 頁以下がある。

24) 福永・前掲注 13) 379 頁，沖野眞已〔【判例 5】判批〕法協 105 巻 12 号（1988）1821 頁。

25) 魚住庸夫〔【判例 5】判解〕最判解民事篇昭和 62 年度 280 頁。

Ⅱ 受遺者および受益相続人との関係における遺言執行者の当事者適格の性質

しているから，受遺者や受益相続人が抹消登記手続請求または移転登記手続請求につきなお自らの原告適格を維持するということは，ありえない筈である。

繰り返すが，遺言執行者による抹消登記請求であれ遺言執行者に対する遺言無効確認請求であれ，遺言執行者が受遺者または受益相続人を被担当者とする法定訴訟担当者であるとされる以上は，特定遺贈および相続させる遺言の効力に関する物権的効果説により，遺言の効力発生と同時に目的物の所有権とそれから派生する登記手続請求権は受遺者または受益相続人に帰属するが，それらの管理処分権は遺言者の指定により遺言執行者に帰属するという理論的構図が，その前提に存在する。しかし学説においては，清算型遺言における，遺産に属する積極財産を換価して相続債務の弁済に充てるという態様での遺言執行者の相続財産に関する管理処分権に相当する権限を，特定遺贈の目的物について遺言執行者が有しているとは考え難いとする指摘が，既に存在している[26]。

ここで管理処分権が云々される所以は，不当判決の既判力の説明として実体法説が既判力を（訴訟物たる権利が真実存在する場合にもこれを不存在とする，訴訟物たる権利が真実存在しない場合にこれを発生せしめる）更改契約に擬制しており，実体法説の克服後もなお既判力が事実上こうした効果を有することは否定し難いこととの関係で，かかる効果を招来する可能性ある訴訟の追行は，訴訟物たる権利につき管理処分権を有する者のみがこれをなしうるという発想に由来する。既判力本質論に関しては訴訟法説が支配的であるが，訴訟物たる権利に関する管理権（Verwaltungsrecht）の概念を訴訟追行権限の基盤として確立したのは，訴訟法説の主唱者である当のヘルヴィッヒであった[27]。

しかし，既に債権者代位権について，代位債権者は被代位債権を放棄したり免除したりする処分権を有するものではないから，管理処分権を根拠として代位債権者の訴訟追行権を訴訟担当と把握することは誤りであるとする指摘があ

---

26) 福永・前掲注13) 379頁。
27) なお，ヘルヴィッヒ自身は管理処分権（Verwaltungs-und Verfügungsrecht）ではなく，単に管理権（Verwaltungsrecht）という概念を用いている。その理由は，当時のドイツ民法（§1380a. F. BGB）には，妻の持参財産に関する夫の包括的管理権に基づく訴訟追行権という制度があり，そこでは夫は持参財産の処分権を与えられていなかった（妻の同意がないと判決効は妻に拡張されなかった）ため，他人の権利についての処分権なき管理権に基づく訴訟追行権という概念を，ヘルヴィッヒは，その本意に反して，認めざるをえなかったためである。この経緯については，拙稿「権利保護の利益概念の研究（3・完）」法協106巻9号（1989）1556頁（本書66頁）以下参照。

ることは，周知の通りである[28]。とりわけ相続させる遺言の場合，本来登記名義を受益相続人に移転する権利も義務も有しない遺言執行者が，遺言内容に反して移転登記を経由した相続人が現れた途端に，遺言の発効と同時に受益相続人に帰属した不動産の所有権につき完全な処分権を取得すると考えることがいかに奇妙であるかは，多言を要しないであろう。特定遺贈では，遺言執行者の指定が相続させる遺言にはみられない防衛的効果を有する点で特徴があるが，これは，遺言執行者がある場合には，相続人ではなく遺言執行者が受遺者に対し遺贈を原因とする登記義務を負う以上，その履行と抵触する限度で，相続人による相続を原因とする登記および同人による第三者への移転登記が無効となると考えれば足り，遺言執行者が特定遺贈の目的物につき排他的な管理処分権を有すると捉える必要は，全くない[29]。

　したがって，相続させる遺言と特定遺贈の何れにおいても，目的物につき遺言内容に反する登記を有する者に対する登記手続請求に関する遺言執行者の原告適格は，受遺者または受益相続人の所有に属する目的物の管理処分権から派生する訴訟担当者としてのそれではなく，彼が遺言者によって遺言執行者に指定され就任を受諾したことから生ずる，彼固有のものとみるべきであり，受遺者または受益相続人は目的物の所有権および管理処分権を維持するがゆえに，遺言執行者とは別に，登記手続請求に関する原告適格を維持する。こう法律構成して初めて，相続人に対する抹消登記手続請求につき受遺者の当事者適格と遺言執行者の当事者適格とが併存するという【判例7】の帰結を，整合的に説明できる。

　ただ，この両者の当事者適格が，債権者代位訴訟における代位債権者の原告適格に関する固有適格説が債務者の原告適格との併存を主張するのと同じ意味において，完全に併存するものであるなら，受遺者または受益相続人が登記名義人たる相続人に対し抹消登記手続等を求め敗訴しても，それに拘わらず，遺言執行者が同人に対し抹消登記手続を改めて請求できることとなるから，相続人を二重の応訴の危険から保護する必要が生ずる。既に，代位債権者に関する固有適格説において提唱されているように[30]，遺言執行者と受遺者・受益相続

---

[28]　福永有利「当事者適格理論の再構成」前掲注13) 書126頁，156頁以下。
[29]　丹野・前掲注2) 2557頁参照。
[30]　福永・前掲注28) 159頁以下。

人が共同で訴えた場合には合一確定必要訴訟（民訴40条）となり[31]，どちらか一方が先に提訴している場合には，他方は二重起訴の禁止（別訴の禁止・参加強制）の拘束を受け，被告には未提訴の者の当事者引込みを許すなどといった規律が必要となってくる。

　しかし，相続させる遺言の場合に，遺言内容に反する登記を取得した相続人に対し，受益相続人が自らその抹消登記手続ないし真正な登記名義の回復を原因とする移転登記手続を求め訴えを提起した後に，もともと相続を原因とする受益相続人宛の移転登記を申請する権利も義務もない遺言執行者に，重ねて抹消登記手続または真正な登記名義の回復を原因とする移転登記手続を求め訴えを提起することを許す必要があるとは思われない。特定遺贈の場合にも，遺言執行者による登記名義を有する相続人に対する抹消登記手続請求は，遺言執行者が遺贈を原因とする登記義務を履行する前提に過ぎないのであり，受遺者がその所有権に基づく妨害排除請求権の行使として同人を相手に抹消登記手続を求める訴えの提起に着手した後にまで，遺言執行者による重複的な訴え提起を認める必要性に乏しい[32]。

　このように考えると，遺言執行者の登記名義を有する相続人に対する抹消登記手続請求権は，受遺者または受益相続人が自らそれを求める訴えを提起しない限りにおいて，補充的にこれをする権限を認めれば足りる。そして，遺言執行者の権限がその程度のものに過ぎないことを認める以上，特定遺贈の場合においても，受遺者に抹消登記に代わる真正の登記名義の回復を原因とする移転登記の手続請求を認めて差し支えない。遺言執行者が抹消登記手続請求訴訟の提起を怠る場合，たとえその懈怠が彼が当該遺贈を無効視しているためであるとしても，遺言執行者の任務は遺言内容通りに遺贈を実現することであり，登記名義を有する相続人と一緒になって遺贈の無効を主張するなど，少なくとも当該遺贈を内容とする遺言中に遺言執行者の指定がある場合に限っていえば[33]，

---

31) 河野信夫〔【判例7】判批〕判評500号（2000）227頁は，遺言執行者による登記手続請求訴訟と受遺者による登記手続請求訴訟との関係を，類似必要的共同訴訟であるとする。
32) 丹野・前掲注2) 2562頁以下は，受遺者に仮登記が経由された後も遺言無効確認の訴えについての遺言執行者の被告適格を認めた【判例2】につき，遺言執行者は遺言の有効無効につき法的な利害関係を持たず，ただ遺言の有効性に争いがない限り遺言の執行を任務とするだけであるから，遺言の効力をめぐる争いは受遺者と相続人に委ねておけば足りると説く。受遺者自ら登記手続請求訴訟を提起した後の遺言執行者による登記手続請求訴訟の提起に消極的な私見と共通する。

その本分を外れた行為である[34]。彼が当該遺贈の有効性を疑うのなら，最初から遺言執行者に就任しなければよい[35]。したがって，受遺者には登記名義を有する相続人に対する抹消登記手続請求権のみを認め，自己宛の登記を得るためには，遺言執行者を共同被告として遺贈を原因とする移転登記手続を請求することが必要であると考えるまでもない。受遺者が，遺言執行者を外して，現在の登記名義人である相続人に対し真正の登記名義の回復を原因とする直接の移転登記手続を求めることが，遺言執行者の立場を無視するものとの批判[36]は当

---

[33] 福永教授（福永・前掲注13）369頁）は，その効力が争われている遺言自体に遺言執行者の指定がある場合において，受遺者を被告として遺言の無効確認を求める訴えを提起する原告適格を遺言執行者に認められる。もとより，当事者適格は遺言の効力の有無に関する本案の審理の如何に拘わらず予め決まっていなければならないが，この場合は，原告たる遺言執行者の主張自体から，原告適格の欠缺が直ちに帰結されるのではあるまいか。

また，福永教授は，受遺者が遺言執行者の指定を含む遺言の有効確認を求める訴えを提起する場合に，遺言執行者に被告適格を認められる。ただ，その被告適格は遺言の効力に依存するので，相続人は，遺言の無効を主張立証して，遺言執行者敗訴判決の既判力の自らへの拡張を排除することができるとされる。しかし，遺言有効確認判決の既判力は，既判力本質論に関する実体法説的発想からは，無効な遺言を有効な遺言に更改する効果を持つ。そして，ここで遺言を無効と仮定する限りは，遺贈の目的物は相続人の所有に帰属するとともに，遺言執行者の指定もないことになるから，目的物を更改契約により処分する権限は相続人に帰属する。したがって，受遺者の側からする遺言有効確認の被告適格者は相続人であると解すべきである。実質的に考えても，遺言執行者を遺言を有効と主張する原告受遺者に対峙させ，遺言執行者たる地位の発生根拠である遺言の効力を争わせるのは，奇妙である（丹野・前掲注2）2544頁参照）。

これに対し，遺言執行者を指定する遺言が遺贈を内容とする遺言とは別に存在する場合は，遺贈を内容とする遺言の無効を仮定すれば，遺贈目的物の所有権は相続人に帰属するが，遺言執行者を指定する遺言によりその管理処分権は遺言執行者に移転しているから，受遺者が遺言の有効確認を求める場合の被告適格者は遺言執行者であり，遺言無効確認の訴えの原告適格者は遺言執行者である。遺言執行者は何れの場合においても相続人の法定訴訟担当者であるから，遺言執行者が受けた判決の既判力は相続人に及ぶ（福永・前掲注13）367頁以下。ただし，福永教授は，遺言執行者に無効な遺言の執行をさせないことを意図して，相続人が遺言執行者を被告として遺言無効確認を求めることを認められる一方で，そこでの遺言執行者敗訴判決の受遺者への既判力拡張は否定される。私見によれば，遺言執行者の指定が係争遺言中に存在するか否かを問わず，遺言執行者は，係争遺言が有効であると仮定すれば受遺者の所有に帰属する目的物の管理処分権を有するわけではないから，遺言執行者は相続人による遺言無効確認の訴えの被告適格者ではない。

[34] 丹野・前掲注2）2557頁も，受遺者が相続人の訴訟担当者である遺言執行者を被告として遺言の履行を求める訴えを提起し，被告である遺言執行者が遺言の無効を主張する被担当者のために遺言の無効を主張するという状況について，こうした主張は遺言執行者の本分に反するとする。

[35] 丹野・前掲注2）2556頁以下。

[36] 福永・前掲注13）380頁。ただし「もっとも，問題となっている登記や占有についての遺言執行者の管理権が，もっぱら当該受遺者への遺贈義務の履行のためだけのものであるときは，その受遺者と相続人全員との間でその帰属が決まれば，遺言執行者としてそれに異議をさしはさむ

たらない。

　他方，先に遺言執行者が現在の登記名義人に対し抹消登記手続等を求める訴えを提起した場合，彼の提訴権限が固有適格であることの帰結として，そこで遺言執行者が敗訴しても既判力は受遺者または受益相続人に及ばず，彼らが所有権に基づき妨害排除請求としての抹消登記手続等請求訴訟を提起することは妨げられない[37]。この二重の応訴の危険から現在の登記名義人を保護する必要がある。ただ，被告側に受遺者または受益相続人を訴訟に引き込む負担を課す規律[38]が，原告・被告間の衡平に適うかは疑わしい[39]。むしろ，原告である遺言執行者が受遺者・受益相続人に対し訴訟告知をしない限り被告は応訴拒絶権を有する[40]ものとし，告知にも拘わらず受遺者・受益相続人が参加しないときは，彼らは，自らの登記手続請求権はもちろん，その先決関係である遺言の効力（すなわち目的物の所有権の帰属）に関わる一切の訴訟追行を遺言執行者に授権したものと擬制すべきである（任意的訴訟担当。したがって，遺言執行者は，後述するように原則的には認められない遺言無効確認の訴えの被告適格を，この限りにおいて例外的に認められる）。参加があれば，以後遺言執行者が請求を維持する実益はなく，訴訟脱退として処理することとなる。

6　以上の検討から，相続人の側からする遺言無効確認の訴えの被告適格についても，次のような帰結が導かれる。すなわち，この遺言無効確認の訴えの実質は，先に検討したように，目的物についての受遺者・受益相続人の所有権

　　必要はないから，この場合〔筆者注：特定遺贈の受遺者が自己に帰属する所有権に基づく物権的請求権として，遺言に反して相続を原因とする移転登記を経由した相続人に対し，その抹消に代わる自己宛の移転登記を請求する場合〕には，相続人に被告適格を肯定する余地がないではない」とされる。
37)　福永・前掲注13) 367頁，372頁は，遺言執行者を被告とする遺言無効確認の訴えで被告の敗訴が確定した場合に関する叙述であるが，受遺者への既判力の拡張に否定的である。これに対し，高橋・前掲注3) 289頁（注38）は，福永説は原告に酷であるとする。本文で後述するように，私見によれば，相続人による遺言無効確認の訴えの被告適格は専ら受遺者であり，同訴訟に関する限り，受遺者と遺言執行者の被告適格が併存することに由来する問題は生じないが，私見でも，現在の登記名義人に対する登記手続請求については両者の原告適格が併存するから，被告を二重の応訴から保護する必要性が生ずる。本文の提案は，被告に不当な不利益と負担を課さない形でこの問題を解決しようとするものである。
38)　債権者代位訴訟につき固有適格説を採る，福永・前掲注28) 165頁が提唱する規律である。
39)　高橋・前掲注3) 256頁。
40)　この規律は，債権者代位訴訟において，債務者に対する訴訟告知をすべき行為責任を原告債権者に課す規律（新堂・前掲注11) 294頁（注1)）に示唆を受けている。
〔補注〕平成29年法律44号により追加された民法423条の6参照。

の不存在確認または相続人の法定相続分に応じた共有持分権の確認であり，遺言無効確認判決の確定は受益者・受益相続人の目的物上の所有権の処分と同様の効果を招来するが，遺言執行者は遺贈または相続させる遺言の目的物につき排他的な管理処分権を持つものではなく，したがって遺言執行者はおよそ被告適格を持ちえず，その被告適格は専ら受遺者・受益相続人のみがこれを有する[41]。この帰結は，遺言の執行として受遺者・受益相続人宛に移転登記が経由される[42]前か後かによって左右されない。したがって，その被告適格者を遺言執行者とした場合に生ずる，受遺者・受益相続人に対する抹消登記手続請求との間での合一確定または訴訟共同の必要，登記未経由の受遺者・受益相続人への必要的訴訟告知などの問題は，生ずる余地がない。

III 最近の判例の検討

最近，相続させる遺言における目的物の占有・管理をめぐる訴訟に関する遺言執行者の当事者適格を限定的に解する判例が現れた。

---

[41] 福永・前掲注13) 373頁は，特定遺贈によって目的物の所有権が直ちに受遺者に帰属し，登記や占有を受遺者に移転する義務を履行するために遺言執行者に管理権が残されているときは，原則として遺言無効確認の訴えにつき受遺者は独立に当事者適格を有すると解してよく，受遺者と相続人との間で目的物の帰属が決まれば，遺言執行者としてはその結果を争う必要がないのが通常であるから，受遺者の被告適格を否定する理由はないとされる。受遺者と遺言執行者の被告適格は併存し，受遺者が受けた確定判決の効力は法的には遺言執行者に及ばないとされるものと解される。

これに対し，私見は被告適格を受遺者のみに認める。また，目的物の帰属に私的な利益を持たず，ただ遺言が有効（受遺者に所有権がある）なら遺贈を原因とする移転登記をなす義務を負う（遺言が無効ならその義務を負わない）という程度で目的物を管理しているに過ぎない遺言執行者は，あたかも，他人間に所有権の帰属に関する訴訟が係属中の物を保管する者と同視しうるから，受遺者との関係では，民訴法115条1項4号の請求の目的物の所持人に該当する（受遺者敗訴判決の既判力は遺言執行者に拡張される）といえると考える（丹野・前掲注2) 2552頁は，この場合に判決の反射効を肯定する）。

[42] なお，受遺者が遺言執行者を被告として遺贈を原因とする移転登記手続請求をする場合の遺言執行者の被告適格は，相続人が相続により負担する登記義務につき遺言執行者が訴訟担当者となるということに求めることができる（登記法上の登記義務者が遺言執行者がであることに求めることもできる）。ただ，この遺言執行者の被告適格は遺言の有効性を前提とするから，相続人は，遺言の無効を主張して，その旨の確認請求なり，既に経由済みの遺贈を原因とする移転登記の抹消登記手続請求なりを通じて（その被告適格は本文で述べた通り私見では受遺者にある），遺言執行者敗訴の効果を覆すことは可能である（福永・前掲注13) 369頁）から，受遺者としては，遺言の効力を争う相続人がいる限り，この者をも被告として遺言の有効または遺贈目的物の所有権を確認しておかないと，その権利を完全に実現することはできない。

Ⅲ 最近の判例の検討

【判例8】 最判平成10年2月27日民集52巻1号299頁

〈事実〉 本件土地を所有していたAは平成3年7月3日に死亡した。その相続人は長男B, 次男Y, 三男X, 長女Cである。Aを遺言者とする公正証書遺言があり, その内容は, 本件土地の持分2分の1をBに, 持分2分の1をXに相続させる, 東京都新宿区所在の土地建物をYに相続させる, 預貯金のうちから, 2000万円をCに相続させ, 残額は遺言執行者の責任において遺言者の負担すべき公租公課, 医療費その他相続税の支払いに充当する, Yを祖先の祭祀主催者及び遺言執行者に指定するというものであった。

Xは, 昭和63年6月6日にAより本件土地上の建物（以下「本件建物」という）の贈与を受け, その際Aと本件土地につき建物所有目的で賃貸借契約（以下「本件賃借権」という）を締結したと主張して, 本件土地を占有している。Yが本件賃借権を争うため, XはYを被告としてその確認を求める訴えを提起した（第一事件）。更にXは, その他の相続人が本件賃借権を争うため, BおよびCを被告としてその確認を求める訴えを提起した（第二事件）。そして, 遺言執行者Yを被告として, 遺言執行者Yが本件賃借権を争うため, その確認を求める訴えを提起した（第三事件）。

第一審は, 遺言執行者が就任している以上, 遺言執行者により管理される相続財産については一切の権限を遺言執行者が有するから, 右相続財産に関する訴えの被告適格を有するのは遺言執行者であり, 本件土地について被告適格を有するのは遺言執行者Yであって, 相続人個人としてのYを被告とする第一事件および第二事件はいずれも被告適格を有しない者を被告とする訴えであるとして, 不適法却下した上, 第三事件についてXの請求を認容した。第一事件および第二事件についてはXが控訴せず確定した。第三事件につきYが控訴したが, 控訴棄却。

Yの上告に対し, 上告審は, 職権によりYの被告適格につき次のように判示して, 原判決を破棄し, 第一審判決を取り消し, Xの訴えを却下した。

〈判旨〉 「1 特定の不動産を特定の相続人に相続させる趣旨の遺言をした遺言者の意思は, 右の相続人に相続開始と同時に遺産分割手続を経ることなく当該不動産の所有権を取得させることにあるから（最高裁平成元年(オ)第174号同3年4月19日第2小法廷判決・民集45巻4号477頁参照）, その占有, 管理についても, 右の相続人が相続開始時から所有権に基づき自らこれを行うことを期待しているのが通常であると考えられ, 右の趣旨の遺言がされた場合においては, 遺言執行者があるときでも, 遺言書に当該不動産の管理及び相続人への引渡しを遺言執行者の職務とする旨の記載があるなど特段の事情のない限り, 遺言執行者は, 当該不動産を管理する義務や, これを相続人に引き渡す義務を負わないと解される。そうすると, 遺言執行者があるときであっても, 遺言によって特定の相続人に相続させるものとされた特定の不動産に

ついての賃借権確認請求訴訟の被告適格を有する者は，右特段の事情のない限り，右の相続人であるというべきである。

　2　これを本件についてみるに，記録によれば，次の事実が認められる……〔筆者注：〈事実〉参照〕。

　3　右事実によれば，本件土地はAの死亡時にBとXが相続によりそれぞれ持分2分の1ずつを取得したものであり，右1記載の特段の事情も認められないから，本件訴訟の被告適格を有するのは，遺言執行者であるYではなく，Bであり，Yを被告とする本件訴訟は不適法なものというべきである（なお，本件遺言が無効とされる場合には上告人は遺言執行者の地位にないことになるから，この場合においてもYを被告とする本件訴訟は不適法である）。」

【判例8】は，相続させる遺言における物権的効力を強調し，目的物の占有，管理は所有権に基づいて受益相続人自らが行なうことが期待されるから，目的物の引渡しは遺言執行の範囲外としたが，【判例7】では，相続させる遺言の場合には遺言執行者は受益相続人に代わり相続による登記を申請する権利も義務もないにも拘わらず，「不動産取引における登記の重要性」を理由に，他の相続人が経由した相続を原因とする移転登記の抹消登記手続を求めるのは遺言の執行であるとされており，両者の間に整合性があるかが問われる。遺言内容に反する登記がなされたときはその是正を遺言執行者の職務とするが，目的物の占有・管理については特段の意思が表示されていない以上受益相続人に委ねるのが，相続させる遺言につき遺言執行者を置いた遺言者の合理的意思であるということで，一応の説明はつく。また，【判例7】は，受益相続人自ら，遺言内容に反する登記の抹消登記手続または真正な登記名義の回復を原因とする移転登記手続を，相続させる遺言の物権的効果により帰属する所有権に基づいて請求することを傍論ながら認めており，目的物の占有移転は所有権に基づき受益相続人自らが行なうべきことを強調する【判例8】と【判例7】とは，受益相続人によるその所有権に基づく物権的請求権の行使を尊重かつ重視する点において，むしろ同一の方向線上にある。【判例7】は，登記について，これに加えて遺言執行者にも提訴権限を認めたものと位置付けるべきである。私見によれば，登記に関するこの遺言執行者の提訴権限ですら受益相続人による登記手続請求との関連では補充的なものに過ぎず，目的物の占有についてまで，遺言執行者に提訴権限を認める必要性は乏しい。この意味で，【判例8】は，

特定遺贈の受遺者および相続させる遺言の受益相続人との関係で遺言執行者の当事者適格を限定する（遺言内容に反する登記の是正についての補充的な原告適格および特定遺贈における遺贈を原因とする移転登記についての被告適格のみを肯定する）私見とも，方向性としては同一方向にある。

　もちろん，遺言執行者が相続させる遺言の目的土地につき借地権を設定する処分権を有する筈はなく，それを有するのは受益相続人であるから，そうした借地権設定と同一の効果を招来しうる借地権確認請求訴訟の被告適格が受益相続人にあることは，私見によれば当然の帰結である。仮に遺言に判旨のいう「特段の事情」として占有の移転についても遺言執行者の任務とする遺言者の意思が現れていたとしても，それは占有者に対する受益相続人への引渡請求が，遺言内容に反する登記の是正請求の場合と同じ意味において補充的に，遺言執行者の固有適格として認められるに過ぎず，相続させる遺言の目的土地上の借地権確認訴訟の被告適格まで遺言執行者に認める必要はない。

　ただし，私見がこれに反対であることは前述の通りであるが，【判例2】は，遺贈を原因とする移転登記の経由後であっても，相続人による遺言無効確認請求（その実質は相続人の法定相続分に応じた持分権確認請求）の被告適格者は遺言執行者であるとしているから，この【判例2】と【判例8】の被告適格論とが内在的に整合するかを検討しておく必要がある。

　この点については，八田卓也助教授による次のような議論が注目される[43]。すなわち，【判例2】の事案における相続人は遺言の無効を主張しており，この主張は，受遺者または受益相続人の登記名義の取得と法的に両立しえない。そして受遺者または受益相続人の登記の取得に関わることが遺言執行者の任務であるとすれば，それと法的に両立しえない相続人の権利主張に対し遺言の効力を守るのも遺言執行者の任務である。したがって，遺言無効確認の訴えの被告適格者は遺言執行者である。これに対し，【判例8】の事案における原告の請求の趣旨である借地権確認は，遺言者の生前中に，遺贈ないし相続させる対象の不動産につき，遺言者から借地権の設定を受けたとする主張を前提としており，これは遺言が有効であってもそれと両立する。したがって，対象不動産の占有・管理をも特に遺言執行者の任務とする趣旨が遺言に現れていない限り，

---

43)　八田卓也〔【判例8】判批〕法政研究（九大）66巻3号（1999）1259頁。なお，同〔【判例7】判批〕法セミ545号（2000）108頁をも参照。

遺言の執行とは関係がないから，被告適格者は遺言執行者ではなく受遺者または受益相続人である[44]。

この八田説の類型論は，奈良次郎教授のそれ[45]に依拠したものであるが，八田助教授によると，両者の中間の類型，すなわち，原告が，遺贈または相続させる遺言に係る不動産につき，遺言者から生前贈与を受けたと主張する場合，この生前贈与と遺贈または相続させる遺言は，二重譲渡と同じく，法律的には両立しうるが，遺言執行者が実現すべき遺言内容（受遺者または受益相続人に登記をえさせる）と抵触するから，原告の生前贈与を理由とする所有権確認請求の被告適格者は遺言執行者であるとされる[46]。しかし，私見によれば，遺言無効確認と生前贈与を理由とする所有権確認との何れにおいても，被告適格者は受遺者または受益相続人である。遺言が有効なら受遺者または受益相続人に帰属する目的物の所有権を処分する権限は遺言執行者にはないからである[47]。

---

[44] 八田助教授はまた，特定遺贈では，受遺者に登記を取得させることは遺言執行者の任務であり，遺贈対象物につき相続人が共有持分権を有していればこの任務は全うできないから，遺言無効を前提とする共有持分権確認請求は遺言の執行と抵触するので，遺言執行者が被告適格を持つが，相続させる遺言では，遺言執行者は受益相続人への登記義務を負わないから，原告が，対象不動産につき借地権確認を求める場合はもちろん，遺言の無効を理由に共有持分権の確認を請求する場合も，遺言者から生前贈与されたとして所有権の確認を請求する場合も，いずれも遺言の執行と無関係であり遺言執行者は被告適格を持たないと考えれば，特定遺贈の事例である【判例2】と相続させる遺言の事例である【判例8】とは区別できるとする（八田・前掲注43）法政研究66巻3号1362頁）。

しかし，相続させる遺言において遺言執行者が受益相続人に代わり相続を原因とする登記を申請する権利も義務もないことは，遺言執行者の登記に関する訴訟の当事者適格を左右しないとする【判例7】が現れた以上，遺言執行者の登記義務の有無を理由として特定遺贈の事例と相続させる遺言の事例を区別するのは，最高裁の立場とは相容れないであろう。

[45] 奈良次郎「相続財産に関する訴訟と遺言執行者――主として被告適格と関連して」司法研修所論集59号（1977）54頁。

[46] 八田・前掲注43）法政研究66巻3号1362頁。

これに対し，奈良・前掲注45）54頁は，この場合の遺言執行者の被告適格を否定する。生前贈与を受けたと主張する原告の主張が正しいとすれば，係争土地は相続財産に含まれないのだから，遺言執行者の管理処分権は実体上存在しないことを理由とする。この理由付けの問題性については，注54）を参照されたい。

[47] 中野貞一郎「当事者適格の決まり方」『民事訴訟法の論点Ⅰ』（判例タイムズ社，1994）109頁は，生前贈与を主張する者が既に移転登記を経由している場合には，遺言執行者は目的物の受遺者への登記移転・目的物引渡義務を負う限度で目的物の管理権を有するに過ぎないから，同人によるその所有権確認請求の被告適格者は受遺者であり，これを否定するような排他的な管理権を遺言執行者が有するとはいえないとされる。これによると，中野教授は，生前贈与を主張する者の登記の有無により遺言執行者の被告適格を分けて考えられるものと解される。しかし，生前贈与を主張する者が登記をえていない場合，この生前贈与と特定遺贈とは民法177条の対抗関係に

III 最近の判例の検討

ただ，借地権確認請求の被告適格者を受益相続人とする【判例8】と【判例2】との整合性を八田説のように説明しようとすると，直ちにそれとの整合性が問われるのが，【判例7】の独立当事者参加人Zによる遺留分減殺請求の被告適格に関する判示である。

【判例7】最判平成11年12月16日民集53巻9号1989頁

〈判旨〉「ZらはそれぞれAの相続財産について32分の1の遺留分を有しており，一方，遺言執行者であるXは，Y_1に対し，本件一土地についてBらへの，本件二土地の持分2分の1についてY_2への各持分移転登記手続を求めていて，これが遺言の執行に属することは前記の通りである。そして，Xの右請求の成否とZらの本件一及び二土地についての遺留分減殺請求の成否とは，表裏の関係にあり，合一確定を要するから，本件一及び二土地についてZらが遺留分減殺請求に基づき共有持分権の確認を求める訴訟に関しては，遺言執行者であるXも当事者適格（被告適格）を有するものと解するのが相当である（これに対し，本件三ないし五土地については，Aの新遺言の内容に符合する所有権移転登記が経由されるに至っており，もはや遺言の執行が問題となる余地はないから，Xは右各土地について共有持分権の確認を求め

ある（最判昭和46年1月26日民集25巻1号90頁）ため，登記未了の生前受贈者による所有権確認請求は，特定遺贈を内容とする遺言が無効でない限り，生前贈与が有効であっても理由がないこととなるが，これは本案の問題であって，被告適格の問題としては，目的物の排他的管理処分権の帰属が決め手となる以上，生前受贈者の登記の有無は同人が提起する所有権確認請求の被告適格者が受遺者であるとの結論を左右しないと考えられる。

また，中野教授は，生前贈与を主張する者が移転登記未了の場合，贈与を原因とする移転登記手続請求の被告適格は遺言執行者にあるとされる（前掲書110頁）。私見によれば，この場合，生前贈与を有効とする原告の主張によれば，目的物は相続開始の時点で相続財産から逸出しているが，なお被相続人の登記義務は残存しており，それが相続人に承継されている（奈良・前掲注45）48頁は，こういう残務処理だけが消極財産として相続財産に包含されていると考えるのはおかしいとするが，実体法的にはそう考えざるをえないであろう）から，本来相続人が被告適格を有するが，遺言執行者の指定があると民法1012条1項により同人が被告適格者となる。この点では中野説と結論が一致する（これに対し，福永・前掲注13）373頁は，生前受贈者による所有権確認請求のみならず，移転登記手続請求についても，受遺者に被告適格を認められるようである）。しかし，当該の不動産が特定遺贈または相続させる遺言の対象となっているときは，その遺言が有効でありかつ生前贈与が無効であるなら目的物の所有権は受遺者または受益相続人に帰属するが，遺言執行者はこれを処分する権能を持たない。したがって，受遺者または受益相続人が後に生前贈与の無効を主張して所有権確認および贈与を原因とする移転登記の抹消登記手続を請求してくる余地は否定できない（遺言執行者と受遺者との間では受遺者に目的物の管理処分権が帰属するが，ただ，遺言執行者は受遺者への移転登記をしなければならない関係で，相続人との関係ではその程度の管理権を有するものに過ぎないと説く中野・前掲書110頁でも，同じ結論となると解される）。したがって，生前贈与の無効および遺言の有効を主張する受遺者または受益相続人がいるときは，生前受贈者はこれを被告として所有権確認を求めておかないと，紛争は終局的に解決しない。

る訴訟に関しては被告適格を有しない)。

　そうすると，原審の右判断のうち本件一及び二土地に係る訴えに関する部分には，法令の解釈適用を誤った違法があり，この違法は原判決の結論に影響を及ぼすことが明らかである。」

　まず，既に遺言内容通りの登記が相続させる遺言の受益相続人宛に経由されている本件土地三ないし五について，【判例7】は，もはや遺言の執行の余地がないとして，共有持分権確認の訴えについて遺言執行者の被告適格を否定した。この点の【判例2】との整合性が問題となる。【判例2】では，既に特定遺贈の受遺者宛に移転(仮)登記が経由されている場合でも，遺言無効確認すなわち法定相続分に応じた共有持分権を有することの確認を求める相続人の訴えの被告適格者は遺言執行者であるとしている点に照らし，遺言の執行としての登記が完了しているというだけでは，遺言執行者の被告適格を否定する理由としては不十分である。おそらくは，遺言の無効確認請求または遺言無効を前提とする相続人の共有持分権確認請求と遺留分減殺請求に基づく共有持分権確認請求との相違に，両者の別扱いの根拠を求めざるをえないであろう。

　そうだとすると，実は【判例7】が遺言執行者の被告適格を認めた本件土地一および二についても，次に述べることが同様に当てはまることとなる。すなわち，【判例7】におけるZら他の相続人が独立当事者参加人としてする共有持分権確認請求の請求原因が遺言の無効を理由とするものであったなら，【判例8】に関して八田助教授が指摘される通り，他の相続人による遺言内容と異なる法定相続分に応じた持分権の主張に対抗して，相続させる遺言の内容通りの登記手続を現在の登記名義人Yに請求することとの関連において，遺言の効力を維持すべく訴訟追行を行なうことも，遺言執行者の任務ということができたかもしれない。しかし，【判例7】では，参加人の共有持分権確認の請求原因は遺留分減殺であり，いうまでもなく，遺留分減殺請求の結果たる共有持分権の確認請求およびそれを前提とする移転登記手続請求は，遺言が有効であることを前提とする（参加人らが遺言の無効を主張するなら，その請求の趣旨は法定相続分に応じた共有持分権確認となった筈である）。したがって，遺言執行者による現在の登記名義人に対する登記手続請求と参加人らによる遺留分減殺請求との間には遺言の有効性に関して主張の矛盾抵触がないのであるから，そもそも遺言執行者と参加人らとの間に共有持分確認請求が定立しえた事案であるか自体，

疑わしい。遺留分減殺請求訴訟では，遺言の有効性を前提とした上で，参加人らが生前贈与をえていたかなど，その遺留分減殺請求に理由があるかが争われうるが，常識的に考えて，その点に関する訴訟追行が遺言の執行であり遺言執行者の任務であるとはいい難いであろう[48]。したがって，遺言執行者の任務の範囲論としても，参加人らは，現在の登記名義人および受益相続人が参加人らの減殺請求権を争うときには，遺言内容通りの登記が受益相続人に既に経由されているか否かに拘わらず，本件一ないし五の土地すべてにつき，遺留分減殺請求を理由として，遺言執行者ではなく受益相続人に対して遺留分相当の持分権確認請求を，現在の登記名義人に対して遺留分相当の持分権確認請求と移転登記請求を，それぞれ定立すべきであった。現に，大判昭和13年2月26日民集17巻275頁（**【判例9】**）は，包括遺贈においては，遺言執行者は相続人と同一の権利義務を負い，遺言執行者は包括受遺者の代理人と見做されるから，遺言執行者に対し減殺請求をしたのは正当であるとしつつ，傍論ながら，特定遺贈の場合に遺留分権者が減殺請求をするときは受遺者を被告とすべきであるとしている。

　もちろん，私見によれば，**【判例7】**の事案においても，遺言執行者の任務の範囲を云々するまでもなく，遺留分減殺請求はその帰趨如何によっては，特定遺贈または相続させる遺言の物権的効果により受遺者または受益相続人の所有に帰した財産に新たな負担を設定する処分行為の実質を持つのであり，こうした処分権限は受遺者または受益相続人に属するから，遺留分減殺請求を前提とする共有持分権の確認および移転登記手続請求の被告適格者が受遺者または

---

48) 犬伏由子〔**【判例7】**判批〕リマークス2001（上）85頁は，遺言執行者は遺留分減殺請求により制約を受けた遺言の実現をしなければならないから，遺言が未履行である限り，遺言執行者に被告適格があるとする。しかし，遺言執行者が受遺者に対し登記義務を負う特定遺贈の場合でも，実体法的に分析すれば，先ず遺贈の効果として受遺者に所有権が移転し，遺留分減殺請求の効果として受遺者から相続人にその持分権が移転するの（受遺者が遺贈により所有権を取得した物を他に売却するのと同じ）であり，この関係を登記上に正確に反映させるとすれば，先ず遺贈を原因とする受遺者への所有権移転登記を経由し，その上で遺留分減殺を原因とする相続人への持分権移転登記を経由すべきものであり，遺言執行者が遺言によって負担する登記義務は前者に限られる。まして，遺言執行者が相続を原因とする移転登記につき登記義務を負わない相続させる遺言の場合に，彼が受益相続人から他の相続人への持分権移転の登記義務を負うことはない。したがって，遺言が未履行の段階でも，遺言執行者は遺留分減殺により制約を受けた遺言の実現をしなければならないと考える必要はない。他に，遺言執行者の職務執行の必要性から遺留分減殺請求における同人の被告適格を認めるものとして，二羽和彦〔**【判例7】**判批〕金判1097号（2000）58頁。

受益相続人であることは，当然の結論となる。

Ⅳ　おわりに

【判例8】の事案では，Xは，先ず相続人Yを被告として借地権確認の訴えを提起し，次いで，その余の相続人B，Cを被告として同旨の確認を求め[49]，更に，遺言執行者としての資格におけるYに対し同旨の確認を求めている。【判例8】の調査官解説[50]によれば，遺言執行者Yの上告理由の中に，Xの借地権確認請求の正当な被告は遺言執行者Yであるとする第一審裁判所の示唆により，遺言執行者Yに対する請求が追加されたとの主張があるという。仮にそれが事実であるとすれば，裁判所の言葉を信じて，遺言執行者Yに対する請求を追加し，相続人Yに対する訴えの却下判決につき控訴をせず，専ら遺言執行者Yとの間で借地権の存否をめぐって争い，控訴審では勝訴しながら，上告審において，突如として正当な被告は相続人Yであると指摘され，原判決破棄・第一審判決取消しの判決を言い渡された[51]Xの立場は，どうなる

---

[49] 【判例8】の調査官解説（野山宏・最判解民事篇平成10年度（上）233頁。同じ調査官による解説として，ジュリ1136号〔1998〕106頁）によれば，Xは，本件遺言は無効であり，本件不動産が共同相続人間の相続財産共有の状態にあることを前提とした上で，まず自らの借地権を積極的に争うYのみを被告として借地権を確認すれば事実上紛争は解決すると考えたが，後にすべての相続人との間で自己の借地権を確定させたいと考え，B，Cを被告とする訴えを提起したものと推察されるとある。判例（最判昭和45年5月22日民集24巻5号415頁）は，賃貸人の共同相続人に対する借地権確認請求につき被告側に固有必要的共同訴訟関係の成立を否定するから，Xの当初の選択は誤りではない。もちろん，この判例自体多くの問題を含むが，それに触れることは本稿の守備範囲を超える。

[50] 野山・前掲注49）最判解223頁以下。

[51] そもそも，遺言執行者Yを被告とする借地権確認請求の認容判決を取り消し訴えを却下した上告審の措置が適切であったかは，問題である。というのは，この事案におけるYは，遺言執行者であると同時に本件遺言の受益相続人であるから，Xとしては，訴え却下の確定後，いま一度受益相続人Yに対し同旨の請求を定立して再訴することになるだけだからであり，他方で，遺言執行者Yを被告として下された借地権確認判決は，遺言が有効であるとすれば目的物の単独所有者である受益相続人Yに対する借地権確認判決として，遺言が無効であるとすれば他の相続人B，Cと並んで目的物を共有するYに対する借地権確認判決として，意義を有しうるからである（この点につき，畑瑞穂〔【判例8】判批〕平成10年度重判解126頁参照）。もっとも，受益相続人たる資格ではなく遺言執行者たる資格におけるYを被告とする借地権確認判決が確定すると，判例が遺言執行者を相続人の法定訴訟担当者と捉えていることとの関係で，その既判力がその他の相続人であるBおよびCに拡張されてしまうことを，最高裁は懸念したのかもしれない。しかし，B，Cは，Xに対し生前贈与の無効を理由とする借地権不存在確認を求める前提として，遺言執行者Yの当事者適格の基盤である遺言の無効を主張立証し，自らへの遺言執

IV おわりに

のであろう。最高裁の示唆に従い，相続人Yに対し改めて借地権確認を求めようにも，相続人Yに対する訴えを被告適格欠缺を理由に却下した第一審判決が既に確定しているのである[52]。

このような悲劇に実務上接した経験に基づくためであろうか，学者の所説が往々にして遺言執行者の当事者適格の承認に積極的であるのに対し，練達の実務家においては，遺言執行者の当事者適格をできるだけ狭く解釈し，相続人や受遺者・受益相続人に当事者適格を認め，また，訴訟係属中に被告適格の間違いが判明した場合に柔軟な処理を提唱する見解が有力である[53]。これらの所説が遺言執行者の当事者適格を否定するにあたって用いる理論構成[54]には，俄に

行者敗訴判決の効力の拡張を否定することは認められる筈である。

52) 裁判権や訴えの利益，当事者適格の欠缺を理由とする訴え却下判決が確定すれば，当該訴訟要件が欠缺するとの判断には既判力が認められる（新堂・前掲注11）685頁）。訴訟能力や代理権の欠缺であれば，一旦その欠缺を理由に訴え却下が確定したときは，当該起訴行為が無効であることに既判力が生ずる（兼子一＝松浦馨ほか『条解民事訴訟法〔第2版〕』〔弘文堂，2011〕515頁〔竹下守夫〕）が，能力の回復や代理権の授与など新たな事情の変動を主張して訴えを提起することは許される。しかし，本件では，上告審判決の立場からは，当初から受益相続人Yが被告適格者であったところ，被告適格の欠缺を理由に受益相続人Yを被告とする訴えの却下が既に確定しており，受益相続人Yは被告適格者でないとの判断に既判力が生じてしまっている。ただ，被告適格者は遺言執行者であるとの第一審裁判所の示唆を信じて，Xが受益相続人Yに対する訴え却下判決に対し控訴しなかったところ，上告審で初めて第一審判決の示唆が誤りであると判示されたのであれば，実質的には基準時後の事情の変動があったと同様の扱いをすべきであるともいえるし，Xには受益相続人Yに対する訴えを却下する判決の確定を控訴の提起により遮断しておくことの期待可能性が欠けていたことを理由として，既判力を調整する（これについては，高橋・前掲注3）537頁，新堂・前掲注11）691頁参照）ことも可能であろう。

53) 奈良・前掲注45）36頁以下，丹野・前掲注2）2580頁以下。

54) 奈良教授が，被相続人が錯誤無効として争っていた生前贈与の受贈者が所有権確認または贈与を原因とする移転登記手続を請求する場合において，相続人に被告適格を認め遺言執行者のそれを否定する際に依拠する論理は，「生前贈与を理由とする所有権確認請求で原告が勝訴するときには遺言執行者が被告適格者でないことに問題はなく，遺言執行者の被告適格は原告が敗訴したとき（目的物が遺産に帰属するとき）に初めて問題となるのであり，被告側としても遺言執行者の被告適格を問題としなくてもよい」というものである（奈良・前掲注45）50頁以下。丹野説でもこの論理はあちらこちらに顔を出す。丹野・前掲注2）2543頁，2574頁，2576頁）。この論理の背景には，本案審理の結果目的物が遺産の範囲に含まれないとなると，遡って遺言執行者の管理処分権の対象にも含まれないことになり，訴えが不適法となるという考え方がある。

しかし，福永教授が正当にも指摘されるように，当事者適格の判断とは，目的物が遺産に含まれると仮定した場合にそれにつき管理処分権を持つのは誰かを判定する作業であり，ここで遺言執行者（くどいようだが，私見によれば，遺言執行者ではなく受遺者または受益相続人）が管理処分権者であると決定されれば，本案審理の結果目的物が遺産に含まれない（生前贈与が有効である）と判断されても，遺言執行者の当事者適格が覆る性質のものではない。さもないと，遺言執行者が原告となって生前贈与の無効確認を求める場合でも，本案審理の結果生前贈与が有効と

首肯しかねる部分もあるが，遺言執行者の職務範囲ないし当事者適格を極小化しようとするその結論において，本稿に示した私見と相通じる。また，原告が被告適格を誤ったときの備えとして所説が唱える柔軟な措置（訴え却下に代わる訴訟承継[55]など）にも，賛成するに吝かでない。しかし，理論の課題として第

判断されれば，遡って遺言執行者は原告適格がないことになるからである（福永・前掲注13）372頁）。

また，丹野教授がこの類型において遺言執行者の被告適格を否定する際に依拠する論理は，「原告の主張に遺言執行者が含まれていないのはもちろん，被告の主張（抗弁）にも遺言の存在は現れておらず，遺言の存在または遺贈は主要事実とならない。仮に被告が本案前の抗弁として遺言執行者の存在を主張したとしても，遺贈および遺言執行者の指定は時系列的には係争生前贈与の後のことがらであり，本件紛争の核心は生前贈与の効力如何にあるから，これについてのみの判断によって，本件紛争は解決済みとなる。遺言の執行はその後の問題であり，原告の請求自体静止的な権利の確認であり，その限りで遺言の執行に関わらない」というものである。

確かに，被告である相続人が，生前贈与は錯誤により無効であると考えているが，同時に，遺言もまた無効（係争物は相続により自分の財産）であると考えている限り，原告の主張はもちろん，被告の主張にも，遺言の存在は出てくる余地がない。この場合に，原告と被告の主張のみから，相続人が被告適格者であると判定されることはありうる。ただ，遺言を有効と主張する遺言執行者または受遺者・受益相続人から，原告が再訴を提起される可能性が残るだけである。これに対し，相続人が，生前贈与を無効と考えつつ，遺言および遺言執行者の指定は有効であると考える場合には，彼が遺産に関して遺言内容に反する移転登記をすれば無効なのであり，彼のこの主観的認識に反して，遺言の無効を前提とする訴訟追行を彼に強要することはできない。奈良教授は，生前贈与を主張する者による所有権確認請求・移転登記手続請求の類型において，原告の主張のみから被告適格を決すべきであり，被告による遺言執行者の存在の抗弁を斟酌すべきでないとされる（奈良・前掲注45）55頁）が，遺言執行者を指定する遺言の存在を抗弁として主張し，自己の被告適格（登記請求なら自己の登記義務）を争うことは，被告の正当な防御権行使である。しかも，被告による遺言執行者の存在の抗弁を斟酌せずして原告勝訴の本案判決を下したところで，遺言執行者や受遺者・受益相続人から生前贈与者が再訴されることは必至であることを考えれば，無意味である。

55) 奈良説では，第一審で相続人が被告適格者と判定されたが，控訴審では遺言執行者が被告適格者であると判定される場合，訴えを却下するのではなく，訴訟引受けまたは一般承継に準じて中断・受継として処理し，従前の訴訟状態を遺言執行者に引き受けさせるべきであると主張される（奈良・前掲注45）63頁以下）。しかし，担当訴訟において担当者が真実適格を有していなかったときは，判決が確定してもその内容的効果である既判力は被担当者に及ばないという意味で無効とされる（新堂・前掲注11）304頁）以上，真実適格を有しない担当者の訴訟追行により形成された生成中の既判力である訴訟状態を被担当者に引き受けさせることには無理があり，本来適格を有しない被担当者の訴訟追行による訴訟状態を本来の適格者である担当者に引き受けさせることについても，同じことがいえる。また，上訴審段階での訴訟引受けまたは受継を認めることは，真の当事者適格者から審級の利益を奪うものである。やはり，奈良説自ら認める任意的当事者変更が，被告適格者を誤った原告の救済手段の上限であろう。

また，高橋・前掲注3）291頁（注38）は，訴訟提起の段階から遺言執行者の存在が判明しているときは，相続人は受遺者・受益相続人に対する請求と遺言執行者に対する請求の，受遺者・受益相続人は相続人に対する請求と遺言執行者に対する請求の，それぞれ主観的予備的併合で行くのが安全であるとする。主観的予備的併合が許されないとの通説・判例を前提とすれば，民訴

Ⅳ　おわりに

一次的に求められるのは，遺言執行者が当事者適格を有する範囲を画定することであると考える。本稿はその課題に対する一つの答えである。

〔付記〕
　本稿の執筆には平成 16 年度科学研究費補助金（基盤研究(c)(2)）の助成を受けた。

＊　　＊　　＊

〔補注〕
　本稿で引用されている民法 1012 条から 1015 条の条文は，平成 30 年法律 72 号により改正がされている。改正前の条文は以下のとおり。
（遺言執行者の権利義務）
1012 条　遺言執行者は，相続財産の管理その他遺言の執行に必要な一切の行為をする権利義務を有する。
2　644 条から 647 条まで及び 650 条の規定は，遺言執行者について準用する。
（遺言の執行の妨害行為の禁止）
1013 条　遺言執行者がある場合には，相続人は，相続財産の処分その他遺言の執行を妨げるべき行為をすることができない。
（特定財産に関する遺言の執行）
1014 条　前三条の規定は，遺言が相続財産のうち特定の財産に関する場合には，その財産についてのみ適用する。
（遺言執行者の地位）
1015 条　遺言執行者は，相続人の代理人とみなす。

　　法 41 条の同時審判の申立てをすることとなろう。ただ，請求ではなく当事者適格が両立しない場合であるから，正確には同条の類推である。

遺産分割の前提問題の確認の訴えに関する一考察
―― 遺産確認の訴えの当事者適格を中心として

 I　はじめに
 II　最大決昭和41年3月2日民集20巻3号360頁
 III　確認対象としての遺産帰属性の適格性
 IV　遺産分割の前提問題と固有必要的共同訴訟
 V　相続分の全部を他の共同相続人に譲渡した者の遺産確認の訴えの当事者適格
 VI　おわりに

I　はじめに

　遺産分割審判手続において，遺産分割の前提問題として，実体的な権利義務または法律関係の存否，たとえば，ある財産が遺産分割の対象となる被相続人の遺産に含まれるか，相続人であると主張する特定の者が真実相続人であるか，といったことが争われることが，稀ではない。この場合，非訟事件である遺産分割審判手続において，訴訟事件に属する前提問題について判断することが許されるか。判例によれば，むしろ家事審判手続が非訟事件であるからからこそ，家庭裁判所は，その前提問題である実体的権利義務関係，たとえばAという不動産が共同相続人甲，乙および丙の間において各自持分3分の1ずつの遺産分割前の共有に属し，したがって遺産分割の対象となることを肯定した上で，これを甲のものとする分割審判をすることができる。

II　最大決昭和41年3月2日民集20巻3号360頁

　同決定[1]は，その冒頭において，夫婦同居に関する裁判を公開，対審の手続

---

1) 同決定の解説等として，高津環・最判解民事篇昭和41年度85頁のほか，伊東乾・法学研究（慶應義塾大学）40巻11号（1967）1558頁，山木戸克己・昭和41年度重判解38頁，同・家族

遺産分割の前提問題の確認の訴えに関する一考察

でない（旧）家事審判法上の家事審判手続で行うことは憲法 32 条・82 条に違反しない，とした最大決昭和 40 年 6 月 30 日民集 19 巻 4 号 1089 頁に従い，家事審判法 9 条 1 項乙類 10 号に規定する遺産の分割に関する処分の審判は，民法 907 条 2 項・3 項を承けて，各共同相続人の請求により，家庭裁判所が民法 906 条に則り，遺産に属するものまたは権利の種類および性質，各相続人の職業その他一切の事情を考慮して，当事者の意思に拘束されることなく，後見的立場から合目的的に裁量権を行使して具体的に分割を形成決定し，その結果必要な金銭の支払い，物の引渡し，登記義務の履行その他の給付を付随的に命じ，あるいは，一定期間遺産の全部または一部の分割を禁止する等の処分をなす裁判であって，その性質は本質的に非訟事件であるから，公開法廷における対審および判決によってする必要はなく，したがって，この審判は憲法 32 条・82 条に違反するものではない，と判示する。

その上で，同決定は続けて次のようにいう。

「家庭裁判所は，かかる〔遺産分割の〕前提たる〔実体法上の〕法律関係につき当事者間に争があるときは，常に民事訴訟による判決の確定をまつてはじめて遺産分割の審判をなすべきものであるというのではなく，審判手続において右前提事項の存否を審理判断したうえで分割の処分を行うことは少しも差支えないというべきである。けだし，審判手続においてした右前提事項に関する判断には既判力が生じないから，これを争う当事者は，別に民事訴訟を提起して右前提たる権利関係の確定を求めることをなんら妨げられるものではなく，そして，その結果，判決によつて右前提たる権利の存在が否定されれば，分割の審判もその限度において効力を失うに至るものと解されるからである。このように，右前提事項の存否を審判手続によつて決定しても，そのことは民事訴訟による通常の裁判を受ける途を閉すことを意味しないから，憲法 32 条，82 条に違反するものではない。」

要するに，遺産分割の前提たる実体的権利義務または法律関係についての家庭裁判所の判断は，審判すなわち決定手続におけるそれであるから，既判力を持ちえず，これを争う相続人には後に民事訴訟においてこれを争う可能性が留保されている以上，家庭裁判所はこの前提問題につき判断した上，それを基礎として分割審判をしても，一向に差し支えない。この論理は，家庭裁判所が遺産分割の前提たる実体的権利義務また法律関係について判断することが合憲で

法判例百選〔新版・増補〕(1975) 236 頁，佐々木吉男・家族法判例百選〔第 3 版〕(1980) 208 頁，橘勝治・家族法判例百選〔第 5 版〕(1995) 186 頁がある。

あることの論証としては，成功しているものの，そうした経緯を経て下された遺産分割審判の効力を極めて脆弱なものとする結果となることは，この大法廷決定も自認している。

たとえば，亡父の共同相続人甲，乙および丙のうち，丙が，A土地は自分が何某から売買によりその所有権を取得したものであると主張するのに対し，残りの共同相続人甲および乙は，A土地は，甲，乙および丙の父である先代が生前に何某から売買によりその所有権を取得したものであると主張して争っているとする。甲および乙の主張が正しければ，A土地は亡父の遺産を構成し遺産分割の対象となるが，丙の主張が正しければ，A土地は遺産分割の対象ではない。家庭裁判所が，A土地の遺産帰属性を肯定した上で，A土地を甲に，B土地を乙に，C土地と株式，社債等の金融資産を丙に，それぞれ分割する旨の審判をし，それが確定したとする。しかし，その後，丙がA土地につき丙の所有権確認を求める訴えを提起し，そこで丙の勝訴が確定したとする。昭和41年大法廷決定も認めるように，これにより，先に確定した遺産分割審判のうちA土地に関する部分は効力を失うが，その結果，先の遺産分割審判は共同相続人甲，乙および丙の相続分を正しく反映しないものとなってしまうから，結局審判をやり直すほかない。これは，遺産分割審判が非訟事件の手続である以上，避けることのできない脆弱性である。

III 確認対象としての遺産帰属性の適格性

この点については，遺産確認の訴えが適法であると判示した，最判昭和61年3月13日民集40巻2号389頁[2]が，教科書的とでも評すべき詳細な判示を行っている。

まず判旨は，A土地の遺産帰属性を争う丙に対して，甲がA土地につき3分の1の共有持分を有することの確認を求める訴えを提起し，そこで，A土地がもと甲らの父の所有に属し，父の死亡により，その子である甲が3分の1

---

[2] 同判決の解説等として，水野武・最判解民事篇昭和61年度142頁のほか，井上治典・昭和61年度重判解125頁，松下淳一・法協108巻1号（1991）159頁，山本克己・法教284号（2004）78頁，同・民法判例百選III（2015）118頁，梅本吉彦・家族法判例百選〔第5版〕（1995）182頁，中西正・民事訴訟法判例百選〔第3版〕（2003）64頁，加藤哲夫・民事訴訟法判例百選〔第5版〕（2015）54頁がある。

の共有持分を相続により取得したという理由により，甲が勝訴すれば，それで遺産帰属性をめぐる争いに決着がつくのが通常であるとする3)。とはいえ，理

---

3) しかし，遺産分割の前提問題を，A土地の単独所有権を主張する丙に対する甲の持分確認請求により処理することは，そこで丙の主張が認められ，甲の請求を棄却する判決が確定した場合を考えると，非常に厄介な問題を生じる。その後，甲および乙の申立てにかかる遺産分割手続において，丙が自己の単独所有権を主張したため，甲および乙が共同原告となり，丙を被告として，A土地が甲らの亡父の遺産であることの確認を求めた場合，甲のこの遺産確認請求と前訴における甲の請求棄却の確定判決の既判力との抵触が問題となるからである。

この点につき，最判平成9年3月14日判時1600号89頁の事案は，本文に設定した例とは逆に，丙が，A土地は自分が何某から買得したと主張して，甲に対しA土地についての丙の所有権確認を求めたところ，甲は，A土地を買得したのは甲，乙および丙らの亡父であるが，その後亡父はこれを甲に贈与したと主張して争った，というものである。第一審は丙の請求を認容したが，控訴審では，A土地を何某から買得したのは甲らの亡父であるが，亡父から甲への贈与の事実は認められないとして，丙の請求が棄却され，事件は丙の上告棄却で確定した。その後，遺産分割調停において甲がなお自己の単独所有権に固執したため，丙と乙が共同原告となり，甲に対してA土地が甲らの亡父の遺産であることの確認を求めたところ，丙による遺産確認請求は，丙の所有権確認請求を棄却した前訴確定判決の既判力に抵触するのではないかが問題となった。

最高裁は，このような場合でも，丙は，A土地についての遺産確認の訴えの当事者適格を失わず，共同相続人全員の間でA土地の遺産帰属性につき合一確定を求める訴えの利益を失わないとした。その理由として，判旨は，遺産確認の訴えは共同相続人全員の間で合一にのみ確定すべき訴えであること，および，前訴確定判決は，丙甲間においてA土地についての丙の所有権の不存在を既判力をもって確定したにとどまり，丙が相続人の地位を有することやA土地が亡父の遺産に属することを否定するものではないことを挙げている。

しかし，後者の理由付けに関していえば，昭和61年最判も自ら認めるように，遺産確認は，すなわちA土地が共同相続人（本事例では甲，乙および丙）による遺産分割前の共有関係にあることの確認なのであるから，前訴でA土地につき所有権を有しないことを既判力により確定された丙が，A土地は甲，乙および丙による遺産分割前の共有に属するという権利主張をすることは，所有権と共有持分とが包摂，被包摂の関係にあることを否定しない限り，前訴確定判決の既判力と抵触することは避けられないと思われる。結局，判旨前段がいう通り，遺産確認の合一確定の必要性が前訴確定判決の既判力を凌駕することに，理由を求めるしかない。丙甲間に前訴確定判決の既判力が存する以上，たとえA土地が亡父の遺産であるとして，乙の遺産確認請求が認容されても，丙のそれは既判力により棄却となるので，合一確定は図れない。合一確定が図れない以上，乙および丙による遺産確認の訴えは全体として不適法として却下するのは，乙の裁判を受ける権利を害する。また，丙を除外して乙単独で甲に対し遺産確認を請求するというのは，この訴えが固有必要的共同訴訟であるとの原則に抵触するし，丙は乙に対してはなお共有持分を主張できることとも整合しない。かくして，遺産分割審判の効力を安定させるためには，その前提となる遺産帰属性を共同相続人間において合一に確定する必要がある以上，甲丙間の前訴確定判決の既判力を無視してでも，丙の遺産確認の訴えの原告適格および遺産確認判決を求める訴えの利益は否定できないのである（高橋宏志『重点講義民事訴訟法(上)〔第2版補訂版〕』〔有斐閣，2013〕736頁以下（注167))。なお，高橋教授によれば，乙は丙を甲の共同被告として遺産確認請求をするのが，法技術的には巧みな解決方法であるとされる。この場合，甲丙間には遺産確認請求が定立されていないから，両者間の前訴確定判決の既判力は，原告乙と共同被告である甲および丙との間において遺産確認判決をすることの法律上の障害にはならず，かつ，共同訴

Ⅲ　確認対象としての遺産帰属性の適格性

訟人全員が当事者になっている点で，遺産確認の訴えが固有必要的共同訴訟であることとも整合する。これが，高橋教授が「法技術的には巧み」と評される所以であろう。ただ，高橋教授自身も，訴訟外で共同戦線を張っている乙と丙を原告と被告に分断するのは実際的でないとされており，法律的にも，遺産帰属性を争っていない丙に対する確認請求が定立できるのか，丙に対し請求を定立しなくともこれを被告にできるのかに，疑問がある（入会権確認に関する最判平成20年7月17日民集62巻7号1994頁が，これを許容する趣旨であるのかについては争いがある。学説分布については，拙稿・民事訴訟法判例百選〔第5版〕〔2015〕204頁以下参照。もっとも，後に検討する，最判平成16年7月6日民集58巻5号1319頁についての太田晃詳調査官解説〔最判解民事篇平成16年度（下）438頁以下（注16）〕は，遺産確認等遺産分割の前提問題の確認の訴えについては，遺産分割審判自体が非訟手続であり，遺産分割の申立てに同調しない者はその相手方とされるという事情があるから，遺産分割の前提問題の確認の訴えの提起に同調しない者を被告とすることを認めても，顕著な問題は生じないとする。また，形式的形成訴訟である境界確定の訴えにつき，境界を挟んで相隣接する土地の一方が共有に属する場合において，共有者の一部が同訴えの提起に同調しないときは，同訴えが実質非訟事件であり，訴訟上の請求が存在しないことを強調して，彼らを被告に加えることにより，共有者の全員が当事者となっていれば，同訴えが固有必要的共同訴訟であるとの要請は充たされるのであり，共有者全員が原告となる必要はない，と判示した最判平成11年11月9日民集53巻8号1421頁についての佐久間邦夫調査官解説〔最判解民事篇平成11年度（下）717頁以下（注25）〕は，後に検討する，最判平成元年3月28日民集43巻3号167頁の「共同相続人全員が当事者として関与し，その間で合一にのみ確定することを要するいわゆる固有必要的共同訴訟と解するのが相当である」との判示自体が，提訴非同調者を被告とすることを許容する趣旨であるとする。提訴非同調者を被告にすることができるか否かは，突き詰めれば，共有者は提訴を拒否する自由を有するのか，それとも，一定の要件の下で彼は提訴協力義務を負うかに係る〔これについては，鶴田滋「共有者の共同訴訟の必要性と共有者の訴権の保障」法学雑誌（大阪市立大学）55巻3＝4号（2009）781頁以下参照〕が，遺産分割協議および遺産分割審判の相手方とされることを拒否できない共同相続人は，その前提問題たる実体的な権利または法律関係の存否を確認する訴えの提起に同調しない自由を，そもそも有していないのかもしれない。さらには，近時，笠井正俊教授が指摘しておられる通り〔同「遺産確認訴訟における確定判決の既判力の主体的範囲」伊藤眞先生古稀祝賀論文集『民事手続の現代的使命』（有斐閣，2015）155頁，174頁以下〕，請求という矢印が観念し得ない非訟事件である遺産分割において，審判確定後にその前提となった遺産帰属性が争われる余地を残すことに起因する審判の効力の脆弱性を除去する必要があることが，遺産確認の訴えの適法性とその共同相続人全員の間における合一確定の必要性を肯定する根拠であるという「事柄の性質上」，請求が観念される訴訟事件である遺産確認の訴えにおいても，請求が定立されている原告，被告間のみならず，それが定立されていない共同訴訟人相互間においても，遺産帰属性の有無に関する既判力の発生を肯定せざるを得ない。そうだとすると，甲丙間においてA土地につき丙が所有権を有しないとの既判力が生じているのに，彼らを被告として遺産確認判決を下すことには，丙が原告となった場合と同様に問題がある。それでも遺産確認判決を下すべきであるという結論が変わらない以上，A土地は遺産であると主張する丙を甲の共同被告とするという，紛争の実態と乖離した技巧に走るべきではない）。

　因みに，後訴において，丙は，A土地についての共有持分に基づく移転登記手続をも請求しているが，最高裁は，この共有持分の主張はA土地についての丙の所有権確認請求を棄却した前訴確定判決の既判力に抵触するとして，この請求を棄却した原審の措置を是認している。ところで，前訴において，相続の要件事実は甲の主張から弁論に顕出しており，証拠からそれが認定できる限り，丙の請求は共有持分確認の限度で一部認容されるべきであったのであり，丙の請求

論的には，父の死亡により A 土地は甲，乙および丙による遺産分割前の共有に属するとの判断は，甲の A 土地についての 3 分の 1 の共有持分確認請求の請求原因事実についての判決理由中の判断から導き出されるに過ぎず，その判

を全部棄却した原審の判断には，理由不備ないし判断遺脱の違法がある。また，原審が相続の事実を認める以上，予備的に共有持分確認を求めるかの釈明をすべきであり，原審の措置には，釈明義務違反の違法がある（最判平成 9 年 7 月 17 日判時 1614 号 72 頁は，このような釈明義務違反を理由とする破棄差戻しを認めている）。しかし，前訴は，丙の上告棄却という，釈然としない，後味の悪い結果で終了してしまった。前訴控訴審には相続による共有持分取得という法的観点を指摘すべき義務の懈怠があるから，前訴判決の既判力は指摘されなかった共有持分の確認請求を遮断しないという議論（山本和彦「法律問題指摘義務違反による既判力の縮小」判タ 968 号〔1998〕78 頁），甲と丙との訴訟戦略上の不均衡，それゆえに共有持分の争いを前訴で持ち出すことを丙に期待するのは酷であるとの公平の見地，丙の相続による共有持分の取得という法的観点についての裁判を受ける権利の実質的保障の観点，共有持分の争いまで前訴の決着の中に押し込める必然性の欠如，これを後訴に留保した方が訴訟運営上得策であること等を理由に，前訴確定判決の失権効の範囲を訴訟物の枠よりも縮減すべきであるという議論（新堂幸司「既判力と訴訟物再論」『権利実行法の基礎』〔有斐閣，2001〕249 頁以下）が生じる理由も，ここにある。こうした立場からは，丙による遺産確認請求はもちろん，丙の共有持分に基づく移転登記手続請求も，前訴確定判決の既判力により遮断されないこととなる。

しかし，釈明義務違反であれ法的観点指摘義務違反であれ，再審事由とはされていない法令違反を理由に既判力を縮減するというのは，既判力および再審の制度と相いれない。また，前訴で予備的にでも相続を原因とする共有持分の確認請求を併合または追加せよと期待することは丙にとって酷だ，というのはその通りだとしても，丙の所有権確認請求を全部棄却した前訴控訴審判決を訴訟代理人が読めば，理由不備ないし判断遺脱，釈明義務違反は明らかであったのに，これを上告理由として主張しなかったのだから，これらは再審事由でないかまたは再審事由であっても再審の補充性に触れる以上，こうした根拠から既判力の縮減を認めるのは，やはり不当である（高橋・前掲書 739 頁以下（注 168）参照）。したがって，甲と丙の間では，丙は A 土地について所有権も共有持分も有しないことが既判力をもって確定されているのであり，この既判力は，遺産分割審判の内容を決めるに当たって，家庭裁判所の裁量を制約する要因となる（この点については，高橋・前掲書 741 頁以下に詳しい）。

以上から，本注の冒頭で記したように，共有持分確認訴訟で甲の敗訴が確定した場合でも，甲は乙の共同原告として，丙に対し，A 土地が亡父の遺産であることの確認を求める原告適格を維持する。しかし，このような事態の発生が望ましくないことは明らかである。したがって，甲の共有持分確認の訴えの受訴裁判所は，持分の取得原因として相続が主張され，丙が共同相続人の一人であり，他にも共同相続人がいることが甲および丙の主張から窺われる限り，遺産確認請求を追加しかつ乙をしてこれに共同訴訟参加させるよう，甲に釈明すべきであり，遺産分割審判手続において A 土地の遺産帰属性が丙により争われる場合には，家庭裁判所は，甲および乙が共同原告となり，丙に対し，A 土地の遺産確認の訴えを提起するよう，教示すべきである（なお，高橋・前掲書 737 頁，同『重点講義民事訴訟法（下）〔第 2 版補訂版〕』〔有斐閣，2014〕334 頁以下は，遺産共有か通常の民法 249 条以下の共有かを問わず，共有者の一部の間で共有持分確認を行うことを否定する。しかし，実体法が持分権者単独で共有持分に基づく目的物の使用収益および持分の譲渡その他の処分を行うことを認める以上，それが侵害される場合には，その救済方法として，持分権者が単独で持分確認請求をすることを認めるのが実体法の要請であり，それは侵害者が共有関係にない第三者であろうと他の共有者であろうと変わらない）。

断には既判力が生じないから,将来丙が,A土地を何某から買得したのは自分であると主張して,A土地についての丙の所有権確認の訴えを提起した場合,この請求原因についての丙の主張を既判力によって排斥することはできない。もっとも,後訴訴訟物についての丙の主張は,甲がA土地について3分の1の共有持分を有するとした前訴確定判決の既判力と一部矛盾する関係にあるため,仮に請求原因に関する丙の主張が認められても,丙の請求はA土地について丙が3分の2の共有持分を有することの確認の限度でしか認容できないが,そうだとしても,家庭裁判所が,A土地の遺産帰属性を肯定した上,前記のような内容の遺産分割審判をし,それが確定していても,なお丙はA土地につき3分の2の共有持分を主張できることになり,結局,この審判は甲の相続分を正しく反映していないことになるから,審判をやり直すしかなくなる。

また,判旨によれば,共同相続人が分割前の遺産を共同所有する法律関係は,基本的には民法249条以下に規定する共有と性質を異にするものではないとするのが判例(最判昭和30年5月31日民集9巻6号793頁)である。これに現在の法律関係を確認対象とすべきである,という確認の利益に関する基本原則を適用すると,A土地は甲,乙および丙の各自持分3分の1の共有に属することの確認を求めるべきではないかとの疑問が生じる。しかし,判旨によれば,共同所有関係を解消するために採るべき裁判手続は,遺産分割前の共有では遺産分割審判,民法249条以下に規定する共有では共有物分割の訴えであるところ,先のような確認の訴えでは,共有関係の発生が相続を原因とするという点は判決理由中の判断にとどまるから,A土地の遺産帰属性を前提として先のような内容の審判が下され,これが確定した後においても,丙が,A土地につき共有物分割の訴えを提起し,A土地を何某から買得したのは甲らの亡父ではなく,甲,乙および丙が共同で資金を拠出して何某からA土地の所有権を買得したと主張した場合,これを既判力により遮断することはできないのである[4][5]。

---

4) それどころか,A土地を甲のものとした分割審判の確定後も,丙は前訴確定判決の既判力によりA土地につき3分の1の共有持分を主張し得ることになりそうである。仮に同分割審判の確定が前訴判決の既判力基準時後に生じた新事由であると捉えることができるとしても,共有持分の取得原因が相続であることは,判決理由中の判断に過ぎないから,A土地の所有権を何某から買得したのは自分であるとの主張,立証は,仮に請求認容の上限がA土地についての3分の1の共有持分確認であるにせよ,妨げられない。

もっとも「原告が出生による日本国籍を引き続き有すること」の確認請求について，「出生を原因とする」という部分は，過去の事実の確認を求めるもので，確認訴訟の対象適格を欠くとする反対意見を排して，確認の利益ある限りこれを適法とした判例（最大判昭和32年7月20日民集11巻7号1314頁）に倣えば，「A土地は甲，乙および丙の相続を原因とする各自持分3分の1の共有に属すること」の確認の訴えの適法性も認められるかもしれない。しかし，そこまでするくらいなら，「A土地が甲，乙および丙の亡父の遺産に属すること」の確認の適法性を認める方が，これを遺産分割の対象とした遺産分割審判の確定後に，丙がなおA土地の遺産帰属性を争うことを，甲および乙勝訴の確定判決の既判力により遮断し，もって遺産分割の前提問題に決着をつけようとする甲および乙の意思により適った紛争解決として端的であるから，遺産分割前の遺産の共有が民法249条以下に規定する共有と基本的に共同所有の性質を同じくすることは，遺産確認の訴えの適法性を認めることと矛盾しないのである。

Ⅳ 遺産分割の前提問題と固有必要的共同訴訟

このように，遺産確認の訴えは，その原告勝訴判決の確定に続く遺産分割審

---

5) 因みに，甲および乙はA土地の遺産帰属性を主張しているのに対して，丙は，A土地は，甲，乙および丙が3分の1ずつ取得資金を拠出して何某から買得したものであるとして争い，丙が，これを前提として，A土地につき共有物分割の訴えを提起したところ，甲および乙は，A土地は亡父の遺産であり，他の遺産と共に家庭裁判所の遺産分割手続に服すべきものであると主張して，訴えの却下を求めたとする。受訴裁判所が甲らの主張を認めて訴えを却下した判決が確定した場合，A土地が共有物分割の訴えという訴訟裁判権に服するものではないという，訴訟要件の判断にも既判力は肯定できる（新堂幸司『新民事訴訟法〔第5版〕』〔弘文堂，2011〕685頁，高橋・前掲注3）（上）730頁）し，訴訟判決も公開，対審の訴訟手続における裁判である以上，この帰結が憲法32条・82条と抵触することはない。他方，丙の主張を認め，A土地を丙のものとし，丙に甲，乙に対する価額賠償をさせる旨の判決が確定した場合はどうか。一般には，本案判決が確定した場合には，特定の訴訟要件が存在するとの判断は判決理由中の判断であり，争点効を認める立場から争点効の対象となるに過ぎないとされる（高橋・前掲注3）（上）732頁（注165））。しかし，他方で通説は，形成判決について，形成結果の不可争性を確保するには，形成要件ないし形成原因が存在するとの判断に既判力を認める必要があるとする。そうだとすれば，形成要件ないし形成原因が存在しない共有物分割判決については，A土地についての甲，乙および丙の共有関係は通常の民法249条以下のそれである，とする判断に既判力を認め，これにより，判決確定後に，甲および乙が，A土地が遺産分割の対象であると主張して，分割判決による形成結果を争う余地を，争点効などではなく，既判力により制度的に封じる必要があると解される。

IV 遺産分割の前提問題と固有必要的共同訴訟

判手続および遺産分割審判の確定後に，丙がA土地の遺産帰属性を争うことを遮断し，もってA土地を分割対象に含めた前記のような分割審判の効力を安定させることができる点に，その適法性の根拠が求められている。そうだとすれば，遺産確認の訴えは，当該財産の遺産帰属性を争う共同相続人全員を被告とし，これを肯定する共同相続人全員が原告となって提起するのでなければ，その確定判決の既判力により当該財産を分割の対象とした審判の効力を安定させることはできない。したがって，遺産確認の訴えは，共同相続人全員が当事者として関与し，その間で合一にのみ確定することを要する固有必要的共同訴訟である，とした最判平成元年3月28日民集43巻3号167頁[6]は，遺産確認の訴えの適法性が肯定されることの論理必然的な帰結である。このことは，遺産確認に限らず，遺産分割の前提問題である実体的な権利義務または法律関係について遺産分割の当事者間に争いがある場合の総てに妥当する。かくして，被相続人の子の一人に相続欠格事由があるとして，同人が被相続人の遺産につき相続人の地位を有しないことの確認を求める訴えもまた，固有必要的共同訴訟なのである（最判平成16年7月6日民集58巻5号1319頁[7][8]）。

---

[6] したがって，遺産確認の訴えの原告側が，被告共同訴訟人のうち一部の者に対する訴えを取り下げても，訴え取下げの効力を生じない（最判平成6年1月25日民集48巻1号41頁）。平成元年最判の解説等として，田中壮太・最判解民事篇平成元年度96頁およびそれが掲げるもののほか，越山和広・民事訴訟法判例百選〔第5版〕(2015) 210頁以下，平成6年最判の解説等として，三村量一・最判解民事篇平成6年度34頁およびそれが掲げるものがある。

[7] 同判決の解説等として，太田・前掲注3) 421頁およびそれが掲げるものがある。

[8] 前掲注3) においても言及したが，笠井・前掲注3) 155頁，174頁以下が主張する通り，請求という矢印のない非訟事件に属する遺産分割手続において，特定の財産を分割の対象に含めたまたは除いた分割審判，特定の者を分割の受益者に含めたまたは除いた分割審判の効力を，共同相続人全員の間で安定させる必要性が，遺産確認であれ相続人たる地位の存否確認であれ，遺産分割の前提問題である実体的な権利または法律関係の確認の訴えの適法性とこれらの訴えの共同相続人全員の間での合一確定の必要性が導き出されるという「事柄の性質上」，請求という矢印が必須である訴訟事件である遺産等の確認の訴えにおいても，請求が定立されていない共同訴訟人相互間において，認容，棄却のいかんを問わず，確定判決の既判力が肯定される。これに対して，遺産分割の前提問題ではない態様で，共同所有者間において共有関係の確認が求められる場合，たとえば，入会権者の一部が，係争地は入会地ではなく自分たちが共有持分を有する民法249条以下の共有に属すると主張するので，彼らを被告として残りの入会権者が入会権確認を求めた場合，請求が定立されていない共同原告または共同被告相互間においても入会権の存否が既判力をもって確定されるわけではない。もっとも，前掲注3)・最判平成20年7月17日（同判決の解説等として，高橋譲・最判解民事篇平成20年度404頁以下およびそれが掲げるものがある）は，持分を主張する入会権者 $Y_1 \sim Y_4$ から持分を譲り受け山林の所有権を取得したと主張する Y 会社に対し，入会権を主張する X らが入会権確認の訴えを提起するにあたり，提訴に同調しない入会権者 $Y_1 \sim Y_4$ を被告に加えて同訴えを提起することを認めて，その判決の効力を入会集団構成

V 相続分の全部を他の共同相続人に譲渡した者の遺産確認の訴えの当事者適格

最判平成26年2月14日民集68巻2号113頁[9]は，遺産確認の訴えの当事者適格について新たに一例を加えた。その事案は次のようなものであった。

亡Aの共同相続人（代襲相続人およびAの妻BほかAの共同相続人の権利義務を相続した者を含む。以下同じ）であるX（Aの六男）ほか6名が，同じく亡Aの共同相続人であるYほか3名との間で，第一審判決別紙目録記載1から24までの不動産がAの遺産であることの確認を求める事件（第一事件）と，Yが同目録記載11の建物の一部を占有しているXに対し所有権に基づきその明渡しを求める事件（第二事件）とが併合審理された訴訟において，Xは，別紙目録記載の各不動産についてなされた遺産分割協議は，Xを除外してされたもので，無効であると主張している。

第一審判決は，別紙目録記載1から10までの土地については，これらをBの所有とし，B死亡の後はAの五男で家業を継いだC（Yの父）がこれらを相続する旨の遺産分割協議をXも追認したこと，別紙目録記載11から24まで

員全員に及ぼしても，構成員全員が訴訟の当事者として関与するのであるから，構成員の利益が害されることはない，と判示した。この判旨は，XらとY会社の間の入会権確認判決の効力のY1～Y4への拡張を認めるもの，すなわち，Y1～Y4とY会社との間でも，係争山林がXらおよびY1～Y4の入会総有に属することにつき既判力が生じる，とするものと読める（同判決についての髙橋調査官の解説も，Y1～Y4と，持分は主張しないが訴え提起に同調しなかった彼らと共同被告にされた入会権者との間に，または，Y会社と持分は主張しないが訴え提起に同調しないためY1～Y4と共同被告にされた入会権者との間において，本判決の効力が及ぶのかについては，本判決は何も言及していない，とするが，本判決は，XらとY会社との間の確定判決の効力がY1～Y4に及ぶことは認めているとの趣旨と解される）。Y1～Y4をY会社に対する入会権確認の訴えの共同被告とした場合であっても，Y1～Y4が原告側に加わって入会権確認の訴えが提起された場合と同じ判決効が生じるのでなければ，前者をもって後者に代えることができるとはいえないから，この帰結は不可欠のものであるが，Y1～Y4がY会社の共同被告として訴訟に関与する機会が保障されていたからというのは，理由付けとして全く不十分である。また，三面訴訟における民事訴訟法40条準用の趣旨の類推等の議論の問題点については，簡単ではあるが，拙稿・前掲注3) 211頁で論じておいた。

9) 同判決の解説等として，安達栄司・ひろば67巻9号（2014）50頁，浦野由紀子・判例セレクト2014〔Ⅰ〕23頁，鶴田滋・判例セレクト2014〔Ⅱ〕26頁，村重慶一・戸籍時報722号（2015）60頁，石綿はる美・平成26年度重判解89頁，拙稿・平成26年度重判解127頁，川嶋四郎・法セミ725号（2015）120頁，渡辺森児・法学研究（慶應義塾大学）88巻5号（2015）103頁，秦公正・新・判例解説Watch 16号（2015）141頁，松原弘信・リマークス2015（下）116頁，山木戸勇一郎・法教422号（2015）10頁がある。

V 相続分の全部を他の共同相続人に譲渡した者の遺産確認の訴えの当事者適格

の不動産については，遺産分割協議によりこれらを相続するとされたCが，所有の意思をもって平穏公然に20年占有を継続したから，仮に同協議がX主張の通り無効であるとしても，時効によりその所有権はCに帰属したことを理由に，第一事件のXの請求を棄却し，第二事件については，兄弟間の情義によりCはXに同建物の使用貸借を認めていたところ，AおよびBの遺産相続をめぐり，CらとXらとの間で深刻な紛争が発生し，Xが第一事件の訴えを提起したことへの報復として，Cが訴えを提起したもので，Bの遺産の全部について分割協議が終わっていない段階でのこうした訴えの提起は，信義則違反，権利濫用であるとして，Yの請求を棄却した。

なお，Xは，訴え提起当初，同じく亡Aの共同相続人であるDほか4名をも被告として遺産確認を求めていたが，第一審係属中に，Dらが相被告であるYほか2名にその相続分の全部を譲渡したことが判明したため，XらはDらに対する訴えを取り下げ，Dらはこれに同意した。

第一審判決に対し，X，Y共に控訴したところ，控訴審判決は，遺産確認の訴えは共同相続人全員が当事者となることを要する固有必要的共同訴訟であり，共同相続人の一部がその相続分の全部を他の相続人に譲渡しても，相続放棄と異なり，相続分の譲渡には遡及効がなく，これにより譲渡人が共同相続人としての地位を失うものではないとして，Dらに対する訴え取下げは無効であり，第一審判決には訴訟手続の違法があるとした上，第二事件は第一事件の派生紛争であり，第一事件と整合的・統一的に解決すべきものであるとして，第一事件判決および第二事件判決を共に取り消し，両事件を第一審に差し戻した。

Xの上告受理申立てが受理された。

〈判旨〉原判決破棄・差戻し。
「4 ……
(1) 遺産確認の訴えは，その確定判決により特定の財産が遺産分割の対象である財産であるか否かを既判力をもって確定し，これに続く遺産分割審判の手続等において，当該財産の遺産帰属性を争うことを許さないとすることによって共同相続人間の紛争の解決に資することを目的とする訴えであり，そのため，共同相続人全員が当事者として関与し，その間で合一にのみ確定することを要する固有必要的共同訴訟と解されているものである（最高裁昭和57年(オ)第184号同61年3月13日第1小法廷判決・民集40巻2号389頁，最高裁昭和60年(オ)第727号平成元年3月28日第3小

法廷判決・民集43巻3号167頁参照)。しかし，共同相続人のうち自己の相続分の全部を譲渡した者は，積極財産と消極財産とを包括した遺産全体に対する割合的な持分を全て失うことになり，遺産分割審判の手続等において遺産に属する財産につきその分割を求めることはできないのであるから，その者との間で遺産分割の前提問題である当該財産の遺産帰属性を確定すべき必要性はないというべきである。そうすると，共同相続人のうち自己の相続分の全部を譲渡した者は，遺産確認の訴えの当事者適格を有しないと解するのが相当である。

(2) これを本件についてみると，Ｄらは，いずれも自己の相続分の全部を譲渡しており，第一事件の訴えの当事者適格を有しないことになるから，ＸらのＤらに対する訴えの取下げは有効にされたことになる。

5 以上と異なり第一事件につき第一審の訴訟手続には違法があるとし，また，第二事件につき本案の審理をせず第一事件と整合的・統一的に解決すべきであるとして，第一審判決を取り消した原審の前記判断には，判決に影響を及ぼすことが明らかな法令の違反がある。」

　判旨は，自己の相続分の全部を譲渡した共同相続人は，積極財産と消極財産とを包括した割合的持分をすべて失い，遺産分割審判等の手続において遺産に属する財産につきその分割を求めることはできないから，この者との間で当該財産の遺産帰属性を確定すべき必要性はないとする。ただ，この判旨の妥当性は，遺産確認を求めるＸらの側はもちろん，相続分を譲渡したＤらを含む被告側全員も，別紙目録記載の各不動産がもとはＡの遺産であったことは認めているという，本件の事実関係を踏まえて理解する必要がある。被告らは，それらにつき有効な遺産分割協議が成立したから，現在はＡの遺産でないと主張し，Ｘらは，この協議は無効であり，遺産分割をやり直せと主張している。仮にＸらの主張が正しいとしても，相続分譲渡の効力につき争いがない限り，Ｄらにはやり直される遺産分割の当事者たる資格がないのだから，遺産分割審判の効力を安定させるという目的との関係では，Ｄらとの間で遺産帰属性を確定する必要がないことは，判旨のいう通りである。

　これとは異なり，他の共同相続人に相続分の全部を譲渡した共同相続人が，他の共同相続人全員が亡父の遺産であるとする特定の不動産につき，譲渡人が，何某から同不動産を買得したのは譲渡人らの亡父ではなく自分である，つまり，当該不動産は亡父の遺産ではない，と主張したとしよう。この場合は，実体的権利義務である遺産帰属性につき既判力ある確定判決がない限り，その遺産帰

Ⅴ 相続分の全部を他の共同相続人に譲渡した者の遺産確認の訴えの当事者適格

属性を認めて分割の対象とした審判の効力は安定しない。もっとも、この場合は、仮に当該不動産の遺産帰属性が肯定されても、相続分の全部譲渡が有効である限り、譲渡人はそれにより当該不動産についての共有持分を喪失しているから、譲渡人との間で、当該不動産は譲渡人を除く共同相続人がその相続分に応じた持分を有する共有に属することを確認する確定判決[10]を得れば、譲渡人による所有権の主張はその既判力と矛盾関係に立つため、遮断することができる。しかし、要はこれを分割対象とした審判を違法とする譲渡人の主張を遮断できればよいのであり、遺産確認が確認対象として不適切であるとまでいう必要があるかには、疑問が残る[11]。

次に、本件では相続分の譲渡の当事者間において譲渡の効力に争いがない事案であったため、Ｄらの被告適格の判断に当たり、当事者間に争いのない相続分譲渡の事実を基礎としてこれを否定すれば、事が足りた。しかし、Ｄらが相続分を全部譲渡する旨のＤらの意思表示の効力を争う場合はどうか。遺産確認が遺産分割の客体の問題であるのに対し、譲渡の効力の有無は遺産分割の当事者たる地位の存否に関わる問題であるが、これも遺産分割の前提問題となる実体的な権利または法律関係を巡る紛争である点に変わりがない。先に言及した、最判平成16年7月6日の趣旨に倣えば、これを有効と主張するＸら

---

10) この場合には、前掲注4) で指摘した懸念は生じない。なお、原告らの主張によれば、譲渡人は、相続分を全部譲渡したことによりすでに遺産分割前の共有関係から脱落しているから、原告らの請求は、原告らの共有関係を共有関係の外にいる第三者との間で確認することを求めるものであり、譲渡人を除く残りの共同相続人全員が原告となることを要する固有必要的共同訴訟である（最判昭和46年10月7日民集25巻7号885頁）。

11) 山木戸・前掲注9) 15頁以下は、①遺産分割の当事者適格者の人的範囲、②遺産確認の訴えの当事者適格者の人的範囲、③遺産確認の訴えにつき合一確定を必要とする者の人的範囲について、本判決は①＝②＝③という立場を示した、との整理に依拠して、本判決の結論は、自己の相続分を全部譲渡した共同相続人は、遺産分割の当事者適格を喪失するので、遺産確認の訴えについて合一確定を必要とする人的範囲に含まれないこと、すなわち、①＝③を肯定すれば足りたのであって、①＝②は一種の傍論であり、①＝②を過度に一般化すべきではないとする。本文に記した事例を念頭に置けば、遺産分割の当事者たり得ない共同相続人Ｄらにも遺産確認の訴えの当事者適格を認めて（正確には、これらの者を被告とした遺産確認の訴えも確認の利益を認めて）差し支えないのであり、その意味で、山木戸准教授の指摘に同感である（前掲注10）で述べたように、この訴えは、共有関係にない共同相続人Ｄらを被告として、Ｄらを除く共同相続人間の共有関係の確認を求める訴えであるから、共有関係の対外的確認として、Ｄらを除く共同相続人全員が原告となることが必要であり、かつ、彼らは遺産分割の当事者適格者であるから、ここでも①＝③の関係が成立すると同時に、①≦②の場合でも、遺産確認の訴えの適法性が遺産分割審判の遡及的覆滅の防止を根拠としている）。

以外の共同相続人全員が原告となり,相続分の譲渡を無効と主張するDらを被告として,Dらが被相続人の遺産につき分割の当事者たる地位を有しないことの確認を求める必要がある[12]。

最後になるが,本件では相続分の譲渡の相手方が他の共同相続人であったため,譲渡により遺産分割の当事者たる地位を失ったDらを除く他の共同相続人全員の間で,係争不動産の遺産帰属性を既判力をもって確定すれば,当該財産を分割の対象とした審判の効力の安定を確保することができる。しかし,相続分の譲渡の相手方が相続人でない第三者である場合はどうか。第三者が譲受人である場合も,譲渡人は積極財産と消極財産とを包括した遺産全体に対する割合的な持分を全て失うことになり,遺産分割審判の手続等において遺産に属する財産につきその分割を求めることはできないことには,変わりがない[13]。他方,譲受人が第三者である場合,他の共同相続人に譲渡された相続分の取戻権を与える民法905条の趣旨が,遺産分割という家事に第三者が介入することにより紛争が発生することの回避にあるとされること[14]からすると,同条は,相続分が第三者に全部譲渡された場合には第三者が遺産分割の当事者となることを前提とする趣旨の規定と解される。したがって,相続分を全部譲渡した共同相続人を原告または被告として,係争不動産の遺産帰属性を遺産確認の訴えにより確定し,これを前提として,彼らを当事者として遺産分割審判をしても,当事者適格のない者を当事者とし,本来の当事者適格者(譲受人たる第三者)を除外して下されたこの遺産確認判決は,確定しても無効といわざるを得ない[15]。また,その遺産帰属性を前提として,相続分を全部譲渡した共同相続人を当事者として下された遺産分割審判もまた,確定しても無効である。

このように解すると,相続分の譲渡について公示の制度を欠き,その事実を知ることが困難であるにもかかわらず,第三者を除外してなされた遺産確認の訴えが不適法となるというのは,裁判所および他の共同相続人との関係で,訴

---

12) 鶴田・前掲注9) 26頁参照。
13) 共同相続人間で相続分の譲渡があった場合の効果につき「積極財産と消極財産とを包括した遺産全体に対する譲渡人の割合的な持分が譲受人に移転」するとした最判平成13年7月10日民集55巻5号955頁と異なり,相続分の全部譲渡の効果を判示した本判決は,その文言上,譲渡の相手方が他の共同相読人である場合に限定していない。
14) 谷口知平=久貴忠彦編『新版注釈民法(27)〔補訂版〕』(有斐閣,2013) 277頁以下〔有地亨=二宮周平〕。
15) 鶴田・前掲注9) 26頁。

V 相続分の全部を他の共同相続人に譲渡した者の遺産確認の訴えの当事者適格

訟手続の法的安全性を損なうという批判がある[16]。確かに，他の共同相続人への相続分の譲渡であれば，譲受人たる共同相続人からその事実が明らかにされるのが通常であるから，これを受けて，遺産分割審判であれば，家庭裁判所は譲渡人を手続から排除（家事43条1項）し，遺産確認の訴えであれば，受訴裁判所は，訴訟共同の必要を欠く同人のまたは同人に対する訴えにつき，その取下げを促したり，弁論を分離して訴えを却下する等の対処が可能である。これに対し第三者への譲渡であれば，第三者は遺産分割審判や遺産確認の訴えの係属を当然には知り得ない立場にあるから，相続分を全部譲渡した共同相続人が譲渡の事実について口を塞いでいると，譲受人を除外して，譲渡人を当事者とした遺産分割審判や遺産確認判決が確定してしまう事態が生じることは，確かである。しかしこれは，取戻権行使の前提として第三者へ相続分を譲渡した共同相続人の他の共同相続人への通知義務および通知を懈怠した場合の効果について，全く規律を欠いている民法905条の欠陥にほかならない[17]。とはいえ，このような手続の法的不安定は，共同相続人の一人が自らの相続欠格事由につき口を塞いだまま，この者を交えてなされた遺産分割審判が確定した後に，初めて相続欠格の事実が判明したというような場合にも，程度の差はあれ生じ得るのであり，相続分の第三者への譲渡の場合に限った話ではないと思われる。

---

16) 安達・前掲注9) 54頁，松原・前掲注9) 119頁。
17) 谷口＝久貴編・前掲注14) 290頁〔有地＝二宮〕。安達・前掲注9) 54頁は，遺産分割の当事者は共同相続人であり（民907条参照），譲受人たる第三者は遺産分割手続の当事者とはならないとし，遺産確認の訴えについても，同人の当事者適格を否定し，同人は確定した遺産確認判決の既判力を拡張される者として，同訴えに共同訴訟的補助参加をすべきである，とする。この既判力拡張の趣旨および根拠は明らかでない。相続分の全部譲渡の後も，遺産確認の訴えとの関係では，譲渡人はなお当事者適格を維持し，同人について下された確定判決の効力が譲受人に及ぶということか，あるいは，相続分の全部譲渡により，譲渡人は遺産確認の訴えの当事者適格を喪失するが，これを看過して同人を当事者として遺産確認判決を下しても，同人に関する部分に限れば，この判決は確定しても内容的に無効であるが，残りの共同相続人の間で下された遺産確認判決は，確定すれば既判力を有し，それが譲受人に拡張される，ということだろうか。前者については，訴訟係属後の係争物の譲渡についてすら，わが国の民事訴訟法は当事者恒定主義を採用していない。後者についていえば，そのような既判力拡張は，残りの共同相続人が相続分の譲受人の訴訟担当者であることを前提としないと肯定できないが，遺産確認の訴えが共同相続人間の遺産分割前の共有関係にあることの確認であるとの前提に照らすと，相続分譲渡によって譲渡人から譲受人に移転した共有持分につき，残りの共同相続人が，いかなる根拠から既判力拡張の前提としての管理処分権を有するのか，説明が困難である。いずれにしても，無理な解釈ではないかと思われる。

VI おわりに

遺産分割の前提問題の確認の訴えについては，具体的相続分の確認の訴えの適法性を否定した，最判平成12年2月24日民集54巻2号523頁を含め，理論的に検討すべき課題が多く残されている。尊敬する松本博之先生の古稀をお祝いして献呈するには極めて内容の乏しい本稿ではあるが，議論を進化させる一助になればとの思いを込め，敢えて公にする次第である。

〔付記〕
　本稿は，平成27年度科学研究費補助金の交付を受けた研究（基盤研究(B)課題番号25285027）の成果の一部である。

遺産分割の前提問題と訴訟手続の保障
―― 具体的相続分確認の適法性について

 Ⅰ はじめに――問題の所在
 Ⅱ 最判平成12年2月24日の事案および判旨
 Ⅲ いわゆる相続分説（訴訟事項説）と遺産分割分説（審判事項説）の対立
 Ⅳ 特別受益またはみなし相続財産の性質
 Ⅴ 「ある贈与・遺贈が特別受益に当たること」の確認の適否
 Ⅵ 検討――具体的相続分の権利性
 Ⅶ むすびに

Ⅰ はじめに――問題の所在

　遺産分割（民907条2項）は，現在では，家事事件手続法別表第二12項により，家事審判手続により裁判されるものとされている。同法の施行前においては，遺産分割は（旧）家事審判法9条1項乙類10号の審判事項とされていた。乙類審判事項とは，当事者間に存在する紛争の裁判による解決を目的とする点において，真正の非訟事件とはいえないものの，（旧）家事審判規則6条によりその審理は非公開とされ，また，（旧）家事審判法7条が準用する（旧）非訟事件手続法7条により，その裁判の形式は決定とされ，決定手続においては，当事者の一方に他方の審尋期日への立会権が保障されていないという特徴があった。現行家事事件手続法においても，33条により家事審判の手続は非公開とされる一方で，別表第二の審判事件の審問期日においては，審問の対象となる当事者以外の当事者に立会権が認められているが，「事実の調査に支障を生ずるおそれがあると認められるとき」という幅広い例外条項が存する（家事69条）ことに照らし，判決手続と同じ内容の立会権が保障された手続ではないと解される。
　以上に照らすと，遺産分割のような非訟事件の裁判手続において，特定の財

産が遺産分割の対象となる被相続人の遺産であるか，特定の人物に遺産分割の当事者となる資格があるかといった，遺産分割の前提問題である実体的な権利または法律関係の存否について裁判することが許されるかという問題に関する従前の最高裁判例は，家事事件手続法の下でもそのまま妥当するといってよい。

従来の最高裁判例の立場を要約すると，次の通りである。

すなわち，家庭裁判所が遺産分割の前提問題である実体的な権利または法律関係の存否について下した判断に，既判力のような終局性を認めるとすれば，それは実体的権利または法律関係を終局性をもって確定することについて公開・対審の手続保障を要求する憲法 82 条，32 条に違反する[1]が，そのような終局性は認められないことを前提とした上で，家庭裁判所が，遺産分割の前提問題となる実体的な権利または法律関係の存否について一定の判断を下したうえで，その判断を前提として遺産分割審判をすることは，この審判の確定後においてもなおその前提問題を公開・対審の判決手続において改めて争う機会が当事者に留保されている以上，一向に差支えがない[2]。

ただ，このような措置は，後の判決手続において前提問題につき分割審判における判断と異なる内容の判決が確定すれば，遺産分割をやり直さざるを得なくなる点において，遺産分割審判の効力を脆弱なものとする危険を伴う。したがって，遺産分割の効力を安定させるためには，遺産分割の前提問題である実体的な権利または法律関係に争いがある限り，審判をする前に，判決手続を通じて，その点につき既判力を生じさせておくことが望ましい[3]。

---

[1] 最大決昭和 40 年 6 月 30 日民集 19 巻 4 号 1089 頁以来，確立した判例の立場である。同決定については，宮田信夫調査官による解説（同・最判解民事篇昭和 40 年度 201 頁）のほか，鈴木正裕・民事訴訟法判例百選〔第 2 版〕(1982) 12 頁，佐上善和・民事訴訟法判例百選〔第 4 版〕(1998) 8 頁，本間靖規・民事訴訟法判例百選〔第 5 版〕(2016) 8 頁，高橋宏志・家族法判例百選〔第 7 版〕(2008) 14 頁，菱田雄郷・民法判例百選Ⅲ (2015) 14 頁参照。

[2] 最大決昭和 41 年 3 月 2 日民集 20 巻 3 号 360 頁。同決定については，高津環調査官による解説（同・最判解民事篇昭和 41 年度 85 頁）のほか，橘勝治・家族法判例百選〔第 5 版〕(1995) 186 頁参照。

[3] 遺産分割審判の効力を安定させることに，遺産分割の前提問題の確認の訴えの適法性を認める根拠がある以上，遺産分割の前提問題の確認の訴えは，共同相続人の全員が当事者となることを要する固有必要的共同訴訟であることは，必然の帰結である。これらの点は，拙稿「遺産分割の前提問題の確認の訴えに関する一考察――遺産確認の訴えの当事者適格を中心として」松本博之先生古稀祝賀論文集『民事手続法制の展開と手続原則』（弘文堂，2016）247 頁以下で指摘しておいた。なお，本稿は，遺産分割の前提問題の確認の訴えに関する諸問題の考察として，この論文の続編にあたる。

このような角度から，特定の財産が被相続人の遺産であることの確認を求める訴えなどはその適法性が肯定されてきている[4]が，そうした流れの中で，遺産分割の前提問題であることに争いはないが，それ自体が実体的な権利または法律関係なのかが争われる場合がある。それは，特定の共同相続人が具体的相続分をそもそも有するか，有するとしていくらの価額または割合で有するかという問題であり，家族法学説において長い間争われてきたこの問題について，最判平成12年2月24日（民集54巻2号523頁）は消極的な立場を採った。

II　最判平成12年2月24日の事案および判旨

本件訴訟の原告X（兄）および被告Y（妹）の母であるAは，平成4年11月10日に死亡した。XとYの間では，Yに宅地，マンション等を取得させ，Xには土地，借地権，建物を取得させ，Yに対し清算金として2億2312万円を支払うことを命ずる内容の遺産分割審判が一旦確定しており，家庭裁判所は，このような分割を行う前提として，Yについては，Aから受けた400万円相当の生前贈与を特別受益と認定し，Xについては，Aから資金の一部援助を受けることにより，Aが所有する建物の底地の持分2分の1を地主から購入しており，その持分の価額に援助の割合を乗じて算定された価額を特別受益と認定（相続開始時の額は1億6179万円）し，これを基礎として，Yの具体的相続分を3億7519万5000円（Aの遺産総額は5億9260万円，Yの具体的相続分率は0.6331）とし，遺産分割時での価額により時点修正をした具体的取得分を算出して，先に記した額の清算金の支払いをXに命じたものである。Xは，Yには審判が認定した以外の特別受益がある，Xの特別受益はAから受けた資金援助の金額を基本にすべきである，相続財産である借地権の評価額が低すぎる，などと主張して，Yに対し，Yの具体的相続分の金額は2億169万8000円（遺産総額は4億124万7000円），Yの具体的相続分率は0.502679を超えないことの確認を求めて，本訴を提起した。

---

[4]　最判昭和61年3月13日民集40巻2号389頁。この判決に対しては，水野武調査官による解説（同・最判解民事篇昭和61年度142頁）および同解説に引用された諸評釈のほか，梅本吉彦・家族法判例百選〔第5版〕(1995) 182頁，山本克己・民法判例百選Ⅲ (2015) 118頁，中西正・民事訴訟法判例百選〔第3版〕(2003) 64頁，加藤哲夫・民事訴訟法判例百選〔第5版〕(2015) 54頁参照。

第一審，原審とも，具体的相続分は遺産分割における計算上の分配基準に過ぎず，確認対象としての適格性を有しないとしたため，Xが上告した。判旨は，次のように判示して上告を棄却した。

「民法903条1項は，共同相続人中に，被相続人から，遺贈を受け，又は婚姻，養子縁組のため若しくは生計の資本としての贈与を受けた者があるときは，被相続人が相続開始の時において有した財産の価額にその贈与の価額を加えたものを相続財産とみなし，法定相続分又は指定相続分の中からその遺贈又は贈与の価額を控除し，その残額をもって右共同相続人の相続分（以下「具体的相続分」という。）とする旨を規定している。具体的相続分は，このように遺産分割手続における分配の前提となるべき計算上の価額又はその価額の遺産の総額に対する割合を意味するものであって，それ自体を実体法上の権利関係であるということはできず，遺産分割審判事件における遺産の分割や遺留分減殺請求に関する訴訟事件における遺留分の確定等のための前提問題として審理判断される事項であり，右のような事件を離れて，これのみを別個独立に判決によって確認することが紛争の直接かつ抜本的解決のため適正かつ必要であるということはできない。

したがって，共同相続人間において具体的相続分についてその価額又は割合の確認を求める訴えは，確認の利益を欠くものとして不適法であると解すべきである。」

III　いわゆる相続分説（訴訟事項説）と遺産分割分説（審判事項説）の対立

具体的相続分確認の訴えの適法性をめぐる家族法学者の議論においては，必ずといっていいほど，具体的相続分の性質について，相続分説と遺産分割分説との対立が紹介される[5]。この両説は，相続分説に依拠する論者は，具体的相続分の権利性または法律関係性を肯定し，その確認を求める訴訟の適法性を肯定する結論に至り（それゆえに，同説は「訴訟事項説」とも呼ばれる），遺産分割分説に依拠する論者は，具体的相続分の権利性または法律関係性を否定し，それはもっぱら遺産分割の前提となる基準として遺産分割審判手続において判断される事項に過ぎないとして，その確認を求める訴えの適法性を否定する結論に

---

[5] 平成12年最判についての生野考司調査官解説（同・最判解民事篇平成12年度（上）68頁）および同解説が引用する諸評釈のほか，野村秀敏・民事訴訟法判例百選〔第3版〕（2003）66頁，下村眞美・民事訴訟法判例百選〔第5版〕（2015）56頁も，例外なく両説の対立に言及する。

至る（それゆえに，同説は「審判事項説」とも呼ばれる），という関係性にあるとされる[6]。

相続分説は，その根拠として，①特別受益は，相続開始時において客観的に確定しうるもので，遺産を構成する個々の財産に対する共有持分の割合を示す実体的な権利内容そのものであること，②民法903条は，民法第5編第3章第2節「相続分」の節において，法定相続分，指定相続分と並んで具体的相続分を規律していることからして，法定相続分とその本質を同じくすること，③特別受益は審判事項とはされていないこと，を挙げる。これに対して，遺産分割分説は，ⓐ特別受益は，具体的相続分算定のための観念的操作であり，具体的相続分は，裁判規範ではあっても，遺産分割の基準としての割合に過ぎず，遺産分割前に権利として実在するものではないこと，ⓑ寄与分制度（民904条の2）を導入した昭和55年民法改正を契機として，特別受益の判断は合目的裁量として非訟的性質を帯びるに至ったことを，その根拠とする[7]。

Ⅳ 特別受益またはみなし相続財産の性質

まず検討しておくべきは，相続分説が挙げる③，遺産分割分説が挙げるⓑの根拠についてである。

もともと，特別受益の概念は具体的相続分に関する規定の中にあり，かつ，具体的相続分が遺産分割という家事審判事項すなわち非訟事件の前提問題であることは，遺産分割分説のいうとおりである。他方で，実体法上の権利であり，したがって訴訟事項であることに疑問の余地がない遺留分減殺請求権は，相続開始前1年以内にされた贈与および遺贈を対象とすることは，民法1030条，1031条の定める通りであり，相続開始前1年以内の贈与・遺贈という要件は純然たる法概念であり，そこに裁判所の裁量が介在する余地はない。具体的相続分の算定と遺留分減殺請求権の要件および減殺の対象の範囲とは全く別の問題であると捉えれば，遺産分割分説のいう通り，特別受益の概念に合目的的裁量性を肯定することは背理ではない。しかし，最判平成10年3月24日（民集

---

6) 相続分説，遺産分割分説それぞれの学説分布については，生野・前掲注5) 83頁以下（注7)，(注8) 参照。
7) 本文に紹介した両説の論拠は，生野・前掲注5) の整理による。

52巻2号433頁[8]）は，特別受益の概念が遺留分減殺請求権の要件としても機能することを認めている。その要旨は次の通りである。

「民法903条1項の定める相続人に対する贈与は，右贈与が相続開始よりも相当以前にされたものであって，その後の時の経過に伴う社会経済諸事情や相続人など関係人の個人的事情の変化をも考慮するとき，減殺請求を認めることが右相続人に酷であるなどの特段の事情のない限り，民法1030条の定める要件を満たさないものであっても，遺留分減殺の対象となるものと解するのが相当である。けだし，民法903条1項の定める相続人に対する贈与は，すべて民法1044条，903条の規定により遺留分算定の基礎となる財産に含まれるところ，右贈与のうち民法1030条の定める要件を満たさないものが遺留分減殺の対象とならないとすると，遺留分を侵害された相続人が存在するにもかかわらず，減殺の対象となるべき遺贈，贈与がないために右の者が遺留分相当額を確保できないことが起こり得るが，このことは遺留分制度の趣旨を没却するものというべきであるからである。」

繰り返すが，遺留分減殺請求訴訟は，減殺の対象となる贈与・遺贈の目的物についての減殺請求者宛の持分移転登記手続請求等の形をとることが通常であり，これらは純然たる訴訟事件であるところ，特定の贈与・遺贈が民法903条1項の特別受益に当たるかは，当該減殺請求訴訟の訴訟物たる権利の成立要件にほかならない。したがって，同判例の下では，特別受益の概念は実体的権利の成立要件として純然たる実体法の解釈・適用の問題であることになる。そうだとすると，具体的相続分の判断の前提問題となる場合と遺留分減殺請求訴訟の要件となる場合とで，民法903条1項の性質が180度異なると考えるのは不自然であるから，前者の場合でも，ある贈与・遺贈が特別受益に該当するか否かは実体法の解釈・適用の問題であると考えざるをえない。その意味で，同概念の性質理解をめぐる相続分説と遺産分割分説との対立は，前者に軍配があがる[9]。

---

8) この判決については，野山宏調査官による解説（同・最判解民事篇平成10年度（上）310頁）および同解説に引用された諸評釈のほか，浦野由紀子・民法判例百選Ⅲ（2015）188頁参照。

9) 平成12年最判についての生野・前掲注5) 79頁，88頁以下は，特別受益の持戻しについての判断に裁量性は肯定されないことの根拠として，同判断が（旧）家事審判法9条乙類審判事項とされていないという，条文構成ないし条文形式上のそれと，裁量的形成事項としてその内容が一義的に定まらず，非訟的裁量を要する寄与分と異なり，特別受益の有無は法定の要件（訴訟事項）に基づいて一義的に判断されるもので，認定基準が裁量の余地の乏しい一定の具体的事実であるため，この基準に従って客観的に認定するべき事柄である，という実質的な根拠を挙げている。しかし，特別受益の概念が専ら非訟事件である遺産分割における分割の基準として機能する

V 「ある贈与・遺贈が特別受益に当たること」の確認の適否

筆者は、この特別受益該当性の確認は不適法であるという結論に与するが、そうだとしても、そこから具体的相続分確認の訴えが不適法であるとの結論までが論理的に導かれるわけではないと考えているが、その理由は後述するとして、この問題をめぐる最判平成7年3月7日（民集49巻3号893頁[10]）の立場を念のため確認しておく。判旨は次の通りである。

「過去の法律関係であっても、それを確定することが現在の法律上の紛争の直接かつ抜本的な解決のために最も適切かつ必要と認められる場合には、その存否の確認を求める訴えは確認の利益があるものとして許容される（最高裁昭和44年(オ)第719号同47年11月9日第1小法廷判決・民集26巻9号1513頁参照）が、ある財産が特別受益財産に当たるかどうかの確定は、具体的な相続分又は遺留分を算定する過程において必要とされる事項にすぎず、しかも、ある財産が特別受益財産に当たることが確定しても、その価額、被相続人が相続開始の時において有した財産の全範囲及びその価額等が定まらなければ、具体的な相続分又は遺留分が定まることはないから、右の点を確認することが、相続分又は遺留分をめぐる紛争を直接かつ抜本的に解決することにはならない。また、ある財産が特別受益財産に当たるかどうかは、遺産分割申立事件、遺留分減殺請求に関する訴訟など具体的な相続分又は遺留分の確定を必要とする審判事件又は訴訟事件における前提問題として審理判断されるのであり、右のような事件を離れて、その点のみを別個独立に判決によって確認する必要もない。」

この判決の、特に「また」以下の、具体的な遺産分割審判事件を離れて特別受益該当性を別個独立に確認する必要はないと判示する部分は、具体的相続分それ自体の確認の適否という本論文の主題との関連性を窺わせるところがあるが、この判決の決め手は判旨の前段部分である。端的にいえば、確認の対象と

だけの存在であるならば、遺産分割を乙類審判事項と規定してさえおけば、その基準である具体的相続分の算定要因に過ぎない特別受益の持戻しを独立の審判事項として規定する必要はないし、非訟事件である遺産分割の基準である具体的相続分の算定要因として規定される特別受益該当性の判断が非訟的裁量判断であることは、事柄の性質上当然であることとなる。すなわち、生野調査官による特別受益の該当性判断と寄与分の認定との対比は、民法903条から一義的に導かれるものではなく、判例が、純粋に実体的権利（訴訟事件）である遺留分減殺請求権の要件である遺留分の算定および効果である減殺の対象に、特別受益の概念をもち込んだ結果として、いわば後発的に特別受益該当性が裁量判断の介在する余地のない実体法の解釈・適用の問題としての性質をもつに至ったと解すべきであろう。

[10] この判決については、水上敏調査官による解説（同・最判解民事篇平成7年度(上)302頁）および同解説が引用する評釈参照。

して適格性を有するのは，現在の権利または法律関係という法律効果の存否であって，特別受益該当性の如きは，その法律効果の発生要件（の一部）に過ぎず，このような法律要件への該当性を独立した確認の対象とする訴えが不適法であるのは，確認の利益論の当然の帰結である。もっとも，たとえば最判昭和47年2月15日（民集26巻1号30頁[11]）の事案のように，「全財産を長男に譲る」旨の遺言の無効確認が求められる場合であれば，被相続人の個々の遺産を特定して相続分に応じた共有持分確認という現在の権利または法律関係の確認に引き直して，遺言無効の判断を判決理由中の判断に落とし込むよりも，当事者間の紛争の核心である当該遺言という基本的法律行為自体の効力を確認対象とし，それに既判力を生じさせる方が，直接かつ抜本的な紛争解決手段であるといいうる[12]。しかし，特定の贈与・遺贈が特別受益に該当することを確認しても「その価額，被相続人が相続開始の時において有した財産の全範囲及びその価額等が定まらなければ，具体的な相続分又は遺留分が定まることはないから，右の点を確認することが，相続分又は遺留分をめぐる紛争を直接かつ抜本的に解決することにならない」のは当然のことである。

ただし，特定の贈与・遺贈の特別受益該当性の確認訴訟の対象適格が否定されたとしても，それを前提として算定される具体的相続分が具体的な権利または法律関係として確認訴訟の対象適格を有しないという帰結が，論理的に導かれるものではなく，それは具体的相続分が民法においてどう規律されているかに係る。その意味で，平成7年最判は，具体的相続分は確認対象として適切かという主題に対して何も影響するものではない[13]。

---

11) この判決については，柴田保幸調査官による解説（同・最判解民事篇昭和47年度300頁）および同解説に引用された諸評釈のほか，井上治典・民事訴訟法判例百選〔第2版〕（1982）110頁，紺谷浩司・民事訴訟法判例百選Ⅰ（1998）124頁，松村和德・民事訴訟法判例百選〔第3版〕（2003）62頁，坂原正夫・民事訴訟法判例百選〔第4版〕（2010）52頁，川嶋隆憲・民事訴訟法判例百選〔第5版〕（2015）52頁参照。

12) 昭和47年最判は，売買契約が無効であることの結果生ずべき現在の権利または法律関係について直接その確認を求めるべきであり，売買契約の無効という過去の法律関係または事実の確認を求めることは許されないとした，最判昭和41年4月12日民集20巻4号560頁（この判決については，奈良次郎調査官による解説〔同・最判解民事篇昭和41年度137頁〕参照）を変更する旨を明言していない。したがって，同判決は，遺言につきその内容の如何を問わず無効確認を適法とする趣旨のものではなく，遺言の無効から生ずる現在の権利または法律関係に逐一還元してその無効を確認するよりも，そうした権利等の発生要件である基本的法律行為である遺言の無効を端的に確認対象とする方が確認訴訟の紛争解決機能を発揮しうる場合でなければ，やはり遺言の無効確認は不適法であるという趣旨の先例として位置付けるべきであろう。

Ⅵ 検討——具体的相続分の権利性

　以上を前提として，具体的相続分の性質をめぐる相続分説と遺産分割分説の対立についての検討に移る。

　この点において，相続分説の論拠である①の含意は，遺産分割前においても，共同相続人は，被相続人の遺産を構成する個々の財産について，法定相続分ではなく，具体的相続分に応じた共有持分を有することを前提として，具体的相続分とはこうした各共同相続人の具体的相続分に応じた共有持分の総体として，遺産分割前に遺産分割を離れて実在する権利であると主張するものと解される。もっとも，そうだとすれば，遺産を構成する個々の財産についての具体的相続分に応じた共有持分の確認ではなく，具体的相続分それ自体を確認の対象とすることによって，昭和47年最判の事案のように，遺言の無効それ自体の確認により得られる，遺贈の対象である個々の財産に対する共有持分の確認に引き直すことを超える利点と比肩しうるような利点が得られるかについては，なお検討の余地がある[14]。ただ，この点は措くとして，戸籍によって公示される法定相続分ではなく，最終的には具体的相続分それ自体または遺産を構成する個々の財産についてのそれに応じた共有持分確認訴訟においてしか確定され得ないものが，譲渡や差押えの対象となることを認めるのは，取引安全の観点から耐え難いとの指摘が遺産分割分説からなされており[15]，それは正当な批判であると解される。遺産分割前に遺産を構成する個々の財産上に具体的相続分に応じた共有持分が成立することを正面から否定したまたは肯定した判例はないが，判例も概ね，遺産分割前において遺産を構成する個々の財産について生じ

---

13) 平成7年最判について，水上調査官は「本判決は，具体的相続分の性質については，いわゆる相続分説（訴訟事項説）と遺産分割分説（審判事項説）のいずれを相当とするのかは，残された問題である」とする一方で，「本判決は，その意味〔筆者注：今後は，実際上，特別受益の有無および額についての争いは，遺産分割の前提問題としては，専ら家庭裁判所の審判手続において審理判断されることになる，という意味〕では，遺産分割の手続において家庭裁判所の果たす機能・役割に期待するものと考えることができる」という，意味深長な総括で解説を締めくくっている（水上・前掲注10）318頁）。

14) 具体的相続分の算定のためには，被相続人の遺産を構成するすべての財産をリストアップする必要があるから，その一覧表に記載された財産につき原告がその具体的相続分に応じた共有持分を有することの確認請求を定立することにさほど困難ではなく，にもかかわらず，独立して具体的相続分自体の確認を求める必要性をどう根拠づけるか，という問題が生じるのである。

15) この点については，生野・前掲注5）85頁以下（注12）参照。

る共有持分は法定相続分に応じたそれである、とする傾向にある[16]。

　他方で、遺産分割前の段階において、遺産を構成する個々の財産について具体的相続分に応じた共有持分が存在することが認められないからといって、そこから直ちに遺産分割分説の帰結、すなわち具体的相続分は遺産分割または遺留分減殺請求における遺留分の確定の基準となる観念的な数値に過ぎず、それ自体具体的な権利または法律関係ではない、という帰結が導き出せるものではない。この点において、平成12年最判が「具体的相続分は……遺産分割手続における分配の前提となるべき計算上の価額又はその価額の遺産の総額に対する割合を意味するものであって、それ自体を実体法上の権利関係ということはでき」ないというとき、それは遺産分割分説を採用したものと理解することができるが、民法の組立て上、具体的相続分が、遺産分割や遺留分算定のための抽象的な数値ではなく、被相続人の総遺産から一定の価値を取得しうる地位として、権利性または法律関係性を有する実在として認められていれば、遺産分割分説および判旨の拠って立つ基盤は崩壊する。そして、その証しとして援用されるべきは「共同相続人の一人が遺産の分割前にその相続分を第三者に譲り渡したときは、他の共同相続人は、その価額及び費用を償還して、その相続分を譲り受けることができる」と規定する民法905条1項である。

　この規定は、相続分[17]が共同相続人でない第三者に譲渡された場合、他の共同相続人は、その価額を償還して相続分を取り戻すことを認めたものである。いくらの額を償還すべきかは、相続分の取戻しに係る訴訟（譲受人たる第三者に

---

[16]　生野・前掲注5）86頁以下（注13）は、判例の立場は「遺産分割前に譲渡や権利保護の対象とすることができるのはいわば仮定的暫定的権利である法定相続分に基づく権利であって、特定財産について具体的相続分の割合による共有持分権の権利性、譲渡性を認めているわけではない」としつつ、「他方、判例は、相続人の『持分』と判示しており、譲渡や権利保護の対象となるのは『法定相続分』とは明示していないことから、具体的相続分の割合による遺産共有持分の権利性、譲渡性を必ずしも否定してはいないとみる余地もあろう」とする。しかし、「〔筆者注：具体的相続分の権利性を否定した〕本判決は、この問題について、遺産分割前に権利性、譲渡性が認められるのは、法定相続分による共有持分であるとの立場により親和的であるとみるのが素直であ」る、と総括している。

[17]　谷口知平＝久貴忠彦編『新版注釈民法(27)〔補訂版〕』（有斐閣、2013）280頁〔有地亨＝二宮周平〕、千藤洋三「相続分の譲渡・放棄」野田愛子ほか編『新家族法実務大系(3)』（新日本法規、2008）197頁、松津節子「相続分の譲渡と放棄」梶村太市＝雨宮則夫編『現代裁判法大系(12)』（新日本法規、1999）44頁、田中恒夫「相続分・持分権の譲受人の地位」島津一郎教授古稀記念『講座現代家族法Ⅴ』（日本評論社、1992）162頁等、通説は、民法905条1項において、譲渡・譲受けの対象となる相続分とは、具体的相続分であるとする。

Ⅵ 検討——具体的相続分の権利性

よる,〔同人の算定に係る相続分の価額に相当する〕償還金の支払いを求める訴訟,または,取戻権者である共同相続人による,判決により額が確定した時には速やかに支払う意思があることを表明して,償還債務は〔同人が算定した〕償還金額を超えては存在しないことの確認を求める訴え[18],が想定されよう)において,取戻しの対象となる相続分の価額によって定まり[19],その額の支払いと引き換えに,譲渡人たる共同相続人から譲受人に移転した相続分が取戻しを申し出た共同相続人にさらに移転する。ここからは,具体的相続分は,遺産分割説がいうような,遺留分減殺請求という訴訟事件または遺産分割という審判事件の手続を離れては実在せず,これらの裁判手続の前提問題として問題となる単なる数値に過ぎないのではなく,これらの事件を離れて,譲渡人,譲受人および取戻しを求める共同相続人の間を転々流通する実在であり,相続分の取戻しに係る訴訟という,遺留分減殺請求訴訟でも遺産分割審判でもない訴訟事件における償還金の額は,具体的相続分の価額によって決せられ,かつ,具体的相続分の価額は特別受益等民法が規定する実体法上の要件を充足することにより決せられるのであるから,具体的相続分は具体的権利または法律関係以外のなにものでもない。この点に関して,平成12年最判の生野調査官解説[20]は,具体的相続分の譲渡とは,譲渡人と同様に遺産分割請求をなしうる地位の譲渡にほかならず,譲渡の対象となる地位自体が権利ないし法律関係であるとしても,その地位に伴う遺産分

---

18) 最判平成21年12月18日民集63巻10号2900頁(この判例については,市川多美子調査官による解説〔同・最判解民事篇平成21年度(下)1023頁〕および同解説が引用する諸評釈参照)は,遺留分減殺請求を受けた受遺者が,民法1041条所定の価額弁償の意思を表示したが,未だ遺留分権利者から価額弁償請求を受けていない段階において,当事者間において弁償すべき額に争いがあり,受遺者が,判決により額が確定されれば直ちに支払う意思がある旨を表明して,弁償すべき額の確定を求めて訴えを提起したときは,受遺者にその価額を弁償する能力がないなどの特段の事情がない限り,確認の利益があるとした。受遺者が履行の提供をした弁償の額が,その後に確定した遺留分権利者による価額弁償請求訴訟の判決において認められた額より低かった場合,履行の提供の効果がなかったことになるのでは,受遺者に看過しがたい法的不安定が生じることがその理由であり,このような法的不安定は,共同相続人が取戻しの意思を表示したが,相続分の価額に争いがある場合の共同相続人にも生じるから,このような訴えの確認の利益は認められて然るべきであり,民法905条2項の定める取戻権の行使期間は,こうした訴えが期間内に提起されれば遵守されたものとして扱うべきであろう。

19) 民法905条のいう「相続分の……価額」とは,取戻権行使時における相続分の評価額であり,無償譲渡の場合も時価による償還が必要である,とするのが通説(谷口＝久貴編・前掲注17)289頁〔有地＝二宮〕,中川善之助＝泉久雄『相続法〔第4版〕』〔有斐閣,2000〕302頁等)である。したがって,それは,取戻権行使時における譲渡に係る具体的相続分の算定により定まる。

20) 生野・前掲注5)78頁。

割の分配の前提，すなわち計算上の基準となる割合自体が独立した具体的な権利であるとは直ちにはいえないとする。権利として実在するのは，遺産分割請求をなしうる地位というノッペラボウな存在であり，具体的相続分はあくまで遺産分割審判において分割の基準となる計算上の数値に過ぎず，それ自体は具体的な権利ではないという趣旨であろうが，民法905条1項の下ではこれは強弁というほかない[21]。

VII　むすびに

ある共同相続人が，他の共同相続人の具体的相続分がゼロである，あるいは実際よりも低い割合でしか存在しないと主張することにより，具体的相続分を譲渡しようとする当該共同相続人の地位に不安・危険を生じさせている限り，具体的相続分の確認を求める法律上の利益は認められるし，譲受人となろうとする者が将来償還請求をされたときに受け取ることができる価額，すなわち具体的相続分を予め既判力をもって確定しておくことは，譲渡人および譲受人双

---

[21]　この関係で残された問題は，具体的相続分の権利性または法律関係性を肯定する場合，具体的相続分がゼロの共同相続人は，遺言の効力やある財産の遺産帰属性に関する確認の訴えの当事者適格または確認の利益を有するか，という点である。判例（最判昭和56年9月11日民集35巻6号1013頁。この判例については，淺生重機調査官による解説〔同・最判解民事篇昭和56年度500頁〕および同解説に引用された評釈等参照）は，共同相続人の一部が他の共同相続人に対する特定物遺贈を内容とする遺言の無効確認を求めたところ，原告の具体的相続分が争われた事案において，原告が受けた生前贈与等により原告の相続分がなくなるか否かは，将来における遺産分割の時に問題とされるべき事項であることにかんがみると，原則として遺言無効確認の利益の存否の判断においては考慮すべきものではない，としている。この昭和56年最判と，相続分の全部を譲渡した共同相続人は，積極財産と消極財産とを包括した遺産全体に対する割合的な持分をすべて失うことになり，遺産分割審判の手続等において遺産に属する財産につきその分割を求めることはできないのであるから，その者との間で遺産分割の前提問題である遺産帰属性を確定すべき必要性はなく，同人は遺産確認の訴えの当事者適格を有しないとした，最判平成26年2月14日民集68巻2号113頁（この判例については，拙稿・平成26年度重判解127頁参照）との整合性が問題となりうるが，平成12年最判の立場からは，相続分の全部譲渡が有効か否かは，具体的相続分の算定に立ち入るまでもなく判断できるが，具体的相続分は将来の遺産分割審判手続において分割の基準とされるべき観念的な数値に過ぎず，それ自体は具体的な権利または法律関係ではないのであるから，原告の法的地位に危険・不安が現存するかという問題である確認の利益の判断に具体的相続分の存否をもち込むことは，訴訟と審判の役割分担を崩すことになり許されないという形で，両判決の整合性を説明できる。これに対し，具体的相続分の権利性または法律関係性をまさにその譲渡性を介して肯定する本稿の立場では，相続分を全部譲渡した共同相続人の地位と具体的相続分が初めからゼロの共同相続人の地位とは異ならないのではないか，が問題となりうるからである。将来の検討課題としたい。

Ⅶ　むすびに

方の地位の安定・確実を確保するために最も有効・適切な手段である。

　しかし，ここで強調されるべきは，このような確認の利益の問題に留まらず，具体的相続分が遺産分割の前提問題であり，かつ，その具体的な権利性または法律関係性が肯定される以上，公開・対審の訴訟手続により具体的相続分の存否および価額もしくは割合の終局的な確定を求める機会を具体的相続分を主張する共同相続人に保障しないとすれば，それは，最大決昭和41年3月2日（民集20巻3号360頁）の趣旨に照らし，憲法82条，32条違反となることである。遺産分割分説を支持する論者は，平成12年最判の事件がまさにそうであったように，具体的相続分の確認が求められる事例のほとんどは，一旦遺産分割審判の前提問題として判断された具体的相続分の価額ないし比率の問題を蒸し返すものであり，このような確認訴訟を認めることは遺産分割審判の効力を不安定にすることを，自説の実質的な根拠として挙げる[22]。しかし，それは，特定の財産の遺産帰属性，相続欠格を理由とする相続人資格の喪失等，遺産分割の前提問題が実体的権利または法律関係である限り，共通していえることであり，かつ，当該前提問題が実体的権利または法律関係であるかは実体法の組立てにより決まる以上，かような裸の手続政策論によって結論が左右される問題ではない。したがって，前提問題である具体的相続分の有無および割合が遺産分割手続において争われる場合には，それを審判対象とする訴訟事件の判決の確定があるまで，遺産分割審判手続を事実上停止しておくのが，遺産分割審判の効力を安定させるための賢明な措置であることは，遺産確認等の場合と同じ[23]ということになる。

〔付記〕
　本稿は，JSPS科研費（課題番号：25285027〔研究代表者：山田誠一教授〕）による研究の成果の一部である。

*　　*　　*

---

[22]　松原正明「遺産分割——特別受益をめぐる争いの確定」判タ996号（1999）132頁，雨宮則夫ほか「遺産分割に関する最近の争点(1)」自正50巻2号（1999）81頁等。
[23]　家庭裁判所が遺産分割の前提問題として算定した具体的相続分の額または割合が，後に確定した民事訴訟における具体的相続分確認判決のそれらと食い違うときは，遺産分割審判は無効といわざるをえないからである（生野・前掲注5）82頁（注5）参照）。

遺産分割の前提問題と訴訟手続の保障

［補注］
　本論文における民法の各条文は，民法及び家事事件手続法の一部を改正する法律（平成30年法律第72号）による改正前のものである。
　第1030条
　贈与は，相続開始前の1年間にしたものに限り，前条の規定によりその価額を算入する。当事者双方が遺留分権利者に損害を加えることを知って贈与をしたときは，1年前の日より前にしたものについても，同様とする。
（遺贈又は贈与の減殺請求）
　第1031条
　遺留分権利者及びその承継人は，遺留分を保全するのに必要な限度で，遺贈及び前条に規定する贈与の減殺を請求することができる。
（代襲相続及び相続分の規定の準用）
　第1044条
　第887条第2項及び第3項，第900条，第901条，第903条並びに第904条の規定は，遺留分について準用する。

将来の損害の拡大・縮小または損害額の算定基準の変動と損害賠償請求訴訟

I　はじめに
II　将来給付としての損害賠償請求と損害額算定基準の変動
III　現在給付としての賠償請求における将来の損害発生の予測の齟齬
IV　発生が予測される後続損害についての賠償請求の懈怠と遮断効
V　おわりに——ZPO 323条の「変更の訴え」との関係

I　はじめに

　将来行われる不法行為による損害賠償を予め将来給付の訴えにより請求することができるかについては，周知の通り，大阪空港騒音公害訴訟最高裁大法廷判決（昭和56年12月16日民集35巻10号1369頁）以来，議論がある[1]。ここで仮に，特定の類型の損害賠償について将来給付の訴えの請求適格が認められたとして，その損害賠償を命ずる判決の既判力基準時後に展開した事情に照らし，認容された賠償額が過少または過大であったことが判明したとき，債権者および債務者はその是正を求めることができるであろうか。

　また，過去に行われた不法行為により身体障害を被った被害者が，現在給付の訴えによって，稼働能力の喪失・低下による逸失利益の賠償を求めたときにも，たとえば，裁判所が稼働能力がある程度低下すると予測して逸失利益の算定をしたところ，予測に反しその低下の度合いがより深刻となった，あるいは逆に，発生すると予測された稼働能力の低下が現実には生じなかった，という事態が生じうる。また，被害者が，請求の時点で障害が完治したまたは固定し

---

[1]　最近の論考として，中野貞一郎「将来給付の訴え」『民事訴訟法の論点I』（判例タイムズ社，1994）134頁，139頁以下（初出・判タ801号〔1993〕26頁），松浦馨「将来の不法行為による損害賠償のための給付の訴えの適否」中野貞一郎先生古稀祝賀『判例民事訴訟法の理論（上）』（有斐閣，1995）187頁，上北武男「将来の給付の訴えおよび差止請求の訴えにおける訴えの利益」同書275頁。

たとの判断の下に，一定額の損害賠償請求をして認容されたところ，その後に新たに後遺症等の後続損害が発生する，ということもありうる。現在給付の訴えであっても，将来の事実関係の展開に依存する損害賠償請求には，こうした見込み違いのリスクが伴うが，この見込み違いは，後の訴訟で修正されうるであろうか。

他方で，不法行為による身体障害につき過去に支出した治療費等相当額の賠償を求める訴訟の時点で，将来損害の拡大が蓋然的に予測されうるが，賠償額を確定的に算定しうるまでには至らないというときに，被害者は，この後続損害について予測を基礎として賠償を併せ請求することを，常に要求されるであろうか。

本稿においては，これらの問題を遮断効ないし失権効という視点から，統一的に眺めてみたい。もとより，こうした問題設定じたいさして珍しいものではなく[2]，本稿で論じる内容も，つとに先人が指摘してこられたことを継ぎ接ぎするものに過ぎないが，日頃愚考するところを開陳し，大方のご批判とご教示を仰ぎたいと思う。

II　将来給付としての損害賠償請求と損害額算定基準の変動

1　この問題が自覚的に論じられるようになったのは，目的物の引渡請求と引渡執行が不能または不奏効の場合の目的物に代わる賠償請求との併合訴訟が契機であった。

まず，前史としてふり返っておくべきは，大判昭和15年3月13日民集19巻530頁および最判昭和30年1月21日民集9巻1号22頁である。前者は，原告が，被告との間で締結した訴外会社の株券の売買契約に基づき株券の引渡しを請求し，かつこれを引き渡すことができないときはその代わりに金2044円の支払いを併せ求めた事案につき，目的物引渡しの履行不能ではなく，執行不能または執行不奏功の場合にも契約を解除することなく目的物に代わる塡補

---

[2] たとえば，最も浩瀚なものとして，小山昇『追加請求の研究』同著作集第5巻（信山社，1994），最近のものとして，河野正憲「確定判決と事情の変更」木川統一郎博士古稀祝賀『民事裁判の充実と促進（上）』（判例タイムズ社，1994）770頁，高橋宏志「確定判決後の追加請求」中野貞一郎先生古稀祝賀『判例民事訴訟法の理論（下）』（有斐閣，1995）249頁。

Ⅱ　将来給付としての損害賠償請求と損害額算定基準の変動

賠償を求めることができること[3]，その場合裁判所は，賠償額を口頭弁論終結時における本来の給付目的物の価格により算定すべきであることを，判示したものであり，後者は，原告が，被告との間で締結した線材の伸延加工委託契約を合意解除し，引渡し済みの線材 172 トンの返還を求めるとともに，執行不能に備え 1 トン 5400 円の割合により代償請求をした事案において，代償額の算定時期を事実審口頭弁論終結時とする前記大判の立場を確認したものである。

さて，典型的な投機商品である株式は勿論，線材等の原材料であっても，価格変動の可能性は常につきまとっているため，事実審口頭弁論終結時と執行不能時等とで目的物の価格の食い違いが生じる。そして，執行不能等となった時点で，目的物の価格が事実審口頭弁論終結時よりも上昇していた場合に，債権者が差額の追加請求することを認めるか，また，下落していたときに債務者に差額分の債務不存在確認の訴えまたは請求異議の訴えを認めるか。この問題につき，前記昭和 30 年最判を契機に，民法学者と実務家により[4][5]，そもそも債

---

[3]　履行不能または履行催告期間の徒過を要件として塡補賠償をするのではなく，執行不能等を理由に塡補賠償を求めうることをどう根拠づけるか，という実体法上の問題については，兼子一「昭和 15 年大判評釈」『判例民事訴訟法』（弘文堂，1950）81 頁，村松俊夫「昭和 15 年大判批評」民商 12 巻 3 号（1940）548 頁，吉村德重「昭和 15 年大判解説」民事訴訟法判例百選〔初版〕（1965）58 頁，羽柴隆「予備的代償請求」兼子一編『実例法学全集　民事訴訟法（上）』（青林書院新社，1963）203 頁，小山昇「塡補賠償請求訴訟の訴訟物」同著作集第 1 巻『訴訟物の研究』（信山社，1994）122 頁以下（初出・我妻栄先生還暦記念『損害賠償責任の研究（中）』〔有斐閣，1958〕751 頁。以下，初出の頁で引用する）等を参照されたい。

[4]　瀬戸正二「いわゆる代償請求について」『民事実務ノート第 1 巻』（判例タイムズ社，1968）241 頁，247 頁，星野英一「昭和 30 年最判評釈」法協 93 巻 6 号（1976）978 頁，981 頁。なお，村松俊夫「株券の引渡請求とその代償請求」商事法務 131 号（1959）3 頁，6 頁も，執行不能の場合の目的物の代償請求を，口頭弁論終結時と執行時とで目的物の価格が大きく変動しない場合に限って適法とし，その限りで瑣末な差額については拘泥すべきではないという文脈においてであるが，同旨を説く（なお，同論文は，価格低落の場合の債務者による請求異議の訴えを傍論として可能とした，大阪地判昭和 33 年 11 月 14 日下民集 9 巻 11 号 2243 頁を契機として執筆されたものである）。また，羽柴・前掲注 3) 219 頁注(44)も，債権者の差額再訴ないし債務者の請求異議の訴えに批判的である。

[5]　ただし，民訴学者として雄本朗造博士が既に大正時代にこの問題を論じていた（「請求の予備的併合及び選択的併合」『民事訴訟法の諸問題』〔有斐閣，1955〕167 頁〔初出・京都大学法学会雑誌 11 巻 8 号，9 号，12 巻 8 号，12 巻 3 号（1916～1918）〕）ことに留意を要する。もっとも，博士は，執行不能のときの塡補賠償請求については，その実体法的な許容性について結論を留保し，債権者が債務者に対し，本来給付の履行請求と，一定の履行催告期間が徒過されたときまたは履行遅滞により契約が解除されたときの塡補賠償請求とを併合して訴えを提起した場合を念頭において，口頭弁論終結時の目的物の価格に基づいて代償請求が認容された後，事情の変動によりその額が過大なるに至ったときには，差額分の債務不存在確認請求または差額分について請求

権者側はそうした価格変動の危険があることを覚悟の上で予め将来給付請求をしたのであるから，価格上昇による不利益は甘受すべきである，目的物の引渡しの履行を遅滞している点で既に帰責性ある債務者に，目的物の価格下落を理由とする賠償額の減額を求める資格はない，などの議論がなされた。

しかし，そうした実質論に先立ち，かかる債権者の差額追加請求または債務者による請求異議の訴え等の許容性については，代償請求を認容した前訴判決の効力との関係を検討しておかねばならない。前訴で債権者は，全部請求として代償の支払いを訴求し勝訴したのであるから，執行不能時等に目的物の価格が高騰していたとしても，一部請求論などの媒介により前訴判決の既判力との抵触を回避しない限り，差額の追加請求は当然には許容されえないであろう。また，執行不能時等における価格下落を理由とする請求異議の訴えや差額分債務不存在確認の訴えは，前訴判決で既判力を以て確定された債権の一部の存在を否認するものであり，正面から前訴判決の既判力と抵触する[6]。

これについては，民訴法学における次のような説明が注目に値する。すなわち，本来の給付目的物に代わる代償請求権は，既判力基準時にはその発生の基盤となる法律関係，すなわち目的物の引渡請求権が存在するのみであり，執行不能等の時点で初めて具体的権利として発生するものである[7]から，履行遅滞による契約解除における塡補賠償額の算定の基準時は賠償請求権の発生時である解除の発効時である，とする民法学の通説によれば，代償請求の賠償額算定時も本来は執行不能等のときの筈である。勿論，予めその時点の価格を予測す

異議の訴えを許容する（前掲書180頁，185頁）。

[6] 中野貞一郎教授は，「民訴226条が，将来給付の判決によって実体法上の請求権の一部を切り捨てたり増額したりすることを認めたものでないことは，いうまでもない」から，口頭弁論終結後に目的物の価格が高騰したときは差額の追加請求ができなければならないし，目的物の価格が判決認定額より低下したときは債務者は請求異議の訴えにより執行不許の判決を求めることができる，とする（中野・前掲注1）137頁。同『民事執行法〔第2版〕』〔青林書院，1991〕137頁注(3)も結論同旨）。しかし，将来給付の訴えであっても，たとえば停止条件付売買契約に基づく売買代金支払請求であれば，約定された売買代金の額が争われた場合において，裁判所が認定した代金額が実体法的には不当であったとしても，既判力によりその蒸し返しは禁止されるであろう。とすれば，なぜ代償請求についての判決の場合には実体法状態が判決の既判力に優先するのかの理由づけが，やはり必要と思われる。

[7] もっとも，こう構成することは必然でない。代償請求権は，将来の執行不能等を停止条件とする金額の確定可能な債権として，事実審口頭弁論終結時に現に存在するものと考えることもできる（吉村・前掲注3）59頁）。そうだとすれば，その後の目的物の価格の変動によってそもそも当該債権は実体法的に影響を受けないこととなり，既判力との抵触を論ずる余地もなくなる。

ることは不可能であるが，それを理由に代償請求の将来給付の訴えとしての適法性を否定するなら，目的物の引渡しを命じる判決の執行不能等が判明した後に，改めて代償を請求する再訴を提起することを強いられる，という不利益を債権者に課すことになり適切でなく，将来給付の訴えの適法性を認める以上は，次善の策として，将来の変動に応じ修正されることを前提として，執行不能時等に最も接着した時点である，事実審口頭弁論終結時における目的物の価格を基準として，賠償額を算定することが是認される[8]。

　この見解において注目に値するのは，ここでの判決は実体法状態と乖離していることを容認したうえで下されるという意味で初めから内容的に不当なものであること，その不当性が事後的に修正される可能性を内包した判決を下す余地が認められていることである。不当判決でも確定すれば不可争力を持つとする通常の既判力論との異質性が際立っている[9]。

　2　ただ判例上，前訴事実審口頭弁論終結後に損害額の算定基準が変動したときの対処が問題となった事案は，目的物引渡請求と執行不能等の場合の代償請求との併合訴訟ではなく，不法占有に基づく土地明渡請求と明渡しまでの賃料相当額の損害賠償請求との併合訴訟に関わる，最判昭和61年7月17日民集40巻5号941頁であった[10]。

　　X（原告・控訴人・被上告人）は，前訴において，昭和53年4月12日に終結した口頭弁論に基づき，仮換地の指定を受けた所有土地にまたがって建物を所有している

---

[8] 小山・前掲注3）769頁以下，羽柴・前掲注3）208頁以下，竹下守夫「昭和30年最判解説」民法判例百選II債権〔第3版〕(1989) 24頁（初出・同書〔第2版〕(1982) 26頁），兼子＝松浦馨ほか『条解民事訴訟法』（弘文堂，1986）616頁〔竹下守夫〕。

[9] 事実審口頭弁論終結時の目的物の価格を以て損害額を算定すべしとする規範は，後の現実の損害発生時までしか通用力を持たないとはいえ，一つの実体規範なのであり，かかる実体規範を適用した判決は判決の時点では内容的に正当なものである，という別の説明の仕方も可能であろう。それはあたかも，本案訴訟において終局的に法状態が確定されるまで暫定的に保全訴訟において通用力を認められる規範，いわゆる実体的経過規定（野村秀敏『保全訴訟と本案訴訟』〔千倉書房，1981〕189頁以下，長谷部由起子「仮の救済における審理の構造——保全訴訟における被保全権利の審理を中心として(3・完)」法協102巻9号〔1985〕1728頁以下参照）にたとえられる性質を持つ。もとより，保全訴訟における裁判が本案訴訟に対し終局性を誇りえないのと同様，かかる規範を適用した裁判は，後に現実に損害が発生した時点における再評価を阻止しえないという意味で，限定的な効力しか持ちえない。

[10] 同判決以前の下級審判決の状況については，星野雅紀「将来の給付の訴えの要件と既判力——将来の損害の賠償請求と事情変更による追加賠償請求について」判タ524号（1984）53頁以下参照。同判決以後に追加請求を認めた例として，大阪地判平成元年2月9日判時1339号114頁。これら判例の詳細な検討として，高橋・前掲注2）249頁以下。

将来の損害の拡大・縮小または損害額の算定基準の変動と損害賠償請求訴訟

Y（被告・被控訴人・上告人）に対し，建物収去土地明渡しと昭和52年1月1日から右明渡しに至るまで月額4万7800円の割合による賃料相当損害金の支払いとを命じる確定判決を得た。ところが，Xは，右敷地部分の賃料相当額は，昭和54年2月1日からは月額7万7200円，昭和55年4月1日からは同8万7242円相当になったと主張して，前訴認容判決との差額の支払いを求め本訴を提起した。第一審でX敗訴，控訴審ではX勝訴。上告審は，昭和55年4月1日以降の差額部分に限ってXの請求を認めた。その理由は概ね次の通りである。

土地の所有者が不法占拠者に対し，将来給付の訴えにより，不法占拠に基づく賃料相当額の損害賠償を求め，その全部または一部を認容する判決が確定した場合，その事実審口頭弁論終結後に公租公課の増大，土地の価格高騰により，近隣土地の地代に比較して，右判決の認容額が不相当となったときは，土地所有者は，新たに訴えを提起し，前訴認容額と適正賃料額との差額相当の損害金の支払いを求めることができる。けだし，賃料相当額の損害賠償の将来給付請求は，当事者の合理的意思ならびに借地法12条〔現借地借家法11条〕の趣旨に照らせば，明渡しが近い将来になされることを予定してなされるものであり，将来不法占拠者の妨害等により明渡しが長期にわたり遅延し，事実審口頭弁論終結後前記のような事情により認容額が適正賃料額に比較して不相当となった場合の差額相当額は，前訴における主張立証が不可能であって，前訴はこれを請求から除外する趣旨のものであることは明らかであり，これに対する前訴判決もかかる趣旨のもとで下されたものであるから，前訴請求は一部請求であったことに帰し，その既判力は差額相当額には及ばない。

本判決は，問題を一部請求論，すなわち，前訴が明示一部請求であったときは後訴請求の訴訟物（残額）は前訴のそれと同一性がないという取扱いにより，解決を図った。しかし，執行不能等の場合の代償請求の事案と同様，本件においても，前訴の口頭弁論終結時において将来発生すると予想された不法行為とそれに起因する損害の態様は，基準時後に現実に発生したそれと全く符合している[11]。違っているのは同じ損害に対する賠償額の算定基準であり，損害額の算定のため前訴判決が用いた基準と現実の損害発生時における基準との間に齟齬があるに過ぎない。前訴判決は，その当時利用可能であった算定基準を適用して同じ損害を査定した全部請求を認容したものであり，前訴認容額には残部はない。この意味で，本判決は一部請求の概念を濫用するものとする否定的な評価[12]は，正当である。同様の理由からまた，本件の解決を，後訴の訴訟物は

---

11) 平田浩「本件解説」最判解民事篇昭和61年度320頁，327頁。

12) 小山昇「確定判決後の賃料相当損害金の追補請求について」同・前掲注2）著作集第5巻273

前訴の訴訟物とは別個の事実に基づくものであるといった論理[13]に求めるべきでもない[14]。

　他方で、解決を既判力の時的限界論の次元に持ち込むこともできない。不法に土地を占有されているという不法行為の態様にも、他に賃貸して得べかりし賃料相当の損害を被っているという事実にも、既判力の基準時の前後を通じて変化がなく、損害額算定の基礎となる物価に変動があったに過ぎず、かような変動をもって、既判力の基準時後に請求権の発生・変動・消滅をもたらす事実が生じたものとみることは困難である[15]。

　本件において肝要なことは、前訴判決において損害額が事実審口頭弁論終結時における賃料を基準として算定されたところ、その後地価高騰により算定基準が変動した結果、賠償額が低きに失したことが判明したときには、それを是正することが認められたことであり、評者の説くように[16]、前訴確定判決の既判力が緩められたことに外ならない。

　もっとも、判旨が言及する賃料増額請求（借地借家 11 条）が、賃料債権につき確定判決がある場合でも認められることに照らし、本件追加請求がそれと同じ実質を持つという点を重視すれば、本件は将来の不法行為の賠償請求が認められる他の類型にまで射程が及ぶものではないこととなる[17]。だが、それならば一部請求論に引き寄せて一般的な判示をしたことの意義が疑われよう。賃料増額請求への言及は事情変更に対する対処の必要性を示す例示に過ぎないとみれば、本判決はよりひろい射程を持ちうる[18]。

　かような既判力の弛緩がなぜ認められるかについては、代償請求について指摘されていたのと同様の説明が可能であろう。不法占拠という不法行為に基づく賃料相当額の損害金請求においても、本来からいえば、現実に不法行為がな

　　頁、281 頁。塩崎勤「本件解説」判タ 677 号（1988）278 頁、河野正憲「本件解説」昭和 61 年度重判解 122 頁、124 頁も、一部請求論の応用を擬制的な、説明のための道具として批判する。
13)　花房博文「本件研究」法学研究（慶大）61 巻 3 号（1988）102 頁、106 頁。
14)　星野・前掲注 10) 57 頁、59 頁。
15)　平田・前掲注 11) 325 頁以下。
16)　池田辰夫「本件解説」民事訴訟法判例百選 II（1992）324 頁、325 頁、小林秀之「本件解説」法セミ 395 号（1987）106 頁。
17)　平田・前掲注 11) 326 頁、池田・前掲注 16) 325 頁。
18)　河野・前掲注 2) 777 頁、河野正憲「演習」法教 156 号（1993）127 頁、128 頁、高橋・前掲注 2) 258 頁以下。

されたときに発生し，その時々の算定基準（賃料相当額）にしたがって賠償額が算定される実体法上の損害賠償請求権を行使すべきものである。しかしそれでは，現に不法占拠による損害を被っている被害者の救済として不十分であるので，明渡請求と併せて将来の不法行為についても賠償請求することを認めるのであるが，将来発生すべき損害を金銭評価するに必要な算定基準は事前には知りえないものであるから，次善の策として，将来の明渡し時点と最も近接する事実審口頭弁論終結時における算定基準によって額を算定し賠償の支払いを命じるのであり，本判決は，算定基準が変動したときに真の実体関係に適応させるための修正の余地を内在させている[19]。

3　事実審口頭弁論終結時に既に発生している過去の不法行為について，現在給付の訴えにより賠償が請求されるときには，損害額の算定の基礎となる事実を含め，過去の事実はあまねくかつ正しく裁判所に提出されうるという前提が妥当する——ただし，逸失利益の賠償については，Ⅲで別途検討を要する——から，それに裁判所が適切に法規を適用すれば実体法的に正しい裁判をすることが可能であり，不当判決は一つの病理現象として位置づけられた上で，なおその既判力が論じられる。これに対し，実体法上の請求権が未発生な段階において将来給付の訴えを訴訟法上許容するときは，実体法的に正しい裁判を下すべき要請は，将来の損害の態様ないし損害額の算定基準を事前に確実に予測することは不可能であるという，当事者および裁判官の認識能力の限界ゆえに，既に後退している。この意味で，将来の不法行為についての不当判決の効力を，過去の不法行為についての判決のそれと同等に語る余地は，初めからないといえる[20]。

---

[19]　竹下守夫「救済の方法」基本法学第8巻『紛争』（岩波書店，1983）183頁，213頁，223頁注(66)。本件原判決はまさにこの理を説く（大阪高判昭和56年4月30日判時1019号83頁）。楠本安雄「損害賠償請求訴訟の訴訟物」木川統一郎ほか編『新実務民事訴訟講座第4巻』（日本評論社，1982）3頁，56頁は，かかる変更可能性を将来給付判決の必然とする。また，高橋・前掲注2）262頁も，ことは，将来の修正を見込んで暫定的な判決をするか，判決をすることを将来に委ねて訴え提起をひとまず不適法とみるかの選択の問題であると指摘する。

　これに対し，星野・前掲注10）56頁は，ZPO 323条の如き制度のないわが国では，不法行為に基づく損害賠償請求権の発生原因事実そのものに変動があった場合と異なり，単に口頭弁論終結後に賠償算定の基礎となる経済的事情（物価等）の変動があったというに過ぎない場合には，給付額の変更を当然に認めることはできないという。また，上北・前掲注1）299頁も，予測された事実関係に変動がない限り，社会情勢の変化による損害額の増加の場合の追加請求に否定的である。

II 将来給付としての損害賠償請求と損害額算定基準の変動

　そして，かような将来給付の訴えとしての賠償請求がその適法性を認められず，明渡執行の後に，あるいは代償請求であれば目的物の執行不能等が判明した後に，過去の不法行為についての現在給付の訴えとして賠償請求がなされるのであれば，既に発生した損害についての算定基準については，過去の事実一般におけると同様に完全な攻撃防御が可能であり，その適用の誤りも通常の不当判決の既判力の問題に解消される。そして，将来の不法行為に基づく損害賠償請求権の将来給付の訴えによる請求適格は，もっぱら，土地明渡執行と同時にまたは引渡執行の不能または不奏功後直ちに金銭執行を行えるよう，予め債務名義を作成しておくという原告の利益のために認められる。ただ，この面での利益考量の針が被害者保護の方向に振れたとしても，直ちに，将来の不法行為の態様についての予測的判断が事後の展開と齟齬を来したり，損害額の算定基準が変動したような場合に，およそ再訴による判決の是正が許されない，という結論にはならない。

　とりわけ被告は，かかる将来給付の訴えが原告の利益において許容される結果，現在給付の訴えの場合に比べ，将来を確実に予測できない状況の下で，正

---

20) 高橋宏志「既判力について(9・完)」法教153号（1993）95頁，98頁以下は，昭和61年最判を例に挙げて，「どのような要件があればどのように（たとえば，いつから）変更することができるかは，今後詰めていかなければならない課題である」との慎重な留保を付した上で，未発生の権利についての判断であるという特殊性に，既判力の脆弱化の契機を見いだす（高橋・前掲注2) 261頁以下も同旨）。ただ，当面の事案に限っていえば，合理的な予測を超えた事情変更（同「訴えの利益について(1)」法教175号〔1995〕87頁，94頁注(18)）を以て，判決の事後的な修正の要件とする（小島武司「既判力の縮小・増幅」新堂幸司ほか『演習民事訴訟法2』〔有斐閣，1985〕272頁，275頁も同旨）。ただ，賃料相当額の基準となる地価であれ，代償請求の対象である株式や原材料の相場であれ，その将来の「合理的な」予測が可能か否かに，筆者は疑問を抱く。
　因みに，定量的な基準を設けること（たとえば，高橋・前掲注2) 261頁以下は，賃料相当額の賠償を命じる判決の修正基準についての判例を，執行妨害の下で，差額が認容額の2倍，時間は口頭弁論終結時から2年，と定量化している）については，その定量的基準の説得力ある合理化は困難であろうと考える。この点については，Vの注61)を参照されたい。
　なお，昭和61年最判が，賃料相当額の損害賠償の将来給付請求が「近い将来明渡しの執行がなされるとの前提の下に」なされたところ，その予期に反して明渡しが遅延し，その間に賃料の算定基準となる地価が高騰したことを，前訴を明示一部請求とみなすべき事情として挙げている点に照らせば，既判力の基準時から長期間経過したことが追加請求の要件であり，基準時後短時日のうちに明渡しがなされたが，その時点で賃料が上昇していたという場合には追加請求は認められないことになるかもしれない。筆者は，現実に差額が生じている以上，明渡しまでの期間の長短によって，被害者がその失権を受忍すべきか否かの結論が左右される合理的な根拠はないと考える。ただ，そもそも賃料算定の基礎になる地価の上昇・下落は，近隣土地の取引事例が積み重ならないと確認できず，1, 2か月程度の短期間ではその証明がそもそも不可能な場合が多いと予想される。

しい裁判を受ける権利の保障を奪われることとなる[21]。したがって，被告に対する完全な防御権保障という観点から，少なくとも事実審口頭弁論終結時から判決確定までの間に算定基準が変動したときには，事後的に見直しの機会を保障することが正当化されうる[22]。

これに対し，原告被害者については，算定基準の変動の可能性があるにも拘わらず，あえて予め債務名義を作出するという便宜を選択した以上，追加請求

---

[21] なお，大阪空港騒音公害訴訟最高裁判決が，将来不法行為が継続することが予想される場合であっても，それが現在と同様に不法行為を構成するかおよび賠償をすべき範囲が，流動性を持つ今後の事実関係の複雑な展開に左右される場合にまで，将来給付の訴えによる請求適格を認めることは，そうした事情の変動を主張する訴えの起訴責任を債務者に負担させることになり適切でないとしたのは，かかる将来給付請求が専ら原告の利益のためのものであること，それが許容されると，被告には，起訴責任が転換されるという不利益とともに，当該将来給付の訴えにおいて流動的な将来の事情につき適切な防御ができない，という不利益が生じること等に思いを致せば，その適法性の判定にあたり，原告被告間の利益考量の必要性を説く限りにおいては――勿論，過去の騒音被害につき慰謝料が認められるほどの欠陥がある空港が将来的に存続することは確実であり，かつ，今後の航空機の離発着回数の増減および低騒音の新型機種導入の可能性等，将来の騒音被害の変動可能性については，航空行政を主管する国に適切な防御を期待しえたという事案の特殊性に照らして，同判決の衡平の計り方が妥当であったかは，全く別問題である――，正当なものを含む（なお，中野・前掲注1) 139頁以下参照）。因みに，河野・前掲注2) 775頁は，将来の不法行為に関する将来給付の訴えを，それに内在する事情の変動可能性の故に常に不可能とすれば，原告の権利保護にとって不当な制約となるが，事情に即した判決の修正が可能であれば，将来の給付の訴えの適法性じたいをしばる必要はないと論じるが，将来の事情の流動性の程度が極端場合にまで将来給付の訴えの請求適格を認めてよいかは，ここで指摘した，将来給付請求訴訟における被告の防御権保障との関連において，なお検討を要すると思われる。

[22] 筆者にはあえて憲法論を展開する意思はないが，Johan Braun, Grundfragen der Abänderungsklage (1994) S. 203ff., 212ff. は，この視点を憲法上の法的審問請求権の保障から説き起こし，被告に対し減額修正の機会を付与する解釈の根拠としている（被告の防御権保障を重視する彼の議論については，角森正雄「将来の給付判決と事情の変更――ドイツ法における変更の訴えを中心にして(1)」富大経済論集34巻3号〔1989〕41頁，58頁以下を参照）。

従来の議論には，不法占拠の場合には被告は直ちに明け渡せば賠償義務を免れることができたのであり（平田・前掲注11) 329頁注(8)，高橋・前掲注2) 266頁），また代償請求の場合には被告は既に目的物の引渡しにつき遅滞していたのであるから（前掲注3) 文献参照），衡平上保護に値しないという実体法レベルの帰責性を理由に，被告による減額請求に否定的な傾向があったと思われる。だが，ことがらをそのレベルだけから捉えることには疑問がある。明渡義務ないし引渡義務の存否はあくまで訴訟における審判対象であり，それを審理する訴訟において，併せて将来の損害賠償についてまで，正しい裁判を受けることが制度的に保障されていない状況の下で被告が審判を強制され，かつ，事実審の口頭弁論終結後判決の確定までに，被告に帰責できない事情で損害額の算定基準が変動したという場合に，防御権保障という訴訟法上の見地から，遮断効を緩め減額請求を許容する余地はないかという視点を，欠くべきではないと考える。ただ，判決確定後なお被告が明渡しを拒んだ等執行妨害があったときには，この減額請求は信義則違反であり認めないといった処理は，別途可能である。

を求める資格を失うのではないかという疑問も，当然ありうる[23]。しかし，被告に判決修正の余地が認められることとの均衡，すなわち当事者平等原則からすれば，実体法上認められる差額請求権を訴訟法的に失権させるまでには至らない，と考えることも許されよう。

Ⅲ　現在給付としての賠償請求における将来の損害発生の予測の齟齬

1　Ⅱで検討したのは，未だ発生していない将来の執行不能または不法占拠につき将来給付判決により損害賠償が命じられた場合であった。これに対し，過去に発生した不法行為においては，行為の時点で，未だ顕在化していない損害をも含めて客観的には総ての損害について賠償請求権が既に発生していると観念するのが通説であり，したがってその請求は現在給付の訴えによることとなる。ただ，将来顕在化すべき損害についても一括して賠償請求した場合において，その損害の程度等についての予測と既判力基準後の現実の展開とに齟齬を来したときに，どう考えたらよいか。この点についての興味ある先例が，最判昭和37年5月24日民集16巻5号1157頁である。

　X_1，X_2の次男である亡Aが無免許で貨物自動車を運転中に，自転車の荷台に大きな鳥籠を乗せて通りかかったY（家業は荷馬車挽き）に遭遇した際，Yが鳥籠を乗せたままでは自動車を避けるのは無理と考え，自転車を降りようとして自ら転倒し，肋骨皮下骨折，右脛骨腓骨複雑骨折等の負傷をした。Yは前訴においてAに対し不法行為による損害賠償を請求した。前訴では，Yの負傷はAの過失に因るものであり，Yは右負傷により一生家業である荷馬車挽きを営むことができなくなったと認定され，逸失利益のホフマン方式による算出に基づき，Aに対し損害賠償として金50万円の支払いを命じる判決が言い渡され，同判決は確定した。ところが，右判決の確定後Yの負傷は回復し，荷馬車運送業を営業するに至ったが，AはX_1らの主張によれば判決を苦にして自殺した。そして，判決確定後6年余を経て，Yは前記損害賠償債務の承継人たるX_1らに対し強制執行をすべく，承継執行文の付与を受けた。これに対しX_1らは請求異議の訴えを提起した。

---

[23]　Vgl. Braun, a.a.O.（Anm. 22）S. 215. この点で，藪重夫「昭和30年最判研究」北大法学論集7巻1号（1956）68頁，71頁が，価格低落の場合の加害者については救済の必要を説きつつ，被害者の差額再訴は算定基準変動の可能性を甘受して将来給付請求をした以上は否定されるとし，被害者と加害者とで判決修正を求める地位に差を設ける見解を示していることが，注目される。なお，高橋・前掲注2）263頁参照。

将来の損害の拡大・縮小または損害額の算定基準の変動と損害賠償請求訴訟

　第一審は請求棄却。原審は X_1 らの控訴を棄却した。その理由は，請求異議の事由は，事実審の口頭弁論終結後に前訴判決で確定された請求権が消滅したことあるいは給付義務の態様が変更されたこと等に限られるところ，Y の負傷が前訴判決確定後に回復し Y が荷馬車挽き業を営むことができるに至ったという X_1 らの主張は，前訴判決において確定された Y の稼働能力の喪失による逸失利益を争い，前訴判決において確定された Y の A に対する損害賠償請求権の存在を争うことに帰し，前訴判決の既判力に抵触するものであって，かかる事由は口頭弁論終結後に生じた請求異議事由に該当せず，また，右確定判決に基づく強制執行が権利の濫用であるということもできない，というものであった。

　最高裁は，次のように判示して破棄差戻し。すなわち，確定判決上の権利といえども信義に従い誠実に行使すべきであり，その濫用は許されないものであるところ，前記判決において Y が A に対して認められた損害賠償請求権は，Y の将来の営業活動不能の前提の下に肯定されたのであるから，Y の負傷が X_1 ら主張のように自力をもって営業可能な程度に快癒し，堂々と荷馬車挽きの営業を営んでいる程に事情が変更しているものとすれば，しかも X_1 ら主張のように，A が賠償義務の負担を苦に自殺をするという事情があったにも拘わらず，Y が突如として本件債務名義につき承継執行文の付与を受けるに及んだとすれば，確定判決に基づく権利の行使といえども，信義則に反し権利濫用の疑いがある。

　本件は，損害発生の態様は前訴判決の予測通りであって単に損害額の算定基準が変動したに過ぎない場合と異なり，権利の発生根拠となる事実である損害の発生についての前訴判決における予測が，現実の展開と齟齬を来した事案である。しかも，前訴判決の既判力との関係を一部請求論という技巧により外見的には糊塗しうるように見える，損害が予測より増大した場合の追加請求と異なり，X_1 ら側によるこの予測の齟齬の主張は，前訴で損害が発生するとの予測の下に肯定された損害賠償請求権の存在を争う点で，前訴判決の既判力と抵触する外観を隠しおおせない。原判決はまさにこの点を指摘して X_1 らの請求を棄却したし，最高裁が権利濫用論の次元に問題の解決を持ち込んだ所以も，前訴判決の既判力との抵触という難問を回避せんがためであろうことは，想像に難くない。

　2　しかし，判旨が本件強制執行を権利濫用と評価すべき理由として挙げる，前訴判決において認められた Y の A に対する損害賠償請求権は Y の将来の営業活動の不能を前提とする，との判示については，判決における権利の存否の

Ⅲ 現在給付としての賠償請求における将来の損害発生の予測の齟齬

判断は，ある事実の不存在が明らかになればその帰結が左右されることになるというような意味で，その事実の存在を前提とする仮定的な判断ではないとの正当な指摘が存在する[24]。判決における権利の存否の判断の性質をそのように捉えることじたい既に既判力の観念と抵触するのであり，権利濫用に名を借りて既判力を弛緩させているといわざるをえない。

他方判旨は，上記の前提と異なりＹの負傷が快癒し自力でもって家業を営んでいることを「事情の変更」と捉えている。しかし，事情の変更とは本来，当初は自力営業が不能な状態であったが後に快方に向かい営業を再開したという，客観的事実の変動である筈である。これに対し，判旨が自力営業可能な状態（変更後の事情）と対比している対象は，「将来的に営業活動が不能である」という前訴判決の予測的認定であり，X_1らはまさしくこの予測の誤りを主張しているのである[25]。これを事情変更と呼ぶのは，事情変更概念の誤用であり，ことがらの本質を隠蔽するものである。ここでの問題は，未だ顕在化していないが発生すると予測された将来の稼働能力の喪失に基づき，逸失利益の賠償が命じられたところ，現実にはそれが生じなかったという場合に，なお，予測を誤って逸失利益の賠償を命じた前訴判決の既判力を絶対視すべきか否か，すなわち既判力の脆弱化の可否である[26]。

さて，将来の稼働能力の有無が的確な認定を期し難い性質を持つことに照らして，前訴判決の証拠資料に一定の瑕疵があれば再審が許されることを類推し，その認定に著しく相違する事態を生じたときに再審理を許容することは必ずしも既判力制度の趣旨に反しないとして，本件における既判力の弛緩を正当化する見解がある[27]。ただ，証拠方法に限定はあるものの端的に既判力基準時後の新証拠発見を再審事由として認めるドイツ法（ZPO 580条7項b）と異なり，現

---

[24] 山木戸克己「本件批評」民商48巻2号（1963）252頁，258頁。

[25] 右田堯雄「損害賠償請求の訴訟物(2)——事情変更と別訴」判タ212号（1967）171頁，172頁。

[26] 高橋・前掲注20）法教153号97頁以下。ここで高橋教授は，本件昭和37年最判を，前訴で主張を期待しえなかった後発後遺症損害の追加請求を既判力で遮断しえないことの裏の事例として位置づけ，既判力論内部での解決の可能性を指摘する。ただし，高橋・前掲注2）262頁，266頁注(19)は，これと方向を変え，本件を，Ⅱで検討した賃料相当額の追加賠償請求の事例ともども，前訴確定判決の予測的判断の誤りの再評価，すなわち既判力の修正が求められた事例と性格づけ，前訴既判力基準時に予見可能性のなかった後遺症損害の追加賠償のように，前訴判決の既判力の外側にあった事情が初めて主張され審判される類型との区別を提唱する。

[27] 山木戸・前掲注24）259頁以下。

行法上の再審事由は，証拠資料に偽証，偽造等の刑事上罰すべき瑕疵があった場合に限られており，このような刑事上罰すべき瑕疵のない資料を用いてなされた，稼働能力の低下・喪失に関する前訴判決の予測的認定を再審理することの許容性を，再審の類推により語ることにはやや無理がある[28]。かかる類推を介することなく，直截に，将来の稼働能力の喪失・低下の程度についての判断は予測としての性質上脆弱性を免れないことじたいに，既判力の絶対性を緩和する契機を見いだせば足りる。

　この点で，本件の調査官解説が，身体障害に基づく逸失利益の損害賠償請求は，将来一定期間定期的に得べかりし利益を現在に引きなおして先取りする現象を常に呈し，ホフマン式計算により算定された損害額は，必然的に将来の事象への予測を含む点において，過去の損害額を確定する場合とは異なる脆弱性を持つことは避けられず，また，逸失利益の損害賠償請求権が，中間利息の控除により現在の請求権とされていることは，中間利息が単に一率な計算によって控除されているのみである以上，請求権の持つ将来性という特殊な実質は払拭されていないと指摘しているのは[29]，率直でありまた説得的である。しかも，次に検討する事例，すなわち，予測と異なり損害がより増大した場合についても，ことがらの性質の共通性に照らし判決効論の枠内で統一的に論じるべきであるとすれば，強制執行権の濫用論への逃避が許されないことは，当然である[30]。

　3　もっとも，裁判所が稼働能力の低下等将来の損害の不発生を予測して被害者の賠償請求の全部または一部を棄却した判決が確定した後，その予測が間違っていたことが判明した場合に，被害者が追加賠償を請求することができるか，という問題に正面から答えている最高裁判決はない。ただ，参考になるのが，最判昭和42年7月18日民集21巻6号1559頁である。

　X（原告・控訴人・被上告人）は昭和28年12月24日，Y（被告・被控訴人・被上告人）の子と遊んでいるうち同人と喧嘩し，自宅に逃げ帰ろうとした際，自宅を兼

---

[28] 高橋・前掲注20）法教153号97頁。
[29] 右田堯雄「本件解説」最判解民事篇昭和37年度334頁，338頁。
　　なお，右田・前掲注25）を参照。また，羽柴・前掲注3）21頁，河野・前掲注2）771頁以下も，稼働能力喪失による逸失利益の算定が持つ，予測不能なものを算定可能とするフィクションの側面を指摘している。
[30] 山木戸・前掲注24）260頁。なお，山木戸教授は，既に給付がなされた後に判決の認定に著しく相違する事実が判明したときには，加害者に不当利得返還請求権を認めることを主張される。

Ⅲ 現在給付としての賠償請求における将来の損害発生の予測の齟齬

ねている工場の出入口付近にYが所持保管していた硫酸入りの甕に突き当たり，流出した硫酸を右足ほかに浴びて火傷を負った。右硫酸による火傷そのものは治癒したが，その後遺症として右足関節部に強直（内反足）を来したので，Xは，昭和29年12月1日より昭和30年9月30日まで訴外A医師の治療を受けたが，快方に向かわなかった。そこでXは，昭和31年12月3日に，Yに対し治療費金20万円，慰謝料金50万円，身体障害により将来普通人並みに収入を得ることができなくなったことによる逸失利益金50万円，計金100万円の不法行為に基づく損害賠償の支払いを求め，前訴を提起した。前訴第一審は慰謝料金20万円のみ請求を認容しその余の請求を棄却したため，双方より控訴がなされ，控訴審は昭和35年5月25日に終結した口頭弁論に基づき，慰謝料を更に金10万円認容しその余の請求を棄却する判決を昭和36年10月16日に言い渡し，同判決は確定した。なお，治療費の請求が棄却された理由は，A医師による前記診療は生活保護法に基づく医療扶助によったもので，Xまたはその親権者が費用を拠出した証拠がないと認定されたことによる。

ところで，前訴において昭和33年7月17日に実施されたA医師の証人尋問におけるレントゲン診断所見によれば，当時の症状では手術によりXの内反足を治療することは不可能であり，足を切断して義足を用いるほかない状態であった。しかし，Xは足を切断するに忍びずそのまま放置しておいたところ，身体の成長に伴いますます内反足の度がひどくなり，歩行が苦痛となったので，昭和36年6月頃，訴外B病院のC医師の診断を受けた結果，内反足治療のため患部に皮膚移植手術を受けることを勧められ，同月より9月までおよび11月より翌年2月まで，2度にわたりC医師の執刀により同手術を受けたが，その結果は若干内反足の度が軽化したものの，完全治癒には至らなかった。そして，右手術にかかる入院治療費，輸血代として金31万7710円を要したため，XはYにその支払いを求め，本訴を提起した。

第一審は，本訴による治療費相当額の賠償請求は治療費金20万円の支払請求を棄却した前訴判決の既判力に抵触する，とのYの主張を容れ請求棄却。これに対し原審は，前訴請求と本訴請求は訴訟物を異にするとした上，Yの消滅時効完成の主張を斥け，Xの請求を認容した。

最高裁も，前訴における治療費の支払請求は，前訴口頭弁論終結時までに支出された治療費を損害として主張しその賠償を求めるものであり，本訴は，その後に再手術を受けることを余儀なくされたと主張し右手術に要した費用を損害として賠償を請求するものであるから，前訴と本訴とでは訴訟物を異にするとし，また，消滅時効完成の主張についても，本件のように，受傷時から相当期間経過後に後遺症が現れ，そのため受傷時においては医学的にも通常予想しえなかったような治療方法が必要とされ，その治療費の支出を余儀なくされたという事実関係の下では，後日その治療を受ける

ようになるまでは，同治療費すなわち損害については，民法724条所定の消滅時効は進行しない，とした。

　この判決は，不法行為に基づく損害賠償請求権は，未だ顕在化していない後遺症による損害を含め相当因果関係にある全損害が客観的に確定可能な，一個の債権として加害行為時に成立しているとの前提の下に[31]，前訴はその損害の内の一部請求，本訴を残額請求と構成し，前訴が明示一部請求の場合には訴訟物はその一部に限定され，残額請求は前訴と訴訟物を異にし許容されるとする，最判昭和37年8月10日民集16巻8号1720頁の延長線上に本件を位置づけ，前訴はその事実審口頭弁論終結時までに支出した治療費の賠償のみに請求を限定し，当時予見不可能であった皮膚移植手術の治療費等の賠償請求を除外する旨の明示一部請求であるとみて，追加請求を許容した[32]。しかし，本件手術費相当額の損害の発生が前訴口頭弁論終結時において予見不可能であったなら，被害者はその損害を認識する余地はなく，認識できない損害を請求から除く旨を「明示」しえた筈がない。その損害を予見できない加害者もまた，前訴がその賠償請求を後訴に留保するものであったと意識しえた筈もない。したがって，本件を明示一部請求後の残額請求の事例と捉えるのは，法概念として実体のない比喩に過ぎない[33]。

　この理論構成を批判する立場から，解決を既判力の時的限界論に求める[34]，

---

31) 栗山忍「本件解説」最判解民事篇昭和42年度321頁，326頁。

32) この構成に賛成するものとして，吉村徳重「損害賠償請求」小山昇ほか編『演習民事訴訟法（上）』（青林書院新社，1973）228頁，楠本安雄「示談と事情変更」判タ212号（1967）184頁，186頁。

33) 小山昇「確定判決後の追加賠償請求について」同・前掲注2)著作集第5巻248頁，257頁以下（初出・吉川大二郎博士追悼論集『手続法の理論と実践（上）』〔法律文化社，1980〕271頁），高橋宏志「一部請求について」法教185号（1996）98頁，103頁。

34) 平井宜雄「本件評釈」法協85巻7号（1968）1087頁，五十部豊久「本件解説」交通事故判例百選〔第2版〕（1975）152頁。一般論として，前訴において請求不可能な後遺症損害の追加請求を時的限界論により許容しようとするものとして，宮崎富哉「損害賠償請求訴訟の訴訟物」『実務民事訴訟講座第3巻』（日本評論社，1969）57頁，67頁，飯塚勝「人身損害における訴訟物の個数」坂井芳雄編『現代損害賠償法講座第7巻』（日本評論社，1974）53頁，64頁。

　これに対しては，損害賠償請求権についての伝統的な考え方からすれば，未顕現の後遺症を含め不法行為時に全損害が発生しているのであり，ただその損害が被害者に把握できていないだけであるから，時的限界論に馴染まないとする批判（吉村・前掲注32）228頁），既判力の時的限界論は，前訴で確定された請求権につき，既判力の基準時後にその変動・消滅をもたらす事実が発生したことにより，その不存在を主張する形で争う場合の問題であるが，前訴と後訴とで損害項目が異なる本件では，前訴が認容であれ棄却であれ，後訴は異なる損害項目についての前訴判

Ⅲ 現在給付としての賠償請求における将来の損害発生の予測の齟齬

あるいは基準時後の治療費相当額の損害を別個の訴訟物と捉える[35]等の法律構

決の認定判断を争うものではなく，時的限界事例とは似て非なる事案である（小山・前掲注33）261頁），不法行為に基づく損害賠償においては，既発生の損害のみならず将来発生するであろう損害（逸失利益）をも見込んで請求していくものであるから，理論的にみて必ずしも既判力の基準時後の事情とはいえない面があり，にも拘わらず既判力の拘束を外さなければならないのはなぜかという問題の本質に答えていない（井上治典「後遺症と裁判上の救済」ジュリ548号〔1973〕314頁，317頁）等の批判がなされている。

35）小山昇教授によれば，前訴の口頭弁論終結前に実施された治療費相当額は，数度にわたって治療が行われた場合でも，一個の訴訟上の請求（訴訟物）に統合されて請求されるものであるが，予測できなかった皮膚移植手術にかかる治療費相当額については，被害者は前訴において主張できる状態に至っていないから，前訴における攻撃防御方法になりえず，したがって前訴の訴訟物に統合されえない，既判力基準時後に実施された皮膚移植手術の治療費相当額の賠償請求は，前訴請求とは請求根拠主要事実を同じくせず，手術によって被害者が初めて取得した攻撃防御方法たる請求根拠主要事実に基づく，独立の訴訟物であり，前訴判決の既判力に妨げられることなく追加請求が可能となる，と説明される（小山・前掲注33）263頁以下。飯塚重男「判決の既判力と後遺症」木川統一郎ほか編『新実務民事訴訟講座第4巻』〔日本評論社，1982〕137頁，156頁はこれに同調する。また，伊藤眞『民事訴訟法Ⅰ』〔有斐閣，1995〕175頁も，後発後遺症の場合は訴訟物が別個であるとする）。

しかし，事実記載説は別として，現在の同一識別説による限り，訴訟物の同一性・異別性は権利の同一性・異別性によって決定され（損害賠償請求訴訟において財産的損害と精神的損害とで訴訟物が異なると説かれる場合も，あくまで請求権としての同一性・異別性が論じられている），小山説におけるように，事実によって異別化されるものではない。もっとも，小山教授は，訴訟物は権利ではなく生活利益と定義する（小山昇「訴訟物論」同・前掲注3）著作集第1巻23頁以下〔初出・北大法学論集11巻3号（1961）1頁〕）から，本件でA医師により受けた治療の治療費とC医師による皮膚移植手術の治療費とでは生活利益は別だということになるのかもしれない。しかし，そうだとしても，仮に皮膚移植手術が実施された後に，その治療費相当額の賠償がそれ以前のA医師による治療費相当額の賠償と併せて請求される場合には，一個の訴訟上の請求（訴訟物）に統合されるが，先ず前訴においてA医師による治療費相当額の賠償のみが請求された段階で，将来皮膚移植手術を受けるべきことが予測できなかったときは，その後に実施された手術費相当額は別訴訟物となるというように，その事実がいつ訴訟上主張されるか（小山教授の表現によれば，被害者がいつその事実を主張可能な攻撃防御方法として取得するか）によって，生活利益としての同一性が左右されるというのはやはり違和感がある。

結局，遮断効すなわち既判力の作用，既判力対象すなわち訴訟物，という古典的な枠組みの下で，将来受けることあるべき治療費相当額の賠償請求を遮断効から免れさせようとすれば，訴訟物概念を通常の理解と異なる意味に操作せざるをえないということであろう。その意味で，井上正三「『一部請求』の許否をめぐる利益考量と理論構成」法教（第2期）8号（1975）79頁，井上治典・前掲注34）314頁，317頁，同「確定判決後の残額請求」『民事訴訟法の争点』〔有斐閣，1979〕180頁，河野・前掲注2）780頁以下等が，ここでの訴訟物概念は，既に実質的考慮によって決定済みの結論の説明に堕していると指摘するのは，正当である。現在の理論状況は既に，後遺症の問題を含め，一部請求後の残額請求の許容性は，訴訟物概念の呪縛から解放されて議論さるべき段階に至っている（坂原正夫「既判力と後遺症のための損害賠償請求」法セミ316号〔1981〕62頁，63頁，中野貞一郎「一部請求論について」『民事手続の現在問題』〔判例タイムズ社，1989〕85頁，87頁〔初出・染野義信博士古稀記念論文集3『民事訴訟法の現代的構築』〔勁草書房，1989〕45頁〕，高橋宏志「既判力について(3)」法教143号〔1992〕94頁，96頁）。

成が指摘されている。しかしいずれも隔靴掻痒の感を免れない。既判力に内在する妥当根拠に照らし，前訴において後続損害の発生を予見しえず，その賠償を請求することが被害者にとって期待可能でなかったときには，紛争解決の終局性への相手方の信頼保護の要請は後退せざるをえないというかたちで，端的に既判力の相対化を図るのが[36]，最も素直である。

4 ただ本件事案を詳しく分析すると，前訴事実審口頭弁論終結時において本件皮膚移植手術による治療費の支出という損害の発生は予見不可能であったという理解は，必ずしも実態に即していない。というのは，C医師により本件皮膚移植手術が実施された時点と前訴口頭弁論終結時との近接性，および，前訴口頭弁論終結時段階では皮膚移植手術の効能につき「医学的に異論がなかった訳ではない」とする原判決の認定事実に照らせば，Yも上告理由で主張しているように，前訴口頭弁論終結時に既に客観的事実としては，皮膚移植手術という内反足に対する治療法は存在していたとみるのが妥当である。

とすれば，Xは，手術による本件内反足の治療は不能であるというA医師の診断に従い，今後治療を受けることはないとの予断の下に，治療費としては過去に支出したものが総てであると判断しその賠償請求をした，すなわち，本件前訴は，A医師の医学的助言を前提に将来の治療費相当額の損害の不発生を予測してなされた全部請求であったとみるべきであったともいえる（因みに，原判決もこうであった可能性を否定していない）。

もし，前訴口頭弁論終結時において既に本件皮膚移植手術の有効性が医学的に確証されていたならば，現実にこの手術を受けるまでもなく治療費額は確定可能であり，それに相当する額の賠償請求は前訴でなしえたにも拘わらず[37]，単に誤った医学的助言に基づき請求されなかったに過ぎないのであるから，後

---

36) 井上治典・前掲注34) 318頁。なお，高橋宏志「既判力について(2)」法教142号（1992）78頁，80頁は，一般論として期待可能性による遮断効の緩和の可能性を肯定し，同・前掲注35) 94頁，96頁および同・前掲注2) 261頁以下は，これを予見不可能な後発後遺症の場合に応用する。

37) 消滅時効の起算点としての「損害ヲ知リタル時」（［平成16年法律147号による改正前の］民724条）との関係での議論であるが，栗山・前掲注31) 328頁は，本件皮膚移植手術の効能が前訴口頭弁論終結時段階で医学的に確立されていたなら，現実に手術を受ける前でも損害は発生していると解する余地がある旨を指摘する。とすれば，その主張の懈怠につき既判力による遮断を語ることも可能であろう。ただし，筆者自身は，Ⅳ及び次注で指摘するように，こうした時効の起算点の捉え方および遮断効の拡大に対し，懐疑的である。

訴による本件手術費等相当額の賠償請求は、鑑定の誤りに基づく不当判決でも既判力を有することに照らし、遮断されると解する余地もあったであろう。

しかし、内反足の治療方法としての皮膚移植手術の有効性については、医学的に異論がなかった訳ではないというのであるから、仮に前訴が、将来的に治療費は発生しないとの予測の下で、治療費相当額の損害は過去に支出したものが総てであるとの趣旨でなされた全部請求であったとしても、それは当時の医学的な知識に照らして必ずしも誤りとは断言できない、かかりつけの医師の助言を前提としたものである。とすれば、既判力基準時後に実施されたＣ医師による手術の結果、完全治癒ではないとしても快方に向かった場合に、治療費相当額の追加請求を遮断することは、前訴で期待可能性のない主張の懈怠につきＸに責任を課すもので、妥当ではあるまい。

以上を要するに、後続損害が予見不可能である場合には、前訴はそれを除外することを明示した一部請求であるから、後訴による追加賠償請求は前訴判決の既判力に触れないとする判旨の論理は、真実予見可能性のない場合ですら適切な法律構成といえないことは上述の通りであるが、そもそも本件事実関係に適合しないことは明らかである。むしろ、予測不可能な後続損害が発生した場合のみならず、その発生が予測できなくはない損害についても、原告がその不発生を予測して請求から除外した結果、前訴が全部請求の外観を呈した場合、その発生の予測を原告に期待できない事情があるときには、追加請求は遮断されないと考えるべきであろう。以上が正しいとすれば、本件原判決は前訴判決はそうした趣旨のものではなかった旨を認定しているが、仮に前訴判決が、本件内反足は快癒不能とするＡ医師の証言に基づき、医療扶助により賄われた過去の治療費のほか本件内反足に関する治療費は将来的に発生しないとの予測的認定の下に、治療費の支払請求を棄却したものであったとしても、Ｘに他の専門家による鑑定を申請することを期待しえない事情があったと考えれば、同様に考えることができるのではあるまいか。

Ⅳ　発生が予測される後続損害についての賠償請求の懈怠と遮断効

1　Ⅲでは、前訴事実審口頭弁論終結時における将来の損害発生の有無またはその程度についての予測が現実の展開と齟齬を来した場合における、遮断効

の問題を論じた。ここでは，前訴の事実審口頭弁論終結時において，将来たとえば後遺症が発生し，それに起因して稼働能力が低下することが予見可能であったにも拘わらず，被害者がその治療費相当額や逸失利益の賠償を求めることなく，賠償の範囲を過去に支出した治療費，入院中の休業損失などに限定した請求をし，それを容認する判決が確定した場合において，後遺症が予見された通りに発現した後に改めて追加賠償請求することの可否を——当該損害についての消滅時効の進行（民724条）の問題をここでは一応捨象して[38]——考えてみたい。

2 Ⅲで検討した最判昭和42年7月18日は，前訴を明示の一部請求と擬制して残額再訴を認めるべき根拠を，後遺症の予測不可能性に求めている。ここから逆に，将来発生が予測される損害については，前訴でそれを除外する趣旨を明示しない限り，残額請求は判例のいわゆる黙示一部請求訴訟における判決の既判力（最判昭和32年6月7日民集11巻6号948頁）により，遮断されること

---

[38] すなわち判例は，前訴が明示一部請求であり残額請求が許容されるときであっても，前訴における起訴による時効中断の効果は，訴求された一部についてのみ及び残部には及ばないとし（最判昭和45年7月24日民集24巻7号1177頁），また，〔平成16年法律147号による改正前の〕民法724条が定める消滅時効の起算点たる「損害ヲ知リタル時」の意義につき，Ⅲで検討した昭和42年最判は，不法行為に基づく特定の損害の発生を知った以上，その損害と牽連一体をなす損害であって，当時その発生を予見することが可能であったものについては，総て被害者においてその認識があったものとして，それらを含めて同条所定の時効はその特定の損害を知った時点から進行を開始し，ただ，前訴当時予見不可能であった後遺症に基づく損害に限り，同条所定の消滅時効は進行しないとしている（なお，大連判昭和15年12月14日民集19巻2325頁）から，消滅時効の問題をクリアしない限り，予測可能な損害の賠償請求を後訴に留保した明示一部請求を認める実益は殆どなくなる。

この点につき，楠本・前掲注19) 25頁以下は，被害者に，損害のうち金銭で評価し数額の特定できる部分については賠償を求め，未だ算定不能の部分については，加害者に賠償責任があることの確認を求める訴え（ハンス・シュトル〔H. Stoll, Typen der Feststellungsklage aus der Sicht des bürgerlichen Rechts, Festschrift für E. Bötticher (1969) S. 341.〕のいう保全的確認の訴えである）を認めるドイツ法にならい，十分発生が予見可能ではあるが，蓋然性の程度が即時に数額を確定して請求しうるほど確実ではない将来の損害につき，それが現実化したときの請求権保全のため，時効中断の手段として，数額を特定しない賠償義務存在確認の訴えを認めるべきであると提言する。

消滅時効の起算点に関するこの問題は，平井宜雄教授（前掲注34) 1084頁以下）が指摘するように，未だ発現していない損害も含めて全損害が不法行為時に既に発生しているとの前提に立つがゆえに生じるのだが，同教授も示唆するように，口頭弁論終結時において未だ発現していない，あるいは症状が固定していない損害は，消滅時効の起算点に関する限りは，その予見可能性の有無に拘わらず，不法行為時には未だ発生しておらず，消滅時効が進行することはないと考えてはどうかと思われる。

Ⅳ 発生が予測される後続損害についての賠償請求の懈怠と遮断効

となることが予想される。

判例のこうした傾向を窺わせる例としてさらに，最判昭和43年4月11日民集22巻4号862頁が参考になる。

Xの実母Aは，Yの運転するオートバイと接触して負傷し，入院加療の後，その子Xらとともに，Yを相手に慰謝料および損害賠償の支払いを求め民事調停を申し立て，その結果，YはAらに対し金5万円を支払う，Aらはその余の請求を放棄する旨の調停が成立した。その約1年半後にAが死亡したため，XはAの受傷および死亡により被った財産的損害金3万1000円および精神的損害金30万円の賠償を求め，本訴を提起した。第一審は，調停は錯誤無効とするXの主張を斥け請求棄却。控訴審は，当事者間において有効に調停が成立している以上，当事者はその趣旨と矛盾する主張ができず，裁判所もその趣旨と反する判断はできないから，本訴請求のうち調停で認容された部分については訴えの利益がなく，その余の部分は請求に理由がないとして控訴棄却。

最高裁は，財産的損害の賠償請求は調停により解決済みとしつつ，慰謝料請求部分につき次のように判示し，破棄差戻し。すなわち，死亡による慰謝料請求権は受傷を理由とする慰謝料請求権と被侵害利益を異にするから訴訟物として同一性を有しないと解すべきであり，本件調停が，A死亡による慰謝料ほか本件交通事故による損害の総てを含めて成立したと解しうるためには，調停当時Aの受傷が致命的不可回復的でその死亡が殆ど必至であったため，当事者においてAの死亡ありうべきを予想し，その死亡による損害賠償を含め合意したというような特段の事情が必要であるところ，本件調停当時Aは高齢とはいえ生存中であり，調停における賠償額が僅か5万円に過ぎない経緯に照らし，原審が前記特段の事情を認定せずして慰謝料請求を排斥したのは違法である。

本件については，ふた通りの理解が可能である。その一つは，調停に既判力を認める理論を前提とし，かつ，前記昭和42年最判の示した理論構成に即して，先の調停成立当時Aの死亡は予見不可能であった事情に照らし，先の調停申立ては，その対象をAの受傷を理由とする慰謝料に限定した明示一部請求であり，Aの死亡による慰謝料請求を訴訟物とする後訴とは対象を異にするから，先の調停の既判力もその請求に係る一部についてのみ及び，それと訴訟物を異にする後訴請求は先の調停の既判力により遮断されない，とした事例と位置づける考え方である[39]。この理解によれば，本判決で傍論ながら示され

---

39) 上村明広「本件解説」民事訴訟法判例百選Ⅱ（1992）322頁，323頁の示唆する構成である。
 なお，調査官解説（鈴木重信・最判解民事篇昭和43年度(上)550頁）は，本判決を調停の既判

ている点と昭和42年最判とを併せれば，判例は，前訴口頭弁論終結当時損害の増大が予見可能であったときには，その賠償を請求することなく過去に生じた損害の賠償のみを訴求した場合には，追加賠償を求める後訴請求は前訴判決の既判力により遮断されるとの態度を示しているといえる[40]。

他方，本判決を，専ら調停を当事者間の契約と捉える立場に立った上，契約当事者の意思解釈の問題として，残余の請求の放棄条項の趣旨を，先の調停当時損害の増大が予見できたという特別の事情がない限り，調停成立後の拡大損害についての賠償請求を放棄する意思と解すべきではないとした趣旨のものとして，理解することも可能である[41]。しかし，仮に後者の理解に拠ったとしても，損害賠償をめぐる紛争解決手続が一旦先行したときに，前手続でどこまでが解決済みとみるべきかの判断は，被害者の具体的救済の要請と相手方の地位の安定，すなわち前手続で紛争は一切解決されたとする相手方の期待ないし信頼の保護との比較考量である点では，合意による紛争解決である調停と既判力を伴う訴訟とで差がある訳ではないとすれば[42]，やはり本判決によって，前訴事実審口頭弁論終結時において損害の拡大が予見可能であった場合には，前訴

　　力肯定説に則って説明している。
40)　なお，判決要旨に掲げられてはいないが，IIで検討した賃料相当額の賠償請求に関する昭和61年最判は，原告が，後訴請求のうち，前訴口頭弁論終結時から1年1か月までの分の残額請求を，当該土地を駐車場として賃貸使用した場合に得られたであろう特別損害の賠償請求と構成し，前訴で訴求した通常損害としての賃料相当額の賠償請求とは訴訟物を異にすると主張したのに対し，これを認めた原判決を破棄するに際し，特別損害と通常損害とでは訴訟物は同じであり，かつ，原告主張の特別損害は前訴既判力基準時において発生が予測されたものであるから，その除外を明示していない前訴は黙示一部請求に帰するとして，この部分の残額請求を斥けていることも，この問題に対する判例の態度を窺わせる（花房・前掲注13）106頁参照）。ただ，単なる地代相当額か駐車場として賃貸した場合の収益相当額かは，事実としての損害の態様の軽重の問題ではなく，土地の不法占有による使用可能性の喪失という同一の事実に起因する同じ損害を金銭的に評価する際の算定基準の相違に過ぎず，その算定基準はいずれも前訴既判力基準時に存在し主張可能であったから，その蒸し返しは当然既判力の遮断効に触れるのであり，訴訟物の同一性論や一部請求論をまつまでもない事例であると思われる。
41)　伊東乾「本件解説」昭和43年度重判解109頁，110頁，渡辺惺之「本件解説」法学研究（慶大）42巻10号（1969）106頁，110頁。星野英一「本件評釈」法協86巻8号（1969）969頁，974頁以下も，本件を，示談後の拡大損害の追加請求を示談における権利放棄条項の意思解釈の問題として処理した，最判昭和43年3月15日民集22巻3号587頁にひきよせて理解することが適切とする。
42)　新堂幸司「紛争解決後の損害の増大とその賠償請求――最近の最高裁判決によせて」『訴訟物と争点効(上)』（有斐閣，1988）193頁，201頁以下（初出・ジュリ399号〔1968〕62頁），井上治典・前掲注34）314頁，河野正憲「本件解説」民事訴訟法判例百選〔第2版〕（1982）234頁。

IV 発生が予測される後続損害についての賠償請求の懈怠と遮断効

でその賠償をも請求しておかないと遮断される、との方向性は示されていることになる。

もっとも、前訴において、賠償請求の対象を既発生の損害に限定し、予見可能な将来の後続損害の賠償請求を後訴に留保する原告の意思が、現実に明示されていたとき、すなわちことば本来の意味で前訴が明示一部請求であったときには、明示一部請求後の残額請求を許容する最判昭和37年8月10日民集16巻8号1720頁に照らせば、後続損害発生後の残額請求は遮断されないこととなろう。ただこの立場においても、後訴の留保を明示された被告加害者の側から、そうした損害の発生は予測できないとして、残額債務不存在確認反訴が提起されたときには[43]、結局被害者はこの訴訟において未だ発生していない将来の損害部分についても一回的な解決を図らざるをえない。

これに対し、学説においては、理論的な根拠は多様であるが、損害の拡大が前訴の口頭弁論終結時に予見可能である場合には、明示による限定の有無を問わず残額請求は遮断されるとする失権肯定説が有力である[44]。

---

43) 黙示一部請求の場合には、再訴を予測し残額債務不存在確認反訴を提起してそれを封ずることを被告に期待することはできないから再訴を遮断すべきであるが（井上正三・前掲注35）79頁、80頁）、明示により残額再訴の余地が予告されれば、被告としては当該訴訟において同反訴を提起しそれを予め封殺することが可能となるから、それを怠った被告は残額再訴を甘受すべしというのが判例の論理である（上田徹一郎「既判力の客観的範囲と一回的解決要求・手続保障要求——一部請求と残部請求の提出責任」『判決効の範囲』〔有斐閣、1985〕286頁、300頁〔初出・吉川大二郎博士追悼論集『手続法の理論と実践（下）』（法律文化社、1981）296頁〕、拙稿「一部請求(2)——黙示の場合」民事訴訟法判例百選Ⅱ〔1992〕320頁、高橋・前掲注33）99頁参照）。明示一部請求における「明示」の機能は、被告に対するこうした「手続保障」にある。

44) 一部請求後の残額請求一般に否定的な新堂幸司『民事訴訟法〔第2版補正版〕』（弘文堂、1990）229頁は、残額請求を、損害賠償請求訴訟において損害の拡大が予見できなかった場合に限って——その場合には前訴における明示の有無を問わない——許容する。

また、後続損害の追加請求の可否を、既判力の時的限界論で処理する見解によれば、前訴口頭弁論終結時に予見可能な将来の拡大損害については、前訴で主張しないと時的限界の一般理論により後訴によるその賠償請求は遮断されることとなるが、既判力による遮断は強行法規であるから、予測可能な損害の賠償請求を後訴に留保する原告の意思により、左右される余地があるとすればおかしいであろう（五十部・前掲注34）153頁および同「損害賠償請求の訴訟物——その3 後遺症と前訴判決の既判力」法セミ146号〔1968〕62頁、65頁、上村・前掲注39）322頁。ただ、上村教授は、被害者が生存中の場合には、いかにその死亡が確実視されるとしても、死亡による慰謝料を事前に請求せよとするのは条理に反するという）。

また、小山昇教授は、先行する紛争解決手続が調停であった場合を念頭において、調停当時死亡による損害が必至なものとして予測されたときは、身体障害による損害賠償と区別分断されることなく、死亡による損害賠償を含めて放棄がなされることがありうるとする（小山昇「調停の成立後の慰謝料請求について」同・前掲注2）著作集第5巻289頁、298頁〔初出・判タ223号

3　さて，問題を裏から眺めてみたい。すなわち，被害者の側から損害の（一部）賠償請求が提訴されるのではなく，加害者の側から，過去に支出された治療費相当額等を超えて損害賠償債務は存在しない旨の確認を求める訴えが提起されたときは，どうなるか。最近のある下級審判決（東京地判平成4年1月31日判時1418号109頁）が，注目に値する。

　　タクシーとの衝突事故で負傷した被害者とタクシー会社および運転手との間で示談交渉が行われたが妥結しなかったので，タクシー会社らが被害者を相手取り，総損害額25万8700円（内訳・治療費15万5100円，休業損害0円，慰謝料10万3600円）から既払い賠償額15万5100円を控除した10万3600円を超えては損害賠償債務は存在しないことの確認を求めて訴えを提起した。

　　請求棄却にあたり，判旨は次のように述べる。すなわち，不法行為に基づく損害賠償請求においては，損害額の算定に関してかなりの裁量が認められており，しかも，相当な治療期間や症状固定時期のような，医学的判断を要する事項についても医師により見解を異にすることもままあることからすれば，加害者側である原告は勿論被害者側である被告においても，その損害額を正確に把握することは困難であるという特質に鑑み，貸金債務の不存在確認の訴えの場合と異なり，被告の対応に応じて原告の主張する不存在額（原文ママ）を超える損害が生じているかだけを判断し，損害が原告の主張する損害を下回っているときはその請求を認容し，超えているときは単に請求を棄却するだけで足りる。このように解しても，請求棄却判決の既判力は，原告が主張する以上の損害が生じているということに関して生じるのみで，損害額そのものを確定するものではないから，被告は改めて損害賠償を請求しうるし，原告はその際に応訴すればその額を譲り（原文ママ）うるのであるから，格別当事者に不利益を与えるものではない。

　債務不存在確認の訴えは給付の訴えの反対形相であり，しかも，債務の存在を一部自認してなされる債務不存在確認請求の確定認容判決は，自認部分についても既判力ないし信義則に基づく不可争力を有するという理論[45]を前提とす

（1968）60頁］）が，先行手続が訴訟であった場合においても，同様に死亡が必至の状況で，かつその事実が前訴で主張可能であったときは，死亡による慰謝料請求は身体障害による慰謝料請求と一体化して単一の訴訟物を構成する（同・前掲注33）248頁参照）から，後訴で主張しえない，とする趣旨と理解してよかろうか。

　　これに対し，上田・前掲注43）316頁および同「後発損害の賠償請求と前訴判決の既判力」鈴木正裕ほか『演習民事訴訟法』（有斐閣，1982）146頁，148頁が，単に後続損害の発生が予見されえたことのみをもって，被害者による残額請求を遮断することを，原告に対する「実体関係的手続保障要求」の観点から疑問視しているのが，注目される。

45）　既判力を肯定する見解として新堂・前掲注44）231頁，信義則による不可争力を肯定する見

Ⅳ 発生が予測される後続損害についての賠償請求の懈怠と遮断効

ると、債務の存在の一部を自認した本件損害賠償債務不存在確認請求は、予見可能な後続損害につき賠償を請求することなく、過去に支出した治療費に限定して賠償を求める給付の訴えの反対形相ということになり、その全部認容判決が確定すると、予見可能であった損害の残額請求は、自認額以上の債務不存在を確認する同判決により遮断される[46]。したがって、有力学説のように、予測可能な損害については明示の有無を問わず失権を認める立場を採るならば勿論であるが、明示一部請求の場合に残額請求を認める判例の立場にたつとしても、加害者側が先手をとって債務不存在確認を求めてきた以上は、本来であれば、本訴訟において、被害者としては、予測可能な後続損害を主張して争うことを通じて、原告の自認額を超える具体的な残債務額を確認する、請求の一部認容判決を得ておく必要があることとなる筈である。こうした債務不存在確認の訴えは、被害者に対し、過去に支出した治療費相当額の損害に加え予見可能な後続損害をも含めた賠償を求める給付の訴えの提訴を強制する機能を持つ[47]。

にも拘わらず本判決は、予測可能な将来の損害の賠償請求について一回的に決着をつけることを強いるという、被害者に対するこの提訴強制的効果を不当とし、再訴の可能性を正面から肯定した上で、単に原告の請求を棄却すれば足りるとした。いい方をかえれば、予測される将来の損害を含めた残債務の具体的金額を既判力により確定することは必要でないとした。ところで、学説上有力な失権肯定説は、賠償額をめぐる紛争を一回の訴訟で決着をつけることを求める加害者側の期待を保護して、被害者側に予測可能な後続損害を含めた賠償請求の提訴責任を課すものである。しかし、加害者側が先手をとり提訴強制機

解として、兼子ほか・前掲注8) 545頁〔竹下守夫〕。

46) 浅生重機「債務不存在確認訴訟」木川統一郎ほか編『新実務民事訴訟講座第1巻』(日本評論社、1981) 363頁、378頁。なお、奈良次郎「消極的確認の訴について」民訴雑誌21号 (1975) 65頁、106頁は、加害者側がその不存在を確認さるべき賠償債務の具体的金額を明示して提起した不存在確認請求が全部認容された場合でも、既判力基準時においてその一定額の債務の不存在が確定されただけであるから、予見不可能な損害が後に生じたときは被害者は追加請求ができるが、具体的金額を明示しないで提起された賠償債務不存在確認請求——これが適法であることは、奈良・前掲104頁、浅生・前掲368頁——が帰責事由不存在を理由に全部認容されたときは、予見不可能な後続損害の賠償請求も遮断されるとする。つまり、奈良説でも、いずれの形態の債務不存在確認請求においても予見可能な損害の追加賠償請求は遮断される、との結論が採られている。

47) 債務不存在確認訴訟のもつこうした提訴強制機能については、坂田宏「金銭債務不存在確認訴訟に関する一考察(2・完)」民商96巻1号 (1987) 66頁、77頁以下参照。

能をもつ債務不存在確認の訴えを提起するときには，本判決によれば上記の期待は法的に保護されない。残債務が自認額を超えることが認められれば，単に請求が棄却されるだけで，残債務の具体的金額は明らかにされないのである。とすれば，被害者側が先手をとって賠償請求をしたときに，果たして被告加害者側のかかる期待は保護に値するであろうか。すなわち，加害者が原告となり債務不存在確認を求める場合と被害者が原告となり賠償を請求する場合とで，加害者の紛争解決の一回性に対する期待の保護の程度が異なるということに，合理性があるといえるか。失権肯定説の妥当性はこの観点からの吟味を要する。

4 更に，このような債務不存在確認の訴えの適法性じたいを疑うこともできる。東京地判平成4年3月27日判時1418号109頁およびその控訴審判決である東京高判平成4年7月29日判時1433号56頁がその例である。

タクシーとの接触事故で負傷した被害者とタクシー会社および運転手との間で示談が成立しなかったので，タクシー会社らが原告となり被害者を被告として，総損害額9万8730円（内訳・治療費4万6930円，休業損害0円，慰謝料5万1800円）から5割の過失相殺をした上既払い賠償額26万6930円を控除すると，損害賠償債務は不存在となるので，その旨の確認を求め訴えを提起した。なお，被告は口頭弁論期日を欠席し，答弁書その他の準備書面を提出せず，自己の損害を主張していない。

第一審判決は確認の利益を否定し訴えを却下した。それによると，貸金債務の不存在確認の訴えにおいては，債権者と債務者との間で残債務の額に争いがあれば確認の利益が認められるが，損害賠償債務不存在確認訴訟においては，損害額の算定に裁判所の裁量が認められ，当事者が各々主張する損害額も異なるのが通常であるから，確認の利益を肯定するためには，単に両当事者の主張する損害額が異なるというだけでは足りず，両当事者間においてこの相違を解消すべく誠意をもって協議を尽くしたがなお示談が成立しない事情，もしくは，加害者が誠意をもって協議に応じることができない被害者側の事情が必要である。

これに対し，控訴審判決は，控訴人らの主張によれば，控訴人らは円満解決を目指し交渉してきたが，被控訴人は本件事故による損害賠償額は多額である等と主張して全く応じようとしないというのであるから，これが事実であるなら，他に確認の利益を否定するような事情の存在しない限り，確認の利益を肯定すべきであるとして，原判決を取り消し差し戻した。ただ，傍論的に，確認の利益を否定すべき事情の例として，被害者の症状が未だ固定していない場合を挙げ，この場合には，損害が更に拡大する余地があるから，被害者の側でもその間は訴えの提起を差し控える理由ないし利益があり，他方で加害者側において債務不存在確認の訴えを提起してもこれによる紛

IV 発生が予測される後続損害についての賠償請求の懈怠と遮断効

争の一挙的解決が図られるとはいえず，この観点から確認の利益の存在が問題となりうるが，この場合であっても，症状未固定という被害者のいい分がその通りであるか加害者の側では正確に把握できないときには，訴訟外の折衝に任せたままでは加害者側が不当に多額の賠償を強いられることとなるおそれもあり，こうした場合加害者側には訴訟の場における損害額の確定を求める正当な利益が認められる，と述べている。

上記控訴審の判決の傍論を発展させると，被害者の症状が未固定であり，将来の損害拡大の可能性があるとの被害者のいい分が，たとえば医師の診断書等により明らかであるような場合には，予測可能な損害分の存否を含めて損害賠償債務の総額の確定を求め，加害者側から債務不存在確認の訴えを提起する訴権は否定される余地がある[48][49]。

このような結論を支える実質的考慮は，症状が未固定で将来損害の拡大が予想されるような事案において，損害の発生と損害額の具体的な確定が可能な状況になってから賠償を請求しようとする被害者の意思は尊重されるべきであり，加害者による，将来発生しうべき損害の賠償をも含めた形での紛争の一回的決着を求める提訴強制は，そもそも正当な権利保護の利益を欠くという判断であろう。とすれば，既に支出済みの治療費や入院期間中の休業保障等の賠償を請求する被害者の訴えの利益は，迅速な被害者救済という観点を持ち出すまでもなく当然に認められるとして，この訴訟における被告加害者にも，将来発生しうべき予測可能な損害についての賠償をも含めた一回的解決を期待しうべき地位は認められないこととなろう。したがって，原告被害者が，前訴において損害項目を過去に発生した治療費に特定し，一部請求たることを明示していたときには残額請求は遮断されない，とする判例理論を是認する場合において，この明示に対し被告側からする残額債務不存在確認反訴もまた，正当な確認の利益を否定さるべきこととなりそうである[50]。

---

[48] こうした場合に確認の利益を限定的に解することに好意的な見解として，松下淳一「本件解説」平成4年度重判解143頁，144頁。これに対し，藤原弘道「本件解説」リマークス1993(下) 132頁，135頁は，かような場合であっても確認の利益は否定できないとする。

[49] なお，判旨はこの外に，加害者側が，被害者の準備不足につけこんで損害賠償債務不存在確認の訴えを先制攻撃的に濫用していることを，確認の利益を認める障害となる事情として例示している。この点については，奈良・前掲注46) 111頁以下，村田長生「債務不存在確認訴訟」吉田秀文＝塩崎勤編『裁判実務大系8』(青林書院，1985) 387頁，388頁，山下満「債務不存在確認訴訟の実情と問題点」塩崎勤編『現代民事裁判の課題⑧』(新日本法規出版，1989) 522頁，532頁等参照。

[50] したがって，既発生の損害のみの賠償請求に限定することを明示した損害賠償請求における

5 問題はこう解釈することが，賠償請求の被告加害者の立場を不当に害することとなるか否かであり，再度の応訴を強いられる加害者の不利益をどう評価するかにある。これに対しては，次の点を指摘するに留めたい。予見可能な将来の損害について前訴で併せて請求された場合でも，損害の程度についての予測の誤りを正す後訴の可能性が，加害者に有利な方向では勿論，被害者に有利な方向においても存在しうるならば，失権の制裁を背景として，予測可能な損害についても併せて賠償を求める責任を原告に課すときには，それを通じて被告にもまた，かような脆弱性を含む紛争解決を強制されるという不利益が生じる。他方で，具体的に損害が発生した後に再度追加的に賠償を請求されるのであれば，それが予測に係る将来の不確実な事実ではなく過去の事実の存否に関わるものであり，防御が容易であることに照らせば，必ずしも加害者に不利とはいえないという点である。

V　おわりに――ZPO 323 条の「変更の訴え」との関係

1　さて，本稿のIIIでは，将来の損害の発生の有無またはその程度を予測して判決がなされたところ，その予測が現実の展開と齟齬を来したときに，事後的に判決を現実に適合させるべく修正できるかという問題を検討した。ところで，従来の学説は，この問題と，事実審の口頭弁論終結時における算定基準により損害額を評価したところ，後に算定基準じたいが変動したときに事後的な賠償額の増減が可能かという，本稿のIIで論じた問題とを論ずるに際して，しばしばZPO 323 条の「変更の訴え（Abänderungsklage）」に言及してきた[51]。

　　明示の機能は，予見可能な将来の拡大損害についての賠償請求を放棄する意思のないことの表明という消極的な意味しかないこととなり（注43）参照）。しかも，IIIで指摘したように，予見不可能とはいい難いが，かかる留保を明示すべきことを被害者に期待しえない後続損害については，前訴が明示を欠く外観上の全部請求であっても，追加請求は遮断されないとする余地がある。
51）　以下の叙述に関連するZPO 323条の1項から3項までの邦訳（石川明＝三上威彦訳・法務資料450号〔1992〕）を，以下に掲げておく。
　①　将来履行期の到来する回帰的給付を命じる判決の場合，給付を命じる判決につき，又は給付すべき数額の特定若しくはその支払の期間を定めるにつき基準となった関係に著しい変更を生じたときは，各当事者は，訴えにより判決の相当な変更を求めることができる。
　②　この訴えは，その基礎となった原因が，訴えの申立ての拡張又は異議の主張を遅くともなすことを要する口頭弁論の終結後に至り初めて生じ，かつ故障をもってしてはもはやこれを主張することができないときに限り，なすことができる。

V　おわりに——ZPO 323条の「変更の訴え」との関係

これらは本来なら同条のような立法により解決されるべきだが，さしあたり解釈により解決せざるをえない問題であると語られることが常であり，また，本問題の解決基準の範型が同条に求められたりした[52]。

2　しかし，同条に関するブラウンの近時の包括的な研究[53]によると，変更の訴えを，前訴判決における将来の事情の予測的判断が基準時後の現実と齟齬を来した場合にその是正を図る制度であると理解する見解は，ドイツでは少数である。

すなわち，ドイツの通説は，ZPO 323条による変更の訴えを，前訴の事実審口頭弁論終結時において存在した，給付額算定の基準となる事実関係がその後変動した場合に，それに判決を適合させる手段として位置づける。ただ通説によると，ここで変動があったか否かの比較の対象として引照される事実関係とは，前訴において当事者によって主張され判決の基礎とされた事実関係に限

---

③　判決は，この訴えの提起以後の時期についてのみ変更することができる。

　なお，わが国におけるZPO 323条についての包括的な研究として，小山昇「西ドイツ民訴323条の訴えについて」同・前掲注2）著作集第5巻17頁以下（初出・北大法学論集24巻1号198頁，2号155頁〔1973〕）。

[52]　最近ではたとえば河野・前掲注2）788頁以下。

[53]　Braun, a.a.O.（Anm. 22）。なお，ブラウン自身は，請求権が現実化する以前の判決の効力は過去の請求権の存否に関する判決のそれより脆弱であることは当然とした上で，変更の訴えを予測的判断と現実との齟齬を是正する手段と位置づける見解を展開する（Braun, a.a.O. S. 202-214. これがかねてよりの彼の持論である点については，角森・前掲注22）41頁以下を参照）。

　因みに，Braun, a.a.O. S. 184ff. によれば，RGの前身であるROHGの時代の判例においては，ZPO 323条の前身であるライヒ損害賠償責任法（Das Reichshaftungsgesetz, betreffend die Verbindlichkeit zum Schadenersatz für die beim Betrieb einer Eisenbahn, eines Bergwerken etc. herbeigeführten Tötungen und Körperverletzungen, vom 7. 6. 1871, RGB1. 1871, 207）7条2項の変更の訴えの趣旨につき上記と同旨の見解が採用されていたが，後にこの見解は撤回され今日に至っている。

　なお，ライヒ損害賠償責任法7条については，小山昇教授による邦訳（同・前掲注51）20頁以下）を以下に掲げておく。

①　裁判所は，損害の額高につき，およびどんな種類のどれほどの額高の担保を提供すべきかにつき，一切の状況を斟酌して，自由な裁量により判決すべきものとする。将来の生計または稼働能力を塡補する賠償としては，当事者双方が一時金賠償につき合意していないときは，通例として定期金を許容すべきものとする。

②　定期金を与えることまたは定期金の程度を左右した事情がその後に本質的に変更したときは，義務者はなんどきでも定期金の廃止または減額を請求することができる。同様に，定期金の確定，減額または廃止を決する基準であった事情が本質的に変更したときは，損害賠償請求を消滅時効期間内に主張している限りは，定期金の増額または再給付を請求することができる。

③　義務者の財産状態がその後に悪化したときは，権利者は後から担保の提供または担保の増額を請求することができる。

られず[54]，損害額の算定に影響しうるものである限り，当事者により主張されず判決において賠償額算定の基礎とされなかった，訴訟外の事実関係も含む。つまりそれは既判力基準時における客観的事実関係である。したがってたとえば，回帰的な離婚給付を命じる前訴判決が，被告がパートタイム労働者であり，通常人より収入獲得能力が低いとの認定を基礎に給付額を算定し，扶養請求権者の扶養請求を一部棄却した場合において，その後被告がフルタイム労働に従事したとしても，前訴既判力基準時において，被告がじつはフルタイム労働者としての収入獲得能力を有していたなら，客観的事実として収入獲得能力は変動しておらず，扶養請求権者は，変更の訴えにより増額請求をすることができない。この場合，扶養請求権者が義務者の完全な収入獲得能力を援用することは，客観的な事実関係が変動したと主張するものではなく，前訴判決による収入獲得能力の認定が低きに失したと主張すること，すなわち，判決に初めから存在した内容的な誤りの是正を求めることに帰するが，不当判決といえども既判力を有するのであり，通説は，変更の訴えは，初めから判決に内在する瑕疵を是正する手段，不当判決の既判力を修正する手段ではない，と理解する[55]。

これに加え，判例によれば，前訴既判力基準時後に発生した事実であっても，それがその当時予測可能であったときには，基準時前に存在した事実と同様，その主張が懈怠されたときには遮断されるとする[56]。したがって，当事者により主張されなかった予測可能な事実が現実に発生したときには，客観的な事実の変動が存在するにも拘わらず，変更の訴えによるその主張は，前訴判決に初めから存在する不当を鳴らすことに帰し，許されないとされる[57]。したがって理論的には，当事者が予測可能な事実の主張を懈怠した場合のみならず，当事者により発生が予測されるとして主張された事実が裁判所により斥けられた場合にも，前訴既判力基準時においてその発生が客観的に予測可能だったならば，客観的な事実の変動が発生してはいても，それを変更の訴えにより主張することは，前訴確定判決の内容的不当を主張するものとして，許されなくなる。す

54) Rosenberg-Schwab-Gottwald, Zivilprozerecht, 15. Aufl. (1993) S. 957.
55) Braun, a.a.O. (Anm. 22) S. 176f.
56) ブラウン自身は，この見解に否定的である（Braun, a.a.O. S. 207ff., siehe auch, Münchener Kommentar ZPO, Bd. 1. (1992) §323, Rdn. 60 (Gottwald), Rosenberg-Schwab-Gottwald, a.a.O. S. 958.）。
57) Braun, a.a.O. S. 179ff.

Ⅴ　おわりに——ZPO 323条の「変更の訴え」との関係

なわち，変更の訴えにおいて，前訴判決が基礎とした将来の予測と現実とが齟齬を来したとして，現実に即した判決の修正を求めることは，前訴判決の不当を鳴らすものであり，通説が把握する変更の訴えの趣旨と適合しない。かくて変更の訴えは，前訴既判力基準時におよそ予測不可能な事実がその後発生した場合にのみ，利用可能であることとなる[58]。

　他方で逆に，前訴判決においてある事実が発生するとの予測の下に給付額が算定されたが，予測に反しその事実が発生しなかったというときには，客観的な事実関係に変動がないことは明らかであり，しかも，変更の訴えは前訴判決に初めから存在する誤りの是正手段ではないとする通説のたて前からすれば，同訴えにより判決の是正を求めることは許されない筈である。にも拘わらず判例はこれを「事情の変更」と捉え，同訴えによる判決の変更を許容しているという[59]。

　要するに，ドイツでは，予見可能な事情変更が判決で斟酌されなかった場合には，事後的に事実関係が変動しているにも拘わらず，その主張は判決に初めから存在する不当の是正要求と捉えられ既判力により遮断されるが，発生すると予見された事実が発生しない場合には，本来判決に初めから存在する不当を鳴らすものであるにも拘わらず，事後的に生じた事実の変動の主張と捉えられるという，倒錯した状況が存在しているのである[60]。

　3　さて，そもそも，前訴既判力基準時におよそ予見可能性がない事情の発生による損害の増大であれば，理論構成の如何はともあれ，わが国でも前訴判決の遮断効を免れ，追加請求が可能とされているのは，Ⅲでみたところであって，あえてZPO 323条を模範と仰ぐ必要もない。本稿にとっての関心は，内反足に対する皮膚移植手術のような事案においても前訴確定判決の遮断効を弛緩させうるか，あるいは，将来の不法行為発生の事実は確実に予見できるが，実体法上正しい損害額の算定がかなわないときに，いわば内容的な不当性を容認した上で下される判決の効力をどう考えるか，といった問題である。かような問題設定に対し，ブラウンの活写するZPO 323条に関するドイツの学説・判例の状況は，必ずしも有益な示唆を与えてくれないように思われる。また，

---

58)　Braun, a.a.O. S. 180ff.
59)　Braun, a.a.O. S. 189, siehe auch, Münchener Kommentar, a.a.O. Rdn. 53 (Gottwald).
60)　Braun, a.a.O. S. 207f.

荷馬車挽き事件のように，損害発生の予測の下に賠償が命じられたが予測に反しそれが発生しなかったという場合は，ドイツの実務上 ZPO 323 条の適用対象とされているが，結論の実質的当否は別として，この取扱いは同条の趣旨に関する通説の理解と体系的な整合性を欠いている。

本稿の課題にとって，ZPO 323 条が憧憬の眼差しが注がれるべき幸せの青い鳥ではないとすれば[61]，われわれとしては，同条の如き規定の有無に執着す

---

61) そもそも，ZPO 323 条をめぐる議論の混乱の遠因は，ライヒ損害賠償責任法（注53）参照）制定の際，定期金の支払いを命じる将来給付判決の既判力が将来の事情の変動に対しても及ぶか否か，すなわち既判力の将来効の有無という根本問題につき，立法者間に確固たる共通理解が存在しなかったことにあるようである（Braun, a.a.O. S. 109-114, 小山・前掲注51) 27頁以下）。

であるがゆえに，たとえば判決の変更がいつからなされるべきかについて，理論的には，将来効を肯定するなら変更判決の確定時と考えるのが筋であり，否定するなら実体法上の請求権を変動させる事情の発生時が基準となる。にも拘わらず，ライヒ損害賠償責任法時代の判例において，訴え提起時を基準とする腰だめ的な見解が定着し（Braun, a.a.O. S. 115-123. 以下，本注において頁数は同書のそれを指す），それが無批判に ZPO 323 条 3 項に持ち込まれた（S. 130-136）。そのためたとえば，離婚給付を命じられた前夫の知らない間に前妻が再婚していた等，変更の訴えの被告の領域内で生じた，原告が把握できない事情変動の場合——被告の法的安定の保護という訴え提起時説の実質的正当化根拠が欠ける場合——に，不当な結果を招来している（S. 130-136, S. 94f.）。

また，ライヒ損害賠償責任法7条2項以来存在する「事情が『著しく (wesentlich)』変動したとき」という要件についても，文言を素直に読めば，「著しい」とは「事情が変動した結果請求権の内容に影響が生じたこと」という意味に，すなわち，影響の軽重は問わないという意味に，解することも可能である。にも拘わらず，「著しい」という要件を，実体法上の請求権が変動したというだけでは足りず，変動の程度が甚だしいことを変更の訴えの訴訟要件として理解する，換言すれば，実体法上の権利変動の主張を訴訟法上制約する要件と位置づける，ある実務家の見解がRGにより採用され，ZPO 323 条制定後も判例・通説を形成している（S. 245ff, 260ff.）。そして，その根拠の一つは「既判力に対する信頼保護」に求められている。すなわち，本来白紙であった筈の既判力の将来効を肯定する見解が素朴に前提とされ，結果的に循環論法に陥っている（S. 262f. 因みに，いま一つの根拠は「裁判官は些事に関わらず (minima non curat Praetor)」との法格言であるという）。

なお，この「著しい」という要件の解釈は事実審裁判所の自由裁量である。実体権の主張を訴訟法上制約する要件の解釈が自由裁量であることじたい，驚愕すべきであるが，裁判所の恣意を抑制するため，認容額が10％以上変動すること，変動額が絶対的な最低基準金額を超えること，または，事実関係の変動は瞬時的なものでは足りずある程度の期間持続すること，という三つの外形的基準が，いちおう判例により設けられている。ただ，第一のものは，月1000マルクの年金の場合99マルクもの変動が無視される，かといって第二の，たとえば10マルクの増減を絶対的な最低基準額とする方法は，月10マルクの年金の場合には機能しない，事実の変動は一定期間継続すべきであるとの要件は，ZPO 323 条 3 項（注51) 参照）が遡及的な判決変更を禁止する点に照らし，変更の訴えの原告に不利益となる等，それぞれ欠陥があり，裁判所は事案に応じてそれらを使いわけている，つまり，恣意を抑制するための基準が恣意を拡大再生産しているという（S. 247-253）。

V　おわりに——ZPO 323 条の「変更の訴え」との関係

ることなく[62]，将来の不確実な事情の予測を根拠として賠償を命じた判決の効

---

[62] 平成 5 (1993) 年 12 月に法務省民事局参事官室が公にした「民事訴訟手続に関する改正要綱試案」の「第三　訴え」の一は，「将来継続的に発生すべき損害の賠償につき定期金の支払を命じた確定判決について，その事件の口頭弁論の終結後に著しい事情の変更が生じた場合には，その判決の変更を求める訴えを提起することができるものとする」旨提案する（これに対する各界意見については，柳田幸三ほか「『民事訴訟手続に関する改正要綱試案』に対する各界意見の概要(2)」NBL 562 号〔1995〕33 頁）。

　「将来継続的に発生すべき損害の賠償」という文言は，賃料相当額の賠償請求のような，将来継続的に発生する不法行為による損害をも包含するかの印象を与えるが，要綱試案の「補足説明」および要綱試案の前身である「民事訴訟手続に関する検討事項」の「補足説明」の記述からは，それは，現在もっぱら一時金賠償として請求されている逸失利益につき，被害者が定期金賠償を求めた場合を念頭に置いたものであり，かつ ZPO 323 条に範を求めたものであることが，判明する。

　要綱試案は，いつから判決を変更するかにつき，前注で見たようにドイツでも問題性が指摘されている，訴え提起時説の提示を賢明にも避けている（〔追記〕参照）。ただ，事情の変更に冠せられている「著しい」という形容詞は，ZPO 323 条 1 項の wesentlich というそれとの類似性を想起させる。前注で紹介したような，ドイツにおけるその趣旨の理解およびその適用における収拾しがたい混乱に照らせば，この修飾語の不用意な使用は，無用の混乱をもたらすおそれがある（松尾卓憲「将来の給付の訴え」法教 184 号〔1996〕32 頁，33 頁参照）。

　本文で検討したように，わが国の判例は，将来損害が深刻化した場合および損害額算定基準が変動し認容額が過少となった場合については，昭和 42 年最判および昭和 61 年最判が，一部請求論の応用により増額請求を認め，予測された稼働能力の低下が不発生の場合については，昭和 37 年最判が権利濫用を請求異議事由と認めるなど，対処法をいちおう確立している。したがって，仮に被害者が逸失利益につき定期金賠償を求め，これが裁判所により認められた場合——一時金賠償請求に対し定期金賠償を一部認容として認めることは，一般的には許されない（最判昭和 62 年 2 月 6 日判時 1232 号 100 頁）としても，被害者自ら定期金賠償を求めるときには，肯定的に解する余地もあろう（楠本安雄「定期金賠償」判タ 212 号〔1967〕134 頁）——，将来の事情変動に対しては，これら判例理論の応用により対処できると解される。そして，本文で指摘したように，従来わが国の学説が，将来の損害の拡大・縮小または将来の算定基準の変動による損害額の増減に対する一般的な処方箋として，ZPO 323 条的な立法を渇望してきた経緯に照らせば，あえていま逸失利益の定期金賠償を命じる判決に限り，要綱試案のような立法を行うことは，その余の場合，特に逸失利益の一時金賠償の場合における判決の増額または減額修正に対し，抑制的な副作用をもたらす懸念なしとしない（現に，ドイツ法では，あえて一時金賠償が求められた場合には，事情変動のリスクは当事者が負担すべく，紛争解決の終局性が優先するとして，323 条の適用は否定されている。Vgl. Münchener Kommentar, a.a.O. (Anm. 56) §323, Rdn. 13 (Gottwald), Rosenberg-Schwab-Gottwald, a.a.O. (Anm. 54) S. 954.）。

　もっとも，かねて論者の指摘する通り（倉田卓次「定期金賠償試論」『民事交通訴訟の課題』〔日本評論社，1970〕99 頁〔初出・判タ 179 号〔1965〕19 頁〕），逸失利益の賠償は定期金による方が合理的なことは，支払期間が被害者の現実の生存期間により定まることの一事からも明らかである。したがって，将来の事情の変動に対し増額修正が認められるのは定期金賠償の場合に限られることを法定し，それを通じて被害者を一時金賠償の請求から定期金賠償の請求へと誘導する立法政策は，ありえなくもない。ただそれには，回帰的給付についての執行手続の改善（回帰的な離婚給付につき，現行民事執行法の不備を指摘するものとして，長谷部由起子「家事債務の履行確保」戸籍時報 428 号〔1993〕46 頁，同「家事債務の履行確保」私法 56 号〔1994〕35 頁）

力，または，初めから変動することが予見される算定基準を用いて賠償額を算定した判決の効力を，通常の場合より緩和する可能性があるかを，わが国の学説・判例における判決効論の蓄積を踏まえ，考えていけば足りる。本稿はこうした立場から構想されたものであるが，予見可能な後続損害の失権可能性の問題をも含め，少しく遮断効を甘くし過ぎるとの誹りを受けるかもしれないし，それが特に将来の不法行為の損害賠償を求める将来給付の訴えの許容性に抑止的に作用する，との非難を浴びることも予想される[63]。しかし，神のみぞ知る将来の事情に対し遮断効は謙抑的であるのが当然と思われる。また，逸失利益の賠償を命じる現在給付判決ですら一般の確定判決に比べその脆弱性を否定できないとすれば，将来の不法行為について賠償を命ずる将来給付判決が確定したときに，それもまた一般の確定判決と同じ効力ないし権威を持たねばならぬとの観念を前提とした上で，将来給付の訴えの適法性を論ずる発想じたい，転換さるべき必要があると考える。

〔追記〕

脱稿後に「民事訴訟手続に関する改正要綱案」（平成 8〔1996〕年 2 月 2 日法制審議会民事訴訟法部会決定，NBL 587 号〔1996〕8 頁）に接した。本稿注62）との関連では，要綱案・第三・一・1 を参照されたい。なお，同要綱案は同年 2 月 26 日法制審議会総会において了承され法務大臣に答申された。

と，BGB 843 条 2 項が定めているような被害者への担保提供請求権の付与とが，伴っていなければならないであろう。

　筆者としては，要綱試案の通り立法がなされたとしても，それが，本稿で検討したような事例に関する判例が修正される契機となったり，かかる諸事例において既判力の弛緩を学説上論ずる余地が制約されたりする形で，影響することはないという前提の上でなら，要綱試案の提案に賛成してよいと考える。ただ，執行法の不備や担保提供請求権の不存在を放置したまま変更の訴えのみを立法化しても，定期金賠償が訴求される事例の増加を期待できるかに思いを致すとき，立法の必要性につきいま一つ得心がゆかないことも確かである。

63) この点を指摘するものとして，高橋・前掲注2) 263 頁，同・前掲注20) 法教175 号94 頁注(18)。

判決理由中の判断の拘束力

　　　　　　　Ⅰ　はじめに
　　　　　　　Ⅱ　争点効の根拠——敗訴結果に対する自己責任
　　　　　　　Ⅲ　矛盾挙動禁止および権利失効の原則
　　　　　　　Ⅳ　新堂説による「権利失効の原則」批判
　　　　　　　Ⅴ　新堂・竹下論争の争点
　　　　　　　Ⅵ　おわりに

Ⅰ　はじめに

　確定判決理由中の判断に，既判力またはそれに類似した拘束力を承認すべきか。民訴法114条1項[1]により，議論の余地なく否定されるかに見えるこの問題設定につき，果敢に挑戦された先達が兼子一博士であることは，改めて指摘するまでもない。

　もっとも，判決理由中の判断の拘束力に関する兼子説には，性質の異なる二つの方向性が見られる。

　その一つは，実質的な権利関係と相違する登記の変更を求める訴訟においては，実質的権利関係の存否自体が常に請求の主内容をなし，登記請求は技術的にこれに付随してなされるに過ぎず，後者のみを訴訟物とするのは概念的であり，実質的な権利関係が訴訟物をなすと考えるべきであり，これが判断される限りその点に既判力が生じる。この理論を押し進めれば，物権的請求権としての目的物返還請求の場合も，その物権自体について既判力が生ずると解すべきである，と説くものである[2]。

---

1) （旧）民訴法199条1項。以下の叙述において引用する論文は旧法時代に公表されたものが多い。当然，そこでは旧法の条文が引用されていた訳であるが，本稿では，叙述の便宜上，論文を引用する場合を除き，条文については新法［平成8年法律109号］の番号を表示させて頂く。
2) 兼子一『判例民事訴訟法』（弘文堂，1950）〔初出，1938〕292頁，同『民事訴訟法体系』（酒

判決理由中の判断の拘束力

　この理論は、判決理由中で判断される権利関係と訴訟物との間に密接不可分の関係があることのみを根拠に、判決理由中の判断にも既判力を及ぼすものである。その意味で、後訴の訴訟物またはその先決関係に関する判断として、前訴判決理由中の判断と矛盾する判断がなされると、前訴判決がその意味を維持しえない関係にあるときに、判決理由中の判断への既判力拡張を説くドイツのツォイナー[3]の議論との類似性を想起させる。しかし、この方向性を探るその後のわが国の学説[4]は、ツォイナーを初めとするドイツの学説に依拠するものであって、兼子理論の継承といえるものではない。

　いま一つが、参加的効力の当事者間への拡張である。
　すなわち、一方の訴訟当事者に対して補助参加の利益が認められる関係が、ほかならぬ相手方たる訴訟当事者について存する場合、当該当事者が敗訴した後、その敗訴の原因が正当に存在するならば、これを理由に相手方当事者に対し別の権利主張をなしうる（たとえば、買主が売買目的物の引渡しを請求し、売買の無効を理由に敗訴した後、買主が支払済みの売買代金の返還を請求する）、または、これを理由に相手方当事者の権利主張を否認しうる（上記例で、勝訴売主が後訴で売買代金の支払請求をする場合に、買主が売買無効を理由にこれを争う）関係があり、論理的には何れかで勝ちうるにも拘わらず、訴訟を別にすれば、同一の事項につき相反する判断が生ずる余地があるため、両負けしうる関係にある場合、別訴訟による場合でも、当事者間の公平および禁反言の原則により参加的効力が当該訴訟の当事者間にも生ずるとする、奇抜な発想を展開された[5]。

　ところで、兼子博士においては、参加的効力の根拠は、参加人が被参加人を補助して訴訟追行の衝に当たりながら、その敗訴の原因については被参加人にのみ転化し自らは恬然たることは許されるべきではないとの禁反言的な公平の要求に基づくとされる[6]。

　　　井書店、1954）343頁。
3)　Zeuner, Die objektiven Grenzen der Rechtskraft im Rahmen rechtlicer Sinnzusammenhänge, S. 55 ff. (1958).
4)　上村明弘「既判力の客観的範囲に関する一問題」岡山大学創立十周年記念論集（上）『法学と法史の諸問題』（有斐閣、1959）179頁、柏木邦良「西ドイツ民事訴訟法学の現況(8)(9)」ジュリ531号（1973）74頁、532号（1973）96頁（同『民事訴訟法への視点——ドイツ民訴法管見』〔リンパック、1992〕所収）等。
5)　兼子一「既判力と参加的効力」『民事法研究第2巻』（酒井書店、1954）〔初出、1952〕55頁。
6)　兼子・前掲注5) 55頁、同・前掲注2)『民事訴訟法体系』404頁。

参加的効力の根拠が、参加人に対する共同的訴訟追行の結果への責任上の拘束であり、前訴において敗訴の原因となった事項が、後の被参加人・参加人間の訴訟において反対に判断される余地が生じ、被参加人が参加人に対しても敗訴する窮地に立ち、被参加人にのみ敗訴の責任を負わせる不公平な結果を回避する必要性に求められる以上、参加的効力は、判決主文中の判断に限らず、その基礎前提となった事項についても生じる。他方で、敗訴原因につき参加人が共同責任を負うべき要件を具体的に定めることは当然であり、前訴の過程において参加人に単独責任を負わせるべき事情が存在するときには、参加人は参加的効力を免れることができる[7]。

補助参加人と被参加人との間で生ずる本来の参加的効力についての兼子博士の議論がこうしたものである以上、この効力が当事者間で生ずるとされる場合においても、判決理由中の判断につき生ずることは当然として、その根拠は、禁反言、当事者間の公平といった一種の一般条項に求められる。また、その拘束力が生じる要件の面では、前訴における当事者の現実の攻防のあり方によって規定される。

わが国における判決理由中の判断の拘束力をめぐる議論は、兼子理論を継承する限り、根拠論における一般条項の援用と、要件論における前訴の具体的攻防過程への着目という、二つの性質をも継承するものとなる。

Ⅱ　争点効の根拠——敗訴結果に対する自己責任

特に確認するまでもなく周知の事柄ではあるが、以下の叙述を進めるための出発点として、新堂幸司教授が争点効の根拠として掲げられることを要約しておく。

すなわち、民訴法114条1項が既判力を請求の当否についての判決主文の判断に限定した趣旨は、第一に、訴訟の最終目標を明確にすることにより、不意打ち防止と充実した弁論を期待する反面、一旦当事者の地位についた者は、保障された訴訟追行の機会を利用したか否かに拘わらず、当該訴訟の目的達成のため最小限度、判決主文の判断には拘束されるとしたものであり、第二に、前

---

[7] 兼子・前掲注5) 58頁以下、同・前掲注2) 『民事訴訟法体系』404頁以下。

提問題について，他の訴訟への影響を懸念することなく，その訴訟限りの処理として自白するなど，争わない自由を当事者に保障しつつ，複数の攻撃防御方法の審理の順序につき，当事者の指定またはその時間的・論理的順序の裁判所に対する拘束力を否定し，審理の柔軟性を確保することにある。

　この後者の趣旨は，当事者が主要な争点につき争い，裁判所がそれについて下した判断を尊重しなくてよい自由まで当事者に保障することにまで及ぶものではない。A請求の審判において，いったん主要な争点につき争った以上，その結果を関連する別のB請求についても通用させる方が，当事者間では公平である。すなわち，①A請求において主要な争点となった事項につき有利な判断を得た者は，それに関連するB請求においてはそれが不利に働くとしても，これを争う（たとえば，売主が買主に対し売買代金の支払請求訴訟を提起し，売買契約の効力が主要な争点となり無効であるとして請求が棄却された後，売主が引渡し済みの目的物の返還請求訴訟を提起したときに，買主が契約を無効とする前訴判決理由中の判断を争う）ことは，禁反言により許されず，②A請求にとって不利な判断がB請求にも不利に働くとき（たとえば，売買による目的物引渡請求訴訟において主要な争点となった売買の効力につき，無効の判断を受けた買主が，移転登記請求訴訟において売買を有効と主張するとき）には，手続上保障された相手方の主張を争う機会と権能を既に実際に利用した者が，相手方に対して負う結果責任として，その蒸し返しを禁止し，A請求で出された結論をB請求についても通用させるのが，公平である[8]。

　このような根拠論から出発して，新堂教授が，争点効の要件として，前訴請求の当否の判断の過程で主要な争点となった事項についての判断であること，当事者がその争点につき主張・立証を尽くしたこと，裁判所がその争点につき実質的な判断を下していること，前後両訴の係争利益の同等性の4点を掲げておられることは，周知のことであろう[9]。

III　矛盾挙動禁止および権利失効の原則

　竹下守夫教授は，その論文「判決理由中の判断と信義則」において，新堂教

---

8)　新堂幸司『新民事訴訟法〔第2版〕』（弘文堂，2001）601頁以下。
9)　新堂・前掲注8) 606頁以下。

授の争点効理論が，前訴確定判決の判決理由中の判断が勝訴者に対して有する拘束力（①の場合）と敗訴者に対して有する拘束力（②の場合）とを，両者の拘束力の根拠および拘束力の発生要件を区別することなく論じていることにつき，争点効の発想の基となった兼子理論が本来前者を想定していたことを指摘した上[10]，両者の拘束力の根拠の相違につき，概略次のように論じられる。

①の場合に，買主が後訴で同契約の有効を主張し，受領済みの目的物の返還請求の棄却を求めることが許されないのは，信義則のうち，先行行為と矛盾する挙動の禁止の原則（「矛盾挙動禁止の原則」）に由来する。理由中の判断は裁判所の行為ではあるが，それは勝訴当事者の契約を無効とする主張・立証行為が凝縮したものであり，それにより相手方に敗訴の不利益を及ぼした以上，後訴において前言を翻し，前訴判決理由中の自己に有利な契約無効の判断を争い，前訴で得た利益と両立しない二重の利益を得ようとし，または，前訴で得た利益に当然伴う負担を免れようとすることは，相手方の正当な利益への配慮を欠き，自己の利益のみを追求するものとして，共同社会における信義を欠く[11]。

拘束力の根拠がこうしたものであることは，拘束力を認めるための要件にも作用する。売主が前訴で売買代金の支払いを求め，買主が売買契約の成立を自白し錯誤無効の抗弁を提出したが，これが容れられず売主勝訴となった場合に，買主が売買目的物引渡しを求めた後訴において，売主が売買契約の成立を争うことは，前訴で得た利益に当然伴う負担を免れようとすることに他ならないから，前訴で相手方が自白した事実でも，矛盾挙動禁止の原則に由来する拘束力の発生を否定する必要はない。すなわち，この場合の拘束力は前訴で争われたことを要件としない[12]。また，前訴で差押えの目的物につき営業譲渡を受けたと主張して第三者異議の訴えを提起し勝訴した者が，前訴被告からその執行債権につき商法26条1項［現17条1項］による責任を追及されたときに，営業譲渡の事実を否認することも矛盾挙動であるから，新堂説におけるように，前訴後訴間の係争利益の均衡および請求相互の関連性も，要件とならない[13]。

これに対し，②の事例で，たとえば，不動産の売買契約につき売主が錯誤に

---

10) 竹下守夫「判決理由中の判断と信義則」山木戸克己教授還暦記念『実体法と手続法の交錯（下）』（有斐閣，1978）72頁以下。
11) 竹下・前掲注10) 88頁以下。
12) 竹下・前掲注10) 99頁。
13) 竹下・前掲注10) 111頁。

より無効であるとして買主の移転登記請求を拒絶したことが原因となり，買主が移転登記請求を求める前訴を提起し，売主による錯誤無効の主張が認められ，請求棄却が確定した後，買主が，売主には重過失があったから無効を主張しえないとして，目的物の明渡しを請求する後訴を提起した場合，前訴で契約の錯誤無効が唯一の争点となり，表意者の重過失について主張がないまま登記請求が棄却されたときに，契約は錯誤により無効か否かの争いに決着がついたとする被告の信頼には，合理的な根拠があり，被告に再度の応訴を強制する規範的な期待可能性が欠けているから，権利者が期待される時期における権利行使を怠り，義務者においてもはやその権利行使がなされないものとして抱いた合理的な期待を保護する「権利失効の原則」に照らし，買主は契約を錯誤無効とする前訴判決の理由中の判断に拘束され，表意者の重過失を主張してそれを争うことができなくなる[14]。

　民訴114条1項が既判力を訴訟物についての判断に限定する以上，再度の応訴に対する規範的期待可能性の欠如を理由として，前訴判決理由中の判断に抵触する攻撃防御方法の提出排除効を是認するには，その前提として，被告の抱いた契約の錯誤無効に関する争いは前訴で決着済みとの期待に合理的理由があり，その期待が法的保護に値するといえるか，換言すれば，前訴判決理由中の判断の不利な拘束力を受ける前訴敗訴者に対し，前訴ですべての攻撃防御方法を提出すべきであるとの規範的要求を設定しうるか[15]が問われる。

　この点につき，竹下教授は次のように主張される。

　「〔前訴で〕請求の根拠として主張され，あるいは請求を排斥する根拠として主張されていた事項が，まさにその事項について争いがあるが故に訴訟物たる権利の存否につき争いを生じ，それ故にこそ，訴訟において両当事者が，その事項をめぐって最善の攻撃防御方法を提出したと認められるときには，訴訟物をめぐる争いの解決は，すなわちその原因たる事項についての争いの解決だと信ずるのは，むしろ当然である。そしてこのように，ある事項が，それこそまさに紛争の原因であるという関係にあるときには，訴えを提起しあるいはこれを受けて立ち，訴訟を維持する以上，その必争点について，十分の攻防を尽くすことを期待しても，決して訴訟当事者に対する過度な要求とはいえまい[16]。」

---

14)　竹下・前掲注10) 86頁。
15)　竹下・前掲注10) 92頁以下。
16)　竹下・前掲注10) 93頁。

では，信義則の観点から前提問題に対する理由中の判断に法的拘束力を認めることが，民訴法114条1項の趣旨に反するか。同条の趣旨は当事者の意思の尊重にある。勝訴者は，自己に有利な判決理由中の判断が後訴においても基準性を持つこと，前提問題は決着済みとして再び争われないことを望み，敗訴者はその逆を望む。民訴法114条1項が訴訟追行の前提だった以上，拘束力の限定を望む者のそれが優位するのが原則である。

しかし，私人間の争いは，訴訟物たる権利の存否をめぐり卒然として生ずるのではなく，当事者間に前から法的接触がある場合には，売買契約が有効に成立したか，賃貸借契約の解除は有効かなど，接触の過程で生じた対立が，通常争いの原因，真の対立点であり，訴訟物は，これに起因する利益紛争を解決するための技術的手段として構成されるに過ぎない。また，不法行為による損害賠償，他人間の売買の目的物の追奪の場合など，以前に当事者間に法的接触がない場合には，紛争が初めから訴訟物たる権利の存否をめぐり生ずるが，ただやみくもに争うのでない限り，その権利の特定の取得原因なり消滅原因なりの争いに収斂し，それが各当事者の主張を支える対立点となる[17]。

「一体訴訟によって紛争の解決を求める当事者の意思の中には，この争いの原因または対立点について決着をつける意思はないのであろうか。たとえ，現実の意思としてはないとしても，少なくとも，この争いの原因または対立点について，双方が攻防を展開し，判決が下された後に，一方の当事者がこれについても決着がついたものと信頼し，法的平和への期待をもったとき，これに信義則の立場から法的保護を与え，この争点についての判断を最早争いえないとしても，それは，相手方の主体的意思に反し，199条1項の趣旨に反するとはいえまい。また，このような争点についての判断であれば，原則として，正当性の保障もあるといえよう[18]」。

ここでも，拘束力の根拠がその要件面に作用する。

まず，不利な拘束力が認められるのは，竹下説でも，前訴で主要な争点として争われた前提問題に限られる[19]。

また，訴訟物の枠を越えて前訴判決理由中の不利な判断の拘束力を及ぼす以上，前後両訴の間に，当該争点をめぐる前訴の攻撃防御の密度が，後訴との関連においてもその争点についての判断の内容的正当性を保障しうるという関係

---

17) 竹下・前掲注10) 93頁以下。
18) 竹下・前掲注10) 94頁。
19) 竹下・前掲注10) 100頁。

にあることが必要である。決着済みとの信頼に客観的合理性が認められるためには、その信頼が、訴訟以前の社会関係の次元における争いの原因であり、したがって訴訟の次元での訴訟物をめぐる争いの中心となった争点を対象とするときに限られ、この争点をめぐる攻防は、基礎にある社会関係上の紛争を念頭において遂行されると期待してよいから、前後両訴が社会関係の次元における同一紛争関係から生じたものであれば、前訴の主要な争点についての判断に後訴における拘束力を認めてよいとされる[20]。

Ⅳ　新堂説による「権利失効の原則」批判

判決理由中の判断の不利な拘束力の根拠を「権利失効の原則」に求める竹下説に対し、新堂教授は、その論文「判決の遮断効と信義則」において、強い異論を提起される。

新堂教授は、先に引用した竹下説をほぼ同じように引用し、次のように批判される。

ここで「現実の攻防の展開」ということと「十分に攻防を尽くす」こととは、同一でない。攻防を尽くしていれば、失効させられるような新しい、前訴で提出されなかった主張・立証が残ることはなく、失効すべき対象がそもそもない筈である。とすると、ここでの「攻防の展開」とは「現実にある程度攻防を展開した」または「争う態度を示した」という意味である。したがって、竹下説は、本来はそこで主張しなくても失権しないのが訴訟法上の一般原則であるのに、そのような必争点に攻防を尽くせという正当な要求が存在することに加え、争わない自由はあるけれども、現実に争う態度に出、それについて判決を受けたからには、その必争点を再度争う権能は失権するという趣旨と理解される。失権の根拠は、必争点について攻防を尽くせという正当な要求と、現実に争う態度に出たこと、そして判決があり確定したことにあり、「前訴である攻撃防御方法を提出しなかったという不作為により後訴でそれを提出する権能が失権ないし失効する」というのは、それらの諸要素の結果でしかない。このようにみると、錯誤の例にみられるような範囲の遮断効については、竹下説において

---

20) 竹下・前掲注10) 112頁以下。

も，「攻防を展開した」とか「争う態度に出た」という当事者の「作為」態度がその失権を認めるための不可欠な要素となっている。にも拘わらず，この範囲の遮断効を，あえて一方当事者の「不作為」についての相手方の信頼を保護するという，権利失効の原則によって一括りにすることが，解釈論上の実践的分類として適切かどうか問題である[21]。

V 新堂・竹下論争の争点

思うに，この論争の争点は，前訴で当事者のいずれが「何」を「争う態度に出」，「何」につき「攻防を展開した」結果，前訴裁判所が判決理由中で「何」を判断したときに，当事者のいずれが後訴で「何」を遮断されるのか，前訴で「争う態度に出た」ため前訴裁判所が判決理由中で判断を下している事項と，新堂教授または竹下教授がいう「必争点」とは符合するのか否か，否とすれば，前訴の敗訴当事者が，後訴において前者を争うのと後者を争うのとで，遮断の根拠が同じかそれとも違うのかという点に関わる。

実はこの点は，争点効が生ずる「争点」をどの範囲に設定するのかという，新堂説が当初白紙にしておいた問題と密接に絡んでいる。以下では，この問題に焦点を当てて，新堂説，竹下説の論理の展開を追いつつ，議論の絡み合いをほぐしてみたい。

1 争点効の生ずる範囲——初期の新堂説

新堂教授は，その論文「争点効を否定した最高裁判決の残したもの」において，次のように述べておられた。

「判決の中には，きわめて具体的ななまの事実の存否の判断から次第に抽象的法律的な判断を経て，主文の判断に至るいろいろの段階の判断があるが，そのうちどの段階の判断について争点効が生ずるかは，主としてその争点効によって失権せしめられる事項の範囲についていだく現場の裁判官の正義感や衡平の感覚によって決められ，その結論が裁判制度の潜在的利用者である一般人の正義感や衡平の感覚により是認さるべきものであり，かつ，そうした正義感や衡平の感覚は時代と共に流動し，その流動

---

[21] 新堂幸司「判決の遮断効と信義則」『民事訴訟法学の展開』（有斐閣，2000）〔初出，1991〕31頁以下。

につれて争点効を生ずる争点も流動する22)」。

この論文の執筆の契機となったのは，最判昭和44年6月24日（判時569号48頁）である。事案は，売買契約の目的物の明渡請求訴訟において，売主が契約の詐欺による取消しを主張したところ，この主張を排斥する判決が確定した後，この訴訟と同時並行的に係属していた23)，売主による所有権移転登記抹消請求訴訟において，売主がなお売買契約の詐欺による取消しを主張したというものであった。ここでは，売主が前訴で「争う態度に出」て「攻防を展開し」た結果，裁判所が認めなかった「詐欺」の主張を，売主が後訴でも繰り返している。したがって，前訴で争った結果下された判断に対する当事者の結果責任という，新堂説が説く争点効の根拠付けがここでは素直に妥当する。

---

22) 新堂幸司「争点効を否定した最高裁判決が残したもの」『訴訟物と争点効（上）』（有斐閣，1988）〔初出，1970〕285頁注4。

23) 竹下教授は，両訴訟が同時並行的に係属していた事案の特殊性に着目し，二つの訴訟で当事者のそれぞれが自己に有利な心証を得ていたときに，当事者の努力とは関わりない事情により一方の訴訟の判決が先に確定した場合，そこで自己に有利な判決理由中の判断を得た当事者が，もう一方の訴訟でも勝つべきであるというのは，却って当事者間の公平に反する，この当事者が，反訴によらずわざわざ別訴を提起し，弁論の併合をも求めないでおいて，理由中の前提問題についての争いも決着済みとなると期待するのはおかしいとして，この判決の結論は妥当であったとされる（竹下・前掲注10）114頁注38）。

これに対し，新堂教授は，この両訴訟の各当事者は，それぞれ相手方が提起した別訴で負ければ，自分が提起した訴訟で勝ってもその意義が半減するのであり，両訴に共通する売買契約の効力という争点につき，自分の訴訟では真剣に争うが，相手方が提起した別訴ではいい加減で手を抜いた訴訟追行をするという関係にはなく，一方で敗訴した当事者に，自分が提起した別訴があるから，敗訴した訴訟では真剣に争う意思がなかったと主張することを許すのは，事実に反する言い訳であり，敗訴という結果に対して負うべき自己責任を，自己の提起した別訴の未解決を理由に免除することは，却って当事者間の公平に反するとして，この見解を強く批判される（新堂・前掲注21）16頁以下）。

ここで新堂教授がいわれる公平とは，争う機会と権能を与えられ，それを行使した当事者に，不利な判決理由中の判断につき結果責任を負わせるのが，相手方に対し公平であるという，争点効の根拠にあるそれである。自己が提起した別訴の存在により，敗訴した訴訟での訴訟追行が手抜きになるという状況がない以上，上記別訴の存在を理由にこの責任を免除することは，この意味での公平を害するのである。

これに対し，竹下教授がいわれる公平とは，それぞれの訴訟において自己に有利な心証が形成されつつある状況においては，各当事者は，その心証を以て判決理由中の争いを決着済みとしたいとする期待を，等しく抱くのであり，どちらかの期待がより保護に値するような関係にないにも拘わらず，判決の確定の先後という，当事者に関わりのない偶然の事情により，一方の期待が他方のそれを凌駕することになるのはおかしいということである。この状況では，当事者各自が，判決の異時確定という偶然を避けるため，弁論の併合を求めるべき行為責任を等しく負担するのであり，各自が共にその責任を果たさなかった以上，いずれの判決の理由中の判断にも不利な拘束力を認めないというのが，この意味での公平を詰めた場合の帰結であろう。

V 新堂・竹下論争の争点

　しかし，新堂教授は同時に「争点効という考えは，前訴で主要な争点となっ
た取消権の有無ないし所有権の有無について」，後訴裁判所が「売主の取消権
の不存在ないし買主の所有権の存在の判断に拘束されるとすることである[24]」
（傍点筆者）ともいわれる。しかし，所有権の帰属は，単に詐欺による取消権の
不存在だけで帰結されるものではなく，錯誤によっても，その他の売買契約の
障害事由，滅却事由の不存在によっても，さらに理論的には，取得時効によっ
ても，帰結されうる。したがって，仮に争点効の生ずる範囲を所有権の帰属の
次元に設定した場合に，その争点効による遮断の根拠が，詐欺による取消しの
主張の蒸し返しの遮断におけるそれと，同じでありうるのだろうか。

　京都地判昭和40年7月31日（下民集16巻7号1280頁）と大阪高判昭和42
年2月15日（下民集18巻1=2号136頁）は，争点効を認めた控訴審判決とこれ
を取り消した上告審判決である。この事案における前訴は，隣接する甲乙両地
のうち乙地所有者Yが，甲地側の柿の木を基点（イ点）としてロ点，ハ点を結
ぶ小道と，乙地側の岩肌の見えている崖とホ，ヘ，トの各点を結ぶ堀溝に囲ま
れた部分につき，所有権に基づく明渡しを求めた事案であり，後訴は，前訴で
敗訴した甲地所有者Xが，両線で囲繞された部分の所有権を時効により取得
したとして，その所有権確認を求めた事案であった。前訴での主たる争点は，
Xが訴外Aから買い受けた甲地と乙地との境界が，Xの主張する崖とホ，ヘ，
トを結ぶ線なのか，Yの主張するイ，ロ，ハを結ぶ線であるかということで
あり，前訴では両線で囲繞された部分についての所有権の時効取得の主張は
Xにより主張されず，占有の開始時や占有の態様についての裁判所の判断は
示されていなかった。

　新堂教授は，この事案では，所有権の存否についての判断につき争点効が生
ずるか，所有権の取得原因事実である取得時効の有無の判断のレベルで捉える
かにより，結論が左右されるが，「わたくしは，その事件では，前訴において
所有権が紛争の主要な対象であったと考え，所有権の存否について争点効が生
じていると解すべきもの，と考える[25]」とされる。しかし，前訴でXにより
援用，主張されなかった取得時効の主張が遮断される根拠を，当事者が前訴で
とことん争った結果に対する自己責任に求めることには，無理がある。

---

24)　新堂・前掲注22) 281頁以下。

25)　新堂・前掲注22) 284頁注4。

2 権利失効の原則による拘束力の生ずる範囲

この問題について，竹下教授は次のように論じられる。

すなわち，原則としては訴訟物たる権利に関する権利根拠規定，権利障害規定，権利滅却規定の各構成要件のレベルで争点を考えるべきであるが，問題は構成要件が他の権利の存否から成っている場合であり，両当事者間に何らかの法的関連あるいは取引上の接触があったときには，争いの原因は通常，先決的法律関係についての見解の対立というより，従来の法的接触の過程で生じた，権利の発生，変更，消滅原因たる事実の存否についての対立にある。賃貸借終了を理由とする建物明渡請求では，争点を被告の賃借権のレベルに設定することも理論上不可能ではないが，当事者間の争いは賃借権の有無をめぐり卒然発生するというより，賃料不払いによる解除の有効性，解約申入れについての正当事由の有無をめぐる対立から生ずるのが通常である。これに対し，民法717条1項但書による所有者責任追及訴訟など，両当事者が過去に法的接触を持たない場合には，一方の当事者の権利の有無の結論が訴訟の勝敗の分岐点であることを，両当事者が十分に意識し，個々の発生，変更，消滅原因の存否はむしろ権利の存否の結論を引き出すために争われることが多い。したがって，前者の場合には，当事者が決着済みとの信頼を持つのが合理的なのは，先決的法律関係についての個別の取得原因，消滅原因等の有無をめぐる争いに限られるのが通常であるが，後者では，先決的法律関係自体についての争いにつき決着がついたと信頼するのが通常であり，そう信頼するのが合理的である[26]。

竹下説における売買契約の錯誤の例では，契約に錯誤という無効原因があるかというのが，当事者が決着済みと信頼するのが合理的とされる争点であり，要素の錯誤の有無および表意者の重過失の有無は，錯誤無効の成否を左右するより下位の争点として，当事者が決着済みと期待することが合理的とされる争点に，包摂される関係にある。

仮に買主に対する後訴における不利な拘束力が，専ら現実に前訴で争われ，判決理由の中で判断が示された，当該「売買契約に売主の要素の錯誤がある」とする判断についてのみ生じ，後訴で買主が別の証拠で要素の錯誤の不存在を証明しようとするのを排斥するのであれば，新堂説のいう買主の結果責任を語

---

26) 竹下・前掲注10) 101頁。

V 新堂・竹下論争の争点

るだけで足りたであろう[27]。

　しかし，表意者の重過失の有無は，前訴で原告買主が主張しなかった新たな争点であるが，竹下説によれば，法的接触関係にあった両当事者間において決着済みとの期待を抱くことが合理的なのは，契約の無効・消滅原因をめぐる対立である。したがって同説では，この表意者の重過失の主張もまた排斥されなければならない。ところが，この争点は，前訴では買主によって主張されておらず，裁判所の判断も判決理由中で示されていない。ゆえに，その主張の遮断の根拠を，前訴における攻防の結実点である判決理由中の判断に対する争った者の結果責任に求めることはできず，別の根拠が必要となる。それが，被告売主により錯誤が主張され，原告買主がこれを受けて立って争う以上，売主にとって，表意者の重過失は前訴において当然買主において主張されるべき事実であり，それがなされなければ，売主がもはやその主張はされないと期待を抱くことは合理的であり，買主が後訴において表意者の重過失を主張するのは，上記期待を覆すものとして許されないという，「権利失効の原則」なのである[28]。

---

27) もっとも，竹下教授自身は，要素の錯誤を証明する別の証拠を後訴で提出することの遮断をも，権利失効の原則を以て根拠付けておられることに（竹下・前掲注10) 86頁），注意を要する。
　　因みに，同「争点効・判決理由中の判断の拘束力をめぐる判例の評価」民商法雑誌創刊五十周年論集Ⅰ『判例における法理論の展開』民商93巻臨増（1986) 284頁，289頁注9において，判決理由中の判断の不利な拘束力の根拠として，権利失効の原則に加え，「正当な利益を欠く濫用的権利行使の排除の原則」が付加されている。この点につき，新堂・前掲注21) 34頁注3は，争点効的な遮断効を説明するのに，権利失効の原則のみでは説明しきれないものが残ると考えられたのであろうかとし，付加された「濫用的権利行使の排除の原則」と「権利失効の原則」とがどのような関係にたつのかを明らかにする課題が残されている，と指摘する。
　　以下は筆者の全くの憶測に過ぎないが，現実に争われ要素の錯誤がありとした裁判所の判断を別の証拠で蒸し返すことの禁止と，表意者の重過失の主張の遮断とを，一括に権利失効の原則に求めることの不自然さを意識し，前者は「濫用的権利行使の排除の原則」による排斥（前訴で提出しえた証拠を後出しして，判決理由中の判断を蒸し返すのは，権利濫用である）と構成する方が座りがよいとの観点から，なされた修正なのかもしれない。
　　なお，最近の新堂説は，後述の通り，争点効における遮断の根拠を「訴訟上の権能の濫用」に求めている（新堂・前掲注21) 39頁）。
28) この関連において，富樫貞夫「民事訴訟における『むし返し』禁止の効力」熊本大学法学部創設十周年記念論集『法学と政治学の諸相』（成文堂, 1989) 287頁以下が既に，権利不行使という不作為の結果として生じた外観保護を目的とする「権利失効の原則」と，前後両訴を通じて当事者が一貫して同じ主張を繰り返すことを禁止する「争点効」とでは，規律対象となる事例が異なると指摘しておられたことを，想起すべきである。

3　正当な決着期待争点──現在の新堂説

この点は，実は現在の新堂説では，自覚されているように思われる。

最近新堂教授が使用されるようになった用語法によると，「主要な争点」，すなわち，前訴で現実に争われ裁判所が理由中で判断を下している事項が，そのまま「決着期待争点」，すなわち，勝訴者が決着済みとしてもはや後訴で争われることがなかろうと期待する争点であり，かつ，上記の期待が法的に保護すべきものと評価される「正当な決着期待争点」である場合が，従来「争点効」と呼ばれてきたものである。新堂教授によれば，この場合における遮断効の根拠は，当事者責任が直截に働く。主要な争点について，互いに相手方に対し，攻防を尽くすことを正当に要求でき，現実に攻防を尽くした場合には，その争点について決着をつけることが，相互に期待されており，両当事者がその争点に関する裁判所の判断に従うというのが両当事者の共通の理解である，にも拘わらず，裁判所の結論に反する主張を蒸し返すのは，共通の理解に反し，相手方に対する不信行為として許されない。このような蒸し返し行為は，審判を要求しうる訴訟上の権能の濫用である[29]。

こうして，提唱当初白紙にされていた「争点効」の生ずる範囲が明確化される一方で，最近の新堂説が「51型遮断効」と呼ぶタイプの遮断効がある。前訴原告から農地買収により買収され前訴被告に売り渡された土地につき，両者間で買戻しを目的とする契約が成立したとの主張に基づいて提起された移転登記請求（前訴）において，契約が無効と判断され敗訴した原告が，農地買収は無効であり被告は農地の所有権を取得していないとして，登記抹消ならびに耕作物収去土地明渡しを求めて提起した後訴を，信義に反し許されないとして却下した，最判昭和51年9月30日（民集30巻8号799頁）を契機として，提唱されたものである。

この事例では，前訴の「主要な争点」は，買戻契約の効力であるが，前訴被告にとっての「決着期待争点」は「本件農地の所有権が原告被告のいずれに帰属するか」に設定され，かつこの前訴被告の期待は，新堂教授によれば「正当」と評価される。ここでは，「主要な争点」と「正当な決着期待争点」との間の乖離が，正面から肯定されている。そこで遮断が正当化される根拠は，現

---

29)　新堂・前掲注21) 38頁以下。なお，同「正当な決着期待争点」『民事訴訟法学の展開』（有斐閣，2000）〔初出，1995〕47頁以下，および，同・前掲注8) 618頁以下をも参照。

に持ち出している「主要な争点」のみの決着により，より高次元の「決着期待争点」についての最終決着とするつもりであると相手方を信じ込ませたため，相手方がこうした期待をもっても仕方がないと評価される状況があることである[30]。

　新堂教授によれば「竹下教授の挙げられる錯誤の事例などは，主要な争点と決着期待争点がほとんど一致しているといえるが，売主の重大な過失の存否については前訴で主要な争点となっていないという点では，やはり両争点は若干乖離している[31]」とされ，また前訴で，債務者Aが第三債務者Yに対する債務の代物弁済としてした所有権の移転につき，AのYに対する債務は不存在であるから無効と主張して，債権者Xが債権者代位権に基づき移転登記の抹消を求め，当該債務が存在するとして請求棄却の判決を受けた後，AY間の代物弁済を債権者取消権に基づき取り消すと主張して，Xが再び移転登記の抹消を請求する場合については，Yにとっては「代物弁済の効力」が決着期待争点であり，この事例は「51型遮断効」に近いとされる[32]。

　錯誤の事例では，重過失の問題まで含めた次元に，代物弁済の事例では，AY間の債務が不存在であり代物弁済は無効であるかという点と代物弁済が詐害行為であるかという点とを含めた，代物弁済という行為の有効性の次元に，被告の決着期待争点が設定される。そして，前訴で当事者から主張されず，したがって争われることも裁判所の判断を受けることもなかった，表意者の重過失または詐害行為の取消しという，決着期待争点からみて下位の次元にある争点の遮断を敗訴当事者との関係で正当化するには，争点効の正当化根拠とは異なる根拠が必要であることが，ここでも承認されているのである。

　そして，新堂教授によれば，主要な争点と決着期待争点が完全に一致する事例（争点効。新堂教授の最近の用語法では遮断効のタイプⅢの1）が一方の極限にあり，他方の極限には「51型遮断効」（遮断効のタイプⅣ）があり，先の2例（遮断効のタイプⅢの2）はその中間の連続線上に位置付けられ，主要な争点と決着期待争点との乖離の場合が大きくなればそれだけ，それが正当な決着期待争点

---

[30]　新堂・前掲注21）39頁以下。なお，同・前掲注29）49頁，同・前掲注8）619頁以下をも参照。
[31]　新堂・前掲注21）42頁注2。なお，同・前掲注29）49頁，同・前掲注8）619頁をも参照。
[32]　新堂・前掲注21）42頁注2。

と評価されるための要素は,「51 型遮断効」のそれに近づくとされる[33]。

　ところで,新堂説において他方の極限に置かれる「51 型遮断効」は,竹下説では「信義則の具体化の指標の一つである権利失効の原則……の趣旨から,前訴で争われ,前訴確定判決の理由中で判断された事項につき,一方の当事者に,既に前訴で決着がついたとの正当な信頼が生じ,法の規範的要求として,その当事者に,その事項について,再度の応訴を強制しえないと認められる場合には,その理由中の判断と抵触する後訴での主張を排斥すべきである,との法理」により,根拠付けられている[34]。すなわち,農地買収処分の無効の主張は,前訴で主張され裁判所が判断を下した事項でないから,争点効の根拠論を以てしてはその遮断を根拠付けることができない。しかし,相手方にとっては,農地買収処分の無効の主張は,前訴で行使されるべきであった権利であり,前訴原告が適時にこれを行使しなかったことにより,もはや後訴でそれが行使され,係争農地の所有権が争われることはなかろうという信頼が相手方に生じた場合,それが法的保護に値する合理的な信頼と評価される限り[35],後訴における当該主張は権利失効の原則により排斥される[36][37]。

33) 新堂・前掲注21) 40 頁以下。なお,同・前掲注29) 64 頁および同・前掲注8) 617 頁以下をも参照。それぞれのモデルについては,同・前掲注29) 50 頁および同・前掲注8) 622 頁に図表が示されている。昭和51年最判を契機として最初に執筆された論文である,同「訴訟物概念の役割——最近の最高裁判決をてがかりとして」『訴訟物と争点効(下)』(有斐閣,1991)〔初出,1977〕113 頁,148 頁の段階では,昭和51年最判により主文の判断と別個独立に遮断効の可能性を認める争点効理論の考えが認知されたとあり,争点効と51型遮断効との関係の把握がなお曖昧であったことと対照的である。
34) 竹下・前掲注27) 284 頁以下。
35) 竹下教授は,こうした相手方の信頼が法的保護に値する場合がありうることを一般論としては認めながら,昭和51年最判の事案がそれに該当すると評価を示してはおられない(竹下・前掲注27) 283 頁)。却って,控訴審判決の認定事実に照らし,前訴で農地買収処分が主要な争点として争われたか疑わしいとされ,事案の処理としては,取得時効など実体法上の理由で勝負をつけた方が適切であったとも指摘される(同・前掲注27) 287 頁注6)。
　当事者が決着済みとの期待を抱くことが合理的であり,したがって権利失効の原則による不利な拘束力が生ずるとされる範囲は,当事者間に従来法的接触が存在していた場合(買戻契約の効力が争いの発端である昭和51判最判の事例はこれに該当しよう)には,先決的法律関係についての個別の消滅原因の有無をめぐる争いの次元に設定され,先決的法律関係をめぐる争いについてまで一挙に解決済みとする信頼を確実に保護してもらいたければ,中間確認の訴えを提起すべきであるというのが,竹下説の基本姿勢である(同・前掲注10) 102 頁)。昭和51年最判の事案における係争農地の所有権の帰属は,竹下説において先決的法律関係とされる買戻契約のさらなる先決的法律関係に該当するから,同説が,拘束力の生ずる範囲を係争農地の所有権の帰属に設定することに慎重であるのは,予想されることではある。

V 新堂・竹下論争の争点

以下の叙述は，最近の新堂説の到達点を簡潔に示しているといえよう。
「争点効が生ずる争点をどのあたりに置くべきかについて，私はかつて，現場の裁判官の正義感や衡平の感覚，一般人のそれ，さらには争点効理論の実務における定着度など様々な要素を勘案して政策的に判断されるべきであるし，したがって，その位置も時代とともに流動すると論じたことがある……。そこでの論述を，『判決の遮断効』という，より広い視座からの論述として，かつ，そこでいう『争点効の生じる争点』

---

36) 竹下・前掲注27) 283頁以下。
　竹下教授は，昭和51年最判のような判決理由中の判断の拘束力は，請求レベルで機能させ訴えを不適法却下するより，主張レベルで，買戻契約が無効であり係争農地が被告の所有物であるとする前訴の理由中の判断と矛盾する主張を排斥する形で機能させる方が，適切とされる（同・前掲注27) 283頁以下）。
　この点，新堂教授も当初は，昭和51年最判の事案における移転登記請求については，前訴で同一の請求の趣旨につき請求棄却が確定しているので，後訴は却下でも棄却でも大した違いはないが，耕作物除去請求は，前訴と違う新たな申立事項であるから，その根拠たる所有権の主張は許されないとして排斥した上で，請求棄却の本案判決をすべきであるとしておられた（新堂・前掲注33) 147頁以下注4)。しかし，最近では，前訴で解除条件付売買契約の条件成就を理由とする所有権移転登記および土地明渡しの請求を棄却する判決を受けた者が，売買契約の不存在，無効を主張して，前訴と同様の請求に加え，所有権確認を求めた例（東京地判昭和60・8・26判時1200号84頁，東京高判昭和61・10・23判時1216号81頁）につき，これを遮断効のモデルⅢの2に位置づけ，所有権確認請求の遮断には51型遮断効の正当化事由が必要であるとした上，モデルⅢの2とモデルⅣは連続線上にあり，事件のタイプが後者に近づけばそれだけ，51型遮断効の正当化事由を認定する必要度が高まり，それにつれて，後訴を争点効を前提とした請求棄却でなく，訴えを不適法として却下する取扱いの方が適切となると主張されている（同・前掲注29) 64頁）。現在の新堂説は，51型遮断効では，前訴後訴間の請求の趣旨の同一性の有無に拘わらず，却下の取扱いを是とされるようである（ただし，上記の下級審裁判例は，信義に反し許されないとして後訴請求をすべて棄却している事例である）。
37) なお，新堂教授も，51型遮断効の根拠を権利失効の原則に求めることに抵抗感はないとされるが，同時に，昭和51年最判の事例では，原告が前訴で農地買収処分の無効を持ち出さなかったという不作為のみによって遮断が根拠付けられるのではなく，前訴で専ら原告が買戻契約の効力のみを一貫して主張したという「作為態度」を中心とした多面的な比較考量を要するのであり，原告の不作為態度のみを括りだして権利失効の原則の例として類型化することの，解釈論上の実践的分類としての適格性に疑問を呈される（新堂・前掲注21) 29頁，33頁以下）。
　しかし，おそらく竹下教授の権利失効の原則による拘束力においても，売主による契約に要素の錯誤があるとの主張に対し，買主が要素の錯誤がないとする反証に終始し，売主側からは当然予想される表意者の重過失を主張しないという訴訟追行の態度から，拘束力が生ずる範囲として設定される「売買契約の錯誤無効の成否」につき，これを決着済みとする相手方の信頼が醸成されるのであるから，新堂教授のいわれる「前訴追行における一方当事者の作為態度と不作為態度との多面的な比較考量」が疎かにされているわけではないと思われる。ただ，昭和51年最判のような事例において，係争農地の所有権の帰属に拘束力の範囲を設定すること，原告が前訴で専ら買戻契約の有効性の主張に終始したことをもって，係争農地の所有権の帰属をめぐる紛争が決着済みであるとする被告の信頼が保護に値すると考えることについて，積極的か慎重に構えるかの差があるに過ぎないのではないかと思われる。

という表現を『正当な決着期待争点』に変えて，ここに引用する[38]」。

VI おわりに

初期の新堂説においては，前訴の判決理由中の判断のどのレベルに不利な拘束力を設定するかが白紙にされており，しかも現実の新堂説には，争点効の生ずる範囲を，実際に前訴で争われた争点よりも高い次元，より抽象的な次元に設定する傾向があり，その結果，不利な拘束力の根拠に不足を生ずることとなった。

竹下説の功績は，判決理由中の判断の不利な拘束力の生ずる範囲が下位から上位の次元へと抽象化していくにつれ，その拘束力の根拠が，不利な判断を招来した自己の訴訟行為に対する結果責任から，適切な時期に権利を行使しなかったことにより相手方に生ずる権利不行使の信頼保護に転化することを明らかにしたことにある。そして，最近の新堂説では，争点効の意義およびその生ずる範囲が明確化され，それと同時に，「主要な争点」と「決着期待争点」とが乖離する場合があり，後者が「正当な決着期待争点」として評価される根拠は，一方当事者が，相手方当事者にとっての「決着期待争点」より下位にある争点のみを専ら争い，その決着を以て上記「決着期待争点」についての最終決着にするかの如く相手方に思いこませたことに，求められるようになっている。これは，「決着期待争点」に包摂される関係にある他の主張を持ち出さなかった結果，相手方当事者がもはや後訴で持ち出されることはなかろうと考える合理的な信頼の保護，すなわち，竹下説がいう「権利失効の原則」に相当する。

以上，本稿の成果は極めて貧しいものである[39]が，多少なりともわが国の学説史の正しい理解に貢献できたとすれば，幸甚である。

---

38) 新堂・前掲注21) 43頁注4。
39) 率直にいえば，新堂説の展開過程についての本稿の分析は，高橋宏志『重点講義民事訴訟法〔新版〕』（有斐閣，2000）547頁注59において既に論じ尽くされているものに他ならない。

明示一部請求に対する相殺の抗弁と
民訴法114条2項の既判力

Ⅰ　はじめに
Ⅱ　相殺の抗弁と外側説
Ⅲ　外側部分の請求債権消滅に充てられた自働債権の額と既判力
Ⅳ　おわりに

Ⅰ　はじめに

　判例により確立されている準則によれば，数量的に可分な債権の内その一部を請求する趣旨であることが明示されている場合，すなわち，明示一部請求においては，訴訟物となるのは，したがって，その存否が既判力により確定されるのは，請求に係る一部のみであって，明示一部請求が全部認容されたときにその判決の既判力が残部請求に及ぶことはないのはもちろん，明示一部請求の全部または一部が棄却されたときでも，残部請求が信義則により遮断されること[1]は別として，残部が存在しないとの判断に，既判力は生じない[2]。他方で，

---

1) Ⅳで検討する，最判平成10年6月12日民集52巻4号1147頁は，この結論を認めた。既に，兼子一＝松浦馨ほか『条解民事訴訟法』（弘文堂，1986）613頁以下，621頁以下〔竹下守夫〕により，判決理由中の判断に既判力とは異なる信義則による拘束力が認められるべき事例の一つとして，提唱されていた見解である。ほかに，この帰結を説くものとして，井上正三「『一部請求』の許否をめぐる利益考量と理論構成」法教〔第2期〕8号（1975）82頁，中野貞一郎「一部請求論について」『民事手続の現在問題』（判例タイムズ社，1989）105頁。

2) 最判昭和37年8月10日民集16巻8号1720頁。なお，この事案では，30万円の内10万円の支払いを求めた前訴は8万円の限度での一部認容となっている。そうだとすると，前掲注1）で引用した平成10年最判が，明示一部請求の全部または一部を棄却する前訴判決は，債権は全くまたは認容された一部を超えては存在しないとの判断を内包するから，にもかかわらず残部の履行を請求することは，信義則に反する紛争の蒸し返しである，としたこととの関係が問題となる。しかし，平成10年最判についての調査官解説（山下郁夫・最判解民事篇平成10年度619頁（注9））によれば，この昭和37年最判の前訴判決は，原告主張に係る30万円の損害賠償請求権につき，原告の過失を斟酌し，その内10万円の一部請求を8万円の限度で認容したものであり，そうだとすると，原告の過失割合を2割とした上，案分説にたって8万円の限度で一部認容した可能性が高く（外側説では，原告の過失割合は15分の11という非現実的な数値となる），そうだ

とすれば，前訴判決は認容された一部を超えて残部は存在しないとの判断を内包していないから，この事案では平成10年最判によってもなお残部請求は遮断されないこととなる。

　他方，一部請求であることが原告の心裡に留保されている，いわゆる黙示一部請求の場合には，訴訟物は債権の全部であり既判力もその全部につき生ずるとするのが，最判昭和32年6月7日民集11巻6号948頁の立場である。この判決の既判力理論には様々な問題がある（この点につき，井上正三・民事訴訟法判例百選〔初版〕〔1965〕154頁，山本弘・民事訴訟法判例百選Ⅱ〔新法対応補正版〕〔1998〕332頁参照）が，平成10年最判が現れる以前の判例の立場は，前訴が明示一部請求であったときは残部請求を許容し，黙示一部請求であったときは残部請求を否定するものであると整理されていた。そして，被告は，一部請求たることの明示があれば，債務不存在確認の訴えの提起等の手段により残部請求を遮断することが可能となるが，黙示の場合にはその余地がないからという，原告被告間の役割分担論からする正当化は一応可能とされていた（井上正三・前掲注1）79頁以下，井上治典「確定判決後の残額請求」『民事訴訟法の争点〔初版〕』〔有斐閣，1979〕180頁以下等）。もっとも，紛争解決のための土俵の設定は第一次的には原告の責任であって，単に明示するだけで残部の存否をめぐる紛争を解決するための責任が被告に転化されるのは適切でないとの反論があり（高橋宏志『重点講義民事訴訟法（上）〔第2版補訂版〕』〔有斐閣，2013〕106～107頁），近時，残部請求を適法とする見解の中でも，単に明示するだけで提訴責任が被告に転換されるのではなく，原告には一部請求を選択したことの合理性を説明する責任が課されるとする見解が現れている（三木浩一「一部請求論について——手続運営論の視点から」民訴雑誌47号〔2001〕45頁以下〔同『民事訴訟における手続運営の理論』（有斐閣，2013）106頁以下〕）。

　その一方で，最近では，黙示一部請求においても，残部請求を許容することが原告被告間の武器平等の原則に適うとする見解が提唱されている（松本博之「一部請求後の残部請求訴訟と既判力・信義則」鈴木正裕先生古稀祝賀『民事訴訟法の史的展開』〔有斐閣，2002〕207頁以下，同「一部請求訴訟の趣旨」民訴雑誌47号〔2001〕1頁以下〔同『訴訟における相殺』（商事法務，2008）153頁以下〕）。債務不存在確認反訴を提起する機会を与えられない被告の不利益については，黙示一部請求が全部認容された場合には，仮に被告が残部につき債務不存在確認反訴を提起していても敗訴していた蓋然性がある，残部請求を許容することは，被告に二重の応訴の負担を強いることにはなるが，前訴判決の既判力は請求に係る一部に限定される以上，残部の存否につき被告も再度争う機会が与えられるから，残部請求を遮断する方が却って武器平等の原則に反する，現実問題として，原告は前訴の段階で一部請求に係る額を超える債権の存在を主張している場合が多いから，被告は，残部請求を保留する意思があるか否かを原告に催告し，これに応答がなければ債務不存在確認の訴えの利益が肯定されるからこれで問題はない，とする。この見解は，前訴一部請求が明示でなければ残部請求は許されないとする見解を，一部であることを明示する義務はないとして批判するのであるが，明示の場合のみ残部請求を許容する立場からは，原告に催告に対する応答責任を課すという規律は明示義務を課すことと同工異曲ではないかという批判が加えられることとなり，また，残部請求否定説からは，訴えを提起されることにより既に受け身の立場に置かれている被告にこうした催告責任を課すことが，原告被告間の公平な行為責任の分担といえるかという批判が加えられることとなろう。因みに，この見解は，前訴一部請求が全部または一部棄却であったときは，明示，黙示の如何を問わず，矛盾関係における既判力の作用として，残部請求は許されなくなるとする（松本・前掲「一部請求後の残部請求訴訟と既判力・信義則」227頁以下。なお，松本博之＝上野泰男『民事訴訟法〔第8版〕』〔弘文堂，2015〕633頁以下も同旨）。一個の不可分の物に関する限りその上には一個の所有権しか成立しないから，これについての原告の所有権確認判決の既判力は被告の所有権確認請求を遮断しうるが，数量的に可分の債権については，原告はその意思により既判力の対象という意味での訴訟物を分断でき

I はじめに

明示一部請求において債権全額の成立が認められ,これに対し被告がその一部につき弁済その他の債権消滅事由を主張しそれに理由がある場合,これを成立が認められた債権の総額から控除する(外側説),一部請求に係る額から控除する(内側説),この一部消滅額を請求に係る一部と残部との比率により案分し,案分された額をそれぞれ請求に係る一部と残部から控除する(案分説)の3通りの可能性のうち,外側説によるという準則も,判例[3]により確立されている。

こうした準則に対しては,明示一部請求では請求に係る一部についての攻防にのみ集中すれば足りるという判例の既判力理論と外側説とは調和しがたいとする批判が,残部請求否定説による論者[4]からなされているほか,外側説に対しても,それは被告の抗弁を無意味にするもので,その防御権の侵害である[5],弁済金を債権のいずれの部分に充当するかは債務者の権限であり,外側説はこの権限を侵す[6]ものである等の批判がある。本稿では,明示一部請求の訴訟物および既判力に関する判例理論と外側説とを一応の出発点とした上で[7],被告

るというのがこの説にとっても前提である筈(黙示一部請求で原告が全部勝訴してもその既判力は後訴に及ばないという,この説が認める帰結はこの前提をとってこそ成り立つ)であり,この場合に,判決理由中の判断の拘束力を認めることなくして,一部についての不存在の既判力の残部に対する矛盾関係における作用を認めることができるか,疑問である(この点につき,中野貞一郎「一部請求論の展開」『民事訴訟法の論点II』〔判例タイムズ社,2001〕110頁参照)。

3) 過失相殺に関する最判昭和48年4月5日民集27巻3号419頁が,最高裁として外側説を採ることを明言した初めての判例であり,本文IIで引用する平成6年最判は相殺につきこれを確認したものである。前者は,それが「当事者の通常の意思にそう」ことを理由としている。

4) 高橋・前掲注2)118頁参照。

5) 松本・前掲注2)民訴雑誌47号20頁(同『訴訟における相殺』175頁),梅本吉彦・平成6年度重判解122頁以下。外側説を採り,かつ,請求から除外された残部に既判力が生じないとすれば,相殺の抗弁を提出しても,請求棄却の結論および請求債権不存在の判断の既判力のいずれも得られないからである。

6) 木川統一郎=北川友子「判批」判タ890号(1995)22頁,戸根住夫「判批」リマークス1996(上)122頁は,一部請求により,債権は請求に係る部分と残部とに分割されるとの前提のもとに,被告の充当権限の侵害を論ずる。これに対し,中野・前掲注2)104頁は,一部請求は,訴訟の対象と範囲を原告の意思に委ねる処分権主義に由来するものではあるが,実体権の処分そのものではないから,その提起により債権の実体法上の同一性,単一性は動かないと論ずる。

7) 一部請求訴訟において抗弁として主張される弁済や相殺につき外側説を採用した結果一部請求を全部または一部棄却された原告が,なお残部が存在するとして後訴を提起することは,事実上は稀である。そして,被告が相殺や過失相殺を抗弁として主張することが予め予想される場合には,印紙代節約の意味もあり,それによる減額分を予め控除して一部請求をするのが,昭和48年最判がいう「原告の合理的意思」の具体的意義である。にもかかわらず,内側説を採る場合はもちろん,案分説でも,請求に係る一部の外側に債権が残存することとなるから,再訴の提起は不可避となる。ここに,外側説の実践的な優位がある。水上敏・最判解民事篇平成6年度583頁

の拮抗が相殺である場合に，外側説のもとで，相殺の抗弁が斟酌された場合，民訴法114条2項の既判力がいかなる範囲においていかなる理由により生ずるかについて，簡単な検討を行うこととしたい。

II 相殺の抗弁と外側説

最判平成6年11月22日民集48巻7号1355頁は，直接には不利益変更禁止の原則の適用の有無をめぐる事案であったが，その前提として，明示一部請求訴訟において被告が相殺の抗弁を提出した場合においても，外側説が採用されることを判示した上，その場合の民訴法114条2項の既判力のあり方について，次のように判示している。

「特定の金銭債権のうちの一部が訴訟上請求されているいわゆる一部請求の事件において，被告から相殺の抗弁が提出されそれが理由ある場合には，まず，当該債権の総額を確定し，その額から自働債権の額を控除した残存額を算定した上，原告の請求に係る一部請求の額が残存額の範囲内であるときはそのまま認容し，残存額を超えるときはその残存額の限度でこれを認容すべきである。けだし，一部請求は，特定の金銭債権について，その数量的な一部を少なくともその範囲においては請求権が現存するとして請求するものであるので，右債権の総額が何らかの理由で減少している場合に，債権の総額からではなく，一部請求の額から減少額の全額または債権総額に対する一部請求の割合で案分した額を控除して認容額を決することは，一部請求を認める趣旨に反するからである。

そして，一部請求について，確定判決の効力は，当該債権の訴訟上請求されなかった残部の存否には及ばないとすること判例であり（最高裁昭和35年(オ)第359号同37年8月10日第2小法廷判決・民集16巻8号1720頁），相殺の抗弁により自働債権の存否について既判力を生ずるのは，請求の範囲に対して『相殺ヲ以テ対抗シタル額』に限られるから，当該債権の総額から自働債権の額を控除した結果残存額が一部請求の額を超えるときは，一部請求を超える範囲の自働債権の存否については既判力を生じない。」

さて，この平成6年最判に関する調査官解説[8]は，原告による800万円の債権（以下，請求債権という）の内600万円の明示一部請求において，当該請求債

(注6), 中野・前掲注2) 105頁。
8) 水上・前掲注7) 584頁（注9）。

Ⅱ 相殺の抗弁と外側説

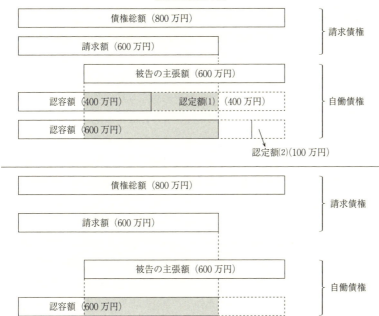

調査官解説の図

権800万円の総額が認められ、原告に対する600万円の自働債権を以て相殺するとの被告の抗弁が斟酌された結果、自働債権が400万円の限度で認められた場合（以下これを(1)の場合と呼ぶ）と、自働債権が100万円の限度で認められた場合（以下これを(2)の場合と呼ぶ）とを例に挙げた上、上に掲げるような図を示して、明示一部請求における既判力に関する判例理論と外側説とを組み合わせると、民訴法114条2項の既判力が生ずるのは、(1)、(2)の場合のいずれにおいても、同図の自働債権の網かけ部分であり、その破線で囲まれた部分には既判力は生じないとしている。

この図の背景にある考え方は、民訴法114条2項にいう「相殺をもって対抗」するとは、外側説を採用する場合には、被告主張の自働債権につき裁判所がその存在を認める額が400万円であれ100万円であれ、実在する自働債権の額ではなく、被告の主張する額（600万円）を、その存在が認められる請求債権の総額800万円（調査官解説の図の右側）から控除することを意味し、明示一部請求では、請求から除外された外側200万円（調査官解説の図の右白地部分）

には既判力は生じないとするのが判例理論であるから，結局，自働債権は400万円しか民訴法114条2項の意味において「対抗」されず，その結果，(1)の場合も(2)の場合も，同図の破線で囲まれた自働債権の白地部分（200万円）には既判力は生じない，というもののようである。仮にそうだとすると，自働債権600万円の全額が不存在であると判断された場合（以下(3)の場合と呼ぶ），すなわち，相殺の抗弁が排斥され一部請求が全部認容された場合であっても，民訴法114条2項にいう「相殺をもって対抗」するとは，外側説においては，被告主張に係る自働債権の額を実在する請求債権総額から控除することであり，明示一部請求では請求から除外された200万円の部分に既判力は生じないから，結局相殺をもって「対抗」されるのは自働債権の内400万円に限られ，この400万円不存在との判断にのみ既判力が生ずることとなる。これを調査官解説の図に倣って示せば，前頁の通りである。

しかし，ここで疑問に感じられるのは，調査官解説が挙げる(1)の場合である。

この場合，自働債権の内，調査官解説の図にある「認定額(1)（400万円）」の左側の網かけのある200万円は，原告の一部請求を200万円の限度で棄却することに寄与している。この一部請求の一部棄却部分につき請求債権不存在の判断に民訴法114条1項の既判力が生ずる以上，請求棄却に寄与した自働債権200万円の部分について，同条2項によりその不存在の判断に既判力を認める必要がある。そうでないと被告はこの部分を二重行使しうることになるからであることは，後述する通りである。これに対し，自働債権の内「認定額(1)」を除く200万円は，図の中では一部請求額の中に食い込んでいる（網かけ部分の中心線の左側）が，この部分は一部請求の棄却には寄与していない。にもかかわらず，調査官解説も，この部分の不存在の判断に既判力が生ずるとの結論を認めている[9]。その理由は，被告が提出した相殺以外の抗弁が認められず，裁判所が，原告の請求債権がその総額800万円の限度で存在し，したがって，一部請求に係る600万円が存在するとの判断に至ったため，ちょうどその一部請求額と金額において符合する被告主張の600万円の自働債権の存否を審理し，その結果それが400万円の限度においてしか存在しない，換言すれば，その余の200万円は不存在であると判断するに至り，その限度で相殺の抗弁を排斥し

---

[9] 水上調査官解説の図によれば，この部分にも既判力が生ずるという趣旨で網がかけられている。

II 相殺の抗弁と外側説

たからである。このことは，調査官解説自身も認めている[10]。

このことからは，次の疑問が浮かんでくる。すなわち，自働債権の内 200 万円が不存在であるという判断の既判力は，裁判所がその存在を認めた 400 万円を，原告の請求債権の総額から控除する（外側説）か，一部請求に係る額から控除する（内側説）か，これを債権総額に対する一部請求の割合で案分して控除する（案分説）か，という問題に対する態度決定とは無関係に，その態度決定よりも前に，裁判所がその存在を認めた一部請求額 600 万円につき，被告主張に係る 600 万円の自働債権をもってする相殺の抗弁を裁判所が斟酌した時点で既に，自働債権が 600 万円の限度において，民訴法 114 条 2 項による既判力の対象となっており，しかも，同項の既判力は，相殺の抗弁についての審理の結果，それが認められた場合のみならず，その全部または一部が排斥された場合にも生ずることの結果として，既に生じているのではないだろうか。もしそうだとすれば，調査官解説が挙げる(2)の場合，すなわち自働債権が 100 万円の限度でしか存在しないと判断される場合であっても，存在すると判断された一部請求額 600 万円につき，600 万円の自働債権をもってする被告の相殺の抗弁が斟酌された時点で，その額を限度として民訴法 114 条 2 項による既判力の対象となっており，その内 500 万円の限度で相殺の抗弁が排斥された以上，裁判所がその存在を認めた自働債権 100 万円を，請求債権のどこからどのようにして控除するか，つまり，外側説か，内側説かそれとも案分説かを議論する以前に，この 500 万円の不存在は既に既判力をもって確定されているといわなければならないのではなかろうか。そうだとすれば，自働債権 600 万円の全額が不存在であるとして相殺の抗弁が排斥された(3)の場合には，外側説，内側説，案分説のいずれによるかを検討するまでもなく，この 600 万円全額の不存在が既判力をもって確定されるのであって，自働債権不存在の判断の既判力が生ずる範囲を 600 万円の内 400 万円に限定することは，誤りではなかろうか。

本稿において筆者が確認したいことは，民訴法 114 条 2 項の既判力が生ずる範囲を画する概念である相殺の抗弁の「対抗」と，自働債権を請求債権のどこから控除するか，より正確にいうと，相殺による請求債権消滅という実体法上の効果を，請求に係る一部について認めるか，債権の総額について認めるか，

---

[10] 水上・前掲注 7) 584 頁（注 9）には，認定額(1)の場合にはこの網がかけられた「200 万円がもともと不存在であ」ったという意味で，自働債権の不存在について既判力が生ずるとある。

それとも，自働債権額を一部請求額と残額の比率で案分してそれぞれにつき案分された額の債権消滅の効果を認めるか，すなわち内側説，外側説，案分説とは，およそ次元を異にする問題であり，外側説では，被告主張に係る自働債権額が裁判所が存在を認めた請求債権の総額に「対抗」される結果，請求から除外された残部に「対抗」された自働債権の部分には，相殺の抗弁の理由の有無を問わず，民訴法114条2項の既判力は生じない（これが調査官解説の図の立場である）というのは，次元を異にする問題を混同するものに他ならない，ということである。

　これを敷衍すると，次のようになる。すなわち，民訴法114条2項の既判力が生ずる範囲に関して，「相殺をもって対抗した」という同項の文言の解釈として対立が生ずるのは，原告主張の請求債権につき，裁判所が，被告が提出した他の抗弁にもかかわらず，一定額の範囲でその存在を認めた結果，相殺の抗弁が斟酌されるに至った場合において，被告主張の自働債権の額がこの一定額を超えるとき，民訴法114条2項の既判力は，被告主張の自働債権総額につき生ずるのか，それとも，裁判所が存在を認めた請求債権の一定額の限度で生ずるに過ぎないかということであり，相殺が原告の請求の棄却を導く手段である抗弁であるという性質上，民訴法114条2項の既判力は裁判所がその存在を認めた請求債権の一定額を上限とし，したがって，請求債権の一定額を超える被告主張の自働債権がその全額において不存在であるとして相殺の抗弁が排斥されたときにおいても，自働債権不存在との判断の既判力は，裁判所がその存在を認めた請求債権の一定額を限度として生じ，被告がこの額を超える自働債権の残部につき後訴において履行請求をしても既判力には抵触しない。これが判例の立場[11]であり，逐一引用するまでもなく，通説でもある。「対抗」の概念

---

11)　大判昭和10年8月24日民集14巻1582頁。もっとも，裁判所がその存在を認めた請求債権600万円に対し，800万円の自働債権を以て相殺するとの抗弁を被告が提出しても，民訴法114条2項の既判力は600万円の限度でしか生じないということは，被告がこの自働債権800万円の内600万円につき明示一部請求をした場合に，請求から除外された200万円に既判力は生じないとする立場（昭和37年最判の立場）を採るのと同じ結果となる。そうだとすると，平成6年最判とⅣで検討する最判平成10年6月12日民集52巻4号1147頁とを合わせれば，この相殺の抗弁が全部または一部排斥された場合には，被告主張の自働債権は全くまたは相殺の抗弁が容れられた額を超えては存在しないとの判断を内包するから，被告が自働債権の残部200万円につき履行請求することは，信義則に反する蒸し返しとして遮断されることとなろう。これは，兼子ほか・前掲注1) 629頁が既に提唱していた帰結である。

が，自働債権の額の内既判力の対象をその一部に限定する意義を有するのは，この場合に限られる。反対に，被告主張の自働債権の額が，裁判所が存在を認めた請求債権の一定額と同額かまたはこれを下回る場合には，既判力の対象を限定するための「対抗」の概念は機能する余地はなく，被告主張の自働債権はその全額が民訴法114条2項の既判力の対象となり，したがって，相殺の抗弁の全部または一部が排斥されれば，排斥された額の自働債権の不存在につき既判力が生ずる。そして，明示一部請求においては，一部請求額が請求認容の上限を画する以上，被告主張の自働債権の額が裁判所がその全部の存在を認めた一部請求額を超える場合であっても，民訴法114条2項にいう「対抗」概念の機能により，既判力の対象となる額は一部請求額を上限とする。

　以上によれば，仮に被告が800万円の自働債権をもって相殺主張するとした場合でも，調査官解説の図に挙げられた例では，その内600万円のみが民訴法114条2項にいう「相殺をもって対抗」した額となるが，被告主張の自働債権の額が，裁判所が請求債権の全額の存在を認めたがゆえに存在すると認められる一部請求額すなわち600万円と同額である調査官解説の図の例では，「対抗」云々を論ずる余地はなく，被告が主張する自働債権600万円の全額が民訴法114条2項の既判力の対象となる。この抗弁が裁判所により斟酌され，その抗弁が全部または一部排斥されたときは，排斥された額の限度でその不存在が既判力をもって確定される。反対に，相殺の抗弁が全部容れられた場合も，自働債権額600万円が民訴法114条2項の既判力の対象となるから，自働債権600万円の不存在が既判力をもって確定されるというのが，民訴法114条2項の既判力の本来の姿である。ここで「本来の」という限定が付される理由は，判例が明示一部請求における残部についての既判力の有無について採用する特殊な立場ゆえに，あるべき原則の修正が必要となるからである。この点については，IIIで検討する。

　これに対し，内側説，外側説，案分説とは，相殺の抗弁がその全部であれ一部であれ理由がある，すなわち，前述の意味において既判力の対象とされた自働債権の全部または一部が存在すると認められる場合であって，かつ，原告の請求が明示一部請求である場合に，相殺による請求債権消滅の効果を，裁判所がその総額について存在を認めた額の内請求から除外された残部の側に引き寄せて認める（外側説）か，一部請求に係る額について認める（内側説）か，存在

が認められる自働債権の額を一部請求額と残部額のそれぞれの債権総額に対する比率をもって案分し，これにより算出された額の限度で請求に係る一部と残部のそれぞれにつき請求債権消滅の効果を認める（案分説）かという問題である。これは，ことがらの性質上実体法の問題であり，だからこそ，弁済や過失相殺など，その判断に既判力が生ずる余地のない抗弁についても，その主張に理由がある限り，外側説か内側説か案分説かという問題は同じように発生する。そして，この問題は，弁済であれ相殺であれ，被告主張に係る抗弁が，全部であれ一部であれ，理由があるときに限って生ずる。被告の抗弁の全部または一部が排斥される場合は，これと無関係であり，この場合には，被告の抗弁が民訴法114条2項によりその判断につき既判力を生ずる相殺であっても，この3説のうちいずれを採用するかにより，自働債権不存在との既判力が生ずる額に差を来すわけではない。正確にいえば，自働債権不存在との判断の既判力が生ずる範囲は，相殺の抗弁がその存在が認められた一部請求額と対当額において斟酌された時点で，既に決まっている。

そもそも，総額につき存在すると認められる請求債権の総額からにせよ，請求に係る一部からにせよ，全額不存在と認められる自働債権額をそこから「控除」するというのは，何のためにそういう操作をする必要があるのか，常識的に考えれば，理解に苦しむ話である。このことは，平成6年最判自身，その文言上も認めていることと解される。判旨には「特定の金銭債権のうちの一部が訴訟上請求されているいわゆる一部請求の事件において，被告から相殺の抗弁が提出され <u>それが理由ある場合</u>（下線筆者）には，まず，当該債権の総額を額定し，その額から自働債権の額（傍点筆者）を控除した残存額を算定し」とある。下線に示した部分からは，この外側説に関する判示が，相殺の抗弁に理由がある場合，すなわち自働債権の全部または一部が存在すると認められる場合を想定としたものであることを読み取ることができ，したがって外側から控除されるべき「自働債権の額」（傍点部分）とは裁判所がその存在を認めた自働債権の額であると理解するのが，この判示の流れからは自然だからである。

III　外側部分の請求債権消滅に充てられた自働債権の額と既判力

ところで，平成6年最判の判旨の後段部分は，原審の措置が不利益変更禁止

III 外側部分の請求債権消滅に充てられた自働債権の額と既判力

の原則に触れないことの理由として「相殺の抗弁により自働債権の存否について既判力を生ずるのは，請求の範囲に対して『相殺ヲ以テ対抗シタル額』に限られるから，当該債権の総額から自働債権の額を控除した結果残存額を超えるときは，一部請求を超える範囲の自働債権の存否については既判力を生じない」と判示している。明示一部請求に関する判例理論を前提とする限り，こういう結論とならざるをえないことは確かである。ただし，「一部請求を超える範囲の自働債権の存否については既判力を生じない」のは，何も外側説に則った控除の結果「当該債権の総額から自働債権の額を控除した結果残存額を超えるとき」，すなわち，一部請求が全部認容とされた場合（調査官解説が挙げる(2)の場合）に限られない。一部請求が全部または一部棄却された場合（調査官解説が挙げる(1)の場合）においても，同様である。この点は，調査官解説の図において，(1)の場合に，一部請求の残額，すなわち破線に囲まれた200万円の部分が白地とされていることからして，調査官解説も同様に考えていると解される。

しかし，その理由は，判旨のように，この場合には裁判所がその存在を認めた自働債権額600万円の全額が民訴法114条2項がいう意味で「対抗」されなかったことに求めるべきではない。前述した通り，民訴114条2項において相殺の抗弁の既判力の範囲を画する「対抗」という概念は，一部請求の場合には，請求認容の上限が一部請求額である以上，たとえ被告主張の自働債権の額が一部請求額を超える場合でも，一部請求額が同項の既判力が生ずる上限となることを意味するに過ぎない。自働債権の額が一部請求額と同額かこれを下回る限り，その全額が民訴法114条2項の既判力の対象となる。したがって，ここで「対抗」の概念を持ち出すのは誤りである。しかして，相殺の抗弁の既判力は，相殺の抗弁が全部または一部排斥された場合にも生ずるものであって，自働債権の全部が存在しないとの理由で排斥された場合には，一部請求額につき自働債権の不存在に既判力が生ずる。

また，一部請求額と同額かそれ以下の自働債権額が全額存在するものと判断され，つまり，相殺の抗弁に理由があり，かつ，外側説を採用する場合においても，一部請求から除外された残部もまた既判力の対象となるとする見解による限り，請求債権の内相殺の効果として不存在となった額につきその不存在の判断に民訴法114条1項の既判力が生ずる以上，一部請求の全部または一部棄却に寄与した部分のみならず，外側部分に充当され一部請求の棄却に寄与しな

かった部分を含め，自働債権の総額につきその不存在の判断に既判力が生ずる。

要するに，民訴法 114 条 2 項の趣旨に照らせば，相殺により消滅した請求債権につきその不存在の判断に民訴法 114 条 1 項の既判力が生ずることが，自働債権の不存在につき同条 2 項の既判力を認める必須の前提条件である。しかして，民訴法 114 条 2 項の趣旨とは，被告に対し自働債権の二重行使を許すことが公平に反することにある。相殺の抗弁が容れられて原告の請求が棄却された場合，相殺に供された自働債権は相殺以外の理由から不存在であり，自らの請求債権はなお現存していると原告が主張してする再度の給付の訴えはもちろん，同様の理由からする不当利得の返還請求，不法行為による損害賠償請求は，いずれも民訴法 114 条 1 項の既判力により，遮断される。他方で，仮に同条 2 項が存在しないとすれば，被告が，原告の請求債権は相殺以外の理由から不存在であり（この主張は，前訴判決の請求債権は不存在であるとの民訴法 114 条 1 項の既判力を覆すものではない），自らの自働債権はなお現存していると主張して提起する，その履行請求（またはこれと実質を同じくする不当利得返還請求や損害賠償請求）は許されることになり，自働債権の二重行使となる。

これに対して，平成 6 年最判もその前提とする昭和 37 年最判の一部請求理論による限り，請求から除外された残部には，その全部が不存在とされた場合（調査官解説のいう(1)の場合）であれ，その一部のみが不存在とされた場合（同(2)の場合）であれ，既判力は生じないのであるから，自働債権は別の理由により不存在であったとしてする原告の上に記したような請求は，いずれも既判力によっては遮断されない。にもかかわらず，この部分の請求債権の消滅に充当された自働債権が不存在であるとの判断に民訴法 114 条 2 項の既判力を認めると，被告が上のように主張してする後訴はいずれも既判力に抵触することとなり，却って，原告と被告との間の公平を損なう。一部請求の既判力に関する昭和 37 年最判を前提とする限り，一部請求の残部の請求債権の消滅に充当された自働債権額につき民訴法 114 条 2 項の既判力を否定すべき必要性は，同項の「対抗」の概念に由来するのではなく，同項が相殺の抗弁が容れられた場合につき自働債権不存在の判断に既判力を認める趣旨自体に由来するのである。これに対し，相殺の抗弁が排斥される場合は，原告の請求が全部または一部認容され，請求債権の全部または一部の存在が民訴法 114 条 1 項の既判力を以て確定されるのであるから，原告による請求債権の二重行使が禁止されることとの

均衡を問題とする余地はない。この場合には，にもかかわらずなお排斥された額の自働債権が存在するとして被告が提起する後訴が，端的に自働債権の二重行使と捉えられ，民訴法114条2項は，これを排斥するため，被告主張の自働債権の額が一部請求の額を超えるときは後者を限度として（これが同項にいう「対抗」の問題である），そうでなければ被告主張の自働債権の全額につき，その全部または一部が不存在であるとの判断に既判力を認めているのである。

Ⅳ おわりに

明示一部請求において，弁済，相殺等の債務消滅事由が抗弁として主張され，かつそれが容れられる場合において，外側説により，一部請求の全部または一部が棄却された場合（調査官解説のいう(1)の場合）について，既判力については本文で検討した通りであるが，更に，最判平成10年6月12日民集52巻4号1147頁は，次のように判示した。

「一個の金銭債権の数量的一部請求は，当該債権が存在しその額は一定額を下回らないことを主張して右額の限度でこれを請求するものであり，債権の特定の一部を請求するものではないから，このような請求の当否を判断するためには，おのずから債権の全部について審理判断をすることが必要になる。すなわち，裁判所は，当該債権の全部について当事者の主張する発生，消滅の原因事実の存否を判断し，債権の一部消滅が認められるときは債権の総額からこれを控除して口頭弁論終結時における債権の現存額を確定し（最高裁平成2年(オ)第1146号同6年11月22日第3小法廷判決・民集48巻7号1355頁参照），現存額が一部請求の額以上であるときは右請求を認容し，現存額が請求額に満たないときは現存額の限度でこれを認容し，現存額が全く存在しないときは右請求を棄却するのであって，当事者双方の主張立証の範囲，程度も，通常は債権の全部が請求されている場合と変わるところはない。数量的一部請求を全部又は一部棄却する旨の判決は，このように債権の全部について行われた審理の結果に基づいて，当該債権が全く現存しないか又は一部として請求された額に満たない額しか現存しないとの判断を示すものであって，言い換えれば，後に残部として請求し得る部分が存在しないとの判断を示すものにほかならない。したがって，右判決が確定した後に原告が残部請求の訴えを提起することは，実質的には前訴で認められなかった請求及び主張を蒸し返すものであり，前訴の確定判決によって当該債権の全部について紛争が解決されたとの被告の合理的期待に反し，被告に二重の応訴の負

担を強いるものというべきである。以上の点に照らすと，金銭債権の数量的一部請求訴訟で敗訴した原告が残部請求の訴えを提起することは，特段の事情がない限り，信義則に反して許されないと解するのが相当である。」

　最高裁が前訴と訴訟物を異にする後訴を信義則という一般条項を用いて遮断したのは，かの最判昭和51年9月30日民集30巻8号799頁について，公にされた例としては2件目である[12]。この二つの判決の間には，前者では当該事件の具体的な諸状況が信義則違反との判断の支えとなっており，どのような事案であれば信義則違反として後訴が遮断されるかの予測可能性を確保しがたい難があることに比べ，債権の成立額を確定した上で債権の消滅事由について外側説に拠るという数量的一部請求の審理構造からして，その全部または一部棄却後の残部請求は論理必然的に前訴判決に内包される残部不存在との判断の蒸し返しとなるとする後者には，事案の具体的状況に依存しない一義的な明確さがある。

　それはともかく，この平成10年最判により，調査官解説が挙げる(1)の場合では，請求から除外された200万円の請求債権の残部請求は，既判力によるものではないとはいえ，遮断されることとなった。そうである以上，被告が，請求債権の内請求から除外された残部の消滅に充当された自働債権200万円につき，原告の請求債権は相殺以外の理由から不存在であるからこの部分はなお現存するとして残部請求することを許すのは，原告被告間の公平上認められないと解すべきであろう[13]。しかし，平成10年最判が事案の処理を信義則に委ねざるをえなかった理由は，同判決が，明示一部請求における訴訟物と既判力に関する昭和37年最判を不動の前提としたからである。そうである限り，調査

---

12) 奈良次郎〔判批〕法の支配113号（1999）90頁以下，松本・前掲注2）民訴雑誌47号24頁（同『訴訟における相殺』179〜180頁）は，昭和37年最判が明示一部請求における既判力を請求に係る一部に限定した趣旨が，前掲注2）で検討した通り，明示がある限り被告は残債務不存在確認の反訴の提起により残部請求を遮断できるからという点に求められるとすれば，前訴が明示一部請求であった平成10年最判の事案において，前訴で紛争は決着済みという期待を被告が抱くことが合理的か，この期待は保護に値するか疑問であるとして，残部請求を遮断した結論を批判する。これに対し，青木哲〔判批〕法協118巻4号（2001）639頁は，複次の応訴の煩を免れるため，被告は常に残債務不存在の反訴を提起する必要があるとすれば，一部請求で原告が全部または一部敗訴したときは，残債務不存在確認反訴の印紙代も原告の負担となるが，これは一部請求をする原告の動機が提訴手数料の節約にあることが多いことに照らすと，かえって原告に酷であり，一部請求の全部または一部棄却の場合に残部請求を遮断する判旨の結論は，むしろ原告被告間の公平に適うと指摘する。

13) 山本和彦〔判批〕民商120巻6号（1999）1045頁以下。

IV おわりに

官解説が挙げる(2)の場合では，請求から除外された200万円の残部は既判力によりその存否が確定されておらず，かつ，前訴判決は認容された額を超えて残部は存在しないとの判断を論理的には内包しないから，残部請求は信義則によっても遮断されない[14]。その結果，原告は，残部200万円の履行を求める後訴において，前訴判決理由の中で被告の自働債権が100万円の限度で存在すると判断されているにもかかわらず，被告の自働債権は初めから不存在であると主張することが許されることになる（被告もまた，原告の請求債権200万円は相殺以外の理由から不存在であると主張して争うこともできることとなる。なお，私見では，(2)の場合には，自働債権500万円の不存在につき民訴法114条2項の既判力が生じると考えるので問題とならないが，調査官解説の立場では，自働債権の不存在の既判力は400万円の限度でしか生じないから，前訴判決理由の中で，被告の自働債権は100万円の限度でしか存在しないと判断されていても，被告は自働債権はなお200万円の限度で存在するとしてこれを争うこともできる）。しかし，平成10最判自らが強調するように，金銭債権の数量的一部請求における審理のあり方は「債権の全部が請求されている場合と異なるところはな」く，このことは，相殺による自働債権額の控除の結果残存額が一部請求の額を超える場合とそうでない場合とで，異なることもない。そうだとすれば，前訴一部請求で残部200万円の内100万円の請求債権消滅に充てられた自働債権額100万円につき，原告がそれは相殺以外の理由から不存在であると主張することを許すのは，被告の合理的期待に反し，被告に二重の応訴の負担を強いることになる点でも，異ならないのではなかろうか。外側説は，一部請求をする原告の合理的意思と紛争解決の効率性という観点から肯定せざるをえないとしても，それが前訴における被告の相殺の抗弁を無意味にするという点で被告の利益を損なうものである点に鑑みれば，残部請求において原告の先のような主張を許容することは，一層被告に酷であるとの感を一層強くする。

　こうした矛盾が生ずる所以は，一部請求において外側説を採用することが，債権の全部が請求される場合と同じ審理のあり方をもたらすにもかかわらず，なお，金銭債権の明示一部請求における訴訟物と既判力の範囲は請求に係る一部に限られるとの法理に，固執することにある。Iにおいて，一部請求におけ

---

14)　青木・前掲注12) 642頁以下。

る訴訟物と既判力に関する判例理論を一応の出発点として検討を行うとしたが，平成6年最判および平成10年最判を受けて，判例が今後進むべき方向は，明示一部請求においても，債権の全部が訴訟物となり，したがって既判力も債権の全部につき生ずるから，調査官解説の(2)の場合において，原告による残部請求は許容されるとしても，そこで原告が200万円の内100万円が不存在であるとの判断を蒸し返して争うことはできないとする[15]ことであると思われる。

〔後記〕

　井上治典先生には，一部請求後の残部請求の許否につき，紛争の具体的態様と前訴の手続経緯から切り離して抽象的に論じることの無意味さを説いたご論文（「確定判決後の残額請求——一部請求論の素描」『民事訴訟法の争点〔初版〕』〔有斐閣，1979〕180頁）がある。本稿でも引用させて頂いたが，このご論文には，先生が後年展開された「手続保障の第三の波」理論の萌芽を読み取ることができる。ダイナミズムに富んだ判決効理論を展開された先生を追悼する企画への献呈論文として，本稿の内容はあまりにも教条主義的であり，まことに忸怩たる思いがある。三回忌を前にして，改めて先生の早すぎるご逝去を悼み，ご冥福をお祈り申し上げる。

---

[15] 最近の見解でこの趣旨を説くものとして，伊藤眞『民事訴訟法〔第5版〕』（有斐閣，2016）221頁（注107）。

弁論終結後の承継人に対する既判力の拡張に関する覚書

Ⅰ　はじめに
Ⅱ　形式説とそれに対する伊藤眞教授の批判
Ⅲ　分　　析
Ⅳ　従来の学説に対する疑問
Ⅴ　原点としての兼子説
Ⅵ　現在の有力学説の分析
Ⅶ　おわりに

Ⅰ　はじめに

　事実審口頭弁論終結後（以下，単に「弁論終結後」という）の承継人に対する既判力の拡張については，とりわけ特定承継人に対して既判力が拡張される場合の拡張の「され方」の説明を巡って，いわゆる形式説と実質説の対立が存在するといわれてきた。まず，次の**事例①**を題材に，両説の内容と対立点を確認することから始めることとしたい。

　[事例①]
　　甲が乙に対し，甲から乙への売買を原因とする所有権移転登記が経由されている本件土地につき，所有権に基づいて，真正な登記名義の回復を原因とする甲宛ての所有権移転登記手続を求めて，訴え（「前訴」という）を提起し，乙宛ての所有権移転登記の原因である売買が虚偽表示により無効であることを理由に，甲の勝訴が確定したが，前訴の弁論終結後に，本件土地につき，売買を原因とする乙から丙への所有権移転登記が経由された。そこで，甲が丙に対し，所有権に基づいて，真正な登記名義の回復を原因とする甲宛ての所有権移転登記手続を求めて，訴え（「後訴」という）を提起した。丙は，自分は民法94条2項にいう「善意の第三者」であるから，甲は甲乙間の売買の無効を丙に対して主張できない，と主張して請求の棄却を求めた。

　この場合，実質説は，丙の善意の第三者性が否定されれば，丙には，民訴法

115条1項3号にいう乙の弁論終結後の承継人として，前訴確定判決の既判力が拡張されるが，丙が善意の第三者であるときは，丙は承継人に当たらないので，既判力は拡張されない，と説明する。実質説は，既判力拡張の可否を後訴における訴訟上の請求についての審理の結果に依存させるものである。これに対し，形式説は，弁論終結後に登記名義が乙から丙に移転した事実（甲の乙に対する所有権に基づく地上建物収去・土地明渡請求訴訟の弁論終結後に，丙が地上建物の所有権を前訴で敗訴した借地人乙から買得したという事例〔以下，**事例②**という〕であれば，乙から丙へ占有が移転した事実）があれば，それだけで丙には民訴法115条1項3号により既判力が拡張され，丙は，乙が甲に対し所有権移転登記手続義務を負うことを争えなくなるが，丙固有の防御方法である善意の第三者性は，それにかかわらず丙はこれを主張することができ，その立証が奏功すれば，甲の丙に対する請求は棄却される。登記名義や占有の移転という事実から直ちに既判力の拡張を肯定する点で，形式説といわれる。

II 形式説とそれに対する伊藤眞教授の批判

実質説[1]対して，形式説は自説の優位性の根拠を以下の四点に求める[2]。

第一に，実質説では，善意の第三者性が認められる場合には，既判力が丙に

---

1) 実質説は兼子一博士の創見にかかるとされる。後に本文で引用する同『民事訴訟法体系〔増訂版〕』（酒井書店，1965）345頁にある，占有侵奪者の特定承継人が訴訟係属につき悪意でない限りこれに対し既判力を及ぼすことはできない，との記述は，占有の特定承継人に対する既判力拡張の有無を占有の特定承継人の善意悪意に係らしめている点において，実質説であり，また，大決昭和5・4・24民集9巻415頁評釈（同『判例民事訴訟法』〔弘文堂，1950〕301頁）に「第三者が〔筆者注：所有権に基づく妨害排除請求に係る〕妨害物に対する権利を前主と別個独立の権原に基いて取得した場合は，承継人とならない」とある場合の第三者として，動産所有権の即時取得者のごとき者が念頭に置かれているのであれば，既判力拡張の有無を占有取得者が善意無過失であるか否かに係らせている点において，やはり実質説である。ほかに，現在実質説を自覚的に主張する論者として，上田徹一郎教授が挙げられる（同「原始取得と既判力の主観的範囲拡張の限界」『判決効の範囲』〔有斐閣，1985〕32頁，特に50頁以下）。

　これに対し，形式説は，新堂幸司『新民事訴訟法〔第5版〕』（弘文堂，2011）704頁，高橋宏志『重点講義民事訴訟法（上）〔第2版補訂版〕』（有斐閣，2013）692頁以下，兼子一＝松浦馨ほか『条解民事訴訟法〔第2版〕』（弘文堂，2011）575頁〔竹下守夫〕，越山和広「既判力の主観的範囲――口頭弁論終結後の承継人」高橋宏志＝加藤新太郎編『実務民事訴訟講座（第3期）第3巻』（日本評論社，2013）301頁，315頁以下等。

2) 新堂幸司「訴訟当事者から登記を得た者の地位」『訴訟物と争点効（上）』（有斐閣，1988）297頁，329頁以下。高橋・前掲注1) 693頁以下もこれにならう。

Ⅱ　形式説とそれに対する伊藤眞教授の批判

拡張されない結果，丙は，甲が乙に対し所有権移転登記手続請求権を有するか否かを争うことができることになり，不当である。第二に，実質説といえども，前訴で通謀虚偽表示性が否定され乙が勝訴している場合には，乙に対する既判力の丙への拡張を認めるはずであり，前訴で甲が敗訴していれば既判力の拡張があり，前訴で甲が勝訴した場合には既判力の拡張がないというのは，甲との関係で不公平であり，前訴の勝敗如何にかかわらず丙への既判力があると説いた方が，一貫性がある。第三に，既判力の拡張の可否を善意の立証が成功するか否かに依存させる実質説は，既判力の性質，すなわち職権調査事項であることとそぐわない。第四に，形式説では，訴訟係属中に登記名義が丙に移転した場合と弁論終結後の承継人への既判力拡張とを整合的に説明できる。これを敷衍すると，登記名義の移転という事実が訴訟係属中に生ずれば，既に形成された乙に不利な訴訟状態（実体的側面では，裁判所の心証が乙に不利に傾いている状態，手続的側面では，それを挽回するために乙が新たな事実と証拠を提出しようとしても，時機に後れたものとして民訴法157条1項により却下される状態）が丙に承継されるが，丙固有の防御方法（善意の第三者性）の主張・立証は許される。これに対し，実質説によると，善意の第三者性が立証されれば丙は承継人ではなくなるから，遡って丙には訴訟承継の資格がなかったので，請求棄却ではなく，引受申立てが却下されることになり，訴訟経済に反し，紛争解決の実効性を損ない，不当な結果となる。

　さて，本稿の被献呈者である伊藤眞教授は，最近では少数派といってよい，形式説に対する批判者である。正確にいうと，伊藤説は，実質説と形式説という概念構成をする必要性は乏しいとする[3]。

　まず，形式説のいう第一の論拠に対しては，丙が，甲から乙への売買による所有権の喪失を主張する（主張①）ことは，抹消登記手続請求を認めた前訴確定判決の既判力に触れて許されないが，民法94条2項により甲は丙に対しては所有権を主張しえないことを主張する（主張②）のであれば，前訴判決の訴

---

[3]　伊藤眞『民事訴訟法〔第4版補訂版〕』（有斐閣，2014）545頁以下，鈴木正裕＝青山善充編『注釈民事訴訟法(4)』（有斐閣，1997）413頁以下〔伊藤眞〕。伊藤説のほか，実質説と形式説を対立させる構図の有用性を疑問視する見解として，上野泰男「既判力の主観的範囲に関する一考察」法学論集（関西大学）41巻3号（1991）907頁，916頁以下があるが，上野説も，承継人に対する既判力拡張では形式説にならざるをえないとする（伊藤説と旧来の実質説および上野説の相違につき，越山・前掲注1) 315頁参照）。

訟物に関する判断と何ら矛盾せず，既判力が拡張されるべき対象を欠くこととなる，とする。第二の論拠に対しても，請求棄却判決については丙に既判力が拡張され，請求認容判決であれば丙への既判力拡張が否定されることがあるのは，後訴においていかなる権利関係やそれを基礎づける法律上の地位が主張されるかに係るのであって，その結果のみを取り上げて公平，不公平を論じても意味がない，とする。さらに第三の論拠については，既判力が後訴裁判所に対する確定判決の拘束力である以上，丙が甲の所有権喪失の原因として，①を主張するのか，それとも②を主張するかによって，既判力の拡張が左右されるのは当然のことである，とされる[4]。

III 分　　析

筆者も，伊藤説のいう通り，実質説と形式説との対立には意味がない，と考える。より正確にいうと，形式説が実質説に対する自説の優位性の根拠として挙げる点は，無意味であるか，または，実質説によっても同じ帰結を導くことができる，と考える。

まず，形式説が挙げる第一の論拠については，伊藤説のいう通りというしか

---

[4] 新堂説が挙げる第四の論拠について，伊藤説は何も語るところがないが，私見によれば，訴訟承継において実質説的発想に依拠した場合，審理の結果丙の善意の第三者性が否定されるときは，甲の請求棄却ではなく引受申立ての却下となるとの帰結は，必然ではない。訴訟引受けを次のように法律構成すれば，実質説的な発想に依拠してもそれは回避できる。先ず，訴訟引受けは，甲の丙に対する甲宛の所有権移転登記手続請求の定立を伴うが，これは給付の訴えであるから，当該給付請求権を主張すれば適法な訴えである。もっとも，この新訴の旧訴との併合の許否は，受訴裁判所の判断に委ねられている（民訴50条1項）が，引受申立ての許否の裁判において丙の善意の第三者性を審理することは，引受けの許否の裁判が決定手続であることおよび善意の第三者性が本案の請求に対する丙の再々抗弁になることに照らし，適切ではなく，甲が，訴訟係属の後丙に登記名義が移転したとの事実を主張・立証すれば，引受申立てを認めるべきである。丙の側から訴訟の目的たる義務を承継したとして参加する場合には，51条が準用する47条により，丙がそう主張するだけで参加が適法となり，あとには本案の問題しか残らないこととの均衡からも，そう解するのが妥当である。そうすると，丙の善意の第三者性は専ら甲の丙に対する本案の請求の当否の問題である。進んで，丙に訴訟状態承継義務があるか否か（157条1項による却下は職権でできるから，これは職権調査事項と解される）は，丙が①，②を主張する場合には，②の審理結果に係り，丙の善意の第三者性が否定されれば，虚偽表示の成否に関する訴訟状態が丙に承継される。他方で，丙が善意の第三者と認められる場合でも，51条，50条3項が引受承継につき41条を準用（参加承継では47条4項が40条を準用）する関係で，弁論を分離して甲の丙に対する請求を棄却することはできず，乙に対する請求の当否を審理したうえで一個の判決で裁判することとなる。

ない。丙の②の主張が認められる場合には，①の主張の当否を審理するまでもなく，直ちに甲の請求は棄却されるのであるから，形式説では①の主張を既判力により遮断できるといっても，それは法的に無意味である。ただ，この点は第二の論拠が提示する問題と関連があり，後に再論する。

次に，形式説がいう第三の論拠について先に検討するに，既判力拡張の可否を善意の第三者性の立証に依存させることと既判力が職権調査事項であることとは，矛盾しない。職権調査事項とは，当事者が訴訟法規違反の有無を指摘しなくとも裁判所が自ら顧慮しなければならない，というに尽きる。既判力拡張の可否が特定の事実の存在の証明に係ること，その事実が真偽不明の場合に，証明責任の原則により前訴の当事者または第三者のいずれかに不利益を帰することは，既判力が職権調査事項であることとは矛盾するものではなく，無関係でもある。弁論終結後の承継人に対する既判力拡張につき形式説で説明する論者も，このことを，少なくとも請求の目的物の所持人に対する既判力拡張では，認めている。

これを敷衍すると，次の通りである。AのBに対する動産の引渡請求訴訟でAの勝訴が確定した後，訴訟係属前よりBからその動産を預って占有しているCに対し，Aがその動産の引渡しを請求した場合，無償の受寄者のようにCがその動産を占有することにつき固有の利益を有しない場合には，AのBに対する動産引渡請求権の存否につき改めてCに判決手続を保障する必要がないことに，民訴法115条1項4号の既判力の拡張の根拠がある。反対に，Cが，自分はその動産をBから賃借している，または，Bに対する貸付けの質物として占有している，と主張する場合，それが事実だとすれば，BのAに対する引渡義務の存否を当事者として争う地位をCに保障する必要がある。したがって，AのCに対する動産引渡請求訴訟において，既判力拡張が認められるか否かは，Cが主張する賃借権や質権の存否に係り，Cの主張が事実か否かを審査し，真偽不明であればそれを不存在として，既判力拡張を肯定する，という処理になる[5]。

ただ，請求の目的物の所持人の場合には，Cが目的物を占有することにつき固有の利益を有しないことは，専ら既判力が拡張されるための要件に過ぎな

---

5) 高橋・前掲注1) 706頁。

が，承継人の場合における丙の善意の第三者性の有無は，実質説では，既判力拡張の要件であると同時に，本案の主要事実として，弁論主義に服するところ，丙がこれを主張しなければ直ちに既判力の拡張が肯定されるという帰結に，躊躇を感じる向きもあるかもしれない。しかし，請求の目的物の所持人の場合でも，Cが目的物を占有することについての固有の利益を何ら主張しないときに，裁判所が質権，賃借権等が成立する可能性を悉皆調査しなければ既判力拡張を認めることができないとは，考えられていないと思われる。職権調査とは，当事者が民訴法115条1項4号の適用につき何ら言及しなくとも，裁判所はそれを斟酌しなければならないということに尽きるのであって，既判力拡張が一定の実質的要件に係ること，その要件に該当する事実につきその提出責任を当事者に課すこととは，既判力の職権調査性と何ら矛盾するものではない[6]。

さて，形式説が挙げる第二の論拠に戻ろう。実質説においても，前訴で甲が勝訴しておれば，丙としては，後訴において善意の第三者性を立証しない限り，前訴判決の既判力の拡張により敗訴を免れないし，立証できれば，繰り返しとなるが，形式説がいうような既判力拡張を認める意味がない。他方で，前訴で甲が敗訴しておれば，丙としては善意の立証をするまでもなく，前訴判決の既判力により丙は勝訴できるが，これは前訴で甲が敗訴したことに対する自己責任であって，どこにも形式説がいうような不公平など存在しない。その限りで，伊藤説は正しいが，これは形式説にとって致命的な批判ではない。なぜなら，丙が，①と②の両方を主張する場合に，裁判所が①の事実をまず取り上げて審理することが，法律上なぜ許されないか（許されないことは，伊藤説も前提としている）を，なお説明する必要があるからである。

形式説の完成者といえる新堂教授は，次のように述べる[7]。

「第一の考え方（実質説）においては，丙の保護を図るために，丙を口頭弁論終結後の承継人でないとして既判力が一切丙には及ばないとする……わけであるが，その結果，丙は，前訴の結果である甲が乙に対して甲→乙登記の抹消請求権〔筆者注：新堂論文では，事例①の前訴は，移転登記の原因行為の無効を原因とする抹消登記手続請求である〕をもつという判断をも自分の知らないことである

---

6) 職権調査における判断の基礎資料の提出を当事者の責任とすることが職権調査性と矛盾しないことは，新堂・前掲注1) 490頁も認めるところである。
7) 新堂・前掲注2) 329頁，337頁。

といって，これを争うことが理論上許されることになる」としつつ，「『理論上』とことわったのは，実際問題としては，丙がたとえこのような主張をしたとしても，既判力の拡張の有無に関係なく裁判所がその点を審理の対象にする場合はほとんど考えられないと思われるからである。けだし，実質説による場合，既判力の拡張の有無を決めるために丙が善意かどうかをまず審理しなければならず，そこで，善意であるということになれば，裁判所としては，もはや甲乙間の売買の有効無効の審理をするまでもなく甲の丙に対する請求を棄却しうる。他方，丙が善意でないとの判断に達したときには，丙に対して全面的に既判力が及ぶということであるから，これまた甲乙間の売買の有効無効，甲の乙に対する登記抹消請求権の有無を審理する余地なく，丙は，無効な登記名義人乙から移転登記を得た者として，甲からの抹消請求に直ちに敗訴することになる筈であるからである」とする。

　新堂説によれば，「実際問題としては」実質説においても形式説を採用した場合と同じこととなるが，「理論上」は，①の主張と②の主張のいずれを採用して丙を勝たせるかは，認めやすい方を認めて丙を勝訴させればよいという，後訴の受訴裁判所の裁量の問題に過ぎず，受訴裁判所が，まず丙の①の主張の当否について判断をすることを法律上禁止される根拠，実質説では導き出せない。これに対し，形式説では，口頭弁論終結後の登記名義の移転により丙に対する既判力拡張が肯定されるから，後訴において丙が①と②の両方を主張する場合，①の主張は前訴の訴訟物たる甲の乙に対する移転登記抹消請求権が存在するとの前訴確定判決の既判力ある判断を蒸し返すものとして，丙に拡張される既判力が持つ消極的作用により遮断され，したがって，②の主張のみが後訴における適法な争点となり，②が証拠から認められなければ，丙に拡張される前訴確定判決の積極的作用により，後訴裁判所は前訴と同じく甲の請求を認容する判断をすべく拘束される[8]。この争点限定機能を導くことができることこそが，実質説と形式説の対立に法律上の意義があり，かつ，形式説が実質説に対し法技術的に優れている証であるとされる[9]。

　しかし，実質説によっても，丙に既判力が及んでいるか否かは丙が善意の第三者か否かに係るところ，丙が①と②の両方を主張する場合，後訴裁判所とし

---

[8] 山本克己「判批」民事訴訟法判例百選〔第4版〕(2010) 188頁。
[9] 兼子ほか・前掲注1) 575頁〔竹下〕，越山・前掲注1) 301頁，315頁以下。

ては，自らが前訴確定判決の既判力に拘束されているのならば，①の主張を不適法として排斥しなければならない。形式説が第三の根拠において強調する通り，まさしく既判力が職権調査事項である以上，その帰結として，自己を拘束する既判力が存在するかを調査すべく，受訴裁判所は②の主張を先に取り上げて審理しなければならないことは，法律上の要請であるはずである。

かくして，実質説と形式説の対立は意味がないとする伊藤説は，結論として正しいというべきである。

Ⅳ　従来の学説に対する疑問

以上の通り，形式説においては後訴における適法な争点は丙の主張のうち②に限定され，実質説によっても，後訴裁判所はまず②の主張を取り上げて審理すべきものとされるが，両説とも，そこで②の主張が認められない限り，前訴確定判決の既判力の拡張により，甲の丙に対する真正な登記名義の回復を原因とする移転登記手続請求は認容されるに至る，と考えている点では，共通している。

しかし，山本克己教授の次の指摘から明らかなように，これは疑問である。

「所有権に基づく所有権移転登記請求権は，物権的妨害排除請求権であるところ，妨害（ここでは他人の所有権登記名義の存在）が生じる度に当該妨害者に対して新たに発生する。本件に当てはめると，仮に甲が丙に対して所有権に基づく移転登記請求権を有するとすると，この請求権は，丙が所有権移転登記を経由した時点で新たに発生するのである。これを義務の側から見ると，丙は乙の義務を承継したのではなく，所有権移転登記を経由したことによって原始的に義務を負担するのである（物権的返還請求権に係る義務者側の占有の特定承継の場合にも，同様の問題がある）。丙が乙の義務を承継することがない以上，前訴の訴訟物は仮定上の後訴の訴訟物の先決的法律関係ではないことになる。したがって，本件の前訴確定判決の既判力を，仮定上の後訴に及ぼしても無意味であることになる[10]。」

同じことを要件事実論の角度から整理すると，次の通りである[11]。

---

10) 山本・前掲注8) 189頁（当事者の表記は事例①に合わせてある）。
11) 丹野達「既判力の主観的範囲についての一考察」曹時47巻9号（1995）2037頁以下，特に

Ⅳ　従来の学説に対する疑問

〈前訴〉

　　請求原因は，甲所有＋乙登記名義

　　抗弁は，甲→乙売買（による甲の所有権喪失）

　　再抗弁は，甲→乙売買の虚偽表示による無効

　　甲の勝訴確定

〈後訴〉

　　請求原因は，甲所有＋丙登記名義

　　抗弁は，甲→乙売買（による甲の所有権喪失）

　　再抗弁は，甲→乙売買の虚偽表示による無効

　　再々抗弁は，乙→丙売買＋丙は善意の第三者

以上から明らかなように，「乙が甲に対し所有権移転登記手続義務を負う」ことは，後訴においては，甲にとっても丙にとっても，攻撃防御方法を構成しない。その理由は，山本克己解説[12]のいう通り，丙の物権的な移転登記手続義

2045頁以下，中西正「既判力・執行力の主観的範囲の拡張についての覚え書き」伊藤滋夫先生喜寿記念『要件事実・事実認定論と基礎法学の新たな展開』（青林書院，2009）612頁，620頁以下は，実務において一般的に行われ，それに準拠して現在法科大学院などで教授されている要件事実論に基づいて整理すれば，事例①，事例②において民事訴訟法学説が説いている既判力の承継人への拡張についての説明がそれとかい離していることを，明快に論じている。また，菱田雄郷「口頭弁論終結後の承継人に対する既判力の作用」法学（東北大学）74巻6号（2011）170頁以下も，要件事実論的整理によれば，丙に対する後訴において前訴訴訟物である乙の甲に対する登記義務が争点を構成する余地はなく，その既判力を丙に拡張しても有意義ではないとする。

12)　山本・前掲注8) 189頁左段。

　なお，同解説の対象である最判昭和48・6・21民集27巻6号712頁は，前訴において，Yの破産管財人が，YとAとの通謀虚偽表示によりA名義で登記されていた土地につき，Aに対し真正な登記名義の回復を原因とする所有権移転登記手続請求訴訟を提起し，そこで原告側の勝訴が確定したところ，その事実審口頭弁論終結後に，Aの債権者が同土地につき開始申立てをした強制競売手続において，Xが同土地を落札したので，AからX宛てに所有権移転登記が経由されたが，Yは，前訴確定判決につきXに対する承継執行文を得て，本件土地の所有名義をY宛に回復するための所有権移転登記を経由したため，Xが，本件土地につき，Xの所有権確認およびX宛ての真正な登記名義の回復を原因とする所有権移転登記手続を請求した，という事案である。同判決につき，髙田昌宏教授は，承継人に対する既判力拡張は，前訴訴訟物が，後訴訴訟物と同一の場合，後訴訴訟物にとって先決関係または矛盾関係である場合には認められるが，この事件における前訴訴訟物（真正な登記名義の回復を原因とするY宛ての所有権移転登記手続請求権）と後訴訴訟物であるXの所有権とは，訴訟物同一でも先決関係または矛盾関係でもないから，いわゆる争点効を認める立場から，争点効の丙への拡張を認めることはともかく，このような場合にまで既判力による遮断を主張することは，前訴当事者につき生ずる既判力を超える効力を承継人に及ぼすものであり，「既判力」の承継人への拡張という土俵をはみ出した議論であるとして，批判する（同「判批」民事訴訟法判例百選〔第3版〕〔2003〕190頁，191頁左

務は，乙が負うそれを乙から承継するものではなく，丙が登記名義を取得することにより新たに甲に対し負うに至るものだからである。これを要件事実論に即していえば，前訴において，甲が再抗弁として主張した虚偽表示による無効が認められ，前訴判決が本件土地は甲の所有に属することを認めていても，それはあくまで甲の再抗弁に対して示された判決理由中の判断に過ぎない[13]。

　これは，事例①のように，丙固有の防御方法が想定される事例だけではなく，甲の乙に対する所有権に基づく地上建物収去・土地明渡請求訴訟の弁論終結後に，丙が乙から建物を買い受けた場合（事例②）でも，同じである。

〈前訴〉
　甲の請求原因は，甲所有＋乙占有
　乙の抗弁は，占有権限（甲→乙土地賃貸借）
　甲の再抗弁は，賃貸借契約の解除
　甲の勝訴確定

〈後訴〉
　甲の請求原因は，甲所有＋丙占有

段）。正当な指摘である（菱田・前掲注11）171頁も，事例①において甲にとって有意義な丙への既判力の拡張を構想しようとすれば，丙は，後訴において，甲の乙に対する請求権を基礎づけている甲の所有権の存在を争えないとの効果を考える必要があるが，通説の自然な延長としてかかる効果が導けるとは，当然には言いえないとする。この点に関する高橋教授の反論については，注21）で触れる）。

　他方で，前訴の訴訟物と，後訴のもう一つの訴訟物である，真正な登記名義の回復を原因とするX宛ての所有権移転登記手続請求権とは，矛盾関係に立つように見える。もっとも，後訴において，Xが通謀虚偽表示についての善意の第三者性を主張し，これが認められれば，Xは勝訴できるが，これが否定されれば，実質説，形式説のいずれによっても，Xには前訴確定判決の既判力が拡張される。しかし，仮に前訴判決が，前訴の訴訟物，すなわち真正な登記名義の回復を原因とするY宛ての所有権移転登記手続請求権を認める前提として，YA間の所有権移転の原因行為を通謀虚偽表示により無効とし，本件係争地がYの所有に属することを認めていたとしても，それは前訴判決理由中の判断に過ぎず，後訴訴訟物（真正な登記名義の回復を原因とするX宛ての所有権移転登記手続請求権）の請求原因として主張される，X所有，Y登記名義のうち前者と矛盾関係に立つに過ぎない。これを矛盾関係における既判力の作用で説明しようとすれば，後で検討する通り，前訴でその存在が既判力を以て認められた，Y宛てに所有権移転登記手続をすべきAの物権的負担は，弁論終結後のAからXへの登記名義の移転によりXに承継されるから，後訴訴訟物たる真正な登記名義の回復を原因とするX宛ての所有権移転登記手続請求権は，前訴判決で既判力を以て確定されXに承継されたこのAの物権的負担と矛盾関係に立つ，と構成するほかない。ただし，本稿は，物権的請求権とそれに対応する義務者側の物権的負担が承継されることはありえないとの立場を採る。

13）　丹野・前掲注11）2048頁。

丙の抗弁は、占有権限（甲→乙土地賃貸借＋乙→丙建物売買による借地権の移転）

　甲の再抗弁は、賃貸借契約の解除

　事例②の後訴においても、やはり乙が甲に対し建物収去・土地明渡義務を負うことは攻撃防御方法を構成しない。反対に、前訴で勝訴した甲が丁に土地所有権を譲渡した場合でも、丁の乙に対する後訴請求の請求原因は、丁所有＋乙占有、乙の抗弁は、甲乙間土地賃貸借＋敷地所有権譲渡による賃貸人たる地位の丁への移転（占有権限）、丁の再抗弁は、甲乙間賃貸借契約解除であり、甲が乙に対し建物収去・土地明渡請求権を有していたことは、攻撃防御方法を構成しない。丁の物権的請求権は、丁が所有権を取得することにより新たに妨害者乙に対して取得するもので、甲から承継したものではないからである。そして、前訴判決が乙の借地権を否定していたとしても、それは乙の抗弁についての判決理由中の判断に過ぎない点は、事例①と同じである[14]。

　そして、以上の事柄は、実質説を採用して、事例①において、丙が善意の第三者性の立証に失敗したため、前訴判決の確定により生じた「乙が甲に対して甲宛ての所有権移転登記手続義務を負う」との既判力が丙に拡張されると説明するとしても、右に示した要件事実を前提とする限り、そのことは後訴請求の先決的法律関係とならないから、同じである。

V　原点としての兼子説

　ここで検討すべきは、既判力拡張により、丙は、乙が甲に対し所有権移転登記手続義務（事例①）または建物収去土地明渡義務（事例②）を負うことを争えなくなるので、敗訴するという、実体法とそれに基づく要件事実論からすればおかしな説明が、民訴法学においてかくも浸透したのはなぜかという点にある。

　以下は、実質説の創始者である兼子一博士の叙述である。

　「但し特定承継については、承継人となるか否か或は承継人に不利に作用することを認め得るか否かは、権利関係の実体法的性格によつて異ることに注意すべきである。所有権に基く返還請求や妨害排除請求の相手方としての資格で

---

[14]　丹野・前掲注11）2046頁以下。

ある占有者又は妨害物件の所有者から，目的物の占有を承継し又は物件を譲受けた者は，その請求に対する義務の承継人といえるが……，単に占有権に基く回収請求については，被告から目的物の占有を取得した者は，訴訟係属について悪意でない限りこれに対し既判力を及ぼすことができないし（民200Ⅱ参照），更に対人的な債権に基く物の引渡請求であれば，被告から目的物の引渡を受けた者を被告の承継人と取扱うことはできない（例えば，買主が売主に対する目的物の引渡又は明渡請求について，第三者が買主から買得又は賃借してしまつた場合の如し15))。」

「このような物権的請求権に対応する義務は，妨害物自体に固着したものとして，その物件に対し現在支配権（所有権乃至占有権）を有する者がこれを負うのである。したがって，かかる請求に関する訴訟及び執行は，この者を相手方としなければその目的は達し得ない。ところで，訴訟中又は判決後にこの者の妨害物件に対する権利が第三者に譲渡された時は，該第三者は，これに伴って収去義務の負担者としての地位を前主から承継し（但し損害賠償債務のような人的義務については然らず），それに関する訴訟状態上の利益不利益又は判決の既判力，執行力を受けることとなるのが当然である（単に実体法的にのみ考えれば，この場合第三者は妨害物件の取得者として新に独立に収去義務の負担者となるのであって，前主の義務を承継すると考える必要はないようであるが，訴訟状態の考慮を実体上の法律関係に反映させて見る時は，訴訟上の利益又は負担を一括して実体法上の地位を考うべきであって，この場合の義務も承継を認むべきである。但し第三者が妨害物に対する権利を前主と別個独立の権原に基いて取得した場合は，承継人にはならない16))。」

つまり，既判力に関する権利実在説に立つ兼子博士によれば，物権的請求権につき訴訟係属が生じた後は生成過程にある同請求権に対応する物権的負担が，同請求権を認めた判決の確定後は実在化した同請求権に対応する物権的負担が，承継人に承継されるのであって，訴訟の係属または判決の確定の先後で，訴訟物である物権的請求権について，権利者と義務者の実体法上の攻撃防御のあり方に変容が生じるのである[17]。甲の丙に対する甲宛ての所有権移転登記手続請

---

15) 兼子・前掲注1)『民事訴訟法体系』345頁（漢字を新字体に改めた）。
16) 兼子・前掲注1)『判例民事訴訟法』300頁（漢字とカナを新字体に改めた）。
17) 丹野・前掲注11) 2040頁は，これを既判力固着説と名付ける。

求訴訟において，丙が民法94条2項にいう善意の第三者という前主から独立した地位を有する者でない限り，丙は，前訴判決の既判力によりその存在が実在化された乙の物権的負担を，金銭債権の義務者側に免責的債務引受けがあった場合と同じように，乙から承継するのであるから，前訴で確定された乙の物権的負担は，後訴訴訟物である丙の物権的負担にとって先決的法律関係となり，そこに既判力が生じている以上，甲はもはや甲所有という請求原因事実を主張・立証する必要なく，勝訴しうるのである。

さて，少なくとも判決が確定した後は原告側の物権的請求権またはそれに対応する被告側の物権的負担が承継人に承継されるとの発想，ここではこれを仮に「既判力による実体法の書き換え」と呼んでおくが，既判力に関する権利実在説を採用せず，かつ，形式説を採用する論者や承継人に対する既判力の作用につき形式説的な理解を示す論者においても，この「既判力による実体法の書き換え」が暗黙裡に前提とされている，というのが本稿の仮説である[18)19)]。

Ⅵ 現在の有力学説の分析

中野貞一郎教授は，兼子説における実質説は，兼子説に特有な権利実在説の帰結に他ならないと断じたうえ，実在化されるに至った権利義務がそのまま承継される場合はともかく，所有権に基づく建物収去・土地明渡請求を認容した

---

18) この仮説にとっては，傍証に過ぎないが，形式説が確立される過程における先駆的論文として位置づけられる，山木戸克己「訴訟物たる実体法上の関係の承継」法セミ30号（1958）44頁，特に45頁が，本稿で先に引用した兼子評釈のいい回し（「訴訟中又は判決後にこの者の妨害物件に対する権利が第三者に譲渡された時は，該第三者は，これに伴うて収去義務の負担者としての地位を前主から承継〔する〕」）をそのまま再現していることを挙げることができる。他方，形式説の形成に山木戸論文と並んで寄与したと位置づけられる，小山昇「口頭弁論終結後の承継人の基準に関する学説の展開について──日本民事訴訟法学説史の一断面」『判決効の研究（小山昇著作集第2巻）』（信山社，1990）180頁，210頁は，兼子説は，既判力を実体法関係に反映させることにより，物権的収去義務の承継を根拠づけたとの評価を示すものの，学説史研究の限界ゆえか，この兼子説に対する小山博士自身の賛否は示されていない。
19) 越山・前掲注1) 306頁注11は，この兼子説が，その前提である訴訟状態説と権利実在説は別として，現時点の学説の根幹となっていることは否定できず，兼子説の発想を根本的に覆して新たな基準を樹立することに成功した学説は，未だ現れていないと指摘する。兼子説の後世への圧倒的な影響力に対する評価については全く同感であるが，本稿は，物権的請求権とそれに対応する義務者側の物権的負担の承継可能性を前提とすること，つまり実体法の書き換えに否定的である。

確定判決の弁論終結後における建物占有の承継（事例②）のように，建物収去・土地明渡義務の承継ではなく，それを超えて既判力拡張が要請されるような場合には，形式説が志向するような補助的考慮の導入が要請される，とされる[20]。しかし，そこで，中野説がいう「形式説が志向するような補助的考慮」とは，実は兼子説的な「既判力による実体法の書き換え」にほかならないと考えないと，以下の叙述は理解できない。

すなわち，中野説が「形式説が志向するような補助的考慮」が要請される事例として挙げるのは，甲の乙に対する動産の引渡請求で甲勝訴の判決が確定した訴訟の弁論終結後に丙が乙から動産の引渡しを受けて現在占有中であるので，甲が丙に対して動産の引渡請求訴訟を提起した，という場合（**事例③**という）である。形式説と同じく，中野説も，弁論終結後の占有移転の事実により丙に対する既判力拡張を肯定し，そこで拡張される既判力の内容は「口頭弁論終結時に甲が乙に対して動産の引渡請求権を有していたことを争うことができない」ことであると説明する。続けて，中野説は「それは，乙から丙に占有が移っても，乙が甲との間で既判力ある判断に矛盾するため遮断されるような主張を，丙も甲との間で主張できない，ということでなければならないから，後訴において，丙は，もし乙がそこで主張するのであれば乙は既判力によりそれを遮断されるような主張を丙がすることを，既判力によって妨げられる」とする。ここでは，甲の動産引渡請求権との関係において，丙と乙とは同じ立場に立たされている。しかし，実体法によれば，後訴における甲の丙に対する請求原因は，①甲所有，②丙占有であって，甲の乙に対する動産引渡請求権は後訴の攻撃防御方法を構成しないから，丙が，前訴判決のこのような既判力を盾にすることは無意味である。中野説とて，甲乙間における甲勝訴の確定判決が存在しない場合を想定して，甲の丙に対する動産引渡請求の請求原因は，と問われれば①甲所有，②丙占有と答えるであろう。ということは，中野説の先の言辞は，甲乙間で甲の乙に対する動産引渡請求権の存在が既判力を以て確定されると，同請求権に対応する乙側の物権的負担は承継可能なものになるから，現実に乙から丙に占有が移転した場合における甲の丙に対する動産引渡請求の請求原因は，①'乙の甲に対する動産引渡義務，②'弁論終結後の乙から丙への占有の移

---

[20] 中野貞一郎「弁論終結後の承継人——いわゆる実質説・形式説の対立の意味」『民事訴訟法の論点Ⅰ』（判例タイムズ社，1994）213頁，223頁以下。

Ⅵ　現在の有力学説の分析

転による①'の義務の承継，に転化し（「既判力による実体法の書き換え」），②'が証明されることにより，①'という，既に既判力により確定されている先決的法律関係が丙に承継される。だからこそ，動産の引渡義務について丙は乙と同じ地位に立ち，「後訴において，丙は，もし乙がそこで主張するのであれば乙は既判力によりそれを遮断されるような主張を丙がすることを，既判力によって妨げられる」のである[21]。

---

[21] 高橋・前掲注1) 701頁注123は，乙が，後訴において乙の甲に対する義務の存在を争う場合に前訴確定判決の既判力により遮断される攻撃防御方法（既判力基準時において，事例①では甲が係争土地の所有権を有していない，事例②では係争土地につき借地権を有する，事例③では甲が係争動産の所有権を有していない）は，丙と甲との間の法律関係を訴訟物とする後訴において，丙も遮断される。このことを，訴訟物に反映させると，前訴訴訟物が後訴訴訟物と同一でも前者が後者の先決的法律関係でもない場合には，訴訟物の同一性が擬制される，と説明する。「請求権の同一性の擬制」という，上野泰男教授の表現（上野・前掲注3) 932頁注48) に修正を施したもので，中野・前掲注20) 225頁以下，240頁注22，越山・前掲注1) 310頁以下，同「口頭弁論終結後の承継人への既判力――その作用についての論点整理」香川法学22巻1号（2002) 47頁，57頁以下は，上野教授にならっている（なお，松本博之「民事訴訟における訴訟係属中の係争物の譲渡(2)」龍谷法学43巻4号〔2011〕1610頁，1640頁以下，同「口頭弁論終結後の承継人への既判力の拡張に関する一考察」龍谷法学44巻4号〔2012〕1237頁，1256頁は，丙は乙からSachlegitimationを承継したとの法律構成から，上野説等と同じ帰結を正当化している）。
　事例①に即していうと，後訴訴訟物（甲の丙に対する真正な登記名義の回復を原因とする甲宛ての所有権移転登記手続請求権）が前訴の訴訟物（甲の乙に対する真正な登記名義の回復を原因とする甲宛ての所有権移転登記手続請求権）と同一視される，ということであろう。しかし，このような説明は，丙に対する後訴の請求認容の結論を導くためには不十分であり，また，このような説明は，以下で述べる「既判力による実体法の書き換え」という「事の実質」から目を背けさせるものである（なお，菱田・前掲注11) 193頁以下は，「請求権の同一性の擬制」という補助概念の導入の必要性を示すことと，そのような補助概念の導入がいかなる理論的根拠に基づいて許されるかを説明することとは，別の問題であり，上野説においてすら，後者の議論は提供されていない，と評価する）。
　訴訟物が債権的請求権であり，弁論終結後に被告側に免責的債務引受けがあった場合を想定しよう。債務の引受人が引き受けた債務に対応する債権（後訴訴訟物たる請求権）と前主に対する債権（前訴訴訟物たる請求権）との間には，擬制ではなく，真正の同一性がある。だからといって，前訴訴訟物につき確定した請求認容判決があれば，それで直ちに引受人に対する履行請求が認容されることにはならない。それに加えて，まず前提として，債務引受けを可能とする実体法が存在することが必要であり，そのうえで，その実体法が定める債務引受けの要件に該当する事実が主張・証明されなければならない。そして，前主と債権者との間に前訴確定判決が存在すれば，その既判力が引受人に拡張される結果，後訴のもう一つの請求原因事実である「前主が債権者に対し債務を負っていたこと」について，後訴裁判所は前訴確定判決の既判力に拘束され，その結果として，引受人に対する債権者の履行請求が認容されるのである（要件事実論的に表現すれば，後訴の請求原因は，①前主が債権者に対して債務を負ったこと，②前主と後訴被告の間で債務引受けがあったこと，であり，山本克己教授がいわれるように，前訴訴訟物が，後訴訴訟物の先決法律関係として，請求原因となる関係にある）。
　そうだとすれば，事例①において訴訟物たる請求権の同一性を「擬制」したからといって，そ

Ⅶ　おわりに

兼子説のように，既判力の本質につき権利実在説を採用するとしても，そこから，既判力が生じることにより実在化された権利義務が，それ以前には有していなかった承継可能性を取得する，という帰結までもが導き出せるわけではない[22]。まして，既判力と訴訟外の実体的権利または法律関係との関係性を切

れで直ちに甲の丙に対する後訴請求が認容されるわけではないことは，明らかであろう。後訴における甲の請求原因事実は，実体法本来のあり方では，①甲所有，②丙登記名義であるはずであるが，甲乙間の所有権移転登記手続請求訴訟における甲勝訴の確定判決が介在することにより，兼子説と同様に，実体法では本来承継されえない当該登記義務が承継可能なものに変質する結果，あたかも債権的請求権の債務引受けの場合と同じように，請求原因は，本文に記したように，①，②から①'，②'に転化する（「既判力による実体法の書き換え」）ため，その②'に該当する事実が証明されると，既判力によりその存在が確定された先決的法律関係である①'が丙に承継されるので，乙が既判力によって遮断される主張・立証は，丙もまた遮断され，後訴裁判所は①'を認めるべく拘束されることとなるのである。

　ちなみに，中西・前掲注11）は，上野説等とは異なり，民訴法115条1項3号の関係すなわち訴訟法のレベルでは，前訴訴訟物が後訴訴訟物の前提問題（中西説は，先決的法律関係ではなく前提問題と呼ぶ）となる場合に準じるとし，これに弁論終結後の承継人に対する占有または登記名義の移転の事実が加わることにより，甲乙間の訴訟物を前提問題とする甲丙間の後訴の訴訟物たる請求権が発生したのだと説明する。他方で，中西教授は，実体法のレベルでは，甲乙間の前訴訴訟物は甲丙間の訴訟物の前提問題ではないとの立場を維持するため，前訴判決の既判力の丙への拡張は，積極的作用の面では無意味であり，丙が甲の所有権を蒸し返して争うことを禁止する消極的作用（遮断効）のみが意味を持つ，とする。要件事実論に基づく説明として「請求権の同一性の擬制」よりも精緻であることは確かであるが，それが却って，甲乙間の訴訟における既判力の発生による物権的請求権の承継可能性の取得と，それに伴う甲丙間の訴訟物に関する請求原因の変容という「事の実質」を，一層際立たせている（後訴訴訟物にとって何が先決的法律関係かは，実体法で決まっている問題であり，何ゆえに，前訴判決の確定により後訴訴訟物の前提問題でない前訴訴訟物が訴訟法のレベルでは前提問題に準ずるものになるのだろうか）。

　なお，高橋・前掲注1）701頁注123は，前訴が甲の乙に対する真正な登記名義の回復を原因とする甲宛ての移転登記手続請求，後訴が丙に対する甲の所有権確認請求の場合のように，前訴訴訟物が後訴訴訟物と訴訟物同一，後者の先決関係または矛盾関係に立たない場合に，既判力拡張を否定する髙田昌宏教授の見解（髙田・前掲注12）191頁左段。中野・前掲注20）226頁以下も，後訴が甲の所有権確認請求である場合は，それを認めた前訴確定判決の判断は判決理由中の判断に過ぎないから，丙はこれを争うことができるとする）を「狭すぎる」と批判される。この場合も，既判力の拡張を認めるが，この場合を「請求権の同一性」とするのは適切でないがために，後訴と前訴の「訴訟物」の同一性が擬制される，と表現するのである。あり体にいえば，前訴は本件土地についての甲の所有権確認請求だったことにしてしまおうということである。弁論終結後の乙から丙への登記名義の移転により，擬制されたこの訴訟物についての既判力が丙に拡張されることになるが，髙田教授が指摘するように，前訴当事者である甲乙間ですら認められないはずの判決理由中の判断の既判力を甲丙間においては認めるという，制定法の規律とは相容れない帰結を覆い隠すための「擬制」という性格が顕著である。

22）　前掲注15）本文で引用した兼子・前掲注1）『民事訴訟法体系』345頁の最後の叙述は，たと

Ⅶ　おわりに

　えば,「賃貸借契約終了の後借主は速やかに土地を貸主に明け渡すものとする」という賃貸借契約の条項に基づき, 前訴で契約解除を理由に甲が乙に対し建物収去土地明渡しを求め, 甲の勝訴が確定したが, 弁論終結後に乙が丙に建物を賃貸した場合を例に採れば, 甲と丙とは契約関係に立たないから, この場合には承継関係になく既判力の拡張はないという意味であり, この叙述が示すのは, 権利実在説といえども, 実在化される以前に請求権が具有していなかった実体法的性質を実在化により具有するに至ることはないという, 正当な認識であり, これと物権的請求権が実在化により承継可能性を取得するという議論との異質さは, 際立っている。
　ところで, 前訴がこのような債権的請求権を訴訟物としたか物権的請求権を訴訟物としたかで, 民訴法115条1項3号の承継人の範囲が異なるという指摘は, 三ケ月章博士の提唱に係る新訴訟物理論に対して, 兼子博士, 中田淳一博士が唱えたものであり (昭和32年日本私法学会シンポジウムにおける「請求権の競合」と題する三ケ月報告とそれに対する中田発言。私法19号〔1958〕39頁以下, 66頁参照。この三ケ月報告は同『民事訴訟法研究第1巻』〔有斐閣, 1962〕77頁以下に収録されており, 中田博士の見解は同『民事訴訟判例研究』〔有斐閣, 1972〕122頁, 130頁に示されている), 三ケ月説は, 執行文付与の訴えまたは執行文付与に対する異議の訴えにおいて, 甲の明渡請求が物権的請求権という法的観点からも認められたか否かを審査する必要性を認めるに至った (いわゆる「法的評価の再施。三ケ月章「特定物引渡訴訟における占有承継人の地位」同・前掲書285頁参照)。これに対して, 同じ新訴訟物理論でも, 新堂・高橋説は, この法的評価の再施は甲の所有権の主張・立証そのものであり, 既判力拡張の意義は乏しいと指摘し (ただし, 三ケ月説では, 甲の権利主張が所有権によっては基礎づけられない単なる交付請求権に過ぎないことは, 執行文付与の訴えにおける抗弁, 執行文付与に対する異議の訴えにおける請求原因として, 新占有者である丙がその主張・証明責任を負うとする。本来, 甲所有・丙占有は引渡・明渡請求の請求原因であるから, その限りで, 弁論終結後の占有移転による既判力拡張の意義が乏しいとはいえない。ただし, 既判力の拡張がそのような証明責任の転換を招来する理論的根拠は明らかではなく, これも一つの「既判力による実体法の書き換え」であろう), 前訴の訴訟物は (債権的請求権, 物権的請求権のいずれの法的観点からも支持されうる) 特定物の引渡し・明渡しという給付の受給権 (乙から見れば給付義務) であり, 前訴で債権的請求権という法的観点から請求が認容され判決が確定した場合でも, この受給権の存在が既判力を以て確定され, 弁論終結後の占有の移転により, この既判力が丙に拡張される (形式説) 結果, 丙は, 前訴の弁論終結前に存在していた事情 (その時点において甲は所有権を有していなかった) を持ち出して, この給付義務の存在を争うことはできなくなる。本来, 甲と契約関係に立たない丙に対しては, 甲は自己の所有権を主張していかねばならないのに, 契約終了による明渡しを命じた前訴確定判決があると, その必要がなくなる。後掲注24) による「実体法の規律をなにがしか乗り越えている」という表現は, 直接にはこの事態を説明するために用いられている。
　物権的請求権が丙に承継されるものではないうえ, 甲と契約関係に立たない丙に乙の契約上の明渡義務が承継されるはずはない。二重の意味で承継可能性は実体法上否定されているにもかかわらず, これらの法的観点に支えられる給付義務の承継可能性を肯定すると, こういう帰結となる。実体法の「乗り越え方」が兼子説より一層大胆であり, このような立場からすれば, 従来の学説が物権的請求権の承継可能性を前提としていることを問題視する本稿などは, 些細なことに拘泥する頑迷な議論に過ぎないと評価されるであろう。しかし, 前訴の勝訴当事者の法的安定の確保を理由に, ここまでの「実体法の乗り越え」(くどいようだが, 本稿の立場では「実体法の書き換え」) を認める点にこそ, 実体法の拘束を常に意識せざるをえない実務家はもちろん, 多くの民事訴訟法学者をもして, 新訴訟物理論の採用を躊躇させる原因があるのではなかろうか (既判力の拡張による証明責任の転換を認める三ケ月説についても, 程度の差はあれ同じことがいえよう)。

り離す訴訟法説において，そのような帰結は自説の前提を否定するものであろう。それにもかかわらず，多くの訴訟法学説が，本来の実体法からすれば，甲の丙に対する後訴において攻撃防御方法を構成しない甲の乙に対する物権的請求権を，後訴訴訟物の先決的法律関係に変容させるという無理をあえておかす実質的な理由は，そうしないと，確定給付判決の既判力は多くの場合においてその意義を喪失してしまうからである，という。目的物の所持人，たとえば無償の受寄者といえども，占有補助者や占有機関と異なり，目的物について独立した占有を有する（だからこそ，既判力や執行力の拡張が必要となる）以上，所持人に対して引渡請求を定立する場合，その請求原因は原告所有，被告占有であるから，間接占有者との関係で同人に対する引渡請求権について既判力が生じており，それが所持人に拡張されると説いたところで，同請求権が後訴の攻撃防御方法を構成しない以上，意味がない[23]。特に，弁論終結後の承継の場合，承継人側は，自己に関わる訴訟物を，前訴のそれと同一，先決関係，矛盾関係でない形で作り出すことができ，それで既判力を免れることになってしまうと，前訴勝訴者の権利の安定という既判力拡張の根本理念に反する。そこで，新旧両訴の請求権または訴訟物の同一性を擬制することで，実体法を「乗り越える」のだ，と説明される[24]。正確には，本来承継されえない義務を承継可能とする実体法の書き換えによって，前訴勝訴当事者の法的地位の安定を図ろうとしているのである。

　こうして「乗り越え」（「書き換え」）られてしまう実体法は，もとより物言わぬ存在である。しかし，あえて実体法に人格を「擬制」すれば，こう反問するであろう。

　もともと，確定給付判決の既判力の主観的範囲の拡張が意義の乏しいものとなった直接の原因は，判決理由中の判断に既判力を否定したことにある[25]。これによって，既に当事者間ですら，確定給付判決の既判力の意義は限定的なものになってしまったが，それでもなお，同一当事者間で訴訟物同一の再訴が提起された場合には，既判力によって後訴を遮断することが可能だが，承継人が

---

23)　越山・前掲注1) 310頁。
24)　髙橋・前掲注1) 701頁以下注123。
25)　髙橋説がいう「訴訟物の同一性の擬制」という説明（注21）参照）はこの制約を「乗り越える」ためのものである。

VII おわりに

現れた場合には，債権的請求権における債権譲渡や債務引受けのように，前訴訟物自体が実体法的に承継される場合は別として，実体法上承継の対象とならない物権的請求権が訴訟物の場合には，原告の物権それ自体は，前主との間の前訴においても承継人との間の後訴においても，請求原因に過ぎないから，前訴判決理由中の判断に既判力を認めない以上，訴訟物につき既判力の拡張を認めてもその意義が乏しいこととなるのは，はじめから織り込み済みのはずである。そして，判決理由中の判断に既判力を認めないという決断は，実体法が訴訟法にそうして欲しいと頼んだからそうなったのではなく，より短い時間とより安い費用で本案判決に至ることを可能にするという，訴訟法の側の都合でそうしただけである。それによって不可避的に生ずる勝訴当事者の法的地位の不安定化は既判力制度の根本に反するという，これまた訴訟法の側の都合から，実体法は乗り越えられ（書き換えられ）ても仕方がないとは，御都合主義に過ぎないか。そして，この実体法の書き換えにより，判決理由中の判断には既判力は認められないという，訴訟法が自ら定めた大原則がいとも呆気なく「乗り越えられて」（「書き換えられて」）しまうのは，訴訟法内在的に見ても，背理ではないか。そもそも，判決理由中の判断に既判力を認めないことに伴う確定給付判決の既判力が有する紛争解決機能の低下は，訴訟法の側でも織り込み済みだったからこそ，その対処策として，確認訴訟が用意されたのではなかったか。甲が勝訴後の自己の法的地位の安定を望むなら，事例①であれば甲の所有権確認を，事例②であれば乙の借地権の不存在確認を，併せて請求しておけば済むはなしである。これらは，後訴訴訟物にとって先決的法律関係であるから，この確認判決の既判力の丙への拡張（形式説，実質説のいずれによっても，異論なく認められよう）によって，甲の地位は安定的に保護される。他人である実体法に迷惑をかけない解決策が訴訟法の中に用意されている以上，それによるのが筋であろう。

　少なくとも法科大学院発足後の授業では，筆者は，事例①では，前訴を甲の所有権確認および所有権に基づく真正な登記名義の回復を原因とする甲宛ての移転登記手続請求，事例②では，前訴を乙の借地権不存在確認および建物収去・土地明渡請求，という設定で説明をしている[26]。上に記した実体法の「声

---

26) 注18）の山木戸論文（45頁）や，注1）の『条解民事訴訟法〔第2版〕』が，丙が固有の防御方法を主張することが既判力によって遮断されないことを説く部分（574頁）においては，事

なき声」に同調することが理由であるが，学生諸君が派遣裁判官教員から教わる要件事実と全く違う話をして，学生諸君を混乱させたくないということもあるからである[27]。

〔追記〕
　本稿は，平成 26 年度科学研究費補助金の交付を受けた研究（基盤研究(B)課題番号 25285027）の成果の一部である。

　　例③における前訴を甲の動産所有権確認訴訟と設定している。これはおそらく意図してのことであろう。後訴において丙は乙が甲に対し動産の引渡義務を負うことを争えないと記述することは，実体法に対し謙抑的な姿勢を維持する限り，避けたほうがよいとの判断が働いたものと考える。
27)　注 4) で論じた訴訟承継との関係で，参加・引受承継における丙の訴訟状態承認義務について一言しておく。たとえば事例②における建物の譲受人丙に対し，甲が，建物収去土地明渡請求を定立して，引受承継させたとする。この場合の請求原因は，①甲土地所有，②丙土地占有であり，①は乙に対する請求の請求原因と重なる。この場合，①について承継前に甲乙間において形成されていた訴訟状態につき，丙は承認義務を負うか。弁論終結後の占有移転であれば，①を認めた前訴判決の判断は判決理由中のものに過ぎず既判力は生じないこととの均衡から，乙に対する甲の所有権確認請求が併せて定立されている場合はともかく，そうでない限り，否定すべきである。

多数当事者訴訟

　　　　　Ⅰ　はじめに
　　　　　Ⅱ　片面的独立当事者参加
　　　　　Ⅲ　参加承継・引受承継の規定の整備
　　　　　Ⅳ　同時審判の申出がある共同訴訟

Ⅰ　はじめに

　今次民訴法改正[補注1]の淵源は，昭和60年代前半に弁護士有志の主導により始まった，訴訟促進を目的とする実務改革運動と，これを受けての裁判所による弁論兼和解での争点整理と集中証拠調べの実践にあり，新法[補注2]の特徴である争点整理手続の充実・多様化は，この方向をいっそう促進させることをねらいとしている。新法は，実務に傾斜した性格を有するということができるが，その反面，判決効，証明責任など，従前理論面で活発な論争を呼んできた諸々の論点について沈黙しており，その施行後においても，従来の理論的な枠組みに変更はなく，学生が民訴法を学ぶにあたっての態度や方法にも，大きな変化はないと評価されている[1]。

　ただ，そのなかにあって，本稿の扱う多数当事者訴訟の分野に限っていえば，従来の判例および伝統的な学説の硬直的な枠組みを流動化させる端緒となりうべきものが散在している[2]。この新たな制定法上の素材を拠り所として，多種

　［補注1］　現行民事訴訟法（平成8年法律109号）による法改正を指す。
　［補注2］　平成8（1996）年制定の現行民事訴訟法を指す。
1)　井上治典＝坂原正夫＝高橋宏志「鼎談　民事訴訟法改正で大学の授業はどう変わるか」法教192号（1996）9頁以下，高橋宏志「新民訴法について」法教199号（1997）128頁。
2)　松原弘信「多数当事者訴訟」法教208号（1998）32頁以下は，新法の独立当事者参加は，実質的な多面的多数当事者訴訟に柔軟に適用されていくであろうと予測する。その他この分野における改正の経緯と改正法の概要につき，河野正憲「当事者」塚原朋一ほか編『新民事訴訟法の理論と実務(上)』（ぎょうせい，1997）147頁参照。

多様な多数当事者紛争を吸収しうる柔構造の枠組みを構築しうるか否かは，まさに今後の理論の展開に委ねられている。

具体的に，多数当事者訴訟の分野に施された改正を列挙すると，①同時審判の申出がある共同訴訟の導入（41条），②主参加訴訟（旧60条）の廃止，③補助参加人による再審の訴え提起の明文による許容（45条1項），④片面的独立当事者参加の許容（47条），⑤訴訟承継の網羅的規律および引受承継後の訴訟関係の明確化（50条3項，51条）である[3]。本稿では，紙幅の制約とことがらの重要性にかんがみて，①，④，⑤に焦点をあてて，新法の問題点を分析する。以下での論述の構成上の都合により，順序は逆となるが，まず，片面的独立当事者参加の検討から始める。

II 片面的独立当事者参加

1 旧法下の状況

旧法71条後段の，とくに権利主張参加の場合に，係属中の訴訟の一方当事者が独立当事者参加人の権利をさしあたって争わないときにまで，この者に対し請求を定立する必要があるかを疑う見解が存在した[4]。しかしながら，周知のように，最高裁（最大判昭和42年9月27日民集21巻7号1925頁）は，「民訴法71条の参加は，同一の権利関係について原被告および参加人の三者が互いに相争う紛争を一つの訴訟手続によって一挙に矛盾なく解決しようとする訴訟形態であって，右三者を互いに鼎立，牽制しあう関係に置き，一つの判決により訴訟の目的を全員につき合一にのみ確定することを目的とするもの」であるから「同条に基づく参加の申出は，常に原被告双方を相手方としなければならず，

---

[3] その他，多数当事者訴訟について，「要綱試案」の段階まで存在した検討項目のうち立法に結実しなかったものに，①共同訴訟的補助参加の許容（第二 当事者 三 補助参加 2），②簡易な方法による訴訟承継（同 五 訴訟承継 2），③原告側が固有必要的共同訴訟となる場合における提訴拒否者に対する参加命令の制度の導入（同 当事者関係後注2）がある。見送られた理由については，後述II2で触れる②のほか，①については，40条準用の範囲画定の難しさ，③については，共有物の管理処分権という民法にかかわる問題を民訴法改正の枠組みで行うことへの疑問が，決め手になったものと思われる。「研究会・新民事訴訟法をめぐって(4)」ジュリ1105号（1997）68頁，「同(5)」ジュリ1107号（1997）124頁参照。

[4] 旧法下の判例・学説の状況については，上田徹一郎＝井上治典編『注釈民事訴訟法(2)』（有斐閣，1992）198頁以下〔河野正憲〕，斎藤秀夫ほか編著『注解民事訴訟法(2)〔第2版〕』（第一法規，1991）252頁〔小室直人＝東孝行〕等参照。

当事者の一方のみを相手方とすることは許されない」とした。すなわち、係属中の訴訟の当事者の一方のみに対し請求を定立して参加することは旧法71条の独立当事者参加ではないとした[5]。

他方で、同判決によれば、当事者の一方のみを相手方とするときは、その実質は新訴の提起であるから、裁判所は、この別訴を本訴の弁論と併合して一個の判決で裁判することを妨げないとしているが、片面的当事者参加は、裁判所の裁量的な訴訟指揮によるのではなく、主観的追加的併合[6]の一態様として、訴訟外の第三者が訴訟中の訴えとして係属中の訴訟の当事者の一方に対する請求を直接に併合するものである。しかし、係属中の訴訟の当事者が訴外第三者を被告に追加する類型の主観的追加的併合につき、後に最高裁が否定的な見解を採用した（最判昭和62年7月17日民集41巻5号1402頁[7]）こととの関係で、参加後の訴訟においてどこまで合一確定の貫徹が可能か[8]を論ずる前に、片面的当事者参加はその適法性自体が疑問視されざるをえないというのが、旧法下の判例の状況であった。

2 改正の経緯

旧法62条の準用により他方当事者の否認の効果が及ぶので争わない当事者

---

[5] この事件の判例解説等として、鈴木重信・最判解民事篇昭和42年度439頁、小山昇・判タ216号（1968）74頁、鈴木正裕・昭和41・42年度重判解213頁、山木戸克己・民商58巻4号（1968）613頁、小室直人・判評109号（1968）124頁、新堂幸司『判例民事手続法』（弘文堂、1994）191頁等がある。

[6] 主観的追加的併合に関する旧法下の理論状況については、谷口安平「主観的追加的併合」中野貞一郎先生古稀祝賀『判例民事訴訟法の理論（上）』（有斐閣、1995）531頁、上田＝井上編・前掲注4）31頁以下〔山本弘〕等を参照。ちなみに、既存訴訟の当事者が訴外第三者を当事者として追加する主観的追加的併合、すすんでいわゆる「当事者の引き込み」について、「検討事項」の段階では検討項目にあげられており（第二 当事者 二 共同訴訟及び訴訟参加 (10) 第三者を訴訟に引き込む制度）、これに対しては賛否が拮抗したという（柳田幸三ほか『民事訴訟手続に関する検討事項』に対する各界意見の概要』別冊NBL27号〔1994〕9頁）。「要綱試案」段階では、この点について意見照会はされなかった。

[7] この事件の判例解説等として、中田昭孝・最判解民事篇昭和62年度522頁、福永有利・ジュリ899号（1987）68頁、井上治典・法教89号（1988）84頁、高橋宏志・法協106巻1号（1989）145頁等がある。

[8] 補助参加関係の擬制にとどめるものとして、新堂・前掲注5）199頁および同『民事訴訟法〔第2版補正版〕』（弘文堂、1990）520頁、旧法62条の準用を認めるものとして、奈良次郎「独立当事者参加について(8)」判時572号（1969）108頁、井上治典「独立当事者参加」『多数当事者の訴訟』（信山社、1992）38頁、谷口安平「多数当事者訴訟について考える」法教86号（1987）16頁、上田＝井上編・前掲注4）203頁〔河野〕等。

に対しても訴えの利益が生ずる，すなわち，争いの存在が請求の定立の必要性を生じさせるのではなく，請求を定立することにより争いが生ずるという，昭和42年最判に見られる倒錯した思考には，批判が強かった[9]。片面的当事者参加の許否および参加訴訟への旧法62条の準用の可否に関する「民事訴訟手続に関する検討事項」（以下，「検討事項」と略す）の意見照会は，この学説上の批判を受けたものである[10]。これに対する多数の賛成意見を受け[11]，「民事訴訟手続に関する改正要綱試案」（以下，「要綱試案」と略す）は，参加後の訴訟関係（合一確定を必要的とするか否か）については白紙としたまま，詐害防止参加および権利主張参加の両者において，片面的参加を許容する方向を示した[12]。

理論上の問題はおくとして，常に係属中の訴訟の当事者双方に対する請求の定立を要求する立場がはらむ実務上の難点は，訴訟係属中にその目的物が譲渡されたことを理由とする参加では，譲渡の効力につき承継人・被承継人間に争いはなく，むしろ両者は利害を共通にする場合も多いのであって，承継人としては，被承継人の代理人であった弁護士に引き続き訴訟委任することが合理的であるにもかかわらず，被承継人に対する請求定立により双方代理関係が生じてしまうことにあった。訴訟承継に独立当事者参加の形式を借用することが生んだ矛盾ともいえる[13]。

その意味で，片面的参加を訴訟承継の場合に限って許容するという対応策もありえた。ただ，この場合でも，相手方が被承継人の脱退に同意せず，参加訴

---

9) 新堂・前掲注5) 197頁，井上治典「独立当事者参加論の位相」『多数当事者訴訟の法理』（弘文堂，1981) 267頁，289頁等。
10) 法務省民事局参事官室「民事訴訟手続に関する検討事項補足説明」10頁。
11) 柳田ほか・前掲注6) 8頁。ただし，参加承継の簡易化により解決可能とする少数意見もあり，他方，詐害防止参加についても片面的参加を認めるべしとの意見もあったという。
12) 「民事訴訟手続に関する改正要綱試案補足説明」によれば，片面的独立当事者参加は三面訴訟ではなくなるので，三者鼎立訴訟の一挙の解決を図る趣旨で独立当事者参加に準用されている旧法62条の準用の可否および準用の範囲につき検討を要するとされている（第二 当事者 四 独立当事者参加）。この意見照会に対しては，実際上の必要性に疑問をはさむ少数意見もあったものの，賛成意見が多数であり，参加後の訴訟関係に関しては，旧法62条の準用につき，今後の検討課題とする，あるいは，準用を認めつつ，二当事者間での請求の放棄・認諾および和解についてはこれも可能とする，などの意見があったという（柳田幸三ほか「『民事訴訟手続に関する改正要綱試案』に対する各界意見の概要(1)」NBL 561号〔1995〕19頁）。
13) 「検討事項」（第二 当事者 二 共同訴訟及び訴訟参加 （七）訴訟承継 （2)) および「要綱試案」（第二 当事者 五 訴訟承継 2) までの段階において，承継につき承継人・被承継人間に争いがなく，相手方の同意がある状況下での「簡易な訴訟承継」としてその解決策が検討されていた。

訟の関係が継続するかぎりにおいては，旧法62条の準用の可否および準用の範囲いかんという問題が生ずる点では，権利主張参加につき一般的に片面的参加を認める場合と異ならない。とすれば，片面的な参加で足りる事例は係争物の譲渡のときに限られない以上，その許容性はあくまで独立当事者参加一般の問題として処理することが適切であるとの考えがあったのかもしれない。ともあれ，最終的に確定した「民事訴訟手続に関する改正要綱」(以下，「要綱」と略す) は，詐害防止参加および権利主張参加の双方を通じて一般的に片面的参加を許容するとともに，参加後の訴訟関係に旧法62条の準用を認めることとし，それはそのまま47条に結実した[14]。

3 40条準用の根拠

1 ところで，片面的独立当事者参加を旧法71条参加の一形態と捉える立場においても，参加後の訴訟関係については，補助参加関係の擬制にとどめ，旧法62条の準用には消極的な見解も存在した[15]。その根拠は，この形態の参加は三者間に請求が鼎立する「三面訴訟」ではないことに求められている。逆にいえば，この見解ですら，係属中の訴訟の原被告双方に請求を定立する本来の独立当事者参加に旧法62条が準用されることの根拠を，三者が互いに鼎立し牽制しあう「三面訴訟」を一挙的に解決する必要性に求めていた。この三面訴訟説は圧倒的な通説であり，前述した昭和42年最判もまた，旧法71条における旧法62条準用の趣旨を「三面訴訟」の一挙的解決に求めたがゆえに，旧法71条の参加は双面的参加であることを要するとしたものであった。

2 もっとも，本来の双面的参加の場合であっても，はたして三面訴訟説が旧法62条準用の根拠たりえていたかには，疑問がある。

すなわち，すでに指摘されていたところである[16]が，たとえば，①同一物の

---

14) 新法の趣旨についての文献として，法務省民事局参事官室編『一問一答新民事訴訟法』(商事法務研究会，1996) 62頁，上北武男「訴訟参加及び訴訟引受け」三宅省三ほか編『新民事訴訟法大系1』(青林書院，1997) 198頁以下，同「片面的独立当事者参加・訴訟承継」法教192号 (1996) 18頁，小林秀之編著『新民事訴訟法の解説』(新日本法規，1997) 91頁以下〔藪口康夫〕，滝井繁男ほか編『論点新民事訴訟法』(判例タイムズ社，1998) 76頁以下〔沖田哲〕等参照。

15) 新堂・前掲注8) 520頁，同・前掲注5) 199頁。

16) 井上・前掲注8) 42頁，高橋宏志「各種参加類型相互の関係」新堂幸司ほか編『講座民事訴訟③』(弘文堂，1984) 253頁，258頁 (注4)，徳田和幸「独立当事者参加の要件と訴訟構造」青山善充＝伊藤眞編『民事訴訟法の争点〔第3版〕』(有斐閣，1998) 110頁以下参照。なお，谷

所有権を互いに主張する甲・乙の間に係属する所有権確認訴訟に対し，丙が甲・乙双方に対し所有権確認請求を定立して参加する場合と，②甲の乙に対する所有権確認請求の受訴裁判所が，同訴えとは別個に提起された丙の甲・乙両者に対する所有権確認請求の弁論を併合した場合とでは，併合された各請求の方向はまったく同一である。にもかかわらず，通常は②の場合には旧法62条の準用はないと考えられている。とすれば，請求が三すくみの形で鼎立する併合状態にあるというだけでは，旧法62条を準用する根拠にならないのではなかろうか。

　3　ここで検討すべきは，なぜ①の参加の場合にのみ旧法62条が準用されるのかを，合理的に説明できるかという問題である。同条の準用は，丙が甲・乙間の訴訟における両者の訴訟行為を積極的に牽制する意欲を示した場合にのみ肯定され，丙がこれを望まず別訴の道を選択した場合には，仮に甲・乙間の訴訟の帰趨により甲・乙に対する丙の確認請求訴訟に何らかの影響が生ずることがあったとしても，それは丙自ら受忍する覚悟があってのことだからという説明は，その答えになるであろうか。

　この説明には，丙がかかる選択権を有するのは，甲・乙間の訴訟係属が先行した場合に限られるという問題がある。丙が先に甲・乙両者を被告としそれぞれに対し所有権確認請求をした場合，甲には別訴によって乙に対し所有権確認を請求する自由がある。この別訴の弁論が丙の甲・乙に対する訴訟の弁論と併合されても，旧法62条は準用されない。仮に弁論併合により三請求鼎立関係が発生したときにも旧法62条が準用されると考えるとしても，弁論併合は裁判所の裁量によるものであって，丙には，旧法62条準用により合一確定が保障される弁論の併合関係を形成する権利は与えられていないし，それ以前の問題として，丙が自己のイニシアティブで甲の乙に対する請求を定立することはできないのであるから，合一確定が保障される三請求の鼎立関係は，甲が後に自発的に訴えを提起しなければ成立する余地がない。甲が提訴してこないかぎり，先行する丙の甲・乙両者に対する所有権確認請求は通常の共同訴訟にとどまるから，合一確定は保障されない。甲の乙に対する請求が先行した場合に限って，丙に甲・乙間の訴訟における自己に不利な訴訟行為を牽制する地位が与

　　　ロ・前掲注8）16頁は，この場合も三面訴訟となると考えるべきだとする。

えられるのは，丙にとって「棚からボタ餅」にほかならない。

4　この点，甲・乙・丙の三者間に所有権紛争があるかぎり，甲は乙のみならず丙をも訴訟当事者とする責任があり，そこから除外された丙には，除外されたことから生ずる不利益を回復する地位を与えるのが衡平に適うという根拠づけは，もっともらしく聞こえるが，この議論は，甲がその責任を果たし，丙を除外しないで被告としたならば，丙に甲・乙の訴訟行為を牽制しうる地位が与えられるという前提をとって，初めて成り立つ。甲にできることは，乙・丙を共同被告とした所有権確認請求に尽きるが，これは通常共同訴訟にすぎない。したがって，もともと甲には，丙を共同被告とすべき責任は課されていない。乙・丙を共同被告としたとしても，通常の考え方では，旧法62条の準用により，合一確定が保障されることはなく，丙に甲・乙の訴訟処分的行為を牽制する権能が与えられるわけでもない[17]。これを甲の側から見れば，丙を除外したことの「責任」として，除外された丙が甲・乙間の訴訟に参加したときに，甲が本来その訴訟処分権に基づく行為を丙から牽制される不利益をこうむることは正当化できないし，丙が除外されたことの「責任」を負う立場にない乙が，丙から甲に対する訴訟処分的行為を牽制される不利益を受けることの説明にはならない。まして，甲の提訴後に同一物につき所有権を主張する丙の存在が判明したというような，丙を除外して提訴したことの「責任」を問いえない場合において，丙には参加により甲・乙の訴訟処分的行為を牽制する権能が与えられるが，丙が甲・乙に対する別訴を選択したときに，甲はそこでの丙・乙の訴訟処分的行為を牽制しえないとすれば，この帰結をいかにして正当化しうるであろうか。

5　要するに，同一物の所有権をめぐる三者間紛争において，甲・乙間の訴訟が先に係属しこれに丙が双面的に参加した場合にかぎって旧法62条を準用することに，合理的な理由があるか疑わしいのである。

4　片面的参加の許容と40条準用の意義

1　さて，新法のもとではもはや，準用の根拠を三面訴訟説に求めることは

---

[17]　井上・前掲注9) 283頁以下は，実質的な三面紛争でも，双面的な独立当事者参加ならば旧法62条が準用されるが，単なる共同訴訟であれば通常共同訴訟であるという取扱いの差について，心から納得できる実質理由は見出しがたい，とする。なお，谷口・前掲注8) 16頁も参照。

不可能となった。立法当局者は，準用の趣旨につき次のように説明する[18]。

「この場合に，その〔筆者注：合一確定の必要の〕根拠をどこに求めるか，ということになりますと，既に他人間に係属している訴訟の中に入っていって，その訴訟を掣肘する形を取りつつ自分の権利を実現する，ということですから，従来の当事者間で自白が成立してしまうということになりますとその目的を達することができなくなってしまいます。そこで，この場合は，三面訴訟という形ではないけれども，合一確定をするという必要においては，従来の三面訴訟としての独立当事者参加の訴訟形態と異なるところはないのではないか，ということであろうと思います。他方，そういう効果を認めないのであれば，これを認める実益はほとんど考えられないわけですし……，それは主参加訴訟でもできるわけです。」

学説もこうした説明にならうようである[19]。

2 この理由づけは，大正民訴改正の立法者の考え方への本卦帰りであるといってよい。すなわち，同改正における政府委員の説明[20]によると，他人間に係属する訴訟の目的が自己の権利であると主張する者に，旧法60条による主参加とは別に旧法71条の独立当事者参加が認められる理由は，主参加の場合には，既存訴訟がすでに控訴審に係属する場合が典型であるが，主参加訴訟と既存訴訟が別々に進行するので，既存訴訟における馴れ合いを防ぐには不適切であり，既存訴訟が先に確定すれば主参加共同訴訟を提起した第三者が事実上その目的を達することができなくなる場合が生ずるおそれもあるので，既存訴訟に直接入っていくことも認め，既存訴訟の進行の程度等諸般の状況にかんがみ，主参加共同訴訟と独立当事者参加のうち，自己に有利なものを選択する自由を与えたのであり，前者とは別に後者を認める以上，たとえば既存訴訟の被告（乙）が原告（甲）の主張事実を自白したときに，自白の効力を認めその事実に基づき判決をなせば参加人（丙）の主張を無視することとなり，その不利益となるので，乙の自白は効力なきものとする等，三当事者間のうち一人の訴訟行為で相手方の一方の利益となるものは残りの一方に不利益となるからその

---

18) 「研究会・新民事訴訟法をめぐって(6)」ジュリ1109号（1997）103頁〔柳田幸三発言〕。なお，法務省民事局参事官室編・前掲注14）62頁以下も参照。

19) 前掲注18）「研究会(6)」103頁〔竹下守夫発言〕，伊藤眞『民事訴訟法』（有斐閣，1998）384頁，同「多数当事者訴訟の現状と課題」青山＝伊藤編・前掲注16）89頁。

20) 大正15年2月21日貴族院民事訴訟法改正法律案外一件特別小委員会議事速記録における，池田寅二郎政府委員の説明（松本博之＝河野正憲編著『日本立法資料全集(13)民事訴訟法（大正改正編）4』〔信山社，1993〕383頁），および，森田豊次郎政府委員による『民事訴訟法概要』（厳松堂書店，1936）83頁以下の説明参照。

効力を生じないよう，参加後の訴訟関係に旧法62条を準用したとされる。

3　注意すべきことは，第一に，上の設例において，仮に甲の乙に対する請求の審理の過程で丙の利益を害する乙の訴訟行為（認諾，自白，欠席，上訴期間の徒過，上訴の取下げ等）が行われ，さらにその結果として甲の勝訴が別に確定したとしても，それが丙の甲・乙を被告とする請求の審理に及ぼす影響は，まったく事実上のものにすぎず，ドイツ起源の参加類型としては，せいぜい丙に補助参加の利益を生じさせる程度のものにとどまるはずである[21]。それでも大正民訴改正の立法者は旧法62条の準用に足りると考えた。

第二に，旧法62条準用の根拠が，係属中の訴訟の当事者（甲・乙）の馴れ合いやその訴訟処分的行為により，参加人（丙）がその請求の審理との関係でこうむるべき不利益を排斥することにあるならば，丙と甲・乙のうち一方との間の訴訟行為は，他方に不利益を与えるものであっても，排斥する方向で同条を準用する必要はないことになりそうである。しかし，甲・乙の訴訟処分権を牽制しうる参加をなす権能を丙に与える以上は，丙と甲・乙間の訴訟関係における丙自らのまたは甲・乙による丙に有利な訴訟処分的行為も，甲・乙に不利益を与えるかぎり牽制さるべきであるというのが，当事者平等原則の帰結ということになろう。前述のように，甲も乙も，丙を除外して提訴したことの「責任」として，丙から訴訟行為を牽制される不利益を負わされる立場にはないからである。

4　さて，既存訴訟の当事者の訴訟行為の牽制が40条の準用の目的である以上，その準用を双面的参加の場合に限定することに正当な理由がないことを説く限りでは，平成民訴改正の立案当局者の説明はまったく正しい。しかし，甲・乙・丙三者間における同一物の所有権の帰属紛争のうち，先に甲・乙間に訴訟が係属しそれに丙が参加したときに限って，40条を準用し，丙に甲・乙の訴訟行為を牽制する権能を付与することに合理的な根拠があるか疑いしいことは，先に検討したところであり，これは丙が片面的に参加したときにも同様に妥当する。丙が乙に対してのみ請求を定立して参加するという，請求が鼎立関

---

[21] ちなみに，伊藤眞教授は，補助参加においてすら，その利益を，他人間に係属する訴訟の判決理由中の事実認定に関する判断の事実上の影響力により，参加人が後訴の訴訟手続において不利益をこうむることをもって根拠づけることに，批判的である（「補助参加の利益再考」民訴雑誌41号〔1995〕1頁以下）。

多数当事者訴訟

係にないときにまで40条を準用し，丙は自己に不利益な甲・乙の訴訟処分的行為を牽制しえ，それとの均衡上，甲も自己に不利益な乙・丙の訴訟処分的行為を牽制できるとするのなら，甲が乙・丙に対し所有権確認を請求し，または，丙が甲・乙に対し所有権確認請求をしたときは，いずれも通常共同訴訟であるから，丙は甲・乙間の請求の審理における両者の訴訟処分的行為を，甲は丙・乙間の請求の審理における両者の訴訟処分的行為を，それぞれ牽制することはできない，という取扱いの差異を正当化することはますます困難となったのではなかろうか。

 5 思うに，三面訴訟説は，同一物の所有権をめぐる三者間紛争という，本来合一確定の必要性を欠く紛争類型への旧法62条の準用という立法者の「過誤」（といってよいか否かは一つの問題ではあるが）を，請求の個数・方向性および参加という形式のみを強調し，その先にある実質についての思考を停止させることを通じて，限定された範囲に「封じ込める」役割を担ってきたといえる[22]。

 これに対し，47条は，片面的参加にも40条を準用することにより，この「パンドラの箱」の蓋をあけた。47条という制定法上の素材を，同一物の所有権をめぐる三者間紛争ではあるが請求は二面関係しかない場合一般に類推していくべきか，すすんで，同一物の所有権をめぐる三者間紛争と同じくらい実体法上統一的な紛争解決が望まれる事案につき，合一確定の範囲を拡張する方向に向けて解釈論を展開していくための橋頭堡として，47条を積極的に活用すべきかは，理論の側に残された課題であろう。

[22) 井上・前掲注9) 290頁は，三面訴訟説を「モデル絶対化思考」として批判する。
 この関係では，柳田幸三審議官の次のような発言（前掲注18)「研究会(6)」103頁，104頁）も意味深長である。「従来，何となく，三面訴訟だから合一確定の必要があるということで説明がされてきて，そのような特別の類型なのだから合一確定をしなければ収拾がつかなくなるから合一確定の必要があるというふうに理解されてきたわけです。……」「従来，三面訴訟だから合一確定の必要があるというふうに説明されてきたのだとすれば，何故に三面訴訟だから合一確定の必要があるのか，ということが問われなければならないわけです……」。

Ⅲ　参加承継・引受承継の規定の整備

1　訴訟承継の網羅的規律

旧法73条が，時効中断および法律上の期間遵守の遡及効が認められる訴訟参加の要件を，訴訟係属中に訴訟の目的たる権利を譲り受けたとして旧法71条の権利主張参加をする場合に，旧法74条が，引受承継の要件を訴訟係属中に訴訟の目的たる義務が承継された場合に，それぞれ限定していたのに対し，新法は，訴訟係属中にその訴訟の目的たる義務を承継したと主張する者の訴訟参加をも独立当事者参加の一形態とし，かつ，訴訟脱退，時効中断および法律上の期間遵守の遡及効を認めるとともに，訴訟係属中に訴訟の目的たる権利を承継したと主張する者に対しても訴訟引受けの申立てが許される旨を，明らかにした（51条）。もっとも，この取扱いは兼子一博士による訴訟承継論の提唱以来，学説上疑いをいれる余地のない通説であり，また判例の採用するところでもあって（最判昭和32年9月17日民集11巻9号1540頁），通説・判例の明文化にすぎない[23]。

2　訴訟引受後の訴訟関係

1　より実質的な改正は，訴訟引受後も被承継人が脱退せず，訴訟関係が二当事者関係に収斂しない場合の処理についてである。旧法下では，実質的な三面紛争であることに着目して，参加承継の場合と同様に旧法62条の準用を説く見解も存在した[24]が，通常共同訴訟にすぎないと考えるのが一般であった[25]。この点，新法は，同時審判の申出がある共同訴訟の規定（41条）を準用することで，決着をつけた（50条3項，51条）[26]。

---

[23]　改正の経緯については，法務省民事局参事官室編・前掲注14) 66頁，上北・前掲注14)「訴訟参加及び訴訟引受け」197頁以下，同・前掲注14)「片面的独立当事者参加・訴訟承継」18頁，小林編著・前掲注14) 87頁以下〔藪口〕，滝井ほか編・前掲注14) 79頁以下〔沖田〕等参照。

[24]　三ケ月章『民事訴訟法〔第3版〕』（弘文堂，1992）283頁，井上治典「訴訟引受けについての手続上の問題点」前掲注8) 書63頁，68頁以下，上田＝井上編・前掲注4) 264頁以下〔池田辰夫〕。

[25]　菊井維大＝村松俊夫『全訂民事訴訟法Ⅰ〔補訂版〕』（日本評論社，1993）424頁，斎藤ほか編著・前掲注4) 304頁〔小室直夫＝東孝行〕。

[26]　後述するように，41条の同時審判の申出がある共同訴訟の構想は，「要綱」の段階になって初めて浮上したもの（第二　当事者　三）であるため，訴訟引受後の訴訟関係についてこれを準用する規律も「要綱」において初めて提示された（第二　当事者　六　訴訟承継　2(一)）。「検討

2 ただ，給付訴訟の被告Yが訴訟係属中に訴訟物たる債権を譲渡により取得したと称するZに対し訴訟引受けを申し立てる場合，訴訟承継論の本来の含意は，裁判所が債務不存在というY有利の心証を固めつつあるときに，原告Xが債権を譲渡することを通じて，Yの勝訴への期待を無にすることを阻止しえないのでは，Y側に債務引受けがあった場合に原告Xに引受人に対する訴訟引受けの申立てが許されることと比べて公平を欠くがゆえに，旧法74条の「債務」を「不利な訴訟状態」と読みかえようというものであった。つまり，Zに訴訟を引き受けさせるYの動機は，XとZの両者に対し勝訴の果実を確実なものとすることにある。したがって，請求原因において両立しえない関係にある請求の被告双方に対し原告が「両負け」する危険を回避するために新法が創造した同時審判の申出がある共同訴訟の規定を，この状況におけるYにつき準用することには，若干の不整合がある[27]。

とはいえ，訴訟の目的たる債務の存否については勝ち目がないが，訴訟の係属中に当該債権を譲り受けたと称するZがいて，そのZが積極的に参加をしてこない状況において，これを放置すれば，Xの給付訴訟では債権譲渡の効力が否定され，将来提起が予想されるZの給付訴訟ではその効力が認められることによって，Yが二重に敗訴する危険がないではない。そのかぎりで，Zに対し引受けを申し立てたにもかかわらず，引受け後に両請求の弁論が分離され審理の帰趨次第ではYが「両負け」するという事態の発生は避けるべきであるという考え方にも理由がなくはない。債権譲渡の効力が争われるかぎり，両請求は法律上両立しえないのであるから，「両負け」排除を趣旨とする41条を準用する方が，むしろ理屈としては一貫している[28]。

3 ところで，訴訟係属中に係争債権を譲り受けたと主張するZが，債務の存在を争う相手方Yに対してのみ請求を定立して47条参加をしたときには，同条4項により40条が準用されるから，参加人Z勝訴，被承継人X敗訴の第一審判決につき，Xが控訴すれば，40条1項により，Z勝訴の部分も確定を遮断され控訴審に移審する。双面的参加の場合における最判昭和48年7月20日（民集27巻7号863頁）の趣旨が片面的参加にもあてはまるなら[29]，控訴審

事項」および「要綱試案」では，訴訟引受後の訴訟関係に関する意見照会は行われなかった。
27) 前掲注18)「研究会(6)」110頁以下〔竹下守夫・福田剛久発言〕。
28) 前掲注18)「研究会(6)」110頁以下〔柳田幸三・青山善充・伊藤眞発言〕。

で債権の存在が肯定され債権譲渡の効力が否定されるときは，Ｚ勝訴の部分につきＹによる不服申立てがなくとも，不利益変更禁止の原則は適用されず，控訴審裁判所はその部分を取り消すこととなる。もっとも，参加承継における40条準用の趣旨は，参加の趣旨を没却するような，Ｚに不利益なＸ・Ｙの訴訟処分的行為の牽制を可能にすることにあり，Ｘに不利益なＹ・Ｚによる訴訟処分的行為の牽制を可能にする方向では準用されないと解すれば，Ｘの上訴によってもＺ勝訴の部分は移審せず確定することとなるが，かかる見解をとるべきでないことは，Ⅱ４３で述べたとおりである。

　４　これに対し，Ｙの申立てによりＺが引受承継人となり，かつＹがＸの脱退に同意しないときには，承継後の訴訟関係は，審判の分離が禁止される点を除き通常共同訴訟にとどまるということになると，Ｚ勝訴・Ｘ敗訴の第一審判決に対しＸが控訴しても，Ｙ自ら控訴しないかぎりＺ勝訴の部分は確定する。Ｙも控訴したときは，控訴審においても同時審判が保障されるが，それをしないことにより「両負け」の危険を甘受することはＹの自由であり，Ｙの「両負け」排除という観点からは，これで必要にして十分であるが，Ｘは，控訴審手続において，債権譲渡の効力を認めたＺ勝訴部分の判決がＹの不控訴により確定することから生ずる，事実上の不利益の甘受を強いられる。この不利益は事実上のものだから無視するというのなら，それは参加承継においても無視さるべきものである。Ｚの訴訟関与がその参加によるかＹの引受申立てによるかという，Ｘの与かり知らぬ事情により，他の当事者の訴訟処分的行為に対するＸの牽制権限に大差が生ずることに合理性があるかという指摘[30]は，正当なものを含む。かつてなら，参加では常に三面訴訟が成立するが，

---

29)　ただし，上北・前掲注14)「訴訟参加及び訴訟引受け」211頁は，片面的参加の場合には，確定遮断および移審の効力ならびに上訴審における審判の範囲につき，取扱いが三面訴訟の場合と異なりうる余地を指摘する。

30)　高田裕成「同時審判の申出がある共同訴訟」三宅ほか編・前掲注14) 188頁（注39)。
　同様のことは，Ｚ敗訴・Ｘ勝訴の第一審判決に対し，Ｙが控訴する場合についてもあてはまると思われる。Ｚの訴訟関与がその参加によるときには，債務が不存在であると主張してＹが控訴する場合，第一審判決のＺ敗訴（Ｙ勝訴）の部分は，形式的不服説によれば，債務の存在を認めかつ債権譲渡の効力を否定した判決理由中の判断について上訴の利益が認められない結果，Ｙには控訴権が発生しないが，Ｘ勝訴（Ｙ敗訴）の部分に対しＹが控訴すれば，40条の準用により，Ｚ敗訴（Ｙ敗訴）の部分についても確定遮断・移審の効力が生ずる。Ｙの不控訴という訴訟処分的行為により，判決理由において債権譲渡を無効と判断したＸ勝訴（Ｙ敗訴）の部分が確定することによる不利益がＺに生ずることを防止する観点から，Ｚの控訴によりＸ勝訴（Ｙ

引受けでは二面訴訟しか成立しないから，仕方がないという説明が神通力をもった。しかし今はそうはいかない。これは，片面的参加への40条の準用を公認したことが産んだ歪みの一つである。

Ⅳ　同時審判の申出がある共同訴訟

1　立案の経緯

旧法下において，主観的予備的併合の適法性につき，否定説と肯定説とが対立し，最高裁（最判昭和43年3月8日民集22巻3号551頁）が否定説に与した後も，下級審の判決例には，否定説の根拠である予備的被告の不利益が生じない事例などでは，例外的にこれを適法とするものが散見された。紙幅の制約ゆえ詳論は避ける[31]。

さて，「検討事項」においては，実体的択一関係にある複数被告に対する請求につき主観的予備的併合を，①一般的に認める，または，②被告らの利害関係を同一視できる場合にかぎり認める，これを認める場合に，ⓐ主位的請求認容のときに予備的請求の棄却を必要的とする，ⓑ審判の統一確保のため，一定の範囲で（たとえば上訴による移審効の範囲につき）旧法62条を準用する，との考え方につき意見照会がなされた[32]。

しかし「要綱試案」の段階では，実体的択一関係にある複数請求の被告につき主観的予備的併合を認め，主位的請求認容の際には予備的請求の棄却を必要的とし，一人の者の上訴により全請求につき確定遮断・移審の効力が生ずると

　　敗訴）の部分について確定遮断・移審の効力が生じることとの対比において，当事者公平・武器平等の原則から，Yの控訴にも同様の効力が認められるからである。これに対し，Zの訴訟関与がYの引受申立てによるときには，Z敗訴（Y勝訴）の部分についてはYには自前の控訴権が生じない結果，Zが控訴しなければ，X勝訴の部分に対するYの控訴提起にもかかわらず，Yは，債務の存在を認めかつ債権譲渡を否定してZを敗訴させた部分が確定することによる不利益をこうむることを，避けられない。本文において縷々検討したとおり，Zが参加した場合には，伝統的な意味での合一確定の必要性がもともとないにもかかわらず，事実上の不利益の排除を理由に40条の準用を認めておきながら，Zが参加してこないときにYがそのイニシアティブで引受申立てをした場合には，同様の事実上の不利益を回避するために，Zによる訴訟処分的行為を牽制する権能をYに与えないという不均衡な規律に，合理的な根拠があるとはいいがたい。

31)　判例・学説の状況についての最近の文献として，河野正憲「訴えの主観的予備的併合」前掲注6）中野古稀（上）507頁，高橋宏志「主観的予備的併合について」法教204（1997）113頁。
32)　主観的予備的併合に消極的な少数意見のほかは，①と②を支持する意見が拮抗し，ⓐ，ⓑについては，賛成意見が多数であったという（柳田ほか・前掲注6）6頁）。

IV 同時審判の申出がある共同訴訟

するかどうかにつき,「当事者関係後注」において「なお検討する」とされていた[33]。

「要綱試案」の各大項目の「後注」に「なお検討する」ものとして掲げられた多くの検討項目が結局日の目を見ずに終わったのと同じく,主観的予備的併合の運命もまた風前の灯かと思われたが,「要綱」審議の過程で,同時審判の申出がある共同訴訟という,まったく異なる角度からする規律が提案され,立法に至ったものである[34)35]。

---

33) 賛成意見が多数であったが,①不十分な調査に基づく訴訟提起を助長する,②訴訟が複雑になる,③訴訟告知で足りる,といった反対意見も相当数あったという(柳田ほか・前掲注12) 21頁)。

34) 前掲注3)「研究会(5)」114頁における鈴木正裕教授の発言がこの間の経緯を明らかにしている。その他,改正の経緯を記したものとして,高田・前掲注30) 172頁,174頁以下。

35) ところで,同時審判の申出がある共同訴訟は,代理人による取引における本人に対する履行請求と代理人に対する無権代理人の責任の履行請求との併合が典型例であるが,複数被告に対する請求が法律上併存しえない関係にあることを要件としている。この場合,実体法上論理的に原告の「両負け」がありえないがゆえに,訴訟法上もかかる特別扱いが必要でありかつ正当化されるのであろう。しかし,すでに指摘されているように(高田・前掲注30) 192頁(注52)),「両負け」が実体法上ありえないのは何も複数の者が共同被告となる場合に限られない。債権者が保証人に対し保証債務の履行請求をしたところ,被告が,保証債務の存在を争うとともに,それが認められる場合に備え,実体法上可能か否かに問題はあるものの(井上治典「被告による第三者の追加——求償請求訴訟の併合審判」前掲注9) 書153頁,161頁),主債務者に対する求償権の事前行使請求を別訴として提起する場合も,「両負け」は実体法上ありえない。もちろん,保証人は訴訟告知により「両負け」を避けることはできるが,それは,本人と代理人とを主観的予備的併合の被告とする場合とて同じである(木川統一郎「主観的予備的併合不要論」『民事訴訟法改正問題』〔成文堂,1992〕215頁は,訴訟告知が可能であるから,主観的予備的併合はいらないという)。にもかかわらず有力説は,一回の訴訟で矛盾なき裁判を可能にする主観的予備的併合の利点は否定できないとしてきたのであり,同時審判の申出がある共同訴訟は主観的予備的併合の利点をある程度まで生かそうとして立法されたものである。そうだとすれば,実体法上「両負け」がありえないという点では共通する求償事例についても,訴訟法上統一審判を保障すべきではあるまいか。少なくとも,別訴として提起された事前の求償請求の弁論が保証債務の履行請求の弁論と併合されたときには,41条を準用し,保証人に同時審判の申出権を付与すべきであろう。それ以前の問題として,本人・代理人の事例では,同時審判の申出をする前提として,契約相手方は共同訴訟の提起により請求の併合関係を形成する権利をもつのと異なり,保証人の事例では,同時審判の申出をする前提となる弁論の併合状態が,裁判所の裁量によってしか形成されないというのは問題であり,弁論併合の申立権ないしは主観的追加的併合をする権利を解釈上承認すべきではないかということにもなる(この点については,上田=井上編・前掲注4) 40頁以下〔山本弘〕,50頁以下,55頁以下〔中西正〕参照)。審判の統一という観点から裁判所の弁論分離の裁量権に枠をはめた41条は,こうした議論の展開を可能にするものをも内包させている。なお,30条3項の追加的選定は主観的追加的併合の一種と評価できる(前掲注3)「研究会(4)」73頁以下〔青山善充,竹下守夫発言〕)こととの関係で,新法は主観的追加的併合をめぐる議論を見直す契機ともなる。

2 この共同訴訟の問題点

1 併合形態　41条が,別々に提起されれば各別に本案判決がなされる関係にある複数の請求が併合状態にある場合に,原告の申出を要件として,弁論の分離・一部判決を禁止し,一個の判決による同時審判を裁判所に義務づけるものである以上,この複数の請求は,一方についての請求の認容が他方の訴訟係属の解除条件となっている併合関係にないことは自明の前提であり,単純併合であるといわざるをえない。単純併合であれば,いずれの被告も自己に対する請求につき判決を受ける地位が保障されるから,主観的予備的併合につき否定説が強調した「予備的被告の地位の不安定」という弊害は,同時審判の申出がある共同訴訟には存在しない。旧法下において主観的予備的併合に批判的だった見解の中にも,実体的択一関係にある複数被告に対する請求の単純併合は許されるとするものがあった[36]。

しかし,たとえば本人Y_1と代理人Y_2を単純に共同被告とし,Y_1に対してはY_2の代理権の存在を主張して契約の履行請求をしつつ,Y_2に対しては無権代理であるとしてその責任を追及することは,主張の一貫性を欠くのではないかとの疑問が生ずる。客観的併合ならばともかく,主観的併合の場合には,共同訴訟人独立の原則により,かような主張をしたとしても相互に一貫性を欠くことにはならないとする指摘[37]があるが,共同訴訟人独立の原則がはたしてかかる帰結を含意するかは,同原則の定義にかかわる問題であり,他方で,主観的予備的併合における解除条件付き訴訟係属という構成から,主張の一貫性維持という帰結が論理的に導き出せるかにも,疑問がないではない[38]。この点はおくとしても,2条において当事者の誠実訴訟追行義務が規定されたことからして,41条の共同訴訟が請求のレベルで単純併合であるとしてもなお,主張レベルでは予備的主張がなされているとする見解[39]も存在する。かかる矛盾主

---

36) 瀧川叡一「請求の主観的択一関係と共同訴訟」本井巽＝中村修三編『民事実務ノート2』(判例タイムズ社,1987) 122頁,山下郁夫「『主観的予備的併合』を考える」民訴雑誌39号 (1993) 218頁。
37) 瀧川・前掲注36) 123頁,山下・前掲注36) 219頁。
38) 高田・前掲注30) 180頁以下 (注10・11) によれば,主観的予備的併合とは,主位的請求の認容を解除条件として予備的請求を併合するものであるから,訴訟係属と審理要求とを同一視すれば,訴え提起段階で,予備的請求についての請求原因事実の主張は主位的請求についてのそれと並列しており,主観的予備的併合という併合形態と主張の一貫性の維持とは論理的に直結しない。

張を無条件で許容することへの抵抗感は，容易に払拭しがたいものがある[40]。

2　**主観的順位的併合との関係**　ところで，旧法下においても，主観的予備的併合における予備的被告の不利益に配慮し，主位的請求認容のときには予備的請求を棄却するとの取扱いが提唱されていた[41]。その場合，予備的請求の解除条件付き訴訟係属という法律構成は維持できなくなり，それにかえ，主観的順位的併合なる構成が提唱されていた[42]。ある学説[43]の定義によれば，それは，原告の求める裁判内容として，主位的請求認容・予備的請求棄却という判決を第一順位とし，主位的請求棄却・予備的請求認容という判決を第二順位とする併合形態である。

さて，41条による同時審判の申出の効果として，併合審理および一個の判決を受ける権利が原告に保障されるが，それに加え，下されるべき判決の内容につき，本人 Y_1 と代理人 Y_2 を共同被告とする訴訟の例で，Y_1 に対する請求認容・Y_2 に対する請求棄却をまず求めるとする，原告 X による順位づけに何らかの法的意義を認めることができるだろうか。

Y_2 が無権代理であることを自白しまたは欠席して争わないという場合を考えてみる。この場合，弁論を分離する，あるいは Y_2 に対する請求につき判決に熟したとして一部判決を下すことが許されないのは，X による順位づけの効果ではなく，X の同時審判の申出に由来する効果である。Y_1 が Y_2 の代理権を争うかぎり，裁判所は，もちろん X に同時審判の申出の撤回を促すであろうが，Y_2 が態度を豹変させ控訴をすることを恐れるなどして，X が申出を撤回しなければ，併合状態を維持したまま，Y_2 の代理権の有無を審理せざるをえない。その結果，代理権ありとの判断に至ったときに，順位づけに意味がないとすると，Y_2 との関係では自白の拘束力により，Y_1 との関係では代理権ありとの心証により，両請求がともに認容される[44]。これに対し，X による順

---

39) 高見進「同時審判の申出がある共同訴訟」ジュリ1098号（1996）33頁以下。
40) 高橋・前掲注31）120頁（注15）。
41) 井上治典「訴えの主観的選択的併合の適否」前掲注9）書192頁以下，同「訴えの主観的予備的併合」前掲注8）書13頁，西村宏一「訴の主観的・予備的併合」兼子一編『実例法学全集民事訴訟法（上）』（青林書院，1963）66頁。
42) 主観的順位的併合については，上田徹一郎『民事訴訟法〔第2版〕』（法学書院，1997）512頁，鈴木正裕＝青山善充編『注釈民事訴訟法(4)』（有斐閣，1997）21頁以下〔上田徹一郎〕。
43) 福永有利「共同訴訟と訴訟参加の規律（下）」NBL 558号（1994）57頁。
44) ただし，高見進教授のように，主張レベルでは条件付きの主張がなされているとみれば，Y_2

位づけに請求認容の上限設定の意義を認めるなら，その拘束力により，Y_2 の自白にもかかわらず，裁判所は Y_1 に対する請求認容・Y_2 に対する請求棄却の判決をすることとなる。そして，順位づけの含意としてさらに，かかる第一志望の判決が得られたときには，Y_2 に対する請求棄却の部分につき X に上訴の利益はないと解される一方，Y_1 が上訴した場合，共同訴訟人独立の原則（39条）により Y_2 に対する請求の棄却部分は確定する[45]とすれば，争う意思がない Y_2 が上訴審に付き合わされるという不利益もない[46]。

他方，Y_1 が自白または欠席し，Y_2 だけが無権代理ではないとして X の請求を争う場合には，X による順位づけのなかに，Y_1 に対する請求が認められるならば Y_2 に対する請求の棄却判決を求める（一種の請求放棄の）意思を見出しうるとすると，Y_2 の否認にもかかわらず，証拠調べを要せず判決に熟したとして，Y_1 に対する請求認容・Y_2 に対する請求棄却の判決をただちに下すことも許されると思われる。これに対し，順位づけが無意味であるなら，裁判所は，同時審判の申出が撤回されないかぎり，代理権ありとの心証が形成されるに至るまでは，Y_2 に対する請求を棄却できないし，撤回されても，Y_1 に対する請求認容の一部判決の後，Y_2 に対する請求の審理は続行しなければならないことになりそうである。

順位づけを無視するとかえって無駄な審理を裁判所に強いることにもなりかねないとすれば，同時審判の申出がある共同訴訟の枠組みのもとにおいても，原告による順位づけに法的な意義を認める余地もあるのではないか[47]。

3　主観的予備的併合の運命　　この点については，新法のもとにおいても

の自白の効力は発生せず，X の「両勝ち」という事態は発生しないこととなろう（前掲注39）38頁以下）。

[45]　鈴木＝青山編・前掲注42）23頁〔上田〕，福永・前掲注43）57頁。これに対し，高橋・前掲注31）114頁以下は，主観的順位的併合に40条を準用して，上訴審における審判の統一を図るべきであるとする。

[46]　ただし，高橋・前掲注31）117頁（注13）は，40条の準用を認めるため，自白した Y_2 がその意思に反して上訴に付き合わされるという難点が生ずると指摘する。ただ，順位的併合でなく41条の単純併合であっても，片面的参加との均衡上，Y_1 には Y_2 に対する請求認容の確定による不利益を牽制しうる地位が与えられるべきであるとすれば，やはり40条の類推適用の余地が出てくることは，4に述べるとおりである。これが肯定されるならば，争わない Y_2 が上訴に付き合わされるのは，何も順位的併合の場合にのみ生ずる不都合ではないこととなる。

[47]　高田・前掲注30）185頁も，新法は，同時審判の申出がある共同訴訟の枠内で，原告が請求に順位をつけることを否定する趣旨ではないとする。

IV 同時審判の申出がある共同訴訟

前掲昭和43年最判以後の下級審判例の蓄積はそのままその価値を保ち続けるとの評価[48]と，立法の経緯から見て，新法は主観的予備的併合を否定する方向に強く傾くとの評価とがある[49]。

ところで，同時審判の申出がある共同訴訟は，第一審判決が本人 Y_1 に対する請求棄却・代理人 Y_2 に対する請求認容である場合に，Y_1 に対する請求棄却の部分に対する控訴の提起をXに強いる。この部分を確定させると，Y_2 が控訴したときに同時審判の余地がなくなり，控訴審判決次第では「両負け」となるおそれがあるからである。しかし，この第一審判決は，Y_2 に対する請求が認容されているかぎりで，Xの全面敗訴ではないから，Xは Y_2 さえ控訴しなければそれで満足しようと思っていても，控訴期間の最後まで Y_2 の対応が読めないときには，とりあえず控訴しておかねばならない。Y_2 が控訴しなければ，Xは結果的に無駄となった控訴を取り下げることになる。

主観的予備的併合を肯定する学説において，理論構成はさまざまながら[50]，予備的被告のみが控訴した場合にも主位的請求棄却部分は確定を遮断され移審するとされていたことの背後には，第一審で「次善の勝利」を得たXに常に控訴を強いることは現実的でないとの認識があったのであり，主観的予備的併合におけるこの妙味は，同時審判の申出がある共同訴訟には存在しない。別の言い方をすれば，同時審判の申出がある共同訴訟は，主観的予備的併合の長所を吸収しきっていない[51]。その意味で，少なくとも旧法下の下級審判決例が許

---

48) 高田・前掲注30) 193頁，同「同時審判の申出がある共同訴訟」法教192号（1996）16頁，同「同時審判の申出がある共同訴訟」青山＝伊藤編・前掲注16) 98頁。
49) 高見・前掲注39) 33頁。
50) 当然の補助参加という構成をとるものとして，兼子一『新修民事訴訟法体系〔増訂版〕』（酒井書店，1965）388頁，これを前提として二つの上訴を擬制するものとして，新堂・前掲注8) 484頁，独立当事者参加への旧法62条の準用を類推するものとして，小山昇「訴えの主観的・予備的併合」同著作集第4巻『多数当事者訴訟の研究』（信山社，1993）293頁，必要的共同訴訟に準ずるとするものとして，松浦馨「訴の主観的予備的併合の適否」ジュリ300号（1964）253頁等。
51) 客観的予備的併合に関する最判昭和58年3月22日判時1074号55頁を援用して，これを正当とされる鈴木正裕教授（前掲注18)「研究会(6)」100頁）に対し，高橋宏志教授（前掲注31) 119頁）は，上訴不可分原則に基づき被告の控訴により主位的請求棄却部分に確定遮断・移審の効力が生ずる結果として，原告の附帯控訴が可能となる客観的予備的併合の場合と異なり，主観的予備的併合の場合には，原告がわざわざ控訴を提起しなければならないという相違があり，原告に常にそこまで要求できるかが問われているのであるから，同列には論じられないとされる。高田・前掲注30) 186頁も，41条を必要でない上訴を誘発する規律と評している。

容していた範囲においては、新法下でも主観的予備的併合が許容されるとの解釈が主張される余地はあろう。

　4　同時審判の申出後の訴訟関係　　申出があった後も、弁論の分離や一部判決が禁止されるほかは、共同訴訟人独立の原則（39条）が適用される通常共同訴訟であり、40条は準用されないというのが、立法趣旨であろう[52]。

　ところで、前述のように、47条は、債権の譲受人（丙）が被告（乙）に対してのみ請求を定立し片面的参加したときに40条を準用する。ここでの被承継人（甲）と丙の両請求は、譲渡の効力が争われるかぎり、法律上両立しえない関係にある。従来、原告側の主観的予備的併合が語られたときの典型例が、訴訟の目的物の承継人が主位的原告となり、承継の効力が否定される場合に備え、被承継人が予備的原告となる場合であったから、丙の上記片面的参加は、その実質において原告側の追加的な主観的予備的併合に類似する。

　新法の制定過程においては、原告側の主観的予備的併合も論理的にはありうるが、実務的な必要性に乏しいとの理由で、立案が見送られた経緯があるという[53]。実務的必要性に乏しいはずの、原告側の主観的予備的併合に類似する片面的参加の場合には、40条が準用される結果として合一確定が貫徹されるのに、立法者が原告の「両負け」排除のため審判統一の必要があると判断したはずの、本人（Y_1）・代理人（Y_2）に対する択一的請求の併合は、41条以外の点では通常の共同訴訟でしかない。したがって、たとえば、同時審判の申出後にY_2に中断事由が生じたときにはY_1にその効力が及ばないのに、片面的参加後に参加人（丙）または被承継人（甲）に中断事由が生じたときは、他方にも効果が及ぶというのは、立法としての一貫性、整合性に欠けるのではあるまいか[54]。

---

52)　前掲注3)「研究会(5)」111頁以下〔竹下守夫、青山善充発言〕、中野貞一郎『解説新民事訴訟法』（有斐閣、1997）69頁、高田・前掲注30) 186頁、高橋・前掲注31) 118頁、小林編著・前掲注14) 84頁〔藪口〕、滝井ほか編・前掲注14) 92頁以下〔田原睦夫〕。
53)　前掲注18)「研究会(6)」111頁〔柳田幸三発言〕。
54)　高田・前掲注30) 190頁以下（注43）は、被告の一人に中断事由が発生した場合には、40条3項は準用されていないものの、なお、共通判決を確保するという観点から、判決ないしは弁論終結を同時にするという点でのみ、進行がそろえられるとする。被告の一方に中断事由が生じた場合、同時審判強制の趣旨から一部判決や弁論分離はできないとしても、残余被告に対する請求の審理を続行することは適法ということであろうか。とはいえ、この間の審理で獲得された訴訟資料・証拠資料を、受継後に、中断事由の生じていた被告に対する請求の審理に当然に流用できるわけではない（152条2項参照）から、結局は残余被告に対する請求の審理も事実上中断せざ

また，3での論点と重複するが，Y_1 に対する請求棄却・Y_2 に対する請求認容という場合に，Y_2 が控訴したとしても，Y_1 に対する請求を無権代理を理由に斥けた判決が確定すれば，それが控訴審の審理に事実上の影響を及ぼさないとは限らない。立法者はかかる影響は事実上のものにとどまるので無視したのであろうか。しかし，そう割り切るのならば，債権譲受人（丙）が相手方（乙）に対してのみ請求を定立して参加をした場合において，乙が債務の存在と承継の効力を争い，第一審判決がこれらを肯定して，丙勝訴・原告（甲）敗訴の判決を下した場合に，甲または乙が控訴すれば40条の準用により全請求について確定遮断・移審の効果が及ぶことの根拠として，控訴審の審理に悪影響が及び，甲または乙の地位が害されることをあげるのは，矛盾していよう[55]。

ここにも，40条の準用を伴う片面的参加の公認がもたらした歪みの一つを見ることができる。同時に丙と甲の双方に帰属しえない権利をめぐる紛争という意味で実体法的に統一的な審判が望ましいという程度にとどまる片面的参加に40条を準用するのなら，実体法上論理的に両立しえないがゆえに同時に審判されるべき41条の共同訴訟においても，訴訟手続の中止・中断，上訴提起の効果のほか，どの範囲で準用されるかにつきなお検討を要するものの，40条の準用を主張する解釈が提唱される余地を否定できないのではなかろうか[56]。

るをえないであろう。とすれば，一歩進めて40条3項が準用されると解することも許されるように思われる。
55) 高田・前掲注30) 186頁参照。
56) 高橋・前掲注31) 114頁, 116頁（注8) は，新法のもとでも，同時審判の申出がある共同訴訟とは別に，主観的予備的併合，正確には主観的順位的併合が許され，かつ，40条の準用により被告の一方の上訴の効果が他方に及ぶとするが，40条がなぜ準用されるかについて，片面的参加に40条が準用されることとなった結果，40条準用の根拠が，三面訴訟説から，ある請求が別の請求と抵触し両立できないがゆえに40条が準用されるという説明へと組み換えられたことに照らせば，ある被告に対する請求が他方に対する請求と両立しえない状況にある主観的順位的併合にも同じことがいえる，と説明する。これに対し，高田・前掲注30) 186頁は，立法者は本文に述べた Y_2 の保護に消極的な評価をしたのであり，Y_2 は自らに許された参加（筆者注：X への補助参加であろうか）をすることによってのみ，XY_1 間の訴訟に干渉しうるとする。

権利主張参加の要件について
——不動産の二重譲渡事例を中心として

Ⅰ　はじめに
Ⅱ　参加制度を通じた紛争の一回的・統一的解決の実現
Ⅲ　参加制度機能拡大論の到達点
Ⅳ　判例・実務の「冷ややかな」対応
Ⅴ　学説の「反転」
Ⅵ　民訴法47条4項による40条準用の意義
Ⅶ　不動産の二重譲渡事例の権利主張参加該当性
Ⅷ　おわりに

Ⅰ　はじめに

　わが民事訴訟法を比較法的に特徴付けるものとして，参加制度の多様さを挙げることができる。母法であるドイツ民事訴訟法は，参加人自身は自前の訴訟上の請求を持たない補助参加の制度のみを用意し，その上で，係属中の訴訟の確定判決の法的な効力が参加人に拡張されない場合には，参加後の参加人の訴訟における地位を被参加人との関係において従属的なものにとどめ，係属中の訴訟の確定判決の法的な効力が参加人に拡張される場合に限り，参加人の裁判を受ける権利の実質的保障という見地から，参加人の地位の従属性を否定し，かえって，参加人に被参加人の訴訟行為を牽制する権能を与え，自己に不利な判決効の発生を防止することを認めるという，極めてすっきりした立法的整理がなされている。

　これに対し，わが国では，大正15年民事訴訟法改正（以下，同法を旧民訴法と呼び，現行法を民訴法と呼ぶ）以来，その起源・沿革は必ずしも明らかでないが[1]，第三者が，係属中の訴訟に当事者として参加する，すなわち，係属中の

---

1) 詐害防止参加については，明治23年旧々民訴法（以下，同法を旧々民訴法と呼ぶ）483条に存在した，馴合い訴訟の確定判決に対する第三者詐害再審の制度を判決確定前に前倒しすること

訴訟の当事者に対する訴訟上の請求を定立した上で，係属中の訴訟との併合審理を求める権能を付与する制度が導入されている。この制度は更に，参加人が係属中の訴訟の一方当事者と共同訴訟人の関係を形成する場合（共同訴訟参加）と，係属中の訴訟の何れの当事者とも利害を共通にしない第三者的な立場で参加する場合（独立当事者参加）とに分かれるが，何れの場合においても重要な点は，参加人の訴訟上の請求に係る訴訟と係属中の訴訟との間には，民事紛争の原則的形態である相対的解決の原則（旧民訴61条，民訴39条）が適用されず，合一確定の必要性が規定されている点にある（旧民訴71条による同62条，民訴47条による同40条の準用[2]）。旧民訴法62条，民訴法40条を準用する趣旨は，共同訴訟参加においては，利害を共通にする者相互間において判決内容を揃えるという，本来のそれに他ならないが，独立当事者参加の場合には，兼子一博士による指摘どおり[3]，係属中の訴訟の当事者による参加人の利益を害する訴訟行為を無効化する牽制権能を同人に付与することにある。このような強力な

を意図して導入されたものであり，第三者詐害再審自体はフランス民訴法に起源を持つとするのが，一般的な理解であると解されるが，菱田雄郷「第三者による他人間の訴訟への介入(3)」法協 119 巻 10 号（2002）1898 頁は，その参加制度としての現れはあくまで共同訴訟的補助参加（すなわち，参加人が自前の請求を定立する必要はない）であって，ドイツ法起源であると指摘する。

他方で，権利主張参加については，旧々民訴法51条1項に規定されていた主参加（「他人ノ間ニ権利拘束ト為リタル訴訟ノ目的物ノ全部又ハ一分ヲ自己ノ為ニ請求スル第三者ハ本訴ノ権利拘束ノ終ニ至ルマテ其ノ訴訟カ第一審ニ於テ繋属シタル裁判所ニ当事者双方ニ対スル訴（主参加）ヲ為シテ其請求ヲ主張スルコトヲ得」）についての通説の理解（本訴の第一審が係属した裁判所に主参加の訴えを提起することを認めた規定であり，本訴がなお第一審に係属する場合でも，提起された主参加の訴えが当然に本訴の審理に併合されるわけではない）に対する，仁井田益太郎の不満が立法の原点にあり（菱田・前掲1902頁以下），その旧々民訴法51条1項は，CPO 61 条（その立法の経緯については，菱田「第三者による他人間の訴訟への介入(1)」法協 118 巻 1 号〔2001〕1 頁以下に詳しい）に由来するから，やはりドイツ法起源といえよう。

2) 本来，自己の定立した訴訟上の請求についての弁論と係属中の訴訟の弁論とを併合する第三者の権限（主観的追加的併合）を承認するかということ（ドイツ法にも，第三者に併合請求権を与えよとする見解は存在するようである。菱田・前掲注1) 法協 118 巻 1 号 52 頁以下で紹介される，W. リュケの見解等）と，併合後の両請求についての審理に旧民訴法62条，民訴法40条の準用を認め，判決内容の合一性確保の支障となる当事者および裁判所の訴訟行為を一切禁止するということとの間には，相当の隔絶がある。ただ，主観的追加的併合に関して指摘する（後掲注11）参照）ように，併合後において弁論を分離する完全な裁量権限が裁判所に留保されている限り，そのような第三者の権能を認めても殆ど無意味であり，第三者の弁論併合権能と，当事者の訴訟処分権能・訴訟支配権能および裁判所の弁論分離・一部判決をする訴訟指揮裁量権限とが，いかなる根拠により否定または制限されるかとは，切り離せない問題として論じる必要がある。

3) 兼子一『新修民事訴訟法体系』（酒井書店，1954）418頁。

牽制権能を，判決の法的な効力を不利に拡張される第三者以外の者にも付与する4)参加制度は，比較法的にみても異例とされる5)。

II 参加制度を通じた紛争の一回的・統一的解決の実現

さて，このようなわが民事訴訟法の参加制度に対する研究者の評価は，従来極めて積極的なものであった。その理由は，究極的には同じことを表と裏から眺めることとなるが，次の二点に求めることができると考える6)。

第一に，戦後の民事訴訟法学において，民事訴訟制度の目的論として，いわゆる「紛争解決説」が圧倒的な優位を占めたことが挙げられる。民事訴訟制度の社会における機能への着目を促すこの説は，従来の民事訴訟制度目的論である「権利保護説」が訴訟物として保護の対象としてきた（実体法上の）権利と，民事訴訟により解決されることが期待される「紛争」との乖離を認識させる契機となった。その結果として生まれたのが，一回の訴訟による紛争解決の範囲の拡張を意図する新訴訟物理論7)，一回の訴訟で実質的に解決されたと考えられる判決理由中の判断の他の訴訟への通用力の拡大を意図する争点効理論等である。

このような，民事訴訟の紛争解決機能の強化，実質的に関連し合う紛争の一回的かつ統一的解決の範囲を拡大することへの飽くなき希求が，係属中の訴訟の当事者を超えることは必然であり，わが民訴法が用意する多様な参加制度が，その実現のための道具として積極的評価を浴びるのは，必然であった。原始的

---

4) 民訴法47条の権利主張参加がそれに当たることはもちろんであるが，同条の詐害防止参加の要件につき判決説ではなく詐害意思説を採用する場合には，これもその例に当たる。
5) 畑瑞穂「多数当事者訴訟における合一確定の意義——独立当事者参加訴訟を中心に」福永有利先生古稀記念『企業紛争と民事手続法理論』（商事法務，2005）125頁，138頁以下。
6) この経緯を俯瞰するものとして有益なのが，IIIで言及するシンポジウム「訴訟機能と手続保障」の司会を務めた鈴木正裕教授による基調報告（民訴雑誌27号〔1981〕134頁）および報告者である吉村徳重教授による「訴訟機能と手続保障——判決効拡張との関係」と題する報告（同157頁以下）である。
7) 新訴訟物理論のモデルであるドイツの訴訟法的訴訟物理論は，もちろん既判力の客観的範囲の拡張を含意しうるものであるが，その実践的な狙いは，併合請求の裁判籍や裁量移送のような便宜的規定を欠き，訴え変更の要件も厳格な同法の下では，訴えの併合・訴え変更が生じる範囲自体を縮小する必要が大きかったことにあり，既判力の客観的範囲の拡張には謙抑的な姿勢をとる傾向があった。これに対し，既判力の客観的範囲の拡張に飛びついたところに，日本の新訴訟物理論の特徴がある。

共同訴訟における固有必要的共同訴訟の範囲の訴訟政策的見地からする拡大論、係属中の訴訟の当事者のイニシアチブによる紛争の一回的・統一的解決の人的範囲の拡大論（当事者の引込み）の盛行も、同じ流れの中にある。

他方で、民事訴訟制度と社会との関わりを意識させる紛争解決説は、同時に、他人間に係属する訴訟が有する、それと関連する実体的利益の保有者である第三者への不利益な作用への着目を促す契機ともなった。その場合の第三者に対する不利益な作用も、第三者に対する判決効の法的拡張やいわゆる確定判決の証明効のように、前訴と後訴という閉鎖的な訴訟空間相互間のそれを超えた、訴訟外の交渉過程における第三者に対する不利益な影響をも視野に入れて議論することの契機となった。いわゆる手続保障論の隆盛と相まって、このような係属中の訴訟への第三者による影響力行使の機会の保障のための道具として、参加制度を積極的に評価するという結果がもたらされたのである。

III　参加制度機能拡大論の到達点

昭和55年5月に開催された日本民事訴訟法学会が実施した、「訴訟機能と手続保障」と題する、多数当事者紛争を主要なテーマとするシンポジウムは、参加制度の機能拡大論の一つの到達点である。その背景には、新堂幸司教授を研究代表者とする「裁判動態研究会」（通称JA研）による活発かつ旺盛な研究活動があった。その中心的なメンバーであった井上治典教授は、同シンポジウムにおいて「第三者の参加・引込み」をテーマとする報告の担当者であり[8]、本稿の被献呈者である高橋宏志教授も、同研究会の結成当初在外研究中であったため途中参加であったが、同研究会の成果の実現に大きく寄与した。

---

8) 本文で言及した「裁判動態研究会」のメンバーの手になる、多数当事者訴訟の機能拡大という角度からみた業績として、利益衡量に基づく訴訟政策的発想から固有必要的共同訴訟の範囲の拡大を志向する、小島武司「共同所有をめぐる紛争とその集団的処理」『訴訟制度改革の理論』（弘文堂、1977）117頁（初出・「判例展望」ジュリ500号〔1972〕）。高橋宏志「必要的共同訴訟論の試み(3・完)」法協92巻10号〔1975〕1259頁もその流れの中にある）。また、参加論としては、井上治典「独立当事者参加の位相」『多数当事者訴訟の法理』（弘文堂、1981）267頁以下（初出・甲南法学17巻2=3号〔1977〕）、同「補助参加の利益」同書65頁以下（初出・民訴雑誌16号〔1970〕）、当事者引込み論としては、本文に引用した井上治典報告および同「被告による第三者の追加──求償請求訴訟の併合審判」同書153頁（初出・甲南法学11巻2=3号〔1971〕）、霜島甲一「当事者引込みの理論」判タ261号（1971）18頁等がある。

さて，井上治典教授に代表されるこの時期の参加制度の機能拡大論には，次の二つの傾向を看取することができる[9]。

第一に，当然のことであるが，参加要件の緩和傾向である。

補助参加の要件である「訴訟の結果についての利害関係」の理解として，判決理由中の判断についての利害関係で足りるとするいわゆる「訴訟物非限定説」の採用，詐害防止参加の要件に関する「詐害意思説」，すなわち，係属中の訴訟の当事者の訴訟追行が，客観的にみて当然期待される攻撃防御の提出を怠る態様でなされる場合は，その詐害意思が推認され，このような訴訟追行の結果により不利益を受ける者であれば，不利な既判力を拡張されることまたは確定判決の反射的効果を不利に受けることがなくとも，詐害防止参加の資格を認める見解（以下「緩和された詐害意思説」という）の採用などが，その例である。

第二に，第一の傾向とも密接に関連するが，参加制度相互の差異の相対化を挙げることができる。既に，詐害防止参加の要件につき緩和された詐害意思説を採用することは，補助参加の利益要件との差異を相対化するが，同説の採用は進んで，参加後の参加人の訴訟における地位について，参加人の地位の相対化を促進させ，結果的にはこれを強化する帰結を招来する。敷衍すると，補助参加後に被参加人の訴訟行為と抵触する訴訟行為を参加人がする場合には，緩和された詐害意思説では，被参加人の詐害意思が推認できる結果，改めて詐害防止参加の申出をすることを要するかは別として，参加人の地位は，従属的地位を脱し，民訴法40条の準用により被参加人の抵触行為を牽制する権能を取得することとなる。

Ⅳ 判例・実務の「冷ややかな」対応

参加，特に独立当事者参加に関して，平成民訴法改正以前の最高裁判例は，当時の通説であったいわゆる「三面訴訟説」に従い，旧民訴法62条準用を同参加の効果として自明の前提とする立場から問題処理をしてきていた[10]。

---

9) 井上治典「参加『形態論』の機能とその限界——再構成のための一視点」同・前掲注8)書307頁以下（初出・民商77巻4号〔1978〕），同「多数当事者訴訟論の課題と展望」同書335頁以下（初出・ジュリ731号〔1981〕）参照。

10) 旧民訴法71条による同62条準用の趣旨は，この参加により成立する訴訟構造が三面訴訟であることに由来するから，係属中の訴訟の原告・被告の双方に対して請求を定立する必要があり，

権利主張参加の要件について

　他方で，多数当事者訴訟の機能拡大のもう一つの担い手である当事者の引込みについては，判例は極めて消極的な姿勢を示している。すなわち，最判昭和62・7・17民集41巻5号1402頁は，係属中の被告と旧民訴法59条（民訴38条）前段に規定する関係に立つ第三者に対する請求を，旧民訴法232条（民訴143条）の訴え変更に準じて追加する原告の権能を否定した（土地の売主である被告に対する瑕疵担保を理由とする損害賠償請求につき，当該売買につき不当な内容の評価を行った不動産鑑定士に対する損害賠償請求を追加した例）。当事者引込みの理論において，このような原初的な主観的追加的併合の適法性は，その先の議論を展開するための不可欠の前提であるから，当事者引込みの理論は，同判決によって立論の基盤を失い雲散霧消するほかない。これを回避するには同判決の理論的不当性を論証する必要性がある[11]。

　　その一方のみに対し請求を定立してする参加は，単なる新訴の提起であり，裁判所は係属中の訴訟の弁論と新訴の弁論とを併合して審理し，一個の判決で裁判することは妨げられないが，これは，旧民訴法71条後段の権利主張参加ではないから，被告に対する請求を棄却し「参加人」の原告に対する請求を棄却した第一審判決に対し，被告のみが控訴した場合，「参加人」の原告に対する請求を棄却した判決は確定する，とした最判昭和42・9・27民集21巻7号1925頁，原告の被告に対する建物所有権確認請求につき，参加人が原告と参加人の所有権を全く争う意思のない被告双方に対し参加人の所有権確認請求を定立した場合，旧民訴法62条の準用により，原告が参加人の請求を争う限り被告もまた原告の請求を争うことになり，参加人は合一確定の必要上被告に対しても当然確認の利益を有する，とした最判昭和40・10・15民集19巻7号1788頁，被告に対する債務を譲り受けたと主張する原告による債務履行請求訴訟に，自分も当該債権を譲り受けたと主張する参加人が両者に対し権利主張参加をした事案において，対抗関係上参加人が優先するとして，原告の被告に対する請求棄却，参加人による原告の債権不存在確認請求を棄却，被告に対する参加人の債務履行請求を認容した判決に対し，原告のみが控訴したところ，控訴審が，対抗関係上原告が優先すると判断する場合には，旧民訴法62条準用による合一確定の必要上，被告の控訴がなくとも参加人の債務履行請求を認容した原判決を取り消すことは不利益変更禁止原則にかかわらず許容されるとした，最判昭和48・7・20民集27巻7号863頁等がそれである。
　　なお，民訴法40条準用の根拠としての「三面訴訟説」の現行法における権威の喪失と，それに伴う同条の適用範囲の見直しの必要性を意識したものと理解できる判例は，未だ現れていない。
11）　昭和62年最判は，主観的追加的併合が許されないことの理由として，新被告が従前の訴訟状態に当然拘束されるとは限らないから，必ずしも訴訟経済に適うわけではなく，主観的追加的併合がなされる時期如何では，訴訟の完結を遅延させるおそれがあり，また軽率な訴え提起または濫訴の懸念も否定できないことを挙げる。
　　いずれも，それ自体としては正当な指摘である。
　　この種の主観的追加的併合を，新被告に対する請求についての弁論を従前の訴訟の弁論と併合する原告の権限と定義するとして，いったいこの権限が行使された後，裁判所はなおその裁量により弁論を分離することができるのかが問題となる。この答えが肯定されるなら，かような原告の権限を肯定することの意義はほぼ消失する（かつて，従前の訴訟が係属する裁判所が新被告に

Ⅳ　判例・実務の「冷ややかな」対応

対する請求について土地管轄を有するとは限らないので，このような併合権限を認めることは併合請求の裁判籍を発生させる点で実益がある，と論じたことがある〔上田徹一郎＝井上治典編『注釈民事訴訟法(2)』(有斐閣，1992) 25頁以下〔山本弘〕〕。しかし，先ず本訴が係属する訴訟に新被告に対する訴えを提起させた上，追加請求についての土地管轄の審理を一旦カッコに括って，弁論併合の許否を検討する機会を受訴裁判所に与え，弁論併合決定があれば，それにより民訴法7条の併合請求の裁判籍が補正され，併合しないときは管轄違いによる移送決定をする，という訴訟指揮に期待することが可能であり，現在ではこのような権限を認める必要はないと考えている)。したがって，少なくともこの権限を認めるための最低限の要件として，裁判所が追加請求につき弁論を分離することを法的に禁じられることが要求されよう。そのような事例として，民訴法が同時審判申出共同訴訟を認める場合以外に，どのようなものが考えられるかの検討がなされる必要がある。また，いわゆる訴訟状態承認義務については，その意に反して訴訟に引き込まれる新被告に対する手続保障の必要性を重視する方向から，原則は否定されるはずである。そうすると，従前の訴訟の被告と追加請求の被告とに対する請求相互間の関係から，後者が訴訟状態承認義務を負う，したがって追加的併合を認めることは，紛争の一回的・統一的解決の観点から有益でありかつ訴訟経済に適うから，弁論を併合しないことが裁判所の訴訟指揮権の踰越，濫用として違法と評価される事例として，民訴法の規定とその解釈論によりこの義務の存在が肯定されている義務承継人の訴訟引受けの場合以外に，どのようなものを考えることができるかについても，詰めた検討が必要である（もっとも，新堂教授は，最近この訴訟状態承継義務を否定する方向に改説した〔同「訴訟承継論よ，さようなら」新堂幸司＝山本和彦編『民事手続法と商事法務』(商事法務，2006) 355頁以下〕)。

　しかし，昭和62年最判が現れる前の学説において，こうした点の検討が十分に行われていたか，心許ないものがあり，この状況は今日まで変わっていないと思われる。実務による適用に耐える要件効果論が欠如している状況の下では，昭和62年最判のような態度を実務が示すことは自明であり，その責めは，そのような要件効果論の精緻化を怠った学説の側にある。

　なお，当事者引込みの許容性を検討するための道具概念として，井上治典教授は「参加責任」という概念を提示し，(1)第三者が腰を上げてその訴訟に入って行く責任（起動責任），(2)第三者が既存訴訟の当事者間の請求または一定の争点につき攻撃防御を尽くすべき責任（攻防責任），(3)第三者と既存訴訟の当事者の一方との間の関連紛争・派生紛争につき，当該手続の中で決着を求められた場合にこれに応じざるをえない責任（決着受領責任）の三つに整理する。(1)と(2)との相違は定かでないが，求償型の引込みを例にとれば，事前求償権の行使であれば現在給付の訴えであり，事後求償権の行使であれば条件付きで給付を求める将来給付の訴えであり，何れにせよ，引込みではなく新訴（別訴）が提起されれば，訴えの利益が認められる限り，新被告は被告とされることを拒否できないはずであり，これらの責任要件が訴えの利益要件以外になぜ必要となるのか，理由不明である。おそらく井上治典教授は，新訴（別訴）による場合でも，そのような抽象的な訴えの利益では，訴える者と訴えられる者との間の責任分担を論じるには不十分であり，特に訴訟外における両者の交渉過程の在り方に着目して，こうした責任の有無を論じる必要性があると説くものと思われる（井上・前掲注9）「多数当事者訴訟論の課題と展望」348頁以下参照)。その後，井上治典教授はいわゆる「手続保障の第三の波」（井上治典『民事手続論』〔有斐閣，1993〕所携の各論文を参照）派の旗振り役となった。この一派の傾向として，事前における規範の一義的要件化に対する強い拒否反応がある。三木浩一教授，山本克己教授らも指摘するとおり（「民事訴訟法学の方法論とその展望」加藤新太郎編『民事司法展望』(判例タイムズ社，2002) 268頁以下〔初出・判タ1040号，1041号(2001)〕)，これは法の一般性の否定であり，ことを引き込む側の原告からみれば，憲法により保障された裁判を受ける権利の要件を白地化する議論に他ならず，到底受け入れられるものではない。三つめの決着受領責任は，訴訟状態承認義

321

権利主張参加の要件について

　他方，実務家の中から，参加制度，より広く多数当事者訴訟制度の機能拡大を目指す学説の流れの中で，それに棹差す見解が現れた。1994年に民事訴訟雑誌40号記念号に寄稿された，「紛争の一回的一挙的解決ということについて——『学説と実務』の視点から」と題する田尾桃二判事の論考である。

　田尾判事は，多数当事者訴訟が抱える実務上の困難を，審理前，審理中，判決作成段階に分けて，実務家としての経験を踏まえて指摘する。そして，固有

務をその内容の一つとするが，解釈論として認められている引受承継における訴訟状態承認義務以外に，そのような責任が認められるのはどのような場合かの検討はない。訴訟状態承認義務が引き込まれる者の弁論権の制限であることに鑑みれば，その要件の白紙化など到底認められない点では，起動責任論と変わらない（井上治典「訴訟引受についての手続上の問題点」同『多数当事者の訴訟』〔信山社，1992〕63頁以下〔初出・吉川大二郎博士追悼『手続法の理論と実践（下）』（法律文化社，1981）〕，同「参加，引込み論への視点」同書158頁以下〔初出・民訴雑誌27号（1981）〕においても，議論の方向性は同工異曲であり，顕著な差は見出せない）。

　要するに，こうした議論は，実務家はもちろん，「ポストモダンの法理論」としての「第三の波」論を標榜する井上治典教授と訴訟（法理論）観を共有しない民訴法研究者にとっても，荒唐無稽と理解する以外にないものである。

　この「訴訟機能と手続保障」というシンポジウムが行われた当時，筆者は大学4年生であり，その翌週の民事訴訟法・強制執行法の授業において，青山善充教授は，とりわけ井上治典報告の「責任論」に力点を置いて紹介し，教授の隣にいたある実務家が，到底我々にはついていけない議論ですなあ，と慨嘆していたという挿話を紹介した。いまにして思えば，慨嘆したというより，自分たちとは関係のない話として見放されたのだと思う（この挿話は，青山教授自身，金判595号〔1980〕2頁で紹介しており，「民事訴訟における学説と実務」と題する井上治典論文〔ジュリ756号（1982）91頁〕でも紹介されている）。

　なお，高橋教授は，近代法的な法理解に依拠するが，なお，和解などを例に，井上治典理論と実務との対話の可能性を探るなど，対話不能と切って捨てる立場には立っていない（高橋宏志「紛争と訴訟の機能」山之内靖ほか編『岩波講座社会科学の方法(6)社会変動の中の法』〔岩波書店，1993〕199頁以下。もっとも，和解は一般的な法規範の適用ではないのであるから，そこでの対話成立の可能性は自明であり，だからといって，それ以外の論点において対話が成り立つことにはならない）。

　このような訴訟（法理論）観の対立は別として，参加の要件効果論においては，高橋説が井上治典説に同調する論点は多岐にわたる。本稿のテーマである二重譲渡事例の権利主張参加該当性を肯定する点（井上治典「両立しうる請求についての独立当事者参加の可否」『民事手続の実践と理論』〔信山社，2003〕234頁〔初出・判時1531号（1995）〕），参加人に不利な和解には牽制権限を認める点（同「独立当事者参加論の位相」同・前掲注8) 書267頁以下）がそれであり，補助参加との関係では，公示送達により開始された夫に対する金銭支払請求訴訟に妻が補助参加する利益を認めた，名古屋高決昭和43・9・30高民集21巻4号460頁を肯定的に評価する点（井上・前掲注8) 書71頁，高橋宏志『重点講義民事訴訟法(下)〔第2版補訂版〕』〔有斐閣，2014〕442頁）等。したがって，高橋教授は，井上治典教授亡き後，本稿が批判の対象とする参加制度機能拡大論になお与する有力な研究者であることは，疑いがない。前二者に対しては，本稿で批判を試みるが，補助参加の利益についても，いずれ批判的検討の機会を持ちたいと考えている。

必要的共同訴訟の成立範囲の限定を説く最判昭和43・3・15民集22巻3号607頁，主観的予備的併合の適法性を否定する最判昭和43・3・8民集22巻3号551頁，主観的追加的併合の適法性を否定する前掲昭和62年最判の中に，紛争の一回的・一挙的解決という多数当事者訴訟制度の効用に対する最高裁の消極的評価を見出す[12]。

その上で，紛争の一回的・統一的解決という効用は，ある訴訟類型を固有必要的共同訴訟と解しない限り法的には保障されないが，そう解すると反面，前掲最判昭和43・3・15が指摘する困難を招く，紛争の個別的・相対的解決の原則を維持しても，後訴の提起に伴う訴訟不経済の発生や矛盾する内容の判決の出現等といった，多数当事者訴訟の機能拡大論が解く弊害が常に生ずるという

---

12) 判例の動向についての田尾判事の記述には，若干の補足が必要である。

第一に，詐害防止参加について，判例（最判昭和42・2・23民集21巻1号169頁）は，参加の要件として，参加できる者の範囲を広げる詐害意思説を採用している。事案は，被告（債務者）名義で登記されている不動産につき，原告がその抹消登記手続を求めた訴訟に，当該不動産につき強制競売開始決定（差押えの登記）を得ている債権者が詐害防止参加を申し出たところ，これを認めたものである。一般債権者と異なり，差押えにより処分禁止の効果を得ている差押債権者は，その登記後に行われた債務者による不動産処分行為に対抗できる点で，反射効を肯定するための基盤である債務者に対する従属性を持たないから，判決効説（差押債権者が民訴法115条所載の者の何れにも該当しないことは当然である）では詐害防止参加は許されないはずだからである。

第二に，補助参加の要件としては，訴訟物非限定説を採用した方が参加が許される者の範囲が広がるが，最決平成13・1・30民集55巻1号30頁は，株主代表訴訟において，会社の組織的意思決定の違法性が争われる場合には，被告取締役側に補助参加する利益を会社に認めている。この決定には，調査官解説（髙部眞規子・最判解民事篇平成13年度（上）55頁）が指摘するとおり，訴訟物限定説と非限定説の何れに与するかという問題への言及はないが，訴訟物自体は無色透明な金銭債権であって，その請求原因である被告の善管注意義務違反の有無を判断する前提として，被告が関与した会社の組織的意思決定の違法性が審理されるのであり，それが違法と判断されることに伴う会社の社会的ダメージ等の発生の防止を理由に，補助参加の利益を肯定する結論が導かれているのであるから，本決定は，判決理由中の判断についての，従来の通説が事実上のものに過ぎないと切って捨ててきた利益を根拠に，補助参加を認めたものに他ならないことは，町田顯裁判官の反対意見が指摘するとおりである。

もっとも，それから1か月もたたないうちに，同じ第1小法廷が，長時間労働による過労を理由に死亡した者の遺族が，遺族年金を不支給とした労働基準監督署長の処分の取消しを求めた行政訴訟につき，雇用者であった会社が，長時間労働が死亡原因であることが認定されると労基法上の災害補償または安全配慮義務違反を理由とする損害賠償を請求する訴訟において不利益を受けるとして補助参加の申出をした事案において，被告主張に係る利害関係は，訴訟物についての利害関係ではなく法律上の利害関係でもないとして，これを一蹴している（最決平成13・2・22判時1745号144頁）。要するに，先の平成13・1・30決定は，株主代表訴訟を超えて広い射程を持つものではなさそうである。

のは誇張である．多数当事者訴訟の機能拡大論が解く効用が実は誇張であり，他方で，それにより不可避的に生ずる実務上の障害および訴訟サイズの縮小がもたらす利点（手続の進行の円滑化，争点の不拡散に伴う充実した審理の実現，それらの結果としての適正・迅速な裁判の実現）が過小評価されていると主張する．田尾判事のこの見解は，訴訟サイズの拡大がもたらす弊害として，作成すべき判決正本数の増加に伴う契印の煩瑣等，裁判官および書記官の事務作業上の負担を強調するあまり，裁判所に手抜きをさせろと要求するものとして，学説からは不評を買っている[13]。しかし，多数当事者訴訟の関係者全員が一個の判決による紛争の統一的解決を望んだとしても，それがもたらすと学説が強調する効用が，実は誇張であり，かえって，現実には希少な裁判所の人的資源の浪費をもたらしているとすれば，そのツケは同じ受訴裁判所に多数係属する他の事件の処理に支障を来す点において，その訴訟の当事者，ひいては訴訟制度の利用者の利益を損なう．田尾判事の主張を裁判所の手抜きを認めよとするものとして切り捨てるのは，余りにも一面的である．むしろ，かつての解釈論が，実務が直面する個別問題への解答を示したり，解決への道筋を示したりする形で，実務に寄り添うものであったことに比べ，現在の学説が，紛争の一回的・統一的解決等あるべき民事訴訟の理想を先ず描き，その実現に向けて実務を教導しようとする傾向が顕著で，日常地を這うような目前の事件処理に追われている実務家にとってついていけない内容のものとなっている点に，学説の実務への影響力の低下の原因があるとする田尾判事の指摘は，研究者として謙虚に受けとめる必要がある[14]。

---

[13] 三木浩一「多数当事者紛争の審理ユニット」『民事訴訟における手続運営の理論』（有斐閣，2013）169頁（初出・法学研究70巻10号〔1997〕）。なお，高橋宏志＝畑瑞穂「〈対談〉当事者論の奥への道案内」法教257号（2002）7頁，13頁における，田尾論文を意識した上での「実務に都合のいいところばかりでは民事訴訟法学は困ると言えますが，逆に学者の都合のいいことだけでも困るということになるのでしょう」との高橋発言参照。

[14] 従来の学説と実務との関係についての実務家の見解は，田尾判事のものを別とすれば，むしろ，実務家にとっての学説の効用を重視し，特に下級審裁判官の学説への無関心を戒める傾向の方が主流であった（例として，「〈研究会〉民事法における学説と実務」ジュリ756号〔1982〕33頁における武藤春光判事の発言，藤原弘道「思うて学ばざれば則ち殆し——民事裁判における実務と学説・判例との係わりについて」判タ929号〔1997〕4頁）。他方，同じジュリ756号91頁以下に掲載された「民事訴訟における学説と実務」という論文の段階では，井上治典教授は，訴訟追行過程における当事者の行為規範の摘出の重要性を説くにとどまっており，見解の隔絶は顕著ではない（もっとも，同論文は多数当事者訴訟を主な題材とするものではない）。なお，2000年に公表された竹下守夫教授による「民事訴訟法における学説と実務」（民訴雑誌46号〔2000〕

V 学説の「反転」

　最近では，従来の学説の参加制度機能拡大論は，参加制度を利用しようとする第三者にとっての同制度の利点に目をとらわれ過ぎており，係属中の訴訟の当事者が本来有する，当事者主義に由来する訴訟の処分権能または支配権能の尊重こそが，議論の出発点に置かれるべきであり，従来の学説が，訴訟サイズの縮小を求める係属中の訴訟当事者のこうした利益を不当に等閑視してきたことを，手厳しく批判する見解が現れている。1997 年に公表された「多数当事者紛争の審理ユニット」と題する三木浩一教授の論文[15]がその嚆矢であり，三木教授は，その後こうした角度から，民訴法 47 条の独立当事者参加の要件の厳格化，同条による 40 条の準用の範囲の縮小を図る解釈論を，精力的に展開する[16]。

　この三木説が学界に与えた影響は大きい。井上治典教授の追悼論文集に献呈された，補助参加の利益に関する訴訟物限定説の再評価を目指す笠井正俊教授の「補助参加の利益に関する覚書」[17]と題する論考は，訴訟サイズの縮小により得られる係属中の訴訟の当事者にとっての利点を強調し，現在の学説上の多数説である訴訟物非限定説，より端的にいえば井上治典説[18]に対し反撃の狼煙をあげるものである。

　笠井説の趣旨は次のとおりである。訴訟物非限定説は，そもそも参加要件である補助参加の利益が係属中の訴訟の当事者による異議をまって初めて審査される抗弁事項であることに照らすと，参加の要件も判決理由中の判断についての利害関係で足りると緩やかに解するのが整合的であること，参加後の補助参加人の地位は従属的であり，参加人の訴訟行為が被参加人の意に沿わないとき

---

　1 頁）と題する論考は，基本的には武藤判事，藤原判事と同じ方向性にあるが，実務に影響を与える学説，実務が受容しやすい学説として挙げられる例の中に，多数当事者訴訟論，参加論は入っていない。学説と実務の乖離は，多数当事者訴訟論に特有な現象なのであろう。

15)　三木・前掲注 13) 169 頁以下。

16)　三木浩一「独立当事者参加における統一審判と合一確定」同・前掲注 13) 書 218 頁（初出・新堂幸司先生古稀祝賀『民事訴訟法理論の新たな構築(上)』〔有斐閣，2001〕827 頁以下），同「独立当事者参加の訴訟構造と要件・手続」同書 235 頁以下（初出・伊藤眞＝山本和彦編『民事訴訟法の争点』〔有斐閣，2009〕86 頁以下）。

17)　井上治典先生追悼『民事紛争と手続理論の現在』（法律文化社，2008）215 頁以下。

18)　井上・前掲注 8) 書 65 頁以下。

は抵触行為による無効化が可能であるから、参加要件を緩和しても被参加人の利益は害されないこと等を根拠として挙げる。しかし、補助参加人、正確にはその訴訟代理人が増えることによって、期日が入りにくくなり訴訟が遅延する等、抵触行為では解消しきれない被参加人の不利益を考慮すれば、被参加人が異議を述べた限りにおいては、自己の手続を第三者にかき回されたくないという利益、すなわち同人の訴訟支配権能・訴訟処分権能の尊重という趣旨が、補助参加の利益の解釈において一層強調されて然るべきである。そもそも、何が判決理由において実質的に判断される争点かは、争点整理手続が励行される現在の実務では、同手続が終了して初めて決まる事柄であり、参加申出に対する異議の理由の有無もそこで初めて判明することとなるから、その間、被参加人は、補助参加の利益を有するか定かでない第三者による訴訟のかき回しを受忍せざるをえなくなるのであり、補助参加の利益の有無を争点整理手続の開始前に一義的に選別できる訴訟物限定説が、実務的にも優れていると反論する[19]。

笠井教授には裁判官の経験があるせいか、この論考では、係属中の訴訟の当事者の訴訟支配権能・訴訟処分権能の尊重という理念と訴訟物限定説の実務適合性とが調和的に論じられており、笠井論文に至って漸く学説と実務とのかみ合った対話の土俵が設定されたと評価することができよう。

VI 民訴法47条4項による40条準用の意義

この問題については、かつて別稿[20]で詳論しており、不動産二重譲渡事例の分析に必要な限度で、簡単に整理しておくこととする。

旧民訴法の下で圧倒的な支配力を有していたのは、兼子博士の提唱に係るいわゆる「三面訴訟説」であった。すなわち、甲、乙、丙の三者が鼎立して特定の土地の所有権を主張して争う三面訴訟を一個の判決で矛盾なく解決する必要性から、係属中の甲の乙に対する甲の所有権確認請求訴訟につき、丙が甲・乙両者に対し丙の所有権確認請求を定立して権利主張参加を申し出た場合には、旧民訴法62条、民訴法40条が準用されている。

---

19) 笠井・前掲注17) 227頁以下。
20) 拙稿「多数当事者訴訟」竹下守夫＝今井功編『講座新民事訴訟法I』（弘文堂、1998）141頁以下。

係属中の訴訟の一方当事者である乙が丙の主張を争わない場合を想定して，甲に対する請求のみを定立してする独立当事者参加を明文で許容した現行法のもとでは，三面訴訟説はもはや民訴法40条準用の根拠となりえない。しかし，高橋教授が指摘するとおり[21]，旧民訴法の下でも，三面訴訟説はじつは同62条準用の根拠たりえていなかった。

すなわち，この紛争状況において丙には二つの採りうる戦術がある。一つは，甲および乙を共同被告として丙の所有権確認請求訴訟を提起することであり，いま一つは，旧民訴法71条により権利主張参加を申し出ることである。前者の場合において，裁判所が甲・乙間の訴訟と丙の提起した別訴の弁論を併合したとすると，請求の内容も請求が立てられている方向も権利主張参加があった場合と同じである（何れも「三面訴訟」である）が，前者の場合に旧民訴法62条の準用を肯定する見解は少数説にとどまるからである。したがって，同条準用の根拠論は，甲の乙に対する甲の所有権確認請求訴訟が先行して係属する場合に，丙が別訴ではなく権利主張参加を選択した場合に限り，なぜ同条の準用が肯定されるのかという問いに答えられるものでなければならない。

片面参加を認めた明文規定により三面訴訟説による正当化が不可能となった現行法の下では，立案担当者や現行法の制定過程に関与した論者[22]は，甲・乙間で甲の所有権確認請求訴訟が先行して係属する場合，別訴の提起とは別に，丙に甲・乙間の訴訟における丙を害する訴訟行為を牽制する機会を保障する必要があり，この必要性は，甲・乙双方に請求が定立されているか，一方に対してのみ請求が定立されているかにより左右されない，と説明している。しかし，三木教授が指摘するとおり[23]，この論法は，牽制させる必要があるので牽制権能を付与したという，循環論法の域を出ていない。これが循環論法を脱するためには，このような同一物の所有権をめぐる三者鼎立の紛争状況においては，丙はもちろん，甲も乙も，自分を除いた二者間で，除外された自分に不利益を

---

21) 高橋宏志「各種参加類型相互の関係」上田徹一郎＝福永有利編『講座民事訴訟(3)当事者』（弘文堂，1984）253頁以下。
22) 法務省民事局参事官室編『一問一答新民事訴訟法』（商事法務，1996）62頁以下，竹下守夫ほか編『研究会新民事訴訟法──立法・解釈・運用』（有斐閣，1999）78頁以下〔竹下守夫発言〕，伊藤眞「多数当事者訴訟の現状と課題」三ケ月章＝青山善充編『民事訴訟法の争点〔第3版〕』（有斐閣，1998）89頁等。
23) 三木・前掲注16)「独立当事者参加の訴訟構造と要件・手続」239頁以下。

与えるようなやり取りが行われることを阻止、牽制する権能を有する、という内容の法規範の存在を論証する必要がある。

しかし、その論証は失敗に終わらざるをえない。丙の希望どおり、甲が、乙と丙とを共同被告として甲の所有権確認を求める訴えを提起したとする。この場合、乙に対する関係で甲の確認の利益（あり体にいえば、乙の被告適格）を根拠付けている事情は、自分こそがその所有権者であるとの乙の主張であり、丙の被告適格を根拠付けている事情も、自分こそがその所有権者であるとの丙の主張である。そうすると、乙も丙も自己の所有権を単独で処分する権限を有するから、全員が揃わないと管理処分できないか否かが固有必要的共同訴訟か否かを画する基準であるとする通説に従う限り、乙と丙との関係は、共同訴訟人独立の原則を定める旧民訴法 61 条、民訴法 39 条が適用される通常共同訴訟に過ぎない。甲または乙が受けた確定判決の既判力が乙または甲に拡張されないことはもちろんである。したがって、乙が、甲の請求を認諾したり、甲主張に係る所有権取得の請求原因事実を自白したりする行為を、丙は牽制できない。そして、被告側に通常共同訴訟の関係しか成立しないとすれば、甲には乙のみを被告と選択して訴えを提起する自由があり、そこで乙が前記のような訴訟行為をしたら、甲はその利益を享受しうる立場にあるはずである。にもかかわらず、甲が乙だけを被告として提訴したらその途端に、丙から権利主張参加され乙のこのような行為を牽制されてしまうというのは、背理以外の何物でもない。

もともと、甲・乙間の訴訟における乙の先のような行為により丙が被ることのありうべき不利益とは、甲・乙間における甲勝訴の既判力ある確定判決や認諾調書[24]の存在が、丙の甲および乙を相手とする訴訟において事実上の証明効を有すること、または、伊藤眞教授のように、この証明効の存在を丙の裁判を受ける権利の侵害として潔癖に排斥する見解によるとすれば、こうした確定判決または認諾調書の存在が、訴訟外における丙の権利の存否をめぐる交渉過程において、丙に不利益な裁判所によるお墨付きの効果を有することに求めることとなる。しかし、いずれにしても、それらはせいぜい補助参加の利益を根拠付けうる程度のものに過ぎない。このような不利益をもって従属性を遥かに超える旧民訴法 62 条準用を正当化しうると大正 15 年改正の立法者たちが考えた

---

[24] 筆者は、認諾調書、放棄調書に制限的な既判力を認める説をとっている。

とすれば，それは「立法の過誤」である[25]。

1998年の時点で，大正15年改正に携わった民事訴訟法学の諸先達の所為を立法の過誤と断じ去ることには，相当の勇気が必要であった。しかし，いってみる価値はあったといまでは確信している。その理由は，Ⅲ冒頭で言及した「裁判動態研究会」の主宰者であった新堂教授が，民訴法47条による同40条準用を行き過ぎと認め，いくつかの点で同条準用の効果を否定する方向に改説したからである[26]。本稿の主題である不動産の二重譲渡事例の権利主張参加該当性もまた，新堂教授の改説の重要なポイントの一つである。

Ⅷ 不動産の二重譲渡事例の権利主張参加該当性

従来，この問題は，民訴法47条の権利主張参加として認められるためには，請求の趣旨レベルにおいて参加人の請求が原告の請求と両立しえないことをもって足り，本案審理の結果，民法177条等権利帰属の相対性を認める規定が適用されるため，判決主文において原告の請求と参加人の請求とがともに認容されることがあっても構わないとする見解と，請求の原因レベルにおいて民法177条等の規定により両者の請求が両立することが明らかであれば，権利主張参加とは認められないとする説の対立とされてきた。

この問題について，少なくとも民訴法47条による同40条準用の趣旨への疑

---

[25] 菱田・前掲注1) 法協119巻10号1919頁以下は，旧民訴法71条による権利主張参加への同62条の準用が立法として行き過ぎであったことを認める。他方で，この準用は意図的になされたものではないとも指摘する。「意図的」なものではないとする趣旨は，菱田教授のそれに先立つ叙述から推察するに，同条の準用を欠くことができない詐害防止参加とこのような強い牽制権限を参加人に付与する必要のない権利主張参加とが，同じ条文に一本化された結果，一方の詐害防止参加では，本来必要のない参加人の自前の請求の定立が必要となるという余計な規律が，他方の権利主張参加では，旧民訴法62条の準用という過剰な規律が，それぞれ生じてしまったということのようである。他方で，第三者に係属中の訴訟の当事者の行為に制約を与える余地を残しておくことは，ドイツ法でもアメリカ法でも認められている。したがって，解釈論のあり方としては，民訴法47条を全面的に骨抜きにするのではなく，本来の立法趣旨に合致するよう限定解釈を施すことであると論じる。

[26] 新堂幸司『新民事訴訟法〔第3版補正版〕』（弘文堂，2005）765頁以下（注1）では，二当事者による和解は内容の如何を問わず有効である，とする説を行き過ぎであると評価していたが，同『新民事訴訟法〔第4版〕』（弘文堂，2008）794頁（注1）では全面有効説を採用したこと，他人間に係属する訴訟の確定判決の法的な効力を不利に拡張されない第三者は，詐害防止参加ができるが，参加後の地位に民訴法40条の準用は認められないと改説したこと（同書793頁）等である。

問が呈されて以後現れた見解としては，三木教授に代表される民訴法47条該当性否定説[27]と，上野泰男教授，髙橋教授[28]が提唱される同条該当性肯定説とがある。

三木説は次のようにいう。

仮にこの場合に権利主張参加を肯定したとすると，甲の請求と丙の請求についての弁論の分離や一部判決が禁止されるから，審理の結果，甲と乙の間の売買契約および丙と乙の間の売買契約の双方が実体法上有効と判断される限り，一個の判決で両方の請求が認容されることになる。意思表示を命じる判決は確定すると意思表示が擬制されるから，郵便事情等により先に判決が確定した方の当事者が確定証明ある判決正本を持って登記所に駆け込めば，先に登記を得られる。このように，権利主張参加を認めれば合一確定ができると説いたところで，勝負を決めるのは，両者の地位の実体法上の優劣ではなく，何れが登記を先に取得するかという事実行為である。この自由競争による早い者勝ちは，実は民法177条が定めるルールであり，そこでは，各自は各別に登記請求訴訟を提起して先に確定判決を取得すべく努力することが期待されている。もちろん，各訴訟の進行は原告に帰責できない事情によっても左右されるから，先に提訴した者が必ず先に勝訴するとは限らないが，その制約は二重売買の買主が等しく負うこともまた，自由競争の含意である。むしろ，権利主張参加を認めることは，訴え提起で後れをとった者に先行した者の訴訟への便乗を許容することとなり，不公平である上，これを認めたところで，結局早い者勝ちで決まる点に変わりはない。

これに対し，上野説は次のように説く。

訴訟の進行が当事者に帰責しえない事情により左右されることを含めて自由競争であるというのはそのとおりとしても，先に判決が確定することが，たとえば乙による甲・乙間の売買契約の成立の権利自白等の不合理な行動によってもたらされる場合には，民訴法40条による牽制を認めることが，却って公平に適う。もっとも，こうした場合には権利主張参加ではなく詐害防止参加が正道であるが，丙（参加人）の権利について甲が自己の権利と主張して訴訟追行

---

27) 三木・前掲注16)「独立当事者参加における統一審判と合一確定」223頁以下。
28) 上野泰男「いわゆる二重譲渡事例と権利主張参加について」前掲注17)・井上追悼190頁以下，髙橋・前掲注11)書507頁以下（注10の2)。

していること自体が詐害的訴訟追行であるから，詐害防止参加と権利主張参加の連続性を承認する立場からは，権利主張参加を許容することができる。

高橋説も，基本的には上野説と同じ立場を採る。

すなわち，三木説と権利主張参加肯定説との間では，権利主張参加した丙が参加後の訴訟において何ができるかについて，見解の対立があるとし，丙が，自己が定立した訴訟上の請求を理由あらしめるための主張，立証ができることは当然であるが，それに限らず，丙は，甲・乙間の売買契約の不成立，無効，取消しにより，甲の請求は理由がないとの主張，立証をすることも許される。詐害防止参加ならすることができるのであるから，効果において変わりのない権利主張参加でもできると解すべきである。

さて，上野説，高橋説に接して当惑するのは，権利主張参加とは被参加人（ここでは乙）をしてその相手方（ここでは甲）に勝訴させることを目的とする制度だったのか，被参加人を勝訴させることを目的として被参加人が有する防御方法を自ら提出することを可能にする参加制度は，権利主張参加ではなく，補助参加でないか，補助参加であるなら，参加人は被参加人の訴訟行為を牽制する権能を持たないのではないか，という疑念を拭えないからである。

上野説，高橋説とも，詐害防止参加ならできることを自説の根拠とする。確かに，詐害防止参加は，無資力状態にある債務者が自己の責任財産または債務を巡る訴訟で敗訴すれば，その債権の全額回収が適わなくなる一般債権者をして，債務者の敗訴を防止するため，補助参加人の従属性を否定し，債務者が有する防御方法を提出する独立の牽制権能を与える制度として設計された[29]。しかし，権利主張参加と詐害防止参加とで制度趣旨が同じといえるのだろうか。

---

[29] 要は債務者敗訴判決の出現防止が目的だから，この状況で，詐害防止参加人に原告の被告に対する金銭債権不存在確認請求まで定立させる必要はないのではないかという議論が生じるのも，その故である。高橋教授も，少なくとも詐害防止参加では，参加人は請求棄却の申立てをすれば足りるというのが，理論的には正しいが，請求を持たない当事者を認めることへの抵抗感はなかなか払拭できないことを指摘される（高橋・前掲注11）書519頁以下）。なお，判例は，新株引受人である第三者が，詐害防止参加の申出と共にする限り，確定した新株発行無効判決に対する第三者詐害再審を提起する権限を認めた（最決平成25・11・21民集67巻8号1686頁）が，この場合，単に請求棄却を求めるだけでは足りず，自前の請求を定立することが必要であるとした（最決平成26・7・10判時2237号42頁）。たとえば「参加人が無効主張に係る新株の株主であることの確認を求める」趣旨の請求を定立することになろうが，原告と参加人との間でこのような会社組織法上の問題を確認することに意味があるとは考えられないことは，山浦善樹少数意見が指摘するとおりである。

この見解が，効果が同じだから制度趣旨の差異は無視してよいというとき，詐害防止参加の要件として，判決効説ではなく，緩和された詐害意思説を採用することが前提とされている。現在の多数説および判例[30]は後説によるから，被告名義で登記された不動産につき差押えの登記や抵当権設定登記を有する第三者[31]であっても，客観的にみて当然提出することが期待される防御方法であるにもかかわらず，被参加人がその提出を怠る場合であれば，判決の法的効果が及ばなくても詐害防止参加が許容されるから，二重売買事例における丙も同様に扱うことが許されよう。

　しかし，民訴法 47 条による同 40 条の準用の趣旨を再検討しようとする試みは，いまや，権利主張参加の要件効果論のみならず，詐害防止参加の要件論にも波及しつつある。三木教授によれば，判決効説は，詐害防止参加が，参加人が係属中の訴訟の当事者の行為の牽制権能を得て当事者間の訴訟に介入する制度であることを考慮して，それだけ差し迫った必要性がなければ認められないとの利益衡量を示すもので，証明効等の事実上の不利益を受ける可能性しかない者に補助参加においては認められない強力な牽制権限を与えるのは背理であるとして，判決効説への回帰の必要性を説く[32]。

　かつては補助参加と詐害防止参加の制度趣旨の違いを過度に強調する判決効

---

30)　最判昭和 34・2・12 民集 13 巻 2 号 91 頁参照。

31)　「この場合に，被告が参加人の意思に反し，原告と馴れ合って敗訴に甘んじようとしていることが判っていながら，被告敗訴の確定判決のために抵当権者は自己の地位が事実上危険にさらされるのを待つ以外にないというのでは，補助参加との理論的・体系的比較に拘り過ぎて，詐害防止参加制度の役割を敢えて制約する解釈とみられる」（新堂・前掲注 26）『新民事訴訟法〔第 3 版補正版〕』757 頁）。

32)　三木・前掲注 16）「独立当事者参加の訴訟構造と要件・手続」242 頁以下。なお，山本和彦教授は，伊藤教授に倣い，判決の事実上の証明効は第三者の手続保障との関係上承認しがたく，事実上の証明効が否定される以上，本文に記したような第三者の牽制権能は否定すべきであるとする（同「多数当事者について（〈シンポジウム〉新民事訴訟法における理念と実務）」民訴雑誌 48 号〔2002〕134 頁）。この点については，高橋教授も指摘するように，民訴法 338 条 1 項 8 号は判決の事実上の証明効の存在を前提とする規定であり，これを潔癖に排除する根拠に乏しい（高橋・前掲注 11）書 445 頁以下（注 22），782 頁）。事実上の証明効は補助参加の利益を基礎付けうるにとどまり，民訴法 40 条の準用を正当化するに足りないことを押さえておけば十分であろう。

　なお，三木浩一＝山本和彦編『民事訴訟法の改正問題』（有斐閣，2012）46 頁以下は，共同訴訟的補助参加および第三者詐害再審につき明文の規律を設けることと引き換えに，詐害防止参加の廃止を提案している（立法論に言及する論考として，他に，池田辰夫「多数当事者訴訟の手続立法問題」民訴雑誌 48 号〔2002〕247 頁がある）。

Ⅶ 不動産の二重譲渡事例の権利主張参加該当性

説に批判的であった新堂教授[33]が，その体系書の第4版において，実質的にこの批判を受け入れ，先に掲げたような第三者も詐害防止参加をすることはできるが，被参加人の敗訴確定判決は第三者に対し事実上の不利益を与えるにとどまり，第三者は，参加人の相手方による差押えの登記や抵当権設定登記の抹消承諾請求訴訟において，被参加人の権利の存在を主張・立証することができるのだから，被参加人の訴訟処分権を奪ってまで合一確定の要請を貫くのは行き過ぎであり，民訴法40条の準用はすべきでないとする見解に改説された[34]。詐害防止参加では被参加人を勝訴させることを目的とする訴訟行為が許されるのだから，権利主張参加でも許されるという論理は，現時点では説得力を失っている。そうすると，原告が登記名義人である被告に対し所有権移転登記手続を求めている不動産につき，被告からの売買による所有権取得を主張する丙は，被参加人である乙の処分行為に従属しない（第一売買と第二売買とは実体法上は同格である）から，乙敗訴の確定判決の反射的効果を受けないし，丙は民訴法115条1項2号〜4号の何れにも該当しないことは明らかである。したがって，被参加人の敗訴を防止するために第三者に法律上認められるのは，従属的地位のみが認められる補助参加[35]に限られる。

なぜ，民訴法40条のような強い牽制権能を丙に認める必要があるかにつき，高橋教授は次のように説く。すなわち，先に提訴した甲は処分禁止の仮処分を得ていることが通常であるから，丙が別訴を提起して，先に移転登記手続を命じる確定判決を得て移転登記を経由しても，後から甲の勝訴が確定してしまうと，民事保全法58条により，これと抵触する丙の権利取得は効力を失い，丙名義の登記は抹消されてしまうから，丙には独立当事者参加するしか後がない。もちろん，参加しても甲・乙間の売買契約の無効等の主張，立証に丙が成功する保証はないが，やりたい立証を行った上で敗訴するのと，それが許されずに敗訴するのとでは，訴訟法理論としては前者を優先させるべきである[36]。

しかし，この理由付けは実体法上根拠がない。もし，甲・乙間の売買契約が，真実実体法上無効であったり，債権者代位権の転用に基づき丙が乙の取消権を

---

33) 新堂・前掲注26)『新民事訴訟法〔第3版補正版〕』757頁。
34) 新堂・前掲注26)『新民事訴訟法〔第4版〕』792頁以下。
35) 丙は，甲が所有権移転登記手続を求めている不動産の所有権を主張しているのであるから，訴訟物限定説でも丙の補助参加の利益は肯定されよう。
36) 高橋・前掲注11)書508頁（注10の2）。

行使したりしたときは、甲は、丙との関係では、丙が登記なくしてその所有権を対抗できない第三者に該当しない。換言すれば、ここには対抗問題が存在しない[37]。したがって、乙から甲に売買を原因とする所有権移転登記が経由された後であっても、丙は、丙の所有権に基づき、その確認および甲宛の所有権移転登記抹消登記手続または真正の登記名義の回復を原因とする丙宛の所有権移転登記手続を求める訴えを提起して、そこで甲・乙間の売買契約の無効等を立証する地位は、実体法的にも訴訟法的にも保障されている。したがって、高橋教授が主張する理由に基づき、民訴法40条の準用を正当化することはできない[38]。

[37] 最判昭和34・2・12民集13巻2号91頁は、甲から乙に対し通謀虚偽表示により所有権移転登記がなされ、後に甲が丙に対し所有権を譲渡した場合、丙は登記なくして所有権を甲に対抗できる、とする。

[38] なお、甲・乙間の売買契約無効の原因が虚偽表示である場合、甲の勝訴が先に確定し、登記名義が甲に移転した後、甲・乙間の売買が虚偽表示により無効であることにつき善意の丁に対し、甲が不動産を売却し移転登記を経由したとすると、たとえ丙が甲に対し登記なくして所有権を対抗しうる場合でも、丁との関係では、民法94条2項により丙はその所有権を主張できないこととなるから、なお、丙は甲・乙間の訴訟に権利主張参加して乙の敗訴を阻止することを認める必要があることを理由として、二重譲渡事例を権利主張参加とする説を擁護する見解はありうる。

これは、別に二重譲渡事例に限らない。実体法上真の所有者は丙で、現在の乙の登記名義は不実のものであるところ、乙から売買契約により所有権を取得したとして、甲が乙に対して所有権移転登記請求訴訟を提起している場合においても、先に甲の勝訴が確定し、登記名義が甲に移転してしまうと、何らかの外観法理の介在により、真の所有者たる丙がその所有権を主張しえなくなることがある。これを根拠に、権利主張参加における民訴法40条準用を正当化する見解は存するところである（菱田雄郷「独立当事者参加について」小島武司先生古稀祝賀『民事司法の法理と政策(上)』〔商事法務、2008〕689頁以下、八田卓也「独立当事者参加訴訟における民事訴訟法40条準用の立法論的合理性に関する覚書」伊藤眞先生古稀祝賀『民事手続の現代的使命』〔有斐閣、2015〕483頁以下）。

しかし、論者の挙げる事例において、甲が、乙と丙とを共同被告として、丙ではなく乙が真の所有者であると主張して、乙に対しては所有権移転登記手続を、丙に対しては甲の所有権確認を、それぞれ請求した場合、被告側には通常共同訴訟の関係しか成立しない。したがって、甲の登記手続請求を認諾したり、請求原因である甲・乙間の売買契約の成立を自白したりする乙の行為を、丙は牽制できない。丙の方から甲・乙を共同被告として丙の所有権確認を請求した場合においても、合一確定は保障されない。ところが、先に甲が乙のみを被告として所有権移転登記請求訴訟を提起した場合には、丙は自己の権利の実現を困難にするこの行為を牽制する権限を伴う形で参加することができるというのは、整合していない。にもかかわらず、民訴法47条が、先に甲が乙だけを被告として訴えを提起した場合に限り、同40条準用を認める点に立法の過誤があるのである。

なるほど、この立法の過誤により、先に乙のみを被告として提訴された丙は同条の準用による牽制権限を取得する。しかし、立法の過誤により丙が取得したこの既得権を擁護するため、同条の準用には立法論的正当性があると主張するのは倒錯した論法であろう。

Ⅷ おわりに

　係属中の訴訟の二当事者による和解が，和解から除外された残りの当事者に不利な内容のものであっても，同和解は有効であるとする三木説[39]に対し，高橋教授は，こうした内容の和解を記載した調書は，訴訟外において，除外された当事者に不利な裁判所によるお墨付き的効果を有するから，民訴法47条による同40条の準用により，同人を加えない限り無効とされる。その際，高橋教授は，民訴法47条による同40条の準用は，日本民事訴訟法が紛争の相対的解決の原則を絶対視せず，また判決の法的効力と事実的効力とを潔癖に区別するドイツ法とは距離を置こうとする立法的な決断なのであり，独立当事者参加が日本社会の中でそれなりに多用されてきた現実の重みを考慮すると，三木説のような形で法的論理を徹底させるのではなく，独立当事者参加にそれなりの意義を持たせる解釈論もありうる，と主張される[40]。

　先ず，独立当事者参加が日本社会でそれなりの機能を果たしてきたという，高橋教授の歴史認識の当否であるが，多用されざるをえなかったとすれば，それは，立法者が，係争物の譲渡があった場合の対策として，権利主張参加の流用，いわゆる訴訟承継主義を採用したことが理由であり，紛争の一回的・統一的解決の効用のゆえではない。この流用の方が幅を利かす結果となったため，従前の訴訟代理人の活用を可能とするため片面参加が許容されるに至ったという，歪な立法の経緯は詳論するまでもない。他方で，訴訟承継主義自体，欠陥の多い解決策であり，当事者恒定主義の採用等抜本的な立法的解決が求められている[41]。したがって，高橋教授のこの歴史認識を共有することは，筆者にはできない。

　それは措くとして，旧民訴法71条による同62条の準用が，高橋教授が強調されるように，民事訴訟法の基本原則である紛争解決の相対性，当事者処分権

---

39) 三木・前掲注13) 194頁。
40) 高橋・前掲注11) 書521頁以下。
41) 既に兼子一博士の「訴訟承継論」『民事法研究(1)』（弘文堂書房，1940）1頁以下（初出・法協49巻1=2号〔1931〕）が当事者肯定主義の利点を取り入れた立法論を提案していたところである。なお，三木＝山本和彦編・前掲注32) 58頁以下は，訴訟承継制度それ自体は現状を維持すべきものとした上，参加承継については，参加人と被参加人の間に民訴法41条の要件が存在することを要件とし，参加後の両者の請求につき同条の効果（同時審判）を明文化することを提案する。

権利主張参加の要件について

主義，弁論主義からの離脱であることを本当に意識して行われたものなのかが，疑わしい。確かに，明治23年旧々民訴法51条が定めていた主参加が，参加人の請求と係属中の訴訟の請求との審理の当然併合の効果を認めるものではなく，参加の名に値しないのはそのとおりであるが，第三者に訴えの主観的追加的併合権能を付与することと，参加後の参加人に係属中の訴訟の当事者の訴訟行為の牽制権能を付与することとの間には，大きく深い隔絶がある。前述したような事実効がこのような規律を正当化するに足りるかについての真摯な検討を経た結果というより，単なる勘違いの可能性を否定できない[42]。

　二当事者による和解の可否の問題に戻ろう。甲・乙間で「甲は乙に対する請求を放棄し，乙は和解金として1000万円を甲に支払う」または「乙は甲の請求を認諾し，甲は和解金として1000万円を乙に支払う」という内容の訴訟上の和解が成立した場合，高橋教授は，前者は丙に有利であるから丙に牽制権能を認める必要はないが，後者は丙に不利益な内容であるからこれを認めるべきであるとし，民訴法40条準用の可否を丙にとっての和解内容の有利・不利で分ける新堂旧説，井上治典説[43]を擁護する[44]。

　しかし，訴訟係属中に訴訟外で後者の和解契約が成立した場合，その和解が有効であれば，以後それが甲・乙を規律する実体規範となるから，この和解契約の成立につき訴訟において甲および乙の陳述が一致すれば，裁判所は甲・乙間では実体規範としてこの和解に拘束されるが，このことは，丙の甲・乙に対する丙の所有権確認請求における丙の所有権取得原因の主張・立証を何ら制約しない。これが，契約の相対効を前提とする契約自由の原則という実体法の基

---

[42] 大正15年2月21日貴族院民事訴訟法改正案外一件特別小委員会における，池田寅次郎政府委員の説明（松本博之ほか編『日本立法資料全集(13)民事訴訟法〔大正改正編〕(4)』〔信山社，1993〕383頁）からは，処分権主義・弁論主義，更には係属中の訴訟の当事者の契約自由の制約として，高橋教授が強調されるような事実的効果が十分な根拠となるのかを真摯に検討されたことを窺わせるものが感じられない。菱田・前掲注1）法協119巻10号1919頁は，旧民訴法62条の権利主張参加への準用は意図的なものではないとし，池田政府委員の説明も，独立当事者参加全体を通じての旧民訴法62条準用という，偶然の所産の趣旨を最大公約数的に正当化するとすればこの程度のものに落ち着かざるをえないとする。他方で，旧民訴法が主参加を従来どおりの効果のまま存置したことは，第三者が権利主張参加ではなく主参加を選択してしまえば，紛争の一回的・統一的解決は実現できないことを意味するから，権利主張参加による紛争の一回的・統一的解決に対する起草者達の思い入れの薄さを示しているとする。

[43] 新堂・前掲注26）『新民事訴訟法〔第3版補正版〕』765頁（注1），井上治典「独立当事者参加論の位相」同・前掲注8）書284頁。

[44] 高橋・前掲注11）書532頁（注29）。

Ⅷ　おわりに

本原理のはずである[45]。高橋教授の主張はしたがって，旧民訴法71条による同62条の準用は，この実体法の基本原理の制限であるとするものに他ならない。現に，高橋教授の以下の叙述から，その趣旨を明瞭に読み取ることができる。

「原告被告間の実体法状況に忠実でない判決であることは，その通りである。しかし，もともとその和解（実体法状況）は原告被告間でのみ通用するものであって，参加人には効力を及ぼしえないものなのであるから，参加人の請求認容判決との論理的統一性の関係で原告被告間の判決にも反映されなくなるのは，やむを得ないであろう。換言すれば，実体法状況を，原告被告間だけで把握するか，参加人を加えた三者間で把握するかの差異となる（独立当事者参加における判決は，そもそも原告被告間だけの実体法状態を反映しないことを前提とする）[46]。」

立法である以上，それを不可能とはいわない。しかし，そうだとすれば，大正15年民訴法改正の時点で，そのような立法をするについて，改正に携わった民事訴訟法の研究者や司法省の立案担当官は，民法学者にその趣旨を説明し，その了解を取り付けていたのだろうか。これは，処分権主義，弁論主義の制約と違い，民事訴訟法学者だけで勝手に決めることができる問題ではないのである。

このような角度からは，繰り返すが立法の過誤の可能性が極めて高い旧民訴法71条による同法62条の準用につき，現時点で，解釈者が拘束される必要があるのだろうか[47]。大正15年改正の立法者の明らかな立法過誤により削除されてしまった第三者詐害再審が，判例により全面的に再生されたこととは逆の方向であるが，筆者は，民訴法47条による同40条の準用は，解釈により可及的かつ速やかに有名無実化されるべきであると考える[48]。

---

45)　畑・前掲注5）125頁以下。
46)　高橋・前掲注11）書531頁（注28）。
47)　三木 = 山本編・前掲注32）58頁は，参加後の手続規律として，民訴法40条の準用を廃止し，同39条を準用することを提案する。
48)　このような民訴法47条の骨抜き化に対する批判として，菱田・前掲注1）法協119巻10号1919頁参照。参加申出人が係属中の訴訟の目的を自己の権利と「主張する」だけで第三者に強い牽制権限が生じてしまうことを不当とする批判への対応として，菱田教授は，参加申出人に参加要件の疎明を要求する（同「独立当事者参加について」民訴雑誌53号〔2007〕172頁，174頁以下。畑・前掲注5）145頁以下も同旨）。

権利主張参加の要件について

　しかし，補助参加の利益が係属中の訴訟の訴訟物たる権利の請求原因等とは別のものであるのと異なり，本稿で権利主張参加の典型例とした，甲・乙・丙の三者間における所有権紛争では，参加の要件すなわち丙の請求または請求の原因は，甲の請求またはその請求原因と両立しないから，三木教授が指摘されるとおり，事実上その審理は本案の帰趨と直結し，審理は必然的に本案化せざるをえない。また，このような紛争類型で疎明資料と証明資料とは大きく異なることは少ないから，その意味でもこの疎明の審理は本案化するとして，否定的である（三木浩一「多数当事者紛争の処理」同・前掲注13）書262頁〔初出・ジュリ1317号（2006）〕）。

送達の瑕疵と民訴法 338 条 1 項 3 号に関する最近の最高裁判例の検討

  I　事実上利害が対立する者への補充送達と再審
  II　不実の公示送達・付郵便送達と再審

I　事実上利害が対立する者への補充送達と再審

1　最高裁平成 19 年 3 月 20 日第 3 小法廷決定・民集 61 巻 2 号 586 頁 [**判例①**] は，次のような興味ある判示を行った。先ず，事実関係と判旨を紹介する。

〈事実〉　Y（前訴原告・前訴判決に対する再審の訴えの被告・再審開始申立て棄却決定に対する抗告の相手方）は，前訴において，次のように主張した。すなわち，訴外 B らは，訴外 A に対し，二度にわたり合計 1000 万円を貸し付けたが，その際，X（前訴被告・前訴判決に対する再審の訴えの原告・再審開始申立て棄却決定の抗告人。A は X の義父であり，両名は同居していた）はその連帯保証人となったところ，Y は B らに対する貸金債権について B らから譲渡を受けたので，X および A に対し，前記貸金合計 1000 万円およびこれに対する遅延損害金の支払を求めた。

前訴の第一回口頭弁論期日に X および A はともに欠席したため，Y の請求を認容する判決が言い渡された。同判決正本の送達が受送達者不在により実施できなかったため，X および A の住所宛に郵便に付する送達が実施され，X および A のいずれも控訴を提起しなかったため，同判決は確定した（書留郵便は，保管期間の満了を理由に裁判所に還付された）。

前訴判決の確定からほぼ 2 年を経過した後，X は次のように主張して，本件再審の訴えを提起した。すなわち，前訴の訴状・第一回期日呼出状（以下「訴状等」という）の送達が A および X の住所において送達されたとき，X は不在であったため，A に対し，同人に対する訴状等の交付送達が実施されると同時に，X に対する訴状等について補充送達が実施された。前訴における X に対する請求の原因は，X が A の債務を連帯保証したということであるが，X は連帯保証人になったことはなく，A が，X に無断で X の印章を持ち出して連帯保証契約書に押印したものである。このような状況であるため，A は補充送達された訴状等を遅滞なく X に交付せず，その

結果，Xは訴訟係属の事実を知り得ないまま第一回口頭弁論に欠席した。XとAとの間にこのような利害対立があった以上，Aに対する本件訴状等の補充送達は無効であり，前訴確定判決には民訴法338条1項3号の再審事由がある。

原審は，前訴におけるAに対する補充送達は有効であり，したがって，前訴確定判決に民訴法338条1項3号の再審事由があるとするXの主張は理由がないとしたため，Xが抗告に及んだ。

〈決定要旨〉「(1) 民訴法106条1項は，就業場所以外の送達をすべき場所において受送達者に出会わないときは，『使用人その他の従業者又は同居者であって，書類の受領について相当のわきまえのあるもの』（以下「同居者等」という。）に書類を交付すれば，受送達者に対する送達の効力が生ずるものとしており，その後，書類が同居者等から受送達者に交付されたか否か，同居者等が上記交付の事実を受送達者に告知したか否かは，送達の効力に影響を及ぼすものではない（最高裁昭和42年(オ)第1017号同45年5月22日第2小法廷判決・裁判集民事99号201頁参照）。

したがって，受送達者あての訴訟関係書類の交付を受けた同居者等が，その訴訟において受送達者の相手方当事者又はこれと同視し得る者に当たる場合は別として（民法108条参照），その訴訟に関して受送達者との間に事実上の利害関係の対立があるにすぎない場合には，当該同居者等に対して上記書類を交付することによって，受送達者に対する送達の効力が生ずるというべきである。

そうすると，仮に，Xの主張するような事実関係があったとしても，本件訴状等はXに対し有効に送達されたものということができる。

以上と同旨の原審の判断は是認することができる。

(2) しかし，本件訴状等の送達が補充送達として有効であるからといって，直ちに民訴法338条1項3号の再審事由の存在が否定されることにはならない。同事由の存否は，当事者に保障されるべき手続関与の機会が与えられていたか否かの観点から改めて判断されなければならない。

すなわち，受送達者あての訴訟関係書類の交付を受けた同居者等と受送達者との間に，その訴訟に関して事実上の利害関係の対立があるため，同居者等から受送達者に対して訴訟関係書類が速やかに交付されることを期待することができない場合において，実際にもその交付がされなかったときは，受送達者は，その訴訟手続に関与する機会を与えられたことにならないというべきである。そうすると，上記の場合において，当該同居者等から受送達者に対して訴訟関係書類が実際に交付されず，そのため，受送達者が訴訟が提起されていることを知らないまま判決がされたときには，当事者の代理人として訴訟行為をした者が代理権を欠いた場合と別異に扱う理由はないから，民訴法338条1項3号の再審事由があると解するのが相当である。

I 事実上利害が対立する者への補充送達と再審

Xの主張によれば，前訴においてXに対して連帯保証債務の履行が請求されることになったのは，Xの同居者としてXあての本件訴状等の交付を受けたAが，Aを主債務者とする債務について，Xの氏名及び印章を冒用してBらとの間で連帯保証契約を締結したためであったというのであるから，Xの主張するとおりの事実関係が認められるのであれば，前訴に関し，Xとその同居者であるAとの間には事実上の利害関係の対立があり，AがXあての訴訟関係書類をXに交付することを期待することができない場合であったというべきである。したがって，実際に本件訴状等がAからXに交付されず，そのためにXが前訴が提起されていることを知らないまま前訴判決がされたのであれば，前訴判決には民訴法338条1項3号の再審事由が認められるというべきである。」

決定要旨(1)は，補充送達の効力に触れるものである。補充送達制度の背景には，日常家事債務についての夫婦相互の代理権にも通底する法定代理の発想があり[1]，したがって，民法108条に規定される利益相反関係が受送達者と補充送達の代人との間に存在する場合には，送達の有効性が問題とされることとなる。決定要旨(1)自身が認めるように，離婚訴訟の被告に対する訴状等の補充送達が被告の同居者である原告に対して実施されるときは「同居者等が，その訴訟において受送達の相手方当事者……に当たる場合」として，無効となる。この点は特に争いがないと思われる。これに対し，補充送達の代人と受送達者との間に，代人が受送達者に無断でその印章を盗用して連帯保証契約を締結した，または，代人が受送達者に無断で同人名義のクレジットカードを使用して買物をしたといった，訴訟物たる権利ないし法律関係の成立過程における事実上の利害関係の対立が存在する場合において，受送達者を被告とする保証債務履行請求訴訟または立替金支払請求訴訟の訴状等の代人に対する補充送達は有効か否かについては，従来，下級審の裁判例は分かれていた[2]。

2 比較的最近の下級審判例のうち，無効説を採るものとして，たとえば大阪高裁平成4年2月27日判決・判タ793号268頁**［判例②］**は，次のように判示する。

---

1) 岩松三郎＝兼子一『法律実務講座民事訴訟法(2)』（有斐閣，1958）321頁，菊井維大＝村松俊夫『全訂民事訴訟法Ⅰ〔補訂版〕』（日本評論社，1993）954頁，兼子一＝松浦馨ほか『条解民事訴訟法〔第2版〕』（弘文堂，2011）481頁〔竹下守夫＝上原敏夫〕，竹下守夫＝伊藤眞編『注釈民事訴訟法(3)』（有斐閣，1993）564頁〔三輪和雄〕。
2) 学説の分布については，高見進「［判例④］批評」民商109巻2号（1993）296頁以下が詳しい。

「民事訴訟法上補充送達の制度が定められている趣旨は，……送達の実施に際して受送達者に出会わない場合に，事務員，雇人又は同居者であればその者に送達書類を交付すれば遅滞なく受送達者にこれが届けられることが通常期待されるのでこれらの者にこれを交付することにより送達の効果を承認して，できるだけ迅速な送達という送達制度のひとつの目的を達成するところにあると解すべきであるが，他方確実な送達ということも送達制度の目的の一つであることから考えると，これらの目的の調和のなかに補充送達の効力を検討しなければならない。そして，その検討は実質的な考量に基づいてなすべきであり，補充送達を法定代理といった法律概念に枠付けすることによってなされるべきものではない。また，送達の効力の検討に際して，法的安定性を確保するためとして外形からみるべきであると論じることは取引行為ではない送達についての議論としては相当でない。それゆえ，実質的に検討して右の補充送達制度が予定している前提を欠く場合にはその効力を否定すべきであるといわなければならない。そうすると，……同居者に対して送達書類の交付があっても，受送達者とこれらの者との間に実質上の利害関係の対立があってその当時の状況からみて送達書類を受領したら遅滞なく受送達者に届けることを通常期待できる事情にない場合には補充送達の効力を否定すべきである。」

3　他方，有効説を採るものとして，たとえば東京高裁平成6年5月30日判決・判時1504号93頁［**判例③**］は次のように述べる。

「送達機関が，送達を実施するに際し，送達名宛人と同居者との間の事実上の利害関係の有無を，外形から明瞭に判定することは極めて困難であり，そのように外形上客観的に明らかでない事情によって送達の効力が左右されるとすることは，手続の安定を著しく害することとなるから，右両者間に事実上の利害の対立関係がある場合であっても，同居者の送達受領権限は否定されないものと解するのが相当である。」

4　こうした中で，最高裁は，［**判例①**］において明示的に有効説を採ることを明らかにした訳である。既にその伏線は，最高裁平成4年9月10日第1小法廷判決・民集46巻6号553頁［**判例④**］において敷かれていた[3]。著名な判決であるが，次のような事案であった。

前訴被告の妻が被告名義のクレジットカードを無断使用してした買物の立替金支払請求訴訟の訴状等が，前訴被告宅において，前訴被告の7歳9カ月の娘に対し補充送達され，娘がこれを被告に交付しなかったため，第一回期日に前訴被告欠席のまま請求認容判決が言い渡され，その判決正本は前訴被告の妻に

---

3)　山本克己「［判例④］批評」民事訴訟法判例百選〔第3版〕(2003) 245頁も，［判例④］を事実上利害対立関係にある者への補充送達につき有効説を採った点で先例的意義があるとする。

補充送達されたところ，妻がこれを隠匿したという事件である。判旨は，[判例①]における抗告理由にもある通り，相当の弁えのない娘に対するこの補充送達は無効であり，その結果前訴被告が訴訟に関与する機会が奪われたことは，民訴法338条1項3号（当時は420条1項3号）の再審事由に当たるとした。

しかし，もし妻に対する第一審判決正本の補充送達が有効であるなら，それにより，前訴被告本人に対する第一審判決正本の有効な送達が擬制され，前訴被告は訴状等の送達の無効という再審事由の存在を知ったことになり，これを控訴により主張しなかったこととなるから，再審の補充性[4]（民訴338条1項但書）との関係で，再審の訴えの提起は許されなくなるのではないかが問題となる。もっとも，[判例④]の事案では妻が判決正本を隠匿してしまったから，前訴被告は，第一審における敗訴判決の送達の事実，したがって控訴期間開始の事実も知り得なかったこととなり，現実には控訴を提起してこの再審事由の存在を主張することはできなかった。しかし，妻による判決正本の隠匿という自己の責めに帰すことのできない事由により控訴期間を遵守できなかったのであるから，この判決の存在を知った日から1週間以内に控訴を追完することが可能であり，それを懈怠した以上は，補充性が働き再審の訴えは不適法となる。原審は，この理由により前訴被告の再審の訴えを却下した。

これに対し，最高裁は「民訴法420条〔筆者注：現338条〕1項ただし書は，再審事由を知って上訴をしなかった場合には再審の訴えを提起することが許されない旨規定するが，再審事由を現実に了知することができなかった場合は同項ただし書に当たらないものと解すべきである。……これを本件についてみるのに，前訴の判決は，その正本が有効に送達されて確定したものであるが，上告人は，前訴の訴状が有効に送達されず，その故に前訴に関与する機会を与えられなかったとの前記再審事由を現実に了知することができなかったのである

---

[4] 再審事由ある判決について控訴の追完が可能である場合，これを控訴の追完により主張しない限り民訴法338条1項但書に触れるというのは，最2小判昭和39・6・26民集18巻5号901頁が前提とする解釈であるが，追完は判決後に生じた上訴提起の障害を理由とし，再審は判決成立過程での手続や資料の瑕疵を主張するもので，両者は機能を異にするから，再審事由は専ら再審の訴えで主張させるべきであるとの見解（兼子＝松浦ほか・前掲注1）1692頁〔松浦馨〕)，再審と追完の選択を認める見解（新堂幸司『新民事訴訟法〔第5版〕』〔弘文堂，2011〕431頁（注1)，斎藤秀夫ほか編『注解民事訴訟法(10)〔第2版〕』〔第一法規，1996〕230頁〔小室直人＝三谷忠之〕，高見・前掲注2）292頁，中山幸二「付郵便送達と裁判を受ける権利(下)」NBL 505号〔1992〕33頁等）も存在したところである。

から，右判決に対して控訴しなかったことをもって，同項ただし書に規定する場合に当たるとすることはできないものというべきである」としたのである[5]。

［判例④］は，事実上の利害対立関係にある妻に対する判決正本の補充送達も有効であると明言している。もっとも，もしこの補充送達が無効であるとすると，控訴期間は開始せず同判決はいまだ未確定であり，前訴被告の救済方法は控訴となる筈であるから，［判例④］のこの言辞は，未確定の判決に対する再審を認めるという奇妙な事態を認めることを避けるための苦肉の策とみるべきであって，この判示はこの点の整合性を保つ限りにおいてのみ，意義を認めるべきであるとの理解があった。有効説を論理的に貫徹すると，訴状等の送達の段階で妻に対し補充送達が実施され，妻がこれを隠匿した場合には，再審事由がないことになりかねないからである[6]。［判例①］は［判例④］が産み出したこの問題に直面した訳である。そこで最高裁が下した結論は，事実上の利害対立関係ある代人に対する補充送達も有効であるとする点で［判例④］との整合性を維持し，また，だからといってそれによりX本人も当然に訴訟係属を知ったことになるという送達擬制の効果が認められる訳ではないという点でも，第一審判決正本の妻に対する補充送達についての［判例④］の論理を承継しつつ，同居者等が受領した訴状等を受送達者に交付するなり訴状等の受領の事実を告知するなどして，受送達者が訴訟係属を現実に了知した場合でない限

---

[5] もともと，明治23年旧々民事訴訟法は，母法であるドイツ法に倣い（現行のドイツ民訴法579条2項），代理権の瑕疵等の再審事由については補充性を外していた。これに補充性の網をかけると，敗訴当事者から正当な代理人により裁判を受ける審級の利益を奪うことになる（民訴法307条が，本来本案判決がなされるべき事案を却下した場合に必要的差戻しとするのと異なり，本来却下されるべき事案について本案判決をした場合には，任意的差戻しに過ぎないからである）。そこで，本人が再審と上訴とを選択できるようにしたものである。
　［判例④］のこの判示により，同じように補充性要件は外されたが，［判例④］は「再審事由を現実に了知しない場合」としているから，3号再審事由が適用または類推適用される場合（当事者が訴訟係属の事実を知らずその結果訴訟手続に関与できなかった場合）は類型的にそういえるが，必ずしも3号再審事由に限られず，第一審判決に対する控訴期間の経過後に初めて裁判所の構成の違法や除斥事由ある裁判官の関与の違法を知ったというような場合でも，やはり再審の補充性は働かないことになる。

[6] 高橋宏志「［判例④］批評」リマークス1994（上）150頁はこのように指摘し，［判例④］のように，妻に対する判決正本の補充送達は有効であるが，現実に被告が上訴することは期待できないから，民訴法338条1項但書の適用を外すという法律構成と，妻に対する補充送達は違法であり，それ自体が民訴法338条1項3号の再審事由となるところ，被告はこの再審事由を知らないのであるから，民訴法338条1項但書は適用されないという法律構成とは，紙一重であり，最高裁は後者の道を進むべきだったとする。

り，確定判決には被告が訴訟に関与する機会を与えられなかったという，民訴法338条1項3号の再審事由は存在するというものである。これにより，［判例①］は，妻に対する訴状等の補充送達は有効とする説を論理的に貫徹すると再審事由がなくなってしまうという［判例④］の難点を回避した。

 5　さて，［判例①］の決定要旨(1)，すなわち「事実上利害対立関係がある同居者等に対する補充送達も有効である」という命題には，実質的な理由が付されていない。あるいは，［判例③］が挙げる要素，すなわち，事実上の利害対立関係の存否は外形から明瞭に判定することが困難であること，こうした外形上客観的に明らかでない事情により送達の効力が左右されることは訴訟手続の安定を害するということに，これを求めるものかもしれない。

 しかし，送達が有効であっても，なお現実に被告が訴訟係属の事実を知り得なかったことをもって，最も法的安定性が尊重さるべき確定判決の既判力の覆滅という帰結を認めるのであれば，法的安定性の尊重の必要性を補充送達有効説の根拠とすること自体が背理ではなかろうか[7]。両者の間の事実上の利害関係の対立の存在を「類型的に」同居人等が受送達者に訴訟関係書類を交付することが期待できない事情として認めるのであれば，むしろ，［判例②］が強調するように，原則としてそのような代人に対する補充送達は無効であり，ただ，代人等が訴訟関係書類を受送達者に交付した場合には，［判例①］のように訴状等の送達の事例ならば，この点の違法を指摘することなく，第一回期日に出頭して原告の請求棄却を求めたり，その旨を記載した答弁書を裁判所に提出したりすることによって，［判例④］のように判決正本の補充送達の事例であれば，第一審判決言渡しの事実を知った時点が控訴期間の経過前なら控訴の提起によって，その後であればその追完によって，責問権の放棄による瑕疵の治癒が認められ，また，訴訟係属や第一審判決言渡しの事実を知りながらこれらの行為を行わないと，責問権の喪失による瑕疵の治癒が認められる，と考えるのが論理的には筋が通っているのではなかろうか。訴状等の送達は郵便に付する送達の方法により実施されたが，結果的に書留郵便が裁判所に還付されたため，

---

7)　有効説を採る論者の多くは，上訴の追完の余地を認めており，［判例③］も，本文に引用した部分に続いて，利害の対立する代人による判決正本の隠匿を理由とする追完を認めている。その限りで，高見・前掲注2) 300頁（注46）が指摘する通り，有効説によっても，法的安定性尊重の要請は損なわれていることは確かであるが，これを338条1項3号の再審事由として認めると，再審期間の制限がなくなるから，追完と再審とでは法的安定性を毀損する点で大きな差がある。

被告は訴訟係属の事実を知らないまま第一回期日を欠席したため敗訴となり，その判決正本は妻に対する補充送達により，受領した妻はこれを隠匿してしまったという，［判例①］とは反対の事例を想定しよう。後に論ずるように，たとえ，現実に被告に訴状等が交付されず，その結果被告が訴訟係属の事実を知り得なかったとしても，郵便に付する送達の実施過程に原告の有責行為に帰せられるべき異常性が存しない限り，それ自体は再審事由とは認めがたいであろう。この場合，判決正本の補充送達が無効なら判決は確定しないから，これに基づく強制執行に対しては執行異議が可能であるし，未確定の段階でももちろん控訴の提起は可能である。つまり，被告の救済方法は多様である。これに対し，判決正本の補充送達が有効であるならば，判決は確定する上，第一審判決には再審事由はないから，被告の救済方法は控訴の追完しかない。［判例①］の事例では，被告が現実に再審事由を了知しない限り再審の補充性は働かないという，［判例④］が打ち立てた法理は等しく当てはまるうえ，3号の再審事由には再審期間の制限がない（民訴342条3項）から，被告はいつまででも再審の訴えの提起による救済を求めることができる点で[8]，落差が大きすぎる[9]。

もっとも，有効説が「客観的に明瞭でない事情により送達の効力が左右されると法的安定性が害される」とする場合，これを再審事由として既判力を覆す

---

[8] 明治23年旧々民事訴訟法474条4項は，無権代理等の再審事由については，他の再審事由と異なり，1カ月の再審期間は，不服の理由を知った日からではなく，本人または（代理権ある）法定代理人が判決の送達により無権代理の瑕疵がある判決の存在を現実に了知した日から起算し，5年間の除斥期間に服さないものとしていた。これはドイツ法に倣ったものである（ドイツ民訴法586条3項）。大正15年の民訴法改正の際，無権代理等の瑕疵は判決が不存在であるのと同じであるから，本人保護のためいつまででも再審による救済を認めることが妥当であるとの理由で，出訴期間の制限を一切なくしてしまった（松本博之＝河野正憲編著『日本立法資料全集(12)民事訴訟法（大正改正編）3』〔信山社，1993〕445頁，三谷忠之『民事再審の法理』〔法律文化社，1988〕21頁以下，加波眞一『再審原理の研究』〔信山社，1997〕137頁参照）。これを手続保障の見地から高く評価すべきであるとの見解（三谷・前掲書49頁）もあるが，そこまで法的安定の要請を犠牲にすることについては，批判的な見解が多い（石川明＝高橋宏志編『注釈民事訴訟法(9)』〔有斐閣，1996〕90頁〔納谷廣美〕，兼子＝松浦ほか・前掲注1) 1741頁〔松浦〕，菊井維大＝村松俊夫『全訂民事訴訟法Ⅲ〔第2版（全訂版）〕』〔日本評論社，1986〕400頁等）。

[9] 堀野出「［判例①］批評」速報判例解説1号（2007）177頁も，妻への補充送達が有効であるとの立場では，本文に記したような状況において，Xの救済方法が追完に限定されてしまうことの問題性を指摘する。注8)に指摘したように，3号再審事由につき期間制限が一切ないということには問題があるが，かといって，追完期間の1週間というのは，高橋・前掲注6) 151頁にある通り，交通途絶等追完制度が本来予定する事由の場合はともかく，訴訟係属の事実を知らなかった被告が自己の置かれた法的状況を把握するための時間としては酷にすぎる。

ことを認めると法的安定性が害されるというだけでなく，送達実務を混乱させてはならないとの配慮もあると思われる。送達事務取扱機関である裁判所書記官，送達実施機関である執行官または郵便局員には，受送達者と代人との間の事実上の利害対立関係の存否は外形から客観的に把握できるものではなく，仮にこの点を把握した上でなければ送達を実施できないものとすれば，送達事務の円滑な運営が著しく阻害されるということも含意されるのであろう[10]。しかし，この点は，送達事務の実施にあたって事務取扱機関または実施機関が遵守すべき（それに対する違背は国家賠償等の問題を招来する）規範のあり方と，既判力による紛争解決への当事者の期待保護の要請と敗訴当事者に対する手続保障の要請との調和を図る観点から，原告と被告との間で，既になされた送達の効力をどう考えるかという問題とは，切り離して考えることができるし，切り離して考えるべきものではないかと考える[11]。この点は，公示送達，郵便に付する送達（以下「付郵便送達」という）を題材として，次のⅡで検討したい。

Ⅱ 不実の公示送達・付郵便送達と再審

1 原告が，被告の住所等送達場所を知悉しているにもかかわらず，または容易にこれを探知しうるにもかかわらずその努力を怠り，これを不明として訴状の公示送達を申し立て，それに基づき公示送達が実施された結果，被告欠席のまま第一審で原告の請求認容となり，この判決がそのまま確定した場合，この判決に対して再審による救済が被告に認められるか。これが，不実の公示送達を理由とする再審の可否の問題である。公示送達の申立てが被告の虚偽陳述に基づく場合であれば，訴訟詐欺等「刑事上罰すべき他人の行為により」請求棄却の判決を得るに必要な訴訟行為を妨げられたこと，すなわち民訴法338条1項5号に基づく再審が許容されるとは解されるものの[12]，同条2項の有罪の

---

[10] 堀野・前掲注9) 176頁，宇野聡「［判例①］批評」リマークス2008（下）131頁，青木哲「［判例①］批評」平成19年度重判解137頁，川島四郎「［判例①］批評」法セミ634号（2007）114頁等，多くの評者が送達の効力論としては有効説を採らざるを得ない理由として挙げる点である。

[11] 山本研「［判例①］批評」明治学院大学法科大学院ローレビュー8号（2008）83頁も，送達実施段階における行為規範と実施された送達の事後的な評価としての有効性判断との相違を強調して，送達の有効性と再審事由の存否の判断を切り離した［判例①］の法律構成を否定的に評価する。

[12] 兼子＝松浦ほか・前掲注1) 1731頁〔松浦馨〕，斎藤ほか編・前掲注4) 48頁〔斎藤秀夫＝磯

判決または過料の裁判の確定等が要件とされるため，被告としては，刑事告訴により検察官の起訴または起訴猶予の処分を待つという段階を踏む必要がある。まして，送達場所の不明を理由とする公示送達の申立てが被告の過失に基づく場合には，民訴法338条1項5号の適用は困難である。したがって，3号の類推による再審を認めることが，被告の救済として最も直截かつ簡明である。

現行民訴法制定前，最高裁は「上告人の主張する事由〔筆者注：原告が被告の住所を知りながら故意により秘匿しまたは過失によりこれを知らずに公示送達を申立てたこと〕は民訴法420条1項3号〔現338条1項3号〕の再審事由に該当しないとした原審の判断は，正当として是認することができる」として，消極説を採用していた（最1小判昭和57・5・27判時1052号66頁）。この場合の救済方法は控訴の追完であるというのが，判例（最2小判昭和36・5・26民集15巻5号1425頁）である。

これに対し，学説[13]においては，訴状の公示送達が不実の申立てによるという瑕疵は民訴法338条1項3号の類推により再審事由に該当するとすることが適切であるとの見解が圧倒的に有力である。［判例④］が，無効な訴状等の送達の結果訴訟関与の機会を奪われたことを端的に3号の再審事由として認めたことをもって，不実の公示送達により訴訟関与の機会を奪われた者に対して同号を理由とする再審の扉を開いたと位置づける理解もあった[14]。その一方で，調査官解説[15]によれば，［判例④］はこの問題に影響するものではなく，不実の公示送達有効説をとる限り，［判例④］の論理からはむしろ逆の結論になるとの理解もあった[16]。

部喬］，石川=高橋編・前掲注8) 48頁〔上村明広〕。
13) 新堂・前掲注4) 440頁，兼子=松浦ほか・前掲注1) 440頁〔竹下=上原〕，小山昇『小山昇著作集10 判決の瑕疵の研究』（信山社，1994) 335頁，梅本吉彦「不意打ち防止と訴訟法理論——公示送達・再審・追完」新堂幸司編『特別講義民事訴訟法』（有斐閣，1988) 404頁，本間義信「公示送達と相手方の救済」民商93巻臨時増刊Ⅰ (1986) 247頁，斎藤ほか編・前掲注4) 235頁〔小室=三谷〕等。
14) 中山幸二「同居者への訴状・判決の送達と再審の可否——最判平4・9・10をめぐって」NBL 506号 (1992) 17頁のほか，三谷忠之「［判例④］批評」判評412号 (1993) 204頁，髙木敬一「［判例④］批評」法教150号 (1993) 63頁，加藤哲夫「［判例④］批評」法セミ457号 (1993) 130頁，高見・前掲注2) 288頁も同旨の理解を示していた。
15) 田中豊・最判解民事篇平成4年度327頁。
16) 森勇「［判例④］批評」平成4年度重判解150頁。訴状送達等の無効=判決への関与の機会なし=3号再審事由該当，というのが［判例④］の論理であるとすれば，そういう理解になろう。送達の有効性と3号再審事由該当性とを切り離すことは，［判例④］の素直な理解からは出て来

2 さて，［判例①］の命題を極度に単純化ないし抽象化すれば，被告が訴訟係属の事実を知ることができず，その結果訴訟に関与する機会を奪われたときには，送達が有効であってもなお民訴法338条1項3号の再審事由が認められるというものとなる。そうだとすると，不実の公示送達の場合もまた，被告は訴訟係属の事実を知ることができずその結果訴訟に関与する機会を与えられなかったのであるから，不実の公示送達は有効であってもなお民訴法338条1項3号の再審事由があることになる。しかし，［判例①］をここまで単純化ないし抽象化してしまうと，原告が被告の送達場所を知悉せず，かつ，必要とされる注意を尽くしたが探知し得なかったため，公示送達を申し立てたという場合であっても，再審が認められることになってしまう。これでは公示送達という制度自体が成り立たなくなる。公示送達とはもともと被告が訴訟係属の事実を知り得ないことを制度的に予定した上で，それでも原告に訴訟提起を可能にするための制度だからである[17]。程度の差はあっても，同様のことは付郵便送達についてもいえる[18]。

3 他方で，［判例①］自身，有効な補充送達がなされても，代人と受送達者との間の訴訟物たる法律関係の成立過程における事実上の利害対立関係という，類型的に代人による訴訟関係書類の受送達者への自発的交付を期待できない事情により，被告が訴訟係属を知り得ない場合であったことを強調している。換言すれば，そのような事情の存在が，送達の有効性と3号の再審事由の承認とを切り離すことを正当化している。そうだとすると，公示送達にせよ付郵便送達にせよ，それらが，被告が訴訟係属の事実を知り得ず訴訟関与の機会を与えられないことを制度として予定しているとしても，確定判決の取得を急ぐ原告が，被告の送達場所または就業場所は不明であるとの虚偽の陳述をすること，または，必要とされる調査義務を怠ってそのような陳述をすることは，類型的にありがちな事情であるから，このような事情が存在し，かつ，それにより被告が訴訟手続に関与する機会が与えられなかったときは，3号再審事由と評価

ず，［判例①］によって初めて，不実の公示送達有効論と3号再審事由該当性とを切り離して議論することが可能となったと考えるべきである。
[17] 山本研・前掲注11) 88頁，堀野・前掲注9) 178頁。
[18] ただし，中山幸二「郵便に付する送達制度の問題点」神奈川法学22巻3号（1987）95頁以下は，郵便に付する送達により敗訴した当事者に対しては，民訴法338号1項3号の類推により再審を認める，または，追完を許すといった解釈論を呈示している。

することができるということまでは，[判例①]の論理からも導きうるのではないかと思われる[19]。さらに進んで，このように，客観的に窺い知ることができない事情を背景として実施された公示送達または付郵便送達の国家賠償法の意味における違法性と，原告被告間において，このような事情を背景とする送達は，訴状等の送達であれば再審事由となるという意味で無効であり，判決正本の送達であれば上訴期間を開始させないという意味で無効であるということともまた，切り離して考えることができるのではないかとも思われる。このような議論の土俵を設定することを可能にする事例として，最高裁平成10年9月10日第1小法廷判決・判時1661号81頁・89頁[判例⑤]を検討してみたい。

〈事実〉 Xの妻BがX名義のクレジットカードを使用したことによる貸金および立替金について，カードの発行会社Y_1がXに対しその支払を求めた（前訴）。前訴提起当時，Xは釧路市内にある勤務先A社から東京に長期出張しており，XとY_1の担当者とのやり取りの中で，Xは，自己宛の郵便物は自宅ではなく釧路市内の勤務先に送付してほしい旨要望していた。Xの自宅における訴状等の送達がXの不在により奏効しなかったため，担当書記官はY_1に対しXの就業場所を照会したところ，Y_1の担当者は照会に係る「就業場所」とは，先の釧路市内の勤務先ではなく，現実にXが仕事に従事している場所であるとの理解のもと，A社にその場所を問い合わせることなく，Xの就業場所は不明であり，Xは出張中で家族は訴状記載の自宅にいる旨を回答した。担当書記官は，右回答に基づき，Xの就業場所は不明であると判断し，Xの自宅住所宛に訴状等の付郵便送達を実施したが，留置期間満了により訴状等は裁判所に還付された。第一回期日にX欠席のままXに対し金28万円の支払を命ずる判決が言い渡され，同判決正本はXの住所において妻に対し補充送達されたが，妻はこれをXに渡すことなく，控訴期間が経過した。Y_1はこの判決に基づきXの給与を差し押えたが，まもなく債権差押えの申立てを取り下げ，その後Xから金28万円の任意弁済を受けた。

Xは，前訴判決につき前訴裁判所に対し再審の訴えを提起したが，前訴裁判所は，前訴確定判決には（旧）民訴法420条1項3号［現338条1項3号］所定の再審事由が認められるが，控訴の追完が可能であったから，再審の補充性により，この再審の訴

---

[19] 河村好彦「［判例①］批評」法学研究（慶應義塾大学）81巻3号（2008）121頁も同旨。これに対し，宇野・前掲注10）131頁は，[判例①]が類型的に訴訟関係書類を了知することができない事実関係の下で現実にも了知されなかった場合だけを再審事由と認めていることに照らし，不実の公示送達の場合にその射程は及ばないとする。

えは不適法であるとして却下した。そこで、Xは、前訴における訴状等の送達はY₁の担当者の重過失による誤回答に基づくもので、これにより開始された前訴訴訟手続で成立した確定判決による強制執行をさけるため、Xがその支払を余儀なくされた金28万円余は誤回答と相当因果関係にある損害であると主張し、Y₁に対しその損害賠償を求めるとともに、前訴で訴訟手続に関与する機会を奪われたことによる精神的苦痛に対する慰謝料の支払を求め、訴えを提起した［②事件］。Xは、Y₂（国）を被告として、担当書記官による付郵便送達の要件の認定およびその実施についての過失を理由に、国家賠償を請求する訴えを別に提起［①事件］し、この二つの訴えの弁論が併合された。

　原審は、［①事件］につき、担当書記官および担当裁判官の判断は不合理ではなく、裁量権の範囲の逸脱は認められないとして国家賠償法上の過失を否定したが、［②事件］については、Y₁の担当者は、Xとの交渉を通じてXの勤務先A社を知悉しており、A社を通じてXの連絡先や連絡方法について容易に調査確認できたにもかかわらずこれを怠った点で、重過失があり、この重過失による誤回答に基づき実施された付郵便送達は無効であって、その結果、前訴においてXに訴訟に関与する機会が与えられないまま前訴判決が確定するに至ったものであり、前訴においてXに訴訟関与の機会が与えられ、Xの妻によるクレジットカードの無断使用の事実が主張されていれば、前訴判決の内容も異なったものとなった可能性が高いとした上、確定判決の取得またはその執行の態様が著しく公序良俗または信義則に反し、違法性の程度が裁判の既判力による法的安定性の要請を考慮してもなお容認し得ないような特段の事情がある場合には、確定判決の既判力ある判断と実質的に矛盾するような不法行為に基づく損害賠償請求も是認されるとし、財産損害についてのXの主張を認め、金28万円につきその請求を認容しつつ、慰謝料請求については、これが確定判決の既判力ある判断と矛盾する損害賠償請求であるとの前提に立った上で、既に財産的損害につき賠償を命ずる以上、それを超えて精神的損害についてまで賠償請求を認める必要はないとした。

　〈判旨〉　［①事件］「民事訴訟関係書類の送達事務は、受訴裁判所の裁判所書記官の固有の職務権限に属し、裁判所書記官は、原則として、その担当事件における送達事務を民訴法の規定に従い独立して行う権限を有するものである。受送達者の就業場所の認定に必要な資料の収集については、担当裁判所書記官の裁量にゆだねられているのであって、担当裁判所書記官としては、相当と認められる方法により収集した認定資料に基づいて、就業場所の存否につき判断すれば足りる。担当裁判所書記官が、受送達者の就業場所が不明であると判断して付郵便送達を実施した場合には、受送達者の就業場所の存在が事後に判明したときであっても、その認定資料の収集につき裁量

権の範囲を逸脱し，あるいはこれに基づく判断が合理性を欠くなどの事情がない限り，右付郵便送達は適法であると解するのが相当である。

……受訴裁判所の担当各裁判所書記官は，Xの住所における送達ができなかったため，当時の札幌簡易裁判所における送達事務の一般的取扱いにのっとって，当該事件の原告である Y_1 に対してXの住所への居住の有無及びその就業場所等につき照会をした上，その回答に基づき，いずれもXの就業場所が不明であると判断して，本来の送達場所であるXの住所あてに訴状等の付郵便送達を実施したものであり，Y_1 からの回答書の記載内容等にも格別疑念を抱かせるものは認められないから，認定資料の収集につき裁量権の範囲を逸脱し，あるいはこれに基づく判断が合理性を欠くものとはいえず，右付郵便送達は適法というべきである。」

[②事件] （財産損害の主張について）前訴受訴裁判所の担当裁判所書記官が認定資料の収集につき裁量権の範囲を逸脱したとも，それに基づく担当書記官の判断が合理性を欠くとも認められないから，本件付郵便送達は適法であり，前訴の訴訟手続および前訴判決に何ら瑕疵はないとした上で「当事者間に確定判決が存在する場合に，その判決の成立過程における相手方の不法行為を理由として，確定判決の既判力ある判断と実質的に矛盾する損害賠償請求をすることは，確定判決の既判力による法的安定を著しく害する結果となるから，原則として許されるべきではなく，当事者の一方が，相手方の権利を害する意図の下に，作為又は不作為によって相手方が訴訟手続に関与することを妨げ，あるいは虚偽の事実を主張して裁判所を欺罔するなどの不正な行為を行い，その結果本来あり得べからざる内容の確定判決を取得し，かつ，これを執行したなど，その行為が著しく正義に反し，確定判決の既判力による法的安定の要請を考慮してもなお容認し得ないような特別の事情がある場合に限って，許されるものと解するのが相当である（最高裁昭和43年(オ)第906号同44年7月8日第3小法廷判決・民集23巻8号1407頁参照）。

これを本件についてみるに，……原判決の判示するところからみれば，原審は，Y_1 が受訴裁判所からの照会に対して必要な調査を尽すことなく安易に誤って回答した点において，Y_1 に重大な過失があるとするにとどまり，それがXの権利を害する意図の下にされたものとは認められないとする趣旨であることが明らかである。そうすると，本件においては，前示特別の事情があるということはできない。」

（慰謝料請求について）「右請求は，確定した前訴判決の既判力ある判断と実質的に矛盾する損害賠償請求には当たらず，しかも，……XがY₁に対して支払った28万円についての損害賠償請求を肯認することはできないのであるから，原審の……理由付けは，その前提を欠くものであって，これを直ちに是認することはできない。したがって，前記理由付けをもってXの……請求を棄却すべきものとした原審の判断に

は，法令の解釈適用を誤った違法があり，右違法は原判決の結論に影響を及ぼすことが明らかであ……る。」

4 この判決は，さまざまなことを考えさせてくれる。

［①事件］についての［判例⑤］の判旨は，現行民訴法の下で不実の公示送達の効力をどう考えるかにつき，一つの示唆を与える。

すなわち，旧民訴法の下では，公示送達については受訴裁判所の裁判長の許可を要件としていた。そして，旧民訴法の下で実務上強い影響力を有していた見解は[20]，要件を欠く公示送達の効力について，裁判長の許可なくしてなされた場合は当然に無効であるが，裁判長の許可があって公示送達がなされたが，後になって要件が存在しなかったことが判明した場合は，たとえ送達場所が判っているのにこれを不明とする申立てに基づいて許可された場合であっても，上訴の追完または再審の可能性があることは別として，許可があった以上公示送達は有効であるとしていた。この見解の背後には，たとえその内容に誤りがあっても裁判（この場合の裁判長の許可は命令である）には当然無効はないという考え方があったと解される[21]。この点，現行民訴法は公示送達の実施にあたっての裁判による要件判断を不要とし，専らこれを裁判所書記官の固有の権限としたこととの関係で，裁判に当然無効なしとの命題を前提とする旧法下の判例・通説の説く不実の公示送達有効論は，もはや現行民訴法の下では成り立たないのではないかという疑問が呈されていた[22]。

裁判に当然無効なしとの命題から不実の公示送達有効論を導くことができないことは，その通りであると解される。とはいえ，公示送達が裁判所書記官の固有の職務権限に属するものとされたからといって，不実の公示送達がそれだけで当然に違法かつ無効となるとは言い切れないことを示すのが，［①事件］についての判示である。［①事件］の前訴は旧法下の事案であるが，旧法において既に裁判所書記官の固有の職務権限とされていた付郵便送達につき，裁判所書記官による認定資料の収集における裁量権の範囲の逸脱またはそれに基づく判断の合理性の欠如等の事情がない限り[23]，被告の就業場所を不明とする原

---

[20] 岩松＝兼子・前掲注1）337頁，菊井＝村松・前掲注1）972頁，竹下＝伊藤編・前掲注1）608頁以下，612頁以下〔下田文男〕。
[21] 田中・前掲注15）327頁はこの旨を明言する。
[22] 新堂・前掲注4）440頁，高橋宏志『重点講義民事訴訟法（上）』（有斐閣，2005）700頁，秋山幹男ほか『コンメンタール民事訴訟法Ⅱ〔第2版〕』（日本評論社，2006）357頁。

告の回答がたとえ必要とされる調査義務を欠いた重過失に基づくとしても，国家賠償請求を根拠付けるという意味での違法性を認めることはできないのである。

次に，［②事件］における財産的損害の賠償請求についての判示は，裁判外で訴えの取下げの合意が成立したにもかかわらず，前訴原告が前訴被告を欺罔して訴えを取り下げなかったため，前訴被告欠席のまま言い渡された同人敗訴の判決が確定した場合に，強制執行をさけるため判決で支払を命じられた金額の任意弁済を余儀なくされた前訴被告が，不法行為を理由としてその弁済金相当額の賠償請求をすることは前訴判決の既判力にかかわらず妨げられないとした，判旨引用に係る最高裁昭和44年7月8日判決の射程を明らかにする。このような前訴被告の因果関係および損害に関する主張は，前訴被告が訴訟手続に関与していたならば，前訴判決とは異なりそこで認定された支払義務は存在しないものであったと認定されたはずであるということを含意するから，再審の訴えを経由しないで不法行為に基づく損害賠償請求の形でこうした主張をすることは，再審の迂回および既判力の潜脱として許されないとする見解が有力である一方で[24]，欺罔行為についての主張・立証は再審事由の主張・立証と，因果関係および損害についての主張・立証は前訴訴訟物たる請求権の存否についての再審理と，それぞれ重複するから，この損害賠償請求訴訟はその実質において再審と同じであり，再審の迂回との非難は当たらず，こうした救済方法も被害者の選択により認めて構わないとする見解も存在した[25]。これに対しては，再審ならば再審期間の制限，可罰行為を理由とする再審であれば有罪の判決または過料の裁判の確定が要件とされる以上，損害賠償請求と再審の訴えとは同じでない，原則的な救済方法として再審が存在するにもかかわらず，破格

---

23) もっとも，［判例⑤］の事案における裁判所書記官の措置に全く問題がないといえるかは微妙である。新堂幸司「郵便に付する送達――手続保障に関する一つのケーススタディ」『民事訴訟法学の基礎』（有斐閣，1998）367頁以下は，［判例⑤］の第一審判決を素材として詳細に検討した上，送達の現場での行為基準ないしガイドラインを考える上では，もう少し原告に調査を促した方がよかったとする。山本和彦「［判例⑤］批評」リマークス2000(上)127頁も同旨。村田渉「［判例⑤］批評」平成11年度主要民事判例解説255頁も，事案毎に収集した資料等を慎重に検討する運用を求める。

24) 最も詳細にこの問題を論ずるものとして，中野貞一郎『判例問題研究強制執行法』（有斐閣，1975）102頁以下。

25) 新堂幸司「演習」法教（第2期）1号（1973）180頁。

の救済方法を認めることは却って被害者を混乱させる等反論が，前者から加えられていた。

この点，［判例⑤］は，不法行為に基づく損害賠償請求による再審の迂回ないし既判力の潜脱は，当事者の一方からの訴訟手続への関与の機会の剥奪が他方当事者の相手方の権利を害する意図に基づく場合に限定し，他方当事者の重過失による裁判所に対する誤回答の結果，相手方から訴訟手続への関与の機会が奪われただけでは足りないとした。再審を迂回して既判力を覆すことを認めるには，当事者の一方の行為の悪性の程度が顕著な場合に限られるというのは，それなりに理解できる判断ではある[26]。

5　残る問題は，［判例⑤］の事案において，民訴法 338 条 1 項各号の再審事由が認められるかである。Y_1 の担当者の調査義務を尽くさない誤回答は可罰行為ではないから，5 号再審事由の存在は認めがたい[27]。この点で，［判例⑤］は，担当書記官につき認定資料の収集についての裁量権の範囲の逸脱またはその判断の合理性の欠如が認められない以上，前訴訴訟手続にも前訴判決にも何ら瑕疵はないと断言している。しかし，再審を迂回して既判力の覆滅を求める実質を有する損害賠償請求は，前訴被告の前訴訴訟手続への関与の機会の喪失が前訴原告の加害意図に基づくものでなければ，それだけで棄却できるのであり，Y_1 の調査義務違反に起因する誤回答を基礎とした付郵便送達による訴状等の送達の効力を云々するまでもないから，これは傍論に過ぎない。まして，送達の有効性と，前訴被告が訴訟係属を知り得なかったが故に訴訟手続に関与できなかったことが 3 号の再審事由と評価できるかという問題とを切り離した［判例①］が現れた現在の時点において，なおこの立場を維持できるかは極めて疑わしい。ここでの問題は，既判力ある判断を維持すべきであるという法的安定性の尊重の要請と前訴被告に対する手続保障の必要性との兼ね合いである。前者は，訴訟制度全体の安定性という意味で公益に関わる部分がないとはいえ，基本的には，前訴判決の確定により紛争は解決したとの前訴原告の信頼保護の

---

26) 山本和彦・前掲注 23) 127 頁も，過失による手続関与の妨害の類型は昭和 44 年最判の射程から外れるとする。ただ，［判例⑤］の事案では原告に重過失を認めてよく，重過失の場合には故意による加害の場合と区別する必要はないとも論じる。

27) もっとも，最 2 小判昭和 47・4・28 判時 667 号 29 頁によれば，妻による判決正本の隠匿は刑法 263 条の信書隠匿罪を構成するので，民訴法 338 条 1 項 5 号の再審事由が認められる。ただし，X は妻を告訴しなければならない。

問題である。［判例①］の事案では，前訴被告が前訴の訴訟手続に関与できなかった原因が，事実上の利害対立関係にある同居人である義父への訴状等の補充送達とその者による訴状等の隠匿という，それ自体としては前訴原告に帰責できない事情であったにもかかわらず，前訴被告に対する手続関与の機会の保障の要請が既判力の維持に優先するとされている。そうだとすると，Xが前訴訴訟手続に関与できなかった理由がY_1の重過失に基づく［判例⑤］の事案において，Xに対する手続関与の機会の保障の要請が既判力維持の要請を下回るのは，前訴当事者間の実質的な利益考量としても不当と考えられる。

　何よりも，［判例⑤］自身が，Y_1の重過失によるXの手続関与の機会の剥奪に慰謝料請求を根拠付けるに足りる違法性を認めている。［判例⑤］のこの判断については，藤井正雄裁判官により，争われている権利の存否と無関係に手続の実施そのものに独自の価値がある訳ではなく，ある当事者が民事訴訟の手続に事実上関与する機会を奪われたことにより，必要な権利利益の主張ができなかった結果，本来存在する法律関係の内容と異なる判決がなされ，その判決に確定力が生じて争い得なくなったときに，その者に償うに足りる精神的損害が生ずると解すべきであり，判決の結論に関わりなく訴訟手続への関与を妨げられたとの一事をもって，当然に不法行為としての慰謝料請求権が生ずるとすることはできない，との反対意見が付せられている[28]。財産的損害を不法行為として主張する場合であれば，手続関与の機会が与えられたとすれば確定判決の内容と異なる内容の判決が得られたことの主張・立証が必要であるが，判決の結論に関わりなく，手続に関与する機会が奪われたことの一事をもって当然に不法行為としての慰謝料請求権が発生すると捉えれば，この点の主張・立証は必要でなくなるから，多数意見の指摘する通り，この慰謝料請求は確定した前訴判決の既判力ある判断と実質的に矛盾するものではない。しかし，いったい精神的損害の額をどのように評価するのであろうか。仮にXが支払を余儀なくされた28万円を基準に賠償額を算定するのであれば，［判例⑤］の事案におけるXの前訴手続関与の機会の剥奪が再審事由となると仮定した場合，再審の訴えではその事由の主張・立証に加え，立替金支払義務が妻によるクレジットカードの無断使用により発生したという事実の主張・立証に成功しない

---

[28] 山本和彦・前掲注23）127頁は，この反対意見を排した多数意見は，手続的正義論の見解から注目すべき判断であると評価する。

限り，Xが任意弁済した28万円を取り戻せない筈である。多数意見の法律構成では，慰謝料請求の方法によればこの点の主張・立証は不要とされ，却って，真実Xが28万円の支払義務を負っている場合であっても，Xは28万円を取り戻せてしまう。いかに手続保障が重視されるべきであるとしても，この帰結に違和感を抱くのは藤井裁判官だけではないと思われる。かといって，裁判所がXの精神的損害を慰謝するに相当と考える適当な額を賠償させれば足りる（1円でもよい）というのなら，それは余りにも便宜的であろう。

結局，[判例⑤]の[②事件]において最高裁が示した慰謝料による解決は，Xの就業場所を不明とするY₁の重過失ある回答に基づき付郵便送達が実施されたため，Xが訴訟係属を知り得ず訴訟手続に関与できなかったことを理由として，Xが提起した再審の訴えにつき，前訴受訴裁判所が，この事情が民訴法338条1項3号に該当することを前提としつつも，[判例④]が現れる前（再審の訴えの提起は昭和62年11月であった）の事件であって，控訴の追完が可能であったことを理由に再審の補充性に触れるとしてこれを却下したため，不法行為による損害賠償を求めるほかなくなったXのための，非常手段に訴えた救済判決として評価すべきであろう。

6　筆者としては，[判例⑤]のような付郵便送達の事例はもちろん，被告の住所を知りながらまたは必要な調査を欠いたまま，これを不明とする原告の申立てに基づいて公示送達が実施されたため，被告が訴訟係属の事実を知ることができず訴訟手続に関与する機会を奪われた場合も，民訴法338条1項3号の再審事由として認めるに足りると考える。最後に残る理論構成は，[判例①]のように，送達としては適法だが，結果的に原告が訴訟係属の事実を知り得ず訴訟手続に関与する機会を奪われたときは3号の再審事由となるというか，それとも，[判例⑤]の原審がいうように，送達事務取扱機関や送達実施機関の行為の国家賠償法上の違法性（被告対国家の関係）と，再審事由としての訴訟手続の違法性（原告対被告の関係）とは異なる次元の問題として区別し，すなわち違法の相対性を正面から承認し，送達事務取扱機関または送達実施機関に資料の収集に係る裁量権の範囲の逸脱またはその判断の合理性の欠如が認められない限り，国家賠償請求権を生じさせるという意味での違法性は認められないが，原告と被告との間における訴訟係属または判決確定の要件としての送達としては，違法であり無効であるというか，である。筆者としては，[判例①]につ

いて述べた通り，後者に魅力を感じる。

〔後記〕
　青山善充先生は，筆者の助手時代の指導教官である。恩師の古稀を祝賀する論文集に，このような判例研究とはおよそほど遠い雑駁な感想文しか献呈できないことを，衷心よりお詫び申し上げる。

平成23年改正民事訴訟法における管轄権
―― 併合請求および反訴を中心として

　　　　Ⅰ　はじめに
　　　　Ⅱ　法改正前の判例の状況
　　　　Ⅲ　旧法下の判例法理を併合請求に適用した場合の問題点
　　　　　　　――その1　客観的併合
　　　　Ⅳ　旧法下の判例法理を併合請求に適用した場合の問題点
　　　　　　　――その2　主観的併合
　　　　Ⅴ　現行民訴法3条の6の立案過程
　　　　Ⅵ　改正法の下での解釈上の問題点
　　　　Ⅶ　反訴の管轄権
　　　　Ⅷ　おわりに

Ⅰ　はじめに

　平成24年4月1日から「民事訴訟法及び民事保全法の一部を改正する法律」（平成23年法律36号）が施行されている。同法は，いわゆる国際裁判管轄（改正後の法律は「管轄権」と呼んでいるので，本稿もこれに従う）について，民事訴訟および民事保全の分野に限定されてはいるものの，網羅的に明文の規律を置いたものである。本稿は，そのうち，民事訴訟法（以下「民訴法」という）3条の6が規律する「併合請求の管轄権」と民訴法146条3項の「反訴の管轄権」について，改正の経緯と問題点を簡潔に指摘することを目的とする。

Ⅱ　法改正前の判例の状況

　管轄権について，従前の判例は，明文の制定法規もなければ，よるべき確立された国際慣習法も存在しない，との前提から出発し，当事者間の公平および裁判の適正・迅速を期するという理念により条理に基づいて決するのが相当で

あるとし，結論としては，わが民訴法の土地管轄規定が定める裁判籍の何れかがわが国内に存在すればわが国の管轄権を認めるのが，この条理に適うとしていた（最判昭和 56 年 10 月 16 日民集 35 巻 7 号 1224 頁。以下「昭和 56 年最判」という）。これは，その帰結において当時民事訴訟法学において多数説であった「逆推知説」と一致する。この立場では，民訴法 5 条 4 号により，わが国に住所を持たない被告がわが国に差し押えることができる財産を有していれば，たとえそれが僅かな価値しか有しないものであっても，当該被告に対するあらゆる財産上の請求を対象とする訴訟につき，わが国に管轄権が生ずることとなり，管轄の基本原則である被告の応訴の便宜の保護という要請に反する結果となる[1]。そこで，判例は，わが民訴法の土地管轄規定が定める裁判籍の何れかがわが国内に存在する場合であっても，わが国の管轄権を認めることが，当事者間の公平および裁判の適正・迅速を期するという理念に反することとなる「特段の事情」があるときは，わが国の管轄権が否定されるとの法理を展開するに至っていた（最判平成 9 年 11 月 11 日民集 51 巻 10 号 4055 頁[2][3][4]）。以下「平成 9 年最

---

1) 改正後の民訴法 3 条の 3 第 3 号は，その財産の価額が著しく低いときはわが国の管轄権を否定している。

2) 昭和 56 年最判（マレーシア航空事件）および平成 9 年最判（ファミリー事件）についての論考は枚挙に遑がない。前者についての塩崎勤調査官の解説（最判解民事篇昭和 56 年度 592 頁以下），後者についての孝橋宏調査官の解説（最判解民事篇平成 9 年度（下）1320 頁以下）が掲げる文献を参照されたい。

なお，マレーシア航空事件（日本人が，クワラルンプールとペナンの間のマレーシア航空国内線の往復航空券をクワラルンプールにある同社の代理店において購入したが，復路において飛行機が墜落し，乗客乗員全員が死亡したという事案である）では，大正 15 年民訴法 4 条 3 項（現民訴法 4 条 5 項）に基づき，日本に営業所を有する外国航空会社を被告として，同社の航空機の墜落事故により死亡した日本人被害者の遺族が損害賠償を求めた訴えについて，当該請求権の発生原因と日本の営業所との業務との関連性を問うことなく，日本の管轄権が肯定された。判例および逆推知説がもたらこうした帰結に批判的な「管轄配分説」から，当事者間の公平および裁判の適正・迅速を期する立場から，日本に事務所・営業所を有する外国法人に対する訴えは，当該日本の事務所・営業所の業務に関して生じたものに限るべきであると批判されていた（池原季男＝平塚真「渉外訴訟における裁判管轄」鈴木忠一＝三ケ月章監修『実務民事訴訟講座第 6 巻』1 頁以下〔日本評論社，1971〕，青山善充「国際的裁判管轄権」三ケ月章＝青山善充編『民事訴訟法の争点』〔有斐閣，1979〕50 頁以下等）。今回の改正民訴法 3 条の 3 第 4 号は，この批判を容れ，日本に事務所・営業所を有する者に対する訴えの管轄権は，その事務所・営業所の業務に関するものに限って生ずるものとした。他方で，外国法人が，日本に事務所・営業所を設置せず，日本における代表者を定めて日本において継続的に取引を行ったり，100％子会社の日本法人を設立し，これを外国会社の代理店として日本において継続的に取引を行ったりした場合には，これらの取引から生ずる外国法人に対する訴えにつき日本に管轄権を認める根拠規定がないのは不合理であるとの理由から，日本において事業を行う者（日本において取引を継続する外国会社を

360

判」という)。

III 旧法下の判例法理を併合請求に適用した場合の問題点
――その1 客観的併合

客観的併合については，同一被告に対する併合請求のうちの何れかについて，受訴裁判所が被告の普通裁判籍または特別裁判籍の何れかの所在を原因として

含む)に対する訴えは，当該訴えがその者の日本における業務に関するものであれば，日本の管轄権を認めることとした（同条5号。同条4号と5号の関係については，佐藤達文＝小林康彦編著『一問一答 平成23年民事訴訟法等改正』〔商事法務，2012〕56頁参照)。

3) マレーシア航空事件に改正後の民訴法を仮定的に適用した場合に，同事件につき日本に管轄権は認められるだろうか。請求の原因である旅客運送契約の締結は，マレーシア航空の日本における営業所の業務として行われたものではないから，民訴法3条の3第4号の下では，日本の管轄権は認められないと解される。しかし，同事件の被害者が締結した旅客運送契約が，民訴法3条の4第1項にいう「消費者契約」に該当し，かつ，訴え提起の時または旅客運送契約締結の時における同被害者の住所が日本国内にあるならば，同項により日本の管轄権が肯定される。同項の「消費者」の定義は，消費者契約法2条1項のそれと同じである。被害者が私的な旅行のために旅客運送契約を締結したのであれば，これが消費者契約であることに疑いはない。他方，被害者が日本の会社に勤務する労働者であり，ペナン発クワラルンプール行きの飛行機への搭乗が社命による出張であったとすると，旅客運送契約の締結は労働契約に基づく労働である。労働は，自己の危険または計算によらず他人の指揮命令に服するものであり，自己の危険および計算に基づいて独立的に行われる「事業」には該当しない（消費者庁企画課編『逐条解説 消費者契約法〔第2版〕』〔商事法務，2010〕79頁以下)。したがって，同被害者は，消費者契約法2条1項において「消費者」から除かれるもの，すなわち「個人であって事業としてまたは事業のために契約の当事者となるもの」には該当せず，同法にいう「消費者」であり，彼が社命による出張のため外国の航空会社（民訴法3条の4第1項の定義上「事業者」〔法人その他の社団または財団〕に該当する）と締結した旅客運送契約は，民訴法3条の4第1項にいう消費者契約に該当する。他方，同被害者が旅客運送契約の締結当時日本に住所を有していたか否か（同人の勤務地は日本であり，マレーシア行きは一時的な出張だったのか，同人は当時勤務先会社のクワラルンプール支店の駐在員であったのか）は，判例集からは定かでない。

4) ファミリー事件については，判旨の一般論はともかくとして，事案の具体的処理において，裁判所が，同事案において義務履行地がわが国に所在しないことの認定を省略して，いきなり特段の事情を認めて訴えを却下した措置に対しては，同判決についての評釈（中野俊一郎「判批」法教213号〔1998〕124頁，道垣内正人「判批」ジュリ1133号〔1998〕213頁，海老沢美広「判批」平成9年度重判解288頁等）による批判があった。改正後の民訴法3条の9は，判例の「特段の事情」法理を明文化したものであるが，同条が「訴えについて日本の裁判所が管轄権を有することとなる場合……においても」という文言を用いているのは，管轄権に関する法改正が実現した暁には，裁判所は，まず，民訴法3条の2以下の規定により日本の裁判所が管轄権を有することとなるかどうかにつき判断を行い，その上で，特段の事情の有無を判断することが望ましいとする，法制審議会国際裁判管轄法制部会における議論を前提としている（佐藤＝小林編著・前掲注2) 158頁)。

土地管轄を有していれば，それにより当該請求につきわが国に管轄権が生じ，併合されている他の請求について民訴法7条により併合請求の裁判籍が生じる結果，結局すべての請求についてわが国に管轄権が生じる。客観的併合では，併合されている請求相互間にその成立要件等の共通性がある場合に限られないから，被告としては，日本に管轄権が生ずる請求との関連性または日本国との関連性が全くない他方の請求についても，日本で応訴を強いられる不都合が生ずる。そこで，従来，一部の学説や下級審判例は，平成9年最判が認めた「特段の事情」法理による修正を試みていた。しかし，最高裁は，より直接的に，客観的併合における管轄権の成立を限定する解釈を示した（最判平成13年6月8日民集55巻4号727頁[5]。以下「平成13年最判」という）。事案は，原告Xは，Xが日本およびベルヌ条約加盟国（タイを含む）において著作権を有する係争著作物（ウルトラマン）につき，訴外Aに対し，日本および東南アジア各国におけるその排他的使用権を付与したところ，タイ人の実業家である被告Yは，同人が社長を務めるB社が，代理人を介して，Xから日本を除く各国における本件著作物の独占的利用権を獲得したと主張して，A社はB社が有する独占的利用権を侵害している旨の内容の警告書を日本におけるA社の営業所に送付したため，Xは，同警告書が日本国内に送付されたことによりXの業務が妨害されたと主張して，Yに対し，不法行為に基づく損害賠償を請求する（①）とともに，これと併合して，Yが日本国内において本件著作物についての著作権を有さないことの確認（②），XY間における本件著作物の独占的使用許諾契約書が真正に成立したものでないことの確認（③），Xがタイ国において本件著作物の著作権を有することの確認（④），Yが本件著作物の利用権を有しないことの確認（⑤），Yが日本国内において第三者に対し本件著作物の利用がYの独占的使用権の侵害に当たる旨の通告をすることの差止め（⑥）を，それぞれ請求したというものである。

最高裁は，①につき，Yによる警告書の送付によりわが国におけるXの業務が妨害されたとの客観的事実関係が証明されれば，わが国に不法行為の裁判

---

[5] 平成13年最判，いわゆるウルトラマン事件は，客観的併合における併合請求の管轄権の問題だけでなく，不法行為地を原因とする管轄権が認められるためには，原告はどこまで不法行為に関する主張立証をする責任を負うかという問題に関しても，重要な判断が示されており，これらの論点に関する文献は，膨大な数存在する。詳細は，同判決についての高部眞規子調査官の解説（最判解民事篇平成13年度(下)475頁以下）を参照されたい。

籍に基づく管轄権が生ずることを認め，かつ，②につき，請求の目的の国内所在という裁判籍に基づくわが国の管轄権を認めた上で，その他の請求については「ある管轄原因により我が国の裁判所の国際裁判管轄が肯定される請求の当事者間における他の請求につき，民訴法の併合請求の裁判籍の規定（民訴法7条本文，旧民訴法21条）に依拠して我が国の裁判所の国際裁判管轄を肯定するためには，両請求間に密接な関係が認められることを要すると解するのが相当である。けだし，同一当事者間のある請求について我が国の裁判所の国際裁判管轄が肯定されるとしても，これと密接な関係のない他の請求を併合することは，国際社会における裁判機能の合理的な分配の観点からみて相当ではなく，また，これにより裁判が複雑長期化するおそれがあるからである」との一般論を呈示した。その上で，具体的な事案の処理としては，本件請求③ないし⑥は，いずれも本件著作物の著作権の帰属ないしその独占的利用権の有無をめぐる紛争として，本件請求①および②と実質的に争点を同じくし，密接な関係があるとして，③ないし⑥につき併合請求の裁判籍に基づくわが国の管轄権を認めた。

Ⅳ 旧法下の判例法理を併合請求に適用した場合の問題点 ——その2 主観的併合

　他方，主観的併合についての併合請求の裁判籍は，民訴法38条前段の要件が存在する場合に限り，認められている（民訴7条ただし書）。これは，平成8年に制定された現行民訴法が旧法の下での判例・通説を採用したものである。大正15年に明治23年民訴法の判決手続の部分を改正した際に設けられた条文（旧民訴法21条）には，現行民訴法7条本文に相当する文言しか存在しなかった。もともと，明治23年民訴法にも，その母法である1877年ドイツ民訴法にも，併合の要件を充たす限り，併合に係る請求の一つにつき受訴裁判所に管轄が認められると他の請求についても管轄が生ずるという規律は，存在しない[6]。

---

[6] かえって，訴えの併合の要件を定める明治23年民訴法191条，ドイツ民訴法260条は，同一の被告に対する複数の請求は，その原因を異にする場合であっても，受訴裁判所がすべての請求につき管轄を有し，かつ，訴訟の種類を同じくするときは，一個の訴えで併合提起できると定めている。

客観的併合については，たとえば，不動産所在地を管轄する裁判所に不動産に関する訴えと併合して同一被告に対する当該不動産を担保とする債権の履行請求をすることができる（明治23年民訴法23条1項，ドイツ民訴法25条）等の規定が断片的に存在し[7]，主観的併合については，複数の被告間に必要的共同訴訟の関係が成立する場合において，各自が普通裁判籍を異にし，全員に共通する特別裁判籍が存在しないときには，直近上級裁判所が管轄裁判所を指定することを認めることを通じて，管轄が理由で訴えが提起できなくなる事態を避けるための規定（ドイツ民訴法36条1項3号）が，置かれているにすぎない。客観的および主観的な併合請求についての裁判籍を定める大正15年民訴法21条は，ある訴えが管轄裁判所に係属する場合であっても，損害または遅滞を避けるため，別の管轄裁判所に移送することを認める旧民訴法31条（現民訴法17条）と並び，母法に例のない条文である。

それはおくとして，旧民訴法59条（現行民訴法38条）後段の要件しか充たさない被告側の共同訴訟について併合請求の裁判籍を認めると，たとえば家主が複数の借家人に対し賃料の支払請求をする場合，東京にある建物の借家人に対する訴訟を被告住所地である東京地方裁判所に提起するにあたり，福岡や名古屋にある建物の借家人に対する賃料請求を併合することも可能となり，遠隔の地での応訴の不便を共同被告に強いる結果となる。そこで，主観的併合については旧民訴法59条前段に該当するものに限り併合請求の裁判籍の規定を認める立場が判例・通説となり，これを現行民訴法が明文の規定にした[8]。

他方，管轄権との関係では，現行民訴法の下で，判例法理に従い，民訴法38条前段に該当する限り併合請求の裁判籍に基づきわが国の管轄権を認めつつ，場合によっては判例が認める特段の事情により処理をする見解もあったが，その一方で，渉外訴訟における被告の応訴の便宜をより保護しようとする立場から，上に紹介したドイツ法のように，被告側に合一確定が必要な場合に限定

---

[7] 反訴に関する民訴法146条1項と同旨の規定は，ドイツでは裁判籍の節の中に置かれている（ドイツ民訴法33条）。すなわち，請求または防御の方法との関連性は本訴裁判所に反訴につき特別裁判籍を生じさせる原因である。

[8] 大正15年民訴法の下での主観的併合と併合請求の裁判籍についての判例・学説の状況については，秋山幹男ほか（菊井維大＝村松俊夫原著）『コンメンタール民事訴訟法Ⅰ〔第2版〕』（日本評論社，2006）151頁，松浦馨ほか（兼子一原著）『条解民事訴訟法〔第2版〕』（弘文堂，2011）102頁以下参照。

する見解も提唱されていた。下級審判例も，民訴法7条ただし書に該当する場合に管轄権を肯定しつつ，特段の事情による調整を図るものと，併合請求につき管轄権を認めることが条理に適う特段の事情がある場合に限り管轄権を認めるものとに，分かれていた[9]。

V　現行民訴法3条の6の立案過程

　法制審議会国際裁判管轄法制部会が平成21年7月にとりまとめた「国際裁判管轄に関する中間試案」では，「第5　併合請求における管轄権」として，①において請求の客観的併合の場合の管轄権について，②において反訴の管轄権について，③において請求の主観的併合の場合の管轄権について，結果的には改正法の内容となる規律を設けることを提案していた。反訴については後述するとして，同中間試案の「補足説明」は，①について，先に紹介した平成13年最判に言及した上で，試案を提案する理由として，客観的併合につき広く併合請求の裁判籍を認めても移送による適切な対処ができる国内事件と異なり，移送が不可能な渉外事件では，併合請求の裁判籍をより限定すべきであること，渉外訴訟においては，ある請求につき日本に管轄権が認められる場合にその請求につき日本で応訴を強いられるのは仕方ないとしても，その請求と全く関係のない請求につき，法令や言語の異なる国で応訴を強いるのは酷であること，関連性のない訴訟につき日本に管轄権を認めると，争点等が異なるため訴訟が長期化することを挙げる[10]。この説明からは，①の規律は平成13年最判の立場を立法的に確認する趣旨のものであることが読み取れる。

　他方，③の主観的併合については，民訴法7条ただし書と同様の要件の下でわが国の管轄権を認めることを提案する理由として，中間試案の「補足説明」は，併合される被告にとって応訴の負担は大きいから，その要件は厳格にすべきであるが，民訴法38条前段の要件は十分に厳格であること，併合の要件を更に限定するとしても適切な範囲を画することは難しく，訴訟の目的につき合一確定が必要であるとの要件まで課すことは，関連性を有する紛争につき同一

---

9)　大正15年民訴法の下での主観的併合における管轄権に関する判例・学説の状況については，秋山ほか・前掲注8) 84頁以下参照。
10)　法務省民事局参事官室「国際裁判管轄法制に関する中間試案の補足説明」(2009) 47頁以下。

の訴訟手続で審理する要請に照らすと，厳格に過ぎることを，挙げている[11]。

　この①と③の提案が，結果的に改正法の3条の6として一箇条にまとめられたのは，管轄権の規律を民訴法の中に置くこととなったという法制上の理由から，②の反訴は，反訴に関する民訴法146条の中に3項の形で落とし込む一方で，中間試案の①にただし書として③をつなげ，請求の客観的併合および主観的併合の規律を置いたのが，民訴法3条の6である[12]。

VI　改正法の下での解釈上の問題点

　ただ，改正法の管轄権に関する全体的な構図と民訴法3条の6ただし書との間に齟齬があることは，否定できない。

　たとえば，民訴法3条の3第3号は「財産権上の訴え」を規定している。同号と従来の民訴法5条4号の逆推知による規律との相違点として，「請求の担保の日本国内所在」という管轄権の原因を削除したことが挙げられる。その理由は，まず，物的担保については，日本国内に所在する財産を目的とする担保権の実行については，日本の民事執行法（以下「民執法」という）による限り，その開始にあたり，担保権の存在を証する文書を提出すれば足り，確定判決の存在は必ずしも必要でなく（民執181条1項，190条1項，193条1項），民執法181条1項1号の「担保権の存在を証する確定判決」を得るためには，管轄権の原因として，担保権確認請求の目的の国内所在という原因でカバーできるため，担保の国内所在を原因とする管轄権を設ける必要性に乏しいこと，人的担保については，委託によらない保証を想定すると，債務者の与り知らぬうちに委託によらない保証がなされ，かつ，保証人の住所地が日本にある（これが担保の目的の所在地である）とすると，主債務者のみを日本で訴えることが可能になってしまい，外国に居住する主債務者に過度の応訴の負担を課すことになり，適切な規律とはいえないことに求められている[13]。

　しかし，委託によらない保証の場合，保証人に対する保証債務の履行請求に

---

11) 法務省民事局参事官室・前掲注10) 48頁。
12) 立案担当者による解説（佐藤＝小林編著・前掲注2) 118頁以下）も，民訴法3条の6本文は，客観的併合に適用される規定であり，同ただし書は，主観的併合に適用される規定であると述べている。
13) 法務省民事局参事官室・前掲注10) 14頁。

VI 改正法の下での解釈上の問題点

つき，保証人の住所地がわが国に所在すれば，民訴法3条の2の一般原則により，わが国に管轄権が認められる。そして，保証人に対する請求と主債務者に対する請求との間には，委託の有無を問わず，いずれか一方が義務を履行すれば履行の限度で他方の義務も消滅するという意味において，民訴法38条前段の「訴訟の目的である……義務が……共通である」関係が存在する。その結果，保証人に対する請求と併合して請求する形を採れば，外国に住所を有する主債務者について民訴法3条の6により日本に管轄権が生じることとなる。せっかく人的保証の場合を念頭に置いて，外国に居住する主債務者保護のために，保証人の住所地の国内所在を管轄権の原因から除いたのに，その趣旨は，併合請求の管轄権に関する規定を利用すれば容易に潜脱できるわけである。

この点につき，たとえば1988年ハーグ国際私法会議管轄条約案[14]では，14条に「被告が常居所を有する国の裁判所にその被告に対する訴えを提起している原告は，次のいずれも充たす場合においては，その裁判所において，その国に常居所を有しない他の被告に対する手続を進めることができる。(1)その国に常居所を有する被告に対する請求と他の被告に対する請求とが密接に関連していて，矛盾する判決が下される重大なおそれを回避するために，併せて裁判をする必要があること。(2)その国に常居所を有しないいずれの被告についても，当該国と当該被告が関係する紛争との間に実質的な関連があること」という規定が置かれている。この規定の書き振りなら，委託によらない保証では，矛盾する判決を回避する必要があるほどに保証債務と主債務との間に密接な関連性があるといえるか，または，保証人の住所地所在国と主債務者の債務履行請求との間に実質的な関連があるかを，問題とすることが可能である。これに対し，現行民訴法の下において「義務共通」の要件の解釈を3条の6と7条とで変えるのは，困難であろう[15]。国内の土地管轄なら民訴法17条の裁量移送で対応

---

14) 道垣内正人編著『ハーグ国際裁判管轄条約』（商事法務，2009）155頁以下参照。

15) この点につき，松浦ほか・前掲注8) 66頁以下（高橋宏志教授および高田裕成教授による補訂）は，民訴法3条の6ただし書は最小限の制限であって，国際裁判管轄の要件としては穏やかな制限に過ぎず，むしろ密接関連性の要件が重要な役割を果たすことが予測されるとする。これは，民訴法3条の6本文が定める請求相互間の「密接な関連」性の要件が，主観的併合に関して同条ただし書が規定する同法38条前段の要件を，管轄権との関係において，更に制約するものであることを前提とする解釈であると理解できる（笠井正俊＝越山和広編『新・コンメンタール民事訴訟法』〔日本評論社，2010〕「追補」〔日本評論社HPからダウンロードが可能である〕における越山教授の見解も同旨）。本文に記したような立案上の経緯はともかく，できあがった法

できる問題であるが，渉外事件については，裁量移送の渉外訴訟版ともいうべき民訴法3条の9で対応することになるのであろう。

また，改正法は，消費者契約および個別労働関係に関する訴えの管轄権について独自の規律を置いた点に，特徴がある。民訴法3条の4第3項は，個別的労働関係民事紛争に関する事業主から労働者に対する訴えについては，国内管轄に関する特別裁判籍に相当する民訴法3条の3の適用を除外している。これは，こうした訴えにつきわが国が管轄権を有する場合を裏から規定したもので，労働者が訴え提起時におけるその住所地等以外の国で応訴することが困難であることに鑑み，原則として同時点においてわが国に労働者の住所地等がある場合（民訴3条の2第1項）に限り，わが国に管轄権が生ずることとしている（わが国以外の国に国際的管轄権を定めた事業主と労働者との合意が効力を有する場合〔民訴3条の7第6項〕および外国で訴えられた労働者が異議なく応訴した場合〔民訴3条の8〕はこの限りでない[16]）。

ただ，民訴法3条の4第3項は，国内事件であれば特別裁判籍の一つである民訴法3条の6の規定の適用を除外していない。民訴法3条の8の応訴による管轄権の規定が，わが国に住所地のない労働者がわが国において事業主から訴えられた場合にも適用される以上，規定の位置関係からは民訴法3条の6もこうした訴えに適用されることを否定することはできないであろう[17]。そうだと

文を素直に読めば，民訴法3条の6は，本文において客観的か主観的かを問わず併合請求を包括して規律し，ただし書において主観的併合の場合に特段の限定を加える構造である点において，国内管轄規定である民訴法7条と構造を同じくするから，主観的併合の場合にも3条の6本文の制約が被るという理解である（関西大学法学研究所第46回シンポジウム「国際裁判管轄　民事訴訟法改正をうけて」における笠井正俊教授のコメント〔関西大学法学研究所「ノモス」30号（2012）154頁以下〕参照）。この見解は，民訴法38条前段の要件よりも民訴法3条の6本文がいう「密接な関連」性要件の方が狭いことを論理的に前提とするが，本文においては併合請求相互の関連性を全く規定せず，ただし書において主観的併合につき民訴法38条前段の場合に限定する民訴法7条と異なり，本文では客観的か主観的を問わず併合された請求相互の「密接な関連」を要件とし，ただし書では主観的併合においては民訴法38条前段の要件を充たす場合に「限る」とする民訴法3条の6と，先の前提とが整合するか，疑問が残る。

16) 佐藤＝小林編著・前掲注2) 99頁。
17) 民訴法3条の6が，併合に係る請求が民訴法3条の4が定める消費者契約および個別労働関係に関する訴えである場合にも適用される点については，前掲注15) で言及した関西大学法学研究所主催のシンポジウムにおいて，小林和弘弁護士から頂いた示唆による。事業者・使用者から消費者・労働者に対する訴えにつきこれを被告である消費者・労働者の普通裁判籍所在地国に限定する民訴法3条の4第3項が専属管轄規定でないことは，同訴えにつき合意管轄の余地を認める民訴法3条の7第5項・6項から明らかである。

すると，次のような問題が生じる。

　たとえば，未成年者が雇用契約を締結し，そこで，雇用契約に関して未成年者たる労働者が事業主に損害を与えた場合の賠償その他の債務につき，親権者が保証人となっていたとする。当該労働者が，事業主の業務命令により外国で就業し，その過程で雇用契約上の義務に違反して事業主に損害を与えた場合，事業主は，親権者がわが国に住所地を有することを管轄権の原因としてわが国で保証債務の履行を求める訴えを提起することができる。これに労働者に対する損害賠償請求を併合すれば，両者は義務共通の関係にあり，民訴法 38 条前段の要件を充たすことから，労働者が訴え提起の時点でわが国に住所地等を有していないにもかかわらず，労働者に対する訴えについてもわが国に管轄権が生ずることとなる。ここでも，民訴法 3 条の 9 による対処の必要が生ずる[18]。

Ⅶ　反訴の管轄権

　民訴法 146 条 1 項は，純粋国内事件における反訴について「本訴の目的である請求又は防御の方法と関連する請求を目的とする場合」に限っているが，管轄権については，同条 3 項が「本訴の目的である請求又は防御の方法と密接に関連する請求を目的とする場合」に更に限定している。反訴と訴えの変更の要件の相違として，反訴においては，本訴請求とは関連性がなく，防御の方法としか関連を有しない請求でも反訴の対象となしうる点があり，この場合に原告・反訴被告に生ずる防御上の不利益を解消するため，渉外訴訟においては，防御の方法との関連が「密接」な場合に管轄権を限定したのが，同項の趣旨である。

---

[18]　前掲注 15) での検討と関連するが，結局のところ，問題は，委託によらない保証の場合などを考えると，本来併合審理の要件規定に過ぎない民訴法 38 条前段は，主観的に併合提起された請求につき，渉外事件についての管轄権を生じさせるためのみならず，国内の土地管轄を生じさせるための要件としても，広すぎるのではないかという点にある。とはいえ，共同訴訟のメリットを考えると，ドイツ法のように，被告側に必要的共同訴訟の関係が成立する場合に限り特別の規律によって対応するというのは，狭きに失するが，かといって，民訴法 38 条前段の要件を，管轄権または土地管轄との関係で更に絞り込むための適切な規律を設けることが困難であることは，法務省民事局参事官室・前掲注 10) 48 頁のいう通りである（本文に記したハーグ条約のような書き振りの条文は，要件による適切な切り分けという観点からは，合格点は与えられまい）。かくして，民訴法 38 条前段で広めに管轄権または土地管轄を認めつつ，渉外事件なら民訴法 3 条の 9 により，国内事件なら民訴法 17 条により，柔軟に対応するというのが，落とし所となる。

防御の方法と関連する反訴の典型例は，被告が，原告に対する自働債権を以て相殺するとの抗弁を予備的に提出するとともに，相殺の抗弁が審理される場合には自働債権のうち受働債権額を超える額につき支払いを求める旨の予備的反訴を提起する場合である。自働債権の発生原因は様々であり，受働債権またはその発生原因とは全く関係がないこともあるが，一個の自働債権のうち相殺に供した一部と残部であるから，防御の方法との関連性としてはこれ以上に「密接」なものはなく，改正法によってもこの予備的反訴の管轄権は認められることとなる。その結果，原告＝反訴被告は，本訴請求とは全く関連性のない反訴に対し，日本で応訴することを強いられることになり，その応訴上の不便は，純粋国内事件における反訴以上に大きいかもしれない。しかし，本訴の請求すなわち受働債権と関連性を持たない自働債権を以てする相殺の抗弁の提出それ自体を禁止しない限り，原告の防御上の不便は同じように発生するのであって，予備的反訴のみを禁止することに意義は乏しい。他方で，渉外紛争に限ってとはいえ，受働債権と関連性を有しない自働債権を以てする相殺の抗弁を不適法とする規律を設けることに対しては，実体法上保護されている合理的な相殺期待を被告＝反訴原告から奪う結果となるため，否定的にならざるを得ない[19]。

Ⅷ おわりに

併合されている請求の中に，外国の裁判所の管轄権に専属するものがあるときは，たとえ他の請求につき日本に管轄権が認められる場合であっても，民訴法3条の6は適用されない（民訴3条の10）。反訴または中間確認の訴えが日本の裁判所の管轄権に専属する場合についても，同旨の規定が置かれている（民訴145条3項，146条3項ただし書）。民訴法3条の5第2項によれば，登記または登録に関する訴えの管轄権は，登記または登録をすべき地が日本国内にあるときは，日本の裁判所に専属する旨を定めている[20]が，登記または登録すべき

---

19) 法務省民事局参事官室・前掲注10) 49頁。
20) 改正民訴法3条の5第2項は，登記が公益性の高い公示制度と不可分の関係にあること，外国で日本の不動産の登記に関する確定判決を取得しても，日本で登記をするには執行判決が必要であり却って迂遠であることから，日本にある不動産の登記に関する訴えの管轄権は日本の裁判所に専属するとした（佐藤＝小林編著・前掲注2) 107頁）が，日本にある不動産の所有権の確

Ⅷ おわりに

地が外国にあるときは，たとえば被告の住所地が日本にあっても，日本の裁判所には管轄権が認められず，その訴えは却下される[21]。

たとえば，外国に所在する不動産の売買契約につき，日本に住所を有する被告売主に対し当該契約の履行遅滞を理由とする損害賠償を請求する訴えについては，民訴法3条の2により日本の管轄権が認められるが，同不動産の登記名義人である同被告に対し所有権移転登記手続を求める訴えをこれと併合して提起したとすると，両請求の間には民訴法3条の6本文が規定する「密接な関連」は認められるが，登記すべき地が外国にある以上，移転登記手続請求は外国の裁判権に専属するため，民訴法3条の10により，併合請求の管轄権は認められないことになる[22]。

〔追記〕

本稿は，本論文集の被献呈者である石川正先生が顧問を務めておられる関西大学法学研究所が平成23年12月10日に開催した「国際裁判管轄　民事訴訟法改正をうけて」と題するシンポジウムにおいて，筆者が行った報告（シンポジウムにおける筆者の報告および質疑応答は，関西大学法学研究所・前掲注15) 109頁以下に収録されている）をもとにしている。この報告の機会を与えて下さった関西大学法学研究所および所長の佐藤やよひ教授に心から御礼申し上げる。国際民事訴訟法学に多大な貢献をされてこられた石川先生に捧げるものとして，本稿はあまりに貧弱な内容のものでは

認等の訴えについては，日本の専属的な管轄権を認めていない。日本にある不動産について，原告の所有権を確認したり，原告への引渡しを命じたりした外国判決の効力を，日本では一切承認しないという規律には合理性が認められないとの理由から，日本の専属的な管轄権を認める提案は中間試案にも盛り込まれなかった。しかし，不動産をめぐる紛争につき，不動産所在地国は領土主権の観点から強い関心を持つ。この理由から，管轄権に関する法改正に先立って制定された「外国等に対する我が国の民事裁判権に関する法律」は，11条において，外国国家といえども，日本にある不動産に関する権利利益をめぐる紛争については，わが国の民事裁判権から免除されないと規定している（飛澤知行編著『逐条解説　対外国民事裁判権法』〔商事法務，2009〕56頁。同法は国連国家免除条約を国内法化したもので，領土主権の尊重は確立された国際慣行である）。民事裁判権免除と国際裁判管轄とで，わが国の不動産をめぐる紛争に対する姿勢につき制定法の間にかなりの温度差があることは否めない（Y国に居住するXは，日本にある不動産の所有権確認について，Y国を被告として日本で訴えを提起した場合，Y国は裁判権免除を享受できないが，Y国がXを被告とする同不動産の所有権確認訴訟をY国裁判所において提起し，Y国の勝訴が確定すれば，他に承認拒否事由がない限り，わが国は同判決を承認しなければならないわけである）。

21) 佐藤＝小林編著・前掲注2) 108頁。
22) 佐藤＝小林編著・前掲注2) 121頁以下参照。

あるが，先生の古稀をお祝いする気持ちをお汲み取り頂ければ幸甚である。

なお，本稿は平成24年度科学研究費補助金の交付を受けた研究（基礎研究B「簡易で柔軟な財産管理制度とそのエンフォースメント」［研究代表者　山田誠一神戸大学教授］）の成果の一部である。

＊　　＊　　＊

［補注］

　脚注4）に関連して，不法行為に基づく損害賠償請求訴訟について不法行為地の裁判籍（民訴3条の3第8号）に基づいて管轄権が認められる場合に，いかなる事情があれば民訴法3条の9の「特別の事情」があるといえるかにつき判断したものとして最判平成28年3月10日民集70巻3号846頁がある（なお，同判決については，野村武範調査官の解説（最高裁判所判例解説・曹時69巻8号〔2017〕2371頁，および同書に掲載された評釈を参照）。同判決は，日本法人とその取締役である原告らが米国法人である被告に対して被告がインターネット上のウェブサイトに掲載した記事による名誉等の毀損を理由とする不法行為に基づく損害賠償請求訴訟について，当該訴訟がその提起当時に既に米国の裁判所に訴訟が係属していた被告の株式の強制的な償還等に関する原告らと被告との間の紛争から派生したものであり，本案の審理において想定される主な争点についての証拠方法が主に米国に所在するなどの事情の下においては，民訴法3条の9にいう「日本の裁判所が審理及び裁判をすることが当事者間の衡平を害し，又は適正かつ迅速な審理の実現を妨げることとなる特別の事情」があるとして，同条に基づき原告の訴えを却下した。

法人格なき社団の財産に対する強制執行の方法
―― 最判平成 22 年 6 月 29 日が残した問題点

I　はじめに
II　最判平成 22・6・29 の事案及び判旨並びに田原補足意見の概要
III　法廷意見と有力説の理論的及び実践的な優劣
IV　法廷意見への疑問 ―― 社団を総有権確認の訴えの被告とする必要性
V　債務者を被告とすべき実質的根拠及びそれに対する批判
VI　おわりに

I　はじめに

　法人格なき社団に対する金銭債権につき債務名義を有する者は，同社団の代表者等の個人名義で登記された不動産を，いかなる方法により差し押さえることができるか。確立された判例が，法人格なき社団に民事訴訟における当事者能力を認める民訴法 29 条の規定は，同社団の権利能力まで認めるものではなく，社団財産は，その構成員全員の総有に属するとし，登記実務が，不動産については，社団名義での登記はもちろんのこと，社団代表者の肩書を付したかたちでの代表者個人名義の登記も認めないことの帰結として，生ずる問題である。

　従来，有力な学説[1]は，代表者等の登記名義人は，判例及び登記実務が先の

---

1)　中野貞一郎『民事執行法〔増補新訂第 6 版〕』(青林書院，2010) 141 頁以下，伊藤眞『民事訴訟法〔第 6 版〕』(有斐閣，2018) 127 頁 (注 28)，新堂幸司『新民事訴訟法〔第 4 版〕』(弘文堂，2008) 142 頁 (ただし，新堂教授は同書第 5 版〔2011〕150 頁において，後述する平成 22 年最判の立場へと改説した)，新堂幸司 = 小島武司編『注釈民事訴訟法(1)』(有斐閣，1991) 439 頁〔高見進〕等。

　〔補注〕中野貞一郎 = 下村正明『民事執行法』(青林書院，2016) 132～133 頁は，権利能力なき社団に対する債務名義により，その社団 (の構成員の総有) に属する不動産に対して金銭執行を開始させるには，その債務名義に，社団に対する単純執行文だけでなく，執行対象不動産の社団財産性を証明する文書の提出を前提とする「その社団を本来の執行債務者とし，特定不動産に対する金銭執行を前提とする旨を記した，登記名義人に対する特殊な執行文」(民執 23 条 3 項類

373

ような内容のものであるため，便宜的に登記名義人となっているにすぎず，当該不動産につき固有の実質的利益を有していない点において，特定物の引渡・明渡請求における「請求の目的物の所持者」に準じる立場にあるととらえていた。所持者は，当該特定物を占有することにつき固有の利害関係を有していないため，給付訴訟による独立した手続保障の必要はないことを根拠として，民訴法115条1項4号及び民執法23条4項が，引渡・明渡請求権についての確定判決の既判力及び債務名義の執行力を拡張している趣旨を類推できるから，社団を債務者として表示する債務名義に登記名義人に対して執行することができる旨の執行文を付与することにより，同人名義で登記されている不動産の差押えが可能となる，というのである。

ところが，最判平成22・6・29民集64巻4号1235頁は，これとは異なる方法による差押えが可能であることを判示したうえで，執行文の付与を通じた差押えは許されない旨を判示した。同判決には，本稿の被献呈者である田原睦夫判事が関与され，詳細にして理論的に興味深い補足意見（岡部喜代子裁判官同調）を付しておられる。

II 最判平成22・6・29の事案及び判旨並びに田原補足意見の概要

訴外A（在日本朝鮮人総聯合会）に対する貸付債権を，経営破綻した訴外金融機関B（朝銀信用組合）より譲り受けたX（株式会社整理回収機構。原告・控訴人・上告人）は，同債権につきAを被告として貸金返還請求訴訟を提起し，第一審において仮執行宣言付判決を取得した。そこでXは，Aの本部として使用されている土地・建物につき登記名義を有するY（合資会社朝鮮中央会館管理会）を被告として，執行文付与の訴えを提起し，その理由として，次のように主張した。

法人格なき社団が不動産を所有する場合，現在の登記実務上，法人格なき社団の代表者名義（又は構成員全員の共有名義）での登記しか認められないため，その登記名義人たる代表者は，当該社団のため登記名義を保有しているにすぎず，民執法23条3項の「所持者」に準ずるものであるから，債権者は，同法

推）も受ける必要がある，とする。

27条2項に基づき代表者を債務者とする執行文の付与を求めることができ，この理は，登記名義人が代表者である場合のみならず，Yのような，登記名義を管理するためだけの便宜的存在にすぎない第三者が登記名義人である場合にも当てはまる。Bの経営破綻により選任された金融管財人宛てにAが提出したその財産一覧表のなかには，本件不動産が記載されており，前記貸金請求訴訟において第一審判決が言い渡される直前にY宛てに所有権移転登記が経由された際，Aの代理人である弁護士が記者会見等において本件不動産の実質的な所有者がAであることを前提として「差押えを回避するための措置」であると言明していたこと，Aの最上級幹部がYの代表者及び役員を務めていること等に照らし，本件不動産はAの所有であり，YはAの代表者とほぼ同様の地位にあり，便宜上Aの構成員全員のため形式的に登記名義人になっているにすぎない。

さて，執行文の付与により対応すべしとする学説も，社団の代表者や，社団の規約や社員総会の決議により社団構成員のため登記名義人たることを授権された特定の構成員が登記名義人となっている場合[2]を想定して議論をしており，本件事案におけるYのような者が登記名義人である場合も同説の射程内にあると考えていたか否かは，必ずしも定かでない。AからYに登記名義が移転した背景事情としてXが主張するところ（AとYとは代表者その他の役員が共通で，第一審判決の直前に執行逃れのために登記を移転した）からは，AとYとの間には濫用型の法人格否認の関係が認められるから，Xに対する確定判決又は仮執行宣言付判決がある限り，Yに対し給付の訴えによる独立した手続を保障する必要はないというのが，Xの立場であるようにも理解できる。そうすると，法人格否認の法理に基づく既判力及び執行力の拡張を否定する判例法理[3]と抵触する疑いを生じさせることになる。

---

[2] この方法により，代表者が交替するごとに登記名義の変更をする煩を免れることができる。なお，最判平成6・5・31民集48巻4号1065頁は，判決要旨第三において，規約等により登記名義人とすることとされた構成員は，社団構成員全員の任意的訴訟担当者として，現在登記名義を有する者に対し，自己宛てへの所有権移転登記手続を求める訴えを提起しうるとしている。

[3] 最判昭和53・9・14判時906号88頁。松村和德「平成22年最判解説」リマークス2011（下）113頁が，この点を指摘する。法人格否認の法理による既判力・執行力の拡張に好意的な学説上の有力説（伊藤・前掲注1）601頁，中野＝下村・前掲注1）［補注］122頁）も，濫用型ではこれを否定する。なお，園田賢治「平成22年最判解説」平成22年度重解169頁も，執行文付与類推説では，従来の判例法理による限り，法人格否認を理由として登記名義人に対する執行文付

法人格なき社団の財産に対する強制執行の方法

　そのせいもあってか，第一審判決（東京地判平成20・11・17判時2036号88頁）は，一般論として，法人格なき社団の不動産につき社団の規約等に定められた手続により代表者その他の構成員の名義で登記されている場合には，民執法23条3項の類推適用により，強制執行の対象を当該不動産に限定したうえで，当該登記名義人を債務者とする執行文を付与することができる，との判断を示しつつも，Yは，Aとは別個独立の法人格者でありAの構成員ではないから，仮にYがAの不動産につき便宜上登記名義を管理するための形式的存在にすぎないとしても，Yを民執法23条3項にいう所持者に準ずる者ととらえ，同法27条2項に基づきYを債務者とする執行文の付与を求めることができるとするXの見解は，採用できないとした。原判決（東京高判平成21・4・15金法1904号118頁）もこの立場を踏襲している。

　ただ，Xの主張を採用できない理由として，原判決は「社団の構成員でない第三者が登記名義人となっている場合，そのような登記が登記実務上当該社団名義の登記が許されないことに伴う便宜上の措置であったとしても，公示の機能を果たすものとは認められないし，真実の権利関係を反映していない不実の登記のまま強制競売手続を行うことを許容すると，登記が真実の権利関係を公示していないにもかかわらず，不実の登記のまま新たな権利変動を生じさせ，それに基づく登記がなされることを容認する結果となるのであって，登記により現在の権利関係を明らかにするとともに権利変動の過程を如実に反映するという不動産登記制度の趣旨に反」する旨を指摘するが，これは説得力に乏しいといわざるをえない。冒頭に記したように，現在の登記実務は，代表者の名義で登記する場合であっても，社団代表者の肩書きを付すことにより，当該財産が社団の財産であることを公示する方法を認めず，代表者の個人財産であるこ

与を求めることは許されないが，平成22年最判の立場では，自己名義の不動産を差し押さえられたYが第三者異議の訴えを提起してきた場合，Xの側からAY間に法人格否認の関係が成立するとの抗弁を提出することができる，とする最判平成17・7・15民集59巻6号1742頁の法理が適用されることになるから，この点に執行文付与類推説に対する平成22年最判の優位性が認められると説く。しかし，Y名義で登記された不動産を差し押さえるために要求される証明文書の典型は，判旨も例示するとおり，同不動産がAの構成員の総有に属する旨をXY間において確認する確定判決であり，この判決の既判力（矛盾関係）により，Yが自らの所有権を主張して第三者異議の訴えを提起すれば，法人格否認の抗弁の提出をまつまでもなく，請求は棄却されるはずである。証明文書が，本件不動産がAの構成員の総有であることを認めるXY間の和解調書・認諾調書である場合も，和解の更改的効果又は認諾調書の（制限的）既判力により，同様の帰結となるはずである。

とを公示するかたちでの登記しか認めない。ここにおいてすでに，真実の権利関係を登記に反映させることは断念されている。原判決が肯定するように，代表者等の登記名義人を債務者とする執行を許容する旨の執行文を付与し，それに基づき強制競売を行えば，その結果，真実その不動産の所有者ではない代表者等の登記名義人から買受人への売買を原因とする所有権移転が公示されることとなり，権利変動の過程を如実に反映するという登記制度の趣旨に反する点に，変わりはないからである。

　他方で，第三者が登記名義人である場合に執行文の付与の方法によることができないとして，債権者にいかなる手段が可能かについては，原判決は「債権者代位権により当該社団の代表者個人への真正な登記名義の回復を原因とする所有権移転登記手続を経た上でこれを差し押さえる方法により，権利能力なき社団を債務者とする金銭債務に係る債務名義に基づく権利実現が可能である」としている。

　このように，傍論としてではあるが，第一審判決及び原判決は，代表者等社団の構成員が登記名義人である場合に民執法23条3項の類推適用を肯定した。これに対し，最高裁は「［民執］法23条3項の規定は，特定物の引渡請求権等についての強制執行の場合を予定しているものであるし，法27条2項に規定する執行文付与の手続および執行文付与の訴えにおいて，強制執行の対象となる財産が債務名義上の債務者に帰属するか否かを審理することも予定されていないことからすると，法23条3項の規定を金銭債権についての強制執行の場合にまで拡張解釈することは許されないものというべきである」と判示した。最高裁のこの判示は，本件における登記名義人が社団構成員ではない第三者であることを理由に執行文付与の訴えを棄却した原審の判断を「結論において是認することができる」とする前提として展開されており，判旨は，登記名義人が代表者等社団の構成員であるか第三者であるかにかかわらず，執行文付与手続の利用を一般的に否定したものである。

　かといって，債務名義に表示された債務者の名義で登記された不動産のみが差押えの対象となるという民事執行法手続の原則（執行機関に責任財産の帰属についての実質判断をさせないとの建前から採用される「外観主義」）を法人格なき社団の場合に形式的に適用すると，債権者の社団に対する債権の実現を法が拒否するに等しく，適切でないことは，判旨も認める。そこで，民執法23条3項

の類推適用（判旨は「拡張適用」という）に代わり，判旨は，債権者に認められる権利の実現のための方法につき次のように判示する[4]。

「債権者は，上記不動産が当該社団の構成員全員の総有に属することを確認する旨の上記債権者と当該社団及び上記登記名義人との間の確定判決その他これに準ずる文書を添付して，当該社団を債務者とする強制執行の申立てをすることができると解するのが相当であ……る。[5]」

本判決には，田原睦夫判事による詳細な補足意見（以下「田原補足意見」という）が付されている。

田原補足意見は，民執法23条3項及び27条2項の拡張適用を認めるべきでないとする法廷意見の結論に同調したうえ，現在の登記名義人が社団の現在の代表者であるなど，同人と社団との関連性が債務名義及び社団の規約等から明らかである場合と，現在の登記名義人が社団の旧代表者である場合又は社団が構成員の総有権を対抗できる第三者である場合など，同人と社団との関連性が債務名義等から明らかでない場合とを，区別する。

前者の場合には，差押えの対象不動産が社団構成員の総有に属することを，社団との関係で確認する確定判決があれば，当該確定判決の当事者欄に現在の社団代表者が誰であるかが表示される以上，これと代表者をもって登記名義人とする社団の規約等とが相まって，現在の登記名義人と社団との関連性が証明されることとなるから，債権者は，金銭債権についての債務名義にこれらの文書を添付して執行裁判所に提出すれば，当該不動産を差し押さえることができる。

これに対し，後者の場合には，債権者は，債権者代位権に基づき，社団（社団に登記請求訴訟の原告適格が認められなければ，社団構成員全員）に代位して，現

---

[4] このように，本判決における請求棄却の理由は，権利能力なき社団の構成員の総有に属する不動産の登記名義人に対し民執法23条3項に基づき執行文を付与する方法による強制執行は許されないという点にあり，それに代わる差押えの方法を判示する部分は，傍論として位置づけられる（滝澤孝臣「平成22年最判研究」金判1357号〔2011〕11頁）が，滝澤判事も強調するように，決定的意義を有する傍論である。

[5] なお，XがA及びYに対する関係で構成員の総有権を確認する確定判決を取得する前に，Yが本件不動産をさらに他に譲渡し移転登記を経由する等の執行妨害行為に及ぶ危険があり，この場合，最決平成23・2・9民集65巻2号655頁は，XはY名義で登記された本件不動産の仮差押えを申し立てることができ，この申立てに際して本件不動産がAの構成員の総有に属する事実を証するため添付すべき書面は，確定判決等であることを要しないとした。

在の登記名義人に対して，社団の現在の代表者宛てへの移転登記手続を求める訴えを提起し，それを認容する確定判決により社団の現在の代表者への移転登記を経由することができ，その後は，先に記したとおり，現在の代表者への移転登記手続を命ずる確定判決と代表者をもって登記名義人とする旨の社団の規約等により，現在の登記名義人と社団との関連性が証明されるから，執行裁判所に対し社団に対する金銭債権の債務名義にこれらの文書を添付して，当該不動産の差押えを申し立てることができる。本来はこの方法を原則とすべきであるが，社団及び現在の登記名義人の双方に対して構成員の総有権を確認する確定判決を得るという，法廷意見が説示する方法によっても，執行裁判所が執行債務者たる社団と現在の登記名義人との具体的な関連性を認定することができる限りにおいて，結論的に法廷意見の見解を是認できる。

III　法廷意見と有力説の理論的及び実践的な優劣

　法廷意見は，民執法23条3項は特定物引渡・明渡請求を念頭に置くもので，金銭債権に基づく不動産の強制競売の場合にまで「拡張適用」することはその趣旨を逸脱するとして，従来の有力説を批判する。しかし，従来の有力説とてそれは百も承知のことであって，法人格なき社団に対する金銭債権についての債務名義に基づいて，代表者その他の者の個人名義で登記された不動産を差し押さえる方法がこのほかには存在しないと考えたがゆえに，便法として同条項を流用したにすぎない[6]。法廷意見としては，同判決が説く方法のほうが，理論的にも実践的にも，民執法23条3項，27条2項を類推適用する説より優れた結果をもたらすことを論証しなければ，従来の有力説を葬り去ることはできないはずである。

　この点につき，田原補足意見は従来の有力説が妥当でない根拠として，具体的に次の点をあげる。すなわち，法人格なき社団に対する金銭債権について作成された債務名義の本来の執行債務者は，法人格なき社団であるにもかかわらず，従来の有力説では，その執行手続の執行債務者は登記名義人とならざるをえず，金銭債権の執行手続としては異例の形態となる[7]。

---

[6]　山本和彦「平成22年最判研究」法学研究（慶大）84巻3号（2011）153頁も「余りに形式論である」と批判する。

法人格なき社団の財産に対する強制執行の方法

　これに対しては，権利の観念的形成手続（とその担当機関）と事実的形成手続（とその担当機関）とを分離し，後者をして権利の簡易迅速かつ効率的な実現に専念させる趣旨から，不動産執行においては，債務名義に表示された債務者名義で登記された不動産については差押えが許され，そうでない不動産については差押えを許さないという「外観主義」が採用されているのであって，従来の有力説は，執行文付与機関による執行文付与手続を介在させることを通じて，現在の登記名義人に債務名義の執行力を拡張し，同人を執行債務者とすることにより，外観主義との調和を図ろうとするものであり，判旨の提案する方法のほうが，執行機関に実体的権利義務関係の判断を強いる点において，むしろ強制執行として異例であるという批判がある[8]。

　この対立をどう評価すべきか。もともと，債務名義に表示された債務者の名義で登記された不動産のみが適法な差押えの対象となるという意味での外観主義は，登記よりも実体的権利関係を正しく示すもの，すなわち，第三者異議の訴えにおける請求認容の確定判決の提出があれば覆される（民執38条，39条1項1号，40条）のであるから，反対に，債務名義に表示された債務者以外の者の名義で登記された不動産は差し押さえることができないという意味での外観主義もまた，それが債務者の不動産であり，登記のほうが実体に反していることを示す確定判決の提出があれば，覆されるとしてさしつかえないのではあるまいか。かつて，兼子一博士が，第三者異議の訴えは競売による譲渡を妨げる第三者の実体法上の権利の確認を求める私法上の確認訴訟であると主張された際に強調されたとおり[9]，執行機関が判決を尊重して行動するのは，執行機関と判決機関を分離した建前から当然のことであり，登記のほうが実体に反することを確認する確定判決がある限り，執行機関が確定判決のほうを尊重すべきこともまた当然であって，これをもって執行機関に実体関係を判断させるものとする批判は的外れであるという再反論が，田原補足意見の立場からはなされ

---

7) 山本・前掲注6) 153頁も，社団の責任財産であることが執行手続上の大前提であるにもかかわらず，登記名義人に対する執行を許す旨の執行文を付与して，登記名義人の財産として強制執行の手続をとるべしとする有力説に比べ，それが債務名義に表示された社団の（正確には社団構成員の総有に係る）財産であることを確定判決等により証明させるほうが，この大前提に忠実であり自然であるとして，法廷意見及び田原補足意見に与する。

8) 中野・前掲注1) 143頁，同「平成22年最判研究」判タ1341号（2011）11頁。
　［補注］前掲注1)［補注］参照。

9) 兼子一『増補強制執行法』（弘文堂，1951）59頁。

III 法廷意見と有力説の理論的及び実践的な優劣

るであろう。この点は田原補足意見に理論的な優位性を認めうると思われる[10]。

より，実践的な問題として，田原補足意見は，従来の有力説では，執行文の付与により登記名義人が執行債務者となるから，登記名義人個人に対する金銭債権につき債務名義を有する債権者が配当要求等をしてきた場合に，それを排除することがきわめて困難であると指摘している。この点についても，従来の有力説によれば，登記名義人が執行債務者となるから，社団債権者による差押えも登記名義人個人に対する債権者による差押えも，二重差押えとして手続が

---

[10] 青木哲「平成22年最判解説」民事執行・保全判例百選〔第2版〕(2012) 20頁以下は，添付文書を構成員の総有権を確認する確定判決等一定の範囲に限定することによって，執行の迅速性は確保できるから，権利判定機関と権利実現機関との分離は，平成22年最判に対する批判として，決定的ではないとする（Y名義で登記されている不動産をXが仮差押えする場合の添付文書に関する，前掲注5) 平成23年最決についての菱田雄郷批評〔判評634号 (2011) 167頁〕も同旨)。なお，青木哲「不動産執行における執行債務者と所有者との関係について」民訴雑誌58号 (2012) 147頁，特に149頁以下は，外観主義を，執行債務者を所有者とする登記があればその差押えは適法であるという「十分原則」と，執行債務者を所有者とする登記がなければ強制執行を開始することができないという「必要原則」とに分解し，前者は，執行機関をして迅速な執行の実施に専念させるため，権利判定機関と執行機関とを分離したことに由来し，後者の趣旨は，一般に，執行機関と権利判定機関の分離から，執行機関は所有権の帰属につき判断することができないので，その判断資料を登記事項証明書に限定したと説明されるが，登記事項証明書以外の資料，たとえば判決に基づいて，執行機関が所有権の帰属を判断することは権利判定機関と執行機関を分離した趣旨に反するものではない，と説く。これを法人格なき社団の例に即していえば，平成22年最判が例示するような，係争不動産が社団構成員の総有に属することを確認する確定判決に基づいて執行機関が所有権の帰属を判断することは，権利判定機関と執行機関とを分離した趣旨に反することはない。その一方で，青木論文は，「必要原則」の根拠を，差押えの登記及び買受人への所有権移転登記の経由により登記上の不利益を受ける現在の登記名義人に，手続保障の関係から，執行手続において執行債務者の地位を与える必要がある点に求める。そうすると，法人格なき社団の事例では，社団名義での登記が許されない関係で登記名義人となっている者の上記登記上の不利益に鑑みると，平成22年最判がいうように，同人との関係で社団構成員の総有権確認判決等があれば当該不動産の差押えができるとするだけでは，いまだ「必要原則」を克服するには十分でなく，同人に執行手続における執行債務者たる（またはそれに準ずる）地位を与える必要がある。青木説によれば，後に紹介する詐害行為取消権に関する「責任説」が提唱するような，「登記名義人に対する強制執行受忍の訴え」を構想し，これにより，同人名義で登記されている不動産が誰のものであるかについて同人に判決手続を保障しつつ，その請求を認容する確定判決を「登記名義人に対する執行力ある債務名義」ととらえ，執行開始にあたりこれを同人に送達することにより，執行手続における債務者たる地位を保障するという規律が，本来あるべき姿である。しかし，この場合の登記名義人が民執法23条3項にいう「請求の目的物の所持者」と共通する性質を有することに照らすと，同人が社団のために名義人となっていること（同人が社団の現在の代表者であり，社団には代表者をもって登記名義人とする規約があること等）の証明を要件として，社団に対する債務名義に同人に対する執行文を付与し，執行開始にあたりこれを同人に送達する方法によって同人に対し執行債務者たる地位を保障することも可能である，と論じる。

一本化されるのに対し，判旨の立場では，社団債権者による強制執行手続の執行債務者は社団であり，登記名義人個人に対する債権者による強制執行は登記名義人を執行債務者とするから，両手続は別個の手続として独立に進行し，別々に競売がなされ，それぞれの手続で別の買受人が出現することも理論上は可能であって，そのほうがかえって解決困難な問題を惹起することとなるという批判がある[11]。

筆者は，別の機会に，従来の有力説のいうとおり，社団債権者による差押えと登記名義人の債権者による差押えが登記名義人を執行債務者とする二重の差押えとなり，手続が一本化されると，当該不動産が社団に属するものである限りは前者の差押えの効果として，反対にそれが登記名義人個人の財産である限りは後者の差押えの効果として，いずれにしても買受人にその所有権が移転するのであるから，売却を実施したうえで，当該不動産の帰属は売却代金の配当の問題として処理したほうが合理的であると論じたことがある[12]。判旨の立場によると，社団を執行債務者とする手続と登記名義人を執行債務者とする手続とが別個に併存するから，社団債権者としては，差押えに係る不動産の本来の権利主体である社団構成員全員又は社団が有する第三者異議の訴えの提訴権限を，債権者代位権に基づいて代位行使することにより，他方の競売手続の執行を阻止する必要が出てくるし，同訴えを提起しただけでは，当然には手続は停止しないから，執行停止のための疎明や担保の提供も必要となる。前者の処理のほうが合理的であると考えているが，私見のような立場をとっても，両者の差押えの登記に先んじて，登記名義人が設定した地上権や対抗力ある賃借権が存在する場合には，不動産が登記名義人の個人所有に属する限り，これらは買受人による引受けの対象となるが，当該不動産が社団構成員の総有であるとすると，登記名義人が，社団を代表して又は社団構成員全員の代理人として当該地上権等を設定する権限を有しない限り，当該地上権等は無効である。結局，売却対象不動産の所有権の帰属が決まらないと売却条件が決まらないのであり，手続が一本化されれば常に配当の問題として処理できるわけではない。この問題については，本稿ではこれ以上は言及することを避ける。

---

11) 中野・前掲注8) 11頁以下。いかに困難な問題が生じうるかは，渡邉健司「強制換価法における外観と実体――人格なき社団事例の具体的検討」金法1918号（2011）50頁以下に詳しい。

12) 拙稿「法人格なき社団をめぐる民事手続上の諸問題(2)」法教375号（2011）149頁以下。

Ⅳ 法廷意見への疑問
―― 社団を総有権確認の訴えの被告とする必要性

　法廷意見は，ある者の所有名義で登記された不動産につき社団を債務者として表示する債務名義に基づきこれを差し押さえるためには，社団及び登記名義人との間で，当該不動産が社団構成員の総有に属する旨を確認する確定判決その他これに準ずる文書が必要であるとする。本判決の評釈等の中には，社団及び登記名義人は上記確認訴訟につき必要的共同訴訟人の関係に立つとするものも，存在する[13]。

　しかし，本判決を一読して筆者が最初に抱いた疑問は，なぜこの両者との関係で総有権確認判決が必要なのかという点にある。もちろん，その所有名義で登記されている不動産が名義人固有の財産か債務者の責任財産に属するかに関する紛争につき，登記名義人は最も密接な利害関係を有する当事者であるから，同人を被告としない確認の訴えは許されないといえよう（この点は，「おわりに」で再論する）。問題は，社団を債務者とする金銭債権についての債務名義のほかに，社団との関係においても社団構成員の総有権を確認する確定判決を要求する必要がどこにあるかという点である。

　この疑問は，法人格なき社団においては社団名義での登記ができないがゆえに，代表者等の構成員や本件のような法人格なき社団の関連会社の所有名義でしか登記する方法がないという，法人格なき社団に特有の事情から生じるものではない。むしろ，ある債務者に対して金銭債権を有すると主張する債権者が，債務者以外の者（以下「登記名義人」という。ただし，詐害行為取消権の文脈においては，通例に従い「受益者」という）の名義で登記されている不動産につき，それは実は債務者の所有であり，当該債権者の金銭債権についての責任財産であると主張し，登記名義人はこれを争う場合に，債務者を被告として責任財産の帰属を確定する必要があるかという，より普遍化されうる問題である。

　こうした紛争の一例として思い浮かぶのは，民法 424 条が定める債権者取消権ないし詐害行為取消権であり，そのリーディングケースが，大連判明治 44・3・24 民録 17 輯 117 頁である。少し長くなるが，判決原文（必要に応じて

---

[13] 山本克己「平成 22 年最判解説」金法 1929 号（2011）47 頁。

句読点及び濁点を付し，旧字体を新字体に，片仮名書きを平仮名書きに，それぞれ改めた）を引用する。

「民法424条に規定する詐害行為廃罷訴権は，債権者を害することを知りて為したる債務者の法律行為を取消し，債務者の財産上の地位を詐害行為を為したる以前の原状に復し，以て債権者をしてその債権の正当なる弁済を受くることを得せしめて，その担保権〔筆者注：一般担保，すなわち責任財産の意である〕を確保することを目的とするは，此訴権の性質上明確一点の疑を容れざる所なり。然れども，債権者が詐害行為廃罷訴権を行使するに当たり何人を以て対手人として訴訟を提起すべきやの点に付いては，我民法並に民事訴訟法中に何等の規定を存せさる為，解釈上疑を生ずるを免れず。而して，債務者の財産が詐害行為の結果行為の対手人たる受益者の有に帰し，更に転じて第三者の有に帰したる場合に於て，廃罷の目的となるべき行為は，第424条の規定の明文に従い債務者の行為にして，受益者は其行為の相手方として直接之に関与したるものなれば，其廃罷を請求する訴訟において債務者及び受益者を対手人と為すことを要する……ものなりとするは，従来当院の判例に依り確認せられたる解釈なり。然りと雖も，詐害行為の廃罷は，民法が『法律行為の取消』なる語を用いたるに拘らず，一般の法律行為の取消と其性質を異にし，其効力は相対的にして何人にも対抗すべき絶対的なものにあらず。詳言すれば，裁判所が債権者の請求に基き債務者の法律行為を取消したるときは，其法律行為は訴訟の相手方に対しては全然無効に帰すべしと雖も，其訴訟に干与せざる債務者，受益者又は転得者に対しては，依然として存立することを妨げざると同時に，債権者と特定の対手人との関係に於て法律行為の効力を消滅せしめ，因て以て直接又は間接に債務者の財産上の地位を原状に復することを得るに於ては，其他の関係人との関係に於て其法律行為を成立せしむるも其利害に何等の影響を及ぼすことなし。是を以て債権者が債務者の財産を譲受けたる受益者または転得者に対して訴を提起し，之に対する関係に於て法律行為を取消したる以上は，其財産の回復又は之に代るべき賠償を得ることに因りて其担保権を確保するに足るを以て，特に債務者に対して訴を提起し，其法律行為の取消を求むるの必要なし。故に，債務者は其訴訟の対手人たる適格を有せざるを以て，必要的共同被告として之を相手取るべきものとした当院の判例は，之を変更せざるべからず。」

この判決は，債務者を詐害行為取消訴訟の被告とする必要はないことのほか，同訴訟が形成訴訟であること，したがって，債権者は形成の効果として生ずる財産の回復の請求（債務者から受益者への移転登記の抹消登記手続請求）を詐害行為取消請求と併合提起することを妨げないが，詐害行為の取消しを求める訴えを単独で提起してもその訴えの利益は認められること，詐害行為取消しの効果

IV 法廷意見への疑問——社団を総有権確認の訴えの被告とする必要性

は相対的であること，転得者が存在する場合であっても，債権者は受益者に対し財産の回復に代わる賠償請求をすることが可能であるから，受益者と転得者の双方を共同被告として訴える必要がないこと等，現在に至る詐害行為取消権及び詐害行為取消訴訟に関する判例理論を確立した。もっとも，債務者を詐害行為取消しの訴えの被告とする必要がないことの論拠として，本判決では，詐害行為取消しの実体法上の効果が相対的な取消しであることが強調されているところから，法人格なき社団を債務者とする債務名義に基づく差押えのために総有権確認が必要とされる場合の被告適格は，詐害行為取消しの場合と同列に論じることはできないとの批判が想定される。しかし，詐害行為取消しの場合に債務者を被告とする必要がないことは，より実質的な根拠に基づくものであり，取消しの相対効はその実質的根拠から派生する結果にすぎないと考えられる。その実質的根拠の内容と，その根拠が法人格なき社団の場合と同じように妥当することについては，後に詳論することとし，さしあたりここでは，相対的取消しという法律構成の問題性を指摘し，いわゆる「責任説」を提唱される中野貞一郎教授[14]が，次のように明言しておられることを指摘するにとどめる。

「取消の訴えは，受益者または転得者を被告とすべきである。法文上は，なにびとを被告として取消を請求すべきか，明確でない。しかし，詐害行為の取消について，原告たる債権者と相対立する利害関係に立つ者，つまり，移離された財産（またはこれに代る利益）の現在の帰属主体たる受益者または転得者を被告とするのが当然である。債務者を被告に加えるべき必要も根拠もまったく存しない[15]。」

「債権者は，詐害行為取消しの訴えにおいて，債務者を被告とすることを要

---

14) 中野貞一郎「債権者取消訴訟と強制執行」『訴訟関係と訴訟行為』（弘文堂，1961）160頁，166頁以下によれば，詐害行為の取消しによって債務者に復帰した不動産に対する強制執行は，常に債権者と債務者との間で実施されるのに，詐害行為取消しの効果がもし債権者と受益者との間でしか生じないのであれば，なにゆえに債権者は当該不動産を攔取して，その換価益から自己の債権についての弁済を得られるのか，説明がつかない。この欠陥は，権利判定機関と執行機関とを分離した建前から，差押えの適否はもっぱら登記という外観によってのみ決することとし，その外観に反する権利を主張する者の側から第三者異議の訴えを提起し，その請求を認容する確定判決があって初めて執行関係に反映されるところ，債権者と受益者との間では，詐害行為取消判決が確定していることにより，受益者が自己の所有権を主張することをあらかじめ封じられていることによって表面化しないだけであり，だからといって，債権者と債務者との間の執行関係において，当該不動産が債務者の所有財産として執行の対象適格を有することにはならない。

15) 中野・前掲注14）191頁，同・前掲注1）295頁以下。

しないが，債務者に対する債権に基づく給付訴訟を併合提起することを妨げない16)。」

中野説が債務者を被告とする必要性を否定する理由は，先に引用した論文においては，係争財産が債権者の債務者に対する債権についての責任財産か否かをめぐる紛争につき債権者と直接的に利害が対立するのは受益者であるからという，当事者適格の決定基準についての機能主義的理解が根拠となっているが，その一方で，取消しの効果として生ずる法律関係の実体法上の性質が，受益者のみが被告適格者となるとする中野説の帰結を導いているようにも解される。すなわち，中野説によれば，詐害行為の取消しの結果生ずる法律効果は，対象財産の帰属を債務者に復させることではなく，債権者の債務者に対する金銭債権につき，詐害行為の対象財産に限定された物的有限責任を受益者に生じさせることであり，債権者は，詐害行為取消判決の確定後に，又は取消判決の確定を条件として詐害行為取消訴訟に併合するかたちで，受益者に対し，債権者による当該財産に対する強制執行を受忍することを求める訴えを提起することができ，この訴えは責任を限定した給付の訴えであると把握される。給付の訴えにおいては，給付義務の負担者として原告から名指しされる者をおいてほかに被告適格者はいない。そうだとすると，この法律効果を生じさせる前提要件である詐害行為取消判決を求める訴えも，もっぱら受益者を被告とすれば足りると考えるのが，自然な帰結だからである。

V 債務者を被告とすべき実質的根拠及びそれに対する批判

さて，平成22年最判が，法人格なき社団に対する関係でも構成員の総有権確認判決が必要であるとする実質的な根拠としては，次の二点が想定される。

第一に，債務者の責任財産であることを前提として強制競売を実施した場合，所有名義を失ったかつての登記名義人がその所有権を主張して追奪請求をするリスクから買受人を保護し，その地位を安定させる必要があるので，現在の登記名義人だけでなく，債務者との関係でも構成員の総有権を確認する確定判決が必要であるというものである。

---

16) 中野・前掲注1) 297頁。

V 債務者を被告とすべき実質的根拠及びそれに対する批判

しかし，これを理由に債権者と債務者との間での総有権確認判決が必要であるとするのは，完全に的外れである。競売における実体法上の売主は，債権者ではなく執行債務者，ここでは法人格なき社団であり，買受人は，債権者ではなく執行債務者たる法人格なき社団の特定承継人である。したがって，社団の特定承継人に対する既判力の拡張により，かつての登記名義人から所有権の追奪請求を受けない地位を買受人に保障するためには，社団と債権者との間でではなく，社団と登記名義人との間において構成員の総有権確認について既判力を生じさせる必要がある。しかし，社団と登記名義人との間において構成員の総有権確認請求は定立されていないから，両者の間には総有権確認につき既判力は生じない[17]。

法人格なき社団に対する関係でも総有権確認判決が必要であるとすることの実質的根拠として，第二に，債権者と社団の間においても既判力をもって責任財産の帰属関係を確定しておくことにより，かつての登記名義人から債務者に対する，そして債務者から債権者に対する，不当利得返還請求の連鎖を断ち切ることができる，というものが想定される。これを敷衍すると，法人格なき社団の例では，先にも見たように，債務者と登記名義人との間には確認請求が定

---

[17] ただし，これは，債権者による登記名義人に対する社団構成員の総有権確認の訴えが，債権者に確認の利益が認められることから生ずる彼固有の提訴権限に基づくものであると理解した場合の話である。しかし，金銭債権者にすぎない者が，その債務者と第三者との間の財産関係をめぐる紛争につき当然に固有の原告適格を持つということは，実は自明ではない。登記名義人が法人格なき社団の構成員ではない第三者である場合において，田原補足意見が説く原則的な差押えの方法は，まず登記名義を現在の社団代表者宛てに移転することであり，そこで債権者に与えられる手段は，債権者代位権に基づく移転登記手続請求訴訟の提起である。また，登記名義人の登記が債務者の虚偽表示等による仮装のものである場合に，債権者に与えられる差押えのための最初の手段もまた，債権者代位権に基づく抹消登記手続請求訴訟の提起である。つまり，債権者代位権を介在させて初めて，債務者の財産関係に係る給付訴訟の原告適格が金銭債権者に認められるのであり，そうだとすると，法廷意見が説く「債権者による登記名義人に対する社団構成員の総有権確認の訴え」も，実は，社団自身が有する登記名義人に対する総有権確認の訴えの提訴権限を，社団の無資力を要件として債権者が社団に代位して行使するものであると把握するのが，理論的には正当である可能性がある。そうだとすると，社団と登記名義人との間には請求は定立されていないが，民訴法115条1項2号により，社団と登記名義人との間にも総有権確認訴訟の確定判決の既判力が生ずることになり，登記名義人との関係で同確定判決を取得すれば，同時に競売における買受人も保護されることとなる。ただ，この場合の債権者の原告適格は，同じく責任財産の帰属をめぐる紛争であって，債務名義に表示された債務者の名義で登記されている不動産が債務名義に基づき差し押さえられた場合に，その所有権を主張する第三者が提起する第三者異議の訴えにおいて，その被告とされる差押債権者の被告適格の性質と統一的に把握する必要がある。ここでは問題の指摘にとどめる。

立されておらず，両者の間では構成員の総有権につき既判力は存在しない。したがって，競売により所有名義を失ったかつての登記名義人が，債務者に対して，係争不動産は自己の所有であり，債務者は自己の所有財産の売却代金から債権者に対する金銭債務の弁済による消滅という受益を得ていると主張した場合，立証次第では同人が勝訴する可能性がある[18]。そして，利得をかつての登記名義人に返還した債務者が，債権者に対し，彼のこの損失とかつての登記名義人の財産である不動産の売却代金からの弁済という債権者の受益との間には，因果関係があると主張してくる場合に備え，債権者と債務者との間における総有権確認の既判力によりこの主張を遮断するというものである。

しかし，このような将来の不当利得をめぐる紛争を予防するために，債権者が社団に対して構成員の総有権確認の訴えを提起することは，必要ではなく，また，構成員の総有権を確認の対象とする訴えは，この種の紛争解決にとって適切でもない。このような不当利得返還請求権の主張は，競売不動産の売却代金から得た債権者の利得が法律上の原因に基づくこと，すなわち，債権者が債務者に対し執行債権たる金銭債権を有していることについて既判力を生じさせておけば遮断できる。そして，執行の完了後に債務者が債権者に対して行う不当利得返還請求の理由は，このような執行対象たる財産の帰属をめぐるものに限られず，執行債権の当初からの不成立もありうるから，紛争の未然防止という観点から見れば，確認対象として適格性を有するのは，構成員の総有権ではなく債権者の金銭債権であり，金銭債権については，その確認の利益は肯定されず，端的に給付の訴えを提起すべきである。債権者が金銭債権につき既判力をもたない債務名義を有する場合であっても，なお給付の訴えの利益が認められる。平成22年最判の事例に即していえば，債務名義は仮執行宣言付判決であるから，債権者は，仮執行宣言に係る金銭の支払いを求める給付訴訟においてその勝訴が確定すれば，債務者によるこうした主張は遮断できる。

詐害行為取消しの場合も同様である。判例の立場では，債務者と受益者との間では売買は有効で不動産の所有権は受益者に帰属するから，詐害行為取消判

[18) この不当利得返還請求権は，侵害不当利得，他人の財（貨）からの利得の類型に当たる。四宮和夫『事務管理・不当利得・不法行為（上）』（青林書院，1981）182頁以下，潮見佳男『基本講義債権各論Ⅰ契約法・事務管理・不当利得〔第2版〕』（新世社，2009）303頁以下，藤岡康宏ほか『民法Ⅳ——債権各論〔第4版〕』（有斐閣，2019）450頁以下〔松本恒雄〕ほか参照。

Ⅴ　債務者を被告とすべき実質的根拠及びそれに対する批判

決の確定後に両者の間で不当利得返還や追奪をめぐる紛争が生じうるけれども，債権者が債務者に対しすでに確定判決等既判力ある債務名義を有していれば，債務者は，詐害行為に係る不動産の換価益からの弁済の受領が法律上の原因に基づくことを争うことができないのであるから，債務者名義に復帰した不動産を直ちに差し押さえて競売を進行させれば十分であり，そうでなければ，債務者に対し金銭の支払いを求めて訴えを提起すればよい。だからこそ，詐害行為取消しの効果は相対的であってかまわないし，取消訴訟の被告に債務者を加える必要がないことも，実質的に正当化されるのである。他方，責任説を説く中野説では，債権者は，債務者との関係で（人的な）債務名義を取得していなくとも，詐害行為取消判決の確定後又は詐害行為取消訴訟と併合して提起される執行受忍の訴えで勝訴が確定すれば（詐害行為取消権の成立要件として，債権者の債務者に対する金銭債権の主張・立証は必要であるが），この物的債務名義により受益者名義の不動産を差し押さえ，競売を進行させることができるとされるようである。そして，中野説でも，詐害行為の取消しにより債務者と受益者との間で不動産の帰属が債務者に復するものではないとされるから，先に記したような理由に基づく受益者の債務者に対する不当利得返還請求は可能であり，かつ，中野説では，債権者と債務者との間には金銭債権の存在についての既判力ある確定判決が存在するとは限らない。そこで中野説では，（もちろん，先のような不当利得返還請求を遮断することだけが理由ではなく，むしろ，執行受忍判決に基づく執行によって債権の全額が満足されない場合を想定してのことであろうが）詐害行為取消訴訟等に併合して，債務者に対し給付の訴えを提起することができるとされるのである。

　以上に記したところから，債務者に対する関係においても社団構成員の総有権確認判決が必要であるとする法廷意見には，法律上の根拠がないと解される。
　この点において，登記名義人が社団代表者等社団の構成員でない第三者である場合について，田原補足意見が，債権者が，同人に対し，債権者代位権に基づいて代表者等宛てへの移転登記請求訴訟を提起し，そこで債権者の勝訴が確定すれば，その確定判決の理由において移転登記に係る不動産が第三者の所有ではなく社団構成員全員の総有に属するとの判断が示され，移転登記の名宛人が社団の現在の代表者であること又は社団の規約又は総会決議により登記名義人となることを委託された者であることについては，同人への移転登記を命ず

る判決主文がその旨の判断を示しているから，社団に対する債務名義にこの確定判決を添付することにより，直ちにこの不動産に対する差押えが可能であり，必ずしも，社団との関係において構成員の総有権確認判決を取得する必要はないと指摘する点は，社団を総有権確認訴訟の被告とする必要はないとの結論において，私見と一致する。

そもそも，債権者と登記名義人との間で，その名義で登記されている不動産が債務者の責任財産に属するか否かが争われる最も単純な紛争事例は，債務者から登記名義人への移転登記の登記原因たる売買が虚偽表示等の理由により無効であると主張する債権者が，当該財産を債務名義に基づいて差し押さえようとする場合である[19]。この場合，無資力要件が充足される限り，債権者代位権に基づき，債務者と登記名義人との間の売買の無効を原因とする所有権移転登記の抹消登記手続を登記名義人に対して請求し，そこで勝訴すれば足りる。この訴訟に債務者をも被告として加え，係争不動産が債務者の所有に属することの確認を求める必要など，些かも存在しない[20]。

VI　おわりに

最後になるが，登記名義人が，法人格なき社団の現在の代表者であるか，社団の規約若しくは総会決議により登記名義人となることを委託された特定の構成員である場合に関して展開される田原補足意見についての私見を，付言しておきたい。この場合，田原補足意見は，社団に対する金銭債権の債務名義に加

---

19) なお，平成22年最判についての榎本光宏調査官の解説（ジュリ1418号〔2011〕119頁）によると，同判決は，法人格なき社団では社団の登記能力が認められないという特殊事情から，債務名義に表示された債務者（社団）以外の者の名義で登記されている不動産を同債務名義に基づき差し押さえることを，例外的に認めたものであり，虚偽表示等の仮装登記の事案のように，債務名義に表示された債務者と登記名義人とを一致させることができる場合には，同判決の射程が及ばず，債権者は，債権者代位権を行使することにより，表意者への所有権移転登記を経なければならない，とされる。

20) この場合，債権者代位訴訟の確定判決の既判力は債務者に及ぶ（民訴115条1項2号）が，係争不動産が債務者の所有に帰属するか否かは，抹消登記手続請求についての判決理由中の判断にすぎないから，この点については登記名義人と債務者との間で既判力は生じない。したがって，後に債務者の責任財産帰属性をめぐり両者間で争いが生じうる。しかし，債権者の債務者に対する金銭債権についての債務名義が確定給付判決であれば，債権者と債務者との間の不当利得の問題は遮断できるから，この最も単純な事例において，債権者は債務者を被告として債務者の所有権の確認を求める必要があるとは，誰もいわないし，誰も考えない。

Ⅵ　おわりに

え，社団を被告とする構成員の総有権を確認する確定判決等と，登記名義人と社団との間の代表者である等の密接な関係性を証明する文書を提出すれば，その名義で登記された不動産を差し押さえることができ，当該不動産が登記名義人個人の所有であるとして争う場合には，登記名義人の側から第三者異議の訴えを提起すべきであるとする。

　ところで，最判平成6・5・31民集48巻4号1065頁は，入会権者が入会団体を形成し，それが民訴法29条の法人格なき社団に当たる場合には，入会総有のもつ団体的色彩の濃い共同所有の形態に照らし，社団は当該入会地が団体構成員の総有に属することにつき自己の名において確認の訴えを追行する原告適格を有し，この確認判決の効力は構成員全員に対して及ぶとしている。かつて，筆者は，民訴法29条が法人格なき社団に民事訴訟の当事者能力を与えているからといって，そこから同社団に実体法上の権利能力まで認めることはできず，社団財産の所有関係は構成員全員の総有に属するとする判例法理を維持する限り，入会団体以外の法人格なき社団の場合についても，その当事者適格について，この判旨が示す訴訟担当構成（法定のそれか任意的なそれかはここでは措く）を採用せざるをえないと論じたことがある[21]。そして，この理は，法人格なき社団が社団構成員の総有権確認訴訟の原告となる場合と被告となる場合とで，異なることはないから，その結果，社団を被告として構成員の総有権を確認する確定判決を得れば，その既判力は，登記名義人である代表者等の構成員にも拡張される。したがって，構成員である登記名義人に対して確認判決を取得する必要はないし，そもそも構成員である登記名義人に対しては総有権確認の利益はない，ということになりそうである。

　しかし，現在債務名義に表示された債務者以外の者の個人財産のかたちで登記されている不動産につき，事前にそれが社団構成員の総有財産であるか登記名義人の固有財産であるかに関する判決手続を登記名義人に保障することなくして，その不動産を差し押さえ，競売を実施し，買受人への所有権移転登記を経由するという不利益を課すことが，果たして正当化されるのであろうか。たとえ，その者が社団の代表者であることが社団の規約等から明らかであるといっても，そのことから，彼の個人名義で登記されている特定の不動産が社団構

---

[21]　拙稿「権利能力なき社団の当事者能力と当事者適格」新堂幸司先生古稀祝賀『民事訴訟法理論の新たな構築(上)』(有斐閣，2001) 849頁以下。

成員の総有財産であるという「推定」が当然に成り立つのであろうか。しかも，その者の名義で登記されている不動産が，真実彼の所有に属するかそれとも社団構成員の総有財産であるかという争いについて，社団は，登記名義人と利害が対立し，むしろ債権者と利害を共通にする関係にある。債権者と社団とが馴れ合い的に訴訟を追行する危険を想定すると，登記名義人を除外して社団との間で総有権確認訴訟を行うことが，適切とは思われない[22]。さらには，両者間における判決の既判力を，登記名義人でない一般の社団構成員を超えて，このような利害対立関係にある特定の構成員に対してまで拡張し，既判力の拡張を受ける者の側に，その拘束から免れるために，当該訴訟が馴れ合い訴訟であったことを主張すべき行為責任を課するという規律が，果たして正当化されるのだろうか。やはり，登記名義人が社団の代表者等かそうでない第三者であるかを区別することなく，その者の名義で登記された不動産の帰属をめぐる紛争である以上，現在の登記名義人を被告としてその決着を図るべきである。このこととの関係では，登記名義人への執行文付与によるべしとする従来の有力説が，代表者等の個人名義で登記された不動産が社団構成員の総有に属することを文書により証明できる限り，執行文付与機関限りの判断で執行文を付与することを認めていたのだとすれば，このことがもつ問題性を浮き彫りにする点にも，田原補足意見の意義を認めることができる。執行文付与の手続を流用すべしとする立場においても，執行文付与の申立てと執行文付与に対する異議の訴えというかたちで登記名義人への起訴責任の転換を認めるべきではなく，直ちに登記名義人を被告として執行文付与の訴えを提起する方法によるべきである。これに対し，社団構成員の総有権確認判決を取得すべきであるとの法廷意見を是とする立場に立つと，本稿において縷説したとおり，債権者は，登記名義人を被告として構成員の総有権を確認する確定判決を取得すれば足り，社団との関

---

[22] 榎本・前掲注19) も，この馴れ合いによる登記名義人の利益侵害の可能性を指摘する。また，青木哲「平成22年最判批評」金法1918号（2011）75頁及び同・前掲注10)「平成22年最判解説」20頁も，登記名義人が，買受人への競売を原因とする所有権移転登記の経由により登記上不利益を受ける者に照らすと，事前に同人に判決手続を保障する必要があるとし，登記名義人が代表者等社団の構成員か社団外の第三者かを区別することなく，同人に対する総有権確認の確定判決を要求する法廷意見を評価する。山本・前掲注6) 156頁は，これとは反対に，登記名義人が社団代表者等である場合にまで債権者による登記名義人に対する訴え提起を要求することは，実質上その名義での登記が可能な法人に比べて，法人格なき社団に対する強制執行を困難にする点で，社団と取引した債権者に酷な結果をもたらすとして，田原補足意見に賛成する。

VI おわりに

係においてもそれを取得する必要はない。

〔付記〕

本稿は，平成 22 年度科学研究費補助金の交付を受けた研究（基礎研究（B）「簡易で柔軟な財産管理制度とそのエンフォースメント」[研究代表者：山田誠一神戸大学教授]）の成果の一部である。

＊　　＊　　＊

〔補注〕

平成 29 年法律 44 号により，民法 424 条の 7 が創設され，債権者が詐害行為取消訴訟を受益者等を被告として提起した場合には，債務者に対する訴訟告知をしなければならないとされた（同条 2 項）ほかに，民法 425 条が以下のように改正され，取消の効果は債務者にも及ぶものとされた。

（被告及び訴訟告知）

424 条の 7　詐害行為取消請求に係る訴えについては，次の各号に掲げる区分に応じ，それぞれ当該各号に定める者を被告とする。

　一　受益者に対する詐害行為取消請求に係る訴え　受益者

　二　転得者に対する詐害行為取消請求に係る訴え　その詐害行為取消請求の相手方である転得者

2　債権者は，詐害行為取消請求に係る訴えを提起したときは，遅滞なく，債務者に対し，訴訟告知をしなければならない。

（認容判決の効力が及ぶ者の範囲）

425 条　詐害行為取消請求を認容する確定判決は，債務者及びその全ての債権者に対してもその効力を有する。

ドイツ連邦共和国における倒産法改正の試み
——Übertragende Sanierung の位置付けを中心として

  I 問題の所在
  II 倒産法委員会第一報告書の提案
  III 譲渡による企業更生劣後化の根拠
  IV 譲渡による企業更生劣後化に対する批判
  V 市場適合性原則からの批判
  VI 連邦司法省試案及び同参事官草案
  VII むすび——試案及び草案における企業所有者の再建と譲渡による企業更生

I 問題の所在

　1970年代の半ば,「破産の破産[1)]」又は「倒産法の危機[2)]」という標語の下で俄に活発化したドイツ連邦共和国（以下単にドイツという）における破産法及び和議法の改正論議は, 1978年に当時の連邦司法大臣 H・J・フォーゲルが倒産法委員会 (Die Kommission für Insolvenzrecht) を設置するに至り, 政治的な課題に転化した。同テーマを扱った論考は枚挙に遑がないが, 改正論議の基調は, 1982年の第54回ドイツ法曹大会の決議が示すように, 企業の収益力を再生させる方法により倒産状態を除去し, 併せて, 雇用の場の維持に配慮することを目的とした, 再建手続を新たに導入すること[3)], にあった。

---

1) Kilger, Der Konkurs des Konkurs, KTS 1975, 142.
2) Uhlenbruck, Zur Krise des Insolvenzrechts, NJW 1975, 897. この論文及び注1) 論文をも含め, 当時の（西）ドイツにおける倒産法の改正論議を詳細に検討したものとして, 霜島甲一「西独倒産法制の現状と改正論について(1)～(7・完)」判タ370号5頁, 372号8頁, 377号24頁, 380号19頁, 382号17頁, 384号20頁, 389号11頁 (1979) 参照。
3) Verhandlungen des 54. Deutschen Juristentages (1982), Bd. II (Sitzungsbericht), Teil M. 240.

これに対し、少数ながら、しかも濃淡の差はあれ、そうした新たな再建手続を導入する必要性に懐疑的な意見も、バウアー[4]、シュトゥルナー[5]といった有力な学者やキューブラー[6]、ヴァレンディ[7]等の実務家により主張されていた。現行の破産法の下においても企業を維持する手段が存在し、成功裡に実践されていることが、その理由であり、その手段とは、破産開始決定手続中は、財団保全のために任命されるSequester[8]が、破産宣告後は破産管財人が、債務者の営業を継続し、破産財団から、企業を一括して又はその収益力ある部門を切り離して、第三者に譲渡することである。この場合の第三者は、既存の法人又は自然人であることもあれば、企業ないし営業の譲り受けを目的として新たに成立される会社（Auffangsgesellschaft[9]。受皿となる会社という意味であり、「受皿会社」と訳しておく）であることもある[10]。この手法は、後述するK・シュミットによりübertragende Sanierung（以下では「譲渡による企業更生」と訳しておく）と名付けされているが、この手法に、現行法上難点がない訳ではない。

先ず、財産の譲受人に譲渡人に対する債権者への債務履行の責めを負わせるBGB 419条、譲渡前に未払いであった賃金債権を含め、譲渡人との間の労働契約上の権利義務関係が当然に譲受人に移転する、と定めるBGB 613a条といった、譲受人への責任承継規定が、企業の買収を試みる者に対する制約となる点であったが、この難点は、判例により、破産財団からの企業譲渡の場合には、BGB 419条は不適用、またBGB 613a条については、譲渡前に発生し未払いであった賃金債権は移転しない、という形で、除去ないし緩和されている[11]。従

---

4) Baur, Insolvenzrecht für Unternehmen?, JZ 1982, 577.
5) Stürner, Möglichkeiten der Sanierung von Unternehmen durch Maßnahmen im Unternehmens-und Insolvenzrecht――Eine Auseinandersetzung mit Gutachten von Karsten Schmidt zum 54. Deutschen Juristentag, ZIP 1982, 761.
6) Kübler, Verhandlungen des 54. Deutschen Juristentages, Bd. II, M. 52ff.
7) Walendy, Verhandlungen des 54. Deutschen Juristentages, Bd. II, M. 103f.
8) Sequesterについては、Kilger, Ploblème der Sequestration im Konkurseröffnungsverfahren, Einhundert Jahre KO 1877-1977, S. 189（1977）参照。
9) Auffangsgesellschaftにも、設立者が誰か、設立の趣旨（企業を究極的に買収するためか、それとも、企業の収益を譲渡人の債権者への弁済に充てるため企業を一時信託的に譲り受けるのか）等によって様々な分類が可能なようである。詳細は、Uhlenbruck, Die GmbH & Co. KG in Krise, Konkurs und Vergleich, 2. Aufl.（1988）, 145ff., Groß, Fortführungsgesellschaften, KTS 1982, 355, ders., Sanierung durch Fortführungsgesellschaften, 2. Aufl.（1988）, S. 440ff.
10) Gottwald, Rechtliche Möglichkeiten der Unternehmenssanierung im Insolvenzfall, KTS 1984, 1, 16.

って問題は，現行破産法が，抵当権者や所有権留保，譲渡担保等の権利者に別除権や取戻権を与えているために，営業の継続に欠かせない企業の資産が財団から流出する点にある。Sequesterや管財人は，これら担保権者との間で，個別の換価ではなく，換価プール（Verwertungspool[12]）の形成と共同の換価を約することによって，この弊害に対処しているが，何分破産手続外における個別の合意が必要である[13]ため，あくまで，個別の換価を試みる担保権者に対しては，ZVG30c条の不動産競売の換価猶予制度の他は，どこからか資金を調達して弁済する以外に対処のしようがない。故に，譲渡による企業更生を現行法の下で倒産した企業を維持するための有効な手段と位置付ける見解においても，将来の企業再建手続は特に動産担保権者の引き込みが不可欠である，とする主張を見ていたのである[14]。

II 倒産法委員会第一報告書の提案

倒産法委員会は，1985年に公表したその第一報告書[15]において，現行の破産法及び和議法を統合した。統一的倒産手続の導入を提案した[16]。それによれば，倒産裁判所は，支払不能——この支払不能は，現在既に履行期にある債務を弁済しえない場合は勿論，現在履行期にある債務は支払えても，現存する履

---

11) Uhlebruck, Die GmbH & Co, KG, S. 743f. 他に，営業譲渡人の商号を続用する営業譲受人に対し，譲渡人に対する債権者への履行の責めを負わせるHGB 25条も，譲渡による企業更生の障害となるが，この責任は，反対の旨を商業登記簿に記載することで免れることができる。なお，BGB 613a条が倒産時における企業譲渡に与える様々な悪影響に対して，判例による微温的な対処では足りず，企業倒産の場合に同条を不適用とすべきだとする見解も強い。同条の持つ問題性は，ドイツの倒産法改正論議の中でも一つのトピックを形成しており，文献も枚挙に遑がなく，ここで深入りする余裕はない。邦語文献として，上原敏夫「西ドイツにおける倒産法手続における労働者の処遇（下）」判タ644号（1987）16頁，23頁，同「西ドイツ倒産法改正草案について（下）」判タ694号（1989）33頁，36頁を紹介するに留める。

12) Kübler, Sondersituation bei Unternehmensfortführung und Unternehmensverkauf im Konkurs, ZGR 1982, 498, 504.

13) Gottwald, a.a.O., KTS 1984, 17.

14) Gottwald, a.a.O., KTS 1984, 25.

15) Erster Bericht der Kommission für Insolvenzrecht; hrsg. v. Bundesministerium der Justiz (1985). 以下ではEBと略する。また，条文の形でまとめられた要綱（Leitsatz）をLSと略し（要綱については，上原敏夫「西ドイツ倒産法改正要綱（第一報告書）」一橋法研29号〔1989〕95頁以下に全訳がある），それについての理由書の部分の引用は報告書の頁数で示す。

16) EB. LS. 1. 1. 1, Abs. 1, LS. 1. 1. 2, S. 85ff.

行期未到来の債務をその履行期に弁済しえなくなる恐れがある場合をも含む[17]——又は（資本会社の場合）債務超過を要件として，企業を再建するか破産的に解体するかという目的を一応白紙にして[18]，Vorverfahren を開始する[19]。この段階における倒産管財人（Insolvenzverwalter）の任務は，「倒産債務者の営業を可能な限り継続し[20]」，再建の見込みの判断のために開催される報告期日において，その見込みの有無を報告するため調査をすることにある[21]。そして裁判所は，「充分な再建の見込みが存在する場合には，期日終了後遅滞なく再建手続（Reorganisationsverfahren）を開始する[22]」。

Vorverfahren の開始決定により，所有権留保，譲渡担保，債権譲渡担保といった非典型約定担保権の実行は禁止され，そうした担保権に基づく摑取が，生産のための有機的統一体としての企業の価値を損ね，再建を困難とする，という現行和議法及破産法の持つ欠陥は除去される[23]。しかしそれは，譲渡に

---

17) EB. LS. 1. 2. 5, Abs. 2, 3, S. 109f.「予測的な支払不能」という。
18) EB. LS. 1. 1. 1, Abs. 2.
19) EB. LS. 1. 3. 4.
20) EB. LS. 1. 3. 1. 2, Abs. 2.
21) EB. LS. 1. 3. 4. 3.
22) EB. LS. 1. 3. 4. 4, Abs. 1.
23) EB. LS. 1. 2. 10, Abs. 3 i. V. m. LS. 1. 1. 5, Abs. 2. こうした担保権者は，倒産手続の関係人として引き込まれ，再建手続においては，特別の組を形成し計画への賛否を決する。これに対して，不動産についての抵当権者は，そもそも倒産手続の関係人として手続に引き込まれず（LS. 1. 1. 5, 2. 4. 5. 1, Abs. 1, S. 158, 259f.），別除権を認められ，単に，そうした担保権に基づく競売が破産財団の円滑な換価を妨げる場合に，現行 ZVG の換価猶予制度を若干手直しして対処するに留めている（LS. 2. 4. 5. 3）。第一報告書が，このように手続に引き込まれる担保権とそうでない担保権とを区別する理由は，不動産についての抵当権については，ドイツの経済社会において占める地位に鑑み，それを倒産手続に引き込みその価値を制約することはできないが，所有権留保，譲渡担保，債権譲渡担保等の非典型約定担保権者に対しては，倒産財団を増殖させ無担保債権者に対する配当率を向上させるべく特別犠牲を課する（これらの担保権者からは，清算手続においては担保物件の換価益の 25% を手続分担金〔Verfahrensbeitrag〕として徴収する〔EB. LS. 3. 3. 1, 3. 3. 2〕。再建手続においては，手続分担金は法定されていないが，清算手続が選択された場合上記の限度で負担が課される以上，この限度までは担保権の切り捨てを受忍せざるをえず，かつ，こうした種類の担保権者が構成する組の，担保権によりカヴァーされる債権総額の 80% の加重多数決により，担保物の価格又は〔非担保債権額が担保物の価値より低い場合〕非担保債権の額の 50% まで切り捨てが可能である〔LS. 2. 4. 4. 7, 2. 2. 17, Abs. 2〕）ために，それらの権利を倒産手続に引き込む，という点にある（第一報告書のこの側面についての詳細は，三上威彦「西ドイツ倒産法改正論議について——倒産法委員会の報告書における担保権の取扱を中心として」民商 99 巻 3 号〔1988〕296 頁参照）。第一報告書においては，担保権の実行を制約するのは，それが有機的結合体としての企業の価値を損なうが故にであるという視点は，第一次的なものとはされていない（Balz, Sanierung von Unternehmen oder von Unternehmensträgern? Zur Stellung

II　倒産法委員会第一報告書の提案

よる企業更生を促進するためではない。却って，現行破産法が財団からの営業譲渡につき監査委員会又は債権者集会の同意を要件としていることと比べ[24]，第一報告書は，Vorverfahren 開始後の譲渡による企業更生につき，それらの債権者集団の同意だけでは足りず，倒産裁判所の許可がなければこれをすることができない[25]，という制約を加えている。

　第一報告書によれば，企業の全部を第三者に譲渡することは，企業を解体して換価することと同様債務者の清算であり，成功の見込みある再建を排除してしまうものとされる[26]。つまりそれは再建ではなく，従って，企業の全部譲渡を許可する場合，裁判所は清算手続を開始する[27]。報告書によれば，再建手続の目的は「倒産債務者の企業の存続を保障しその収益力を回復すること」であるが，報告書の理解する「再建」とは，債務の猶予・放棄，名目的資本の減資と新規資本の投入等，「資本構造及び財務構造の転換」と，債務者企業の組織改編及び人員の整理等，「組織上及び人事上の措置」とにより，従来の債務者，即ち，企業の所有者である個人又は法人が，企業の所有権を維持する形で，企業を更生させることなのである[28]。そして裁判所は，企業の全部譲渡の許否につき，「明らかに再建の見込みがない場合でないときには，それと譲渡による企業更生の何れを優先させるかを，関係者の利益と事案の全事情を考慮して，決定する[29]」，換言すれば，委員会の理解する意味での「再建」に見込みがある限り，債権者集団の意向を無視してでも，再建手続を選択しうる[30]。そして，

---

　　der Eigentümer in einem künftigen Reorganisationsverfahren (1986), S. 38）。
　　なお，この非典型約定担保権に対する25％の手続分担金という構想は，第一報告書の目玉ではあったが，金融ないし信用秩序に与える影響が大きいとして激しい反発を呼んだ。例えば，Fachtagung zur Insolvenzrechtsreform; Notwendigkeit oder falscher Ansatz zur Bewältigung wirtschaftlicher Kriesen (1985) は，この提案に対する悲鳴のようなトーンに満ちた多数の報告及び意見を収めている。このシンポジウムは，CDU／CSU の中小企業部会と消費者及び中小企業向け金融機関の団体の共催によるもので，それらの見解は一種の党派的傾向性を持つものであるが，ゲストとして招かれた担保法の泰斗 Serick も，この提案に対して極めて批判的な見解を表明している（S. 65ff. 彼の見解の詳細は，Mobiliarsicherheiten und Insolvenzrechtsreform; Eine Auseinandersetzung mit den Berichten der Kommission für Insolvenzrecht (1987) 参照）。

24）　Nr. 1 § 134 KO.
25）　EB. LS. 1. 3. 4. 2, Abs. 1 Satz 1.
26）　EB. S. 146.
27）　EB. LS. 1. 3. 4. 2, Abs. 1 Satz 4.
28）　EB. S. 147.
29）　EB. LS. 2. 1. 2, 2. 2. 6, 2. 2. 7.
30）　Basty, Die Interessen der Gläubiger in einem künftigen Sanierungs-/Reorganisationsver-

企業の一部を譲渡することもまた，上述の意味における「再建」を困難にするときには，裁判所は許可してはならない[31]。例えば，企業の中の収益力ある営業部門を譲渡すれば「再建」は不可能となるから，それは許されず[32]，単に不採算部門を迅速に切り離す必要がある場合にのみ，企業の一部譲渡が認められるに過ぎないことになる[33]。K・シュミットの表現によれば，第一報告書は，現行法の下では不可欠であるものの，所詮は間に合わせの制度に過ぎない，譲渡による企業更生よりも，「再建」に対して，より大きい正統性を与えているのである[34]。いい方を換えれば，第一報告書は，債権者の自治を制約する形で，債務者，企業所有者自身の再建を，譲渡による企業更生に対し手続構造的に優先させている[35]。

III 譲渡による企業更生劣後化の根拠

このような第一報告書の構想に対しては，企業の所有権が第三者に移転しても，社会的に意義を持ちしかも雇用の場として価値を持つ「企業」は維持されるのであり，第一報告書は，企業と企業所有者との誤った位置付けから出発している[36]，という批判がなされている。ところで，このように譲渡による企業

---

　　fahren (1988), S. 72f. の指摘するように，債権者の利益は許可の唯一の基準ではない。企業所有者や労働者の利益等も「斟酌すべき事情」である。
　　そして，委員会の理解する意味における「再建」が明らかに見込みのない場合に選択される清算手続（EB. LS. 1. 3. 4. 4, Abs. 2）において，債務者の営業を継続するには，裁判所の許可が必要であり，裁判所は，営業を即時に譲渡しうる見込みがある場合でなければそれを許可してはならない（EB. LS. 3. 1. 2）。その理由は，こうした企業につき，利払いを免除し元金弁済を猶予する形で，その営業を長期間継続することは，競争業者に対する競争制限的効果があるから，とされる（EB. S. 305f.）。要するに第一報告書は，譲渡による企業更生につき，企業所有者自身の再建手続を優先させ，かつ，清算手続においては即時の企業の解体的清算を優先させる，という二重の絞りをかけている（Basty, a.a.O., S. 71f. 彼は，最適な換価を求める債権者の利益の侵害という観点からこれを批判している）。

31)　EB. LS. 1. 3. 4. 2, Abs. 2.
32)　Heinze, Verfahrensrechtliche und arbeitsrechtliche Aspekte eines neuen Insolvenzrechts: Zum ersten Bericht der Kommission für Insolvenzrecht, ZHR 149 (1985), 507, 530ff.
33)　EB. S. 147. これにつき, Stürner, Möglichkeiten, ZIP 1982, 719 は，不採算部門をわざわざ買い取る人間など何処にいるか，と皮肉を述べている。
34)　K. Schmidt, Das Insolvenzverfahren neuer Art──Kernprobleme der Insolvenzrechtsreform nach dem Kommissionsbericht, ZGR 1986, 178, 530f.
35)　Balz, Sanierung, S. 35f.
36)　Gravenbrucher Kreis, Stellungnahme zu den Reformvorschlägen der Kommission für Insol-

更生を劣後化する発想は，K・シュミットの創見である。

彼は，苦境にある有限会社の再建のために，その所有者である社員が，手持ち資金を社員貸付の形で融資するよりも，その資金により受皿会社を設立し，その会社が企業の固定・流動資産を解体価値（Zerschlagungswert）を以て買収する方が，より簡易で関係人にとって犠牲の少ない再建テクニックではないか，というウーレンブルックの見解[37]につき，それは，債務者の責任財産と負債とを切り離し，前者を旧債につき責任を負わぬ新会社に移転するもので，しかも，譲渡の対価として財産に流入するものは企業の解体価値であるから，債権者はその割合弁済を期待しうるに留まり，結果的に，旧債権者を企業の再建の成果（Sanierungserfolg）から切断することになる，それは企業を債権者の犠牲において維持する手段である，と批判した[38]。破産手続における財団からの営業譲渡には，BGB 419条は判例上不適用とされているところ，その根拠が，旧債につき責任を負わされるとすれば企業の買い手がいなくなる，という目的論的解釈にあるとすれば，企業を旧債から切り離して取得するための受皿会社を設立することは，この目的論的解釈を悪用するものであり，この規定の適用を除外する理由はない，という[39]。

彼が，「譲渡による企業更生は，一見企業の更生のように映るが，その実債務者の清算に過ぎない[40]」，とする根拠は，それが前記の如き責任継承規定の適用を排除することによって，債権者を再建の結果から切断するからであり，従って逆に，彼によれば，再建とは，債権者が再建される企業の債権者として，直接再建の成果に与かる形態のみを意味する[41]。故に，企業所有者法人を組織変更する場合は，旧債が包括継承されるからそれは再建であり，企業所有者法

---

venzrecht, BB, Beilage 16/1986, S. 8ff., Balz, Sanierung, S. 1ff.

37) Uhlenbruck, Die GmbH & Co. KG, 2. Aufl., S. 146.

38) K. Schmidt, Organverantwortlichkeit und Sanierung im Insolvenzrecht der Unternehmen, ZIP 1980, 328, 336.

39) K. Schmidt, ebenda, S. 337.

40) K. Schmidt, Möglichkeiten der Sanierung von Unternehmen durch Maßnahmen im Unternehmens-, Arbeits-, Sozial- und Insolvenzrecht; Unternehmens- und insolvenzrechtlicher Teil, Verhandlungen des 54. Deutschen Juristentages, Bd. I (Gutachten), Teil D. 83f.

41) K. Schmidt, Vor- und Nachteile der übertragende Sanierung und der Reorganisation für Erhaltung von Unternehmen, Podiumsdiskussion, Institut der Wirtschaftsprüfer (IDW), Beiträge zur Reform des Insolvenzrechts (1987), S. 182, 184, ders., Wege zum Insolvenzrecht der Unternehmen (1990), S. 141.

人の旧社員の全員が社員でなくなり，新規の出資者のみが社員となる場合でも，それは再建であるが，企業がその所有者と法的同一性を持たない第三者に移転する場合は，それは常に清算である[42]ことになる。譲渡による企業更生を清算と位置付ける第一報告書が，こうしたK・シュミットの見解に影響されたものであることは明らかである[43]。

IV　譲渡による企業更生劣後化に対する批判

こうしたK・シュミットの見解に対しては，早い段階から批判があった。新規資本が救済融資の形で投下されれば，債権者は再建の成果に与かりうるが，受皿会社の場合にはそうでないから，債権者にとって前者が好ましい，といっても，そもそも再建の成果が新規資本の投下があって初めて生じるものであるとすれば，企業と無関係の第三者が新たに企業を譲り受ける場合，その動機は，企業の対価を支払いかつ運転資金を投与してなお，充分な利回りを確保しうることにあるのであって，こうした第三者の利回り計算は，社員にも同様に妥当する筈である。なぜなら，社員とて自らの企業に追加出資する義務はないからである。とすれば，社員による企業の譲り受けですら救済融資に劣後化させる根拠はない[44]，と。

もっとも，従前の企業所有者の社員が受皿会社を設立して企業を譲り受ける場合には，別の理由から債権者の不信を買うことがある。当該企業の持つノウハウや暖簾，隠れた利益留保の存在等，旧社員が，彼のみが知りうる企業の価

---

[42]　K. Schmidt, Gutachten, D. 82, ders., IDW-Beiträge, S. 189.

[43]　Balz, Sanierung, S. 21. なお，第一報告書の，譲渡による企業更生よりも企業所有者自身の再建を優先させる発想の背後に，本文に述べた点とは別に，破産的清算による企業の解体が，市場における競争業者の支配的地位を強化することになる (Gerhart, Wechselwirkung zwischen Konkursrecht und Wirtschaftrecht, Festschrift für F. Weber (1975), S 181, 187) ところ，企業の譲渡は，独占ないし集中排除という競争制限法的観点から制約を受けるものであるが故に，独立した経済主体としての企業所有者自身の再建を手続構造的に優先させる (Flessner, Sanierung und Reorganisation; Insolvenzverfahren für Großunternehmen in rechtsvergleicher und rechtspolitischer Untersuchung (1982), S. 198, Gessner/Rohde/Strete/Ziegert, Die Praxis der Konkursabwicklung in der Bundesrepublik Deutschland (1978), S. 563f.) という，競争制限法ないし競争政策上の視点の影響を読み取る者 (Balz, Sanierung, S. 23, ders., Aufgaben und Struktur des künftigen Insolvenzverfahrens, ZIP 1988, 273, 274, 277) もいる。

[44]　Stürner, Aktuelle Probleme des Konkursrechts; Zur Neubearbeitung des *Jaegerschen* Kommentars, ZZP 94 (1981), 285.

Ⅳ　譲渡による企業更生劣後化に対する批判

値を秘匿して，不当に低い対価で企業を取得することにより，本来財団に流入すべき価値を横領することがありうる[45]。

こうした問題は，実は，社員が受皿会社を設立する場合のみならず，広く譲渡による企業更生一般に付随する，企業の譲渡価格形成の問題に帰着する[46]。譲渡による企業更生を，企業の積極財産と負債を分離することにより債権者から再建の成果を奪うものとして批判するK・シュミットの見解は，前述の通り，企業の対価がその解体価値であることを立論の前提としているが，ここに一つの循環論法がある。譲渡価格が正しく形成され，有機的結合体としての企業の持つ継続価値が財団に流入するのであれば，この批判はそもそも成り立たない[47]。従って，あるべき立法の使命は，内部者が譲受人となる場合を含め，企業の価値が正しく譲渡価格に反映されるシステムを形成することであり，決して譲渡による企業更生を手続構造的に企業所有者自身の再建に劣後化させることではない，という批判が出てくる[48]。

とはいうものの，倒産状況にある企業の譲渡価格の形成には，困難が伴う。公認会計士協会が開催したシンポジウムにおいて，それは解体価値によるかそれとも継続企業価値によるか，といった質問につき，企業経営に伴うリスク，ランニングコスト等から見て企業の対価は低くならざるをえず，両者の中間に落ち着けばよい方である[49]。そもそも継続企業価値は自己資本の基盤がなければ発生不能であり，取得者が新たに自己資本を投下せざるをえない状況におい

---

45) Uhlenbruck, IDW-Beiträge, S. 201, Balz, Sanierung, S. 13. また，債権者の一部が受皿会社の社員となったり，その債務が受皿会社に承継されることによって，この者のみが再建の成果に与かったり企業所有者と受皿会社の両者からの弁済の利益を受けたりする機会を得る恐れがあることもまた，他の債権者をして，譲渡による企業更生という手段の透明性ないし公正さを疑わせる原因となる（Balz, Aufgaben, ZIP 1988, 288）。

46) Uhlenbruck, Die GmbH & KG, S. 148.

47) Balz, Sanierung, S. 21.

48) Balz, Aufgaben, ZIP 1988, 288ff. ウーレンブルックも，「倒産手続における企業譲渡の際の価値の形成は，広く企業評価の問題である。こうした場合，フランス法が一種の公の入札制度を定めていることが，示唆できよう。そこには，我々の強制競売手続に類似した最低競落価格の如きものがある。そもそも，また，いかにして，譲渡による企業更生の場合に，ある程度まで市場に即した価格形成がなされうるか，を熟考することが，立法者の使命であろう。さもなくば，譲渡による企業更生は企業の解体と同じものと化してしまおう」と述べている（IDW-Beiträge, S. 194）。

49) Schaaf, IDW-Beiträge, S. 194f., 198, Wellensiek, IDW-Beiträge, S. 195f., 198. 何れも，委員会報告書の譲渡による企業更生劣後化構想に批判的な Gravenbrucher Kreis のメンバーである。

て，その者に対価として継続企業価値を期待することに理論的根拠はなく，譲渡価格が解体価値以上であれば足りる[50]，といった実務家達の返答を引き出したK・シュミットは，譲渡による企業更生を次善の策とする第一報告書の基盤は，些も揺るがないと述べている[51]。

しかし，従来の実務において譲渡による企業更生が愛好されてきた所以は，企業再建のためには，新規の資本投下に加えて，新たな企業経営理念の投入が必要であり，そのためには，企業を従来の所有者から切り離した方が得策である，という資金拠出者の態度があった[52]。仮にこの手法を排除して，人為的に企業所有者の再建を優先させた場合，それが再建のために新規資本を投下する者の意思にどう影響するか，が問題となる。

企業をその所有者の所有権を維持したまま再建するためには，名目的資本の減資，増資，定款変更，組織変更等の措置が必要となる[53]が，第一報告書は，アメリカの再建手続と異なり，それらは再建手続によってではなく，その外で，会社法上権限を有する機関の決議により実施されるものとし，決議の要件も会社法によるものとしている[54]。そして，社員の妨害により再建が妨げられる恐れに対して，第一報告書は，三つの防御措置を提案している。

第一に，社員の持分権が経済的に無価値である場合には，新規の出資を容易に獲得し，また，再建計画の作成に必要な会社法的措置を摩擦なく実行するために，社員を不服申立のできない裁判所の決定によって除名しうる[55]。第二に，社員の持分権が無価値ではなくとも，債権者が企業の経済的破綻に対し責任を

50) Peter-Jürgen Schmidt, IDW-Beiträge, S. 199.
51) K. Schmidt, IDW-Beiträge, S. 199.
52) Gravenbrucher Kreis, BB, Beilage 16/1986, S. 8.
53) EB. LS. 2. 2. 6, Abs. 1.
54) EB. LS. 2. 2. 20, Abs. 1, 2. 報告書は，会社組織法上の措置を含め，再建計画の自由な内容形成を許容するアメリカ合衆国破産法の性格を，それが，同法系に特徴的なエクイティ法として，一般法に優位することに求めている（〔EB. S. 191, 276〕正確には，連邦法たる倒産法の各州会社法に対する優位であろうが〔Balz, Sanierung, S. 14〕）。また，そうした法系上の理由とは別に，第一報告書は，会社法上の措置をも再建計画による形成の対象とし，債権者と並ぶ社員の組を独立に設けて計画に対する議決を託す，という方式の採用につき，公開株式会社の株主総会を再建手続中に組み込むことは非現実的であり，また，再建計画により会社組織法上の措置を採ることと会社法上の原則とを合致させるためには，諸々の困難が生じる上，そうした措置の内容的手続的合法性を監視する使命を，倒産裁判所に負担させることも適当ではない，とする（EB. S. 276f.）。K. Schmidt, Gutachten, D. 80 も同旨。
55) EB. LS. 2. 4. 9. 5, S. 282.

負うべき社員の排除を再建計画に対する賛意の条件としている場合等,「重大な理由」があるときには,裁判所の決定(この決定に対しては不服申立が可能である)により社員を除名しうる[56]。この場合には,持分権の経済的価値の補償請求権を倒産手続外の訴訟手続において訴求する権利が,当該社員に与えられる[57]。持分権の無価値を理由とする除名の場合においても,それを否認し,この補償請求権を別訴で訴求することは妨げられない[58]。第三に,再建のために必要とされる会社法上の措置につき社員総会等の決議が得られない場合でも,一定の要件の下で,裁判所の決定を以て決議に替えることができる[59]。

これらの提案に対しては,その正統化根拠につき深刻な批判が加えられており[60],かような問題の多い制度を立法化するに要する軋轢を考えれば,譲渡に

---

[56] EB. LS. 2. 4. 9. 6, S. 283.
[57] EB. LS. 2. 4. 9. 9.
[58] EB. S. 282, 288.
[59] EB. LS. 2. 2. 20, Abs. 3. 再建が決議を必要とする措置なくして不可能であり,しかも,再建手続の関係人(非典型約定担保権者,一般倒産債権者及び未払賃金を有する労働者)の組が再建計画に賛成していることが,要件となる。理由書によれば,手続関係人が再建の見込みありとしそれに協力する意思を持つ場合に,社員の反対により再建が挫折させられてはならない,という点に議決代替的決定の制度を導入する必要があり,その正統化根拠は,倒産時の社員の持分権は価値がないか,そうでなくとも著しく価値を減じていることに,求められる(EB. S. 192)。
[60] 持分の無価値を理由とする除名制度に対し,企業所有者の再建の促進論者であるK・シュミット本人が,批判的であった。債務超過の場合,企業の解体的清算を予測すれば無価値な社員の持分権も,再建を予測すればなお経済的実質を持つ(Gutachten, D. 80)から,このような除名制度は基本法14条上の疑義がある上,社員による倒産手続の早期申立を促進するという方針にも合致しない(Gutachten, D. 83)。
　また,重要な理由ある場合の社員の除名及び補償請求権の賦与という提案に対しては,ウルマーが,資本会社においては資本維持の原則がある以上,かような形での出資の払戻しには慎重であるべきであり,こうした提案は放棄するか,少なくとも,再建計画により新たに資本を確定するに際し,損失補償の存在及び額を斟酌し,その支払いによって資本維持に必要な価値が会社から流出しないようにしなければならない,とする(Ulmer, Die gesellschaftsrechtliche Regelungsvorschläge der Kommission für Insolvenzrecht, ZHR 149 (1985), 542, 551)。なお,前述のように譲渡による企業更生の劣後化を批判するGravenbrucher Kreisも,損失補償請求権の賦与に批判的であるが,その理由は逆に,裁判所の決定による社員決議の代替が,前注で述べたように社員の持分権の無価値性を前提とするならば(実務上そうだし,倒産原因として新たに導入される「予測的な支払不能」も実際上債務超過と同一に帰着する),かような損失補償制度を定めることは矛盾であり,社員は倒産の場合には当然除名されたものとして,会社の資本関係についても倒産債権者が再建計画により形成的に決定しうるとすればよく,また損失補償も無用である,というにある(BB, Beilage 15/1986, S. 10f.)。
　最後に,議決代替的な裁判所の決定制度に対しても,ウルマーは,倒産手続の開始時点において社員の持分権が定型的に見て無価値であるという前提がそもそも問題であり,現行法上の支払不能要件の下でも,流動性の不足が直ちに債務超過を意味しない理論的可能性はあり,それは予

よる企業更生を促進した方が余程生産的ではないか,という評価もある[61]。それを措くとしても,持分権が無価値か否か,補償に幾ら必要か,が長期間争われるリスクとそれに伴う法的不安定は,この補償費用をも負担せざるをえない新規出資者にとって,危機的であり,その故に企業再建に必要な新規資本の調達が困難になるという帰結をもたらすのではないか[62]。

そもそも,旧社員の出資についての簡易減資と旧債務の放棄・猶予という,古く歪んだ財務構造を引きずった妥協の産物に過ぎない企業所有者自身の再建と,白紙の状態で設立される受皿会社による企業更生との,何れが新規資本の投下者を調達し易いのか[63]。企業の再建とは,そうした財務上の措置に加え,新規の経営理念の投入,人員の再配置,市場戦略,商品戦略,生産計画等の変更,新規市場の獲得等により,企業を変容する市場に適応させることである。その青写真を,裁判的倒産手続において関係人の決議により成立する再建計画によって,説得力ある形で描き出すことは,不可能であり,譲渡による企業更生こそが,企業経営と事業戦略における真の意味での企業の再出発を可能にするものではないのか[64]。譲渡による企業更生劣後化構想はこのような根本的批判を受ける訳である。

V 市場適合性原則からの批判

最後に,譲渡による企業更生を排斥して企業所有者の再建を手続構造的に優先させる第一報告書がはらむ,経済の基本的な構造ないし秩序に関わる問題

測的な支払不能要件の下で一層強くなるとして,この制度の正統化根拠を批判し,更に,例えば残存する旧社員と新規出資社員との間の持分比率に関する決議を裁判所の決定で代替する場合,当該持分比率が不適当であると主張する旧社員に対し,損失補償請求権を与えるならば,この制度の正統化根拠についての問題は,少なくとも財産法的には緩和されようが,その場合には,除名の場合と同様資本維持原則との関係で問題が生じる,と批判している(ZHR 149, 556ff.)。

61) Ulmer, a.a.O., ZHR 149, 556.
62) Ulmer, a.a.O., ZHR 149, 558f. K・シュミットに同調して,譲渡による企業更生を「企業と企業所有者,企業とその債権者との法技術的分離を狡賢く利用する手口」として批判するツォイナーは,そうでなくとも,受皿会社を設立し営業を譲渡するにはコストがかかる,というが(Zeuner, Referat an Verhandlungen des 54. Deutschen Juristentages, Bd. II (Sitzungsberichte), Teil M. 15),反対陣営から見れば,企業所有者自身の再建の方が,コストが高いのである。
63) Stürner, Möglichkeiten, ZIP 1982, 770.
64) Stürner, Möglichkeiten, ZIP 1982, 769f.

V 市場適合性原則からの批判

性[65]を指摘する批判論が,先ず,連邦司法大臣であるエンゲルハルトにより提唱され[66],それは経済政策の通であり連立与党 FDP の党首ラムスドルフの全面的支持[67]を受けた。こうした反応は,SPD―FDP 連合から CDU／CSU―FDP 連合への政権交代の影響が立法の次元で現れたものであり,経済的自由主義,倒産法の自由市場政策的意義を強調して,前政権下での,社会政策的理由に基づく企業再建促進論を批判するものである[68]。彼らの態度表明によって,倒産法委員会の提案する手続構造は,少なくとも現在のドイツの政治状況の下では既にその運命を決せられたといってよい。そうした態度は,倒産法委員会委員長として第一報告書の取りまとめにあたった,司法省局長補佐 H・アルノルトに替わり,新たに倒産法改正案作成の任を担った,司法省参事官 M・バルツ[69]に承継されている。

彼らは,倒産手続ないし倒産法もまた私法である以上,私法が機能する場,即ち市場の原則に適合したものでなければならないこと,即ち,市場適合的(marktkonform)な倒産法ないし倒産手続の必要性,を強調することから出発する。そもそも,倒産とは私法の非常事態ではなく市場経済の日常的現象であるから,倒産は私法の一般原則と市場経済構造の一般的な枠組みの中で処理される必要があり,「破産においては総ては別である」といった有事立法的発想により関係人の権利に対する制約を正当化することはできず,一般法からの乖離は倒産手続の市場経済的要請からみて不可欠なものに限定される[70]。

そして,企業所有者を再建するか否かは,企業の解体の清算又は譲渡による企業更生により得べかりし仮定的な清算配当の持つ金銭的価値を,将来的に企業所有者に固定するか否かの問題であり,それは,企業所有者の再建と仮定的清算価値を他の投資方法に用いることとを比較した,利回り計算,即ち,投資判断に他ならない。市場経済においては,そうした投資判断は,それによる損失を自ら負担する者,即ち財産的手続関係人,就中,債権者の意思に委ねられ

---

65) 批判者が ordnungspolitisch な問題と呼ぶものである。
66) Engelhard, Politische Akzente einer Insolvenzrechtsreform, ZIP 1986, 1287.
67) Otto Graf Lamsdorf, Wirtschaftspolitische Akzente einer Insolvenzrechtsreform, ZIP 1987, 809.
68) Stürner, Einfachheit und Funktionsfähigkeit des einheitlichen Insolvenzverfahrens, hrsg. v. Kübler, Neuordnung des Insolvenzrechts (1989), S. 41, 45. 以下同書を Neuordnung と略す。
69) Balz, Sanierung, S. 18ff., ders., Aufgaben, ZIP 1988, 274ff.
70) Engelhard, ZIP 1986, 1288, Balz, Aufgaben, ZIP 1988, 276f.

ている。従って，手続構造的に特定の換価方法，即ち，企業所有者自身の再建を優先させること，それのみを目的とする再建手続の選択を裁判所の専権的決定に委ねることは，市場経済において不可侵な関係人の投資判断の自由を奪うものであって，許されない。市場適合的な倒産手続は，継続企業価値の適切な実現方法である譲渡による企業更生を含め，関係人に総ての換価方法を等価値のものとして開放し，その選択を関係人自身の自治に委ねなければならないとの要請，公権的判断を除去した債権者自治の要請に，支配される[71]。

更に，企業所有者の再建を譲渡による企業更生に手続構造的に優先させ，既存の企業支配権を人為的に固定することは，自由経済市場のメカニズムの重要な構成要素である，企業支配権ないし企業に対する影響力をめぐる市場を窒息させてしまう。ドイツ経済における自己資本の貧弱さの主因である資本市場の未成熟を理由として，それを正当化することは許されない。必要なことは，企業支配権をめぐる市場からその足枷を除去し，その機能性を改善する措置を講ずることである。企業を維持すべきか清算すべきかを適切に判断しうるのは，倒産裁判所や管財人ではなく，市場である。市場こそが，状況に即した自己適応を企業に強制する機能を持ち，この市場の力が，維持に値する企業とそうでない企業とを判別し，前者の，有能かつ最適に組織化された企業家による運営を保証する[72]。従って，市場適合的倒産手続は，最適な換価方法の発見を関係人の自治に委ねるとともに，その関係人の判断を企業の維持可能性及びその価値に関する市場の判断に可及的に調和させるものでなければならないことになる。

もっとも，こうした見解に立脚してもなお，現在行われている破産手続の枠内での財団からの企業譲渡に，問題がない訳ではない。前述の価格形成の問題を別としても，それが図式的な債権者平等原則に則った厳格な総括執行的性質の手続の中で行われるため，例えば，受皿会社その他の譲受人の持分権を以てそれを希望する倒産債権者への弁済に替えたり[73]，企業の譲受人に対して将来

---

71) Engelhard, ZIP 1986, 1290, Lamsdorf, ZIP 1987, 811f., Balz, Sanierung, S. 18ff., 26f, ders., Aufgaben, ZIP 1988, 277.

72) Engelhard, ZIP 1986, 1290, Balz, Sanierung, S. 20f. 同時に彼らは，倒産法は競争制限法的視点に対し中立的であるべきだとして，そうした理由（Ⅲ注43）参照）により倒産法が手続構造的に譲渡による企業更生を劣後化させることを批判する。

73) ドイツの実務において，参加型和議（Beteiligungsvergleich）として行われている方法であ

適当な収益があがるまで企業の対価の支払いを猶予したりする等の，柔軟な規律が不可能な点にある。従って，将来の倒産手続の果たすべき使命は，財団換価の方法（破産的解体，企業の総括又は一部譲渡，企業所有者自身の再建）のみならず，債務者の財産の配当方法についても，破産的総括執行手続の定型性からの離脱を可能にする，計画による規律を，普遍的な財団換価制度として位置付けることにある[74]。

VI 連邦司法省試案及び同参事官草案

連邦司法省は，1988年に「倒産法を改正する法律についての連邦司法省試案[75]」を公表し，それに対する各界の意見を参酌して，翌年には「倒産法を改正する法律についての連邦司法省参事官草案[76]」を公表した。これらは何れも，前述した意味における「市場適合性」を倒産法改正の指針として標榜しているが[77]，それらの詳細につきここで立ち入ることはできない。ここでは，譲渡による企業更生の扱いを中心として，その規制を概観するに留める。

先ず，第一報告書の提案するのと同様の倒産原因の存在により[78]，裁判所は，倒産手続を開始し，開始決定と同時に，企業の結合価値を破壊するあらゆる攫取行為は，担保権に基づくものを含め，制約を受ける[79]。管財人は，財団を掌

る (Gottwald, a.a.O., KTS 1984, 5)。

74) Balz, Sanierung, S. 16., ders., Aufgaben, ZIP 1988, 284.

75) Diskussionsentwurf Bundesministerium der Justiz: Gesetz zur Reform des Insolvenzrechts: Entwurf einer Insolvenzordnung (EInsO) und anderer Reformvorschriften. この概略につき，上原敏夫「西ドイツ倒産法改正草案について（上）」判タ693号（1989）23頁，26頁参照。同氏は「草案」と訳しておられるが，ここで「試案」と訳する所以は，それが「叩き台」程度の意味であり，また，後述の参事官草案と区別するためである。以下ではDEと略し，その総論部分の頁数をAとして引用する。

76) Referentenentwurf Bundesministerium der Justiz: Gesetz zur Reform des Insolvenzrechts. REと略し，その総論部分の頁数をAとして引用する。

77) DE. A. 11ff., 17ff., RE. A. 11ff., 17ff. 概略につき，田頭章一「企業倒産処理における『再建型手続』の特質と機能分担——Jacksonらの理論及び西ドイツ倒産法改正政府草案の立場を参考にして」岡大法学39巻3号（1990）429頁以下参照。

78) §§ 19, 20, 21 EInsO.

79) 開始決定により約定非典型担保権の対象物の換価権が管財人に移転する (§ 181) 一方で，不動産担保権に基づく強制執行の停止が裁判所の命令による (§ 180) 点は，第一報告書と同じであるが，拠って立つ基盤は大きく異なる。前述のように，第一報告書は，担保権者の処遇を，無担保債権者のための特別犠牲を課すか否かによって決していた。他方，試案及び草案は，倒産手

握すると同時に[80]，企業の再建可能性を調査の上報告期日において報告するのであるが[81]，第一報告書との重大な相違は，企業を閉鎖するか継続するかは，債権者集会が決定し，また，管財人に計画の作成を委託するか否かも，債権者集会が決定する[82]点にある。そして，債権者集会の別段の決議がない限り，報告期日後管財人は遅滞なく財団を換価する義務を負うが[83]，債務者の企業ないし営業の全部又は一部を譲渡するには，監査委員会の同意が必要である[84]。

試案及び草案は，現行の破産手続におけると同様な譲渡による更生の他に，企業譲渡を内容とする計画をも認め[85]，これによって，譲渡による企業更生の法的又は経済的な濫用に対処しようとしている。曰く，現行法上の譲渡による企業更生の場合，維持に値する企業又は営業がその市場価値（継続価値）以下でしか売却されず，債権者が再建の成果から除外されてしまうという弊害が見られる。特に，管財人や中立の第三者である企業の買受申出人よりも企業の実際の価値をよりよく評価しうる立場にある，債務者ないし会社法上債務者と密接な関係にある者が，譲渡による企業更生により不当な財産的利益を受けたり，

　　　続の目的は債務者の財産を債権者全体の利益に適うよう最適に換価することにあり，その目的達成のためには，動産不動産，典型非典型の区別なく，総ての担保権者を倒産手続の関係人とし，手続に引き込む必要がある，これに対し，一般債権者の待遇改善のために担保権の価値を侵害すること，倒産手続により富を再分配することは，市場適合的倒産手続の使命ではない，として，第一報告書の25%の手続分担金構想を排斥し，非典型約定担保権については，管財人がその存否を確認し換価するにかかる平均的費用を負担させるに留める。また，最適な換価を可能とするために担保権の実行を禁止し，担保権に内在する流動性（Liquidität）を債務者のために留保する以上は，担保権の種類を問わず，担保権者に対する完全な補償が必要である，という発想に立脚している（DE. A. 42ff, RE. A. 48ff.）。
　　　かような前提に立つ試案及び草案にとって，担保権の実行に対する制約は，それが有機的結合体としての企業の価値の破壊に与える影響度を反映した，手続関係人の範囲とは無関係の技術的な問題となる，例えば，動産質の場合，無占有動産約定担保権と異なり，担保目的物が初めから企業の外に流出しているのであるから，その実行を自動的に禁止することは行き過ぎである，不動産担保権の場合は，目的物が営業用不動産であっても，無占有動産担保権の担保物回収行為と異なり，それは終結まで長期間を必要とし，しかも競売の開始により直ちに企業の継続が困難になる訳ではないから，開始決定による自動的中止効を定める必要はなく，管財人の申立による個別的な中止命令の制度で足りる（DE. A. 45ff, RE. A. 54ff.）。

80)　§ 157 EInsO.
81)　§ 165 EInsO.
82)　§ 166 EInsO.
83)　§ 168 EInsO.
84)　§ 169 EInsO.
85)　§§ 252, 253 EInsO. 従って，第一報告書のReorganisationsplanという用語に替えて，試案及び草案はInsolvenzplanという用語を用いている。

VI　連邦司法省試案及び同参事官草案

特定の債権者のみが譲受人の社員又は債権者となることによって特殊な財産的利益を受けることがある。改正の目的は，こうした濫用を防止し，倒産状況下にある企業又は営業の市場適合的な価格形成を可能にすることにある[86]。

具体的には，管財人が意図する譲渡による企業更生に対して，倒産債権者を中心とする手続関係人が，譲渡価格が市場価格よりも低く，より高額での譲渡が可能であることを疎明した場合には，裁判所の命令により，譲渡による企業更生は計画を基礎としてのみ遂行することができる[87]。これによって，総ての手続関係人に，企業の買い手を探し出し又は自ら買い値を付ける権利が与えられ，また，関係人が独自の計画の提案権を有する場合[88]には，管財人のそれとは別の企業譲渡を内容とする計画を提案することもできる。また，法の定めた内部者[89]が譲受人会社又は受皿会社の関係者となる場合にも，関係人の申立により，計画を基礎としなければ譲渡による企業更生を行うことができない[90]。

---

[86]　DE. A. 68f., RE. A. 79f.

[87]　§§ 173, 174, 175 EInsO. 試案の段階では，債務者，又は，一定の要件を備えた担保権者又は一般債権者が，企業の譲渡価格がその継続価値を下回ることを疎明した場合には，企業譲渡は計画を基礎としてのみこれをすることができる，と規定していた。この提案に対しては，予定譲渡価格と継続企業価値との比較は実行不可能又は困難であり，特に，債務者が，鑑定書を提出するだけで管財人の計画する企業譲渡を妨げうるとすることは，債務者に恰好の妨害のチャンスを与える，また，鑑定という手法を通じて債務者企業の換価方法の選択に倒産裁判所が干渉する危険があり，企業の投げ売りの危険は監査委員会の同意及び独自の計画提案権の行使により防止しうる，として，批判的見解があった（Gravenbrucher Kreis, Stellungnahme zum Diskussionsentwurf eines Insolvenzrechtsreformgesetzes, ZIP 1989, 469, 470, Stürner, Einfachheit, Neuordnung, S. 41, 47）。草案は，申立人に対して，別の者に譲渡した方が有利であることの疎明，従って，別により高い買い手がいることの疎明を要求し，事が単なる企業価値の鑑定の問題ではないことを明らかにして，この批判に対処している。また，以上とは別に，計画の作成から認可までにはコストを要し，その手続的規律の複雑さを利用した債務者の妨害の可能性がある一方，別により高い買い手がいれば管財人は当然それに売るのが義務であるのだから，わざわざ計画を強行的とする必要もない（Gravenbrucher Kreis, a.a.O., ZIP 1989, 470f., Grub, Handlungsspielräume des Insolvenzverwalters, Neuordnung, S. 79, 89），との批判もある。

[88]　§ 245 EInsO は，5 名以上の担保権者で，その担保権の価値が全担保権の 5 分の 1 以上を占める者，5 名以上の一般債権者で，その債権の価値が一般債権総額の 5 分の 1 以上の価額を持つ者，債務者，又は，債務者が法人でない場合には，債務者の資本の 5 分の 1 以上を出資し，またはそれと同額以上の資本代替的貸付を有する者に，独自の計画提案権を認めている。

[89]　§§ 143, 144, 145 EInsO.

[90]　§ 172 EInsO. この内部者関与の場合に計画を必要的とする点に賛成するものとして，Gravenbrucher Kreis, Stellungnahme zum Diskussionsentwurf, ZIP 1989, 471, 473. これに対して，譲渡による企業更生の場合に買い手が門前に列を成すことは幻想であり，現実的な買い手として債務者の内部者又は特定の大口債権者を期待せざるをえないのが現実である以上，計画を強

これらの措置によって，適正な企業の譲渡価格を形成するとともに，計画に基づく情報の公開により内部者の特殊利益取得を防止しうる[91]。しかも，計画に基づく譲渡による企業更生の場合には，譲受人に対して代金の支払いを一時猶予したり，希望する債権者に対しては[92]，譲受人会社や受皿会社の持分権を与えて弁済に替える旨を定めたり，特定の債権者に対し債権の放棄と引き換えに将来の継続的契約関係の便宜をはかることを定める等，図式的な債権者平等主義から離脱することも許される[93]。

　試案及び草案は，譲渡による企業更生という換価方法を債権者集団の選択の自由に付すとともに，その場合の価格形成を市場における一種の競りに委ねることにより，債権者自身による最適な換価方法の発見と価格形成の市場適合性を目指すと同時に，市場自体に企業の再建適格と再建価値を評価させんとするものと理解することができよう。

　　　行的とすることは，譲渡による企業更生に対する重大な制約となる，と批判するのは，Stürner, Einfachheit, Neuordnung, S. 46f., Kilger, Über die Möglichkeit der Geschäftsforführung insolventer Unternehmen unter den geltenden Recht und nach dem Diskussionsentwurf einer Insolvenzordnung, KTS 1989, 495. 510f.

91)　DE. A. 70, RE. A. 82.
92)　「希望する債権者に対しては」と記したことには，理由がある。草案及び試案は，企業所有者自身の再建又は受皿会社その他の第三者の譲渡による企業更生の場合，倒産債権者の債権を企業所有者自身又は企業の譲受人に対する出資に転換すること，それらの持分権を以て倒産債権の弁済に替えることは，憲法上保障された契約自由の原則に基づき，計画に対する多数決によって行うことはできず，あくまで，そうした措置に対する個々の関係人の同意が必要である，という態度を取っている（DE. A. 60, RE. A. 69)。試案及び草案の出発点である市場適合性原則によれば，倒産は私法の非常事態ではなく，市場経済において妥当する投資判断の自由は倒産時においても妥当するものであり，他人資本を自己資本に転換することから生じるリスクを，その者の同意なくして強制するとすれば，それは投資強制であり許されないということは，当然である（Balz, Sanierung, S. 29f.)。しかし，この態度は，倒産法委員会の第一報告書（EB. LZ. 2. 4. 9. 3, S. 280)，その基礎となった1982年の倒産法委員会要綱（それ自体は未公開のようであるが，その提案に係る統一的倒産手続のモデル〔Modell eines insolvenzrechtlichen Sanierungsverfahrens, Beilage zum Bundesanzeiger Nr, 34 vom 19. Feb. 1982, S. 1, 12〕の形で，Hans Arnord が官報により紹介している）の段階から，既に表明されており，K・シュミットもそれを当然としていた（K. Schmidt, Gutachten, D. 82f.)。ウーレンブルックは，これを関係人の権利に対する強制的介入についての基本法 14 条の制約の問題と捉えている（Uhlenbruck Wirtschaftliche, rechtliche und verfahrensmäßige Grenzen einer Bewältigung von Unternehmenskriesen durch Insolvenzrechts-Reformgesetz, BB 1983, 1485, 1487)。
93)　DE. A. 70, RE. A. 82.

Ⅶ　むすび——試案及び草案における企業所有者の
再建と譲渡による企業更生

　さて，試案及び草案は，総ての換価方法の平等を標榜してはいるものの，その背景にある市場適合性原則は様々な前提条件を設定しており，それが，現実に企業所有者の再建か譲渡による企業更生かの選択にどう影響するかを，予測してみたい。

　第一に企業所有者自身を再建する場合，所有者の資本及び財務構造を転換して収益力を回復する措置を採る必要があることは，第一報告書の示す通りである。そして，試案及び草案も，第一報告書と同様，そのために必要となる増資，減資等の措置を会社法上の機関の決議に委ねているが，第一報告書と異なり，裁判所の決定による社員の除名，裁判所の決定による決議の代替，といった制度の導入は考えていない。倒産が私法の非常事態ではなく，社員は，一般の組織法の原則に反して他者と合意することを強制されてはならない[94]，市場適合的倒産手続の対象は債務者の財産であって，その組織に対する介入はその本来的使命ではない，とされる[95]。とすれば，社員総会ないし株主総会において必

---

[94]　Balz, Aufgaben, ZIP 1988, 276.

[95]　DE. A. 33, RE. A. 38f. この態度を賞賛するものとして，Ulmer, Die gesellschaftliche Aspekte der neuen Insolvenzrechtsordnung, Neuordnung, S. 119, 122。Gravenbrucher Kreis, Stellungnahme zum Diskussionsentwurf, ZIP 1989, 122 は，債務者企業の持つ責任財産の価値を実現するためには，その組織面に対する強制的介入が必要なことがあることを看過するものとして，これに批判的である。
　なお，試案及び草案が，社員決議の代替の提案を排斥したことが，社員，更には，担保権者や一般債権者の組に倒産計画に対する拒否権を与えているものと誤解してはならない。先ず，試案及び草案は，第一報告書と異なり，責任財産の価値の実現を目的とする倒産手続においては，債務者法人の社員をも手続の関係人として引き込み，担保権者や一般債権者と並んで，計画に対する賛否を独自の組を構成して決するものとする（DE. A. 33f., RE. A. 38ff.）。この点で，社員を倒産手続の埒外に置いた第一報告書と異なる。また，第一報告書は，社員決議につき裁判所の決定による代替を認めながら，債権者及び非典型担保権者の組には，計画への拒否権を与え，裁判所の決議による代替を定めなかった（EB. S. 159）。これに対し試案及び草案は，社員，一般債権者，担保権者の組を通じ，その組の決議を無視しうるための一般的基準を置く。
　即ち，市場適合的倒産手続においては，私法が定めている各権利の実体的優先順位は，債務者の企業が，破産的に解体されるかそれとも継続されるか，その換価が計画によるか否か，とは無関係に妥当すべきである（DE. A. 36, 65f., RE. A. 39f., 76f.）とすれば逆に，計画が各組に対して実体私法が与える正統な利益を保障するものであれば，その組の同意決議は不要であり（DE. A. 65f., RE. A. 76f.），さもなくば，不当な拒否権の行使により市場経済的に不当な利益の取得を許すことになる（Balz, Auflagen, ZIP 1988, 287）。故に，ある組につき，その組より上位の組の何

要とされる決議が成立しない場合には企業所有者自身の再建は覚束ないことになり，これは，この方法を選択する場合の債権者の心理に強く影響するであろう。

　何より重要な問題は，計画に反対する少数派保護にある。第一報告書は，非典型約定担保権者に対しては，担保権付債権の価値の50％を最低保障とし[96]，また，除名される社員に対してすらその持分権の清算価値を保障すべきものとしていたにも拘わらず，無担保債権者については，一切少数派保護要件を設けないものとしていた[97]。報告書は，加重多数決を以て少数派保護に替えうるものと考えていた[98]。これに対して，試案及び草案は，再建を欲するか否かは，総括執行により得られる清算配当金を企業に対して長期的又は短期的に再投資することを内容とする，財産的利害関係人の投資判断であり，投資判断は，市場経済においては個々人の自由に属するのであるから，その者の望まない代償

　　　れもが，その権利の名目額以上を取得せず，それより下位の組の総てが計画により何らの価値をも取得しない限り，少なくとも他の組の一つが計画に賛成しているときには，その組の決議は無視しうる（§279 ElnsO. DE. A. 66, RE. A. 77）。

[96]　EB. LS. 2. 4. 4. 7. この50％という最低限度に何の経済的根拠もないことにつき，Balz, Sanierung, S. 43.

[97]　EB. LS. 2. 4. 7. 1, S. 158f., 267f. 例えば，仮定的な清算価値を最低保障とする場合，財団の持つ清算価値及び清算配当を仮定的に算定することは困難であり，それが争いとなれば再建手続が遅延し，また重大なコスト増の原因となる。また，現行の和議法が定めているような，確定比率による最低弁済保証（和議認可後1年以上の弁済期間を定める場合については，債権額の40％，弁済期間1年以内の和議及び清算和議〔Liquidationsvergleich〕——債務者が自己の財産を債権者に委付し，その換価益をもって弁済に充て，残余債権を免除すると定める和議——の場合には同じく35％の弁済を，現金で保障すべきことを定めている〔§7 VerglO〕）についても，その濫用が懸念されるのみならず，こうした最低保障のために新規の出資金が利用されるとすれば，新規出資者の調達が困難になる，としている。

[98]　EB. S. 268 は，いかなる内容の最低保障も，再建計画の作成における債権者自治（Autonomie der Gläubiger）と調和しない，とする。ここでいう債権者自治とは，個々の債権者のそれ（契約の自由）ではなく，多数決原理を意味する（EB. 194）。K・シュミットも，失敗のリスクを伴った，計画の定める債権者の地位と，仮定的な清算配当とは，そもそも比較不能なのであり，法律は，関係人から再建の失敗のリスクを除去することはできず，その任務はむしろ多数決原理が担う，とする（K. Schmidt, Gutachten, D. 90f.）。かように，反対派の権利制約の正統化根拠を多数決原理に求める（K. Schmidt, Gutachten, D. 77ff., 88）場合，正統性をより強化すべく加重多数決が提案されるに至る（EB. 2. 2. 17 は，非典型動産担保権者の組及び未払賃金債権を持つ労働者の組については，担保権の総額ないし賃金債権総額の80％，無担保権者の組については，債権総額の60％の加重多数決を提案している）。加重多数決を少数派に対する正統化根拠とする見解の背後には，清算価値を回収して他の方法で投資した場合にもリスクが伴う以上，こうした少数派のリスク判断よりも加重多数決による再建に伴うリスク判断の方が正しい，という発想（Flessner, Sanierung und Reorganisation, S. 247f.）がある。

で以て清算配当を放棄することを強制することはできない。経済的事象においては、多数派が少数派よりも正しいという保証はなく、多数決によって経済的最適性は保証しえない、ということを出発点としている[99]。それ故に、試案及び草案は、計画は、反対する少数派に対して、計画によらない場合、即ち清算を仮定した場合以上の地位を保障するものでなければ認可されない、と定めている[100]。

しかし、企業所有者自身の再建計画の場合、この種の少数派保護要件を遵守することは、極めて困難な問題を提供する。企業所有者自身の再建を実行する場合、再建計画によって債権の放棄免除を定めることは勿論だが、再建のために運転資金が必要である以上、それを調達し易くするために、それら新規債権者に対して弁済順位上旧債権者に対する優先権を与える旨を定めることもできる[101]。この場合には、倒産債権者の再建計画上の地位は、再建が挫折した場合には実質的には危険資本と同様のリスクを負担する。こうした失敗のリスクをはらむ再建計画上の地位の持つ価値と、今直ちに清算すれば確実に取得できる現金の持つ価値とを比較することが、可能か[102]。仮にそれが可能であるとしても、それをめぐる時間とコストがかかる争訟は必至であり、そのことが、債務者に再建のための資金を提供しようとする者に与える影響は大であろう[103]。

他方、譲渡による企業更生が計画を基礎として行われる場合にも、同じくこ

---

99) Balz, Aufgaben, ZIP 1988, 278, ders., Sanierung, S. 29, DE. A. 20, RE. A. 23f., Basty, Die Interessen der Gläubiger, S. 9.

100) § 287 EInsO. このように少数派保護が完全であれば、計画に対する多数決は、単純多数決で足りる（§ 278 EInsO. DE. A. 65, RE. A. 75f.）。

　もっとも、こうした形による少数派保護に対しては、一般的に多数決原理の限界を説くシュトゥルナー（Stürner, Einfachheit, Neuordnung, S. 49f.）や、Gravenbrucher Kreis のメンバーであるキューブラー（Kübler, Die Stellung der Verfahrensorgane im Lichte der Gläubigerautonomie, Neuordnung, S. 61, 74ff.）も批判的である。その理由は、注98）で引用した K・シュミットのそれと同じく、リスクを伴う計画の与える価値と清算価値との比較は司法判断に馴染まず、かかるリスク判断は加重多数決に委ねるべきである、というにある。ただし、この少数派保護要件が常に、計画認可という司法判断における両者の価値の比較を必然的に導くものではないことにつき、後掲注106）を参照。

101) § 300 EInsO.

102) K. Schmidt, Gutachten, D. 91, Stürner, Einfachheit, Neuordnung, S. 49. なお、後掲注106）参照。

103) Kilger, Über die Möglichkeit der Geschäftsfortführung, KTS 1989, 511. なお、後掲注106）参照。

の少数派保護要件が働くが，この場合には，計画により関係人に与えられる地位は，市場が現実に評価した価値，即ち企業の対価を，関係人の権利の実体的優先順位により配分しかつ同順位の者の中で比例配当したものであるから，企業所有者の再建の場合のような困難な比較の問題は，生じないとされる[104]。このように見ると，試案及び草案の発想の出発点である倒産手続の市場適合性原則は，逆に，関係人をして先ず譲渡による企業更生を試みさせるような手続構造を有している，との評価も一見可能のように思われる。

但し，この少数派保護要件は，ある関係人が積極的な清算価値を持った法的地位を有する限りにおいて，それを流動化し，他の方法で投資すること又は消費することに替えて，再建のために投資することを強制されない，という意味を持つに過ぎない[105]から，計画自体が反対派に対して，清算価値の流動化，要するに弁済又は銀行による弁済保証等による，清算価値の現金化を定めていればこの要件は充たされる（dulde und liquidiere），といわれる[106]。この少数派

---

104) Balz, Die Ziele des Reformentwurfs, Neuordnung, S. 11f.
105) Balz, Sanierung, S. 29.
106) Balz, Die Ziele des Reformentwurfs, Neuordnung, S. 9. 彼は，「計画価値が清算価値を上回るものであること」を計画認可の要件とする§287 EInsO の文言は，あたかも少数派保護規定の存在により常に計画認可がなされえなくなるのかの如き，誤解を招く用語法である，という。少数派保護において枢要な問題は，究極の経済的な財である清算価値の流動性を，反対者から奪い，債務者の利益のためにその固定化を強いることを正統化するものはない，という点にある（Balz, Aufgaben, ZIP 1988, 286）。
　もっとも，このような，清算価値の現金弁済を求める権利というものに対して，次のような問いを発することは可能であろう。即ち，現在の高度産業社会において，企業が，生産及び雇用のための有機的結合体として，金銭債権者に対する弁済のための責任財産に留まらない公的意義を有することに鑑みれば，企業倒産法は，債権者債務者間の民事債務法的発想を超越する必要があり，債務者の財産の強制的換価による現金弁済を求める債権者の権利（Anspruch auf Barbefriedigung durch zwangweise Versilberung des Schuldnervermögens）は，相対化されるべきである，と（Flessner, Grundlagen des künftigen Sanierungsrecht, ZIP 1981, 113, 118f., ders., Sanierung und Reorganisation, S. 196ff. なお，企業倒産法における，債権者債務者間に限定された視点からの脱却の必要性を説く点につき，K. Schmidt, Gutachten, D. 12 も同旨。これに対して，企業の持つ公的な意義から，企業維持の利益において，最適な換価を求める債権者の利益を制約する企業更生法の存在を正統化することに批判的な論述として，Basty, Die Interessen der Gläubiger, S. 128ff. 彼のこの姿勢は，債務者，労働者，取引先や下請け等の持つ，企業維持を求める利益との比較衡量に際しても，維持されている〔S. 86ff.〕）。
　問われるべきは，譲渡による企業更生をも含めて，企業維持を可能にする倒産手続と，債権者の清算価値の現金弁済を求める権利の保障とは，共存しえないのか否か，広く，企業維持についての何らかの利益のために，少数債権者の権利，担保権者の権利，権利の実体的優先順位等の私法の一般原則に介入することが，そもそも，またどの程度において，正統化されうるか，という

Ⅶ　むすび——試案及び草案における企業所有者の再建と譲渡による企業更生

に対する弁済資金は，譲渡による企業更生の場合には，もとより譲受人が支払うべき対価を以て賄うことになろうが，企業所有者自身の再建の場合であっても，少数派に対する清算価値の保障資金を誰かに負担してもらえば，この少数派保護要件は充足されることになる。そうだとすれば，譲渡による企業更生と企業所有者に対する再建との何れが選択されるかは，結局，企業更生のために資金を提供しようとする者がその何れを欲するかに係ることになろう。その限りで，試案及び草案において，譲渡による企業更生と企業所有者の再建との選択は，結局新規資本の投下者の意思，究極的には，資本市場の意思に委ねられている，と評価することができよう。

ことである。こうした問題は，企業更生を目的とする裁判上の倒産処理手続を立法化するに際して，最初に解決さるべきものといえるであろう。ドイツと比較して我が国においてこの種の議論に対する関心の程度が仮に低いとすれば，その理由は，「きわめて異常な事態の下で，異常な方法をもって」立法化されたものと三ケ月章博士が述べておられる（「会社更生法の司法政策的意義」『会社更生法研究』〔有斐閣，1970〕〔初出・法協83巻5号・6号（1966）〕215頁，258頁）会社更生法が，所与の前提として存在していることに，求められるかもしれない。

破産法 61 条考

I　はじめに
II　破産法 61 条［現 58 条］の存在意義
III　再建型倒産処理手続における確定期売買の取扱い
IV　会社更生法の下での確定期売買の取扱い
V　若干の解釈論
VI　むすび

I　はじめに

　破産法 61 条 1 項［現 58 条 1 項および 2 項に相当］は，「取引所ノ相場アル商品ノ売買ニ付一定ノ日時又ハ一定ノ期間内ニ履行ヲ為スニ非サレハ契約ヲ為シタル目的ヲ達スルコト能ハサル場合ニ於テ其ノ時期カ破産宣告後ニ到来スヘキトキハ契約ノ解除アリタルモノト看做ス此ノ場合ニ於テ損害賠償ノ額ハ履行地又ハ其ノ地ノ相場ノ標準ト為ルヘキ地ニ於ケル同種ノ取引ニシテ同一ノ時期ニ履行スヘキモノノ相場ト売買ノ代価トノ差額ニ依リテ之ヲ定ム」と規定している。
　契約の性質上または当事者の意思表示により一定の期日または期間内に履行されなければ契約をした目的を達し得ない契約（以下「定期取引」と呼び，そうした性質を持つ売買契約については，以下「確定期売買」と呼ぶ）については，民法 542 条［現 542 条 1 項 4 号］が，期日または期間内に履行がなければ，不履行をした当事者の相手方に無催告の解除権を認めている。それに加えて，確定期売買が商行為として行われるとき[1]には，商法 525 条は，期日または期限内に履

［補注］　本論文は，平成 16 年の破産法制定前のものであり，現行条文は ［ ］ で補った。また，民法についても平成 29 年改正後の条文を補った。

1)　当事者の一方にとって商行為である確定期売買に商法 525 条が適用されるかについては，売主である商人を保護することに同条の趣旨を求める見解によれば否定されるが，同条により相手方に特に不利益が生ずるわけではないから，適用を肯定するのが有力（江頭憲治郎『商行為法〔第 3 版〕』〔弘文堂，2002〕23 頁，西原寛一『商行為法』〔有斐閣，1960〕160 頁）である。

行がなければ相手方が直ちに履行を請求しなければ契約は解除されたものとみなす，と定めている。

　民法542条［現542条1項4号］と商法525条との間の相違は，解除の意思表示を要するか否かにあり，商法が解除の意思表示を不要とした理由につき，通説は次のように説明している。すなわち，相手方の解除の意思表示に係らしめると，解除される側の，特に売主が，履行と解除の両様の準備を整えておかねばならないという不安定な地位に置かれ，他方で，解除する側の当事者が，その間，相手方当事者の危険において不当な投機をなす危険，つまり，価格の変動如何により，解除するか履行を求めるかを決める危険があるからである[2]。

　この相手方の地位の不安定という点については，民法542条［現542条1項4号］の解釈として既に，定期取引においては，不履行をした債務者も解除されることを予期している場合が多いから，債権者が解除せず本来の給付を請求しようとするときは，債務者のこの予期を不当に裏切らないようにするため，債権者が解除権取得後長くこれを行使せず，債務者に対し解除権不行使の信頼を生ぜしめたときは解除権は失効する，とする見解[3]が一定の配慮を示していたことが想起される。同時にこの見解は，解除による填補賠償が解除時の目的物の価格によることからして，債権者が自分に最も有利な時期を選んで解除できることも，解除権取得後速やかにこれを行使しないときに，債務者保護のため解除権を失効させることの根拠として援用しており，その限りで，債務不履行をした債務者の危険において債権者が不当な投機を行う危険に対しても配慮していたことに，注意を要する[4]。

II　破産法61条［現58条］の存在意義

1　商法525条と破産法61条［現58条］との関係について

　では，破産法61条［現58条］が，取引所の相場ある商品の確定期売買について，破産宣告による解除擬制と損害賠償額についての差額決済を定めた規定

---

2)　江頭・前掲注1) 23頁，西原・前掲注1) 160頁。
3)　我妻栄『債権各論(上)』(岩波書店，1954) 168頁，171頁。
4)　我妻・前掲注3) 168頁。確定期売買の対象商品が，破産法61条［現58条］の規律対象である取引所の相場があるものであるときは，僅かな時間の経過で大きく価格が変動する点で，この後者の視点が強調されるべきである。

Ⅱ 破産法61条［現58条］の存在意義

を置いていることの趣旨は，どう理解すべきであろうか。この点につき，ある有力な倒産法学説[5]は，破産法61条［現58条］は，決済の簡易化，迅速化を図る民法542条［現542条1項4号］，商法525条を更に進めて，決済の迅速化を図ったもの，と説明する。破産法61条［現58条］と民法542条［現542条1項4号］，商法525条と同一線上に置いて理解するこの見解の当否を検討することから，破産法61条［現58条］の存在意義の探求を開始したい。

この見解が契約の解除擬制の効果を定める商法525条の趣旨を決済の迅速化に求める点には，商法学説による同条の趣旨の一般的理解との乖離があるが，この点は措く。

先ず確認しておくべきは，確定期売買の当事者の一方につき破産宣告があれば，相手方が売主であるときのその代金支払請求権，買主であるときのその目的物引渡請求権は，破産債権となるから，破産管財人は，破産宣告の効果として，約定の履行期に当該売買契約上の破産者の債務をその本旨に従って履行できなくなるが，相手方もまた，破産宣告の効果として，破産手続への届出という形でしかその権利を行使できなくなるから，破産管財人は，約定の履行期に債務の本旨に従った履行を請求されることはない，ということである。

他方，相手方の破産債権は，相手方による反対給付の履行（の提供）と同時履行関係にある[6]。相手方が売主であれば，それは，目的物の給付義務という

---

5) 霜島甲一『倒産法体系』（勁草書房，1990）394頁。
6) 筆者には，ここで破産法59条［現53条］の趣旨についての最近の学説上の論争（詳細は，水元宏典「破産および会社更生における未履行双務契約法理の目的(1)」法学志林93巻2号〔1995〕63頁，69頁以下，同『倒産法における一般実体法の規制原理』〔有斐閣，2002〕155頁以下参照）に，深入りする余裕はない。
   しかし，確定期売買契約の相手方の債権が同時履行の抗弁権付きの破産債権であることを前提とした本文の叙述は，破産宣告により相手方の有する同時履行の抗弁権が当然に喪失する（相手方は自己の給付を財団に対し完全に履行しなければならないのに，その受けるべき給付は破産債権としての満足で甘んじなければならない）ことを前提とする古典的な通説（中田淳一『破産法・和議法』〔有斐閣，1959〕100頁以下，山木戸克己『破産法』〔青林書院，1974〕119頁以下，谷口安平『倒産処理法〔第2版〕』〔筑摩書房，1982〕174頁等）に，筆者が与していないことを示している。他方で，双方未履行双務契約の相手方の同時履行の抗弁権付破産債権の金銭評価は，確定期売買においては，約定価格と破産宣告時における目的物の先渡市場における価格との差額により定まるから，破産法61条［現58条］が定める解除擬制と差額決済という効果と同じであると述べた点は，筆者が，相手方の地位は本質的に財団債権であり，破産法59条［現53条］は，本来存在しない解除権を特に破産管財人に付与するものであるとする理解（伊藤眞『破産法〔全訂第3版補訂版〕』〔有斐閣，2001〕225頁）に与するものではなく，かえって，相手方の地位は同時履行の抗弁権付き破産債権であり，また，破産法59条［現53条］の目的は本来存在しない

負担が付いた代金債権であるから，その名目額がそのまま破産債権となるわけではない。また，相手方が買主であれば，それは，代金の支払義務という負担が付いた目的物の引渡請求権という非金銭債権である。したがって，前者では，履行期に約定価格で目的物を売る売主の権利を，後者では，履行期に約定価格で目的物を買う買主の権利を，それぞれ破産法22条［現103条2項1号］により破産宣告の時において金銭評価し[7]，その評価額と約定価格の差額がプラスであればその限りにおいてのみ，相手方は破産債権者としての権利行使が認められることとなる[8]。そして，この金銭評価の基準は結局のところ，履行地またはその地の相場の標準となるべき地における，履行期を同じくする先渡取引または先物取引の市場における破産宣告時の目的物の相場[9]に，これを求めるほかない。すなわち，破産法61条［現58条］がなくとも，契約相手方の破産債権の額は，同条が定める解除擬制および差額決済と同じ方法より評価される。破産債権の額が，破産宣告時の相場を基準として客観的・一義的に定まる以上，破産財団の負担における相手方による投機の危険はない。

　要するに，解除されるか履行請求されるか判らないことに由来する不安定な地位から債務不履行を行った債務者を解放するという商法525条の趣旨は，商法525条を待たずとも，破産宣告の効果として当然に実現されており，また，

解除権を創設することにあるのではないとする見解（水元「破産および会社更生における未履行双務契約法理の目的（2・完）」法学志林93巻3号［1996］69頁，93頁以下，同・前掲書157頁以下）に親和的であることを，示している。

[7] ただし，水元・前掲注6)書180頁は，双方未履行双務契約における契約相手方の地位（同時履行の抗弁権付き破産債権）の金銭評価は，相手方が受けるべき給付と成すべき給付との差額により決せられるが，その基準時は配当金の交付時であるとする。これは，水元助教授が，破産債権の金銭化の効力を専ら配当の関係でのみ承認し，破産宣告時における相殺適状を作出するための非金銭債権の金銭化に否定的であることと関連するのであろうか（この点については，後掲注46) を参照）。

[8] なお，水元・前掲注6)書174頁，179頁は，契約相手方は，反対給付との引換えによる契約の履行請求権を金銭評価して債権届出をする方法の他に，契約相手方が自らのなすべき反対給付を履行したうえで，相手方の契約の履行請求権が金銭債権であるときはその全額を，非金銭債権であるときは代金支払いの負担のないものとして金銭評価して，債権届出する方法をも認める。破産宣告の効果として，相手方による反対給付を受領拒絶する権限は破産管財人に認められていないことを根拠とする。

[9] 破産法61条［現58条］が規定しているのは，履行期を同じくする先渡取引の市場における目的物の相場価格と約定価格との差額決済であって，現物取引市場における目的物の相場価格と約定価格との差額決済ではない点に注意を要する。後者では先渡しという契約内容を恣意的に変更することになる（Hahn, 後掲注17) S. 92）。

Ⅱ 破産法 61 条 [現 58 条] の存在意義

　破産法 61 条 [現 58 条] がなくとも，契約相手方の破産債権の額は，破産宣告の効果として，破産宣告時におけるその契約上の地位の相場価格と約定価格との差額により決済されるので，破産財団の負担における相手方による投機の危険はないし，決済の迅速化のため破産法 61 条 [現 58 条] が特に必要なわけでもない。

　だからといって，破産法 61 条 [現 58 条] が無意義であるということはできない。同条は，それがなければ，商法 525 条が保護しようとする債務不履行を行った債務者に相当する破産者の財産管理人，すなわち破産管財人が破産法 59 条 [現 53 条] により持ち得たはずである，確定期売買の履行請求の選択権を彼から奪っているのである。これは，商法 525 条，あるいは民法 542 条 [現 542 条 1 項 4 号] の関知しない問題であり，それこそが破産法 61 条 [現 58 条] の本来の機能である。かくして，同条は，商法 525 条，民法 542 条 [現 542 条 1 項 4 号] とは適用領域を異にしているから，これらを同一線上に置いて理解することはできない。

2　通説による説明

　破産法 59 条 [現 53 条] は，破産管財人が，破産者が売主であれば目的物の現在価格が約定価格よりも安いときに，破産者が買主であれば目的物の現在価格が約定価格より高いときに，契約の履行を選択して，それが解除された場合に生ずるよりも有利な効果を破産財団に組み込むことを認めた規定である。なぜ，確定期売買に限り，こうした破産財団の利益を図るための履行請求の選択権を奪うことが合理化されるのであろうか。

　この点に関する我が国の代表的な教科書，体系書に見られる「いずれ清算すべき関係を簡易迅速に決済することになる」という説明[10]は，聴く者を十分に説得するに足りない。通常行われている確定期売買の中には，履行期を数日後とするものから 1 年先とするものまで様々あり，破産手続とて一定の期間を要するものであるから，その間に履行期の到来する契約であって，それを履行した方が破産財団にとり有利なものの履行請求の余地を破産管財人から奪う根拠を，合理的に説明できていないからである。

---

10)　谷口・前掲注 6) 178 頁。中田・前掲注 6) 1 頁の説明も同旨。

3　破産管財人による投機的選択からの破産財団の保護

注目に値するのが，確定期売買の当事者の一方の破産により履行期における履行不能を招来するものではないが，財団の状況に依存する不確実性のゆえに管財人に履行を義務付けることはできず，仮に財団の状況が履行を許すとしても，破産法59条1項［現53条1項］を適用して管財人に確定期前の投機的選択を迫るのは酷な面があるから，民法・商法の扱いを更に進めて，履行期未到来の段階でも当然に契約解除とみなしたものとする説明である[11]。

この説明の前半部分については，破産法59条［現53条］は解除と履行請求の選択権を付与するものであって，破産管財人に履行請求を義務付けるものではなく，破産財団が履行請求の選択を許す状況になければ解除すれば足りるのであるから，それは，破産管財人は解除できず履行請求しかできないとする規律の不当性の理由付けにはなり得ても，破産管財人から履行請求の選択権を奪う規律の正当性の理由付けにはなり得ない。

他方，論旨の後半部分については，破産法59条1項［現53条1項］は，解除か履行請求かの選択の時期を制約していない[12]から，破産管財人は，履行期前における選択を強制されず，むしろその到来を待って，売主の破産であれば，その時の目的物の相場が約定の売買価格よりも安ければ履行を求め，高ければ解除するという選択が可能であることが，指摘されうる。これも破産管財人による投機の一つではあるが，破産財団にとって有利な選択が常に可能な投機である。当事者間に複数の確定期売買契約が存在するときに破産法59条1項［現53条1項］が適用されると，破産管財人は有利な契約だけをつまみ食い（cherry picking）できる[13]。

もっとも，破産法59条2項［現53条2項］は，相手方に期間を定めて解除か履行請求かの選択を催告する権利を与えている。この催告に対し期間内に応答しないと，解除したものとみなされる。確定期売買の買主の破産において，催告時の目的物の価格が約定の売買価格よりも高いので履行請求を選択したと

---

[11]　中野貞一郎=道下徹編『基本法コンメンタール破産法〔第2版〕』（日本評論社，1997）94頁〔宮川知法〕。

[12]　会社更生法103条1項［現61条1項］についての記述であるが，兼子一=三ケ月章編『条解会社更生法（中）』（弘文堂，1973）304頁。

[13]　破産管財人による，こうしたつまみ食いの弊害については，神田秀樹「オブリゲーション・ネッティングについて」金融法研究7号（1991）8頁以下。

ころ，履行期には相場が急落していたという状況を想定すると，履行期前に管財人が投機的選択を迫られ，その後の相場変動により破産財団に損害が生ずる事態が，考えられなくもない。履行期前に破産管財人に投機を迫ることになると論旨が説くのは，こういうことであろうか。

しかし，買主が確定期売買の締結時において既に，約定価格かそれ以上の価格で履行期に引き渡されるべき目的物を転売する先渡契約を締結していたならば，履行請求の選択によって破産財団に損失が生ずることはない。仮にそうでなくとも，この場合には，選択の時点で目的物の相場は上昇傾向にあるから，確定期売買の履行期以降の将来に目的物を必要とする需要家が，それ以上の価格上昇の危険をヘッジしたいというニーズは市場に必ず存在するから，破産管財人は，先渡市場における選択時の相場価格で目的物を転売しておけば，その後の価格下落の危険は容易にヘッジできる。売主の破産において，催告時の相場価格が約定価格よりも安いため破産管財人が履行請求を選択するときも同様である。契約締結の時点で，約定価格かそれ以下の価格で既に目的物を他から調達済みであったなら，履行選択により財団に損失が生ずる余地はない。仮にそうでなくとも，破産管財人は，催告に応じて履行請求を選択した時点の相場価格で目的物を買い付けておけば，以後の価格上昇の危険は容易にヘッジできる。

要するに，取引所の相場ある商品の確定期売買につき破産法59条［現53条］の適用を認めたからといって，破産財団が破産管財人による投機により損失を被るわけではない。したがって，破産法61条［現58条］の趣旨をこの見解も説明し得ていない[14][15]。

---

14) 新堂幸司「金融派生商品取引における一括清算条項の有効性——1992年ISDA基本契約について」新堂幸司＝佐藤正謙『金融取引最先端』（商事法務研究会，1996）175頁以下，同「金融派生商品取引のリスク管理と法的問題」『権利実行法の基礎』（有斐閣，2001）23頁以下は，倒産手続開始申立てを理由とする複数のデリバティブ取引の一括清算を定める1992年ISDA基本契約について，破産管財人による投機的判断により破産財団が損失を被ることを阻止することに破産法61条［現58条］の趣旨を求める，本文で紹介した見解に依拠し（デリバティブ取引の一括清算条項の有効性に関する最初の論文である，新堂幸司「スワップ取引における一括清算条項の有効性——1987年ISDA基本契約について」新堂＝佐藤・前掲書159頁以下には，前掲注11）に引用した文献初版の明示的な引用がある），そうした投機的損失を阻止すべき要請は会社更生においても存在するとして，同条の会社更生法への類推適用を認め（弥永真生「倒産処理手続における一括清算条項の有効性」金判1060号〔1999（増刊号「倒産手続と担保権・否認権・相殺権」）〕181頁，183頁以下は，双務契約の処理については会社更生法と破産法とで明確に書き分

4 確定期売買契約の実情との齟齬および相手方の保護

いま一つ注目に値する見解として，次のようなものがある。すなわち，「かりに，〔破産法—筆者注〕59条〔現53条〕以下の原則によって〔確定期売買—筆者注〕契約関係を整理することになると，これがこの種の契約の実情に合わず，また，契約相手方に不当な損害を発生させるおそれがあるので，迅速に契約関係を終結させ，差額の決済の問題に転換する[16]」のが，破産法61条〔現58条〕の趣旨であるとする。

この見解が指摘する，破産管財人の解除・履行請求の選択権と確定期売買の実情との齟齬，相手方の不測の損害というものの具体的な内容は，いま一つ明らかでない。しかし，この見解は，1877年ドイツ旧破産法（Konkursordnung）の破産法61条〔現58条〕に相当する法条の趣旨として，その立法者が理由書において説明するところと一致するので，以下では，その説明を紹介すること

けられていることからして，この類推解釈は無理であるとする），デリバティブ取引の倒産手続開始申立解除条項と一括清算条項は，会社更生手続開始決定により，同手続に類推適用される破産法61条〔現58条〕により当然に生ずる効果を，前倒ししたのと同じであるとして，その有効性を論証する。

会社更生法に破産法61条〔現58条〕が類推適用されるとする点について，本稿で述べるように，筆者も同じ立場を採る。そして，破産法61条〔現58条〕類推適用の効果の前倒しに過ぎないという意味で，倒産手続開始申立解除条項，損害賠償の差額決済条項および一括清算条項が，同法の下で有効であると解する点についても，概ね異論がない。しかし，新堂教授が依拠される破産法61条〔現58条〕の趣旨の理解が，正当でないことは本文に述べた通りであり，それが破産法61条〔現58条〕の母法である1877年ドイツ旧破産法18条についての立法者およびドイツの学説の理解と整合しないことも，以下で論証する通りである。

新堂教授の一連の論文は，ISDA基本契約が会社更生法の下で有効であることの保障を求める金融取引実務の世界に，多大な影響を与えた（道垣内弘人「民法を担う——ネッティングを例として」法教248号〔2001〕27頁以下，和仁亮「一括清算に関する覚書」新堂幸司先生古希祝賀論集『民事訴訟法理論の新たな構築（下）』〔有斐閣，2001〕801頁）が，そのよって立つ破産法61条〔現58条〕の趣旨の理解が誤りであることが，結論の正当性を疑わせる契機となることが，懸念される。

これが，本稿において破産法61条〔現58条〕の立法趣旨を明らかにしようと思い立った理由である。

15) この見解の影響は大きかったようであり，会社更生法に破産法61条〔現58条〕に相当する条文を設けるという，法務省民事局参事官室編『倒産法制に関する改正検討事項』（1997）の検討項目（「第4部 倒産実体法 第1 法律行為に対する倒産手続の効力 1 未履行双務契約 3」）につき，同『倒産法制に関する改正検討事項補足説明』（1997）95頁は，この見解を引用して意見照会をしており，また，民事再生法51条が破産法61条〔現58条〕を準用する趣旨につき，ある民事再生法の注釈書（伊藤眞ほか編『注釈民事再生法』〔きんざい，2001〕144頁〔増市徹〕）は，この見解を採用したものとする認識を示している。

16) 伊藤・前掲注6) 249頁。

とする。

5 1877年ドイツ旧破産法理由書による説明

1999年4月1日に1994年ドイツ新倒産法（Insolvenzordnung）が施行される前，1877年ドイツ旧破産法は，その第18条において次のように定めていた。

「1 市場価格または取引所価格の存する商品の引渡しが，確定期日または確定された期間内におけるその厳格な履行を条件とし，かつ，手続の開始の後に初めて当該期日が到来し若しくは当該期間が経過する場合においては，その履行を請求することができず，不履行に基づく債権のみを行使することができる。

2 前項に掲げる債権の額は，手続の開始から2日目の平日に，履行期の定めがある取引について形成される，履行地のまたは当該履行地において権威的とされる取引地の取引所価格または市場価格と，約定価格との差額により決する。

3 前項の規定による市場価格または取引所価格を知ることができないときは，第1項の規定はこれを適用しない。」

ここでは，取引所の価格ある商品のみならず市場価格のある商品にも適用されることが明言されていることを除けば，破産法61条［現58条］とほぼ同趣旨の規定といってよい。

この規定の趣旨は，理由書によれば次の通りである[17]。

　　定期取引ほど，その目的物の恒常的な，しかも極めて激しい価格変動にさらされているものはない。破産者が将来の履行期に引渡しまたは受領する義務を負う証券や商品の相場は，破産手続の開始から履行期までの間に，破産者の支払停止が一般に流布するまでの危機の間に，千変万化することは，当然の現象である。こうした取引を，その履行期に至るまで，15条〔1877年ドイツ旧破産法17条（日本破産法59条［現53条］に相当）―筆者注〕に見られるような規律に委ねた場合には，契約相手方および破産財団にとって，重大な弊害が生ずるであろう。破産財団にとっての弊害については後に触れるとして，ここで強調されるべきは，いま一つの，契約相手方にとって決定的な弊害の方である。それは，管財人が履行請求と不履行とを選択できることが惹起する不確実さと，管財人が履行請求を選択しても，管財人が履行期を厳守して目的物を給付するか否かの確実さ（Sicherheit）〔不確実さ（Unsicherheit）の誤りか？―筆者注〕である。

　　定期取引では，通常は差額決済ではなく，目的物の現実の受渡しが約束される。し

---

17) Hahn, Die Gesamten Materialien zu den Reichs-Justizgesetzen, Bd. 4 (Materialien zur Konkursordnung) 1880, S. 88ff.

かして，商取引の発達につれ，給付されるべき目的物は，単に一つの取引の対象であるだけでなく，一連の取引すべての対象を成すことが日常化している。……破産者とその相手方との間の定期取引は，この二人の間で孤立して存在するのではなく，同種の取引の連鎖の一環を成している。したがって，一つの環が抜け落ちれば，直ちに別の環が補充されなければならない。契約相手方が買主でありしかも転売人である場合に，契約が履行されるかされないかが不確実な状態に彼を置いたとしたら，どうなるか。彼は，目的物を直ちに転売人に引き渡す義務を負っているのだから，破産管財人が不履行を選ぶことによる危険を回避すべく，目的物を管財人以外の者から二重に調達しておかねばならない。そこでもし履行期に管財人から目的物の引取りを請求されたら，契約相手方は，市況が彼にとって不利な状況では損失を伴う形で，不必要な目的物を二重に調達したことになってしまう。契約相手方が第三者から目的物を買い付け，これを破産者に売り付けた場合も同じである。履行期に管財人からその引渡しが求められるかもしれないから，彼は手を縛られている。しかし履行期に管財人が目的物を引き取ってくれないと，彼は「宙ぶらり」になってしまう。一連の取引に組み込まれている契約相手方は，自衛できなければならない。そのためには，相手方にとって，履行期が到来する前に，契約が履行されるか否かが，はっきり決まっていることが必要なのである。履行されないと決まっていれば，彼は，他から目的物を買い付けた取引について，行動の自由を得る。こうした状況では，相手方に，管財人が彼の選択権を適時に行使するか否かにつき，裁判所の判断を仰ぐよう求めることもできない。法の使命は，取引の安全を阻害するのではなく，それを保障することである以上，取引の安全の要請から管財人の選択権は否定される。その結果，定期取引は常に履行されるものとして目的物の受渡しを行うか，常に履行されないものとして損害の調整を行うかの，何れかの解決しかあり得ないが，後者の解決策は，一方で破産財団がしばしば不足しがちであり，他方で未履行の定期取引の数と金額がかなりのものであることに照らせば，もちろん不可能である。

　この条文は，ある論者の指摘するように恣意的なものとは考えられないし，この条文が，不履行の場合に解除を要せずして損害賠償を求める権利を買主だけに認め，買主の計算において商品を直ちに売り渡す義務を負う売主には，この権利を与えていない商法354条，357条と調和しないとの非難も，あたらない。なぜなら，ここで問題となっているのは，履行期が到来した後の履行遅滞ではないからである。むしろここでは，履行期の前に発生した破産により受渡取引を差額取引に解消することが，理に適っている。この条文により，個々の場合においては，すなわち，破産者の営業を継続する場合において契約を履行することによりもたらされうべき利益が，破産財団から奪われるのではないかという懸念もあるが，これもうわべだけである。〔損害賠償

Ⅱ 破産法61条［現58条］の存在意義

が支払われるから—筆者注〕金銭的な利益が破産財団から奪われるわけではない。だから，履行地において定期取引につき相場価格または市場価格が存在する限り，管財人はいつでも現金取引または現物取引により目的物そのものを調達することができる。

以上で，立法趣旨は十分に明らかと思われるが，敷衍すると次の通りである（説明を単純にするため，目的物の現物と先物の相場が同額であることを前提とする）。

3カ月後にキロあたり1000円で小麦100キロを売却する契約が締結された後，履行期前に売主が破産したとする。この小麦をキロ1100円で転売する契約を締結していた買主は，宣告時の相場がキロ1300円になっていたとき，相場の上昇機運に鑑みれば，履行期に管財人が解除を選択することを当然予想する。そこで，彼は自らが負担する転売義務の履行のため，この時点で，キロ当たり200円の逆ザヤを覚悟しても，キロ1300円で小麦100キロを押さえておいて，これ以上の価格上昇のリスクをヘッジする必要がある。しかし，履行期には相場がキロ600円に暴落していた場合，当然管財人は履行を請求する。その結果，買主は当初の転売価格との差額10000円の利ザヤを確保できるが，キロ1300円で調達したバックアップ取引は無駄となり，直ちにこれを差額決済で手仕舞したとして，70000円の損失を被り，差し引き60000円の損となる。最初から解除と決まっていれば，相手方は，バックアップ取引と当初の転売価格の差額である20000円に損失を固定できる。

売主がキロ1000円で調達した小麦100キロを破産者にキロ1100円で売却する契約を締結した後，履行期前に買主が破産し，その時点で相場価格がキロ900円に下落していた場合，売主としては，相場がなお下落機運にあることに鑑みれば，その時点の価格で他に転売して損失を固定したいところであるが，履行期に相場が反転していれば管財人から履行請求される恐れがあるため，これを行い得ないでいたところ，履行期の相場が更にキロ600円にまで下落していたときは，売主の損失は40000円に拡大する。最初から解除と決まっていれば，売主は宣告時に直ちに転売が可能となり，損失を10000円に固定できる。

このように，解除されるか履行請求されるかが未確定な状態に置かれることにより，結果的に無駄となるバックアップ取引により相手方が損失を被ったり，直ちにバックアック取引によりカバーし得た損失よりも大きな損失を相手方が被ったりすることになるから，破産管財人に解除と履行請求の選択権を与えることは，相場が変動する商品の確定期売買の本質にそぐわない。以上が1877

429

年旧破産法18条の立法趣旨である。

　このドイツ破産法の立法者による説明は，権威的な注釈書[18]においてもそのまま維持されている。煩を厭わず，以下に引用しておく。

　　市場価格または取引所価格のある商品の引渡しを内容とする定期取引は，通常価格の変動にさらされている。しかもこうした契約はしばしば，同種の契約の連鎖の一環に過ぎない。それゆえに，こうした契約の運命については，即時かつ一義的な決定が，取引の安全の見地から必要である。買主であると同時に転売人でもある取引相手方は，管財人による選択を当てにすることは許されず，自らの義務を履行するためには，今一度よそから買い付けなければならない。そして今や二つの売買契約により拘束されるに至った相手方が，相場の状勢が不利な場合において，管財人が後から履行請求を選択をしたときに，二重の危険にさらされることが許されてよいであろうか。あるいは，第三者から買い付けた物を破産者に転売した契約相手方が，管財人が履行を拒絶した場合に，宙ぶらりの立場に置かれてよいものであろうか。いかなる類の選択権も，その選択までの期間がいかに短かく設定されようとも，こうした取引の本質に背馳する。ゆえに，破産宣告の時点において既に，未履行の状態にある契約のその後の運命がどうなるかが確定していることが，両当事者の利益に適う。したがって，破産という状況の特殊性に鑑みれば，法律が契約の当然の履行請求を定めるわけにはいかず，すべての場合に法律上当然に契約不履行の効果を生ぜしめる以外に，解決策は存在しない。ここで問題となっている類の商品の引渡契約にあっては，相場が賠償額の算定に確固たる基準を提供してくれるから，こうした規律の妥当性は一層増すこととなる。

6　再び商法525条と破産法61条［現58条］との関係について

　商法525条は，確定期売買の契約当事者の一方が債務不履行に陥ったときに，相手方当事者になお履行請求権を付与することが，債務不履行をした債務者を徒に不安定な地位に置き，かつ，債務者の一方的負担において，債権者が不当な投機的利益を得る危険があるので，債務者をこうした不安定と危険から解放するために，相手方から履行請求権を奪うものである。そして，破産は，破産者の相手方にとっては実質的に債務不履行を意味するが，相手方の債権は破産債権であるため，破産管財人は，契約が解除されず，なお履行を請求される可能性があることによる不安定と，破産財団の負担による投機的損失の危険にさらされることはない。つまり，商法525条がその保護を意図する側は，同条の

---

18) Jaeger-Henckel, Kommentar zur Konkursordnung, 19. Aufl. 1980, Bemrk. zum §18. Rdnr. 2.

存在以前に、破産の効果により保護されている。しかし、破産管財人に解除と履行請求の選択権を与えると、今度は逆に、相手方を不安定な地位に置くことになり、他方で、破産管財人が履行期の相場を見てから破産財団にとって常に有利となる選択をすることが許されることになる反面、相手方は一方的に損失を被る。すなわち、商法525条と破産法61条［現58条］とでは、前者では債務不履行をした債務者の保護が問題となり、後者では、債務不履行を行った側に相当する者（破産管財人）の保護ではなく、その相手方の保護が問題となっている点で、方向性は逆になっているが、保護されるべき者がそれらの法条により受ける利益の内実において、共通している。というより、自己の責めに帰すべき事由により債務不履行をした債務者ですら保護に値するのならば、契約当事者の一方の破産という、破産者に帰責される事態により本来の給付の履行を求め得なくなった契約相手方が、このような不安定と危険にさらされるべきでないのは、当然のことである。

III　再建型倒産処理手続における確定期売買の取扱い

1　さて、我が破産法61条［現58条］の趣旨は1877年ドイツ旧破産法18条のそれと同様と考えられるのであるが、民事再生法が施行される前の平成11年3月31日までは、会社更生法が、倒産処理手続の管財機構に双方未履行双務契約の解除・履行請求の選択権が与えられる唯一の再建型倒産処理手続であった。そして、その会社更生法には、破産法59条［現53条］の特則である同61条［現58条］に相当する規定は存在しない[補注1]。

この理由は推測するしかないが、破産法61条［現58条］の趣旨に関する通

[補注1]　当時と異なり、現行会社更生法においては、平成16年の破産法制定に伴う整備法により、破産法58条が準用されるに至り、旧破産法61条に相当する規定が存在している。
　　　（双務契約についての破産法の準用）
　　第63条　破産法第56条，第58条及び第59条の規定は，更生手続が開始された場合について準用する。この場合において，同法第56条第1項中「第53条第1項及び第2項」とあるのは「会社更生法第61条第1項及び第2項」と，「破産者」とあるのは「更生会社」と，同条第2項中「財団債権」とあるのは「共益債権」と，同法第58条第1項中「破産手続開始」とあるのは「更生手続開始」と，同条第3項において準用する同法第54条第1項中「破産債権者」とあるのは「更生債権者」と，同法第59条第1項中「破産手続」とあるのは「更生手続」と，同条第2項中「請求権は，破産者が有するときは破産財団に属し」とあるのは「請求権は」と，「破産債権」とあるのは「更生債権」と読み替えるものとする。

説の説明が，それはいずれ清算すべき関係の迅速処理にあるとしていたことに照らせば，会社更生では，清算ではなく会社の事業の継続が目的である以上，会社の事業そのものである確定期売買，会社の事業の継続の手段として必要な確定期売買を，更生手続開始決定により当然に解除されたものとみなすのは背理である，と考えられたからではないかと思われる。

しかし，破産法61条［現58条］の趣旨は，契約相手方を解除されるか履行請求されるか不明の状態に置くことが，相手方に不当な損害を与えるため，相場が変動する商品の確定期売買の性質にそぐわない点に求められる。解除と履行請求の選択権付与の不当性は，契約の一方当事者につき開始された倒産処理手続が清算を目的とするか再建を目的とするかによって，左右されない。したがって，破産法61条［現58条］に相当する条文を欠くがゆえに，会社更生法103条［現61条］が確定期売買に適用される様を呈しているのは，破産法61条［現58条］の趣旨の誤解に基づく立法の過誤である。

2 もっとも，選択権の付与が不当であるとしても，再建型の倒産処理手続においては，手続開始による解除擬制がその不当性の唯一の解決方法であるわけではない。再建型の倒産処理手続では，確定期売買については履行請求しかできないと定めておけば，バックアップ取引の必要はなく，したがって結果的に無駄となるバックアップ取引による損害から契約相手方を保護する必要もなくなる。この点は，先に引用した1877年ドイツ旧破産法の立法者の見解[19]からも明らかである。

3 しかし，履行請求しか許さないということが，再建型手続の趣旨に常に適うかというと，必ずしもそうはいえない。

第一に，債務者が多数の確定期売買を抱えている場合，そのすべてについて履行の責めを免れないとする規律は，倒産者にとって貴重な流動性資金を不必要に確定期売買の履行とその事後処理のために費消させる。破産財団の不足と確定期売買の数および額を考慮すれば，その当然の履行請求という規律が破産制度の趣旨からして現実的でないという1877年ドイツ旧破産法の立法者の見解[20]は，程度の差はあれ，再建型手続にも妥当する。

何より，解除擬制を効果と定める破産手続と当然の履行請求を効果と定める

---

[19] Hahn, a.a.O., S. 89.
[20] Ebenda.

再建型手続とを併存させることは，解除されるか履行請求されるか判らないことによる不安定な状態からの相手方の保護という，本来の趣旨を損なう可能性がある。すなわち，再建型手続が開始されても，手続の廃止にあたり破産原因があれば職権で破産宣告される可能性（会更23条［現252条1項］）がある限り，将来契約が解除されるかも知れないという契約相手方の不安は，完全には払拭できない。破産宣告が先行しても後に再建型手続が開始されればそれが優先する（会更67条［現50条］）ことになっているが，それにより，破産宣告により生じた契約解除の効果が覆る（履行を請求される）ようなことが万一あるならば，解除を前提として締結されたバックアップ取引が無駄となる。こうした弊害を避けるには，先に開始された手続の効果は移行後の手続でも維持されるものとする必要があるが，先行する再建型手続開始決定の定期行為に対する（履行請求しかできないという）効果が移行後の清算型手続においても維持されるという規律を採用し難いことは，清算型手続で履行請求しかできないという選択肢が採り得ないのと同じである。

4 結局のところ，契約相手方を宙ぶらりにしてはならないという趣旨を完全に実現するためには，確定期売買は手続の開始により解除されるという効果に揃える以外に，現実的な解決策はないように思われる。

1994年ドイツ新倒産法の下での倒産処理手続は，手続開始の段階では清算か再建かの目的設定を白紙とし，手続開始後の債権者集会にその選択を委ねるものであるが，手続の目的にかかわらず，倒産実体法は共通であり，定期取引に関する同法104条の規律内容は，履行請求の排除である。この規律につき，新法の立法者は，相手方を宙ぶらり状態に置くことになるという，選択権制度に対する1877年ドイツ旧破産法の理由書における消極的評価を受け継いだうえ，たとえ当該商品が事業の継続に必要であるとしても，管財人が他からそれを調達することに困難はなく，履行請求の排除で不都合はないと説明している[21]。

---

21) Entwurf einer Insolvenzordnung (Bundestages-Drucksachen 12/2443), S. 145.

IV 会社更生法の下での確定期売買の取扱い

1 したがって、会社更生法の解釈として、取引所の相場のある商品の確定期売買契約については、破産法61条［現58条］を類推適用し、会社更生手続の開始決定により解除されたものとみなしたうえ、損害賠償は、同種の商品の同時期の受渡しを内容とする契約についての手続開始日の相場価格と約定の売買価格との差額により決すべきである。

2 こうした解釈は、倒産法の分野では他に類例を見ないわけではない。

たとえば、賃貸借契約における賃貸人破産の場合につき、民法が賃借人破産の場合につき破産法59条［現53条］に対する特則（民621条〔平成16年法律76号により削除〕）を定めておきながら、賃貸人破産の場合に何らの定めをしていないこと自体が、一つの特別規定を成すものであるから、破産法59条［現53条］は賃貸人破産においては全くその適用が排除されるというのが、かつての通説[22]であった。

その民法621条［平成16年法律76号により削除］については、同条は、双方未履行の双務契約につき破産者と相手方双方からの解除権を定め、かつ、解除による損害賠償請求権を認めていなかった明治23年商法破産編993条1項を、賃貸借契約につき確認したものであり、大正11年の破産法59条［現53条］が明治23年商法の規律を変更した際に、当然削除されるべきものであったから、民法621条［平成16年法律76号により削除］は解釈上無視すべきであるとする見解[23]が有力である。

立法者の明らかな過誤によりそれに相当する規定を欠いているに過ぎないから、破産法61条［現58条］は会社更生法に類推適用されるという解釈が、これらの解釈論に比べて「アクロバティック」な[24]ものとは思われない。

3 平成12年4月1日より施行されている民事再生法51条は、破産法61条［現58条］を民事再生手続に準用している。妥当な立法と評すべきである[25]が、

---

22) 兼子一『強制執行法・破産法』（弘文堂、1954）192頁、中田・前掲注6）104頁。
23) 伊藤眞『債務者更生手続の研究』（西神田編集室、1984）43頁以下、同・前掲注6）234頁。
24) 和仁・前掲注14）809頁による。新堂・前掲注14）「金融派生商品取引における一括清算条項の有効性」111頁以下に対する批評である。
25) 先に言及した、会社更生法に関する『倒産法制に関する改正検討事項』の検討項目（前掲注15））が、民事再生法において先取りされて実現したものといってよい。

この措置が，再生債務者等に解除と履行請求の選択権を与え，相手方を履行請求されるか解除されるか判らない状態に置くことがこの種の契約の実情にそぐわないことは，再建型手続においても変わらないとの認識に基づくものであるとすれば，民事再生法51条の存在により，会社更生法に破産法61条［現58条］が類推適用されるとする本稿の見解の説得力は，一層増したといってよい。近い将来に予想される会社更生法の改正においても同旨の条文が挿入さるべきことは，もちろんである[26]。

V 若干の解釈論

1 取引所の存在は必要か

先に引用したドイツの代表的な注釈書[27]が述べていたように，確定期売買の対象が取引所ないし市場の相場価格がある商品であれば，それらの価格が損害賠償の算定基準として客観性を有するがゆえに，解除の効果を差額決済とする規律の適正さが確保される。また，履行請求の選択により結果的に無駄となるバックアップ取引による損失，または，履行請求選択の可能性があるため必要なバックアップ取引ができないことによる損失を，契約相手方に被らせてはならないことが規律の根拠であるということは，その反面，解除擬制としても，埋め合わせのためのバックアップ取引の確保に困難がない状況が保障されてい

---

26) 法務省民事局参事官室編・前掲注15)『倒産法制に関する改正検討事項』の検討項目を参照。

この検討項目に対し寄せられた各界の意見は，賛成するものが大多数であったが，取引所の相場のある商品売買のすべてが投機目的でなされるわけではなく，リスクヘッジのための取引や事業継続のために必要な取引もあることなどを理由として，反対する意見も複数あったという（花村良一ほか「『倒産法制に関する改正検討事項』に寄せられた各界意見の紹介（4・完）」金法1528号〔1998〕29頁)。

この反対意見は，『検討事項補足説明』みずからが援用する，管財人による履行請求の選択は破産財団を害する投機行為であるとする見解（前掲注11)）に引きずられたものであろう。もちろん，反対意見の指摘するように，更生会社がリスクヘッジや事業継続という正当な目的で確定期売買契約を締結していることは否定できないが，管財人に解除と履行請求の選択権を与え，その結果として，相手方を不安定な地位に置き，相手方に損害を被らせることは不当であるという，破産法61条［現58条］の立法趣旨についての正しい理解と，再建型の倒産処理手続においては履行請求のみを許すという規律が相手方保護の要請と調和しないという認識とを踏まえたうえで意見照会がなされていれば，寄せられる意見の内容も自ずと変わっていたであろう。

27) Jaeger-Henckel, a.a.O., Bemrk. zum § 18. Rdnr. 2.

ることが，その前提となっている。そうだとすれば，バックアップ取引が容易な状況であり，かつ，公正な価格形成機能が存在すればよいのであり，ドイツの1994年新倒産法の立法者は，取引所とか市場の意義は広く解してよいとしている[28]。

したがって，1877年ドイツ旧破産法18条，1994年ドイツ新倒産法104条のような条文上の文言（取引所または市場の相場ある商品〔Waren, die einen Markt- oder Börsenpreis〕）は欠いているが，取引所と遜色ないほどに取引が集中し，公正な価格形成機能が実証されている市場がある商品であるならば，破産法61条［現58条］が適用されてよい。外国為替のインターバンク市場などはその典型である[29]。通貨や金利のスワップ取引においても，スワップ契約上の地位が流通する第二次市場が成熟し，スワップ契約の途中解除における損害賠償の算定が，第二次市場における同種のスワップ契約上の地位の財産的価値により算定されるようになっている以上[30]，第一次市場におけるスワップ取引は，市場の相場があるものとして，破産法61条［現58条］を適用するに足りる。

2 適用対象となる契約について

そして，破産法61条［現58条］の趣旨が先に検討したようなところにあるとすれば，通貨や金利のスワップ取引は，その適用に値する性格を定型的に備えている。

金利スワップでは変動金利の資金を必要とするが，固定でしか有利な利率で資金を調達できない銀行と，固定金利の資金を必要とするが，変動でしか有利な利率で資金調達できないベンチャー企業との間で，固定金利と変動金利とを交換するために，銀行はみずからは必要としない固定金利の資金を調達し，ベンチャー企業はみずからは必要としない変動金利の資金を調達する。しかも，銀行は，スワップが履行されることを前提として，固定金利で調達した元本を変動金利での貸付による運用の原資として，また，ベンチャー企業は，スワップが履行されることを前提として，変動金利で調達した元本を設備投資等のた

---

28) Beschlussempfehlung und Bericht des Rechtsausschusses (6. Ausschuss) zu dem Gesetzentwurf des Bundesregierung——Drucksache 12/2443——, Bundestages Drucksache 12/7302, S. 169.
29) 桃尾重明「先物外国為替取引の法的性質と留意点」金法1052号（1984）12頁。
30) 道垣内弘人「スワップ取引に関する私法上の問題点（下）」金法1344号（1993）17頁以下。

V 若干の解釈論

めに，各自使用する[31]。そうである以上，スワップが履行されないとすれば，各自が調達した元本に対する利払いのスキームが宙に浮いてしまう。

通貨スワップでは，欧州市場進出のためスイスフランを必要とするが，スイスでは高利でしか起債できない日本企業と，日本市場進出のため円を必要とするが，日本市場では高利でしか起債できないスイス企業とが，各自円建ておよびスイスフラン建ての社債を発行し，調達した元本を相互に交換し，これをそれぞれ欧州と日本で運用し，日本企業はスイス企業に後者が調達したスイスフラン建て社債の約定金利を，スイス企業は日本企業に後者が起債した円建て社債の約定金利を，各自支払い，償還日にスイスフラン建て元本と円建て元本を再交換し，社債の償還に充てる。途中でスワップが解除されれば，各自が調達した円建ておよびスイスフラン建ての社債の元利の償還スキームが宙に浮く[32]。

したがって，一方当事者が破産宣告を受けた場合，契約相手方としては，解除される可能性がある以上，他の者との間で同一内容の取引を再構築する必要があるが，管財人が履行請求を選択すればこれが無駄となり，その時点での金利水準や為替相場の如何により，契約相手方が損失を被る恐れがある。

また，外国為替の予約取引，商品または証券の先物取引のように，契約当事者の一方または双方の実需取引のリスクをヘッジするための契約も，確定期売買と同様の性質を持つものとして，破産法61条〔現58条〕が適用されると解してよい。

外国為替予約取引では，輸出品につきドル建ての売買代金債権を有する輸出業者が，その支払日にドル安となっていることによる危険を避けるため，売買契約時のドル・円交換レートで支払日にドルを売る契約を金融機関と締結する[33]。商品先物取引では，外国で調達した穀物を日本で転売する前に穀物価格が下落する危険を回避するため，輸入業者が現物の買付けと同時に先物を売ることにより，現物価格の下落損を先物の利益で埋め合わせる[34]。この輸出業者または輸入業者の為替予約または先物取引の相手方が破産した場合，それらの取引が解除される場合に備え，外貨または現物の価格変動リスクのヘッジのた

---

[31] 道垣内弘人「スワップ取引に関する私法上の問題点(上)」金法1343号（1993）12頁以下。
[32] 道垣内・前掲注31）12頁以下。
[33] 桃尾・前掲注29）10頁，加藤一郎＝吉原省三編『銀行取引〔第6版〕』（有斐閣，1991）330頁，鈴木禄弥＝竹内昭夫編『金融取引法講座5（為替・付随業務）』（有斐閣，1983）263頁。
[34] 江頭・前掲注1）209頁以下。

めに別に締結された為替予約または先物取引が,履行請求がなされることにより無駄となる恐れがある点では,目的物につき他への転売が予定される確定期売買と同じである。証券の現物保有に伴う価格変動リスクをヘッジするため先物取引を行う場合も同様である[35)36)]。

3 倒産手続開始申立解除条項および一括清算条項の効力 [現破 58 条 5 項,現民再 51 条,現会更 63 条参照] について

　取引所または市場の相場がある商品の定期取引（以下,相場商品の定期取引という）について,約款などにより,契約当事者の一方につき破産,会社更生等の倒産処理手続の開始申立てがあれば,契約は当然に解除され,損害賠償額は約定価格と申立ての時の相場価格との差額により決する旨の定めが置かれている場合,この条項の効力を認めることができるか。

　先ず,破産申立てがあった場合については,破産法 61 条 [現 58 条] の関係で,どのみち破産宣告があれば契約は解除され,宣告時の相場価格と約定価格との差額決済がなされるのであり,上記約款はこの効果を破産申立ての時に前倒しするものに過ぎない。

　これに対し,再建型の倒産処理手続との関係では,最判昭和 57 年 3 月 30 日民集 36 巻 3 号 484 頁が,機械の所有権留保売買契約における倒産手続開始申立解除条項につき,会社更生手続の趣旨,目的に照らし無効であるとしていることが,問題となる。同判決の趣旨を,かかる条項が更生管財人による双方未履行契約の履行請求の選択権を骨抜きにするがゆえに,これを無効とすることにあるとする理解[37)]がありうるが,相場商品の定期取引は,民事再生法 51 条

---

35) 斎藤秀夫ほか編『注釈破産法（上）〔第 3 版〕』（青林書院,1999）303 頁以下〔吉永順作〕。
36) なお,証券の信用取引は,信用取引をした顧客と証券会社との間では現実に証券や代金の決済が行われない点で先物取引と類似するが,顧客の委託を実行した証券会社相互間では現実に証券の受渡しによる決済が実行される。そして,この決済のため証券会社は,売付けのための証券または買付けのための資金を証券金融会社から調達する（鈴木竹雄＝河本一郎『証券取引法〔新版〕』〔有斐閣,1984〕482 頁以下）から,信用取引も他からの調達という鎖の中に組み込まれた定期行為の性質を有する。決済までの間が 4 日という短い期間であっても,株式の相場変動が目まぐるしいものであることに鑑みれば,信用取引への破産法 61 条 [現 58 条] の適用を否定する理由はない（斎藤ほか編・前掲注 35）303 頁）。
37) この判決が更生手続開始申立解除条項を無効とした趣旨が,会社更生法上更生担保権者として処遇され,手続によらない権利行使を禁止される所有権留保売買の売主の地位が,こうした条項により取戻権に格上げされるのは,他の債権者の利益を害することにあると理解する（竹下守

V 若干の解釈論

により手続開始と共に解除される。会社更生においても，破産法61条［現58条］の類推適用により同様の取扱いがなされる。こうした取引では，そもそも管財人の履行請求の選択権が排除されるのであるから，昭和57年最判の趣旨が仮にそうしたものだとしても，その射程はここには及ばない[38]。

　もっとも，以上の議論は，当該の申立てに基づいて倒産手続が開始された場合，その後に約定の履行期が到来する定期取引については妥当するが，申立てから手続開始時までのいわゆる危機時期に約定の履行期が到来する定期取引は，もともと破産法61条［現58条］の適用対象外であるから，これについて直ちには妥当しない。しかし，もしこうした定期取引には解除条項の効力が及ばないとすればどうなるか。履行期到来の時点で，目的物の相場価格が約定価格より安いときには，売主である（後の）倒産者は，その履行を求めることになるが，逆の場合，約定価格と引換えで目的物を相手方に引き渡すのは，財産減少行為であり，またそれが履行されないまま手続開始となれば，相手方は開始時の目的物の相場価格が約定価格より高ければその差額の限度で破産債権者として処遇されるに過ぎないから，この履行は偏頗行為でもあるので，（後の）倒産者は履行してはならない。そうすると，履行期の相場如何により履行されない可能性がある以上，契約相手方は，自らの転売義務を履行期に確実に履行するため，申立て後直ちにバックアップ取引を締結する必要があるが，（後の）倒産者が履行期の相場を見たうえでその履行を請求すれば，これは無駄となってしまう。これは，破産法61条［現58条］が回避しようとする状況そのものである。手続開始後の管財機構に許されない行為が危機時期における（後の）倒産者には許されるということが不当であるとすれば，倒産手続開始申立て後に履行期の到来するすべての定期取引に申立てによる解除の効力を及ぼす条項には合理性があり，その有効性を認めることができる。

　また，相場商品の定期取引に関する約定の中に，当事者間に同取引が複数存

　　夫「本件批評」判タ504号〔1983〕280頁）ならば，その射程は，一般の双方未履行双務契約における更生手続申立解除条項には及ばない。しかし，その射程はより広く理解する余地があり（伊藤眞「本件批評」民商87巻5号〔1983〕99頁），特に，かかる条項と双方未履行双務契約における更生管財人の解除・履行請求の選択権との齟齬を指摘する見解（栗田隆「本件批評」関西大学法学論集33巻1号〔1983〕282頁，霜島甲一「本件批評」昭和57年度重解151頁）が注目される。
38）　岡本雅弘「スワップ契約の法的性質と倒産法」金法1340号（1993）28頁。

在する場合，倒産手続開始申立てによりそれらが解除されることから当事者双方に生ずる損害賠償請求権は当然に相互決済され，一個の債権または債務に収斂される旨の約定（一括清算条項）があった場合，その有効性は認められるであろうか。

　破産または更生・再生手続の開始により，複数の定期取引が解除された結果，相手方の損害賠償債権と相手方の損害賠償支払義務とが複数成立するとき，開始時において向かい合うこれら債権債務は，その他の相殺適状の要件を具備する限り，相手方による相殺の意思表示の反復により，相手方の一個の債権または債務に収斂する[39]。一括清算条項は，破産または更生・再生手続の開始のあかつきにはいずれ生ずるこの法律効果を，契約相手方の意思表示を介在させずして，倒産手続開始申立て時に前倒しするものに過ぎない。したがって，交互計算契約に関する破産法66条［現59条］，民事再生法51条，会社更生法107条［現63条］を援用するまでもなく[40]，倒産手続開始申立解除条項が有効である以上，それにより生ずる損害賠償の債権債務の合理的な決済方法として，その効力は認められてよい[41]。

　他方，約定の履行期が開始申立てから手続開始までに到来する複数の定期取引については，もともと契約相手方の請求権は契約締結時に確定期日の到来または確定期間の経過に係るものの既に発生しており，ただ倒産手続の開始申立てがあったときにそのまま放置しておくと，（後の）倒産者による履行期における相場を見たうえでの履行・不履行の選択の結果，契約相手方に損害を生じさせることとなるため，約定価格と申立て時の相場価格との差額決済によりこれを金銭債権または金銭債務に転化させることが，契約の締結時において既に約定されているのである。仮にこれが破産法104条2号・4号［現71条1項3号・4号，72条1項3号・4号］，民事再生法93条2号・4号［現93条1項3号・4号，93条の2第1項3号・4号］，会社更生法163条2号・4号［現49条1項3号・4号，49条の2第1項3号・4号］にいう危機時期における債務負担または債権取

---

39) これについては，新堂・前掲注14)「スワップ取引における一括清算条項の有効性」141頁以下。

40) 新堂・前掲注14)「スワップ取引における一括清算条項の有効性」161頁，伊藤・前掲注6) 247頁。

41) 新堂・前掲注14)「金融派生商品取引における一括清算条項の有効性」194頁以下，197頁以下。

得にあたるとしても，それ自体有効性を認められる倒産手続開始申立解除条項・差額決済条項を含む定期取引契約という「前の原因」[現破71条2項2号，72条2項2号，現民再93条2項2号，93条の2第2項2号，現会更49条2項2号，49条の2第2項2号]に基づくものとして，相殺禁止に触れない[42]。そうだとすれば，一括清算条項は，契約相手方の相殺権の反復行使により当然生ずるはずの効果を手続開始申立て時に前倒しするものとして，その有効性はやはり認められてよい。

VI　むすび

　相場変動商品の定期取引の契約当事者の一方につき破産宣告または民事再生手続の開始決定があった場合，当該契約自体にまたはそれを規律する約款に存在する倒産手続開始申立解除条項，申立時の市場価格を基準とする損害賠償額の算定条項および一括清算条項は，別段の立法措置を待たずとも，破産法61条[現58条]または民事再生法51条の存在とその解釈により，その有効性が認められる。会社更生においても，破産法61条[現58条]の類推が認められる結果として，同一の帰結が導かれる。

　平成10年6月5日に成立した「金融機関等が行う特定金融取引の一括清算に関する法律」(以下「一括清算法」という[43])は，同法2条2項が定義する金融機関等(銀行法に基づく銀行，証券取引法[金融商品取引法]に基づく証券会社[金融商品取引業者]など)を一方の当事者とするデリバティブ取引に関する基本契約書に含まれる，破産，民事再生手続開始または会社更生手続開始の申立てを一括清算事由とする条項が有効であることを明らかにした。しかし，一括清算法は，上記定義に該当しない非居住外国金融機関と事業会社との間でまたは事業

---

[42]　停止条件付債権の条件成就が危機時期であっても「前の原因」にあたるとした，最判昭和40年11月2日民集19巻8号1917頁参照。
　なお，新堂・前掲注14)「金融派生商品取引における一括清算条項の有効性」198頁以下は，倒産手続開始申立解除・差額清算条項の効果として債権・債務が発生するのであるから，倒産手続開始申立てを「知って」取得・負担した債権・債務ではないという形式的な論拠のほか，一括清算条項それ自体が，危機時期前に当事者間に合理的な相殺期待を発生させる相殺予約として，「前の原因」に該当すると説く。

[43]　山名規雄「金融機関等が行う特定金融取引の一括清算に関する法律の解説」NBL645号(1998)20頁，神田秀樹「一括清算法の成立」金法1517号(1998)18頁。

会社相互間で締結されるデリバティブ取引には，適用がない。とはいえ，こうしたデリバティブ取引に破産法61条［現58条］が適用，準用または類推適用される限りにおいて，それを規律する基本契約の中に存在するこれらの条項は，別段の立法[44]を要するまでもなく，破産，民事再生および会社更生において，その効力が認められる。仮に何らかの立法をするとしても，民事再生法におけると同様，会社更生法の中に，破産法61条［現58条］に相当する条文を挿入するだけで足り[45]，1994年ドイツ新倒産法[46]のように，倒産手続開始により

---

[44] 法務省民事局参事官室編・前掲注15)『倒産法制に関する改正検討事項』（第4部 倒産実体法 第1 法律行為に関する倒産手続の効力 1 未履行双務契約 3) は，デリバティブ取引について契約の一方当事者が倒産した場合の取扱いについての立法の必要性につき，意見照会している。これについて，一括清算法の適用対象外の契約についても一括清算条項の有効性を明らかにすべきであるとの意見が寄せられているという（花村ほか・前掲注26) 29頁）。

[45] 弥永・前掲注14) 184頁は，それだけでは，取引所の相場ある商品についてしか一括清算条項の有効性は明らかにならないとするが，取引所という組織の中で扱われる商品である必要はないことは，本文で述べた通りである。

[46] 1994年ドイツ新倒産法104条の立法の経緯は次の通りである。

1988年に連邦司法省が公にした倒産法改正準備草案（Diskussionsentwurf）は，管財人の選択権は法律関係の迅速な確定が契約相手方にとって決定的に重要である相場変動商品の定期取引にそぐわないことを理由として（Bundesministerium der Justiz, Diskussionsentwurf, Gesetzentwurf zum Reform des Insolvenzrechts, 3. Teil. Begründung zu den einzelnen Vorschriften, S. 89.），1877年ドイツ旧破産法18条とほぼ同旨の規定を置いていた。

「第112条（定期取引）

1 市場価格または取引所価格の存する商品の引渡しが，確定期日または確定された期間内におけるその厳格な履行を条件とし，かつ，手続の開始の後に初めて当該期日が到来し若しくは当該期間が経過する場合においては，その履行を請求することができず，不履行を理由とする損害賠償のみを請求することができる。

2 前項の損害の額は，手続の開始から2日目の平日における履行期の定めある契約の履行地において基準とされる取引所の価格または市場の価格と売買価格との差額により，これを決する。

3 相手方の損害賠償請求権は破産債権として行使することができる。」

その翌年に公にされた連邦司法省参事官草案（Referentenentwurf）では，有価証券指数先物取引や外国為替予約取引も適用対象であることを明らかにするため（Bundesministerium der Justiz, Referentenentwurf, Gesetzentwurf zum Reform des Insolvenzrechts, 3. Teil. Begründung zu den einzelnen Vorschriften, S. 112.），1項の末尾に「有価証券および外国通貨も前段の意味における商品とする」との一文が挿入された。

1992年の連邦政府草案（Regierungsentwurf）118条では，見出しが「定期取引・外国為替定期取引・金融定期取引」に修正され，連邦司法省参事官草案112条2項，3項が次のような文言に置き換えられた。

「2 市場価格または取引所の価格ある金銭的給付について，確定期日または確定期間が約定され，かつ，手続の開始の後に初めて当該期日が到来しまたは当該期間が経過する場合において，その金銭の給付が左に掲げるものに該当するときは，その履行を請求することができず，

VI　むすび

不履行を理由とする損害賠償のみを請求することができる。
　(1)　外国通貨により履行さるべきものであるとき
　(2)　その額が外国為替相場，債権の金利または財物もしくは電力の価格により決せられるとき
　3　不履行を理由とする債権は，倒産手続の開始から2日目の平日における履行期の定めある契約の履行地において基準とされる取引所の価格または市場の価格と売買価格との差額により，これを決する。相手方の債権は破産債権として行使することができる。」
　第2項がこのように変更された理由は，この種の契約についても，将来の事情の変動に基づく不確実性と投機性を解消すべき必要性は，商品の確定期売買におけると同じだからであるとされる。この種の契約が，期日または期間を厳守して履行されないと目的を果たし得ないという，厳密な意味での定期取引に該当しないとしても，こうした規律が妥当すべきであるので，1項と異なり「厳格な履行を条件とし」という文言は用いられていない（Bundestags-Drucksache 12/2443, S. 145.）。
　そして，1994年の連邦議会法務委員会による修正後の可決勧告に基づき，連邦議会および連邦参議院が可決した1994年ドイツ新倒産法104条は，次のような内容となっている。
　「第104条（定期取引・金融定期取引）
　1　市場価格または取引所価格の存する商品の引渡しが，確定期日または確定された期間内におけるその厳格な履行を条件とし，かつ，手続の開始の後に初めて当該期日が到来し若しくは当該期間が経過する場合においては，その履行を請求することができず，不履行を理由とする損害賠償のみを請求することができる。
　2　市場価格または取引所価格のある金融給付について，確定期日または確定期間が約定され，かつ，手続の開始の後に初めて当該期日が到来しまたは当該期間が経過するときは，その履行を請求することができず，不履行を理由とする損害賠償のみを請求することができる。
　金融給付とは，とりわけ左に掲げるものをいう。
　(1)　稀少金属の引渡し
　(2)　有価証券またはそれに類似する権利の引渡しであって，特定企業との間の継続的結合関係の形成を目的として，当該企業への出資持分が取得されるのではないもの
　(3)　外国通貨または通貨単位による金銭の支払い
　(4)　金銭の支払いであって，その額が直接または間接に外国為替または通貨単位の相場，債権の金利またはその他の財物若しくは電力の価格により決せられるもの
　(5)　第1号から第4号の意味における引渡しまたは金銭の支払いを求める権利のオプションその他の権利
　複数の金融定期取引が一つの基本契約によって包摂されており，その基本契約に，これらの取引について不履行があったときには，複数の取引を一括してしか終了させられない旨を定める条項があるときは，複数の取引の全体を前条および本条の意味における双務契約とみなす。
　3　不履行を理由とする債権は，倒産手続の開始から2日目の平日における履行期の定めある契約の履行地において基準とされる取引所の価格または市場の価格と約定価格との差額により，これを決する。相手方の債権は破産債権として行使することができる。」
　政府草案の第2項がこのように修正された理由は，外国為替予約取引や有価証券指数先物取引のほか，ここに列挙された取引についても，倒産管財人による投機を許すべきでなく，したがってその選択権を奪う必要性は，相場商品の定期取引と同じだからである。また，政府草案の文言では，当事者間に複数ある金融定期取引のうち，当事者の一方による履行が終了しているものには，解除の効果が及ばず，履行済みの当事者が相手方に対して有する請求権は履行期未到来であったり，非金銭債権であったりするから，他の取引が差額決済される結果生ずる損害賠償債務と

443

の間で相殺できず,これが国際取引において重大な不利益を生ずるため,アメリカ法に倣って,複数の定期取引の全体を双方未履行契約とみなす旨の規定を置く必要があるからである(Beschlussempfehlung und Bericht des Rechtsausschusses (6. Ausschuss) zu dem Gesetzentwurf des Bundesregierung ――Drucksache 12/2443――, Bundestags-Drucksache 12/7302, S. 167f.)。

このドイツの新倒産法104条2項後段に対し,破産法61条[現58条]のみを頼りに一括清算条項の有効性を根拠付ける場合には,一方が履行済みの相場商品の定期取引には同条は適用されず,この定期取引により相手方が破産者に対し非金銭債務を負担するときは,一括清算の対象から除かれる。

ドイツ連邦議会法務委員会の指摘するように,1977年アメリカ合衆国連邦倒産法は,1994年改正により,基本契約全体を一つのスワップ契約とみなし,このスワップ契約の中の倒産手続開始申立解除条項の効力発生とスワップ契約に基づく一括清算としての相殺は,倒産手続開始申立てが持つ自動停止の効力が及ぶ対象外とした(同法101条53B項C号,560条,362条B項17号。アメリカ法については,道垣内・前掲注30)22頁以下参照)。

また,日本の一括清算法3条も,基本契約に基づき特定金融取引を行っていた金融機関等またはその相手方に破産等が開始されたときは,「当該基本契約書に基づいて行われていたすべての特定金融取引について」(傍点筆者),これらの者が破産法等により有する破産財団所属財産または破産債権は,当該破産宣告等に係る一括清算事由の発生により,当該破産者が当該約定に基づき有することとなった一つの債権またはその相手方が当該約定に基づき有することとなった一つの債権とする,と定めているから,アメリカ法およびドイツ法と同様の法律効果を狙っていると解される。

しかし,相場変動商品の定期取引の解除擬制と差額決済という破産法61条[現58条]の規律は,同59条[現53条]の選択権により惹起される法的不安定と損害からの相手方の保護を意図したものであり,当事者の一方が履行済みの双務契約については,破産法59条[現53条]の適用がない以上,その特則である同61条[現58条]の適用の余地もない。そして,破産者がその義務を全部履行したことにより,相手方が破産宣告時に破産者に対し非金銭債務を負うとき,たとえ他の双方未履行取引の差額決済と一括清算により相手方が破産者に対し一個の損害賠償債権を有するに至ったとしても,相手方は破産宣告時において合理的な相殺期待を持つとはいえない。

一括清算条項がここでなお相殺の効果を生じさせることを意図しているとすれば,それは,破産宣告の時点において合理的な相殺期待を持たない相手方の地位を,二当事者間の合意により,他の破産債権者を害する態様において,担保的利益に格上げするものである。それは倒産処理法の基本理念と相容れない。最判昭和57年3月30日民集36巻3号484頁の趣旨が,更生手続開始申立解除条項が,本来更生担保権に過ぎない所有権留保売買の売主の地位を取戻権に格上げし,他の債権者を害するものであるがゆえに無効であることに求められ,その趣旨は,合理的な相殺期待のない者の地位を担保的地位に格上げすることを意図する銀行取引約定中の期限利益喪失条項にも及ぼされるべきである(竹下・前掲注37)280頁)とするならば,それと同じく,一括清算条項は,その限りにおいては有効性を是認しえない。

一括清算法3条の規律は,我が国のみが,デリバティブ取引についてアメリカ合衆国やドイツがグローバル・スタンダードとして認めた規律と異なる規律をすれば,日本の金融機関が国際金融市場において不利益を受けるという,倒産処理法にとって外在的な考慮に由来するものと理解すべきものであろう(ドイツにおける議会修正の理由も国際取引上の不利益を理由としていた)。

なお,破産者の相手方がその義務を履行済みで,その破産債権が非金銭債権であるときは,金銭化の結果,他の定期取引の差額決済と一括清算とにより相手方が破産者に対して負う一個の損害賠償債務と相殺できるから,不均衡であると指摘する向きがあるかもしれない。しかし,破産者に対し金銭債務を負う者が,それより先に履行期が到来する非金銭債権を破産者に対して有し

VI むすび

履行請求権の排除・差額決済と扱われる定期取引を倒産法の条文の中で列挙する（次々に新しい取引手法が開発されていくこうした分野には，こうした固定的な規律はなじまない）必要はない。

〔付記〕

NBL 730 号（2002）75 頁（NBL 情報欄）によれば，法制審議会倒産法部会破産法分科会（第 8 回会議）において，会社更生法に破産法 61 条［現 58 条］に相当する条文を置くことに異論がなかったという。とすれば，会社更生法にも破産法 61 条［現 58 条］を類推適用すべきであるという，根拠付けの違いは別として，結論自体は既に提唱されている新味に乏しい本稿の解釈論は，ごく近い将来にその用すらなくなる。すぐに「賞味期限」が切れるような論文を竹下守夫先生に捧げることは心苦しく，お詫びを申し上げる次第である。

脱稿後，松下淳一「契約関係の処理」別冊 NBL 69 号『倒産実体法』（商事法務研究会，2002）44 頁以下に接した。

ていても，本来合理的な相殺期待を抱く立場にない。非金銭債権の金銭化は，債権者平等原則による破産配当を実施する関係においてのみその効力を認めれば足り，手続によらない権利行使である相殺との関係においてまで金銭化の効力を及ぼすのは，本来行き過ぎである。1994 年ドイツ新倒産法 92 条が，金銭化に関する同 45 条は相殺権との関係では適用しないと定めたように，立法論としては，その当否こそが疑われるべきである（この問題については，水元・前掲注 6）227 頁以下，247 頁以下参照）。

現行倒産法制における営業譲渡の規律

Ⅰ　はじめに
Ⅱ　破産における営業譲渡
Ⅲ　会社更生における営業譲渡
Ⅳ　民事再生における営業譲渡

Ⅰ　はじめに

　欧米諸国[1]においてのみならず，わが国においても，倒産者の営業［現会社法においては「事業」という。以下同じ］の譲渡が持つ法的倒産処理手続における倒産処理方法としての重要性[2]が認識されつつある。本稿は，新装なったわが国の倒産法制における営業譲渡［現会社法においては「事業譲渡」という。以下同じ］の規律を概観し，その問題点を指摘することを目的とする。筆者自身がかつて述べたことの繰り返しが多く，福永先生の古稀をお祝いする論文集に献呈することに躊躇いを感ずる。先生にあらかじめお詫び申し上げる次第である。

---

1)　ドイツについて，拙稿「ドイツ連邦共和国における倒産法改正の試み——Übertragende Sanierungの位置付けを中心として」三ケ月章先生古稀祝賀『民事手続法学の革新(下)』(有斐閣，1991) 529頁以下 (本論文集395頁以下)，同「ドイツ連邦共和国における企業再建手続導入論の動向」民訴雑誌39号 (1993) 157頁，フランスについて，山本和彦「フランス倒産法の近況」日仏20号 (1997) 60頁，同「営業譲渡による倒産処理」石川明先生古稀祝賀『現代社会における民事手続法の展開(下)』(商事法務, 2002) 603頁以下，スウェーデンについて，大杉謙一「スウェーデンの企業倒産制度——事業譲渡方式による企業再建と債権者間の優先順位(1)〜(4・完)」NBL 713号24頁，714号54頁，715号49頁，716号56頁 (2001)，アメリカ合衆国について，川畑正文「アメリカ合衆国における倒産処理の実務(3)」NBL 710号 (2001) 47頁。
2)　永石一郎「倒産と営業譲渡・会社分割」桜井孝一先生古稀祝賀『倒産法学の軌跡と展望』(成文堂, 2001) 266頁以下は，営業譲渡の利点として，倒産した企業の将来収益から弁済するよりも早期の弁済が可能であること，営業の継続により従業員や取引先が被る社会的または経済的な損失を回避できること，合併の場合と異なり，譲受人が簿外のまたは偶発の債務負担の危険を回避できることをあげる。

Ⅱ　破産における営業譲渡

　破産手続においても，高率の配当を可能にするM&A型の特殊な換価方法として，営業譲渡の重要性が認識されている[3]。営業譲渡についての旧破産法の規律は次のようなものであった。すなわち，破産管財人が営業の譲渡をなすについては監査委員の同意が必要である（旧破産法197条3号）。旧破産法の下でその招集が必要的であった（旧破産法142条1項2号）第1回債権者集会前に営業譲渡をするときは，裁判所の許可が必要である（旧破産法198条1項）。監査委員を置くか否かは第1回債権者集会における必要的決議事項であったが（旧破産法170条），これを置かないとしたときは，営業譲渡には債権者集会の決議が必要であるが，急迫の必要があるときには裁判所の許可をもって決議に代替できる（旧破産法198条。なお，特別清算に関する商法445条の規律もこれと同様である〔ただし，現会社535条，536条参照〕）。

　これに対し，監査委員の制度を廃止しかつ債権者集会を任意機関化した[4]新破産法の下では，営業譲渡は裁判所の必要的許可事項である[5]（ただし，遅滞を生ずるおそれがある場合を除き，破産者の意見を聴くことを要する〔新破産法78条2項3号，6項〕）。

　商法〔現会社法〕の通常清算では，商法430条2項は営業譲渡に関する同法245条〔現会社309条2項11号，467条1項〕を準用しておらず〔ただし，現会社491条参照〕，清算人による営業譲渡につき同条の制約がかかるかについては争いがあるが，通説は同条の適用を肯定している[6]（合名会社に関する商法127条〔現会社650条3項〕参照）。しかし，破産においては，債務超過の場合はもちろんであるが，流動性（債権者への弁済資金）が不足する場合（支払不能）であっても，債権者の利益において破産財団すなわち会社財産の処分権能を破産管財人に移転させる以上，この破産管財人の処分権能と抵触する限りで株主の権限は制約されざるを得ず，残余財産分配請求権が発生する限りでその弁済を保障

---

[3]　三宅省三「特殊な換価方法（Ⅰ）——M&A」園尾隆司＝中島肇編『新・裁判実務大系10破産法』（青林書院，2000）177頁。

[4]　監査委員の廃止および債権者集会の任意機関化の趣旨につき，小川秀樹編著『一問一答新しい破産法』（商事法務，2004）123頁，174頁。

[5]　小川編著・前掲注4）130頁。

[6]　上柳克郎ほか編『新版注釈会社法(5)』（有斐閣，1986）271頁〔落合誠一〕。

するに留まる（特別清算においても商法445条4項［現会社536条3項］により同法245条［現会社309条2項11号，467条1項］の適用は排除される[7]）。破産手続においては専ら債権者の保護が問題となり，破産における債権者の関心は専ら配当率の極大化にある。そのために営業の譲渡価格の適正を確保する必要はあるが，その手段として，必ずしも旧法（および特別清算に関する商法445条1項1号，2項。ただし，新会社法案535条1項参照［現会社535条1項1号，536条参照］）のような債権者の多数決は必要ではなく，管財人の権限行使を裁判所の監督下に置けば足りる。ただし，新破産法は，民事再生法（以下「民再法」という）42条3項，新会社更生法（以下「新会更法」という）46条3項の趣旨[8]に倣い，営業譲渡の許可に際し，破産者の使用人その他の従業員の過半数で組織する労働組合があるときはその労働組合，それがないときは破産者の使用人その他の従業員の過半数を代表する者（新破産法32条3項4号）の意見の聴取を裁判所に義務付けている（新破産法78条4項）。

III 会社更生における営業譲渡

1 旧会社更生法の内容

平成14年全面改正前の会社更生法（以下「旧会更法」という）211条2項は，更生「計画においては，営業……の譲渡，出資……に関する条項その他更生のために必要な条項を定めることができる」とし，同217条は，更生計画において「会社の営業……の全部若しくは一部を譲渡し，出資……〔す〕るときは，その目的物，対価，相手方その他の事項及びその対価を更生債権者，更生担保権者又は株主に分配するときは，その分配の方法を定めなければならない」としていた。また，旧会更法250条1項によれば「第217条の規定により更生計

---

[7] 上柳克郎ほか編『新版注釈会社法(13)』（有斐閣，1990）〔竹下守夫〕は，その趣旨を，特別清算が開始される状況（債務超過の疑いがある場合および清算の遂行に著しい支障を来す事情がある場合）においては，株主の利益を債権者のそれに優先させることはできないからであるとする。会社の解散は本来株主総会の特別決議を要する（商法404条2号［現会社471条3号］，405条［現会社309条2項11号］）ところ，破産手続の開始がそれにもかかわらず強制的に会社を解散させる効果をもつ以上（商法404条1号［現会社471条5号］，94条5号［現会社641条6号］），少なくとも清算に関わる事項に関する限り，破産の場合に株主の決定権限が剥奪されることはすでに織り込み済みである。

[8] 小川編著・前掲注4) 133頁。

画において会社の営業……の全部若しくは一部を譲渡し，出資……〔す〕ることを定めたときは，計画の定によってこれらの行為をすることができ」，同条2項はこの場合に反対株主の株式買取請求権に関する商法245条ノ2ないし245条ノ4まで［現会社469条，470条］の規定の適用を除外していた。そして，旧会更法191条によれば「更生手続開始後会社の存続，……営業の譲渡による事業の継続を内容とする更生計画案の作成が困難なことが明らかになったときは，裁判所は……清算を内容とする計画案の作成を許可することができ」た。

　旧会更法211条2項と同217条とでは，営業の「譲渡」と「出資」とが書き分けられていた。すなわち，既存の他の会社に対してであれ，受け皿として計画の定めによりまたは更生手続外で設立される会社に対してであれ，営業を譲渡し，その対価たる金銭を，利害関係人（更生債権者，更生担保権者，株主をいう）に公正・衡平（旧会更法228条）および平等（旧会更法229条）の原則に従い分配する場合と，これらの会社に対して営業を現物出資し，その対価として発行される新株を更生会社が受け取りそれを利害関係人に上記諸原則に従い分配する場合とが，予定されていた[9]。こうした分配は，利害関係人の側からみればその権利の変更であり，それを計画で定める必要があることは，旧会更法211条1項により当然のことである[10]。旧会更法191条からは，営業の全部譲渡の対価を利害関係人に分配し，存続させる意味がなくなった更生会社を解散させる旨の計画案が定められた場合，それは債務者会社の法人格を消滅させるが，その「事業」の継続を目的とするから「清算を目的とする計画案」ではないことが明らかとなる。文言上明確ではないが，営業の現物出資とその対価としての株式の分配・更生会社の解散を定める内容の計画案についても，同様に考えることができる。

　すなわち，旧会更法の下では，営業の譲渡または出資とその対価の分配は立派な「会社の事業の更生」であり，これを更生計画を通じて行うことが予定されていた。そして，営業譲渡については商法245条［現会社309条2項11号，467条1項］が特別決議を要求しているが，会社の事業の継続を目的として作成された更生計画の定めが株主の意思によって遂行できなくなる事態を避ける必要があり，また，更生計画案の可決要件として総議決権の過半数を有する株

---

9)　兼子一ほか『条解会社更生法(中)』(弘文堂，補訂版，1992) 455頁以下。
10)　兼子一ほか『条解会社更生法(下)』(弘文堂，再補訂版，1992) 459頁。

主の同意が必要（旧会更法205条。ただし，会社の破産の原因があるときは，旧会更法129条3項は株主の議決権を否定していた。通説11)は，株主に残余財産分配請求権がないときに初めてその議決権を奪うことができるとして，そこにいう「破産の原因」を債務超過に限定していた）なうえ，裁判所による認可が更生計画の効力発生要件であり，反対株主の利益も認可にあたり配慮すれば足りるから，更生計画による営業の譲渡には商法245条［現会社309条2項11号，467条1項］の特別決議は不要であった（この意味で，旧会更法250条は商法245条［現会社309条2項11号，467条1項］の特則であった12))。

2　旧会更法下での営業譲渡の実務

ところが，旧会更法下の実務13)では，営業の全部または重要な一部の譲渡を内容とする更生計画案を作成しそれに対する認否を問うまでもなく，更生手続開始決定の際更生裁判所が旧会更法54条1号により「会社財産の処分」を要許可事項として指定した限りにおいては，更生裁判所の許可を得て，そうでないときは更生管財人の裁量により，営業の全部または重要な一部を譲渡することができ，この場合には，商法245条［現会社309条2項11号，467条1項］の適用はないとする見解14)が存在した。この見解を支えた条文上の形式的な根拠は，旧会更法52条が，更生手続の開始後その終了までの間更生計画によらなければすることができない行為として「資本の減少，新株若しくは社債の発行，株式交換，株式移転，合併，分割，解散，会社の組織の変更若しくは継続，利益若しくは利息の配当又は商法293条ノ5第1項の金銭の分配」をあげており，そこに営業譲渡を掲げていなかったことに求められたが，より実質的な根拠は，

---

11)　兼子ほか・前掲注9) 608頁。
12)　兼子ほか・前掲注10) 822頁以下。
13)　田原睦夫「会社更生手続中の会社の更生計画によらない営業譲渡の問題点」今中利昭先生還暦記念論文集『現代倒産法・会社法をめぐる諸問題』（民事法研究会，1995) 111頁以下，遠藤賢治「倒産法における営業譲渡」桜井古稀・前掲注2) 255頁。
14)　進んで，更生手続開始申立て後開始決定前の段階においても，会社の常務（旧会更40条1項但書）に属するとはいえない営業譲渡を裁判所の許可を得て行うこともあった（東西倒産実務研究会編『会社更生・会社整理』〔商事法務研究会，1989〕99頁以下，門口正人「司法による再建型倒産手続の運用についての再考」竹下守夫先生古稀祝賀『権利実現過程の基本構造』〔有斐閣，2002〕807頁）。この点については，新会更法および民再法においても明文の規律がなく，問題があるが，本稿では紙幅の関係で触れることができない（問題状況の簡潔な指摘として，「研究会　新会社更生法（第2回）」ジュリ1254号〔2003〕159頁〔深山卓也発言〕）。

旧会更法52条が計画によることを要するとしているのは会社組織法上の行為であるが，営業譲渡は会社財産を処分する取引法上の行為であって，会社財産の処分権が更生管財人に属する（旧会更法53条）以上，更生裁判所が旧会更法54条1号に基づきそれに制約を加えない限り，更生管財人の専権としてこれをなしうるということであった。

しかし，この論拠には疑問がある。確かに，旧会更法の下での通説[15]は，旧会更法52条の趣旨につき，会社が法人格者としてする（株主総会，取締役会による）社団的，組織法的活動は，いちおう会社更生手続の枠外に置かれるが，それを自由かつ無制限に認めると会社更生手続の運命を左右する事態を生ずるおそれがあり，別の面からみれば社団的・組織法的活動といえども，会社をいかに更生させるかということと密接不可分な行為は，それだけ単独で更生手続外で行っても無意味であり，手続を錯綜させるからであると説明していた。しかし，この説明にすでに問題がある。旧会更法52条が掲げる社債の発行は組織法上の行為ではない[16]。社債の発行が同条により更生計画によることを要する理由は，この通説も認めるように，「いかにして会社を更生せしめるかという更生計画から離れて……社債の発行を企てても意味がない[17]」からであり，その意味で取引法上の行為である社債の発行は組織法上の行為である新株の発行と異ならない。社債の発行も新株の発行と同じく計画によってすることを旧会更法は予定しており（旧会更法223条），それらにつき商法［現会社法］の特例を定めることで便宜を図る規定（旧会更法254条～257条）も存在するから，専ら計画によってのみすることができるのである[18]。

---

15) 兼子一ほか『条解会社更生法(上)』（弘文堂，補訂版，1994）485頁以下。宗田親彦「会社更生手続における営業譲渡」石川古稀・前掲注1）452頁以下も，旧会更法52条の組織法・行為法分類説的理解を前提として，取引行為たる営業譲渡は管財人の管理処分権限に属する事項であるから，旧会更法54条の要許可事項の指定があるときは，管財人は裁判所の許可を得て行うことができるとする。もっとも，他方では，会社の更生の可否に影響を及ぼす点での営業譲渡と旧会更法52条所定の行為との類似性を指摘し（452頁），会社が債務超過である場合には，会社の命運と財産の処分のイニシアティブを更生債権者，更生担保権者が握っているから，営業譲渡はそれを内容とする更生計画案に対するこれらの者の組の決議を経て行うのが，本来であるとも述べている（454頁）。

16) 深山卓也「会社更生法の立案過程からみた営業譲渡の手続的規律」竹下古稀・前掲注14）768頁。

17) 兼子ほか・前掲注9）488頁。

18) 兼子ほか・前掲注9）488頁。

III 会社更生における営業譲渡

　会社更生とは，会社の事業をいかなる態様で継続させるか（合併か，営業譲渡か，減資と債権の株式振替えの組み合わせか），事業継続による利益をいかなる態様で利害関係人に配分するか（更生会社の営業を，譲渡してその対価を金銭で分配するか，出資して債権を譲受会社の株式に振り替えることにより，その将来の値上がり可能性を付加した上で分配するか）を更生計画案において明らかにし，利害関係人の組による判断に委ねることを，その本質とする手続である。もし，更生手続の外で，株主総会が特別決議により会社の合併を決めてしまえば，更生債権者，更生担保権者は手続が予定するこの決定権限を奪われる[19]。営業譲渡も同じであって，株主総会が営業の全部譲渡を決議してしまえば，その後に作成されるべき更生計画案は，その対価を金銭で利害関係人に分配し更生会社を解散するという内容のものに限られてしまう。これは，利害関係人の共同決定によるべき事項を株主が先取りして決めることであり，これが許されないのは手続の本質上当然である[20]。

　もっとも，これに対しては，旧会更法下での実務を支えていた見解からは，更生手続開始後会社財産の管理処分権は更生管財人に専属するから，株主総会は営業譲渡の決議をすることはできない，少なくとも更生管財人はその決議に拘束されないので，合併と同一には論じられないとの反論が返ってこよう。こ

---

[19]　深山・前掲注16) 776頁以下の指摘によれば，旧会更法52条は，立案過程のある段階までは，「会社の取締役会又は株主総会は，更生手続によらなければ，資本の減少……の決議を行なうことができない」という，株主総会または取締役会に商法［現会社法］上与えられている決議権限の行使を制約する内容のものであった。すなわち，同条は，商法［現会社法］上会社が株主総会または取締役会の決議を通じて行うことができる事項のうち，更生計画によらないで更生手続中に行われると手続に支障を来すものをピックアップしたもので，旧会更法下の通説のいうように，会社の行為の行為法・組織法二分論を前提として，後者のうち一定のものを禁止したものと解するのは困難であるという。立法として結実した旧会更法52条についても，こう理解した方がことがらの本質を捉えることができる。

[20]　深山・前掲注16) 777頁以下，784頁以下によれば，当初は前注に示した内容のものであった旧会更法52条の原案から営業譲渡が除かれていた理由は，営業譲渡が取引上の行為として更生管財人の管理処分権に属することを前提として，旧会更法54条の原案では，営業譲渡が裁判所の必要的許可行為とされていたため，旧会更法52条による禁止の対象とする必要がなかったからであると推測される。ところが，国会における修正の結果，裁判所の必要的許可行為というものはなくなり，旧会更法54条が示すように，総て裁量的許可行為になってしまった。
　そうだとすると，旧会更法54条の原案は図らずも新破産法78条2項3号の規律と軌を一にしていたわけである。しかし，深山・前掲注16) 784頁以下も指摘するように，更生手続における営業譲渡は更生のスキームを決定づけるおそれがあることから，会社の全利害関係人が決議に参加する更生計画で行われることが本来のあり方であり，清算型手続を模倣した規律は，特に株主の利益保護との関係で十分でない。

れに対しては次の二点を指摘できる。

すなわち，旧会更法189条1項は更生計画案の作成および提出を更生管財人に義務付けているが，計画案を決議に付するまで会社の事業の存続を可能にする必要があるため，旧会更法53条は彼に会社の事業経営権と会社財産の管理処分権を付与しているのであり，彼の会社財産の管理処分権は決して自己目的的なものではない。更生管財人が計画案の作成・提出前に会社の営業を譲渡してしまえば，その後に作成さるべき計画案は，対価の分配と更生会社の解散を定めるものに固定され，更生債権者，更生担保権者は前述したような多様な可能性を更生計画を通じて追求する機会を奪われる。彼らには，更生管財人の計画案に対抗して，計画案を作成・提出する権限が与えられている（旧会更法190条）ことに照らせば，ことの問題性は明らかである[21]。

第二に，この見解はなぜ株主の決定権限を奪うことができるかを説明できていない。会社が債務超過でない限り，更生計画において営業譲渡が定められたときには，会更法所定の手続すなわち更生計画案に対する株主の組の議決を通じてこれを行うことを，商法245条［現会社309条2項11号，467条1項］の特則たる旧会更法250条は予定している。つまり，会社財産の管理処分権が更生管財人に専属することと，株主が営業譲渡の可否について決定権限を保持することは，旧会更法において矛盾していないのである。したがって，仮に更生管財人が自らに属する財産管理権限に基づき営業譲渡をなしうるとしても，旧会更法が株主の決定権限を無視することまで認めていると解すべき根拠はない[22]。

3　更生計画によらない営業譲渡に関する新会更法の規律の制定の経緯

新会更法の立法過程においては，更生計画によらない営業譲渡の規律として，「会社更生法改正要綱試案」の段階では，手続開始の後終了までの間は更生計

---

[21]　宗田・前掲注15) 454頁も，更生管財人の管理処分権は利害関係人のためのものであることを強調する。
　　なお，利害関係人の決定権限の尊重という見地から，門口・前掲注14) 807頁は，裁判所は，更生計画によらない営業譲渡の実施にあたり，債権者集会を開催し，計画によりえない理由と譲渡の対価を説明し，更生計画の可決に必要な法定多数を目安として，利害関係人の同意をとりつけるよう努めるべきであるとする。

[22]　宗田・前掲注15) 453頁以下も，更生計画のシステムにのせないで営業譲渡をするときは，特別決議を必要とする商法［現会社法］の原則に戻るとする。ただ，会社が債務超過であるときは，更生計画によらない営業譲渡につき株主総会の特別決議を要しないという。

画によらずに営業の全部または重要な一部を譲渡することを許されないとの原則を掲げつつ，その例外として，一定の要件の下に，更生管財人は，裁判所の許可を得て，更生計画によらないで営業の全部または重要な一部を譲渡することができるとしたうえ，許可に際しての株主の関与のあり方として，甲乙二案が示されていた。甲案は，更生会社が債務超過であるときは，裁判所は，管財人の申立てにより，商法245条1項［現会社309条2項11号，467条1項］の株主総会の特別決議に代わる許可（以下「代替許可」という）をすることができるとの規律であり，乙案は，裁判所は，更生計画によらない営業譲渡を許可するに際し株主の意見を聴取するものとし，株主を構成員とする関係人委員会があるときはその意見聴取で代替することができるとの規律である（「要綱試案」第18 営業譲渡）。

　法務省民事局参事官室が公にした「要綱試案」の補足説明（第18 営業譲渡）によれば，甲案は，更生手続が開始されたとしても，更生計画による株式の消却がない限り株主はその地位を喪失しないから，営業譲渡については商法245条1項［現会社309条2項11号，467条1項］による特別決議が必要であることを前提として，更生会社が債務超過の場合株主権は無価値であるので，民再法43条に相当する規律を設けるというものであり，乙案は，更生手続開始後は更生会社の事業経営権および財産管理権は更生管財人に専属するので，営業譲渡に関する株主総会の決定権限は当然に消失することを前提とするものである。乙案は，旧会更法の下での実務を支えていた理解，すなわち，営業譲渡は取引的行為であり，本来株主総会の決議を要することなく，会社財産の管理処分権を持つ更生管財人の専権でできるとの理解を前提とする[23]。これに対し，甲案

---

23) 山本克己「営業譲渡——計画前の営業譲渡における株主保護手続を中心に」金法1673号(2003) 7頁以下によれば，法制審議会倒産法部会において乙案を支持する者が依拠した論理は，次の二つである。第一に，金銭債権者が中心となる更生債権者・更生担保権者は会社の流動性に主たる関心を有するが，株主はそうでないから，弁済計画の立案・遂行を主眼とする更生手続では株主の権利を認める必要はないこと，第二に，受託者としての立場に立つ管財人は，対価の適正さにつき裁判所のチェックを受ける限り，受益者である利害関係人の意向を無視して更生会社の資産を処分する（営業譲渡もこれに当たる）権限を有することである。前者については，山本教授の指摘される通り，更生手続は株主の意思決定権を尊重していることを無視している。後者については，本文でも指摘した通り，受益者たる更生管財人の管理処分権は更生手続の目的によって制約されたものであり，また，山本教授も指摘されるように，主として弁済金額の極大化に関心を持つ更生債権者・更生担保権者の利益（ただし，本文で述べた通り，彼らがそれを選好する傾向を有するという事実があるからといって，法律上可能なそれ以外の選択肢を彼らからその

は，会社が債務超過でない限り，株主の営業譲渡に関する意思決定権限は残存していること，かつ，その意思決定のあり方は商法245条［現会社309条2項11号，467条1項］所定の株主総会の特別決議であることを前提としつつ，会社が債務超過であるときは裁判所の許可を以て特別決議に代替させるものである。そして，民再法43条と同様に「当該営業の全部又は一部の譲渡が事業の継続のために必要な場合に限る」との制約が付されていた。

これに対し，「会社更生法改正要綱」（第18 営業譲渡）に由来する新会更法の「更生計画によらない営業譲渡」の規律のうち，株主の関与に関する規律は，次の通りである。すなわち，管財人は，裁判所の許可をえて更生計画案を決議に付する前に営業の全部または重要な一部を譲渡するときには，あらかじめ，譲渡の相手方，時期，譲渡対象となる営業の内容，対価および通知のあった日から2週間以内に書面により譲渡に反対する意思を通知すべき旨を，公告しまたは株主に通知しなければならず，この期間内に，更生会社の総議決権の3分の1を超える株主が譲渡に反対の意思を通知したときは，裁判所は更生計画によらない営業譲渡の許可をすることができないものとし，更生会社が債務超過であるときはこの規律を適用しない（新会更法46条2項，4項〜8項）。

この規律[24]は，会社が債務超過でない限り，株主の営業譲渡に関する決定権限は残存するとの前提にたつ点において，「要綱試案」の甲案と共通するが，次の三点で甲案と異なる。第一に，商法245条［現会社309条2項11号，467条1項］所定の株主総会の特別決議を，債務超過でない限り不可欠とされる株主の決定権限の行使のあり方とはしていない。第二に，第一のコロラリーとして，債務超過である場合の営業譲渡は，裁判所の許可による株主総会の特別決議の代替によってではなく，債務超過でない場合に採られるべき手続を端的に省略して行われる。第三に，この手続の省略に当たって，要綱試案にあった「当該営業の全部又は一部の譲渡が事業の継続のために必要な場合に限る」との制約は課されていない。第三点については，民再法の営業譲渡に関する規律を検討

意向を無視して奪う権利を管財人に与えることが，直ちに正当化される訳ではない）は，営業譲渡の対価の適正確保により保護されるとしても，株主の利益はキャピタルゲインの極大化にあり，会社の事業内容に大きな変動を及ぼす営業譲渡については，更生手続上株主の利益保護の手続が構築されるべきである。

24）この新会更法の規律と「要綱試案」における甲案，乙案との関係の理解については，研究会・前掲注14）152頁以下における諸家の発言を参照されたい。

する際に触れるとして、第一、第二の点は、次のような配慮に基づくものと解される。

すなわち、民事再生は、株主の手続参加を予定せず、再生債務者たる会社の組織法上の措置がその事業の継続に必要であるとしても、それは、再生手続の外で、商法［現会社法］所定の機関が商法［現会社法］所定の手続に従って行うことを予定する手続である。減資および株式の併合・授権資本の変更に限って、会社が債務超過であることを要件として、これを内容とする計画案の作成が裁判所の許可により許されているのは、こうした発想を前提とする。そして、営業譲渡は組織法上の行為ではないが、それが株主の利益に大きく関わる事業再編である点において合併や会社分割と異ならないため、商法［現会社法］上株主総会の特別決議事項とされているから、営業譲渡が再生計画を通じて行われる場合であっても、裁判所のその計画の認可決定のほか株主総会の特別決議が必要である。しかし、再生債務者会社が債務超過の場合には、株主の権利が実質的に無価値であるのに、その抵抗により債権者に有利な営業譲渡の実施が阻まれるのは不当である。そこで採用されたのがこの特別決議を裁判所の許可で代えるという仕組みである。

これに対し、会社更生は、株主の手続参加を予定し、更生のため必要な会社組織法上の行為を更生計画を通じて行うことを内容とする手続である。そして、新会更法46条1項は、営業譲渡も計画によることを原則とした。そうだとすれば、会社が債務超過ではないため営業譲渡につき株主の決定権限を無視できない場合であっても、甲案のように、更生手続外で株主総会が特別決議による決定権限を留保しているとの前提を採用し、会社が債務超過である場合には右特別決議を裁判所の許可で代替するという仕組みを採用するのは必然でない。計画案に対する株主の組の議決権に代わりかつそれに準ずる株主の手続関与の仕組みを直接更生手続の中に設けたうえ、会社が債務超過であるときはそれを履践する必要はない旨を定めれば足りる[25]。

---

25) 立法当局者の公式見解（深山卓也編著『一問一答新会社更生法』〔商事法務、2003〕83頁以下）もまた、民事再生法と会社更生法とで計画によらない営業譲渡に対する株主の関与の仕方がこのように相違するのは、株主を取り込んだ手続か否かに由来するとしている。ほかに、山本克己・前掲注23) 12頁、拙稿「利害関係人の手続関与のあり方」ジュリ1241号（2003）16頁以下。

もっとも、株主の手続関与を前提とする会社更生では、営業譲渡も更生計画案によって定めこ

もっとも，新会更法の規律はこうした発想を必ずしも徹底させていない。更生計画における株主の議決権（新会更法196条5項3号）に準ずる規律で足りるなら，総議決権の2分の1を有する株主が営業譲渡に異議を述べない限り営業譲渡を許可できるとしてよい[26]。新会更法46条7項2号が総議決権の3分の1を有する株主が異議を述べれば営業譲渡を許可できないとした点は，特別決議の発想に縛られたものと評すべきである[27]。

　ところで，民再法43条6項は同条1項のいわゆる「代替許可」決定につき株主に即時抗告を認めており，学説[28]は，再生債務者会社が債務超過でないことを抗告の理由とすることを認める。他方，新会更法9条は，法律に特別の定めがある場合に限り利害関係人に対し即時抗告権限を与えているところ，新会更法46条2項の許可決定について即時抗告を許す旨の定めがない。つまり，裁判所が債務超過でないのに同条4項ないし7項を適用しないでした許可に対し，株主は即時抗告できない。この点については，計画前の営業譲渡の段階では財産評定が未了であり，債務超過の判断の正確性を期し得ないこともあるだ

れに対する利害関係人の組の多数決を通じて実施するのが原則である以上，例外として計画によらずに営業譲渡を行う場合にも株主の発言権を無視できない（「要綱試案」の甲案的な発想）というのなら，会社更生手続のもう一方の主役である更生債務者，更生担保権者には，決定権限（そのあり方の如何はともかく）を与えず単に意見聴取だけで済まされるのはなぜか，という疑問が生ずる（研究会・前掲注14）152頁〔山本和彦発言〕）。先行する民再法42条の規律との横並びということであろうし，より実質的には，更生債務者等は専ら弁済額の極大化にのみ関心を持つという現実論が前提としてあり，そのためには営業の譲渡価格の適正を確保すれば十分であり，その手段として，債権者等の多数決より裁判所の許可の方が適切であるということであろう。とはいえ，同研究会における伊藤眞教授，田原睦夫弁護士の発言にあるように，早期に譲渡した方が高く売れるという発想の下で安易に営業譲渡が許可されるのでは，会社更生制度の存在意義が問われる。新会更法46条2項後段の許可要件を厳格に解する，あるいは，門口・前掲注14）807頁が指摘するように，債権者の法定多数の同意の取り付けを運用上の基準とするといった対応が必要であろう。

26) 山本克己・前掲注23）11頁は，株主の過半数が営業譲渡に反対しないことを要件とすると，株主保護手続が実質的には有名無実化しかねない，3分の1の株主に営業譲渡に対する拒否権を与えるという規律は，株主総会の特別決議との比較においては決議の成立を易しくし，関係人集会の株主の組との比較においては決議の成立を難しくする点で，意味があるとする。

27) 山本克己・前掲注23）9頁は，総議決権の3分の1を超える株主の異議という規律は，営業譲渡の特別決議の成立要件（総議決権の3分の2の株主の賛成）を裏返しであると評し，これを「消極的特別決議」と呼ぶ。なお，山本教授によれば，新会更法46条の手続に商法245条，343条〔現会社309条2項柱書〕が定める「総議決権の2分の1の定足数」要件がない理由は，消極的決議において定足数は観念できないからである。

28) 代替許可に対し債務超過でないことを理由とする即時抗告が認められる根拠につき，松下淳一「破産手続及び再生手続における株主の即時抗告権について」石川古稀・前掲注1）529頁。

けに，株主にこの点に関する不服申立権を与えない規律には，立法論的な批判がある[29]。ただ，即時抗告を認めたとしても，それが株主の救済方法としてどこまで実効的かについては，民再法43条の代替許可に対する即時抗告の検討において後述する。

Ⅳ 民事再生における営業譲渡

1 営業譲渡に対する裁判所の許可（民再法42条）

Ⅲで見たように，すでに旧会更法の実務において，更生計画によらない営業譲渡の効用が認識されていたにもかかわらず，平成倒産法改正の魁たる民再法の立法作業が始まった当初は，営業譲渡につき格別の規律をする必要性は認識されていなかった。これに対し，通商産業省（当時）が倒産手続における営業譲渡の簡素化，迅速化の必要性を提言したことが影響し[30]，営業譲渡について次のような規律が設けられるに至った。

まず，民再法42条1項は，営業の全部または重要な一部の譲渡を，裁判所が特に個別的に指定しなければ再生債務者等の裁量に委ねられる債務者財産の処分（民再41条1項1号）とは区別して，常に裁判所の許可を要する行為とし（民再42条1項[31]），この許可に際して，知れたる再生債権者の意見の聴取を

---

29) 山本克己・前掲注23) 13頁。

　　ただ，新会更法においても，更生手続開始時に更生会社が債務超過でないにもかかわらず，株主に議決権を与えないまま可決された更生計画案を裁判所が認可した場合，更生手続の法令違反を理由に認可決定に対する即時抗告が株主に認められる（新会更法199条2項1号，202条2項2号）ことに準じて，債務超過でないにもかかわらず，株主に新会更法46条による関与の機会を与えないで営業譲渡が許可されたときは，その後に作成された更生計画（営業譲渡の対価を利害関係人に分配し更生会社を解散させる計画）の認可決定に対し，同じ理由により株主に即時抗告を認めることは可能と解される。ただ，営業譲渡を内容とする更生計画案につき株主の組に議決権を与えないままなされた認可決定に対し，株主が即時抗告を提起したが，執行停止の裁判（新会更法202条4項）がないまま営業譲渡が実施されたとすると，後に抗告が容れられ認可決定が取り消されたとしても，対価の分配方法を変更する計画案を作成し株主の組を加えて議決をやり直すに留まり，営業譲渡の効力が覆るとは考えられない。だとすると，株主に新会更法46条の手続への関与の機会が与えられなかった場合でも，抗告が容れられたからといって営業譲渡が遡って無効となるとは考え難い（拙稿・前掲注25) 17頁以下）。

30) この間の経緯については，拙稿「新再建型手続の目的・機関・開始」NBL 664号（1999）14頁以下，同「営業譲渡・減資」金判1086号（2000〔増刊『民事再生法――理論と実務』〕）108頁。

31) 立法当局者の説明によれば，一般の財産処分と区別して営業譲渡が必要的許可事項とされた

(同条2項。ただし，民再法118条2項［現117条2項］に規定する債権者委員会があるときは，その意見聴取による代替を認める）。また，営業譲渡は再生債務者の従業員の利害と密接に関連するものであることを理由に，債務者の従業員の過半数で組織される労働組合があるときはその労働組合，これがないときは債務者の従業員の過半数を代表する者（労働組合等〔民再24条の2〕）の意見の聴取（民再42条3項）を，裁判所に義務付けている。

　破産では，営業譲渡につき債権者が有する利益は配当率の極大化，すなわち対価の適正確保に尽きるが，民事再生では，再生債務者等が裁判所の許可により営業を譲渡すると，再生債権者は再生計画により債務者の事業の再建スキームを決定する権限を奪われる。ここに，新破産法78条が営業譲渡を単に裁判所の許可に係らせるに留めるのと違い，民再法42条が，許可に際し債権者の意見聴取を義務付けていることの根拠がある。ともあれ，この民再法42条の許可は再生債権者の利益保護を目的とする点で，株主の利益保護を目的とする商法245条［現会社309条2項11号，467条1項］の特別決議に代替する民再法43条の許可とは，趣旨を異にする。したがって，再生債務者会社の株主総会で営業譲渡の特別決議が成立した場合および裁判所の許可によりこの決議が代替される場合のいずれにおいても，民再法42条による許可は必要であるが，他方で，民再法は，営業譲渡を内容とする再生計画案を作成し，債権者がこれを多数決により可決することを通じて営業譲渡を実施することを排斥しておらず，この場合には，再生計画には裁判所の認可が必要であり（民再174条），裁判所は再生計画案につきあらかじめ労働組合等の意見の聴取を義務付けられている（民再168条）から，民再法42条による許可は必要でない。なお，民再法43条の代替許可と異なり，同42条の許可に対しては，即時抗告をすることができない。

　ところで，民再法42条1項柱書後段は「当該再生債務者の事業の再生のために必要であると認める場合に限り」営業譲渡を許可することができると定めている（新会更法46条2項も，営業譲渡が「更生会社の事業の更生のために必要であると認める場合」であることを，更生計画によらない営業譲渡の許可の要件としてい

理由は，債権者の利害に関わる重大問題であり，事業再生の基本的枠組みを決定する行為であるからである。深山卓也ほか『一問一答民事再生法』（商事法務研究会，2000）72頁，花村良一『民事再生法要説』（商事法務研究会，2000）117頁。

Ⅳ 民事再生における営業譲渡

る）。民再法43条の代替許可の要件である「事業の継続のために必要であること」が国会に提出された民再法の政府原案の中に存在したのと異なり，この後段は国会修正で付加されたものである[32]。

まず両者には事業の「再生」と「継続」という文言上の相違がある。民再法1条が目的とする「再生」とは，債務者の法人格の延命ではなく，その事業の継続を意味するところ，営業譲渡は債務者法人以外の者のもとでその事業を存続させるものであるから，「再生」と「継続」とで意味が異なるとは考え難い[33]。国会修正でこの文言が付加された趣旨は「営業譲渡により企業の清算解体が促進されそこに働く従業員の権利が不当に侵害されることがないように」との趣旨であったという[34]が，先にも述べた通り，従業員をその不可分の構成要素とする営業は譲受人のもとで存続するのであり，営業譲渡は再生債務者の事業の再生にほかならないから，この国会修正の趣旨は理解が難しいが，強いて憶測するなら，次のようなことであろうか。

すなわち，営業譲渡は合併，会社分割，100％減資＋スポンサーへの第三者割当増資などと並んで，M&A型の事業再生手法の一つである。しかし，最後の手法ではそもそも従業員の雇用関係に影響がなく，合併では従業員の全雇用契約関係が存続会社に包括的に承継され，営業の重要な一部の吸収分割でも「会社の分割に伴う労働契約の承継等に関する法律」により分割承継される事業に従事する従業員は一括して吸収会社に承継される（部分的包括承継）。これに対し営業譲渡では，個々の労働契約の譲渡につき譲渡当事者間における合意と従業員各自の同意が必要であり，転籍する従業員の範囲は譲渡当事者が自由

---

[32] 許可に際して斟酌されるべき要因として，当然のことながら，営業の譲渡価格がその清算（解体）価値を上回っていなければならないが，それを超えて，営業の譲渡価格が適正か否かについては裁判所も十分な判断資料を持っていない。債権者保護の観点からは，譲受先の決定過程に透明性が確保されていたかがポイントとなろう。藤縄憲一「民事再生手続における営業譲渡」三宅省三＝池田靖編『実務解説一問一答民事再生法』（青林書院，2000）203頁以下，園尾隆司＝小林秀之編『条解民事再生法』（弘文堂，2003）166頁〔松下淳一〕，山本和彦「営業譲渡による倒産処理」石川古稀・前掲注1）627頁。

[33] 山本克己「民事再生手続開始の効力」ジュリ1171号（2000）35頁は，したがって，政治的意味合いはともかく，確認的意味しかないとする。

[34] 山本克己・前掲注33）35頁も指摘する通り，民再法が営業譲渡を許容していることは，再生の対象が，債務者の法人格ではなくそこから相対的に独立した事業であることを示すものである。営業譲渡により譲受人のもとで事業が継続されれば，それにより債務者会社の法人格の存続が不可能になるとしても，それは民再法1条が目的とする債務者の事業の「再生」にほかならない。

に選択できる[35]。倒産状態にある会社の営業譲渡においては，実質的には営業の譲受人が従業員を選別できる訳で，M&A型事業「再生」手法のうち，営業譲渡は他の手法に比べ従業員の利益保護に薄いものがあることは確かであり，国会修正がこの点を懸念してのものだとすれば[36]，いかにも政治的な対応というべき[37]だが，それなりの合理性を認めることができよう。したがって，「当該再生債務者の事業の再生のために必要である」との要件は，営業譲渡以外の方法で当該事業の再生を請け負う者がいない状況にあることをいうと理解することができる。

裁判所の許可を得ないでなされた営業譲渡は無効であるが，善意の第三者に無効を対抗することはできない（民再 42 条 4 項による同 41 条 2 項の準用）。この点は，株主総会の特別決議に代わる許可が即時抗告により取り消された場合との対比において後に論ずる。

2　株主総会の特別決議の代替許可（民再法 43 条）

株主総会の特別決議との関係では，一定の要件が充たされる場合には，裁判所の許可によりこれを代替して営業譲渡をすることができるとされている（民再 43 条 1 項）。民事再生は株主を再生計画案に対する議決権者として手続に引き込まない手続であり，手続の外に置かれた株主総会は商法〔現会社法〕所定の権限を手続開始にもかかわらず維持することが，この規律の前提にある考え方である。したがって，営業譲渡をそれを内容とする再生計画の遂行として行う場合でも，株主総会の特別決議は必要であり，代替許可がある場合に限ってこれを省略することができる。

代替許可の第一の要件は債務超過である。会社が債務超過であれば株主は会社の経営に関心を失うので，営業譲渡に必要な過重多数決を確保することが困

---

[35]　菅野和夫『労働法〔第 6 版〕』（弘文堂，2003）446 頁。この点の問題性を指摘するものとして，山本和彦「倒産企業従業員の生活保障」『倒産法大系――倒産法と市民保護の法理』（弘文堂，2001）89 頁以下。

[36]　民再法の成立に際しての衆参両院の法務委員会における附帯決議の中に「企業組織の再編に伴う労働関係上の問題への対応について，法的措置を含め検討すること」との項目があることは，この推測を裏付ける一助となる。

[37]　伊藤眞ほか編著『注釈民事再生法（上）〔新版〕』（金融財政事情研究会，2002）140 頁〔松嶋英機〕。ただ，そうだとすれば，再生計画で営業譲渡を定めた場合にもその認可にあたり同じ要件が課されないとおかしいとはいえる。

難であり，それが営業譲渡による事業の継続の足かせとなること，債務超過状態では株主の権利は実質的に無価値であるから，株主保護のための商法245条［現会社309条2項11号，467条1項］の規定を適用する根拠に欠けることが，債務超過を要件とする根拠であり，減資を内容とする再生計画案の提出についての裁判所の許可制度の根拠としてあげられているところ[38]と同じである。

これに対し，「事業の継続のために必要である場合」であることという第二の要件について，立法当局者[39]は「営業譲渡をしなければ当該営業が早晩廃業に追い込まれざるを得ないような事情がある場合」という見解を採るのに対し，学説[40]は「営業譲渡をしなければ当該営業の価値や規模に大きな変化が予想されるような場合」であればよいとする。前者は代替許可が商法［現会社法］が認める株主権に対する制約であることを根拠とし，後者は営業譲渡の倒産処理手法としての有効性を根拠とする[41]。しかしながら，かつて論じた[42]ように，株主の決定権限の剥奪のための要件としては，会社が債務超過であることで必要かつ十分であり，後者の見解についても，早期に営業譲渡をしないと営業価値が毀損されるということは，再生計画案に対する債権者の決定権限を奪う民再法42条の許可の要件としてそれを語るのなら有意義であるが，株主の決定権限を奪うための要件とする必要があるかは疑わしい。

ただ，民再法を子細に分析すると，減資を内容とする計画案の提出許可の要件を定める民再法166条2項には，債務超過はあるが民再法43条1項但書に相当するものはない。100％減資により株式は法的にも経済的にも無価値となるが，営業の全部譲渡の場合もその実施により株式は実質的に無価値となる点で，両者は共通する。等しく株式を無価値化する行為につき商法［現会社法］上必要な株主総会の権限（商法245条［現会社309条2項11号，467条1項］，375条1項［現会社309条2項9号，447条1項］）を奪う規律であるにもかかわらず，

---

38) 深山ほか・前掲注31) 73頁，223頁，花村・前掲注31) 140頁，454頁。
39) 深山ほか・前掲注31) 71頁，花村・前掲注31) 141頁。
40) 園尾＝小林編・前掲注32) 170頁〔松下〕。
41) 東京高決平成16年6月17日金判1195号10頁は，両者の中間に位置する見解を採ったと読めるものである（債務超過要件の充足に疑義を差し挟むものでもある）。この事案については，山本和彦「日本コーリン再生事件の諸問題――東京高決平成16・6・17の検討」銀法639号 (2004) 14頁，松下淳一「営業譲渡の代替許可等が抗告審で取り消された事例――日本コーリン株式会社の再生事件」NBL797号 (2004) 25頁以下。
42) 拙稿・前掲注30) 金判1086号112頁。

営業譲渡の代替許可の要件が加重されているのはなぜか。

　会社更生では，継続企業価値をもってしても株主より上位の権利者の権利を満足しえない（その権利の減免が必要である）場合には，絶対優先原則に従い，更生計画において，株主に議決権を与えることなく，100％減資をした上で，スポンサーに対する第三者割当や更生債権の株式振替えが実施される。これと異なり，民事再生では，たとえ100％減資の後スポンサーに第三者割当増資を行う計画案の提出につき民再法166条1項による裁判所の許可が得られ，その計画案を再生債権者が可決したとしても，スポンサーへの第三者割当増資の実施には取締役会の決議が，株式の譲渡制限がある会社では株主総会の特別決議が必要である〔ただし，現民再166条の2参照〕。すなわち，減資・第三者割当型の再生計画案は，再生債務者会社の支配株主の意向を完全に無視して実施できるものではなく，支配株主の協力に期待するものなのである。つまり，株主には「事実上の」発言権が留保されている[43]。これに対し，営業譲渡では，代替許可があれば後は営業譲渡の実施は管理処分権を有する再生債権者等の専権に属し，株主はそれに掣肘を加えることはできない。その意味で，民事再生手続の構造上，等しく会社またはその事業の支配権を第三者に移転するM&A型の再建手法とはいえ，営業譲渡型のそれは減資・第三者割当型のそれに比べて株主に厳しい。だからこそ，営業譲渡の代替許可では営業譲渡以外の手法による事業の継続が不可能であることが，要件として付加されている。新会更法46条8項が，「要綱試案」の甲案と異なり，更生会社が債務超過である場合に同条4項から7項までの規定による株主の異議の聴取手続を不要とするに当

---

[43]　もちろん，立法論としてこれが適切かどうかは問題のあるところで，増資をも債権者のイニシアティブで再生計画においてなしうるようにすべきであるという意見は，学者（松下淳一「再生計画・更生計画による債権者と株主との利害調整について」新堂幸司先生古稀祝賀『民事訴訟法理論の新たな構築（下）』〔有斐閣，2001〕772頁以下）のみならず，実務家（園尾隆司「民事再生手続の当面する諸問題と立法課題」NBL721号〔2001〕7頁，同「民事再生手続と再生計画の実情と課題」NBL736号〔2002〕22頁）においても有力である。ただ，そうすると，松下教授も認めておられるように，再生債権者は，再生計画案の可決要件に該当する額の再生債権を買い集めたうえ，100％減資と再生債権の株式振替えを内容とする計画案を提出して賛成すれば，再生債務者会社を乗っ取ることができる（松下・前掲773頁および伊藤眞ほか編『民事再生法逐条研究　解釈と運用』〔有斐閣，2002（ジュリ増刊）〕175頁における同教授の発言参照）。これは，DIPを「売り」とする民事再生手続を本質的に変容させよう。筆者としては，会社更生手続と株式会社をも適用対象とする民事再生手続とを併存させるのなら，後者を資本の論理を貫徹させる前者とは異なる仕組みとすることの合理性を認めてよいと考えている。

464

っては「事業の継続のために必要である場合に限る」という要件を設けていないことは，この理解の妥当性を裏書きする。継続企業価値を以てしてなお上位の利害関係人の権利の縮減が必要なときは，100％減資の計画案が作成され，更生会社が債務超過である以上，この計画案に対して株主は議決権を持たない（新会更166条2項）。そうだとすれば，更生計画によらない営業譲渡に際しての株主の関与を否定するための要件としても，債務超過以外の要件を置く必要はない[44]。

もっとも，そうはいっても，債務超過であるにもかかわらず，他の方法で事業の継続を請け負おうとする者が出てこない状況において，株主があくまで営業譲渡に抵抗すればそれはできないというのでは，営業譲渡による継続企業価値の実現と分配を求める債権者の利益が害される[45]。そういう意味では，民再法43条1項但書の要件はやはり「なくもがな」であって，可能な限り緩やかに解すべきである。

3 代替許可に対する即時抗告

代替許可決定に対して株主は即時抗告をすることができる（民再43条6項）。ただ，この代替許可に対する即時抗告には執行停止の効力がない（同条7項）ので，即時抗告がなされても，営業譲渡契約の締結は妨げられない。ただし，抗告審で代替許可が債務超過の要件を充たしていないことを理由に取り消された場合には，遡って，当該営業譲渡は本来必要とされる特別決議を経ないで行われたことになる。

商法245条〔現会社309条2項11号，467条1項〕に関する通説[46]は，特別決議を要するにもかかわらずそれを欠いてなされた営業譲渡は，特別決議がなされなかったことを知らなかった者との関係でも無効であると解している（なお，商法245条〔現会社309条2項11号，467条1項〕による特別決議の取消しを求める訴えの請求認容判決が確定した場合に，商法学上の多数説は決議取消判決の遡及効を根拠として，営業譲渡はその有効要件である決議が欠缺するから無効となるとしており[47]，

---

44) 以上の叙述は，伊藤ほか編・前掲注43) 65頁以下における松下淳一，山本克己の両教授の発言に啓発されるところが多い。
45) 門口・前掲注14) 811頁注52も，債務超過会社の株主に債権者より強い拒否権を与える理由はないとする。
46) 上柳ほか編・前掲注6) 266頁以下，245頁以下〔落合〕。

この見解をここに及ぼして，代替許可が取り消された場合には営業譲渡は無効となると説く見解[48]もある）。そうなると，即時抗告の帰趨が定まらない段階で営業譲渡に応ずることは，譲受人にとって非常に危険な行為となる。これは，再生手続における営業譲渡の円滑化を図る立法趣旨に反するうえ，営業譲渡の妨害を意図した抗告を誘発しよう。かといって，民再法41条2項の善意者保護規定の類推による解決にも適さない。代替許可により営業譲渡がなされる場合，譲受人は商法［現会社法］の原則上は必要な特別決議は要らないと裁判所が決定したことを知って営業譲渡契約を締結するのだから，特別決議の不存在につき悪意である。

商法245条［現会社309条2項11号，467条1項］の解釈として，何が株主総会の特別決議を要する「営業譲渡」か，特別決議を要する「重要な」一部の譲渡に該当するかは，多義的であり，株主の利益と営業譲渡契約の相手方にとっての取引安全との間の調整が必要であるとの観点から，その譲渡が会社の運命に関わるものであることを知らず，かつ，知らなかったことに重大な過失がない相手方に対しては，会社は特別決議を欠くことによる無効を主張しえないとする有力説がある[49]。これに準じて，代替許可の抗告審による取消しの場合にも，本来特別決議を要する場合であること[50]を知らず，かつ，それを知らなかったことに重大な過失がない相手方は保護されると解さざるをえないのではないかと思われるが，これでは株主の救済にならないという批判はありえよう。

〔付記―その1〕
　本稿の執筆には科学研究費補助金（基盤研究(C)16530055）の補助を受けた。
〔付記―その2〕
　脱稿後，新会社法案に接した。

47) 上柳ほか編・前掲注6) 349頁〔岩原紳作〕。
48) 園尾＝小林編・前掲注32) 171頁〔松下〕。
49) 上柳ほか編・前掲注6) 266頁以下，245頁以下〔落合〕。
50) ここでは再生債務者会社が債務超過ではないことである。本文で述べたように，筆者は民再法43条1項但書の意義に懐疑的である。

　　　　　　　　あとがき

　本論文集の著者，山本弘教授は，残念なことに，2度にわたる手術の後，平成30年（2018年）3月24日に永眠された。享年59歳であった。山本教授は，昭和33年（1958年）5月28日に大阪府で誕生され，愛知県立千種高校，東京大学法学部を卒業されて，昭和56年（1981年）に東京大学法学部助手とならられた。法学部在学中に受講された民事訴訟法第1部は三ケ月章先生の停年前最後の講義であり，助手時代の指導教官は青山善充先生であった。富山大学，法政大学に教職を得られた後，平成12年（2000年）4月から神戸大学の教授となられていた。平成30年（2018年）7月22日には，神戸大学構内で同教授を偲ぶ会が催され，多くの方々に参加いただいた。ご本人も急逝されることは予期されていなかったと思われ，ご本人もそうであろうし，我々も無念でならない。

　山本教授の民事訴訟法研究者としての学風を語るならば，実体法の基準性を重視した訴訟法だということができるであろう。最後の3年間の論文を見ても，「弁論終結後の承継人に対する既判力の拡張に関する覚書」〔本書273頁〕では，たとえば賃貸借契約終了に基づく不動産明渡請求の認容判決が，口頭弁論終結後に被告から無断転貸された者，したがって，原告とは賃貸借契約関係に立たない者に対して既判力が拡張されるとする学説を実体法の書き換えだと舌鋒鋭く批判され，「権利主張参加の要件について」〔本書315頁〕では，不動産二重譲渡において一方の譲受人が提訴した訴訟に他方の譲受人が権利主張参加をすることができるかという問題につき，権利主張参加を認める学説は実体法の二重譲渡の規律から乖離しすぎていると強く異を唱えられている。しかし，山本教授のこの立場は，実は，同教授のいわゆる助手論文「権利保護の利益概念の研究」〔本書1頁〕から見られたものである。この論文は，ドイツ法学における権利保護請求権説の下での権利保護の要件に関する諸学説を丹念に追究された力作であるが，この論文の中で山本教授は問題意識として，谷口安平先生が訴えの利益を介して新しい実体権が生まれるとしたこと，裏から言えば，実体法

あとがき

が訴えの利益を規制する機能を喪失させたことを批判され，また，新堂幸司先生が原告・被告・裁判所の利益の衡量の中で訴えの利益を考えることに異を唱え，訴えの利益，特に紛争の成熟性は実定実体法の規律によって客観的・一義的に定まると考えるべきだと論ぜられている。すなわち，助手論文においてすでに，実体法基準性という山本教授の立場は鮮明に表明されていたのである。

その後も，「遺言執行者の当事者適格に関する一考察」(本書139頁)において，遺言をめぐる紛争で，いわば訴訟法的に遺言執行者に当事者適格を肯定する学説に対抗して，最終的な実体上の権利義務帰属主体である受遺者・受益相続人に当事者適格を認めることの優位を説かれた。「明示一部請求に対する相殺の抗弁と民訴法114条2項の既判力」(本書257頁)でも，相殺が認められた反対債権部分を一部請求たる訴求債権のどこから控除されるかという外側説・内側説・按分説の問題は，一部弁済のときにも同じ問題が生ずることから明らかなように，既判力とは関係のない実体法の問題である，にもかかわらず，最高裁判例はこの控除の問題を反対債権に生ずる既判力の範囲という次元の異なる訴訟法の問題と結び付けてしまったと根底から批判された。座談会発言等を含むその他のいくつかの論考でも，山本教授の恩師である三ケ月章先生において訴訟法が実体法を凌駕する嫌いがあることを批判されたし，また，そもそもは戦後民事訴訟法学の出発点である兼子一先生の紛争解決説が訴訟法が実体法に先行するとされたことを批判されたのである。要するに，山本教授は，兼子理論，三ケ月説，新堂説，谷口説という戦後民事訴訟法学の大きな流れとは異なる立場に立たれ，それを果敢に批判されたのである。新堂先生，谷口先生を一方の極だとすれば，山本教授は他方の極だったのであり，同教授の民事訴訟法学界における存在の大きさ，貴重さが，亡くなられた今しみじみと感ぜられる。独立当事者参加は立法の過誤であると初めて喝破されたのは山本教授「多数当事者訴訟」〔本書293頁〕であるが，独立当事者参加批判論が今や燎原の火の如く学界に燃え広がっていることからもこのことが窺われる。

さらに，山本教授は，理論を大切にする学者であった。対談の中で，100件に1度の事件につき実務家は一般条項でなんとでも処理できるとするであろうが，そのような異常現象にスジを通すために理論があるのだというのが学者の矜恃であると語られたのが印象深い（山本和彦編『民事訴訟の過去・現在・未来』

あとがき

〔平成17年，日本評論社〕142頁）。理論を誠実に追求されたのが山本教授であった。

　山本教授の人柄についても一言したい。同教授を知る人は，一様に，博覧強記であったと述懐する。その博覧は，民事訴訟法に限らず民法・保険法などの実体法にも及び，さらには学問のほかに料理，日本酒，音楽等々をも網羅されていた。同教授の研究室には，クラシック音楽のCDが多数残されていたという。また，その博覧強記を快活に腹蔵なく語られ，座を明るくされる人であった。山本教授は生涯独身であったが，兄上の子である2人の姪御さんには，正月にやってきてお酒を飲み，中学高校の女子生徒が好きな歌謡曲にも通じている楽しい叔父さんであったそうである。他面では，法政大学時代，教授陣が逃げてしまう学生運動担当の役を黙々とこなされ，神戸大学では平成19年（2007年）10月から2年間，研究科長・学部長の重職を誠意をもって務められたのであり，研究者が雑用と呼ぶ事務を厭わない縁の下の力持ちであった。神戸大学は，大学行政の面でも惜しい人材を失ったのである。

　山本教授の珠玉の論文を集めた本書は，同教授の急逝後，『民事訴訟法』（有斐閣アルマ）の共著者であり，同門の先輩であった長谷部由起子教授（学習院大学）と中学・高校・大学の後輩でもあった松下淳一教授（東京大学）が主導し，法政大学時代の教え子であった水元宏典教授（一橋大学）と神戸大学で教えを受けた林昭一教授（同志社大学）の協力の下，同門の先輩の高田裕成教授（東京大学）の助力も得て刊行された。縦書きであった元の原稿を横書きに組み換えるにあたって表現の修正を行い，執筆当時の法制度が現在とは異なる点に［補注］をくわえるなどした以外は，原文をそのまま収録した，と聞いている。また，本書刊行の周辺で，後輩であり神戸大学の同僚であった八田卓也教授，青木哲教授から種々の尽力を得た。有斐閣も，出版事情の厳しい中，刊行を快諾された。これらは山本教授の仁徳の賜物であろう。私は山本教授より11歳年上であるが，畏友山本教授に代わって，これらの方々に謝意を表すると共に，有斐閣内部では，とりわけ書籍編集部長の藤本依子さんに感謝申し上げる。山本教授も，あの世で，本論文集の刊行を，おそらくいつもの照れ笑いを浮かべ

あとがき

られつつ，しかし喜ばれているものと想像する。
　平成31年（2019年）桜の花開く頃

　　　　　　　　　　　　　　　高橋宏志（東京大学名誉教授）

〔付記〕
　山本弘教授の履歴・業績は，今年平成31年（2019年）3月に発行された神戸法學雑誌68巻4号の同教授追悼号に詳しい。ご照覧いただければ幸いである。

事項索引

ア 行

ISDA 基本契約 …………………………………425
actio ……………………………………19, 21, 40
案分説…………………………257, 259, 263〜265
遺言（の）無効確認 ………………………………198
　——無効確認請求 ……………………………144, 165
遺産確認の訴え ……………………………………175
遺産分割審判 ……………………………………175, 191
遺産分割の前提問題 ……………………………175, 191
遺産分割分説 ……………………………………194
一部請求論 …………………………208, 210, 211, 216
一部認容判決 ……………………………………229
一回的・統一的解決 ……………………………317
一括清算 ……………………………………………425
一括清算条項 …………………………438, 440, 441, 444
一括清算法 ………………………………………441
一貫性審査 …………………………………………41
入会権の（対外的）確認請求 ………………110, 136
入会団体 ……………………………106, 125, 133, 135
入会地管理組合…………………………128〜130, 133, 135
入会における総有 ………………………………118
遺留分減殺請求 …………………………………167〜169
遺留分減殺請求権 ………………………………195
インターバンク市場 ……………………………436
ヴァッハ，アドルフ ………………………………15
ヴィントシャイト ………………………………12, 20, 40
内側説 …………………………………259, 263〜265
訴えの利益 ……………………………………8, 12, 13
営業譲渡 ………………………399, 401, 447〜449, 459
　——更生計画によらない ………………………454
営業譲渡契約 ……………………………………466
M&A ……………………………………448, 462, 464
オェトカー ………………………………………63

カ 行

カーディ司法 ………………………………………32
外観主義 ……………………………………377, 380, 381
外国為替予約取引 ……………………………437, 443

会社更生 ……………………………………………453
会社更生法（旧） ………………………………449
会社の分割に伴う労働契約の承継等に関する
　法律 ……………………………………………461
会社分割 ……………………………………………457, 461
解体価値 …………………………………………401, 403
学説継受 ……………………………………………1
確定期売買
　………419, 421, 423, 425, 430, 432, 434, 435
確定遮断・移籍の効果 …………………………313
確認訴訟……………………………………………59
確認の利益……………………………9, 16, 61, 71, 80, 97
合　併 ……………………………………………457, 461
兼子一 ………………………………………1, 9, 32
株式の併合 ………………………………………457
株主権 ……………………………………………463
株主総会の特別決議の代替許可 …………455, 462
株主の決定権限 ……………………………………454
換価プール（Verwertungspool）……………397
管轄権
　消費者契約および個別労働関係に関する訴
　　えの—— ……………………………………368
　登記または登録に関する訴えの—— ……370
　反訴の—— …………………………………359, 369
　併合請求の—— ……………………………359, 365
管理権 ………………………………………………62
管理処分権 ………………………………………157
危　険 …………………………………………80, 84
期限付きの請求権 …………………………………78
雉本朗造 ……………………………………………9
機能的考察 …………………………………………3
既判力
　——による実定法の書き換え ………………285
　——の基準時 …………………………………211
　——の弛緩 …………………………211, 217, 235, 238
　——の時的限界 ………………………………211, 220
　——の遮断効 …………………………………226
　——の脆弱化 …………………………………217
　——の潜脱 …………………………………354, 355

471

事項索引

——の相対化 …………………………222
前訴（確定）判決の——
　…………………208, 211, 216, 223, 226
民訴法114条2項の——
　………………260, 261, 263, 265, 267
既判力拡張 …………………………146
　請求の目的物の所持人に対する—— ……277
基本的法律関係 ……………………146
逆推知説 ……………………………360
客観的併合 …………………………361
救済法 ………………………………12
強制執行受忍の訴え …………………381
共同所有者団体
　——（の）訴訟追行権 ……………118
　——（の）代表者の権限 …………118
共同所有の形態論 …………………118
共同訴訟人独立の原則 ………308, 310, 312
禁反言 …………………………240〜242
金融定期取引 ………………………443
金利スワップ ………………………436
具体的公権の権利保護請求権論 ……100
具体的相続分確認 …………………191
具体的訴権論 ………………………24
具体的法規説 ………………………1
経済的自由主義 ……………………407
形式説 ………………………………273
形式的当事者概念 ………………62, 63
形成訴訟 ……………………………385
継続（企業）価値 …………………403
契約の自由 …………………………414
決着期待争点（正当な）………252, 253, 256
原告適格 ……………………………118
現在給付の訴え ………205, 206, 212, 213, 215
減　資 …………………………457, 463
現象的考察 …………………………3
牽制する権能 ………………………315
権利既存の観念（概念）…………30, 32
権利失効の原則
　………………244, 246, 247, 250, 251, 254, 256
権利実在説 …………………………284
権利主張参加 ………294, 296, 297, 303, 315, 329
権利侵害 …………………………48, 51
権利能力なき社団

　…………………106, 111〜113, 115, 118, 123, 125, 126, 134, 135
　——の共同所有 ……………………119
　——の原告適格 …………………116, 117
　——の権利享有主体性 ……………107
　——の主体性 ………………………114
　——の当事者能力
　　…………………107, 106, 116, 118, 125, 129
　——の内部関係 ……………………120
権利判定機関と権利実現機関との分離 …381
権利保護請求権 …………………14, 96
権利保護請求権論 …………1, 10, 13, 14, 28, 97
権利保護
　——の資格 ……………………39, 51
　——の必要 …………………39, 54, 58
　——の要件 ……………11, 13, 28, 39
　——の利益 ……………8, 13, 16, 39, 58, 99
後遺症の予測不可能性 ………………224
合一確定 ………………295, 298, 299, 302, 312
　——の必要 ……………………147, 162
合一確定必要訴訟 …………………158
交互計算契約 ………………………440
公示送達 ………………………347〜349, 353
構成員の総有権 …………………378, 379
控訴の追完 ……………343, 345, 348, 357
口頭弁論終結後（弁論終結後）の承継人 …273
公法の訴権論 …………………………18, 23
小山昇 ………………………………3
固有適格構成 …………………114, 115
固有適格説 …………………………158
固有必要的共同訴訟
　……103, 104, 106, 109, 110, 112, 118, 136, 183
コーラー，ヨーゼフ ………………65
ゴルトシュミット，J ………………1

サ　行

債権者自治 ……………………408, 414
債権者代位権 …………377, 378, 382, 390
債権者代位訴訟 ……………………150
債権者取消権 ………………………383
債権者の自治 ………………………400
財産管理権 …………………………66
財産権上の訴え ……………………366

事項索引

再審の迂回 …………………………354, 355
再　生 ………………………………………461
最適な換価方法 …………………………408, 412
裁判の正統性………………………………………38
債務超過 ……………………………………462
債務不存在確認の訴え…………92, 228, 230, 231
ザウエル ………………………………………1
詐害意思説 …………………………………319
詐害行為取消権 ……………………………384
詐害防止参加 …………………………296, 297
先物取引 ……………………………………422
先渡契約（先渡取引）……………………425
参加承継 ……………………………………305
参加制度機能拡大論 ………………………318
参加的効力 …………………………………240
　　──の根拠 ……………………………240, 241
参加命令 ……………………………………105
算定基準…………………………………212〜214
　　損害額の── …………………………212
　　賠償額の── …………………………210
残部請求 ………………………257, 258, 270, 271
三面訴訟 ……………………………………297
三面訴訟説 ……………………297, 299, 302, 319
CPO ……………………………………17, 22
事業譲渡　→　営業譲渡
事実上の利害関係の対立
　　………………………341, 344, 345, 349, 356
市　場 ………………………………………408
市場価格のある商品 ………………………427
市場適合性 …………………………………409
市場適合性原則 ………………………406, 413
市場適合的倒産手続 …………………407, 408, 413
市場適合的（marktkonform）な倒産法……407
市場の相場ある商品 ………………………436
事情の変更 ……………………………217, 235
失権効 ………………………………………206
執行文付与の訴え …………………………374
実質説 ………………………………………273
実定法説 ……………………………………157
実定法と訴訟法の分離………………………99
実定法の既存性………………………………99
自働債権の二重行使 ……………………268, 269
私法的訴権論 …………………………………17, 99

遮断効 ………………………206, 223, 235, 238
　　──の弛緩 ……………………………235
受遺者 ………………………………………139
自由主義的法治国家観………………………32
受益相続人 …………………………………139
主観的順位的併合 …………………………309
主観的追加的併合 …………………………295
主観的併合についての併合請求の裁判籍…363
主観的予備的併合 ……………306〜308, 310, 311
　　──（原告側の）……………………312
授権資本の変更 ……………………………457
シュタイン，フリードリッヒ………16, 18, 39
主張の一貫性 ………………………………308
シュテーゲマン………………………………63
シュトゥルナー ……………………………396
シュトル，ハンス……………………………15
シュミット，K ……………………396, 400〜402
シュミット，リヒァルト……………16, 28, 81
主要な争点 ………242, 245, 246, 249, 252, 253, 256
消極的確認の訴え …………………………18, 60, 92
証券先物取引 ………………………………437
条件に係る請求権……………………………78
少数派保護要件 ……………………………415
上訴の利益 …………………………………310
譲渡による企業更生（übertragende
　Sanierung）……………396, 398, 400, 402, 404,
　405, 407, 409, 413, 415
商品先物取引 ………………………………437
将来給付の訴え ………78, 205, 209, 212, 213, 238
自力救済の禁止………………………………23
信義則 …………………………………245, 254, 270
新訴訟物理論 ………………………………3, 4
新堂幸司 ………………………………………3
スポンサー ……………………………461, 464
スワップ契約（スワップ取引）………436, 444
生活共同体としての入会団体 ……………126
請求権非競合論 ………………………………4
請求なき当事者 ………………………………7
請求の目的物の所持者 …………………162, 374
清算価値 ………………………………407, 416
清算和議（Liquidationsvergleich）………414
正当な決着期待争点 ……………………253, 256
責任財産 ………………………………383, 386

473

事項索引

責問権の喪失 …………………………345
善意者保護規定（民法54条）……121, 128, 135
全員一致原則…………………127, 130, 135～138
　——（共同所有関係の対外的確認における）……………………………106, 114
1877年ドイツ旧破産法（Konkursordnung）
　　………………………………426, 432
1994年ドイツ新倒産法（Insolvenzordnung）
　　………………………………427, 433
相殺禁止 ………………………………441
相殺の抗弁 ………………260, 262, 267
相殺をもって対抗 ………261, 264, 265
相続させる遺言 ……139, 151, 153, 154, 159, 162
相続人の地位を有しないことの確認を求める訴え ……………………………183
相続分説 ………………………………194
相続分の全部を他の共同相続人に譲渡した者の遺産確認の訴え ………………184
相続分の取戻し ………………………200
相対的取消し …………………………385
送達実務 ………………………………347
争点効 …………242, 243, 247～249, 253～256
　——の根拠 ……………………………241
争点効理論 ………………………………6
相場商品の定期取引 ……………438, 443
双方未履行双務契約 ……………421, 431
総有権確認判決 …………………386, 387, 390
訴求可能性 ………………………………40
訴権論 ……………………………………1
組織法上の行為 ………………………452
訴訟共同の必要 …………………147, 162
訴訟告知 …………………………148, 161
訴訟承継 …………………………294, 296
訴訟承継論 ………………………1, 303
訴訟状態論 ………………………………1
訴訟処分的行為の牽制 ……299, 302, 305
訴訟脱退 ………………………………161
訴訟担当 ……………………65, 115, 131, 142
　第三者の—— …………………………113
訴訟追行権（限）………………61, 62, 66
　社団の—— ……………………………119
訴訟の権利創造機能 ……………………12
訴訟の法創造機能 ………………………8

訴訟物 ……………………………………5
訴訟法説 ………………………………157
訴訟法的訴訟物論 ………………………5
訴訟要件 ………………………………26
外側説 …………257, 259, 260, 263～265, 271
損害額の算定基準 ………………213, 216
損害の拡大（将来）………206, 226, 231

タ　行

代位債権者 ……………………………157
第三者異議の訴え ………149, 376, 382
第三者の訴訟担当 ……………………116
第三者割当増資 …………………461, 464
代償請求 …………………………207～211, 213
代替許可 ………………455, 458, 460, 462, 465
代表（者）としての適切性 …………117
多数決原理 ………106, 117, 120, 128, 129, 414
多数当事者訴訟 …………………293, 294
谷口安平 ………………………………12
単純併合 ………………………………308
抽象的公法の訴権論 …………………23
通貨スワップ …………………………437
通常共同訴訟 ……299, 302, 303, 305, 312
通常清算 ………………………………448
つまみ食い（cherry picking）………424
定期取引 …………419, 427, 430, 441, 443
帝国司法法 ……………………………23
提訴強制機能 …………………………229
手続分担金（Verfahrensbeitrag）……398, 410
手続保障 …………………………………8
　——の第三の波 ………………………35
デリバティブ取引 ……………425, 441, 444
転用型債権者代位 ……………………148
ドイツ普通法 …………………………22
ドイツ民事訴訟法学 ……………………1
登記名義人 ……………………………375
倒産手続開始申立解除条項 ……438, 440, 441
倒産法
　——の危機 ……………………………395
　——の自由市場政策的意義 …………407
倒産法委員会 ……………………395, 397, 407
倒産法委員会第一報告書 ……………397
倒産法改正準備草案（Diskussionsentwurf）

474

事項索引

……………………………………442
倒産法を改正する法律についての連邦司法省
　参事官草案……………………………409
倒産法を改正する法律についての連邦司法省
　試案……………………………………409
当事者間の公平……………………240〜242
当事者能力 ……………127, 128, 373, 391
当事者の引込み…………………………320
当事者平等原則…………………… 215, 301
同時審判の申立て………………………173
同時審判の申出がある共同訴訟
　……………294, 303, 304, 307, 308, 310, 311
同時審判の申出後の訴訟関係 …………312
投資判断……………………………407, 414
富樫貞夫 …………………………………18, 59
特段の事情………………………… 360, 362
特定遺贈……………………………139, 142, 155
特別決議……………………………450, 465
特別受益…………………………………195
特別受益該当性の確認…………………197
特別清算…………………………………448
取引所……………………………………435
　――の相場ある商品の確定期売買
　…………………………………420, 425, 434
　――または市場の相場がある商品の定期取
　　引 …………………………………438
取引法上の行為…………………………452

ナ　行

ナポレオン法典…………………………22
馴れ合い訴訟……………………………392
二重起訴の禁止…………………………159
二重の応訴の危険………………… 158, 161
任意的訴訟担当……113, 119, 124, 125, 131, 132
任意的当事者変更………………………172
ノイナー，ロベルト……………………10

ハ　行

配当率の極大化……………………449, 460
バウアー…………………………………396
パウロウスキー…………………………36
破産債権の存否確認を求める訴え………75
破産の破産………………………………395

破産法
　59条［現53条］…………………423〜425
　61条［現58条］…………………………420
バックアップ取引 ……………429, 432, 435
判決理由中の判断の拘束力
　……………………239, 241, 245, 246, 256
引受承継…………………………………303
非典型約定担保権……………398, 410, 414
100％減資……………………………461, 463
表見法理と訴訟上の代理権……………121
ビンダー……………………………………1
夫婦財産制………………………………67
夫婦同居に関する裁判…………………175
福永有利…………………………………62
不作為請求の訴え………………………44
物権的効果…………………149, 153, 155, 164, 169
フッサール…………………………………2
物的債務名義……………………………389
物的有限責任……………………………386
不動産の二重譲渡…………………329, 315
不当判決……………209, 212, 213, 223, 234
付郵便送達 →　郵便に付する送達
ブライ………………………………………2
不利益変更禁止の原則……………260, 266, 305
プロイセン普通法………………………22
紛争解決説…………………………… 2, 5, 7
紛争の一回的解決・一挙的解決 …5, 7, 231, 323
ヘルヴィッヒ，コンラート……………16
　――の管理権論………………………66
ヘンケル…………………………………36
変更の訴え（Abänderungsklage）……232〜234
片面的（当事者）参加
　………………………295〜297, 302, 312, 313
片面的独立当事者参加……………294, 297
防衛的効果…………………………154, 158
包括受遺者………………………………169
方式書訴訟………………………………40
法条競合論…………………………………4
法人格否認の法理………………………375
法治主義…………………………………33
法定訴訟担当……………113, 119, 126, 131, 132
法的討論…………………………………31
法律上の利益……………………………81

475

事項索引

補充性 …………………………………344
補充送達 ……………………341, 343, 344
補助参加の利益 …………………240, 301
本案判決請求権説（論）……………1, 32

マ 行

マイヤー，オットー……………………33
前の原因 ………………………………441
三ケ月章 ………………………………2, 9
民事訴訟の目的 ………………………2, 7
民事訴訟法の公法的性格 …………29, 50
民事訴訟法の目的………………………28
民法上の組合 ……………106, 122, 123, 125
　　――の業務執行者 …………123, 124
矛盾挙動禁止の原則 …………………243
明示一部請求 ………………220, 225, 227, 229
メリーゴーランド思考 ………………104
黙示一部請求 …………………224, 258

ヤ 行

山木戸克己………………………………30

有価証券指数先物取引 ………………443
郵便に付する送達
　　…………………339, 345, 349～352, 355, 357
予防的不作為の訴え……………………79

ラ 行

ライヒ訴訟法……………………………22
ライヒ法……………………………46～48
ラーバント，パウル……………………14
ラント法…………………………22, 46, 47
利益相反関係 …………………………341
立法の過誤 ……………………………329
類似必要的共同訴訟 …………………147
連邦司法省参事官草案（Referentenetwurf）
　　……………………………………442
連邦政府草案（Regierungsentwurf）………442
労働契約 ………………………………461

判 例 索 引

〔大審院〕

大判明治 36・2・25 民録 9 輯 190 頁 …………………………………………………142
大判明治 40・6・13 民録 13 輯 648 頁 …………………………………………………123
大判明治 44・3・8 民録 17 輯 104 頁 ……………………………………………………124
大連判明治 44・3・24 民録 17 輯 117 頁 ………………………………………………384
大判大正 5・6・13 民録 22 輯 1200 頁 …………………………………………………122
大判大正 6・12・28 民録 23 輯 2273 頁 …………………………………………………122
大判大正 7・3・8 民録 24 輯 247 頁 ……………………………………………………120
大判大正 7・7・10 民録 24 輯 1480 頁 …………………………………………………123
大判大正 7・10・2 民録 24 輯 1848 頁 …………………………………………………123
大判大正 8・9・27 民録 25 輯 1669 頁 …………………………………………………124
大判大正 12・4・16 民集 2 巻 243 頁 ……………………………………………………123
大判昭和 5・6・16 民集 9 巻 550 頁 ……………………………………………………154
大判昭和 10・5・28 民集 14 巻 1191 頁 …………………………………………………106
大判昭和 10・8・24 民集 14 巻 1582 頁 …………………………………………………264
大判昭和 11・6・9 民集 15 巻 1029 頁 ……………………………………………143, 144
大判昭和 13・2・26 民集 17 巻 275 頁 …………………………………………………169
大判昭和 15・2・13 判決全集 7 輯 16 号 4 頁 ……………………………………140, 142
大判昭和 15・3・13 民集 19 巻 530 頁 ……………………………………………206, 207

〔最高裁判所〕

最判昭和 29・9・24 民集 8 巻 9 号 1658 頁 ……………………………………………148
最判昭和 30・1・21 民集 9 巻 1 号 22 頁 …………………………………………206, 207
最判昭和 30・5・10 民集 9 巻 6 号 657 頁 ……………………………………………149
最判昭和 30・5・31 民集 9 巻 6 号 793 頁 ……………………………………………181
最判昭和 31・9・18 民集 10 巻 9 号 1160 頁 …………………………………141, 145～148
最判昭和 32・6・7 民集 11 巻 6 号 948 頁 ……………………………………………224, 258
最大判昭和 32・7・20 民集 11 巻 7 号 1314 頁 …………………………………………182
最判昭和 32・9・17 民集 11 巻 9 号 1540 頁 …………………………………………303
最判昭和 32・11・14 民集 11 巻 12 号 1943 頁 ………………………………………118
最判昭和 33・7・22 民集 12 巻 12 号 1805 頁 ………………………………………123
最判昭和 34・2・12 民集 13 巻 2 号 91 頁 …………………………………………332, 334
最判昭和 35・12・9 民集 14 巻 13 号 2994 頁 ………………………………………123
最判昭和 36・5・26 民集 15 巻 5 号 1425 頁 …………………………………………348
最判昭和 37・5・24 民集 16 巻 5 号 1157 頁 …………………………………………215, 217
最判昭和 37・8・10 民集 16 巻 8 号 1720 頁 …………220, 227, 237, 257, 260, 264, 268, 270
最判昭和 37・12・18 民集 16 巻 12 号 2422 頁 ………………………………………106
最判昭和 38・3・12 民集 17 巻 2 号 391 頁 ……………………………………………112
最判昭和 38・5・31 民集 17 巻 4 号 600 頁 ……………………………………………125
最判昭和 39・6・26 民集 18 巻 5 号 901 頁 ……………………………………………343

判例索引

最判昭和 39・10・15 民集 18 巻 8 号 1671 頁 …………………………………… 106, 128
最大決昭和 40・6・30 民集 19 巻 4 号 1089 頁 ………………………………… 176, 192
最判昭和 40・10・15 民集 19 巻 7 号 1788 頁 …………………………………………… 320
最判昭和 40・11・2 民集 19 巻 8 号 1917 頁 ……………………………………………… 441
最大決昭和 41・3・2 民集 20 巻 3 号 360 頁 ………………………… 175, 177, 192, 203
最判昭和 41・4・12 民集 20 巻 4 号 560 頁 ……………………………………………… 198
最判昭和 41・9・31 民集 20 巻 7 号 1523 頁 …………………………………………… 122
最判昭和 41・11・25 民集 20 巻 9 号 1921 頁 …………………………………… 103, 104, 136
最判昭和 42・2・23 民集 21 巻 1 号 169 頁 ……………………………………………… 323
最判昭和 42・7・18 民集 21 巻 6 号 1559 頁 ……………………………… 218, 224～226, 237
最大判昭和 42・9・27 民集 21 巻 7 号 1925 頁 ……………………………… 294, 296, 297, 320
最判昭和 43・3・8 民集 22 巻 3 号 551 頁 ……………………………………… 306, 311, 323
最判昭和 43・3・15 民集 22 巻 3 号 587 頁 ……………………………………………… 226
最判昭和 43・3・15 民集 22 巻 3 号 607 頁 ……………………………………………… 323
最判昭和 43・4・11 民集 22 巻 4 号 862 頁 ……………………………………………… 225
最判昭和 43・5・31 民集 22 巻 5 号 1137 頁 ………………………… 140, 141, 148～150, 155
最判昭和 43・11・1 民集 22 巻 12 号 2402 頁 …………………………………………… 122
最判昭和 44・6・24 判時 569 号 48 頁 ………………………………………………… 248
最判昭和 44・7・8 民集 23 巻 8 号 1407 頁 …………………………………… 352, 354, 355
最判昭和 45・5・22 民集 24 巻 5 号 415 頁 ……………………………………………… 170
最判昭和 45・7・24 民集 24 巻 7 号 1177 頁 …………………………………………… 224
最判昭和 45・12・15 民集 24 巻 13 号 2072 頁 ………………………………………… 122
最判昭和 46・1・26 民集 25 巻 1 号 90 頁 ……………………………………………… 167
最判昭和 46・10・7 民集 25 巻 7 号 885 頁 …………………………………… 103, 104, 187
最判昭和 47・2・15 民集 26 巻 1 号 30 頁 …………………………………… 146, 198, 199
最判昭和 47・6・2 民集 26 巻 5 号 957 頁 ……………………………………………… 107
最判昭和 47・11・9 民集 26 巻 9 号 1513 頁 …………………………………………… 197
最判昭和 48・4・5 民集 27 巻 3 号 419 頁 ……………………………………………… 259
最判昭和 48・6・21 民集 27 巻 6 号 712 頁 ……………………………………………… 281
最判昭和 48・7・20 民集 27 巻 7 号 863 頁 …………………………………………… 304, 320
最判昭和 49・9・30 民集 28 巻 6 号 1382 頁 …………………………………………… 118
最判昭和 51・7・19 民集 30 巻 7 号 706 頁 ……………………………… 141～147, 165～168
最判昭和 51・9・30 民集 30 巻 8 号 799 頁 …………………………… 252, 254, 255, 270
最判昭和 53・9・14 判時 906 号 88 頁 ………………………………………………… 375
最判昭和 55・2・8 民集 34 巻 2 号 138 頁 ……………………………………………… 126
最判昭和 55・2・8 判時 961 号 69 頁 ……………………………………………… 107, 127
最判昭和 56・9・11 民集 35 巻 6 号 1013 頁 …………………………………………… 202
最判昭和 56・10・16 民集 35 巻 7 号 1224 頁 …………………………………………… 360
最大判昭和 56・12・16 民集 35 巻 10 号 1369 頁 ……………………………………… 205
最判昭和 57・3・30 民集 36 巻 3 号 484 頁 ………………………………… 438, 439, 444
最判昭和 57・5・27 判時 1052 号 66 頁 ………………………………………………… 348
最判昭和 57・7・1 民集 36 巻 6 号 891 頁 …………………………………… 103, 104, 112
最判昭和 58・3・22 判時 1074 号 55 頁 ………………………………………………… 311

478

最判昭和61・3・13 民集40巻2号389頁……………………………………177, 178, 185, 193
最判昭和61・7・17 民集40巻5号941頁……………………………………209, 213, 226, 237
最判昭和62・2・6 判時1232号100頁 ……………………………………………………237
最判昭和62・4・23 民集41巻3号474頁 ……………………………………149～151, 154
最判昭和62・7・17 民集41巻5号1402頁……………………………………295, 320, 321, 323
最判平成元・3・28 民集43巻3号167頁…………………………………………179, 183, 186
最判平成3・4・19 民集45巻4号477頁……………………………………………152, 153, 163
最決平成4・9・10 民集46巻6号553頁……………………………………342, 344～346, 348, 357
最判平成6・1・25 民集48巻1号41頁……………………………………………………183
最判平成6・5・31 民集48巻4号1065頁…………………………………107, 112, 130, 375, 391
最判平成6・11・22 民集48巻7号1355頁………………………259, 260, 264, 266, 268, 269, 272
最判平成7・1・24 集民174号67頁………………………………………………152, 153
最判平成7・3・7 民集49巻3号893頁…………………………………………………197～199
最判平成7・3・7 民集49巻3号944頁…………………………………………………103
最判平成9・3・14 判時1600号89頁……………………………………………………178
最判平成9・7・17 判時1614号72頁……………………………………………………180
最判平成9・11・11 民集51巻10号4055頁………………………………………………360, 362
最判平成10・2・27 民集52巻1号299頁，裁判所時報1214号4頁………152, 163～168, 170
最判平成10・3・24 民集52巻2号433頁………………………………………………195
最判平成10・6・12 民集52巻4号1147頁……………………………257, 258, 264, 269～272
最判平成10・9・10 判時1661号81頁・89頁……………………………350, 353, 355～357
最判平成11・11・9 民集53巻8号1421頁…………………………………………105, 179
最大判平成11・11・24 民集53巻8号1899頁……………………………………………148
最判平成11・12・16 民集53巻9号1989頁…………151, 153～156, 158, 164, 166～169
最判平成12・2・24 民集54巻2号523頁………………………190, 193, 194, 196, 200～203
最決平成13・1・30 民集55巻1号30頁…………………………………………………323
最決平成13・2・22 判時1745号144頁…………………………………………………323
最判平成13・6・8 民集55巻4号727頁………………………………………………362, 365
最判平成13・7・10 民集55巻5号955頁………………………………………………188
最判平成14・6・10 家月55巻1号77頁………………………………………………154
最判平成16・7・6 民集58巻5号1319頁……………………………………………179, 183, 187
最判平成17・7・15 民集59巻6号1742頁………………………………………………376
最決平成19・3・20 民集61巻2号586頁………………339, 342, 344～346, 349, 350, 355～357
最判平成20・7・17 民集62巻7号1994頁…………………………………………179, 183
最判平成21・12・18 民集63巻10号2900頁……………………………………………201
最判平成22・6・29 民集64巻4号1235頁………………………373, 374, 376, 381, 386, 388, 390
最決平成23・2・9 民集65巻2号655頁……………………………………………378, 381
最決平成25・11・21 民集67巻8号1686頁……………………………………………331
最判平成26・2・14 民集68巻2号113頁……………………………………………184, 202
最決平成26・7・10 判時2237号42頁…………………………………………………331
最判平成28・3・10 民集70巻3号846頁………………………………………………372

479

判例索引

〔高等裁判所〕

大阪高判昭和42・2・15下民集18巻1=2号136頁……………………………249
名古屋高決昭和43・9・30高民集21巻4号460頁……………………………322
大阪高判昭和52・12・16判タ362号227頁……………………………………126
大阪高判昭和56・4・30判時1019号83頁……………………………………212
東京高判昭和61・10・23判時1216号81頁……………………………………255
大阪高判平成4・2・27判タ793号268頁………………………………………341
東京高判平成4・7・29判時1433号56頁………………………………………230
東京高判平成6・5・30判時1504号93頁…………………………………342, 345
東京高決平成16・6・17金判1195号10頁………………………………………463
東京高判平成21・4・15金法1904号118頁……………………………………376

〔地方裁判所〕

大阪地判昭和33・11・14下民集9巻11号2243頁……………………………207
京都地判昭和40・7・31下民集16巻7号1280頁……………………………249
東京地判昭和60・8・26判タ1200号84頁………………………………………255
鹿児島地判昭和60・10・31判タ578号71頁……………………………………126
大阪地判平成元・2・9判時1339号114頁………………………………………209
東京地判平成4・1・31判時1418号109頁………………………………228, 230
東京地判平成20・11・17判時2036号88頁……………………………………376

● 著者紹介

山本　弘（やまもと　ひろし）
　元神戸大学教授

民事訴訟法・倒産法の研究
Research on Civil Procedure and Insolvency Law

2019 年 6 月 10 日　初版第 1 刷発行

| 著　者 | 山　本　　　弘 |
| 発行者 | 江　草　貞　治 |

発行所　株式会社　有　斐　閣
　　　　郵便番号　101-0051
　　　　東京都千代田区神田神保町 2-17
　　　　電話　(03)3264-1314〔編集〕
　　　　　　　(03)3265-6811〔営業〕
　　　　http://www.yuhikaku.co.jp/

印刷　株式会社精興社／製本　牧製本印刷株式会社
© 2019, 山本美紀子. Printed in Japan
落丁・乱丁本はお取替えいたします。
★定価はカバーに表示してあります
ISBN 978-4-641-13806-3

|JCOPY| 本書の無断複写（コピー）は、著作権法上での例外を除き、禁じられています。複写される場合は、そのつど事前に、(一社)出版者著作権管理機構（電話03-5244-5088, FAX03-5244-5089, e-mail: info@jcopy.or.jp）の許諾を得てください。

本書のコピー，スキャン，デジタル化等の無断複製は著作権法上での例外を除き禁じられています。本書を代行業者等の第三者に依頼してスキャンやデジタル化することは，たとえ個人や家庭内での利用でも著作権法違反です。